Gregory of Nazianzus
on the Trinity and the Knowledge of God

Christopher A. Beeley

삼위일체와 영성

나지안조스의 그레고리오스의 신앙 여정

초판 1쇄 인쇄 | 2018년 5월 20일
초판 1쇄 발행 | 2018년 5월 25일

지은이 크리스토퍼 빌리
옮긴이 백충현
펴낸이 임성빈
펴낸곳 장로회신학대학교 출판부

등록 제1979-2호
주소 04965 서울시 광진구 광장로5길 25-1(광장동 353)
전화 02-450-0795
팩스 02-450-0797
이메일 ptpress@puts.ac.kr
홈페이지 http://www.puts.ac.kr

값 22,000원
ISBN 978-89-7369-434-1 93230

Copyright ⓒ 장로회신학대학교 출판부 2018

＊이 도서의 국립중앙도서관 출판예정도서목록(CIP)은
서지정보유통지원시스템 홈페이지(http://seoji.nl.go.kr)와
국가자료공동목록시스템(http://www.nl.go.kr/kolisnet)에서
이용하실 수 있습니다. (CIP제어번호 : CIP2018015045)

크리스토퍼 빌리 지음 · 백충현 옮김

삼위일체와 영성

나지안조스의 그레고리오스의 신앙여정

장로회신학대학교출판부

무엇보다도, 정화되려고 하십시오. 그러면 정화될 것입니다. 하나님께서는 인간을 바르게 하여 구원하는 것만큼 기뻐하시는 것은 아무것도 없기 때문입니다. 그것은 모든 교리와 모든 신비의 목적입니다. 이렇게 하여 여러분은 "세상에서 빛들로"(빌 2:15) 나타날 것입니다.

                                      - 나지안조스의 그레고리오스, 「설교 39」

나는 삼위일체가 참 헌신의 유일한 대상이며 구원의 교리라고 여깁니다.

                                      - 나지안조스의 그레고리오스, 「설교 43」

저자 서문

　이 책은 4세기 기독교의 가장 위대한 신학자 나지안조스의 그레고리오스(Gregory of Nazianzus 또는 Gregory Nazianzen, 329-390)에 관한 연구이며, 이 신학자가 가장 사랑하였던 주제인 삼위일체에 관한 연구이다. 비범한 학식과 재능을 지닌 나지안조스의 그레고리오스는 그리스 문학의 여러 새로운 형식들을 개척하였다. 고전시로부터 다수의 행들을 보존하였고, 그 자신이 수천 행을 지었다. 나중에 비잔틴 설교 및 산문 양식의 주요한 모범이 되었다. 그러나 평생 동안 그의 가장 위대한 헌신은 삼위일체 교리와 삼위일체 예배였다. 삼위일체를 정통기독교의 중심으로 만들고 주요한 교리로 삼은 이는 이전의 어느 누구보다도 바로 나지안조스의 그레고리오스이었다. 451년에 개최된 칼케돈 공의회(Council of Chalcedon)는 그의 권위있는 업적을 인정하여 그를 "대(大)신학자(the Theologian)"로 여겼다. 이러한 칭호를 가진 이는 하나님을 사랑하는 제자 요한(John the Divine)과, 나지안조스의 그레고리오스에게 필적하는 비잔틴 수도사 "새로운 대(大)신학자(the New Theologian)" 시메온(Simeon) 뿐이었다. 머지않아 대(大)신학자 나지안조스의 그레고리오스는 카이사레이아의 바실레이오스(Basil of Caesarea)와 요안네스 크리소스토모스(John Chrysostom)와 함께 동방교회의 세 명의 "보편스승들" 중의 한 사람으로 여겨지게 되었다. 카이사레이아의 바실레이오스는 수도원 규율의 제정으로 명성이 높았고, 요안네스 크리소스토모스는 황금의 입을 지닌 설교가로 유명하였다. 나지안조스의 그레고리오스는 기독교 전통에 지대한 영향을 미쳤다. 이러한 점은 그의 저작이 그리스 사본 전승에서 성경 다음으로 가장 널리 출판되었다는 사실에서 알 수 있다.[1]

19세기 말 이후로 나지안조스의 그레고리오스는 카이사레이아의 바실레이오스 및 니사의 그레고리오스(Gregory of Nyssa)와 함께 세 명의 "카파도키아 교부들(Cappadocian Fathers)"[2]로 명명되었다. 그런데 이러한 명칭은 어느 정도 작위적이었다. 이 명칭은 세 명 사이의 유사점들을 과장하고 때때로 심각한 차이점들을 모호하게 만드는 경향이 있기 때문이다. 최근의 교부학 연구에서 큰 허점들 중의 하나는 다른 두 명의 카파도키아 교부들에 비하여 나지안조스의 그레고리오스의 저작이 상대적으로 소홀하게 다루어진다는 점이다. 즉, 나지안조스의 그레고리오스의 더욱 엄밀한 신학적 업적에 비하여 카이사레이아의 바실레이오스의 교회를 위한 수고들과 니사의 그레고리오스의 철학적 신비주의가 20세기 정신에 더 많은 매력이 있었던 것처럼 보인다.[3] 그러나 지난 40년 동안 나지안조스의 그레고리오스는 점점 더 많아지고 있는 연구들의 주제가 되었다. 그래서 그의 전기, 문학, 금욕, 신학과 관련된 주제들이 다루어지고 있다.[4] 대체적으로 비평적 편집 작업 덕분에, 즉 1970년대 말에 시작하여 여전히 계속되고 있는 그의 설교들과 시(詩)들에 대한 비평적 편집 작업 덕분에,[5] 나지안조스의 그레고리

---

[1]   Noret, "Grégoire de Nazianze, l'auteur le plus cité après la Bible."

[2]   특별히 다음에서 그러하다. Weiss, *Die grossen Kappadocier* (1872); Böhringer, *Drei Kappadozier* (1875); Holl, *Amphilochius von Ikonium in seinem Verhältnis zu den grossen Kappadoziern* (1904).

[3]   참조. Louth, "The Cappadocians," 297.

[4]   예를 들면, Bernardi, *La prédication*; Spidlík, *Grégoire de Nazianze*; Ruether, *Gregory of Nazianzus*; Norris, "Gregory Nazianzen's Doctrine of Jesus Christ"; Althaus, *Die Heilslehre*; Gregg, *Consolation Philosophy*; Winslow, *Dynamics of Salvation*; Ellverson, *Dual Nature of Man*.

오스에 관한 연구의 새로운 국면이 1990년대에 나타났다. 여기에는 그의 생애를 광범위하게 다루는 새로운 전기와 신학적 설교들에 관한 풍성한 주석이 포함되어 있다.[6] 그러는 동안 그의 신학적 노력의 가장 중요한 초점인 삼위일체론은 아직 철저하게 검토되지 않았다.[7]

나지안조스의 그레고리오스에게 삼위일체론은 근대의 신학 및 대중문화가 종종 생각하는 것처럼 어떻게 셋이 하나가 될 수 있는지에 관한 유사(類似)수학적인 문제도 아니며 기독교의 하나님에 관한 추상적인 논리도 아니다. 오히려, 삼위일체론은 기독교적 삶의 근본적인 기원과 목적을 드러낸다.[8] 그리고 삼위일체론은 성서적 해석 및 인식론으로부터 기독교 예배, 금욕, 목회사역까지 아우르는 관심사들 전체를 포함한다. 그에게는 교리가 근대인에게 신학적인 것과 영성적인 것을 동시에 포함한다. 즉, 더욱 최근에 교리신학과 금욕신학으로 구별되고 있는 것들을 온전하게 통합한다. 달리 표현하면, 나지안조스의 그레고리오스의 삼위일체론은 모든 점에서 구원론적이다. 즉, 그의 삼위일체론은 그리스도 안에서의 구원과 삶을 드러내며, 그것들을 고양하고자 한다. 따라서 본서는 기독교적 삶에 관한 그의 신학적 및 실천적 비전 안에 있는 삼위일체론을 종합적으로 분석하고자 한다. 정화와 조명이라는 영성적인 변증법으로부터 시작하여 본서는 그리스도인의 실존의 통일된 비전의 일부로서 그의 기독론, 성령론, 삼위일체론, 목회론을 살펴본다.

---

5 서신들은 1960년대에 갤레이(Gallay)에 의해 편집되었다.

6 McGuckin, *St. Gregory*; Norris, *Faith Gives Fullness*. 또한 다음을 참조하라. Moreschini, *Filosofia e letteratura*; Trisoglio, *Gregorio di Nazianzo*; 그리고 다음의 저자들이 제시하는 참고문헌의 논문들을 참조하라. Elm, Harrison, McGuckin, McLynn, Norris.

7 최근에 다음에 의해 주목되는 바와 같다. Markschies, "Gibt es eine einheitliche 'kappadozische Trinitätstheologie'?" 210 n60; 또한 다음을 참조하라. Ayres, *Nicaea*, 244 n2.

8 이레나이우스, 니사의 그레고리오스, 아우구스티누스를 연구하는 로완 그리어가 여러 해 전에 제시한 주장이다. Rowan Greer, *Broken Lights and Mended Lives: Theology and Common Life in the Early Church*.

나지안조스의 그레고리오스의 저작의 가장 특징적인 측면들 중의 하나는 고도로 수사학적이며 상황적인 문학형식이다. 그러므로 본서는 그의 저작들의 역사적 상황과 수사학적 태도에 특별한 관심을 기울일 것이다. 그러므로 본서의 주요 장들에서 나지안조스의 그레고리오스의 교리를 아주 세밀하고 종합적인 연관성 속에서 가능한 한 선명하게 드러낼 것이며, 또한 현재의 연구에서의 여러 오해들을 교정할 것이다. 논지를 전개하면서 그의 활동의 특별한 측면들을 부각시키기 위하여 다른 신학자들을 선별하여 참조할 것이다. 누구보다도 그의 위대한 스승 오리게네스(Origen)를 참조할 것이다. 그런 후에 결론에서는 그레고리오스와 그 이전 및 동시대의 사람들과의 관계에 관하여, 그리고 이후의 기독교 전통에서의 그의 독창적인 역할에 관하여 상세하게 설명할 것이다.

현대의 연구들 중에서 독특한 특성을 지니는 본서는 나지안조스의 그레고리오스의 유명한 신학적 설교들과 기독론적 서신들에 주로 초점을 두기보다는, 그의 설교들, 서신들, 시(詩)들 전체를 바탕으로 그의 교리를 해석한다. 왜냐하면 신학적 설교들과 기독론적 서신들이 그동안 다른 본문들과 따로 분리되어 다루어짐으로써 아주 쉽게 오해되어왔기 때문이다. 나지안조스의 그레고리오스는 고도로 시적인 저술가로서 복잡한 신학적 관념들을 간결하고 함축적인 문구들로 표현하기를 좋아하였다. 그러므로 그의 본문들을 광범위하게 직접 인용하는 것이 중요하다. 이를 통하여 나지안조스의 그레고리오스 자신으로부터 직접 들을 뿐만 아니라, 여러 경우들에서 해석에 의미심장하게 영향을 끼치는 몇몇 구절들을 새롭게 번역할 것이다.

이 시점에서 어떤 단어들과 구절들에 관하여 간단한 주의를 기울이는 것이 적절할 것이다. 그래야 독자가 최근의 학문적인 논쟁에 관한 특유한 편견들로 인하여 오도되지 않을 것이다. "삼위일체적 교리" 또는 "삼위일체적 신학"에서처럼 형용사 "삼위일체적"은 삼위일체에 관한 어떤 특정한 모형, 이론, 구조를 가리키기 위하여 사용되는 것이 아니다. 단지 삼위일체와 관련된 무언가를 의미할 뿐이다. "니카이아적(Nicene)" 또는 "친(親)니카이아적(pro-Nicene)"라는 용어들은 주로 니카이아 신조와 니카이아 공의회와 연관된 인물들 및 교리들을 가리키기 위하여 사용되지, 전문적인 교리적 의미로서 사용되는 것이 아니다. 전문적인 교리적 의미의 경우에는 "삼위일체적"이라는 용어가 통상적으로 사용된다.[9] 마지막으로, "경험"이라는 용어는 어떤 사물의 경험된 특질 또는 어떤 것의 실존적 차원을 가리킨다. 즉, 어느 사람에게 일어난 어떤 것 또는 어느 사람이 겪는 어떤 것을 가리킨다. 나지안조스의 그레고리오스의 본문들에서 "경험"이라는 용어는 종종 파토스($\pi\acute{\alpha}\theta o\varsigma$) 또는 파스케인($\pi\acute{\alpha}\sigma\chi\epsilon\iota\nu$)이라는 단어의 번역어이다. 이 용어는 낭만주의 시대 이후 서양의 많은 이들에게 의미하였던 것처럼 지식, 언어 또는 신학과는 분리된 어떤 모호하고 일반적인 감정 또는 태도를 가리키기 위하여 사용되지는 않는다. 본서에서 상세하게 논증하듯이, 나지안조스의 그레고리오스의 교리는 지식과 경험, 이론과 실천, 신학과 영성 사이의 분리를 인정하지 않는다. 그러한 분리는 많은 현대인들에게 아주 익숙할 뿐이다.

여러 해 동안 본서에 기여하였던 많은 분들에게 감사를 전한다. 나의 친구이자 동료이며 스승이신 브라이언 데일리(Brian Daley) 교수에게 특별한 감사의 마음을 전한다. 그는 노트르담대학교에서 본서의 바탕이 된 나의 박사학위논문을 지도하였다. 나의 논문계획을 처음부터 열렬하게 지지하였고, 나지안조스의 그레고리오스에 관하여 최근 몇 년 계속 협력하였으며, 원고형태인 자신의 번역들과 나지안조스의 그레고리오스에 관한 소개의 글을 나와 공유하였다. 본서에 특별한 관심을 가졌던 여러 "그레고리오스 학자들"에게 진심으로 감사를 전하는데, 나의 원고 전체를 읽고 많은 점들에 관하여 격려하고 비판하였다. 존 맥거킨(John McGuckin)은 나지안조

---

9   이러한 용어선택에 관한 상세한 설명은 서론을 참조하라.

스의 그레고리오스에 관한 그의 전기가 출판되기도 전에 나에게 제공하였다. 프레데릭 노리스(Frederick Norris)도 또한 나지안조스의 그레고리오스에 관한 자신의 미간행 저작의 일부를 나와 공유하였다. 그리고 수산나 엘름(Susanna Elm)과 베르나 해리슨(Verna Harrison)은 마지막 단계에서 특별히 열정적이었다. 그리고 나는 또한 예일대학교에서 나의 스승이고 전임자이었던 로완 그리어(Rowan Greer)에게 감사를 표하고 싶다. 그는 내가 예일대학교 신학대학원 학생이었을 때 나지안조스의 그레고리오스의 삼위일체론에 관한 나의 묵상의 글들을 처음으로 읽었고, 여러 해 후에 나의 논문 원고에 관하여 자상하게 논평하였다. 그리고 나는 여러 단계들에서 논평을 하였던 나의 다른 친구들과 동료들에게, 즉 사라 코우클리(Sarah Coakley), 존 헤어(John Hare), 데이비드 켈시(David Kelsey), 앤드류 라우스(Andrew Louth), 미로슬라브 볼프(Miroslav Volf)에게 고마움을 전한다. 또한 마르싸 빈슨(Martha Vinson)에게도 고마움을 전하는데, 나지안조스의 그레고리오스의 설교들에 대한 자신의 영역본이 교부시리즈로 출판되기 전에 나와 공유하였다. 그리고 2007년 옥스퍼드 교부학회에서 나지안조스의 그레고리오스의 신학에 관한 워크숍에 참여하였던 이들에게 고마움을 전한다. 모든 점들에서 일치하지는 않더라도 나는 너그러운 동료들로부터 많은 것을 배웠다. 그렇지만 본서의 단점들은 모두 전적으로 나의 책임이다.

또한, 예일대학교 신학대학원에서 성실하게 연구조교로 활동한 학생들, 즉 프랭크 커리(Frank Curry), 매튜 벤톤(Matthew Benton), 디모씨 뵈거(Timothy Boerger), 베로니카 티어니(Veronica Tierney)에게 고마움을 전한다. 예일대학교 신학대학원 도서관, 노트르담대학교의 헤스버그 도서관, 워싱턴앤리대학교 레이번 도서관의 사서들에게 고마움을 전한다. 그리고 두 개의 지도들을 사용하는 것에 대하여 예일대학교 지도켈렉션의 스테이시 메이플즈(Stacey Maples)에게 고마움을 전한다. 또한, 옥스퍼드대학교 출판부의 편집자들인 신씨아 리드(Cynthia Read)와 그웬 콜빈(Gwen Colvin)에게 감사를 전한다. 이들은 본서가 출판되는 데에 큰 도움을 주었다. 본서는 예일대학교의 프레데릭 힐즈 출판기금으로부터의 지원과 예일대학교 신학대학원 해롤드 애트리지 학장으로부터의 교수연구기금의 지원으로 출판되었다. 또한, 대학원에서의 나의 신학훈련을 너그러이 지원하셨던 부모님 로버트 A. 빌리(Robert A. Beeley)와 수산 플로이드 빌리(Susan Floyd Beeley)에게 감사의 마음을 전하고 싶다.

마지막으로, 아내 섀넌 머피 빌리(Shannon Murphy Beeley)에게 가장 깊은 감사를 전한다. 여러 해 동안 지속적인 지원과 사랑과 쾌활을 보여준 덕택에 본서가 나오게 되었다. 무한한 고마움을 느끼며 본서를 아내에게 헌정한다.

역자 서문

현대신학의 여러 흐름들 중에서 하나의 뚜렷한 흐름은 바로 삼위일체 신학이다. 삼위일체 하나님에 관한 관심이 확산되어 왔고 심화되어 왔다. 그럼으로써 "삼위일체신학의 르네상스"를 보내고 있다. 이러한 흐름과 함께 성경에서 드러나고 교회사에서 다루어진 삼위일체 하나님에 관한 연구들이 풍성하게 나오고 있다. 특히, 교부시대에 관한 연구에서는 더욱 그러하다. 이러한 흐름에 발맞추어 본서는 4세기 카파도키아 교부들 중의 한 명인 나지안조스의 그레고리오스의 삼위일체신학을 다룬다. 본서에서 명확하게 드러나듯이 그에게 삼위일체론은 그저 추상적이거나 이론적인 신학이 아니다. 교회와 세계 속에서 영위하는 그리스도인의 믿음의 삶과 사역과 목회 속에서 나오는 것이다. 이러한 점에서 본서는 오늘날 그리스도인의 삶에 관하여 새로운 통찰과 도전을 선명하게 제시하여 주리라고 기대한다.

본서의 핵심을 파악하기 위해서는 서론과 결론을 참고하면서도 Ⅰ-Ⅴ장을 순서대로 먼저 읽는 것이 도움이 될 것이다. 본서에서는 인명과 지명을 한국교회사학회 표기규정에 따라 번역하고자 하였다. 몇몇 예를 들면, 아타나시우스를 "아타나시오스"로, 나지안주스의 그레고리를 "나지안조스의 그레고리오스"로, "어거스틴을 "아우구스티누스"로, 아리우스를 "아레이오스"로, 325년 니케아 공의회를 "니카이아 공의회"로, 381년 콘스탄티노플 공의회를 "콘스탄티누폴리스 공의회"로, 안디옥을 "안티오케이아"로 표기하였다. 독자들에게 생소하게 들릴 수도 있지만 곧 적응할 수 있을 것이다. 그리고 본서에서는 사제직, 감독직, 성직 등등을 가급적 "목회직"으로 번역하고자 하였다. 또한, 본서에서는 오라티오(Oratio)를 연설, 또는 설교, 등으로 번역하지 않고 일괄적으로 설교로 통일하였다.

본서가 나올 수 있도록 모든 과정을 인도하신 삼위일체 하나님께 감사와 영광을 올려드린다. 아주 통찰력 있는 연구를 출판한 예일대학교 신학대학원 크리스토퍼 빌리 교수님에게 진심으로 감사를 드린다. 나지안조스의 그레고리오스의 글을 짧은 기간이지만 원어로 함께 읽을 수 있는 기회를 마련하여 주신 것에, 그리고 삼위일체신학에 관한 역자의 박사학위논문의 지도교수로 참여하여 주신 것에 거듭 감사를 드린다. 본서가 장로회신학대학교 출판부를 통하여 빛을 볼 수 있도록 해주신 임성빈 총장님, 연구지원처장 신옥수 교수님 및 연구출판위원회의 모든 교수님들, 그리고 연구와 토론을 통해서 신학의 세계로 이끌어주시고 참여하신 조직신학을 비롯한 모든 교수님들과 수업에서 만난 학생들께 깊은 감사를 드린다. 또한, 본서를 위하여 실무 행정 및 편집을 담당하신 연구지원처 및 출판부 김윤섭 실장님, 손천익 선생님, 김정형 교수님, 조교 조아라 전도사님과 윤성은 전도사님에게 진심으로 감사를 드린다. 그리고 본서를 번역하기 위하여 집중할 수 있도록 이해하여 주고 격려하여 준 아내와 딸 주희와 강아지 모카를 비롯하여 사랑하는 모든 가족들에게도 깊은 감사를 드린다.

아무쪼록 본서를 통하여 삼위일체 하나님의 빛이 교회를 비롯하여 사회와 온세계에 널리 비치기를 기대한다. 동시에 우리가 그 빛 안에서 주님을 뵈면서 하나님께 더 가까이 다가갈 수 있기를, 또한 우리 자신과 모든 교회와 온 세계가 더 순결하게 정화되고 새로워지기를 기도한다.

2018년 3월 19일
백 충 현

목 차

지도 1

나지안조스의 그레고리오스의 세계
(예일대학교 지도컬렉션의 스테이시 메이플즈가 제작한 지도)

지도 2

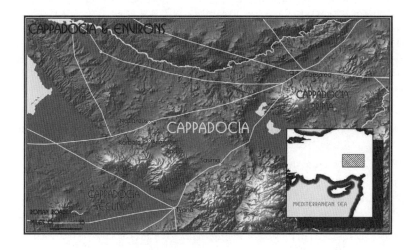

카파도키아와 그 주변
(예일대학교 지도컬렉션의 스테이시 메이플즈가 제작한 지도)

약어

나지안조스의 그레고리오스의 설교들을 인용할 때에는 설교 번호와 절 번호를 괄호 안에 삽입하여 표기한다(예를 들면, *Or.* 31.3 또는 31.3). 그의 서신을 인용할 때에는 *Ep.*로 표기하고(예를 들어, *Ep.* 101.4), 그의 시(詩)를 인용할 때에는 *Carm.*으로 표기한다(예를 들어, *Carm.* 1.1.2.57-63). 그의 시(詩) 「그의 삶에 관하여」(*De vita sua, Carm.* 2.1.11)는 *DVS*로 축약하여 표기한다. 나지안조스의 그레고리오스의 신학의 연구에서 가장 큰 난관들 중의 하나는 그의 저작 전체가 본질적으로 체계적이지 않다는 점이다. 더 많은 연구를 촉진하기 위하여 본서의 영문판에서는 색인을 제공한다. 그의 저작들에서의 신학적 주제들에 따른 색인, 그의 저작인용을 밝힌 색인, 본서에 대한 일반적인 색인을 제공한다. 고대의 자료들을 표기하는 약어들에 관해서는 참고문헌을 참조하라.

ACW   *Ancient Christian Writers* (Westminster, MD., and New York: Newman, 1946-).

ANF   *The Ante-Nicene Fathers: The Writings of the Fathers Down to A.D. 325* (Edinburgh: 1864; repr., Peabody, Mass.: Hendrickson, 1995).

CSEL   *Corpus Scriptorum Ecclesiasticorum Latinorum* (Vienna: C. Gerodi, etc., 1866-).

ET   English Transtlation

FC   *The Fathers of the Church* (New York: Fathers of the Church; Washington, D.C.: Catholic University of America Press, 1947-).

GCS   *Die griechischen christlichen Schrifsteller der ersten drei Jahrhunderte* (Leipzig, J. C. Hindrichs, 1897-).

Lampe   *A Patristic Greek Lexicon.* Ed. G. W. H. Lampe (Oxford: Clarendon, 1961).

LCL   *Loeb Classical Library* (London: Heinemann; Cambridge, Mass.: Harvard University Press, 1912-).

LSJ   *A Greek-English Lexicon.* Comp. Henry George Liddell, Robert Scott and Henry Stuart Jones, with Roderick McKenzie (9th ed.; Oxford: Clarendon, 1940).

NPNF   *A Select Library of Nicene and Post-Nicene Fathers of the Christian Church* (Series 1-2; Edinburgh: 1886-; repr., Peabody, Mass.: Hendrickson, 1995).

PG   *Patrologiae Cursus Completus Series Graeca.* Ed. J. P. Migne (161 vols.; Paris: 1857-1912).

SC   *Sources Chrétiennes* (Paris: Cerf, 1941-)

서론,

나지안조스의
그레고리오스의 생애와 활동

나 지안조스의 그레고리오스의 저작은 오랫동안 기독교 예배자, 목회자, 신학자에게 영감을 불어넣었다. 그의 정통적인 삼위일체론과 기독론으로부터, 금욕주의 및 목회적 돌봄의 실제들에 관한 그의 중요한 가르침에 이르기까지 나지안조스의 그레고리오스는 짧은 시간 안에 교회사에서 가장 중요한 저술가들 중의 한 사람이 되었다. 그러나 아이러니하게도 현대의 해석자들은 그의 저작을 광범위하게 연구하는 것을 종종 소홀히 하였다. 더 쉽게 접근할 수 있는 다른 인물들에 관한 연구와 비교하면 그러하다. 이 두 가지 현상들은 그의 저작이 비체계적 수사학적 특성을 지니고 그의 그리스어 문체가 고상하기 때문이라고 대체적으로 설명할 수 있다. 대부분의 초기 기독교 문헌은 문학양식이 비체계적이다(그렇다고 신학사상이 비체계적인 것은 아니다). 문학양식에는 설교, 서신, 변증적 논문, 논쟁적 논문이 있으며, 이것들은 구체적인 사회적 상황들을 반영한다. 비체계성은 특히 나지안조스의 그레고리오스에게서 나타난다. 위대한 교부 저술가들 중에서 나지안조스의 그레고리오스의 저작은 거의 전적으로 상황적인 특성을 지닌 것으로 두드러진다.

교부저술가들은 대략 오리게네스의 『제일원리들에 관하여』(*On First Principles*)를 따르는 양식으로 조직하지만, 나지안조스의 그레고리오스의 유명한 「신학설교」(*Theological Orations, Ors. 27-31*)는 본질적으로 자신의 교리에 대해 제기되었던 반대들에 관하여 하나하나씩 응답한 것이다. 그리고 「신학설교」는 현실과 동떨어진 실증적 주석으로서가 아니라 고도로 수사학적인 형식으로 제시되어 있다. 일련의 교리시 7편으로 구성된 그의 시(詩)가 「포에마타 아르카나」(*Poemata Arcana, Carm. 1.1.1-5, 7-9*)로 알려져 있는데, 이것 또한 오리게네스의 계획을 반영한다.[1] 하지만 이것은 마찬가지로 당대의 신학적 쟁점들을 직접적으로 다룬다. 나지안조스의 그레고리오스가 신학자로서 두드러질 정도로 포괄적이고 일관적이지만, 체계적인 논문들을 저술하는 철학자로서라기보다는 위대한 설교자와 문학가로서 문학적 및 수사학적 관점에서 자신의 재능을 활용하기를 선호하였다. 그는 자신이 잘 알고 있는 『제일원리들에 관하여』와 같이 전면적으로 체계적인 저작을 산출하지는 않았다. 그 대신에 자신이 직접 창안한 여러 양식들을 포함하여 광범위하게 다양한 그리스 문학양식들을 드러내는 저작집을 만들고자 선택하였다. 이러한 선택은 고대 그리스 문화가 여전히 규정하는 사회에서 교회가 영향을 미치고자 시도하는 시기에 목회자, 평신도, 젊은 학생들을 위하여 모범적인 기독교 문헌집을 제공하기 위함이었다. 그가 저술한 44편의 설교들은 성경적 선포 및 전통적 기독교 교리를 최고의 그리스 철학적 수사학과 결합시켰다. 여기에는 교회의 주요 절기들을 위한 설교들, 저명한 기독교 지도자들에 대한 찬사들, 친구들 및 친척들을 위한 장례설교들, 신랄한 독설들, 교리적 논쟁들이 포함되어 있다. 그는 다양한 문체들로 여러 주제들에 관하여 작성한 249편의 서신들을 저술하였다. 그리고 호머식의 찬송가, (시적인 형식으로 된 현존하는 최초의 자서전을 포함하여) 자신의 생애에 관한 이야기, 교훈적 주해, 기도문, 묘비문, 삶의 애환과 어리석음에 관한 깊은 성찰들로 구성되어 있는 약 17,000 행의 시(詩)를 남겼다.[2]

이렇게 하여 나지안조스의 그레고리오스의 삼위일체론이 종합적인 저작 전체에 포함되어 있다. 그래서 대단히 요령 있게 살펴보고자 한다면 어느 정도의 예비교육이 필수적이다. 본서 서론의 목적은 나지안조스의 그레고리오스의 저작을 그의 생애와 세상사의 상황 안에서 보는 것이다. 그럼으로써 그의 삼위일체론에 관한 연구와 깊은 관련이 있는 저작과 사건을 강조하고자 한다.[3]

---

1   『포에마타 아르카나』(Poemata Arcana)의 구조와 목적에 관해서는 다음을 참조하라. Daley, "Systematic Theology in Homeric Dress." 또한 다음 책의 서론과 해설을 참조하라. Moreschini and Sykes, *St. Gregory of Nazianzus, Poemata Arcana*.

2   19세기 베네딕투스수도회 사제이며 편집자인 까이유(Caillau)는 나지안조스의 그레고리오스의 시(詩)를 다음과 같은 범주들로 분류하였다. (1) 신학에 관한 시(*Carm*. 1.1), (2) 기독교적 도덕에 관한 시(1.2), (3) 나지안조스의 그레고리오스 자신에 관한 시(2.1), (4) 다른 사람들에게 보내는 시(2.2).

나지안조스의 그레고리오스는 로마제국 카파도키아(Cappadocia)주(州) 안에 있는 어느 시골의 그리스도인 지주계층 출신으로 당대의 지도적인 신학자와 동방교회의 주요한 지도자가 되었다. 그의 생애는 삼위일체 정통교리가 고전적인 형식으로 분명하게 표현되었던 교회사의 핵심시기와 대략 일치한다. 즉, 325년 니카이아 공의회로부터 381년 콘스탄티누폴리스 공의회까지의 시기와 대략 일치한다. 이 시기에 공표된 일련의 제국 칙령들로 인하여 친(親)니카이아적 기독교가 국가의 공식종교가 되었다. 나지안조스의 그레고리오스의 생애는 다음과 같이 편의상 네 주요한 시기들로 구분될 수 있다.

329-359 (30세까지) 나지안조스에서의 어린 시절
　　　　　　　　　 타지에서의 교육
359-375 (30-50세) 나지안조스에서 목회자 및 감독으로 사역
　　　　　　　　　 이후 셀레우케이아에서 4년간 은둔
379-381 (50-52세) 콘스탄티누폴리스에서 감독으로 사역
　　　　　　　　　 총대감독 및 콘스탄티누폴리스 공의회 의장 활동
381-390 (52-61세) 은퇴
　　　　　　　　　 나지안조스에서의 교회 활동 및 저술 활동

3 　표준적인 전기는 다음과 같다. McGuckin, *St. Gregory*. 다음의 책들도 여전히 유용하다. Gallay, *La vie*; Bernardi, *La prédication*. 또한, 다음을 참조하라. Norris, *Faith Gives Fullness*, 1-12; Gómez-Villegas, *Gregorio de Nazianzo*; Daley, *Gregory of Nazianzus*, 1-60. 나는 맥거킨(McGuckin)이 수정한 연대기를 대체로 따른다.

1

329-359 어린 시절 및 교육

나지안조스의 그레고리오스는 329년경 지주계층인 어느 기독교 가정에서 태어났다.[1] 아리안조스(Arianzus)라는 마을 근처에 있는 카르발라(Karbala)의 가족영지는 더 큰 도시인 나지안조스(Nazianzus)로부터 16킬로미터 떨어져 있다. 나지안조스에서 그의 아버지(부친의 이름도 그레고리오스(Gregory the Elder)이다)는 최근에 감독으로 임명되었다. 카파도키아는 꽤 멀리 떨어진 주(州)이지만(그래서 이후에 콘스탄티누폴리스에 사는 사람들은 나지안조스의 그레고리오스의 지방 사투리 억양을 놀렸다), 나지안조스는 시리아 안티오케이아(Antioch in Syria)에 있는 황제의 동방본부와 수도를 연결하는 주요 도로에 위치하였다. 이 주요 도로 덕택에 나지안조스는 더 큰 세계의 정세를 잘 파악할 수 있었다(비록 370년대 말까지이긴 하지만).[2] 남달리 총명하고, 언어와 문학과 소통에 비범한 재능을 지닌 나지안조스의 그레고리

---

[1] 나지안조스의 그레고리오스의 출생 날짜에 관한 학문적인 논쟁에 관해서는 다음을 참조하라. Norris, *Faith Gives Fullness*, 1; Hanson, *Search for the Christian Doctrine of God*, 701. 나지안조스의 그레고리오스가 329년 또는 330년에 태어났다고 현재 대체적으로 합의가 이루어져 있지만, 325년부터 330년까지 다양한 날짜들이 제안되고 있다. Gallay, *La vie*, 25-27.

[2] 378년 황제 발렌스의 방문 이후 7세기 황제 헤라클리우스의 방문까지 어떤 황제도 카파도키아를 방문하지 않았다. Van Dam, *Kingdom of Snow*, 154-155.

오스는 진지한 그리스도인으로 양육되었으며, 그의 부모가 제공할 수 있는 최상의 교육을 받았다.[3]

그의 어머니 논나(Nonna)는 저명한 기독교 가정 출신인데, 이 가정은 오리게네스의 제자 그레고리오스 타우마투르고스(Gregory Thaumaturgus)가 확립한 오래된 카파도키아 전통을 자신들과 동일시하였다. 나지안조스의 그레고리오스에 따르면, 논나는 가정에서 신학적으로 중추적인 역할을 담당하였다. 부친의 장례를 위한 설교에서 나지안조스의 그레고리오스는 어머니를 가족의 영적인 지도자(ἀρχηγός)로 명명하고 어머니의 기독교적 덕을 높이 격찬한다(18.6-7). 논나는 유대적 기독교 분파인 윕시스토스파(Hypsistarii), 즉 지고신(至高神)숭배파(18.5)에 속하였던 것처럼 보이는 남편 그레고리오스를 정통 기독교(7.4; 18.11)에로 회심시켰다. 아들 그레고리오스의 교육을 담당하였던 자는 "진리의 진정한 대변자"인 어머니 논나였다(DVS 64). 그리고 어머니 논나는 아들이 어릴 때부터 정통 기독교에 관한 이해를 갖도록 함으로써 그가 평생 동안 정통 기독교에 헌신하도록 하였다. 그는 자신이 유덕한 사람들 사이에서 양육을 받았으며, 성경을 열심히 공부하였고, 영적 성숙을 위하여 노력하였다고 말한다(DVS 95-100). 그가 이후에 말하는 것처럼(DVS 68-92; Or. 18.11), 그의 어린 시절 중 가장 의미 있는 사건들 중의 하나는 어머니 논나가 그를 하나님께 바친 것이었다. 아들을 전혀 낳지 못할 것이라는 두려움이 있었던 논나는 만약 아들을 낳는다면 하나님께 받은 선물을 돌려드리겠다고 하나님께 서원하였다. 그런 후에 하나님께서 논나에게 나지안조스의 그레고리오스의 모습과 이름을 꿈으로 보여주셨다. 아들을 낳자 논나는 서원하였던 대로 아들을 "제2의 사무엘처럼" 하나님께 바쳤다.

어머니 논나가 아들의 어린 시절 신앙을 담당하였다면, 아버지는 아들의 삶에서 외적인 일들과 관련하여 가장 큰 역할을 감당하였다. 아버지 그레고리오스(약 275-374)는 329년부터 374년까지 45년 동안 나지안조스의

---

3   기본적인 가족이야기의 많은 부분을 다음에서 발견할 수 있다. Or. 18.5-43.

감독이었다. 아버지 그레고리오스는 성실하게 잘 목양하는 목회자이었지만, 특별히 신학자로서의 재능은 없었다. 아버지 그레고리오스는 360년 또는 361년에 자신도 모르게 콘스탄티누폴리스의 유사파 신조(the Homoian Creed of Constantinople)에 서명하였다. 이 신조로 인하여 지역 교회가 분열되었다.[4] 아버지 그레고리오스는 지적으로 더 많은 재능이 있는 아들의 도움이 필요하였기에 — 그리고 아마도 그 동안의 값비싼 교육을 어느 정도 활용할 때가 되었다고 생각하였기에 — 362년 주현절 예식에서 아들의 뜻과는 상관없이 아들을 목회자로 안수하였다. 나중에는 카이사레이아의 바실레이오스와 공모하여 아들을 사시마(Sasima)의 감독으로 임명하였다. 아들 그레고리오스는 기쁘지 않았다. 아들 그레고리오스는 자신이 더 많은 재능이 있는 신학자임을 알았지만 아버지의 권위에 대해서는 복합적인 감정을 느꼈다.

나지안조스의 그레고리오스의 누나 고르고니아(Gorgonia)(약 326-369/370)는 어머니처럼 강인하였다. 금욕적인 실천 및 가난한 자들을 위한 베풂이 탁월하였다. 그리고 어머니와 마찬가지로 자신의 남편 알리피오스(Alypius)의 회심에 영향을 끼쳤다. 남동생 카이사리오스(Caesarius)(약 331/332-368)는 나지안조스의 그레고리오스의 교육 전반기까지는 함께 하였으나 나중에는 의학 분야에서 활동하였다. 카이사리오스는 한동안 콘스탄티누폴리스에서 황제 율리아누스(Emperor Julian)의 궁정의사가 되었고, 비티니아(Bythinia)에서 발생한 지진에 뒤따른 전염병으로 일찍이 사망하였다. 세상 물정에 밝은 카이사리오스는 내성적인 나지안조스의 그레고리오스에게 더 많은 자신감을 주었기에, 그의 사망은 나지안조스의 그레고리오스에게 아주 큰 충격을 주었다. 나지안조스의 그레고리오스는 누나의 장례식과 남동생의 장례식에서 설교를 하였다(*Or.* 7 카이사리오스에 관하여; *Or.* 8 고르고니아에 관하여).[5] 고르고니아를 위한 설교는 여성을 위한 기독교 성

---

4 나지안조스의 그레고리오스의 활동에서의 교리적 논쟁들에 관한 상세한 설명은 본서 서론에 있는 추기를 참조하라.

5 참조. *Ep.* 30, *Epit.* 6, 10. 그리고 카이사리오스에 관해서는 다음을 참조하라. *Epit.* 19.

인전 중에서 현존하는 가장 초기의 저작이다.[6] 이 설교는 고르고니아를 순전히 기독교 성인 여성으로 표현하는데, 고르고니아는 많은 점들에 있어서 카이사레이아의 바실레이오스 및 니사의 그레고리오스의 누이인 마크리나(Macrina)와 비슷하였다. 당시 이러한 묘사는 결혼한 여성에 관하여 드물게 사용되는 표현이었다.

아버지 그레고리오스와 어머니 논나는 자녀들이 탁월한 교육을 받도록 관심을 기울였다. 나지안조스의 그레고리오스가 13세 되었을 때, 카이사리오스와 함께 나지안조스의 현지 문법학자와 공부를 하였다(7.6). 그 이후에는 짧은 기간 동안 이코니온(Iconium)에서 삼촌 암필로키오스(Amphilochius)의 지도를 받았다. 삼촌 집에서 나지안조스의 그레고리오스는 사촌 테오도시아(Theodosia)를, 그리고 사촌이면서 미래의 동료 감독이 될 아들 암필로키오스(Amphilochius)(373-395 이코니온의 감독)를 아마도 만났던 것 같다. 테오도시아는 이후 콘스탄티누폴리스에서의 그의 사역을 후원하였다. 345년경 두 형제는 카이사레이아(Caesarea)로 옮겨 갔다. 여기에서 그들은 문법 및 수사학 학교에서 공부를 하였다. 나지안조스의 그레고리오스가 카이사레이아의 바실레이오스를 처음으로 만난 것은 아마도 바로 이 시기, 즉 그가 약 16세이던 때였다(43.13-14).

그로부터 2년 후인 347년 나지안조스의 그레고리오스는 장기간의 유학을 시작하였다. 오리게네스의 학교와 도서관이 있던 팔레스타인 카이사레이아(Caesarea in Palestine)에서부터 시작하였다. 기독교 교육으로 유명한 이 중심지에서 나지안조스의 고레고리오스는 세계교회가 빠져들게 될 신학적 및 교회적 갈등을 처음으로 알게 되었던 것 같다. 만약 그가 고향에서 오리게네스의 유산을 이미 만나지 않았다면, 여기에서 앞으로 오리게네스의 유산을 접하게 될 것이었다. 그는 기독교신학의 기초와 절정을 오리게네스로부터 배웠고, 자신의 삶의 영적 및 지적 차원들의 확실한 모형을

---

6 참조. Elm, "Gregory's Women." 이것의 선례들을 다음과 같은 초기 순교자 문헌에서 발견할 수 있다. *Martyrdom of Perpetua and Felicitas.*

오리게네스 안에서 발견하였다. 오리게네스처럼, 나지안조스의 그레고리오스는 다른 무엇보다도 연구, 기도, 기독교적 금욕, "철학"에 헌신하는 삶을 귀중하게 여겼다. 그는 또한 이러한 영성적 중심으로부터 나오는 가르침으로 교회를 먹이고자 수고하였다. 그는 이교도 그리스 서신들 중 걸작들이 기독교에 기여할 수 있도록 하였다. 그리고 그의 저작은 그의 스승의 저작과 현저하게 유사한 신비적 정신을 전달한다.[7] 카이사레이아에서 나지안조스의 그레고리오스는 수사학자 테스페시오스(Thespesius)에게서 문학과 수사학 공부를 계속하였다(7.6).[8] 우리가 추측하기로는 제이 소피스트 수사학자(a Second Sophistic rhetorician)인 테스페시오스는 나지안조스의 그레고리오스에게 철학, 문학, 문학비평, 설득술을 종합적으로 가르쳤다. 나지안조스의 그레고리오스에게 수사학의 철학적 형식을 처음으로 소개하였던 이는 아마도 테스페시오스이었다. 나지안조스의 그레고리오스는 이 형식을 장차 자신의 활동 내내 사용하였다.[9] 수십 년 후에 나지안조스의 그레고리오스는 "서신에 대한 열정적인 사랑"에 관하여 쓴다. 그 자신이 젊었을 때 그 사랑에 압도당하였기 때문이었다(DVS 112-113). 이러한 사랑은 죽기까지 계속되었다.

나지안조스의 그레고리오스는 그 다음 해를 알렉산드레이아(Alexandria)에서 보냈다. 방문기간 동안 저명한 오리게네스주의자 시각장애인 디디모스(Didymus the Blind)가 이 도시의 유명한 요리문답학교 교장이었을 것이다. 그러나 이들의 저작에 어떤 유사점들이 있지만, 나지안조스의 그레고리오스가 디디모스에 의해 영향을 받았다거나, 또는 그가 디디모스를 알았음을 보여주는 증거는 없다.[10] 체류하는 동안 아타나시오스(Athana-

---

7 나지안조스의 그레고리오스에게 끼친 오리게네스의 영향에 관해서는 다음을 참조하라. Moreschini, "Influenze di Origene"; *Filosofia e letteratura*, 309; Trigg, "Knowing God." 구체적으로 어떤 점들에서 영향을 끼치는지에 관해서는 본서 전체에서 언급될 것이다. 본서 결론에 있는 간단한 평가를 참조하라.

8 참조. *Carm.* 2.1.1; Jerome, *Vir. illus.* 113.14.

9 여기에 관해서는 다음을 참조하라. Norris, *Faith Gives Fullness*, 17-39 그리고 여러 곳.

10 나지안조스의 그레고리오스와 디디모스와의 관계에 관해서는 본서 결론을 참조하라.

sius)가 거주하고 있었더라도, 그가 나지안조스의 그레고리오스의 저작에 직접적으로 영향을 주었던 것 같지 않다. 카파도키아 교부들이 아타나시오스의 저작을 읽었으며 기본적으로 그의 작업을 계속 이어갔다고 종종 추정된다. 그러나 학자들의 더욱 최근의 관찰에 따르면, 이러한 점을 정확하게 결정하는 것은 더욱 복잡하고 어렵다.[11] 30년 이상 후에 나지안조스의 그레고리오스가 아타나시오스를 기억하며 썼던 찬사에 따르면, 그가 아타나시오스를 개인적으로 알지 못하였음과 그의 저작들도 알지 못하였음을 알려준다(Or. 21).[12]

알렉산드레이아로부터 나지안조스의 그레고리오스는 마지막으로 아테나이(Athens)로 여행하였다. 여기에서 그는 고급 수사학과 문학을 공부하면서 10년을 — 자신의 20대 중에서 더 좋은 시절을 — 보냈다. 이 기간에 관하여 그는 나중에 큰 향수를 느끼며 다음과 같이 묘사하였다. "나의 흥미를 끌었던 유일한 것은 바로 서신에 관한 명성이었다. 동방과 서방이 함께 나에게 그것을, 그리고 그리스 영광 아테나이를 확보해주었다"(Carm. 2.1.1.96-97). 나지안조스의 그레고리오스의 어머니가 그를 바쳤던 이후, 초기 생애에서 그의 인격형성에 두 번째로 가장 중요한 사건이 348년 알렉산드레이아로부터 아테나이로 항해하여 가는 중에 일어났다.[13] 키프로스(Cyprus) 근처에서의 격렬한 폭풍우로 배가 심하게 흔들렸고 다른 배와 거의 충돌할 뻔하였다. 곧 죽을 것 같은 예상으로 그는 자신이 아직 세례를 받지 않았음을 기억하고, "우리를 신적으로 만들어주는 정화의 물"에 의해 자신이 결코 정결하게 되지 못할지도 모른다고 두려워하였다(DVS 164). 나지안조스의 그레고리오스의 글에 따르면, 그는 자신의 옷을 찢고, 몸을 엎드리며, 그리스도께 기도하였다. 만약 자신을 구원하여 주신다면, 그때로부터 계속 그리스도를 위하여 살겠다고 기도하였다(DVS 198). 폭풍우는 진정되

---

11 예를 들면, Hanson, *Search for the Christian Doctrine of God*, 678-679.

12 나지안조스의 그레고리오스와 아타나시오스와의 관계에 관한 더 충분한 평가에 관해서는 본서 결론을 참조하라.

13 이 사건에 관한 나지안조스의 그레고리오스 자신의 설명이 세 번 나타난다. *DVS* 121-209; *De rebus suis* 2.1.1.307-321; *Or*. 18.31.

었다. 아테나이에 도착할 때, 그는 그리스도께 자신을 바쳤다. 자신의 시(詩)들에서 나지안조스의 그레고리오스는 지혜의 인물과 순결의 인물이 따라가는 삼위일체의 빛에 관한 비전을 보았던 꿈을 묘사한다.[14] 이 비전은 그에게 "지혜의 삶을 위한 경건한 불타는 사랑"을 주었고, 이로써 그는 "높이 이끌리어 빛 가운데서 변모되어 불멸의 삼위일체의 광채 안에 선다."[15] 이 비전의 결과로 그는 "나는 세상에 대하여 죽었고 세상은 나에 대하여 죽었다."[16]라고 말한다. 이러한 이야기들은 어느 학식 있는 젊은 로마인이 배워서 행하게 될 직업을 자신이 선택한 것에 대해 공식적인 설명을 제시하는 것과 같이 보인다. 부친의 장례를 위한 설교에서 그 사건을 보고하였다는 점으로부터 판단하면(18.31),[17] 그리고 이 시점에서 착수한 금욕의 실천으로부터 판단하면, 나지안조스의 그레고리오스가 아테나이에 도착하자마자 세례를 받았음을 이 비전은 암시한다.[18] 그래서 나지안조스의 그레고리오스의 설명은 금욕의 실천에 대한 그의 헌신을 설명하여 준다. 즉, 4세기 말의 신중한 그리스도인들에게 세례가 포함하는 금욕의 실천에 대한 헌신을 설명하여 준다.[19]

이렇게 그리스도에게 자신을 다시 바친 나지안조스의 그레고리오스는

---

14 *Carm.* 2.1.1.195-212 *De rebus suis*; 2.1.45. 191-269 *Carmen lugubre.*

15 *Carm.* 2.1.45. 261-262.

16 *Carm.* 2.1.1.202.

17 "그러한 위험[폭풍] 때문에 우리는 자신을 하나님께 바쳤다. 만약 우리가 구조된다면 우리 자신을 하나님께 드리기로 약속하였기 때문이었다. 우리는 구조를 받았고 우리 자신을 하나님께 드렸다."

18 Benoît, *Saint Grégoire*, 47-48; Baronius, *Dissertationes theologicae*, t. 15, 376; McGuckin, *St. Gregory*, 55 n88. 나지안조스의 그레고리오스의 전기를 쓴 7세기 작가 장로 그레고리오스(Gregory the Presbyter)는 그의 세례의 시점을 358년 카파도키아로 돌아온 때라고 여긴다(*V. Greg. Naz.*; *PG* 35.257). 그러나 이에 대한 증거는 거의 없다. 이러한 날짜가 이후 여러 사람에 의해 유지되고 있다. Clémencet (*PG* 35.173A), Tillemont (*Mémoires*), Gallay (*La vie*, 67 n3), Hanson (*Search for the Christian Doctrine of God*, 701), Meehan (*FC* 75, 35 n24). 「그의 삶에 관하여」에서 당시 "더 큰 신비들에로의 예비적 입문들"(*DVS* 276)에 관한 그의 언급이 카파도키아로 돌아올 때까지 세례를 연기한 것이라고 그동안 간주되어 왔다. 그러나 이 구절은 그가 적극적 또는 관상적 삶의 양식을 받아들일 것인지 아닌지에 관하여, 그리고 수사학을 대중적으로 가르치는 것을 버릴 것인지 아닌지에 관하여 결정을 오랫동안 끌고 있음을 가리키는 것으로 이해하는 것이 더 좋다. 이후에 나오는 행들은 그가 두 가지를 결합하여 중도의 길을 결정하였다고 보고한다(*DVS* 300-311).

19 McGuckin, *St. Gregory*, 75.

아테나이에서 카이사레이아의 바실레이오스와 함께 공부를 시작하였다. 카이사레이아의 바실레이오스는 비잔티온(Byzantium)으로부터 아테나이로 여행하여 왔다(43.14). 이들은 전문적인 연설가로 훈련을 받으면서 함께 기독교적 제자도의 새로운 삶을 공유하였다. 그래서 서로 우정을 나누는 가장 행복한 시간을 누렸다. 나지안조스의 그레고리오스가 나중에 쓴 글에 따르면, 그들을 "하나님께서 함께 모으셨고, 더 고상한 것들에 대한 열망으로 함께 모였다." 그들은 "모든 것들을 함께 공유하였고 하나의 영혼이 두 개의 분리된 몸들을 연합시키는 것과 같았다"(DVS 229-232). 그러나 나지안조스의 그레고리오스가 놀라고 크게 실망스럽게도, 카이사레이아의 바실레이오스는 예기치 않게 356년 경 아테나이를 떠나 카이사레이아로 되돌아갔다. 나지안조스의 그레고리오스는 358년까지 철학적 수사학을 계속 공부하였다. 황제 율리아누스(Emperor Julian)를 가르쳤던 이교도 수사학자 히메리오스(Himerius)와 기독교 수사학자 프로하이레시오스(Prohaeresius)와 함께 공부하였다.[20] 체류를 마칠 즈음에 나지안조스의 그레고리오스는 두각을 나타내었다. 아테나이에서 수사학 교사로서 활동할 수 있도록 기금이 주어진 세 자리들 중의 하나를 제안 받을 정도로 두각을 나타내었다.[21]

---

20   Socrates, HE 4.26; Sozomen, HE 6.17.
21   참조. Libanius, Or. 1.24-25; 2.14; Norris, Faith Gives Fullness, 5 n29.

2

359-375 카파도키아에서의 사역

　나지안조스의 그레고리오스는 358년 또는 359년 30세의 나이에 카파
도키아로 되돌아왔다(DVS 239). 그는 잠시 동안 나지안조스에서 수사학을
가르쳤다. 아마도 고향 지역 및 가족에 대한 의무들을 감당하기 위해서였
다.[1] 그리고 그는 폰토스(Pontus)에 있는 카이사레이아의 바실레이오스를
보기 위하여 여러 번 방문하였다. 그곳에서 두 사람은 연구 및 기도의 수도
원적 실천을 계속하였다.[2] 카파도키아로 돌아온 첫 여러 해 동안 나지안조
스의 그레고리오스가 뚜렷하게 삼위일체적[3] 및 오리게네스적 기독교를 형
성하는 것이 대체로 완성되었던 것처럼 보인다. 적어도 기본적인 윤곽에서
는 그렇다. 358년과 362년 사이에 때때로 나지안조스의 그레고리오스와
카이사레이아의 바실레이오스는 성경주석과 자유의지에 관한 오리게네스
의 저작들의 선집을 만들었다. 『필로칼리아』(Philocalia)로 알려진 이 저작
은 『제일원리들에 관하여』 제3권과 제4권, 여러 설교들과 주석들, 또는 『켈

1　나지안조스의 그레고리오스가 나지안조스에서 수사학을 가르치는 것의 동기들에 관해서는 다음
　　을 참조하라. McLynn, "Among the Hellenists."
2　폰토스에 있는 카이사레이아의 바실레이오스의 가족소유지에 대한 이름 "안니사(Annisa)" ("안
　　네시(Annesi)" 또는 "안네사(Annesa)")는 그의 『서신 3』에 단 한 번 언급되어 있지만 확실하지 않
　　다. 아마도 카파도키아의 어느 곳을 가리킬 수 있다. Huxley, "Saint Basil the Great and Anisa";
　　Rousseau, Basil, 62 n7 그리고 추가적인 참고문헌. 더 이상의 정보가 없기 때문에 나는 그 동안의
　　관례적인 이름을 받아들인다. 본서의 지도 부분을 참조하라.

소스를 반대하며』(*Against Celsus*)에 있는 몇몇 그리스어 구절들을 보존하는 유일한 자료이다. 이 시점에서 두 사람이 정확하게 어떻게 서로 영향을 주었는지에 관해서는 분명하지 않다. 그러나 카이사레이아의 바실레이오스의 초기 주요 저작인 『에우노미오스를 반대하며』(*Against Eunomius*)는 그들의 공동의 노력들을 확실히 반영한다. 이 저작은 360-361년에 저술된 에우노미오스의 『변증』(*Apology*)에 대한 응답으로 아마도 363년에 쓰여진 것 같다.[4] 이 저작에서 카이사레이아의 바실레이오스는 에우노미오스에 반대하여 그리스도의 온전한 신성을 선포하는 것을 옹호한다. 이러한 그의 작업은 어느 정도 나지안조스의 그레고리오스의 저작을 닮았다. 특히, 카이사레이아의 바실레이오스는 신학적 언어의 본질에 관하여 다루었고, 성부, 성자, 성령의 정체성들을 다루었다.[5]

---

3   나는 "삼위일체적(Trinitarian)" 또는 "강력한 삼위일체적(strongly Trinitarian)"이라는 용어를 성자 및 성령의 온전한 신성을 고백하는 것과 삼위일체의 일치성 및 공유된 신성 또는 신적 존재를 고백하는 것을 의미하는 것이라고 여긴다. 그러한 고백은 서로 다른 지역전통들에 속한 신학자들에 의하여 다양한 방식들로 표현된다. 나는 "니카이아적(Nicene)" 또는 "친(親)니카이아적(pro-Nicene)"이라는 용어를 규범적인 교리적 의미로 사용하지 않는다. 규범적인 교리적 의미로 사용한 예로는 다음과 같다. Hanson (*Search for the Christian Doctrine of God*), Behr (*Nicene Faith*), Ayres (*Nicaea*). 그러나 나는 이 용어를 신앙의 보편적 일치적 표준으로서의 니카이아 공의회의 교리 또는 신조를 명시적으로 지지하는 것으로 사용한다. 나는 에이레스의 『니카이아』(*Nicaea*, 특히, 236-240)에서 발견되는 친(親)니카이아적 교리에 관한 규정을 받아들이지 않는다. 왜냐하면 그것은 과도하게 전문적이어서 그것이 기술하고자 하는 신학자들 중 많은 이들을 왜곡하기 때문이다. 에이레스의 두 번째 규정, 즉 "성자의 영원한 출생이 단일한 불가해한 신적 존재 안에서 일어난다"는 점은 특히 그레고리오스적이지 않다. "삼위일체적(Trinitarian)"과 "친(親)니카이아적(pro-Nicene)"을 구별하는 것이 중요하다. 왜냐하면 (a) 이 경우에서 나지안조스의 그레고리오스와 아시아의 다른 신학자들은 어떤 일관성이나 결정적인 신학적 의미로서 자신들을 니카이아와 동일시하지 않았기 때문이다; (b) 나지안조스의 그레고리오스가 친(親)니카이아적 운동에 함께 할 때 그의 교리는 아시아적 신학전통의 결정적인 특성을 지니고 있기 때문이다(이후에 유사적(homoian) 교리 및 상이본질적(heterousian) 교리와는 구별되는 유사본질적(homoiousian) 교리라고 명명된다). 그러한 특성은 니카이아에 반대한 것으로 유명하였던 더 이른 시기의 에우세비오스적 전통에 강력한 뿌리를 두고 있다; (c) 나지안조스의 그레고리오스는 자신을 니카이아와 느슨하게 동일시한다. 그렇지만 우리가 아타나시오스 또는 다마수스 등등에게서 발견하는 빈도수, 일관성, 또는 결정적인 수준의 규정과 같은 것은 전혀 보이지 않는다; 그러므로 (d) 니카이아의 독특한 용어와 구절은 ―즉, 성자는 "성부와 동일본질이며(of one being with the Father (ὁμοούσιος τῷ Πατρί))" 그리고 성자는 "성부의 존재로부터(from the being of the Father (ἐκ τῆς οὐσίας τοῦ Πατρός))" 태어난다― 나지안조스의 그레고리오스의 교리를 이해하는 데에는 제한적인 가치를 지닌다.

4   카이사레이아의 바실레이오스가 나지안조스의 그레고리오스의 저작의 중요한 출처이라는 일반적인 견해는 다음에 나타난다. Markschies, "Gibt es eine einheitliche 'kappadozische Trinitätstheologie'?", 210. 이러한 견해는 홀의 입장을 따른다. Holl, *Amphilochius*, 158-159의 입장을 따른다. 그러나 이러한 견해는 철저하게 재고되어야 한다.

5   나지안조스의 그레고리오스의 저작과 카이사레이아의 바실레이오스의 저작 사이의 관계를 살펴보려면 본서의 결론을 참조하라.

카파도키아에서 나지안조스의 그레고리오스의 성인기 첫 여러 해 동안 여러 사건들이 발생하였고, 그의 인생의 여정을 급격하게 바꾸었다. 황제 콘스탄티우스(Emperor Constantius)의 후원 하에 360년 콘스탄티누폴리스에서 개최된 교회회의는 그리스도에 관하여 반(反)니카이아적 유사적 교리(anti-Nicene homoian doctrine)를 제국의 공식적인 교리로 공표하였다. 이것은 나지안조스의 그레고리오스가 나지안조스에서 자라면서 접한 신앙에, 그리고 부친의 교회의 신앙에 대립되는 것이었다. 동일한 해에 상이본질파(heterousian) 신학자인 에우노미오스는 키지코스(Cyzicus)의 감독으로 임명되었는데, 그는 361년 즈음 『변증』을 저술하여 자신이 360년 교회회의에서 제시하였던 것과 같은 철저히 종속론적인 교리를 옹호하였다. 설상가상으로, 나지안조스의 그레고리오스의 부친은 부주의하게도 유사적인(homoian) 콘스탄티누폴리스 신조에 서명함으로써, 다수의 지역 수사들이 그와의 교제를 중단하는 일이 벌어졌고 이로써 지역교회가 분열되었다. 361년 11월 3일 황제 콘스탄티우스가 사망하였다. 그의 후계자 황제 율리아누스는 교회를 방해하고 고대 그리스의 종교의식들을 회복하고자 조직적인 노력을 즉각적으로 시작하였다. 말할 필요도 없이, 이러한 변화들은 초기 단계에 있는 친(親)니카이아적 운동에 심각한 타격을 가하였다. 소(小)아시아의 나지안조스의 그레고리오스와 많은 그리스도인들은 최근에 이 운동에 가담하기 시작하였다.

이 모든 일들을 나지안조스의 그레고리오스가 뼈져리게 느끼는 사건이 일어났다. 그의 부친이 362년 주현절에 그를 목회자로 강제로 임명한 사건이었다. 분열된 지역교회에서 그의 도움을 얻기 위함이었다. 나중에 나지안조스의 그레고리오스는 이 사건을 부친의 손에 의해서 일어난 "끔찍한 충격"이며 "독재적인 행태"이라고 묘사하였다(DVS 337, 345). 목회직의 공적 직무가 자신이 아주 즐겼던 관상적인 고독을 빼앗기 때문에 나지안조스의 그레고리오스는 목회직을 경멸하였다는 견해가 오랫동안 받아들여졌다. 그러나 자신에게 부여된 권위를 본인이 결코 바라지 아니하였다는 그의 항변들은 모두 심히 변증적인 저작들에서 나타난다. 즉, 381년 이후 자신의 권위가 의문시되고 있을 때에 이 권위를 옹호하고자 하는 저작들에서 나타난다. 더군다나, 그와 같은 항변들은 바로 이러한 목적을 위하여 의도된 헬레니즘적 정치수사학의 표준적인 전략이다. 이러한 언급들과는 별도로, 그가 교회의 방향과 지도력에 관하여 깊은 관심을 가졌다는 점은 분명하다. 그래서 그는 목회직을 수행하면서 자신의 영향력을 행사하기 위하여 많은 희생을 감수하였다.

당분간 그는 폰토스로 돌아가서 카이사레이아의 바실레이오스와 함께 연구하고 기도하기 위한 기간을 추가적으로 보냈다. 두 사람은 어려움에 처해 있는 교회의 상황을 심사숙고 하였다. 그리고 최고로 훈련된 젊은 기독교 지성인들로서 교회의 지도력에 참여하는 자신들의 책임감을 깊이 생각하였다. (더 일찍은 아니더라도) 이 기간 동안 나지안조스의 그레고리오스는 자신의 독특한 금욕주의 이론을 만들었다. 즉, 조용한 연구와 공적 임무를 병행하는 "중도(middle path)"의 이상에 관한 이론을 만들었다.[6] 나지안조스의 그레고리오스가 362년 부활절에 나지안조스로 돌아왔을 때, 목회직에 대한 개인적인 사명감이 새로워진 상태였고, 기독교 지도력의 본질에 관하여 심사숙고하여 이해하는 상태였다. (카이사레이아의 바실레이오스의 차례가 곧 바로 다가왔다. 그는 이듬해인 363년 감독 에우세비오스[Eusebius]에 의하여 카이사레이아에서 목회자로 임명을 받았다. 그리고 370년 즈음에는 카이사레이아의 감독이 되었다.)

나지안조스의 그레고리오스는 자신의 새로운 목회적 책임들을 담당하는 동안 자신의 첫 세 편의 설교를 자신의 도피와 귀환을 설명하는 데에 할애하였다. 그러면서 목회사역의 본질에 관하여 성찰하고, 지역교회의 분열을 해결하고, 황제가 시행하기 시작하였던 교회에 대한 공격에 대비하고자 하였다.[7] 나지안조스의 그레고리오스의 「설교 2」는 목회직의 본질에 관한 광범위한 연구로서 그와 같은 종류로는 현존하는 기독교 문헌 중에서 첫

---

6 나지안조스의 그레고리오스가 수도원적 조용한 삶과 교회에 대한 공적인 섬김을 결합하는 것에 관해서는 다음을 참조하라. Gautier, *La retraite*; McLynn, "Self-Made Holy Man," 464; 그리고 본서 I 장을 참조하라.

번째이다. 그리고 「설교 2」는 목회사역에 관한 이후 교부시대 논문들의 중요한 자료가 되었다. 본서 Ⅴ장에서 이 점을 상세하게 다룰 것이다. 피해를 최소화하기 위한 노력으로 나지안조스의 그레고리오스는 「설교 3」에서 지역 수사들에게 상호간의 불화를 중단하도록, 그의 부친의 회중에게로 돌아오도록, 신학적인 해결을 만드는 것은 자신에게 맡기도록 호소한다(3.7). 이 설교는 나지안조스의 그레고리오스가 자신의 신학적 역량이 부친보다 뛰어나다는 점을 스스로 인식하고 있음을 보여주는 여러 경우들 중 첫 번째에 해당한다. 이러므로 나지안조스의 그레고리오스가 교권에 대하여 양가적인 입장을 가졌다는 기존의 견해에도 불구하고, 그는 교회의 지도력을 갱신하고자 하는 다짐으로, 그리고 교회의 지도력 안에서 삼위일체 교리가 차지해야 하는 중심적인 위치를 새롭게 하고자 하는 다짐으로, 자신의 목회사역을 시작하였다.

나지안조스의 그레고리오스가 자신의 신학적 및 교회적 지도력에 관해서 가지는 확고한 생각은 다음 이년 동안 일어나는 사건들에서 알 수 있다. 362년 한여름 황제 율리아누스는 그리스도인들이 제국 내에서 수사학과 그리스문학을 가르치는 것을 공식적으로 금지하였다.[8] 나지안조스의 그레고리오스는 즉각적으로 반격을 시작하였다. 자신의 동생에게 편지를 써서 궁정 의사직을 사임하도록 요청하였다. 자신의 동생과 황제 율리아누스와의 연관성이 나지안조스의 교회에 좋지 않은 소문을 일으키고 있었기 때문이었다(Ep. 7). 그리고 나지안조스의 그레고리오스는 362-363년에 황제를

---

7   361-362년 겨울 황제 율리아누스는 안티오케이아에서의 이교적 의식들을 회복하기 위하여 자신의 삼촌을 보내었다. 도중에 그는 카이사레이아에서 행운의 여신 신전 파괴를 포함하여 카파도키아 지역의 반발을 초래하였을 수 있다. 다음을 참조하라. Gregory's Or. 2.87 ("나는 외부로부터 다가오는 전쟁을 두려워하지 않으며, 교회들을 대적하여 지금 일어나고 있는 짐승, 즉 악의 성취도 두려워하지 않는다."); 4.92; Van Dam, Kingdom of Snow, 190.

8   참조. C. Th. 13.3.5. 이것이 그러한 금지의 시행과 때때로 연관된다. 그렇지만 이것은 실제로 그리스도인들을 언급하지 않으며 참으로 다른 상황을 드러낸다. 그러나 로마의 역사가 암미아누스 마르켈리누스(Ammianus Marcellinus)는 그가 362년 7월부터 시작하여 안티오케이아에 거주할 때 황제 율리아누스가 기독교 교사들을 금지하였다고 분명하게 비판한다(Amm. Marc. 22.10.7). 그러한 금지를 실제로 언급하고 있는 황제 율리아누스의 「서신」(Ep. 36)은 6월 17일 이후 오래지 않아 공표된 칙령의 상실된 본문을 반영할 수 있다. 어느 경우이든 법제정이 어떤 식으로 분명하게 실행되었다. 참조. Friend, Rise of Christianity, 612 n58; Matthews, Laying Down the Law, 274-275.

비난하는 두 편의 긴 설교를, 즉 「율리아누스에 반대하며」(Against Julian, Ors. 4-5)를 썼다. 그는 여기에 자신의 이름과 카이사레이아의 바실레이오스의 이름으로 서명하였다.[9] 아마도 그는 구두로 결코 발표하지는 않았을 것이다. 장문의 이 설교에서 그는 황제 콘스탄티우스 이후의 정통 기독교의 운명에 관하여 설명하고, 그리스 사회와 문화 내에서의 그리스도인들의 위치를 옹호한다. 특히, 기독교가 그리스 종교 및 철학에 대하여 가지는 우월성을 논증한다. 그리고 기독교의 특징을 사회적 덕인 박애(philanthropia)를 최고로 보여주는 공동체라고 기술한다.[10] 362년 말 나지안조스의 교회에 보내는 설교에서(Or. 15) 나지안조스의 그레고리오스는 회중에게 황제 율리아누스 하에서의 더 큰 핍박에 대비하도록 촉구하였다. 지역의 모든 교회들을 강화하기 위한 관심으로 나지안조스의 그레고리오스는 카이사레이아의 바실레이오스에게 편지를 써서 새로운 총대감독 에우세비오스 하에 있는 카이사레이아 목회자단에 참여하도록 격려하였다(Ep. 8.4).

동일한 해 나중에 나지안조스의 그레고리오스는 카이사레이아로 여행하였다. 카이사레이아의 바실레이오스를 에우세비오스에게 직접 추천하기 위함이었고, 또한 나지안조스에서 계속되는 분열을 해결하기 위한 자신의 노력에 대하여 카이사레이아의 바실레이오스의 지원을 얻기 위함이었다. 여행에서 돌아오자마자 나지안조스의 그레고리오스는 화해를 이루었던 것처럼 보인다. 「설교 6」, 즉 「평화에 관한 첫 번째 설교」(First Oration on Peace)는 이전보다 훨씬 더 높은 수준의 신학적 중재력을 보여주고 있고, 삼위일체에 관하여 간결하지만 중요한 구절을 포함하고 있기 때문이다 (6.22). 그리고 363년에 그는 또한 카이사레이아의 바실레이오스의 남동생 니사의 그레고리오스에게 편지를 썼다. 이들의 누나 마크리나의 요청으로 편지를 써서 니사의 그레고리오스가 전문적 수사학자로서의 경력을 포기하고, 그 대신에 목회자로서 교회를 섬기는 데에 헌신하도록 설득하기 위

---

9   "바실레이오스와 그레고리오스가 이러한 말들을 당신에게 보낸다"(Or. 5.39).
10 그리스적 박애와 기독교적 박애의 역사와 본질에 관해서는 다음을 참조하라. Daley, "Building a New City."

함이었다(Ep. 11). 친구들과 가족에게 보인 이러한 일련의 모습들에서 우리는 나지안조스의 그레고리오스가 교회의 지도력에 얼마나 헌신하였는지를 잘 알 수 있다.

363년 황제 율리아누스가 갑작스럽게 사망하자 상황이 다시 바뀌었다. 그를 뒤이어 친(親)니카이아적 황제 요비아누스(Emperor Jovian)가 일 년 동안 잠깐 통치하였다. 이후에는 유사파 발렌스(Emperor Valens)가 오랫동안 통치하였는데, 그는 364년에 로마제국의 동쪽지역의 황제가 되었다. 나지안조스의 그레고리오스가 카이사레이아 교회에서 감당하는 중요한 역할은 여러 해 동안 계속되었다. 365년에 에우세비오스는 황제 발렌스의 제국수행단과의 신학토론에 그를 초청하였다. 제국수행단은 카파도키아 교회의 신앙고백을 점검하기 위하여 순회하였다. 카이사레이아의 바실레이오스와 에우세비오스 사이에 대립이 커져가고 있었기 때문에, 나지안조스의 그레고리오스는 이 기회를 이용하여 카이사레이아의 바실레이오스가 카이사레이아 목회자단에로 복귀하는 것을 확실하게 하고자 하였다(Ep. 16-19; Or. 43.31). 신학논쟁에서 나지안조스의 그레고리오스와 카이사레이아의 바실레이오스는 황제 발렌스와 궁정수사학자들을 이겼다(43.32). 372년에 이러한 일이 반복될 것인데, 이때는 카이사레이아의 바실레이오스가 감독으로 있었다.[11]

360년대 말에 카파도키아에 가뭄이 생겼다. 나지안조스의 그레고리오스는 사회구제사업에서 주요한 역할을 담당하였다. 이것은 아주 영구적인 의미가 있었다. 카이사레이아의 바실레이오스 가족토지에 극빈자들을 위한 호스피스 및 의료 시설을 세웠다. 카이사레이아의 바실레이오스는 이것을 프토코트로페이온(πτωχοτρφείον)이라고 명명하였다.[12] 이 시설은 감독과 여행자들을 위한 방 외에도, 가난한 자들을 먹이고 돌보는 장소였으며 아

---

11 이러한 두 번째 논쟁과 관련하여 나지안조스의 그레고리오스는 카이사레이아의 바실레이오스가 황제 발렌스의 대리자 모데스투스(Modestus) 앞에서 감독으로서 솔직한 언설(즉, 파레시아(parrhesia))을 전설적으로 드러낸 것을 불후의 모습으로 남겼다(Or. 43.49-50).

12 Basil, Ep. 176.

폰 자들이 치료를 받을 수 있는 곳이었다. 나지안조스의 그레고리오스는 사회구제사업을 위한 기금을 모으기 위한 목적으로 가능한 한 많은 곳에서 「가난한 자들을 사랑함에 관하여」를 전하였다. 이것은 이 주제에 관하여 카파도키아 교부들이 행한 여러 설교들 중의 하나였다. 영향력이 있는 이 설교에서 나지안조스의 그레고리오스는 아픈 자들과 가난한 자들을 위한 기독교적 박애의 새로운 프로그램을 개략적으로 제시한다. 그리고 이 설교는 그가 모든 그리스도인들의 기본적인 사역을 어떻게 이해하고 있는지를 구체적으로 보여준다. 본서 V장이 이 점을 철저하게 검토할 것이다. 새로운 시설의 건설은 카이사레이아의 바실레이오스와 나지안조스의 그레고리오스가 서로 소원해진 이후 카이사레이아의 바실레이오스의 감독직 수행 동안에 최종적으로 완성되었다. 이 시설은 마침내 규모가 거대하여 "새로운 도시"로 명명될 정도였고(46.43), 카이사레이아의 경계를 재정립할 정도였다.[13] 부분적으로는 카이사레이아의 바실레이오스의 활동에 관한 나지안조스의 그레고리오스의 과찬의 말들 덕분에(43.63), 사회구제사업에서 나지안조스의 그레고리오스의 역할은 그동안 일반적으로 과소평가되어 왔다. 그래서 이 시설은 후대에 "바실리아드(Basiliad)"로 알려지게 되었다.[14]

368년과 370년 사이에 나지안조스의 그레고리오스는 여러 가족들이 사망하는 일련의 일들을 겪었고, 이것이 그에게 깊은 영향을 끼쳤다. 자신의 형제 카이사리오스, 사촌 에우페미오스, 누이 고르고니아와 그 남편 알리피오스가 죽었다. 그러나 이러한 상실감보다 아마도 훨씬 더 큰 상실감은 자신의 오랜 친구이며 협력자이었던 카이사레이아의 바실레이오스와의 관계가 결렬된 것이었다. 카이사레이아의 감독관할구를 얻기 위한 카이사레이아의 바실레이오스의 공격적인 운동이 두 사람 사이에 첫 번째 심각한 틈을 벌여놓았다. 나지안조스의 그레고리오스 자신이 그 자리를 원하였을 것이라는 점은 전혀 불가능하지는 않다. 그러나 결정적인 일이 372년에

13　Holman, *The Hungry Are Dying*, 74-75.
14　Sozomen, *HE* 6.34.

일어났다. 황제 발렌스가 카파도키아를 두 개의 행정교구들로 나누었고 안티모스(Anthimus)가 자신을 티아나(Tyana)의 감독과 카파도키아 세쿤다(Cappadocia Secunda)의 총대감독으로 배정하였을 때,[15] 나지안조스의 그레고리오스의 부친과 카이사레이아의 바실레이오스는 세력기반을 확장하기 위하여 나지안조스의 그레고리오스를 사시마라는 후미진 교차로 지역의 감독으로 임명하고자 도모하였다. 나지안조스의 그레고리오스는 카이사레이아에서 바실레이오스와 함께 보좌 감독과 감독교회 설교자가 되리라는 기대감으로 처음에는 이 임명을 받아들였을 것이다.[16] 어쨌든, 나지안조스의 그레고리오스는 자신이 사시마에서 거주하는 것을 실제로 카이사레이아의 바실레이오스가 의도하였다는 점을 나중에 깨달았다. 카이사레이아의 바실레이오스가 감독직 권위를 행사하는 고압적인 자세로 인하여 두 사람의 관계가 회복할 수 없을 정도로 깨어졌다. 나지안조스의 그레고리오스는 379년 말에 나지안조스의 교회에 임명되었다. 두 사람의 관계가 틀어졌고, 심지어 정통신앙을 위하여 두 사람이 어느 정도로 계속 협력하는 동안에도 그러하였다. 두 사람 사이의 불화는 대부분의 현대 역사기록에서는 간과되어 왔다. 그렇지만 다음 십 년 동안의 신학발전에서 이 일은 뚜렷하게 드러났다.[17]

또 다시, 나지안조스의 그레고리오스가 결코 이상적이지 않은 상황 속에서 지도력의 자리로 옮긴 것이 놀랍도록 유익한 결과들을 드러내었음이 입증되었다. 그가 사시마에서 감독관할교구를 결코 맡지 아니하였던 것처럼 보인다. 그 대신에 그는 보좌 감독으로서 나지안조스에서 부친에게 합류하였다. 372년부터 373년 초까지 감독교회에서 행한 첫 설교들에서 그는 목회자로서의 자신의 활동의 본질에 관하여 성찰하고, 자신의 삼위일체

---

15 더 광범위한 논쟁의 관점에서 볼 때 안티모스(Anthimus)의 신학적 입장은 불명확하다. 이러한 사실은 공적인 신학적 범주들이 얼마나 유동적이었는지를 보여주며, 또한 그러한 범주들이 실제의 신학적 입장들을 파악하는 데에 제한적인 유용성이 있음을 강조한다.

16 McGuckin, *St. Gregory*, 191.

17 나지안조스의 그레고리오스와 카이사레이아의 바실레이오스와의 결별에 관한 유용한 재구성에 관해서는 다음을 참조하라. McGuckin, *St. Gregory*, 167-198.

론 기획을 대담하게 발표한다(Ors. 9-12). 그러나 다시 압도된 나지안조스의 그레고리오스는 중도(middle course)의 길에 헌신하였다. 즉, 수도원적 삶을 통하여 신적 빛과 연합하는 것과 교회의 감독으로서 그 빛을 다른 이들에게 드러내는 것 사이에서의 중도의 길에 헌신하였다. 그에 따르면, 이것은 고독에 대한 자신의 갈망과 성령의 인도하심을 결합하는 형태의 삶이었다. 왜냐하면 "한 개인의 영혼의 진보보다는 온 교회의 개혁이 더 선호되기 때문이다"(12.4). 그는 자신의 새로운 감독직을 그가 아는 일부 감독들의 전적으로 세속적인 사역들과는 대조적으로(아마도 카이사레이아의 바실레이오스를 가리킨다; 12.1-3) 주로 성령의 활동의 관점에서 기술한다. 이 시점에서 나지안조스의 그레고리오스는 주로 "성령과 다투는 자들(Spirit-Fighters)"에게 반대하여 자신의 입장을 규정한다. 비록 그들이 성자의 신성을 고백한다고 하더라도(11.6)[18] 그는 반대한다. 이때에는 그들 중에 카이사레이아의 바실레이오스가 포함된다. 카이사레이아의 바실레이오스가 성령의 신성을 온전히 고백하는 데에 참여하기를 거부하기 때문이다.

이후 373년 중에 나지안조스의 그레고리오스는 카파도키아 세쿤다(Cappadocia Secunda)에 있는 도아라(Doara)의 새 감독 에우랄리오스(Eulaius)의 위임식에서 설교하였다(Or. 13). 이것은 카이사레이아의 바실레이오스의 교회법적 권한과는 별도로 자신의 감독직 권한 행사를 그에게 보여주기 위한 조치였다. 나지안조스의 그레고리오스는 온건한 삼위일체적 진술로 에우랄리오스를 위임하면서 자신의 신학적 기획을 드러낸다. "세 위격들(hypostases)로 하나의 영광과 광채 가운데 계신 성부 하나님, 성자 하나님, 성령 하나님을 예배하는 것을 가르치십시오"(13.4).[19] 삼위일체에 관한 그의 온전한 교리를 선호하였던 수도사들이 여기에 참석하였고, 그들

---

18 οἱ πολεμίοι τοῦ Πνεύματος. "성령과 다투는 자들(Spirit-Fighters)"의 새로운 출현에 관해서는 본서 서론을 참조하라.

19 또는 "성부를 하나님으로, 성자를 하나님으로, 성령을 하나님으로 예배하는 것을 가르치라. …" Δίδασκε προσκυνεῖν Θεὸν τὸν Πατέρα, Θεὸν τὸν Υἱόν, Θεὸν τὸ Πνεῦμα τὸ ἅγιον, ἐν τρισίν ὑποστάσεσιν, ἐν μιᾷ δόξῃ τε καὶ λαμπρότητι. 이것은 성령을 "하나님"으로 부르기에 강력한 신앙 고백이다. 또한, 이것은 본질의 관점에서보다는 영광과 광채의 관점에서 신적 일치성에 관하여 말하는 점에서 온건하다.

중 일부는 카이사레이아의 바실레이오스를 비판하였다. 즉, 그가 성령의 신성에 관하여 말을 아끼는 것을 비판하였다. 이러한 일로 자극을 받은 나지안조스의 그레고리오스는 그가 온전히 고백하도록 권면하였다(*Ep.* 58).[20] 그는 화를 내며 반응하면서 그러한 권면을 거부하였다.[21]

다음 두 해 동안 나지안조스의 그레고리오스는 더 깊은 슬픔의 시간을 보냈다. 373년 중 나중에 그는 심각한 목회적 위기에 직면하였다. 카파도키아에 가뭄과 재정적 파산이 닥쳤기 때문이었다. 이러한 어려움으로 인하여 그의 부친이 지쳤기에 그는 대신 교회를 맡았고 공동체의 필요들을 해결하고자 최선을 다하였다(*Ors.* 16-17).[22] 바로 이때에 그는 자신의 삶의 죄와 고난에 관하여 장편의 애통시(*Carmen lugubre*)를 썼다.[23] 그의 부친은 47년 동안의 목회사역 후에 100세의 나이로 죽었다. 장례설교에서 나지안조스의 그레고리오스는 하나님의 교회를 위한 부친의 성실한 목회를 칭송하면서 진심으로 찬사를 보낸다. 그러나 사시마의 감독관할교구에 자신을 임명하고자 도모한 것에 대해서는 부친을 질타하였다. 또한, 장례식에 참석하기 위하여 왔던 카이사레이아의 바실레이오스도 질타하였다(18.35, 37). 이 설교에는 나지안조스의 그레고리오스가 니카이아 공의회에 관하여 말하는 현존하는 첫 번째 언급이 포함되어 있다(18.12). 그 이후 얼마 안 되어 그의 모친이 죽었다. 장례설교 대신에 그는 모친을 위하여 36개의 묘비문을 작성하였다.[24] 이 기간의 다른 중압감과 함께 그의 가족들의 죽음들로 인하여 그는 건강이 악화되는 우울한 상태에 빠졌다. 그는 장로들에게 교회를 맡기고 아리안조스에로 물러났다. 그리고 마지막에는 지중해 해변에 있는 셀레우케이아에서 오랜 동안 휴식을 보내기 위하여 떠났다.

---

20   이 서신은 나지안조스의 그레고리오스가 카이사레이아의 바실레이오스의 "경륜(economy)"을 지지하는 것으로 종종 해석되어 왔다. 그러나 나지안조스의 그레고리오스의 표면적인 찬사는 사실상 예리하게 비꼬는 비판이다. 더 이상의 논의는 본서 III장을 참조하라.

21   Basil, *Ep.* 71.

22   「설교」에 드러난 시(詩)에서의 위기와 나지안조스의 그레고리오스의 반응에 관한 통찰력 있는 분석에 관해서는 다음을 참조하라. Holman, *The Hungry Are Dying*, 169-177.

23   *Carm.* 2.1.45. *De animae suae calamitatibus carmen lugubre.*

24   *Carm.* 2.2.66-102.

3

[추기] 4세기의 교리논쟁들

　　나지안조스의 그레고리오스는 자신의 활동 중간시점에서 — 나지안조스에서 13년 활동하고 앞으로 콘스탄티누폴리스와 카파도키아에서 11년을 보내게 될 시점에서 — 셀레우케이아에서 약 4년을 보냈다. 아마도 성 테클라 수도원(St. Thekla's Monastery)에서 보냈다. 이 기간 동안 그의 모습을 알려주는 자료들이 드물다. 그러나 그의 학문적인 성향, 수도원적 삶이 혼합된 생활에 대한 공언, 그리고 이후의 저작에서의 더 큰 신학적 초점을 고려하면, 그가 이곳에서 더 깊은 신학적 연구를 행하면서 상당한 시간을 보내었음이 아주 확실하다. 습관적으로 그는 성경과 오리게네스에 계속 몰두하였다. 이때까지의 저작에 따르면, 그는 당시의 유사파의 우세한 상황과 자신 및 동료들이 공언하는 온전한 삼위일체 교리 사이에 있는 긴장들에 관하여 어느 정도 알고 있었다. 그러므로 그는 이와 같은 광범위한 쟁점들을 인식하면서 자신의 신학적 발전을 지속하였을 것이다. 인근에 위치한 안티오케이아 주변에 있는 비슷한 생각의 신학자들과 함께 주고받은 서신들로 자극을 받았을 것이다. 그의 휴식기간을 살펴보면서 4세기 중엽의 주요한 교리적 논쟁들과 교회적 쟁점들을 강조하는 것이 유익할 것이다. 나지안조스의 그레고리오스 자신이 이것들에 곧 중점적으로 관여할 것이기 때문이다.

나지안조스의 그레고리오스가 360년대 초에 교회활동을 시작할 때에는 자신이 양육을 받으면서 배웠던 삼위일체 신앙이 제국의 공식적인 교리와 조화를 이루지 못하였다. 콘스탄티우스는 351년 단독 황제로 즉위한 이후로 이전의 특수하고 협소한 "에우세비오스적" 신학에 근거하여 제국의 교회적 일치성을 공격적으로 증진하고자 하였다.[1] 325년 니카이아 공의회 어간에, 카이사레이아의 에우세비오스(Eusebius of Caesarea), 니코메데이아의 에우세비오스(Eusebius of Nicomeda), 궤변론자 아스테리오스(Asterius the Sophist)가 이끄는 일단의 신학자들은 하나님의 말씀인 성자가 초월적 하나님의 지식의 매개자 및 계시자로서 구별되는 천상적 존재임을 강조하였다. 이러한 입장은 그들이 보기에 니카이아에서 제시되고 있던 새로운 교리와는 반대였다. 그들은 성부, 성자, 성령이 세 "본체들(οὐσίαι, substances)" 또는 "위격적/존속적 존재들(ὑποστάσεις, subsistent things)"이라고 논증하였고, 그리스도를 주로 성부 하나님의 "형상(image)"으로 여겼다. 하나님의 형상으로서의 성자의 실재적 존재에 의해서만 사람들이 초월적 하나님을 알 수 있고 참여할 수 있다고 그들은 믿었다. 에우세비오스주의자들은 주로 앙키라의 마르켈로스(Marcellus of Ancyra)의 입장과 대조적으로 자신들의 교리를 규정하였다. 마르켈로스는 적어도 314년 이후로 소(小)아시아와 콘스탄티누폴리스에서 활동하였다. 그리고 에우세비오스주의자들은 나중에 알렉산드레이아의 알렉산드로스(Alexander of Alexandria), 니카이아 공의회, 아타나시오스의 입장과 대조적으로 자신들의 교리를 규정하였다. 즉, 이들이 성자의 구별된 존재 또는 위격/존속(subsistence)을 부인한다는 근거로 이들의 입장과 대조적으로 자신들의 교리를 규정하였다.

그러자 마르켈로스는 에우세비오스주의자들에 반대하여 말씀은 구별

---

1 니코메디아의 에우세비오스를 지지하였던 자들을 기술하기 위하여 알렉산드레이아의 알렉산드로스가 본래 사용하였던 집합적인 용어가 이제는 알렉산드로스와 이후의 마르켈로스에 반대하기 위하여 니코메디아의 에우세비오스 또는 카이사레이아의 에우세비오스와 협력하는 자들을 지칭하기 위하여 사용될 수 있다. 참조. Lienhard, *Contra Marcellum*, 34-35. 330년대 말 카이사레이아의 에우세비오스의 광범위한 활동은 4세기 중엽 동방의 반(反)니카이아적 교리를 규정하는 데에 큰 역할을 감당하였다.

된 본체 또는 존속적/위격적 존재가 아니라 성부 하나님의 창조적 에네르기(energy)로서 창조의 목적들을 위하여 성부로부터 나온다고(그러므로 그 자체로서 외적으로 존재하지 않는다고) 논증하였다.[2] 그러나 "성자"라는 용어는 오직 성육신한 그리스도에게만 적용된다. 성육신한 그리스도는 육신을 입은 인간의 형태로 있기 때문에 성부와 구별된다. 그런데 하나님으로서의 그리스도는 성부와 동일한 본질/존재를 지닌다. 이러한 이유로 마르켈로스는 성자는 "성부와 동일본질(ὁμοούσιος τῷ Παρτί, of the same being with the Father)"이며 "성부의 본질로부터(ἐκ τῆς οὐσίας τοῦ Πατρός, out of the being of the Father)" 출생한다라는 니카이아 구절들의 열렬한 지지자가 되었다. 고린도전서 15장 24-28절에 근거하여 마르켈로스는 종말에 성자가 성부에게로 완전히 포함될 것이며, 그래서 "하나님이 만유의 주로서 만유 안에 계시려 함"이라고 주장하였다.

카이사레이아의 에우세비오스는 『마르켈로스를 반대하며』(Against Marcellus)와 『교회 신학』(Ecclesiastical Theology)에서 "에우세비오스적" 입장을 가장 충분하게 발전시켰다. 그에 따르면, 성자의 존재가 성부의 존재와는 영구적으로 구별됨을 부인하는 마르켈로스의 입장은 모든 취지들과 목적들에도 불구하고 사모사타의 파울로스(Paul of Samosata)의 전설적인 "사벨리오스주의(Sabellianism)"를 대표하였다. 파울로스는 신적인 존재로서의 그리스도의 선재를 부인할 뿐만 아니라 삼위일체 내에서의 영구적인 구별들을 부인하는 것으로 인하여 264년과 268년에 안티오케이아에서 개최된 교회회의들에서 정죄되었다. 또한 에우세비오스는 마르켈로스가 파울로스처럼 양자론적 기독론을 주장한다고 고소하였다. 그에 대한 응답으로 에우세비오스는 하나님의 말씀이 성육신에서 예수의 인간적 영혼을 대신하였다고 가르쳤다. 이러한 가르침은 양자론(adoptionism)을 배제하며, 또한 마르켈로스가 함의하는 것처럼 보이는 교리, 즉 그리스도 안에 성

---

2 주로 다음의 저작에서 논증하였다. *Against Asterius*. 마르켈로스의 저작에 관해서는 다음을 참조하라. Lienhard, *Contra Marcellum*; Parvis, *Marcellus of Ancyra*; Vinzent, *Pseudo-Athanasius, Contra Arianos IV*.

자가 둘이 존재한다는 교리를 배제한다. 에우세비오스주의자들은 아레이오스(Arius)를 지지하였다. 320년대에 아레이오스의 가르침에 관한 논쟁의 발발에서부터 336년 아레이오스가 죽을 때까지 지지하였다.

부분적으로는 궁정에서의 마르켈로스의 영향 덕분에, 알렉산드레이아의 알렉산드로스와 그의 후임자 아타나시오스는 325년 니케아 공의회에서 아레이오스와 에우세비오스주의자들에 대하여 애매한 승리를 그럭저럭 확보하였다. 로마제국이 황제 콘스탄티누스(Constantine)의 아들들, 즉 서방에서 황제 콘스탄스(Constans)와 동방에서 황제 콘스탄티우스(Constantius)에 의하여 함께 통치되던 340년대에, 에우세비오스주의자들은 동방에서 교회의 통제권을 획득하였고 마르켈로스와 아타나시오스의 퇴위를 확실히 하였다. 마르켈로스와 아타나시오스는 그 당시 로마로 피신하였고 그곳에서 감독 율리우스(Julius)의 지지를 받으면서 서로 간에 협력하였다.

황제 콘스탄티우스가 건립한 새로운 교회의 봉헌을 위하여 안티오케이아에 모인 90명의 감독들이 중요한 회의를 개최하였다. 아마도 콘스탄티누폴리스(이전에는 니코메데이아)의 에우세비오스와, 그리고 다른 에우세비오스의 후임자인 팔레스티네 카이사레이아의 아카키우스(Acacius of Palestinian Caesarea)의 지도력 하에서 개최되었던 것 같다. 또한, 라오디케이아의 게오르기오스(George of Laodicea), 카파도키아 카이사레이아의 디아니오스(Dianius of Cappadocian Caesarea), 그리고 아마도 앙키라의 바실레이오스(Basil of Ancyra)가 참석하였다. 이렇게 개최된 341년 "봉헌공의회(Dedication Council)"는 다음 20년 동안의 공의회 활동에 토대가 되는 일련의 교리적 진술들을 생성하였다. 이 진술들은 앞으로의 분열에 비추어 볼 때에 놀라울 정도의 (완벽하지는 않지만) 균형을 보여준다. 감독들이 니카이아에 대하여 긍정적인 관심을 표시하고 아레이오스와 거리를 두고자 하였다.[3] 그러나 그들은 또한 반(反)사벨리오스적 교리를 다시 주장하였다. 이

---

3   공의회의 첫 번째 교회법(Mansi 2. 1308c)과 첫 번째 교리적 진술(Hahn sec. 153)에서 각각 그렇게 하였다.

것이 니카이아의 양태론적 경향들을 필수적으로 교정해줄 것이라고 그들은 보았기 때문이다.[4] "봉헌공의회"의 두 번째 진술인 소위 "봉헌신조(Dedication Creed)"는 삼위일체 내에서의 세 위격들(hypostases)이 구별된 존재임을 반복하여 말한다. 그리스도는 성부의 신성, 존재, 권능, 의지, 영광의 "정확한 형상(ἀπαράλλακτος εἰκών)"이라고 구체적으로 명시한다. 그리고 하나님이 창조하신 또는 만드신 것들 중에서 그리스도의 구별성을 주장한다. 그러나 "봉헌신조"는 아레이오스가 주장하였던 것처럼 성부가 어떤 시간적인 의미로 성자에 앞선다는 점을 부인한다. 이 두 번째 진술은 오리게네스적인 성격이 강하고,[5] 니카이아 신조를 개선하기 위하여 의도되었던 것처럼 보인다.[6] "봉헌공의회"와 관련된 네 번째 진술은 아마도 안티오케이아에 있는 다른 집단에 의하여 몇 개월 후에 기초되었는데[7] 훨씬 더 무해하고 화해적이다, 즉, 본질(우시아)이라는 용어를 전적으로 삭제하고, 무(無)로부터 성자의 창조라는 아레이오스의 교리에 반대하여 니카이아 기준을 반향하며, (마르켈로스에 반대하는 하나의 문장을 제외하고) "봉헌신조"보다 훨씬 덜 반(反)사벨리오스적이다. 이 네 번째 진술은 다음 15년 동안 작성될 여러 신조들의 기초가 되었다.

화해를 위한 또 다른 시도가 343년 사르디케 공의회(the Council of Sardica)에서 이루어졌지만, 동방의 대표단과 서방의 대표단이 만나지 못하였다. 344년 안티오케이아에서 만들어진 소위 "장문 신조(Macrostich Creed)"는 마르켈로스와 그의 추종자인 포테이노스(Photinus)에 반대하여 341년의 네 번째 신조를 반복하였다. 어떤 논쟁적인 구절들을 피하였지만, 성부가 (연대기적인 간격은 아니라고 하더라도) 어떤 식으로든 성자보다 앞선다는 점을 계속 강조한다. 그리고 성자는 성부의 본질에 의한 또는 성부의 본질

---

4   공의회의 두 번째 진술, 즉 "봉헌신조(Dedication Creed)"(Hahn sec. 154).

5   다음에서 주목한 바와 같다. Schwartz, *Gesammelte Schriften* 3.10, 311-312.

6   핸슨은 그것이 니카이아 신조를 대체하기 위하여 작성된 것이라고 주장한다(*Search for the Christian Doctrine of God*, 290). 그러나 에이레스는 니카이아 신조 자체가 그러한 규범적인 지위를 갖지 않는다고 올바르게 지적한다(*Nicaea*, 119-120).

7   Hahn sec. 156.

로부터 필연적인 출생으로서가 아니라 성부의 의지에 의해서만 출생된다는 점을 계속 강조한다. 니카이아가 바로 이러한 점을 의미한다고 여겼다. 그러는 동안 아타나시오스는 339년에 "에우세비오스주의자들"을 반대하는 글을 썼고, 340년 경에는 「아레이오스주의자들을 반대하는 설교들」세 편을 시작하였다. 345년 즈음에 아타나시오스는 마르켈로스와의 관계를 끊었고, 그 다음 해에는 밀라노에서 개최된 공의회는 포테이노스를 정죄함으로써 동일한 거부를 표시하였다.

이제 단독 황제인 콘스탄티우스는 350년대에 아타나시오스에 대한 정죄가 동방 전체에서 인준되도록 노력하였다. 그는 카이사레이아의 아카키우스와 안티오케이아의 에우독시오스(Eudoxius of Antioch)와 같은 감독들의 도움을 받아 그렇게 하고자 노력하였다. 동시에 아타나시오스는 니카이아를 정통의 중요한 표지로 여기기 시작하였다. 이러한 점은 352년부터 작성된 그의 논문 「니카이아 칙령에 관하여」(On the Decrees of Nicaea)에서 증명된다. 아타나시오스가 니카이아 깃발 하에 동맹을 맺고 있는 동안 일련의 공의회들을 통하여 이전의 에우세비오스적 교리는 유연한 합의문으로 강화되었으며, 이 합의문은 니카이아 교리에 반대하여 자신의 입장을 규정하였다.

341년의 안티오케이아 이후 가장 의미있는 공의회는 351년의 시르미온 공의회이었다. 시르미온 공의회(Council of Sirmium)는 347년, 351년, 357년, 358년 네 번 개최되었다. 351년 시르미온 공의회는 마르켈로스, 포테이노스, 아타나시오스를 다시 정죄하였다. 341년 안티오케이아에서의 다원적 교리을 반복하는 351년 시르미온 공의회는 본질 또는 존재를 가리키는 용어인 우시아(οὐσία)를 성자와 관련하여 사용하는 것을 주저하였다.[8] 성자에게 그러한 용어를 사용하는 것은 니카이아의 입장을 가리킬 수 있었기 때문이었다. 다음 10년에 걸쳐 황제 콘스탄티우스는 351년 시므리온 공

---

8   하나님의 존재가 확장되거나 수축된다고 주장하는 사람들을, 또는 하나님의 존재가 성자에게로 확장된다고 말하는 사람들을 파문시킴으로써(anathemas 6-7; Hahn §160).

의회의 법령을 강제로 시행하기 위하여 제국의 중요한 압력을 행사하였고, 여기에 서명하지 않는 자들은 추방되는 아픔을 겪었다.

357년의 시르미온 공의회는 니카이아를 명시적으로 반박하는 첫 번째 가 되었다. 그래서 친(親)니카이아주의자들 사이에서 이 공의회는 "시르미온의 신성모독(Blasphemy of Sirmium)"이라는 명칭을 얻었다. 그리고 이 공의회는 하나님과 관련하여 우시아(οὐσία)와 관련된 모든 용어들(본질(οὐσία), 동일본질적인(ὁμοούσιος), 유사본질적인(ὁμοιούσιος))의 사용을 공식적으로 금지하였다. 이렇게 하여 350년대 말까지 에우세비오스적 신학의 유산이 니카이아에 대한 거부에 의하여, 그리고 하나님과 관련하여 우시아(οὐσία)라는 용어사용의 반대에 의하여 규정되었다. 358년의 시르미온 공의회에서 황제 콘스탄티우스는 다음 해에 후원하고자 의도한 공동 공의회를 준비하기 위하여 새로운 신앙진술문을 작성하도록 명령하였다.

359년 5월 22일에 공표되었던 소위 "날짜 신조(Dated Creed)"는 성자가 "성경이 말하고 가르치는 바와 같이 모든 점에 있어서 성부와 유사하다"고 선언하였고, 성경 안에서는 우시아(οὐσία) 용어가 발견되지 않고 사람들에게 혼란을 일으키기 때문에 이 용어를 사용하는 것을 금지하였다.[9] 성자는 성부와 "유사적(ὅμοιος)"이라고 말하는 것을 선호하기 때문에, 이 교리적 입장은 이후로 "유사적(homoian)"이라고 알려지게 되었다. "날짜 신조(Dated Creed)"에서 제시된 교리를 인준하기 위하여 황제 콘스탄티우스는 359년 아리메논(Ariminum)과 셀레우케이아(Seleucia)에서 개최된 쌍둥이 공의회들을 후원하였다. 그는 이 신조를 이 시점까지 니카이아 공의회가 여겨진 것과 같은 대등한 정도로 생각하고자 하였던 것처럼 보인다. "날짜 신조(Dated Creed)"가 처음에는 쉽지 않은 합의를 드러내었고, 또한 아리메논과 셀레우케이아에서 합의에 도달하기는 훨씬 더 어렵다고 입증되었다.

이 두 공의회에서 모인 감독들은 새로운 제안에 반대하였고, 이 새로운 제안이 분명하게 드러내는 강한 종속론, 즉 성자를 성부에 종속시키는 강

---

9   Hahn §163, from Athanasius, *Syn.* 8.

한 종속론에 반대하였다. 그렇지만 감독들은 결국 압력을 받아 새로운 제안에 서명하였다. 아리메논에서 다수파는 제안된 "날짜 신조(Dated Creed)" 보다는 니케아에 대한 충성을 선언하였다. 셀레우케이아에서 다수파도 마찬가지로 "날짜 신조(Dated Creed)"에 반대하고 341년의 "봉헌신조(Dedication Creed)"를 지지하였다. 두 공의회에서 다수파들은 아타나시오스-니카이아 입장에 더 가까웠던 예루살렘의 키릴로스와 같은 감독들을 징계하자는 제안을 거부하였고, 여러 유사파 감독들을 물러나게 하였다. 그러나 아리메논에서 소수파는 어떻게든 황제의 승인을 획득하였고 "모든 점에서"라는 구절을 빼고 "날짜 신조(Dated Creed)"를 지지하였다(이렇게 하여 성부와 성자 사이의 유사성의 정도를 더 줄였다). 그리고 소수파는 본질(ousia)이라는 용어의 사용금지를 반복하였고, 성부와 성자와 성령을 "한 위격(one hypostasis)"이라고 기술하는 비슷한 표현의 사용금지를 되풀이하였다. 셀레우케이아에서 물러나게 된 소수파도 마찬가지로 황제 콘스탄티우스에게 자신들의 사정을 호소하였다. 이리하여 상황은 해결되지 않은 채로 남았고 논쟁들은 콘스탄티누폴리스에로 옮겨갔다.

350년대 말에 전개된 두 사건들은 황제 콘스탄티우스의 이미 취약한 유사적 정책을 상당히 약화시켰다. 어떤 유사파(homoian) 신학자들은 성부에 대한 성자의 종속을 훨씬 더 강력하게 주장하기 시작하였고, 성부와 성자 사이의 차이점들을 강조하여 성자는 본질에서 성부와 같지 않다고 말하기까지 하였다. 그래서 상이본질파(Heterousians)("본질에서 같지 않은")라는 이름의 근거가 되었다.[10] 주목할 만한 첫 상이본질파는 아에티오스(Aetius)였다. 그는 아레이오스를 지지하는 에우세비오스파 사람들 중에서도 강력한 종속론자로서 유명하였다. 그는 320년대에 아레이오스와 함께 공부하였다. 그의 비서인 에우노미오스는 상이본질적 교리를 지지하는 가장 유명한 사람이 되었다. 이로 인하여 그는 앞으로 니카이아 신학자들로부터

---

10 그들의 대적자들이 사용한 "아노모이안(Anomoian)"은 오해의 소지가 있다. 왜냐하면 그들은 성자가 모든 측면들에서 성부와 유사하지 않다고 주장하지 않기 때문이다.

반박을 당하게 되었다. 상이본질파에 속하는 다른 사람들로는 안티오케이아의 에우독시우스와 카이사레이아의 아카키오스가 있다. 아카키오스는 에우세비오스의 후계자였다.[11] 나지안조스의 그레고리오스는 콘스탄티누폴리스에서 니카이아적 감독으로 활동하는 2년 동안 에우노미오스가 자신의 주된 신학적 대적자임을 확인하였고, 또한 에우노미오스의 극단적인 견해들이 삼위일체를 충분히 고백하기를 부인하는 모든 자들의 논리적인 결말을 드러낸다고 파악하였다. 상이본질적 교리를 고취시킨 것이 무엇인지는 불분명하다. 아타나시오스의 호소가 니카이아에서 더 커지고 있다는 점에 대한 반작용일 수도 있고, 그리고/또는 단지 성부의 "비출생(unbegotten-ness, ἀγεννησία)", 즉 성부 하나님은 출생하지 않는다는 사실에 대한 묵상 과정의 결과일 수도 있다. 비출생은 상이본질파 신학의 중심적인 범주이었다.[12]

유사파 단체들 내에서 이와 같이 더 극단적인 상이본질파 입장의 등장은 앙키라의 바실레이오스와 라오디케이아의 게오르기오스와 같은 중도적 에우세비오스파 사람들의 관심을 빠르게 끌었다. 앙키라의 바실레이오스는 336년에 주요한 니카이아파인 마르켈로스를 대신한 감독으로서 오랫동안 에우세비오스의 정통입장과 보조를 함께 하였지만, 자신의 교리적 입장은 그 사이 몇 년 동안 황제 콘스탄티우스의 협소한 유사적 기획보다 훨씬 더 포괄적인 것으로 입증되었다. 앙키라의 바실레이오스는 344년 "장문신조(Macrostich Creed)"에 서명하였고, 아마도 341년 "봉헌공의회(Dedi-cation Council)"에 참여하였다.[13] 그는 358년에는 새로운 교회의 봉헌을 위하여 앙키라에서 소집된 공의회에서 상이본질파의 상황을 다루고자 하였다. 라이디케이아의 게오르기오스는 이 공의회에 먼저 편지를 썼고, 새로운 상이본질파 감독 에우독시오스가 출교시켰던 안티오케이아 주변의 사

---

[11] 이후의 장들에서 나는 에우노미오스의 교리를 더 직접적으로 다룰 것이다. 상이본질적 교리에 관한 좋은 요약들을 다음에서 찾을 수 있다. Michel René Barnes, *Power of God*, chap. 5; Vaggione, *Eunomius of Cyzicus*, chap. 5; Behr, *Nicene Faith*, 267-282; Ayres, *Nicaea*, 144-149.

[12] 앞의 제안에 관해서는 다음을 참조하라. Behr, *Nicene Faith*, 87; 뒤의 제안에 관해서는 다음을 참조하라. *Ayres, Nicaea*, 147.

[13] Hanson, *Search for the Christian Doctrine of God*, 349.

람들에 대한 자신의 우려를 표명하였다. 그는 이러한 상황을 "아에티오스의 난파"이라고 불렀다.[14] 앙키라의 바실레이오스와 함께 세바스테이아의 에우스타티오스(Eustathius of Sebaste)와 콘스탄티누폴리스의 마케도니오스(Macedonius of Constantinople)가 참여하였다. 라오디케이아의 게오르기오스는 나중에 이 공의회의 문서에 서명하였다.

앙키라의 바실레이오스의 공의회는 세 위격들의 구별을 옹호하는 전통적인 에우세비오스적 관심을 계속 반영하였고, 심지어 336년의 콘스탄티누폴리스 공의회, 341년의 안티오케이아 공의회, 343년의 사르디카 공의회, 351년의 시르미온 공의회와 같은 반(反)마르켈로스적 공의회들을 지지하였다. 그러나 상이본질파에 대한 반작용으로 서명파들은 다음과 같은 중요한 점을, 즉 창조주/피조물과 같은 개념들이 성부/성자와 같은 개념들과는 예리하게 구별되어야 한다는 점을 논증하였다. 이러한 점은 아타나시오스가 330년대 이후로 에우세비오스주의자들에 반대하여 논증하였던 점이었다. 서명파들의 주장에 따르면, 창조주-피조물 구별과는 대조적으로 성부-성자 관계는 성자가 성부와 "본질에 있어서 유사함(ὅμοιος κατ' οὐσίαν)"을 의미한다.[15]

이 구절로 인하여 서명파 지지자들은 이후로 유사본질파(Homoiousians)라는 명칭을 얻었다.[16] 이들은 니카이아의 동일본질(ὁμοούσιος)이라는 용어가 세 위격들의 구별을 양태론적인 방향으로 타협한다고 느꼈기 때문에 이 용어를 계속 거부하였다. 그러면서 이들은 황제 콘스탄티우스의 유사적 교리와 갖는 공통점보다 그리고 새로운 상이본질파와 갖는 공통점보다 훨씬 더 많은 공통점을 아타나시오스의 입장과 함께 갖게 되었다. 아타

---

14   Sozomen, *HE* 4.13.

15   Epiphanius, *Panar.* 73.4.2.

16   비록 "호모이우시오스(ὁμοιούσιος)"라는 용어가 앙키라의 바실레이오스의 저작들에서 나타나지 않지만, 그럼에도 불구하고 이 용어는 "호모이오스 카타 우시안(ὅμοιος κατ' οὐσίαν)"의 축약어로서 기술적이다. 이 그룹을 지칭하기 위하여 에피파니오스가 고안한 "반(半)아레이오스적(semi-Arian)"이라는 용어(*Panar.* 73)는 심히 오해의 소지가 있다. 심지어 주류적인 에우세비오스주의자들조차도 신실하고 구체적인 방식들로 자신들을 아레이오스로부터 오랫동안 거리를 두었다. 카이사레이아의 바실레이오스와 같은 유사본질주의자들은 이제 동일본질적 교리에로 훨씬 더 근접하게 이동하고 있었다. 이러한 점을 아타나시오스는 곧 알게 될 것이다.

나시오스도 세 위격들의 구별을 보존하고자 하였으며, 바로 이 점에 관하여 마르켈로스를 따르지 아니하였다.[17] 아시아의 유사본질파와 아타나시오스 사이에 존재하는 유사점은 양자 사이에 직접적인 영향이나 관계가 있다는 점을 가리키기 보다는 유사한 신앙을 어느 정도 다른 용어들로 표현하는 단체들과 전통들이 여러 지역들에 따로 존재함을 보여준다.

황제는 359년에 "날짜 신조(Dated Creed)"가 작성되고 아미레논 공의회와 셀레우케이아 공의회가 개최될 때까지 앙키라 공의회의 진술을 잠정적으로 받아들였고, 그리고 아에티오스, 에우노미오스, 에우독시오스와 같은 상이본질파들을 유배시켰다. 성자는 "성경에 따라 모든 점들에서 성부와 유사함"을 진술한 359년의 "날짜 신조(Dated Creed)"에 앙키라의 바실레이오스가 서명하였을 때, 이러한 진술은 성자가 존재에 있어서도 성부와 유사함을 포함한다는 점을 추가하였다.[18] 앙키라의 바실레이오스가 "날짜 신조(Dated Creed)"에 서명을 하면서 자신의 견해들을 포기하지 않았다는 점을 분명히 하기 위하여, 라오디케이아의 게오르기오스(또는 아마도 앙키라의 바실레이오스와 함께)는 성자가 존재에 있어서 성부와 유사하다는 점을 더 강조하고, 상이본질파는 유사파적 입장의 논리적 귀결이라고 여기는 서신을 작성하였다.[19] 이 서신은 본질(ousia)이라는 개념이 성경 안에 명시적으로 진술되어 있지는 않다고 하더라도 암시적으로 포함되어 있음을, 그리고 성자의 출생을 가리키는 "성부"라는 용어가 단순히 하나님에게 기원이 없음을 말하는 "비출생(Unbegotten)"이라는 용어보다 하나님을 가리키는 더 분명한 용어임을 주장한다.

또한, 이 서신은 오리게네스가 사용하였고 본래의 에우세비오스적 교

---

17 아타나시오스가 앙키라의 바실레이오스에 관하여 우호적으로 논평하였더라도(*Syn.* 41, around 360 or 361), 그의 평가는 전적으로 정확한 것은 아니다(Simonetti, *Studi*, 179 n94; Hanson, *Search for the Christian Doctrine of God*, 244 n32). 어느 경우이든 이 시점, 즉 362년 알렉산드레이아 공의회 전에는 확실히 아타나시오스와 유사본질파 사이에 협력관계가 있음을 가정해서는 안 된다. 이 공의회에서 아타나시오스는 몇몇 유사본질파 대표자들이 사실상 여러 근본적인 점들에 관하여 일치함을 인정하고자 한다.

18 "의지를 따라서 뿐만 아니라, 위격(*hypostasis*)을 따라서, 실존(existence (ὕπαρξις))을 따라서, 그리고 존재(being (τὸ εἶναι))를 따라서." Epiphanius, *Panar.* 73.22.7.

19 Epiphanius, *Panar.* 73.2.1-11.11.

리 안에서도 사용되었던 세 위격들(hypostases)이라는 논쟁적인 용어를 분명하게 하고자 시도한다. 이 서신의 설명에 따르면, 동방의 교인들은 "인격들의 존속하고 존재하는 특질들(the subsisting, existing properties of the persons)을 인정하기 위하여"[20] 위격들(hypostases)에 관하여 말하지만, 세 위격들(hypostases)이 세 첫 원리들(three first principles, ἀρχαί) 또는 세 신들(three gods)이라고 주장하는 자는 누구든지 파문한다. 그 대신에 "이들은 하나의 신성이 있음을 고백하고, 이 신성이 성령 안에서 성자를 통하여 만물을 포괄한다고 고백한다. [그러나] 하나의 신성, 하나의 나라, 하나의 첫 원리를 고백하더라도 이들은 인격들(persons)이 위격들(hypostases)의 특질들 안에 있음을 또한 경건하게 인정한다."[21] 이 서신은 강력한 삼위일체적 입장과 같은 것이 소(小)아시아에서 이번에 일어나고 있음을 보여주는 주요한 증거이다. 이후에 이러한 입장은 아타나시오스가 주장하였던 것과 같은 니카이아의 입장과 연결된다. 본서의 결론에서는 나지안조스의 그레고리오스가 니카이아 단체 및 이들의 교리와 맺는 관계에 관하여 논할 것이다. 이 서신을 통하여 앙키라의 바실레이오스, 라오디케이아의 게오르기오스, 세바스테이아의 에우스타티오스와 같은 신학자들이 개념적으로 분명한 지점에 도달하게 되었지만, 광범위한 유사파 운동 내에서의 상이본질파와 유사본질파의 등장은 360년대 초에 해결되지 아니하는 긴장을 조성하였으며, 이 긴장이 나지안조스의 그레고리오스의 저작의 형성에 많은 부분을 결정하였다.

이러한 힘들이 모두 작동하는 중 그동안 아미레논-셀레우케이아에서의 파편화된 논의들이 360년에 콘스탄티누폴리스에로 이동하였다. 이곳에서는 상이본질파가 짧은 기간 동안 세력을 떨쳤다. 시(市)의 행정책임자가 세바스테이아의 아에티오스와 카이사레이아의 바실레이오스 사이의 토론을 마련하였다. 이 바실레이오스는 나지안조스의 그레고리오스의 친구이

20 ἵνα τὰς ἰδιότητας τῶν προσώπων ὑφεστώσας καὶ ὑπαρχούσας γνωρίσωσιν. Epiphanius, *Panar.* 73.16.1.
21 Epiphanius, *Panar.* 73.16.3-4.

며 앞으로 카이사레이아의 감독이 될 사람인데, 이때 앙키라의 바실레이오스와 세바스테이아의 에우스타티오스에 동행하여 수도로 왔다. 그러나 카이사레이아의 바실레이오스는 자신의 일행이 수적으로 열세임을 알고서 물러났다. 그 대신에 앙키라의 바실레이오스가 아에티오스와 논쟁하였고 여기에서 졌던 것처럼 보인다.[22]

더 이상의 토론들이 분명한 결론을 내지 못할 때, 아미레논-셀레우케이아에서의 유사파 의제를 승인하기 위하여 유사본질파에 속하는 카이사레이아의 아카키오스의 지도력 하에 지역공의회가 소집되었다. 360년에 개최된 콘스탄티누폴리스 교회회의는 상이본질파의 에우독시오스를 콘스탄티누폴리스의 감독으로, 에우노미오스를 키지코스의 감독으로 임명하였다. 그리고 앙키라의 바실레이오스, 콘스탄티누폴리스의 마케도니오스, 세바스테이아의 에우스타티오스, 안티오케이아의 멜레티오스, 키지코스의 엘레우시오스, 예루살렘의 키릴로스를 포함하여 다수의 유사본질파 사람들을 물러나게 하였다. 이 교회회의는 아미레논의 진술(소수파가 그곳으로 이동할 때 니케(Niké)에서 발표되었던 진술)에 근거하여 신앙고백을 발표하였다. 이 신앙고백은 앞으로 20년 이상 동안 동로마 황제가 공식적으로 인정한 신조가 되었고, 그래서 황제 콘스탄티우스의 유사파적 기획의 최종 승리를 드러내었다. 이 신앙고백은 성자가 "성경에 따라서 성부와 유사함" 진술하였고("모든 점들에서"라고 표현하지는 않았다) 우시아(ousia)와 휘포스타시스(hypostasis)라는 용어들의 사용을 모두 금지하였다. 교회회의가 진행되는 동안 에우노미오스가 자신의 입장을 구두로 방어하였던 것처럼 보이며, 이것을 나중에 편집하여 『변론』으로 출판하였다. 비록 그 문체가 특징이 없고 타협하는 것처럼 보인다고 하더라도, 360년에 개최된 콘스탄티누폴리스 교회회의는 공격적인 유사파적 기획의 승리를 드러내며, 상이본질파에게 분명한 자리를 제공해주고, 유사본질파를 교회의 지도력으로부터 추방하였다.

---

22 참조. Philostorgius, *HE* 4. 12.

콘스탄티누폴리스 교회회의에서의 유사파적 해결은 광범위한 저항에 부딪쳤다. 350년대의 발전들을 보아왔던 아타나시오스와 아시아의 유사본질파는 모두 유사파적 기획이 매우 종속론적인 기독론을 드러내며 그 결과로 더 많은 감독들이 신앙의 더 신뢰할만한 표준으로 니카이아에로 기울기 시작한다는 점을 깨닫게 되었다.[23] 359년과 361년 사이에 아타나시오스는 「아미레논 공의회 및 셀레우케이아 공의회에 관하여」(On the Councils of Ariminum and Seleucia)라는 논문을 저술하였다. 이 논문의 첫 2/3 부분은 아미레논 공의회와 셀레우케이아 공의회가 아레이오스와 시작된 신학적 발전들의 절정이라는 점을 논증하고, 나머지 부분은 아타나시오스가 유사본질파의 저작을 아는 제한적인 범위 안에서 유사본질파와의 공통 근거를 찾고자 한다. 아타나시오스는 "성부의 본질로부터(from the essence of the Father)"라는 니카이아 구절이 성자가 성부와 맺는 관계의 독특성을, 즉 모든 피조물들이 창조주와 맺는 관계와는 대조적으로 성자가 성부와 맺는 관계의 독특성을 가장 잘 표현한다고 제안한다. 그러면서 그는 유사본질파가 358년에 다루었던 것과 동일한 구별에 호소하였다. 아타나시오스에게 이 구절은 성자가 성부 이외의 어떤 **위격**(hypostasis)으로부터 나오지 않음을 의미하고, 성자가 하나님의 피조물 또는 작품이 아님을 의미한다. 그 대신에 이 구절은 성자가 성부 자신의 진정하고 자연스런 후손임을, 즉 성자가 성부의 말씀과 지혜로서 영원히 성부와 함께 있음을 의미한다.

더 나아가서 아타나시오스는 유사본질파가 니카이아의 두 번째 구절이, 즉 성자가 "성부와 동일본질(of the same essence(homoousios) with the Father)"이라는 구절이 성자가 "성부의 본질로부터"라는 개념의 필연적인 귀결이라는 점을 인정해야 한다고 주장한다. 그러므로 "본질에 있어서 성부와 유사한(homoios)"이라는 유사본질적 구절이 "성부의 본질로부터(from the essence of the Father)"를 의미한다면 정통적 의미를 허용할 수

---

23 루이스 에이레스는 350년대의 성과들 중의 하나는 보편적인 신조적 표준이라는 개념 자체를 발전시킨 것이며 그러한 개념이 이전에는 없었다고 능숙하게 보여주었다. 참조. *Nicaea*, chap. 6 그리고 여러 곳.

있다. 이러한 경우에 이 유사본질적 구절은 "성부와 동일한 본질(of the same essence as the Father)"임을 진정으로 의미한다. 그러나 이와 같은 제한조건들이 없다면 이 유사본질파 구절은 정통적이지 않다. 그렇지만 아타나시오스의 끈질긴 주장에도 불구하고, 앙키라의 바실레이오스와 같은 아시아 신학자들은 — 그리고 다음 10년에는 카이사레이아의 바실레이오스와 나지안조스의 그레고리오스도 또한 — 니카이아에 충실한 강력한 삼위일체적 신앙을 다른 용어들로 표명하는 과제에 계속 접근한다. 그들도 또한 결국 동일본질(homoousios)이라는 니카이아 용어의 유용성을 알게 될 것이다. 그러나 그들은 "성부의 본질로부터(from the essence of the Father)"라는 구절을 채택하지도 않고, 또한 성자가 성부의 존재에 "내적"이라는 아타나시오스의 독특한 개념도 채택하지 않는다. 통상적인 교과서 이야기에도 불구하고 아타나시오스는 350년대와 360년대에 니카이아 교리의 지지를 하나로 통합하는 거대한 힘이 아니다. 사실 우리는 현저하게 다른 방식들로 이 문제에 접근하는 매우 독립적인 전통들을 다루고 있다.

최종적 유사파적 해결이 358년 또는 359년에 정점에 도달할 때에 나지안조스의 그레고리오스는 아테나이로부터 집으로 돌아왔다. 그런 후에 그는 360년 공의회의 직접적인 여파로 목회자로서의 활동을 시작하였다. 새로운 유사파적 신조에 관한 지역적 분쟁들을 다루는 것을 돕는 특별한 목적으로 그의 부친이 그를 안수하였다. 지금까지 살펴보았던 신학적 발전들에 비하여 360년부터 380년까지의 신학적 발전들은 덜 분명하다. 그래서 우리는 나지안조스의 그레고리오스를 이상적인 입장들과 너무나 성급하게 동일시하는 것에 신중해야 한다. 황제 콘스탄티우스가 361년에 사망하자 삼위일체적 신학자들은 새로운 추진력을 자유롭게 모았다. 황제 콘스탄티우스의 유사파적 운동이 끝났을 뿐만 아니라, 그의 반(反)기독교적 후계자 황제 율리아누스(재위 361-363년)는 여러 파들 사이에 갈등을 조장하기 위하여 추방되었던 모든 감독들을 불러들였다. 이렇게 하여 친(親)니카이아주의자들과 다른 삼위일체론자들이 재조직되었다. 그러나 친(親)니카이아 황제 요비아누스가 매우 짧은 기간 통치한 후에, 그의 후계자인 황제 발렌스(동방의 황제; 재위 364-378년)는 유사파적 운동을 열렬하게 복구하였다.[24] 황제 발렌스는 360년의 유사파적 신조를 지지하였고 유사파적 신학을 대체로 장려하였다.[25] 그렇지만 황제 발렌스는 아타나시오스와 카이사레이아의 바실레이오스와 같은 니카이아주의자들을 이용할 수 있는 방법을 찾는 실용적인 방식으로 그렇게 하였다.

황제 발렌스가 372년에 카파도키아로 여행을 하는 동안 그곳에 있는 니카이아주의자들이 유사파적 교리에 서명하도록 압력을 행사하는 때와 동시에, 카이사레이아의 바실레이오스는 황제 발렌스에게 성찬을 주는 것을 삼가지 아니하였고 황제 발렌스는 아르메니아에 있는 교회를 재건하는 임무를 카이사레이아의 바실레이오스에게 맡겼다. 그러나 이와 같은 효과적인 배정들에도 불구하고 유사파의 우세에 반대하는 효율적인 교회적 저항의 잠재적 가능성은 엄격하게 제한되었다. 그러는 동안 상이본질파의 큰 지도자 에우노미오스는 다른 유사파들에게 인기가 훨씬 더 없게 되었고, 그래서 안티오케이아의 에우조이오스의 후계자인 도로테오스로부터뿐만 아니라 콘스탄티누폴리스의 에우독시오스와 그의 후계자 데모필로스로부터 냉대를 초래하였다. 그 결과로 황제 발렌스는 에우노미오스를 낙소스 섬으로 추방하였다. 그들이 영향을 끼친 범위가 제한적이었지만, 어떤 삼위일체적 신학자들은 자신들의 영향이 제한적이지만 — 본서에서 유사본질파라고 명명되며 느슨하게 정의되는 자들을 주로 가리킨다 — 360년대와 370년대에 자신들을 계속 조직화하여 유사파들에게 점점 더 많이 반대하였고, 370년대 중반까지는 니카이아를 훨씬 더 많이 가까이 지지하였다.

이러는 동안 아타나시오스는 자신의 영향이 미치는 지역들에서 니카이아 입장을 강화하기 위하여 계속 수고하였다. 362년에 알렉산드레이아에서 중요한 교회회의를 개최하였다. 이 교회회의는 유사파의 확립에 불만을

---

24 364년부터 375년까지 서방의 황제인 발렌티니아누스(Valentinian)는 니카이아주의자들을 더 많이 지지하였다.

25 종교정책에서 황제 발렌스는 자신의 동방 관리인 모데스토스에 의해 심히 영향을 받았던 것처럼 보인다. Van Dam, *Kingdom of Snow*, 136-137.

품은 다양한 신학자들을 광범위한 니카이아적 조건 하에 모이도록 추구하였다. 이 교회회의에서 작성된 문서인 「보편서신」(Catholic Epistle)은 니카이아주의자들 사이에서의 교제를 재확립하기 위한 조건들로, 성자와 성령이 피조물이 아니라는 고백, "삼위일체는 하나의 본질(ὁμοούσιος ἡ Τρίας)"이라는 고백, 참 하나님이 마리아로부터 인간이 되었다는 고백을 제시하였다.

이 교회회의에서 작성된 두 번째 문서이며 더 중요한 문서인 「안티오케이아인들에게 보내는 진술문」(Tome to the Antiochenes)은 안티오케이아에 있는 두 경쟁관계의 니카이아적 단체들 사이의 분열들을 화해시키고자 하였다. 즉, 파울리노스가 당시 이끌던 구(舊)에우스타키오스주의자들과 유사본질파 감독인 멜레티오스가 이끌고 당시 구(舊)교회에 모였던 더 큰 단체 사이의 분열들을 화해시키고자 하였다. 「안티오케이아인들에게 보내는 진술문」은 아레이오스 이단 및 성령이 피조물이며 그리스도의 본질로부터 분리되어 있다고 말하는 자들을 기꺼이 파문하고 니카이아 신앙을 고백하는 모든 자들을 성찬에로 받아들일 것을 권면한다.[26] 아타나시오스는 자신이 각 단체의 서로 다른 교리들을 검토하였고 그것들이 니카이아 신앙과 불일치하는 것이 아니라고 계속 설명한다. 전통적인 에우세비오스적 방식으로 세 위격들을 고백하는 멜레티오스주의자들은 성부와 성자와 성령이 참으로 존재하며 실제로 존재한다(ὤν καὶ ὑφεστώς)는 점을 단지 인정하고자 하였다. 멜리티오스주의자들은 피조물들이 나뉘어지는 방식으로 세 위격들을 나누지 않으며, 또한 삼위일체 안에 세 근원들 또는 세 첫원리들(ἀρχαί)이 존재한다고 여기지 않는다. 다만 멜리티오스주의자들은 오직 하나의 신성과 원리(ἀρχή)만 있다고 인정하며, 성자는 성부와 동일본질이라는 점에 동의한다.[27] 마찬가지로, 파울리노스주의자들은 오직 하나의 휘포스타시스(hypostasis)를 고백하면서도 성자와 성령이 고유하게 존재하지 않는다(ἀνούσιος, ἀνυπόστατος)고는 말하지 않는다. 오히려, 파울리노스주의

---

26 *Tom.* 3-4.
27 *Tom.* 5.

자들은 휘포스타시스(hypostasis)와 우시아(ousia)를 동의어로 사용하고 있다. 이것은 니카이아 신조가 진술하듯이 성자가 "성부의 본질로부터"이기 때문에 오직 하나의 신성 또는 신적 본질이 있다는 점을 주장하기 위함이다. 양진영은 아레이오스, 사벨리오스, 사모사타의 파울로스를 파문하기로 합의하였고, 니카이아를 이용할 수 있는 최고의 신조적 표준으로 인정하기로 합의하였다.[28]

그리고 아타나시오스는 계속해서 양진영이 기독론에 관하여 여러 가지로 더 많은 점들에 합의하였다고 설명한다. 즉, 말씀이 선지자 안에서 거하는 것처럼 그리스도 안에서 거하는 것이 아니라 말씀 자신이 육체가 되고 마리아로부터 인간이 되었음을, 그리고 그리스도의 몸에는 인간적 영혼 또는 정신이 없지 않음을,[29] 그리고 하나님의 아들이 또한 사람의 아들이 되었지만 하나의 아들이지 두 아들들이 아님을 합의하였다고 설명한다.[30] 니카이아 교리가 지닌 이와 같은 중점들에 근거하여 아타나시오스는 「안티오케이아인들에게 보내는 진술문」이라는 문서가 공개적으로 읽혀지도록 요청하고, 안티오케이아 단체들이 하나의 회의 안에서 연합하도록 촉구한다.[31] 아타나시오스의 이 문서는 안티오케이아에서의 분열을 다루기 때문에만 중요한 것은 아니다. 이러한 분열은 니카이아를 위한 운동에 심각한 손상을 초래하였다(그리고 앞으로 수 십 년 동안 계속 그러할 것이다). 또한, 이 문서는 다른 신학적 전통들이 어떻게 하여 니카이아 공의회와 동일시되는 공통의 정통 신앙에 합의하는 것으로 보여질 수 있는지에 관하여 미리 보여주는 방식으로 알려주기 때문에도 중요하다.[32] 비록 나지안조스의 그레

---

28 *Tom*. 6.
29 이 진술은 아폴리나리오스주의자들에 반대하여 인간적 정신과 영혼이 있음을 주장하고 있는 것이 아니다. 그들은 아무런 처벌을 받지 않고 이 문서에 서명할 수 있었다. 그 대신에 이 진술은 마르켈로스 및 폰티노스의 입양설을 거부하고 있다. 참조. Spoerl, "Apollinarian Christology," 567 n73; Behr, *Nicene Faith*, 98.
30 *Tom*. 7.
31 *Tom*. 9.
32 그러한 단체들 사이의 실제적인 합의를 이루어내기에는 훨씬 더 많은 시간이 걸렸다. 멜리티오스가 아타나시오스를 파문한 것과 370년대 합의를 이루고자 하는 활동에 관여해서는 본서의 이후 부분을 참조하라.

고리오스는 아타나시오스의 활동의 직접적인 계승자는 아니라고 하더라
도 — 그리고 참으로 아타나시오스의 제안들이 대부분 호응을 얻지 못하였
다 — 그럼에도 불구하고 나지안조스의 그레고리오스는 362년의 교회회의
에서 제안되었던 것과 현저히 비슷한 의제를 제시할 것이었다.

　나지안조스의 그레고리오스와 그의 동료들은 인근에서 일어났던 안티
오케이아의 분열에 의해 강력하게 영향을 받았다. 이 분열은 빠른 시간 안
에 전체 교회의 보편적 감독들에게 심각한 근심거리가 되었다.[33] 멜레티오
스는 세바스테이아의 유사파 감독으로 임명으로 받았지만 무산된 이후,
360년에 공격적인 유사파 콘스탄티누폴리스의 에우독시오스의 후원 하에
안티오케이아의 감독으로 선출되었다. 그러나 360년이 끝나기 전에 멜레
티오스는 황제 앞에서 설교를 하면서 자신의 유사본질파적 성향을 저버렸
다. 그래서 멜리티오스는 임명된지 한 달 안에 자리에서 물러나게 되었고
추방을 당하였다.[34] 그런 후에 멜리티오스는 363년 황제 요비아누스에 의
하여 안티오케이아의 친(親)니카이아적 감독으로 인정을 받았다. 멜레티오
스가 더욱 확신있는 삼위일체론자가 되면서 소(小)아시아에서 이코니온의
암필로키오스와 카파도키아의 세 교부들을 포함하여 여러 중요한 감독들
의 지지를 획득하였다.

　아타나시오스의 「안티오케이아인들에게 보내는 진술문」이 362년의 교
회회의로부터 도착하였을 때, 칼리아리의 루키페르는 파올리노스를 에우
스타시오스파의 감독으로 임명하였다. 이로 인하여 이 주요한 기독교 교구
내에서 경쟁하는 니카이아 분파들이 공식적으로 생겨났다. 니카이아 서명
자인 에우스타시오스 감독은 카이사레이아의 에우세비오스를 강력하게
반대하였고 362년 말에 잠시 동안 자리에서 물러나게 되었다. 에우스타시
오스파는 멜리티오스가 이전에 유사파와 연관되었기 때문에, 그리고 멜리
티오스가 에우세비오스적인 용어로 성부와 성자와 성령을 세 위격들(hy-

33　이들 중 모두는 아니더라도 일부는 이 시점에서 친(親)니카이아적이다.
34　그는 감독직의 거의 절반을, 즉 360-362년, 365-366년, 371-378년 기간을 유배로 보낼 것이다.

postases)로 계속 표현하기 때문에 멜리티오스의 권위에 저항하였다. 363년에 멜리티오스는 아타나시오스가 마르켈로스와 연관되어 있음을 염려하여 아타나시오스와의 교제를 거부하였다. 그래서 아타나시오스도 멜리티오스와의 교제를 거절하였고 그 대신에 파올리노스를 지지하였다. 그러나 360년대 말과 370년대 멜리티오스와 다른 유사본질파들은 자신들을 니카이아와 동일시하였고 알렉산드레이아와 로마에 있는 다른 니카이아파들과의 교제를 추구하였다. 364년과 (로마의 리베리우스의 죽음이 있는) 366년 사이에는 로마의 리베리우스, 세바스테이아의 에우스타시오스, 타르소스의 실바노스, 카이사레이아의 바실레이오스 사이에 교제가 이루어졌다.

370년대 동안 로마의 다마수스와 이탈리아의 감독들이 분열을 해소하고 삼위일체적 신앙의 운동을 강화하기 위하여 안티오케이아의 두 감독들과의 교제를 확립하기 위하여 활동하기 시작하였다. 374년과 379년 사이 어느 시점에 다마수스는 멜리티오스에게 서신을 보내어 간결한 삼위일체 진술문에 근거하여 로마교회와의 교제를 제안하였다.[35] 이와 동일한 때에 다마수스는 동일한 목적으로 파올리노스에게 서신을 보내었고,[36] 이를 통하여 공통의 교리를 확립하고자 처음으로 시도하였다. 그래서 공통의 교리를 근거로 경쟁관계에 있는 안티오케이아의 두 감독들 사이에 교회법적 및 치리적 질서가 재확립될 수 있었다.

이와 유사하게 히에로니무스는 멜리티오스와 파올리노스 모두와의 교제를 추구하였다. 히에로니무스는 377년에 다마수스에 서신을 보내어 로마교회가 어느 감독을 인정하는지를 알고자 하였다.[37] 동시에 히에로니무스는 카이사레이아의 바실레이오스와 멜리티오스의 견해들을 표현하는

---

35 *Ea gratia.* "삼위일체는 하나의 힘, 장엄, 신성, 존재이며, 그래서 분리될 수 없는 권능이시다. ⋯ 가장 사랑하는 형제들이여, 삼위일체는 우리의 신앙이다. 삼위일체를 따르는 자는 누구든지 우리의 협력자이다. ⋯ 이들을 위하여 우리는 우리 자신을 교제로 내어준다." (Field, 14, ll. 49-50; 16, ll. 69-71). 본서 결론을 참조하라.

36 *Per filium meum.* 382년 이후 어느 때 이 본문이 「다마수스의 진술문」(*Tomus Damasi*)의 서문으로 덧붙여졌다. 「다마수스의 진술문」은 382년의 로마교회회의에 의하여 아마도 작성되었다(또는 적어도 완성되었다). 참조. Field, *On the Communion*, 143-146, 168.

37 *Ep.* 15. 2; 16. 2.

것처럼 보이는 교리진술문들에 서명하였다.[38] 380년 또는 381년에 파올리노스는 그를 사제단으로 임명하였다.[39] 그러나 다마수스와 다른 이들의 노력들에도 불구하고 동방지역 및 서방지역의 니카이아주의자들 사이에서 어느 누구도 안티오케이아의 적법한 감독에 관하여 교회법적 타당성 또는 합의를 주장할 수 없었다. 어느 시점에서 멜리티오스와 파올리노스는 서로의 직무를 인정하였고, 둘 중에 한 사람이 사망하면 다른 사람이 유일한 감독이 되도록 하는 합의에 도달하였다. 아폴리나리오스가 376년에 비탈리오스를 감독으로 임명할 때에는 에우조이오스 하에 있는 유사파 공동체 외에도 권좌를 주장하는 니카이아파 세 명이 있었다. 이러한 상황은 381년에 정점에 도달하였다. 그래서 이것이 나지안조스의 그레고리오스의 활동의 여정에 및 381년의 콘스탄티누폴리스 공의회의 결과에 결정적인 영향을 끼친 것으로 입증되었다.

360년대 말과 370년대 초에 소(小)아시아에서는 한층 더 깊은 신학적 발전이 일어났고 곧 바로 나지안조스의 그레고리오스가 직접적으로 관여하게 되었다. 어떤 유사본질파 신학자들이 성령의 신성에 관하여 반대의 목소리를 내기 시작한 것처럼 보인다. 이들은 후에 "성령과 다투는 자들 (Spirit-Fighters)"(Πνευματομάχοι, Pneumatomachians)로 불리웠고,[40] 또는 "마케도니오스주의자들(Macedonians)"로 잘못 불리웠다.[41] 이들은 성자의 신성을 고백하는 것을 지지하였지만, 성령도 또한 성부와 본질에 있어서

---

38 *Ep.* 17.2-3; 18.1.

39 *Lib. Pamm.* 41. 참조. Field, *On the Communion*, 144.

40 372년 나지안조스의 그레고리오스가 "성령과 다투는 자들(οἱ πολεμίοι τοῦ Πνεύματος)"(11.6)과 같이 언급한 바에 우리는 이미 주목하였다. 이것은 소(小)아시아에서의 첫 번째 그러한 언급이다. 카이사레이아의 바실레이오스(*Spir.* 11.27; 21.52; *Ep.* 140.2; 263.3), 에피파니오스(*Ancor.* 13.7; 63.6), 암필로키오스(*Ep. syn.* 54), 니사의 그레고리오스(*Spir.* 3.1.89.t3; *Pent.* PG 46.700.38) 각각은 이후에 "성령과 다투는 자들(Πνευματομάχοι)"에 관하여 언급한다. 비록 아타나시오스가 동일한 용어로 세라피온의 대적자들을 가리키더라도(동사 형태로는 πνευματομαχεῖν, *Ep. Serap.* 1.32; 4.1), 이 이집트 단체와 콘스탄티누폴리스 및 소(小)아시아에 있는 사람들 사이에는 어떤 연관성도 없는 것처럼 보인다. 카이사레이아의 바실레이오스가 아타나시오스의 서신들을 읽었고 교리적으로 유사한 것에 대한 용어를 차용하였는지에 관해서는 불분명하다. 동사형태에 관해서는 다음을 참조하라. Basil, *Spir.* 27; Gregory of Nyssa, *Orat. Dom.* 264.25; Steph. 32.23; 34.10; 36.22; Didymus, *Comm. Zach.* 4.87.5; Pseudo-Basil, *Eun* 5.2. 아마도 379년 또는 380년까지 이 단체에 다수의 안티오케이아인들이 포함되었던 것 같다. 이 용어에 대한 나지안조스의 그레고리오스의 용법에 관해서는 본서 III장을 참조하라.

유사하다거나 성부와 동일본질이라는 생각과 성령이 "하나님"으로 불리워야 한다는 생각을 거부하였다. 그들은 나지안조스의 그레고리오스의 고백처럼 완전히 삼위일체적인 고백이 지닌 양태론적 함의들에 관하여 염려하였던 것처럼 보인다. 이와 같은 염려가 왜 성자의 신성에 관한 진술들이 아니라 성령의 신성에 관한 진술들에 적용이 되었는지에 관해서는 수수께끼로 남는다. 나지안조스의 그레고리오스와 다른 친(親)니카이아주의자들은 "성령과 다투는 자들"과의 논쟁에서 그와 같이 비일관적인 점을 이용하였다.

이 단체의 지도자는 유사본질파인 세바스테이아의 에우스타티오스이었다(약 358-372/373년 감독). 그는 주(駐)로마 대사로서 360년에 니카이아에 서명하였고, 위에서 언급된 앙키라의 바실레이오스와 라오디케이아의 게오르기오스의 고백에 참여하였다. 세바스테이아의 에우스타티오스는 처음에는 카이사레이아의 바실레이오스에게 중요한 조언자이었다. 그러나 373년에 그들의 관계들이 소원하여졌고 에우스타티오스의 동료들 중 두 명은 사벨리오스주의로 비난을 받는 것처럼 보이는 것과 관련하여 카이사레이아의 바실레이오스를 비판하기 시작하였다. 그 후에 카이사레이아의 바실레이오스는 안티오케이아의 멜리티오스와 니코폴리스의 테오도토스에게 자신의 정통신앙을 옹호하기 위하여 아르메니아에로 부름을 받았다. 그는 이것을 황제 발렌스의 요청으로 아르메니아 교회를 재조직하는 동안 해내었다. 카이사레이아의 바실레이오스는 친(親)니카이아 진술에 동의하였던 세바스테이아의 에우스타티오스를 만났다. 그러나 성령론에 관한 이들의 불일치는 계속되었다. 363-364년에 카이사레이아의 바실레이오스가 저술한 책『에우노미오스에 반대하여』3권은 유사파보다 더 강력하게 보일 수 있는 성령론을 제시한다. 그렇지만 분명히 유사본질파 또는 동일본

---

41 360년에 추방되었던 콘스탄티누폴리스의 유사본질파 감독 마케도니오스(Macedonius)를 따라 명명된 것이지만 아마도 잘못된 이름이다. 참조. Gregory of Nyssa, *Spir.* 3.1.89.t3; Epiphanius, *Rescr.* 4; C. *Th.* 16.5, 11-13; Socrates, *HE* 1.8.24. 나지안조스의 그레고리오스는 자신의 활동의 끝에서 단지 한 번만 이러한 이름으로 그들을 언급한다(*Ep.* 202.5).

질파인 것은 아니었다. 카이사레이아의 바실레이오스는 이후에 자신의 주요저작인『성령에 관하여』(On the Holy Spirit)를 375년에 저술하였다. 부분적으로는 자신이 세바스테이아의 에우스타티오스와 결별함을 드러내기 위해서였다. 376년에 암필로키오스 감독은 이코니온에서 개최된 교회회의를 주재하였다. 이 교회회의는 주로 카이사레이아의 바실레이오스의 저작의 관점에서 성령의 신성을 지지하였다.[42] 카이사레이아의 바실레이오스가 379년 1월 1일에 사망하자,[43] 나지안조스의 그레고리오스는 그와의 사이에 일어났던 불화에 관하여 아무런 가책도 느끼지 않았다. 그는 카이사레이아의 바실레이오스의 형제인 니사의 그레고리오스에게 위로의 편지를 써서 자신의 병 때문에 장례에 참석하지 못하였음에 관하여 양해를 구했다. 그리고 그는 니사의 그레고리오스가 작고한 형제를 많은 방식들에서 닮았다는 점을 알게 되어 스스로 위로를 받는다고 말하였다(Ep. 76).

유사파 황제인 발렌스가 378년 8월 9일 아드리아누폴리스 전투에서 살해되었을 때, 그리고 서방황제 그라티아누스가 379년 1월 19일 친(親)니카이아 스페인 장군 테오도시우스를 동방의 황제와 아우구스투스로 임명하였을 때, 삼위일체신학의 운동은 환영스럽기는 하지만 문제가 있는 형태의 지원을 받았다. 테오도시우스는 첫 번째 기독교 황제 콘스탄티누스의 이미지에 자신을 맞추었고, 이것은 교회의 일들에 간섭하고자 하는 결정까지도 포함하였다. 그러나 마찬가지로 서투른 결과들만을 초래하였다.[44] 취임연설에서 테오도시우스는 콘스탄티누스 자신의 황제복을 입었다. 그리고 콘스탄티누폴리스의 설립 기념식에서는 황제 콘스탄티누스의 동상이 경기

---

42 공식적인「교회회의 서신」(Synodical Letter)은 암필로키오스에 의해 작성되었다. 바실레이오스가 간략하게「정되고 있다; Ep. syn. 219, ll. 16-17.

43 바실레이오스의 사망 날짜는 전통적으로 379년 1월 1일로 주장되고 있는데 여기에 관한 최근의 논의들에 관해서는 다음을 참조하라. Rousseau, Basil, 360-363; T. D. Barnes, "The Collapse of the Homoeans in the East."

44 4세기 기독교 황제들 하에서 교회가 지닌 특징적인 권위에 관해서는 다음을 참조하라. Honoré, Law in the Crisis of Empire, 3-6. 새로이 세례를 받은 황제 테오도시우스와 그의 세례집례자 감독 테살로니케의 아콜리오스(Acholius of Thessalonica) 사이에 교회권력의 애매한 역동적 관계가 곧바로 일어났다. 이후의 저술가들은 황제 테오도시우스가 세례를 받기 전에 아콜리오스의 정통신앙을 점검하도록 함으로써 이러한 상황을 정당화하고자 하였다. Socrates, HE 5.6; Sozomen, HE 7.4. Van Dam, Kingdom of Snow, 143.

장에 있는 자신의 특별석에로 행진되도록 하였다.[45] 테오도시우스는 이후에 대담하게도 니카이아의 승리에 대한 공적을 주장하였다. 그래서 테오도시우스는 나지안조스의 그레고리오스의 대감독 취임식에서 하나님께서 거룩한 사도들의 교회를 자신에게 주셨고 이제 자신은 교회를 나지안조스의 그레고리오스에게 넘겨준다고 말하였다(DVS 1311-1312). 콘스탄티누스가 330년에 콘스탄티누폴리스를 처음으로 헌정할 때 "제2의 로마"라고 선언하였던 것과 똑같이, 381년에 개최된 테오도시우스의 공의회는 그 도시를 정치적으로 및 교권적으로 격상시키기 위하여 "새 로마"라고 선포하였다.[46]

나지안조스의 그레고리오스가 보기에 테오도시우스가 자신의 제국 권위를 교회 문제들에 부과한 것은 새롭게 일어나는 니카이아적 합의에 엄청난 해악을 끼칠 것이며, 또한 앞으로 수년 동안 나지안조스의 그레고리오스에게 끝없는 어려움들을 초래할 것이다. 그러는 동안 그라티아누스는 관용의 칙령을 공표하여 모든 감독들이 자신들의 교구들로 되돌아가는 것을 허락하였고, 또한 에우노미오스파, 포티누스파, 마니교도를 제외하는 모든 단체들이 자유롭게 예배할 수 있다고 선언하였다.[47] 나지안조스의 그레고리오스의 오랜 지지자들이었던 안티오케이아의 멜리티오스와 사모사타의 에우세비오스, 또한 니사의 그레고리오스는 유배지로부터 되돌아왔다.

상이본질파 신학자들은 이때에도 계속 활동하였다. 378년 말과 380년 초 사이 어느 시점에서 에우노미오스는 바실레이오스의 『에오노미오스를 반대하여』에 대한 응답으로 『변증을 위한 변증』을 저술하였다. 그리고 에우노미오스는 다른 두 명의 상이본질파 감독들과 함께 어느 감독을 팔레스타인에서 섬기도록 임명하였고, 그 이후로 네 사람이 안티오케이아에서 교회회의를 개최하였다. 유사본질파들도 마찬가지로 계속 활동하였다. 341년의 봉헌신조를 지지하고 "본질에 있어서 유사한(ὅμοιος κατ' οὐσίαν)"이라

---

45 Van Dam, *Kingdom of Snow*, 147 n24 그리고 참고문헌.
46 새로운 조각상이 수도에서 세워질 때 연설가 테미스티오스는 곧 테오도시우스와 콘스탄티누스를 비교하였다(*Or.* 18.223a-b). Van Dam, *Kingdom of Snow*, 149 n29.
47 다음에 암시되어 있다. *C. Th.* 16.5.5.

는 구절을 지지하는 교회회의를 376년에 개최한 후에, 이들은 378-379년에 자신들의 교회들의 일부를 재소유하고자 시도하였다. 그리고 이들은 카리아 지역의 안티오케이아에서 개최된 또 다른 교회회의에서 "동일본질(ὁμοούσιος)"을 거듭 거부하고 "본질에 있어서 유사한(ὅμοιος κατ' οὐσίαν)"이라는 구절을 선호하였다. 379년 8월 3일에 공표된 또 다른 제국칙령은 모든 불법적 이단들이 중단하여야 한다고 선포하였다.[48]

379년 가을에 멜리티오스는 동방지역의 감독들 사이에서 삼위일체적 정통신앙의 운동을 강화하기 위하여 안티오케이아에서 교회회의를 소집하였다. 그리고 아마도 이러한 소집은 새로운 황제 테오도시우스가 자신의 교회정책을 어디에서 취할 것인지를 멜리티오스에게 알리기 위함이었다.[49] 황제 테오도시우스가 이 회의를 지원하였는지는 분명하지 않다. 그리고 그의 신학적 입장이 이 시점에서 어느 정도로 알려진 것인지에 관해서도 분명하지 않다. 멜리티오스, 사모사타의 에우세비오스, 니사의 그레고리오스가 이 회의에 모두 참석하였다. 이 회의는 다마수스와 이탈리아 감독들이 일련의 공의회들을 통하여 발표하였던 공식적인 문서들 일체를 받았고, 또한 자체적인 신앙고백문서를 발표하였다. 제국 교서 「코덱스 베로넨시스 LX」(Codex Veronensis LX)에 수집되어 있는 서방 문서들을 받아들임으로써,[50] 안티오케이아에서 개최된 교회회의는 새로운 보편적인 합의가 진전되는 주요한 순간에 동방의 감독들과 서방의 감독들 사이에 중요한 접촉점이 있었음을 드러낸다. 그리고 이 교회회의는 다음 2년에 걸쳐서 이루어지는 나지안조스의 그레고리오스의 활동의 직접적인 상황의 중요한 부분을

---

48 C. Th. 16.5.5. 이 칙령은 이단들에 관한 새로운 목적을 제시하지 않는다.

49 이와 같이 중요한 동방 교회회의에 관한 우리의 자료들은 유감스럽지만 희박하다. 381년 콘스탄티누폴리스 공의회와 이에 대한 후속으로 동일한 해 서방 아퀼레이아에서 개최된 회의에 의하여 역사적 기록에서 가리워졌던 것 같다. 니사의 그레고리오스는 임종하는 마크리나를 방문하기 전에 안티오케이아에서의 공의회에 참석하였다고 언급한다(V. Macr., 386). 382년 콘스탄티누폴리스 교회회의는 381년 에큐메니칼 공의회가 개최되기 전에 안티오케이아에서 모임이 있음을 언급한다(Theodoret, HE 5.9.13). 다음의 논의들을 참조하라. Hanson, Search for the Christian Doctrine of God, 803; Simonetti, La crisi Ariana, 446; 그리고 필드(Field)의 저작도 참조하라.

50 본 코덱스를 둘러싼 사건들에 관한 철저한 논의들과 함께 이것의 비평적인 판에 관해서는 다음을 참조하라. Field, On the Communion; 에두아르트 슈바르츠(Eduard Schwartz)의 이전 판도 여전히 유용하다.

형성한다.

370년대 동안 이탈리아 감독들과 동방의 감독들 사이에 상당한 양의 서신연락이 진행되었다. 370년대 초기에 카이사레이아의 바실레이오스는 이탈리아와 갈리아에 있는 감독들에게 동방의 삼위일체론자들을 지지하고 안티오케이아의 분열을 해결하는 데에 돕도록 여러 차례 호소하였다.[51] 비록 카이사레이아의 바실레이오스는 자신이 바라고 있었던 결정적인 중재를 결코 받지는 못하였지만, 371년경에 개최된 로마 교회회의는 일리리콘의 감독들에게 서신을 보냈다. 이 서신의 더 온전한 형태는 「코덱스 베로넨시스」(Codex Veronensis)안에 "콘피디무스 퀴뎀(Confidimus quidem)"으로 남아있다. 그리고 이것은 동방의 보편적 감독들 모두에게 보내어졌다.[52] 이 서신은 보편적 교리와 성찬에 관한 진술문을 포함한다. 그리고 이 서신은 이 진술문을 니카이아 신앙과 동일시하며, 또한 이 진술문이 "성부, 성자, 성령이 하나의 신성, 하나의 덕, 하나의 형상, 하나의 본체이다"는 믿음을 의미한다고 규정한다. 이와 같은 서방 서신은 372년에 멜리티오스가 소집한 안티오케이아 교회회의를 촉발하였거나 또는 그것에 대한 응답이었다.

안티오케이아 교회회의는 서방 교회들의 감독들과 함께 공유한 신앙을 강조하였고 그들로 하여금 동방의 교회회의에 참석하도록 권하였다. 서명자들 중에는 멜리티오스, 카이사레이아의 바실레이오스, 나지안조스의 그레고리오스의 부친, 니사의 그레고리오스가 포함되어 있다.[53] "콘피디무스 퀴뎀(Confidimus quidem)"을 동방에서 받아들인 후에 날짜를 추정하기 어려운 더 많은 문서들이 이후 본래의 서신에 추가되었다.[54] 그것들은 "성령과 다투는 자들"에 반대하여 성령의 신성을 새롭게 강조하는 것과 아폴리나리오스주의자들에 반대하여 그리스도의 온전한 인성을 새롭게 강조하는

---

51 특별히 참조하라. *Ep.* 92, 243, 263.

52 Field, *On the Communion*, 10-14.

53 Basil, *Ep.* 92

54 *Ea gratia, Illut sane,* and *Non nobis.* 「에아 그라티아」(*Ea gratia*)는 아마도 바실레이오스의 「서신 243」에 대한 응답으로 안티오케이아의 멜리티오스에게 본래 보내어졌다. 이것은 성령의 신성을 강조하였고 동방 교회들의 계속되는 곤경을 강조하였다.

것을 추가함으로써 교리적인 규정을 확장하였다. 이것은 카이사레이아의 바실레이오스가 더 일찍 주도하였던 작업들에 대한 응답인 것처럼 보인다.[55]

379년에 다마수스는 이와 같이 모여진 문서들, 즉 93명의 감독들이 모인 로마 교회회의의 『교훈집』(Exemplum)을 멜리티오스가 안티오케이아에서 소집한 교회회의에로 보냈다. 동방의 니카이아주의자들과 서방의 니카이아주의자들 사이의 교제를 재확인하기 위함이며, 또한 이탈리아에서 위태롭게 된 자신의 지위에 대하여 동방의 감독들의 지지를 이끌어내기 위함이었다. 제국 교서에 포함되어 있는 마지막 문서에 따르면, "교황 다마수스 하에서 개최된 로마 교회회의의 [합성된] 해설 또는 서신이 또한 동방에도 전달되었다. 그리고 동방의 모든 교회와 함께 안티오케이아 교회회의는 그 신앙과 조화를 이루게 되었다." 그런 후에 멜리티오스, 사모사타의 에우세비오스, 라오디케이아의 펠라기오스, 티로스의 제논, 에데사의 에울로기오스, 카이사레이아의 헬라디오스(바실레이오스의 후임자), 타르소스의 디오도로스, 그리고 146명의 다른 감독들이 『교훈집』에 서명하였다. 이들의 서명은 로마교회의 기록보관소에 있는 문서철에 있다고 알려져 있다.[56]

이렇게 하여 안티오케이아 교회회의는 서방 문서들을 인준하고 서명하여 돌려보냈고,[57] 또한 자체적으로 교리적 진술문(Tomus)을 발표하였다. 이 진술문(Tomus)은 더 이상 현존하지 않지만 광범위할 정도로 서방 문서들과 일치하였던 것 같다.[58] 안티오케이아인들이 서명한 『교회회의의 교훈

---

[55] 참조. *Ep.* 263. 377년경부터 이 서신은 "성령과 다투는 자들," 세바스테이아의 에우스타티오스, 아폴리나리오스주의자들에 관하여 경고한다. 그리고 안티오케이아의 파울리노스가 마르켈로스 적일 수 있음을 암시한다. 자신의 수고들을 마칠 무렵에 바실레이오스는 테살로니케의 아콜리오스, 밀라노의 암브로시우스, 알렉산드레이아의 페트로스, 로마의 다마수스와 우호적으로 서신을 교환하였고, 372년 죽기 전에 아타나시오스에 의하여 마침내 정통으로 받아들여졌다. 이렇게 하여 동방-서방의 니카이아적 연합을 향한 커다란 진보가 이루어졌다. 다마수스, 멜리티오스, 나지안조스의 그레고리오스는 379년부터 381년 사이에 이러한 연합을 마무리짓고자 할 것이다. 참조. Field, *On the Communion*, 129-130 그리고 참고문헌.

[56] *Haec exposito* (Field, 20).

[57] 현재 형태의 『교훈집』(Exemplum)은 제국법원의 답서로 공표되기 전에 안티오케이아에서 이미 수집되었던 흔적들을 보여준다. 참조. Field, *On the Communion*, 133.

[58] 다마수스에게 보낸 382년의 콘스탄티누폴리스 교회회의의 서신에서 동방의 감독들은 로마에서 개최된 교회회의에 자신들이 참여하지 않는 것에 양해를 구한다. 이를 위하여 동방의 감독들은 서방인들로 하여금 381년의 더 충분한 진술문 뿐만 아니라 379년 안티오케이아의 『진술문』(Tome)을 참조하도록 관심을 돌린다(Theodoret, *HE* 5.9.13). Field, *On the Communion*, 121 n13.

집』(*Exemplum synodi*)을 서방 감독들이 받아들였다는 점은 또한 그들이 멜리티오스를 안티오케이아의 감독으로 인정함을 포함하였다. 공의회의 문서들의 이와 같은 중요한 교환은 다마수스가 소집한 이탈리아 교회회의들에서 모인 서방 감독들과 멜리티오스가 379년에 소집한 교회회의를 대표하는 동방 감독들 사이에 공통의 신앙과 일치를 규정하고자 하였고, 더 나아가서 안티오케이아에서의 마땅한 교회질서를 회복하고자 하였다.

멜리티오스가 379년에 소집한 교회회의는 교리적 및 교회법적 활동의 일환으로 나지안조스의 그레고리오스를 콘스탄티누폴리스에 있는 정통신앙 공동체의 감독으로 임명하였다.[59] 나지안조스의 그레고리오스가 나중에 전하는 말에 따르면, 자신은 (381의 콘스탄티누폴리스 공의회와 비교하여) 비록 불완전하지만 정통신앙을 가진 감독들의 교회회의에 의하여, 그리고 특별한 "올곧은 한 사람"에 의하여 수도로 부름을 받았다. 나지안조스의 그레고리오스가 수도로 옮겨간 시점과 이 교회회의가 일치하는 점을 고려하고, 또한 도착하는 즉시 멜리티오스가 그에게 제공한 지속적인 지원을 고려할 때에, 이것은 안티오케이아의 교회회의와 멜리티오스 감독을 가리키는 것이 확실하다.[60]

나지안조스의 그레고리오스의 보고에 따르면, 이 공의회는 수도에서 어떤 감독들이 조장하고 있는 새로운 이단에 맞서서 그가 "말씀을 옹호하도록" 파송하였다. 그가 계속해서 묘사하는 용어들에 따르면 이 이단은 아

---

59 설교 43.2에서 나지안조스의 그레고리오스는 참된 교리를 위하여 콘스탄티누폴리스에서 행한 자신의 활동에는 "진리에 대한 그러한 고귀한 옹호자의 승인이 없지는 않았다"고 언급한다. 맥거킨은 사모사타의 에우세비오스가 안티오케이아인들을 대표하여 바실레이오스와 함께 이러한 생각을 검토하였다고 제안한다(*St. Gregory*, 236 n28). 379년 1월 1일 바실레이오스의 죽음 이전에 있었던 그러한 의사소통은 안티오케이아 공의회가 실제로 나지안조스의 그레고리오스를 대표자로 세워서 수도로 실제로 파견하기 전에 멜리티오스와 집단이 그러한 생각을 고려하고 있었음을 물론 가정한다. 카이사레이아의 바실레이오스를 위한 나지안조스의 그레고리오스의 추모설교의 복잡한 동기들을 고려하면(여기에 관해서는 아래를 참조하라), 우리는 이러한 단 하나의 구절에 너무나 많은 확신을 두어서는 안 된다. 나지안조스의 그레고리오스를 콘스탄티누폴리스에로 불렀던 "올곧은 한 사람"에 관한 언급은 아마도 멜리티오스를 가리킬 수 있다(*Carm.* 2.1.12.77-78; 아래의 각주 108을 참조하라). 그러나 카이사레이아의 바실레이오스를 가리키지 않는다. 그러므로 이러한 언급은 설교 43.2를 확증하는 증거로서 여겨져서는 안 된다.

60 *Carm.* 2.1.12.72-82. 또한 다음을 참조하라. DVS 596; Or. 33.13: "나는 초청을 받았고 부득불 그렇게 하였다. 나의 양심의 가책들과 성령의 부르심을 따랐다."; Socrates, *HE* 1.5.6.

폴리나리오스주의를, 즉 그리스도는 인간적 정신이 부족하다는 가르침을 가리킨다(*DVS* 607-631). 셀레우케이아에서 시간을 보내는 동안 나지안조스의 그레고리오스는 370년대에 친(親)니카이아적인 라오디케이아의 아폴리나리오스와 멜리티오스의 장로이며 주요한 조수인 디오도로스 사이에 안티오케이아 인근에서 벌어지고 있었던 기독론 논쟁에 관하여 스스로 공부하였던 것처럼 보인다.[61]

나지안조스의 그레고리오스가 셀레우케이아에서 쉬는 것과 그리 멀지 않은 때인 378년에 디오도로스는 타르소스의 감독으로 임명되었다. 아폴리나리오스의 기독론에 내재되어 있는 문제점들을 나지안조스의 그레고리오스에게 처음으로 각인시켜 준 사람이 바로 디오도로스이었을지도 모른다. 아래에서 이 문제를 상세하게 다룰 것이지만, 현재로서는 다음과 같은 점에 주목하고자 한다. 즉, 나지안조스의 그레고리오스가 콘스탄티누폴리스에서 친(親)니카이아적 공동체를 강화하기 위한 사명을 정말 감당하는 동안, 그는 아폴리나리오스주의자들을 대적하기 위한 일을 거의 하지 않았다는 점에, 그리고 사실 나지안조스의 그레고리오스는 디오도로스와 그의 안티오케이아 동료들이 제안하는 기독론과는 현저하게 다른 기독론을 전개하고 있었다는 점에 주목하고자 한다. 정치적 정세가 급변하면서 나지안조스의 그레고리오스는 한 번 더 지도력을 발휘하는 자리에 오르게 되었다. 즉, 제국의 권력의 중심에서 친(親)니카이아적 공동체의 목회자의 자리에 오르게 되었다. 이렇게 하여 그의 교회 활동의 가장 짧은 단계이면서, 그러나 가장 많은 결실이 있는 단계가 시작되었다.[62]

---

61 나지안조스의 그레고리오스가 375년에 떠나기 전에 아폴리나리오스주의자들이 나지안조스의 교구를 차지하려고 시도하였을 때, 그가 그들을 훨씬 이전에 만났을 것이라는 맥거킨의 추측(*St. Gregory*, 226)은 분명하게 드러나지 않은 언급을 근거로 하며(*Carm*. 2.1.19.61-74) 내게는 가능성이 없는 것처럼 보인다.

62 나지안조스의 그레고리오스가 378년에 또는 더 이전에 수도에로 갔다는 논증들은 설교 43.2에 있는 카이사레이아의 바실레이오스의 참여에 관한 언급에 의존한다. 참조. Van Dam, *Kingdom of Snow*, 138 n5 그리고 참고문헌. 그러나 대부분의 학자들은 이 구절을 고려하면서도 나지안조스의 그레고리오스의 본문에 대한 축적된 증거는 379년 가을을 더 강력하게 선호함을 발견하였다. 참조. McGuckin, *St. Gregory*, 236-238; Daley, *Gregory of Nazianzus*, 14-15.

4

379-381 콘스탄티누폴리스에서의 사역

나지안조스의 그레고리오스가 콘스탄티누폴리스에서 재임한 짧은 기간은 그의 인생에서 가장 힘들면서도 가장 풍성한 기간이었다. 그래서 이 기간은 삼위일체 정통신앙에 아주 결정적이었다. 2년도 안 되는 기간에 그는 제국의 후원과는 무관하게 거의 오로지 자신의 목회적 및 신학적 노력들의 영향을 통해서 수도 안에서 친(親)니카이아적 공동체를 강화하고 증대시켰다. 나중에 그는 이러한 역할이 자신의 경력에서 최고의 업적이라고 여기게 되었다.[1] 수도에서 체류하는 중 황제 테오도시우스가 도착할 때에 그는 수도 교구에서 유일한 감독이 되었다. 그래서 그는 381년 콘스탄티누폴리스 공의회의 의장으로 섬겼다. 그리고 그는 현존하는 44편의 설교들 중에서 22편을 작성하였다. 그의 사촌 테오도시아가 그를 후원하고자 그의 숙박을 위하여, 그리고 그의 회중이 모이는 장소를 위하여 자신의 저택을 제공하였다. 나지안조스의 그레고리오스는 이 빌라의 일부를 부활교회(the

---

[1] 공의회 이후 나지안조스의 그레고리오스는 자신은 제국 법정에서 탄원자가 결코 아니었으며 오히려 사무엘 선지자처럼 왕들에게 조언을 한다고 쓴다(42.19). 그는 379년의 제국 칙서를 무시한다(참조. Van Dam, *Kingdom of Snow*, 141-142). 그리고 그의 활동은 그것에 의존하지 않음을 보여준다. 그가 거룩한 사도들의 교회(the Church of the Holy Apostles)에서 대감독으로 취임하였지만 그는 테오도시우스의 정책에 자연스럽게 영향을 끼치고자 하였다; 연설 37.23에서 그가 황제에게 추천하였음을 참조하라. 이것은 「눌리스 하이레티키스」(*Nullis haereticis*)가 공표된지 오래지 않아 일어났다(*C. Th.* 16.5.6).

Church of the Resurrection), 즉 아나스타시아(Anastasia)로 바쳤다. 이것은 그가 그곳에서 조성하기를 바랐던 정통신앙의 부활을 상징하는 것이었다. 콘스탄티누폴리스에서의 설교들은 본서의 나머지 부분에서 두드러지게 다루어진다. 다만, 여기에서는 그것들을 주위의 사건들 안에서 살펴볼 것이며 그것들의 주요한 관심사들을 간략하게 소개할 것이다.[2]

나지안조스의 그레고리오스는 379년이 끝나기 전에 4편의 설교를 한다. 이것들은 신앙의 기본적 해설로서 신자들을 굳건하게 하고 경쟁하는 파당들의 분열을 고치려는 자신의 초기 시도들을 예증한다. 그는 자신의 설교사명을 신학에 대한 자신의 기본적인 접근과 자신의 교리에 대한 요약으로 시작하였다(Or. 20).[3] 자신의 이전의 저작에 있는 구절들을 반영하면서 그는 다음을 주장한다. 즉, **기독교 신학은 하나님, 그리스도, 성령에 대한 올바른 이해뿐만 아니라, 이에 상응하는 상태, 즉 신학자에게서의 영적인 정화 및 사변적 자제의 상태를 모두 포함한다**고 주장한다.

이 설교는 두 부분으로 구성되어 있다. 첫 번째 부분에서 나지안조스의 그레고리오스는 하나님을 아는 지식의 본질을 살피기 위하여 구약의 여러 인물들을 활용한다. 특히, 모세가 시내산으로 오르는 것에 집중한다(20.1-4). 나중에 그는 여러 다른 저작들에서 모세를 신학적 비전의 주요한 예로 다룸으로써 후대의 기독교 전통에서 최고로 영향력을 행사하게 될 주제를 제공한다. 설교의 두 번째이며 더 긴 부분에서 그는 삼위일체 교리에 대한 중요한 요약을 제시한다. 이것으로써 그는 수도에서 정통신앙 공동체를 재정립하기를 바랐다(20.5-12). 신학의 내용과 신학을 알아가는 사람 사이의 이러한 상관성은 나지안조스의 그레고리오스의 작품 전체에서 계속 중심

---

2 나지안조스의 그레고리오스가 수도에서 행한 설교들의 순서를 결정하기는 어렵다; 나는 신코, 베르나르디, 갤레이가 확립한 더 이전의 날짜를 맥키킨이 수정한 것을 따른다. 즉, 379년 가을 Ors. 20, 22, 24 (10월 2일), 32; 380년 부활절 이후 Ors. 23, 33, 21 (5월 2일), 34, 41 (오순절), 27-31 (「신학적 설교」); 7월과 8월), 25, 26, 36, 37 (11월 27일, 콘스탄티누폴리스의 감독으로의 취임 이후), 38 (12월 25일); 381년 Ors. 39-40 (1월 5-6일), 42 (7월, 콘스탄티누폴리스 공의회를 사임하자마다). McGuckin, *St. Gregory*, ix, 240 n44. 갤레이는 다음과 같은 순서로 열거한다: Ors. 22, 32, 25, 41, 24, 38-40, 26, 34, 23, 20, 27-31, 37, 42 (*La vie*). 또한 다음을 참조하라. Sinko, *De traditione orationum; Bernardi, La prédication*.

3 이후에 다음과 같은 제목이 붙여졌다. *On Theology and the Installation of Bishops*.

적이며, 또한 본서의 관심사의 핵심에 위치한다.

「평화에 관한 두 번째 설교」(the Second Oration on Peace, Or. 22)에서[4] 나지안조스의 그레고리오스는 콘스탄티누폴리스에서의 니카이아주의자들 사이의 분열의 문제를 다룬다. 이 분열은 대체로 안티오케이아에서의 분열의 결과이다. 성경에서의 화해자들의 선례에 호소하면서(22.1-2, 8, 15-16), 중도적 삼위일체적 입장 하에서 그는 경쟁하는 단체들 사이의 평화를 호소한다(22.12). 나지안조스의 그레고리오스가 안티오케이아의 분열을 다룰 때에 그가 처음 지적한 것은 안티오케이아의 적법한 감독에 관한 에우스타티오스주의자들과 멜리티오스주의자들 사이의 다툼이 아니라 디오도로스와 아폴리나리오스 사이의 논쟁이었다는 점은 의미가 있다(22.13).[5]

어느 흥미로운 성인전 실수담에 따르면, 나지안조스의 그레고리오스는 다음 설교에서(Or. 24) 순교자 키프리아노스를 찬양하는데, 아마도 379년 10월초 안티오케이아의 키프리아노스를 기념하는 행사가 끝난 직후였다. 나지안조스의 그레고리오스는 유명한 북아프리카의 감독(키프리아누스)과 동명이인인 안티오케이아의 감독 키프리아노스를 혼동하면서,[6] 그는 위대한 "키프리아노스"가 삼위일체적 신앙을 견지한 것을 찬양하고, 또한 당대의 교회를 위협하는 갈등들에 맞서도록 요청한다(24.19). 나지안조스의 그레고리오스는 자신이 그 순교자의 기념식에 참석하지 못한 것에 대해 사과하고(24 tit., I), 수도 안에 있는 삼위일체적 단체들 사이의 평화를 위하여 더 많은 영향력을 행사하고자 열심히 활동한다. 이 설교는 콘스탄티누폴리스에서 이 시점에서 친(親)니카이아 동맹들이 얼마나 허약한지를 알려준다.

게다가, 이 설교는 나지안조스의 그레고리오스가 지역 축제들을 찬사하면서 기념하는 또 다른 예를 제시한다. 379년에 쓰여진 나지안조스의 그

---

4 맥거킨이 수정한 날짜에 따르면, 설교 22는 현재 「평화에 관한 두 번째 설교」이며 설교 23은 「평화에 관한 세 번째 설교」이다. 이것은 베네딕트수사들(the Benedictines)과 미뉴판(Migne)에서 주어진 제목들과는 반대순서이다.

5 이 구절에서 디오도로스라는 인물은 전형적으로 주목받지 못하였다.

6 Mossay, SC 284, 21-24. 설교의 날짜와 장소에 관해서는 다음을 참조하라. Bernardi, La prédication, 161-164.

레고리오스의 마지막 설교는 「논쟁에서의 중용에 관하여」(On Moderation in Debate, Or.32)으로서 아나스타시아 교회의 상당히 많은 회중에게 전해졌다. 그는 너무나 많은 바울파, 아볼로파, 게바파와 같이(고전 3.4-9, 22), 그리고 너무나 많은 그리스도파와 성령파와 같이(32.5), 교회 안에 있는 수많은 파당들이 있음을 한탄한다. 그리고 도덕적인 이유들과 단순한 삼위일체적 신앙고백에 근거하여 거듭 평화와 일치를 호소한다(32.5, 21). 또한 나지안조스의 그레고리오스는 교사로서의 자신의 권위를 강조한다(32.12). 그리고 다양한 지체들과 은사들이 있지만 한 분 그리스도 안에서 연합되어 있다는 바울의 이미지를 환기시키며(32.11-13.15),[7] 모세라는 인물을 거듭 가리킨다(32.16-17).

그 이듬해 봄까지 더 이상의 설교는 없지만, 380년 겨울 몇 달 동안 여러 중요한 사건들이 생겨났다. 2월에 테오도시우스는 테살로니케(Thessalonica)에서 「쿤크토스 포풀로스」(Cunctos populos)를, 즉 제국의 공식종교는 로마의 다마수스와 알렉산드레이아의 페트로스가 고백하는 것과 같은 보편신앙이어야 한다는 그의 유명한 칙령을 공표하였다. 이것은 "동등한 위엄과 정통적 삼위일체 안에서 성부와 성자와 성령의 하나의 신성"에 대한 믿음을 규정한다.[8] 테오도시우스의 칙령이 있은 이후 여러 달 동안 아나스타시아 교회에서 나지안조스의 그레고리오스의 공동체를 반대하는 갈등과 위협들의 수위가 계속 증대하였던 것처럼 보인다. 나지안조스의 그레고리오스는 수도에서 부활절 철야모임에서 자신의 첫 세례들을 집례하였는데, 이 기간 동안 일단의 파괴자들이 교회를 공격하고 제단을 훼파시키며 그에게 돌들을 던졌다.

이러한 공격에 대해 분노하는 티아나의 테오도로스에게 보내는 「서신 77」에서 나지안조스의 그레고리오스는 정의와 보복보다는 용서와 하나님의 자비의 우월성을 주장한다. 그리고 오직 자비와 친절을 통해서만이 대

---

7 롬 12:5-6; 고전 12; 엡 4:4, 15-16.

8 Secundum apostolicam disciplinam evangelicamque doctrinam Patris et Filii et Spiritus sancti unam deitatem sub pari maiestate et sub pia trinitate credamus. C. Th. 16.1.2.

적자들을 이길 수 있음을 바랄 수 있다고 주장한다.[9] 마지막으로, 나지안조스의 그레고리오스는 강제로 법정에 출두하여야 했다. 그래서 다음 두 설교들 중 일부분에서 자신을 변호한다(Ors. 33 및 23). 나지안조스의 그레고리오스는 이때 일어난 또 다른 사건에 관하여 보고한다. 여기에 따르면, 초라한 옷을 입은 젊은이가 나지안조스의 그레고리오스의 침대 옆으로 들어와서는 갑자기 눈물을 흘리고, 자신이 그를 암살하기 위하여 이전에 온 적이 있었음을 고백하였다. 나지안조스의 그레고리오스는 그를 즉석에서 용서하였다. 이로 인하여 나지안조스의 그레고리오스는 수도 내에서 훨씬 더 많은 지지를 받았다(DVS 1466-1474; Or. 33.5).

다음 해의 활동, 즉 380년 봄부터 381년 봄까지의 활동은 나지안조스의 그레고리오스의 삶에서 신학적 생산성이 가장 집중되는 기간이었다. 밀도가 있고 신중하게 쓰여진 17편의 설교들에서 그는 기독교 신앙을 세련되고 설득력 있게 표현하고자 애썼다. 이 저작 전체는 그의 가장 훌륭한 신학적 노력을 드러내었다. 그래서 그가 간결하고 공식적인 신앙고백들에 기초하여 합의를 이루고자 한 이전의 시도는 단지 시작일 뿐이었음을 알려주기까지 한다. 늦은 봄에 나지안조스의 그레고리오스는 반(反)니케아주의자들이 자신의 회중에게 보인 계속되는 적대감을 다루었다. 「아레이오스주의자들에 반대하여, 그리고 아레이오스에 관하여」(Against the Arians and on Himself, Or.33)에서 나지안조스의 그레고리오스는 유사파 감독 데모필로스가 자신의 감독의 권위에 대한 도전에 응답하고(33.1) 최근의 "아레이오스파"의 범죄들을 열거한다. 여기에는 알렉산드레이아의 페트로스에 대한 공격들과 나지안조스의 그레고리오스의 조언자인 사모사타의 에우세비오스의 살해까지 포함되어 있다(33.1-5). 나지안조스의 그레고리오스는 자신은 폭력을 폭력으로 갚지 않았다고 주장한다(33.6-12). 여러 다양한 이단들에 반대하여 전통적인 형식으로 정리한 자신의 교리를 또 다시 간결하게 설명하

---

[9]   또한 다음을 참조하라. Carm. 2.1.11.665 DVS; 2.1.12.103 De seipso et de episcopis; 2.1.15.11; 2.1.30.125; 2.1.33.12.

면서 설교를 마친다(33.16-17).

곧 바로 「평화에 관한 세 번째 설교」(the Second Oration on Peace, Or.
23)에서 나지안조스의 그레고리오스는 공격들과 합법적인 장광설들에 맞
서서 자신의 공동체가 보여주는 사랑의 응답을 거듭 옹호한다. 그리고 자
신의 대적자들이 "우리의 신비들에 와서 참여하도록" 초청한다(23.3). 그런
후에 그는 지금까지 자신의 가장 확장된 교리적 해설을 제시하고, 또한 자
신의 전 저작에서 삼위일체에 관하여 가장 중요한 구절들 중의 하나를 제
시한다. 이것을 본서 IV장에서 상세하게 검토할 것이다.

항해의 계절이 다시 시작되면서 알렉산드레이아의 페트로스는 나지안
조스의 그레고리오스의 회중에게 힘을 주고자 이집트인 대표단을 보내었
다. 아마도 이것은 또한 수도에서 알렉산드레이아의 영향력을 회복하기 위
함이었다. 대표단에는 친(親)니카이아 신학자인 견유파 막시모스(Maximus
the Cynic)가 포함되었다. 그는 처음에는 나지안조스의 그레고리오스에게
큰 도움이 되었으나 결국에는 그가 몰락하는 데에 중요한 원인이 되었다
(DVS 810-814). 새로운 이집트 대표단에게 경의를 표하기 위하여 나지안조
스의 그레고리오스는 한 쌍의 기념설교를 준비하였다.

한 쌍의 기념설교들 중 첫 번째인 「아타나시오스를 칭송하며」(In Praise
of Athanasius, Or. 21)는 알렉산드리아의 이전 감독인 아타나시오스를 니카
이아 신앙을 위한 신실성 및 성공적인 신학적 노력의 상징으로 존경한다.
나지안조스의 그레고리오스는 자신의 활동에서의 전환점을 만들면서 지
금까지는 신앙에 대한 간단하고 "효율적인" 요약들을 포기하여 왔었지만
이제는 더 이상 자제하지 않고, 아타나시오스가 하였던 것처럼 자신의 교
리를 충분하게 및 확신있게 가르칠 것이라고 선언한다(21.34).[10] 그는 아타
나시오스의 개인적 및 목회적 덕들을 예상대로 칭송하는 것과 함께, 4세기
의 교리적 논쟁들을 이야기식으로 설명한다. 이것에 따르면, 아타나시오스

---

10 나지안조스의 그레고리오스의 저작에서 "경륜(economy)"이 지니는 광범위한 의미들에 관해서는
    본서 IV장을 참조하라.

는 니카이아 신앙의 승리자로 두드러지게 나타난다. 이렇게 하는 주된 목적은 수도에서의 자신의 권위를 강조하고자 하는 것이기는 하였다(21.13-17).

아타나시오스의 죽음 이후 7년 만에 행해진 나지안조스의 그레고리오스의 기념설교는 그 위대한 알렉산드레이아 사람을 성인으로 시성하는 문헌의 첫 번째이다. 이 점은 아타나시오스에 대한 나지안조스의 그레고리오스의 실제적인 지식이 어떠한지를 결정하기 위하여 본서의 결론에서 더 세밀하게 검토할 것이다. 한 쌍의 기념설교들 중 두 번째는 「이집트인들의 도착을 위하여」(For the Arrival of the Egyptians, Or. 34)인데 아마도 5월 중순에 행해졌다. 여기에서 나지안조스의 그레고리오스는 알렉산드레이아의 페트로스가 보인 교리적 동맹의 모습에 충실하게 응답하는데 ―「쿤크토스 포풀로스」(Cunctos populos)에 맞추어 주목할 것이다 ― 그 다음에 삼위일체에 관한 또 다른 가르침을 제시하고 성령에 특별히 주의를 기울인다(34.8-15).

380년 6월 9일 오순절에 나지안조스의 그레고리오스는 372년에 감독으로서 행한 자신의 첫 번째 설교들에서 이미 시작하였던 성령론을 새롭게 할 자연스러운 기회를 가졌다. 비록 확실할 수는 없지만, 그렇게 행한 그의 동기는 그의 대적자들의 저항이 증대되었기 때문이었을 것이며, 또는 이집트인들에게 자신의 정통신앙을 더 깊이 확신시키고자 하는 열망 때문이었을 것이다. 「오순절에 관하여」(On Pentecost, Or. 41)는 나지안조스의 그레고리오스의 접근에서 두 번째 전환점을 만들었다. 왜냐하면 그는 이제 자신의 동료들 안에서 논쟁점을, 즉 성령의 신성을 다루기 때문이다. 성령의 특성과 활동에 관하여 더욱 일반적이고 기념하는 언급들을 행하면서 그는 성령이 일으키시는 구속에 대하여, 그리고 교회 안에서의 성령의 자기계시에 대하여 이중적인 호소를 함으로써 성령의 신성을 주장한다. 이 두 가지 주제들을 그는 곧 바로 더 상세하게 전개할 것이다. 본서 Ⅲ장에서 이 점을 충분하게 고려할 것이다.

확실히 나지안조스의 그레고리오스는 유사파와 상이본질파 모두 설득하면서 자신의 관심을 니카이아의 "성령과 다투는 자들"에게로 돌린다. 이들은 아마도 자신의 회중 안에 있는 지체들로서 "성자에 대해서는 건전하면서도" 그러나 성령의 신성을 여전히 부인하는 자들이다.[11] 그들을 형제들이라고 표현하면서 그들의 신학적 및 실천적인 덕들을 인정하되, 그들을 부드럽게 조금씩 설득하여 온전한 신앙고백에로 나아가게 하고자 시도한다. 그러나 그의 유화적 전략들이 작동하지 않았던 것처럼 보인다. 이 시점으로부터 계속해서 나지안조스의 그레고리오스는 삼위일체 교리를 더욱 직접적으로 및 강력하게 주장한다. 삼위일체 교리는 이미 자신의 삶의 활동이 되었으며 광범위한 여러 다른 입장들에 반대된다.

나지안조스의 그레고리오스는 자신의 유명한 일련의 설교들인 5편의 「신학적 설교」(설교 27-31을 가리킨다)를 380년 7월과 8월에 아나스타시아 교회에서 행하였다. 본래의 순서와 관련하여 1000편 이상의 원고들 사이에 불일치들이 있고, 특히 두 번째 설교의 위치에 관해서는 더욱 그러하다 (Or. 28).[12] 일련의 설교들의 내적인 논증으로부터 뿐만 아니라 사본전승 안에서의 불일치들로부터 판단하면서 타되즈 신코(Tadeusz Sinko)와 장 베르나르디(Jean Bernardi)는 나지안조스의 그레고리오스가 380년에 본래 설교를 행한 이후에 추가하였던지 또는 상당히 변경하였다고 논증하였다.[13] 어쨌든, 일련의 설교들에 대한 기존의 순서를 보존하는 데에는 충분한 근거들이 있다. 그래서 그것들을 적절하게 해석할 것이다.

위에서 주목하였듯이 「신학적 설교」는 오리게네스의 『제일원리들에 관하여』 안에 있는 주요 주제들의 순서에 대체로 맞추어서 배열되어 있다. 그

---

[11] 나지안조스의 그레고리오스는 세바스테이아의 에우스타티오스의 유산에 여전히 충실하였던 안티오케이아 출신의 니카이아적 수사들에게 말하고 있다고 맥거킨은 제안한다(St. Gregory, 273). 그리고 맥거킨은 「설교 41」에서 전개된 강력한 오리게네스적 이론들은 그날 참석한 청중들 중에 히에로니무스와 폰토스의 에바그리오스가 있었음을 알려준다고 추측한다(276 n263). 그들이 나지안조스의 그레고리오스의 공동체에 언제 참가하였는지에 관해서 확실히 아는 것은 불가능하다. 그러나 이 경우는 어느 때나 가능한 것 같다.

[12] 사본전승에 관해서는 다음을 참조하라. Norris, Faith Gives Fullness, 71-80; Lafontaine, Mossay, and Sicherl, "Vers une édition."

[13] Sinko, De traditione orationum I, 11-12, 20-21; Bernardi, Le prédication, 183-185; Norris, Faith Gives Fullness, 76 nn386-387. 또한 다음을 참조하라. McGuckin, St. Gregory, 278.

리고 카이사레이아의 바실레이오스의 「에우노미오스에 반대하여」(Against Eunomius)와 유사한 방식으로 신학적 방법과 하나님의 불가해성에 관한 두 설교들로 시작하고(27-28; 참고. Eun. 1), 그 다음에는 성자의 신성에 관한 두 편의 설교들이 있고(29-30; 참고. Eun. 2), 마지막으로 성령의 신성에 관한 설교가 있다(31; 참고. Eun. 3). 확실히 알기는 어렵다고 하더라도, 나지안조스의 그레고리오스의 설교를 듣는 청중에는 데모필로스를 대표하는 유사파 신학자들, 상이본질파 에우노미우스주의자들(본문에서는 나지안조스의 그레고리오스의 주요한 대적자들임), 그리고 아마도 세바스타데이아의 에우스타티오스의 지도력 하에 있는 유사본질파 "성령과 다투는 자들"이 포함되어 있었던 것같다.[14]

「신학적 설교」가 삼위일체에 관한 나지안조스의 그레고리오스의 분명한 진술이라고 평판이 알려져 있지만,[15] 그것들이 그가 이미 여러 차례 하였던 것처럼 긍정문 형식의 교리적 해설이라기보다는[16] 그의 대적자들의 반대들에 대한 응답들과 반론들을 아주 신중하게 모아놓은 것으로서 중요한 신학적 대결의 인상을 준다. 이 일련의 설교들에서 나지안조스의 그레고리오스가 제시하는 주요한 논증은 부정문 형식이며 방어적이어서, 성자와 성령의 신성에, 그리고 그러기에 삼위일체에 반대하는 대적자들의 비난들에 답하고자 한다. 「설교 27-28」은 하나님과 인간의 각각의 본성을 고려하여 신학의 성격을 주로 다룬다. 「설교 29-30」은 논리적 및 성경적 반대들에 맞서서 성자의 신성을 옹호한다. 그리고 「설교 31」은 논리적 및 성서적 반대들에 맞서서 성령의 신성을 옹호하며 삼위일체에 관한 요약적 구절들이 곳곳에 배치되어 있다.

이 일련의 설교들은 그 논증이 지닌 부정문 형식의 특성 외에도 여러 가지 불일치들을 포함하고 있는데, 이것들은 이 일련의 설교들이 나지안조스

---

14 나지안조스의 그레고리오스가 그것들을 작성할 때에 견유학파 막시모스(콘스탄티누폴리스의 막시모스) 그리고 아마도 히에로니무스와 에바그리오스의 도움을 받았다고 맥거킨은 추측한다. St. Gregory, 277-278.

15 참조. McGuckin, St. Gregory, 264.

16 예를 들면, Ors. 20.5-12; 23.7-37; 34.8-15.

의 그레고리오스의 전체 저작 중에서 독특하게 보이도록 한다.[17] 「설교 30」에는 평소답지 않게 그리스도에 대하여 이원론적으로 이해하는 것을 암시하는 독특한 구절들이 있다.[18] 그리고 나지안조스의 그레고리오스는 신적인 인과성에 관하여 여러 특이한 진술들을 제시한다.[19] 이러한 특이점들 때문에 어떤 학자들은 다른 본문들과 분리하여 「신학적 설교」를 해석하면서 종종 잘못된 길로 갔다. 이러한 특이점들은 나지안조스의 그레고리오스가 380년 여름에 직접 처하였던 유별나게 논쟁적인 상황을 가리킬 뿐만 아니라, 일련의 설교들을 작성할 때에 그가 견유학파 막시모스, 니사의 그레고리오스, 히에로니무스, 에바그리오스와 같은 동료들과 함께 활동하였을 가능성을 암시한다. 그와 같은 독특성을 고려할 때에 비잔틴 전통에서의 나지안조스의 그레고리오스의 영향력이 대체로 다른 본문들을 통해서 — 즉, 동방의 찬송가의 많은 부분을 형성하였던 많은 시적인 구절들 뿐만 아니라, 예전 안에서 불려지고 사본들 안에서 종종 분명하게 드러나는 설교들을 통해서 — 이루어졌다는 점은 주목할 만하다.

반면에 현대의 학자들은 「신학적 설교」에만 거의 배타적으로 초점을 두는 경향이 있었고, 그 결과로 나지안조스의 그레고리오스의 저작에 관한 극도로 다른 평가들이 존재한다. 그러므로 나지안조스의 그레고리오스를 가르치는 선생들과 배우는 학생들은 신중하게 해석해야 한다고 조언한다. 즉, 현대의 논쟁들 안에서 그것들의 양식과 목적을 고려하면서 해석해야 하고, 종종 더 분명하고 더 명확하게 진술된 다른 본문들과 연관시켜 해석해야 한다고 조언한다. 이러한 조언을 염두에 두면서 본서의 다음 장들에서 일련의 설교들을 광범위하게 사용할 것이다. 논쟁적인 긴 여름이 끝날 때에 획기적인 활동을 함으로써 나지안조스의 그레고리오스가 기진맥진한 상태가 되었음은 이해할 만하다.[20]

---

17 본서 I장을 참조하라.
18 본서 II장을 참조하라.
19 본서 IV장을 참조하라.
20 그의 다음 설교의 시작 부분에 있는 25.1에 있는 논평을 참조하라.

이와 같은 영웅적인 노력에 잇따라서 나지안조스의 그레고리오스는 자신의 경력에서 유일한 가장 큰 실수를 하였다. 이러한 실패로 인하여 그의 유능함에 관한 의심이 널리 퍼졌고, 결국에는 콘스탄티누폴리스 공의회에서의 그의 몰락의 원인이 되었다.[21] 견유학파 막시모스가 여름이 끝날 무렵 알렉산드레이아를 향한 승선을 준비할 때, 나지안조스의 그레고리오스는 그를 존경하는 장엄한 고별설교를, 즉 「영웅 철학자를 칭송하여」(*In Praise of Hero the Philosopher, Or. 25*)를 시작하였다. 나지안조스의 그레고리오스는 막시모스를 제단 앞으로 나오게 하고, 그를 모범적인 철학자 및 "죽음을 각오하고 삼위일체를 옹호하는 자"로 칭송한다(25.2-3). 이 이상적인 기독교 철학자에 관하여 묘사한 후에 나지안조스의 그레고리오스는 막시모스가 참 신앙을 가르치도록 부탁한다. 참 신앙에 관하여 나지안조스의 그레고리오스는 자신의 가장 중요한 교리적 해설들 중의 하나에서 개괄적으로 제시한다(25.15-18). 나지안조스의 그레고리오스는 이렇게 함으로써 이집트인들이 자신을 지지하는 것을 더욱 강화할 것이라고 생각하였던 것 같다.

그러나 또 다시 그의 신뢰는 잘못된 것이었다. 카이사레이아의 바실레이오스에게서처럼 나지안조스의 그레고리오스는 막시모스의 특성에 관해 심각하게 잘못 판단하였다. 더욱 불리하게도 그는 새로운 정권 초기에 수도에서 영향을 행사하기 위하여 경쟁하는 사람들 사이에서 자신의 자리가 가진 애매모호한 점들을 순진하게 무시하였다. 그는 데모필로스의 후임자가 누구인지에 관하여 전 세계 교회가 예민하게 지켜보고 있음을 간과하였고, 또한 그는 알렉산드레이아인들이 사실상의 안티오케이아의 대사로서의 자신의 미래에 대하여 너그럽지 못한 계획들을 지니고 있었음을 고려하지 못하였다.

결국 이집트인들은 실제보다는 무한하게 더 골칫거리가 되었음이 드러났다. 막시모스가 아마도 나지안조스의 그레고리오스의 설교를 공식적인

---

21 나지안조스의 그레고리오스는 이 일화를 다음에서 상세하게 이야기한다. *DVS* 728-1112.

추천서로 여기면서 알렉산드레이아로 항해할 때,[22] 나지안조스의 그레고리오스는 많이 필요한 휴식을 취하기 위하여 시골로 물러났다(*Or.* 26 tit., 1, 8).[23] 페트로스 감독은 즉각 한 무리를 콘스탄티누폴리스로 되돌려 보내어 막시모스를 대감독으로 임명하였다. 막시모스와 그의 수행단은 이른 새벽에 아나스타시아 교회로 나아갔다. 그러나 근처에 사는 목회자들로부터 및 관원들, 유사파들, 비그리스도인 시민들로 구성된 많은 군중으로부터 예상치 못한 저항에 부딪쳤다(*DVS* 887-902). 나지안조스의 그레고리오스의 보고에 따르면, 알렉산드레이아인들은 이후 자신들의 예배를 막시모스의 집으로 옮겨 갔고, 거기에서 그를 자신들의 목자로 임명하였다(*DVS* 905-912). 이러한 사건은 나지안조스의 그레고리오스의 명성을 심각하게 위협하였다.

나지안조스의 그레고리오스는 도시로 돌아왔고 피해대책을 마련하기 위하여 「설교 26」을 서둘러 준비하였다. 그는 회중에게 서로를 향한 애정을 상기시키고(26.1), 이집트인 성직자들을 비난하며(26.3), 재정적인 부당함에 대한 고소들에 맞서서 자신을 변호하고(26.4-6), 이집트인들이 떠나기 전에 행하였던 일련의 사적인 위협들에 응답하며(26.14-19), 그 이상적인 기독교 철학자에 대한 또 다른 찬사를 제시한다(26.9-13). 나지안조스의 그레고리오스는 자신의 정당성을 입증하기 위하여 자신이 사임하는 시늉을 보이는 위험한 조치를 취한다. 그가 자신과 함께 "삼위일체를 내던지지 않도록" 하기 위하여서이며, 또한 회중이 그로 하여금 머물도록 간청하도록 하기 위하여서이다(*DVS* 1100).

지금까지의 자신의 활동에서 가장 힘든 순간에서, 그러나 사건들이 또 다른 역설적인 전환을 맞이하면서, 나지안조스의 그레고리오스는 갑자기 동로마제국의 중심에서 감독 권좌에로 승격되었다. 380년 11월 24일 테오도시우스가 수도로 들어왔다. 황제의 새로운 종교정책을 듣고서 유사파 감

---

22 맥거킨은 이와 같이 추측한다. *St. Gregory*, 312-313.
23 「설교 26」의 제목에 어떤 사본들은 "시골로부터의 그의 귀환에 관하여"라고 되어 있다. Mossay, SC 284, 224 n2.

독 데모필로스는 니케아 신앙을 고백하기보다는 차라리 유배를 선택하였다. 그 다음날인 11월 27일 테오도시우스는 나지안조스의 그레고리오스를 새로운 대감독(DVS 1311-1312)으로 임명하였다.[24] 나지안조스의 그레고리오스는 어둡고 음울한 하늘 아래에서 자신이 거룩한 사도들의 교회(the Church of All Apostles)에로 나아가게 된 극적인 이야기를 나중에 말한다. 테오도시우스는 먼저 그를 호위하여 격노하는 도시를 거쳐 교회로 오도록 하였다.[25] 이들이 도착하자마자 구름들이 갈라지고 태양이 뚫고 나와 건물 전체를 밝게 비추었다. 그러는 동안 부자들이든 가난한 자들이든 똑같이 새로운 대감독을 위하여 환호성을 질렀다(DVS 1324-1391).

380년 11월말 또는 12월초에 나지안조스의 그레고리오스는 거룩한 사도들의 교회에서 황제 앞에서 자신의 첫 번째 설교를 하였다. 즉, 「자신이 입장에 관하여, 콘스탄티누폴리스의 권좌를 탐내었다고 주장하는 사람들에 반대하여」(On His Own Position, Against Those Who Maintained That He Coveted the Throne of Constantinople, Or. 36)를 하였다. 많은 군중의 환호들을 잠재운 후에 그는 자신이 그들에게 정통신앙을 설교하는 첫 번째 사람이 아니라, 콘스탄티누스 하의 대감독이었던 알렉산드로스의 후임자일 뿐이라고 선언한다(36.1-2). 알렉산드로스는 아레이오스를 다시 성찬에로 받아들이자는 황제의 요구를 아타나시오스와 함께 거부하였었다. 그런 후에 나지안조스의 그레고리오스는 본래 권좌를 차지하려고 수도로 왔다고 주장하는 비난들에 대하여 — 알렉산드레이아인들의 손에 의하여 그가 겪게 되었던 배신을 고려면 그러한 비난들은 모순적인 고소일 뿐이다 — 자신을 옹호한다. 그리고 자신의 임명이 이미 계획되고 있는 공의회에 의하여 적절하게 인준될 것임을 예견한다(36.2, 6-9). 그런 후에 그는 자신의 신앙에 관하여 중도적이며 논란의 여지가 없는 진술을 제시한다(36.10). 그리

---

[24] 이 시점에서 나지안조스의 그레고리오스의 임명이 갖는 교회법적 지위는 여전히 미정이다. 참조. Gallay, La vie, 186-188; Bernardi, Le prédication, 191-192; McGuckin, St. Gregory, 326-328.

[25] 마찬가지로 데모필로스도 군 호위대의 보호 하에서 안수를 받았다. Socrates, HE 4.14-15; Sozomen, HE 6.13; Van Dam, Kingdom of Snow, 138 n4.

고 황제와 수도 전체가 신앙과 덕을 배양할 것을 권고한다(36.11-12). 또한 황제와 도시가 로마의 수위권에 굴복하지 않도록 격려한다(36.12). 그리고 알렉산드레이아가 오랫동안 서방과 동맹을 맺어왔다는 점을 고려하면 이것은 알렉산드레이아를 또한 암묵적으로 언급하는 것일 수 있다.

380년이 끝나기 전에 나지안조스의 그레고리오스는 또한 「"예수께서 이 말씀을 마치시고"(마 19:1-12)라는 복음서 본문에 관하여」(*On the Gospel Text "When Jesus Had Finished These Words", Or. 37*)라는 설교를 하였다. 여기에서 그는 기독교 결혼에 관한 자신의 견해들을 진술하고, 복음 전체의 긍휼에 근거하여 이혼법을 변화시킬 것을 주장한다(37.1). 그는 다음과 같이 질문을 제기한다. 만약 하나님께서 사람을 남자와 여자로 만드셨다면, 왜 로마법은 간음한 남자들은 면밀히 조사하지 않고 간음한 여자들만을 처벌하는가? 분명히 법이 남자들에 의하여 제정되었기 때문이다. 그래서 그는 "나는 이러한 관습은 인정하지 않는다"(37.6)라고 말한다. 그리고 재혼의 문제에 관하여 다음과 같이 말한다. 첫 번째 결혼들은 "율법을 따라서" 이루어진다. 두 번째 결혼들은 그리스도의 대단히 중요한 긍휼 때문에 "관용에 따라서" 이루어진다. 세 번째 결혼들은 "법을 위반하는 것"이기에 어떤 처벌을 받아야 한다. 그리고 네 번째 결혼들은 "추잡한 것"이며 완전히 사악한 것이다. 그렇지만 어느 경우에라도 그리스도께서는 오직 불성실의 경우들에서만 이혼을 허용하신다(37.8). 이와 같은 선언은 나중에 이혼 및 재혼에 관한 동방교회의 법의 기초가 되었다.[26]

마지막으로, 나지안조스의 그레고리오스는 자신의 금욕적인 중용을 보여주시면서 결혼의 덕과 동정의 덕 모두를 격찬한다. 이 두 가지는 상호의존적이다(37.10-11). 그리고 그는 무엇보다도 영적인 순결의 가치를, 즉 정통신앙의 가치를 주장한다(37.22). 그레고리오스는 주저하지 않고 궁중의 환관 제도를 조롱하며 신체부위를 불구로 만드는 것을 인정하지 않는다(37.16-18). 이 설교는 나지안조스의 그레고리오스가 단 하나의 성서본문에

---

26 McGuckin, *St. Gregory*, 334-335.

관하여 일관된 주석을 행한 가장 긴 설교이다. 이러한 사실은 우리가 공식적인 주석에 얼마나 적게 의존하는지를 알려주며, 동시에 그가 성경주석을 얼마나 충실하게 하는지를 보여준다.

380-381년의 성탄절 및 주현절에서 나지안조스의 그레고리오스는 기독교 신학과 영성에 관하여 가장 포괄적으로 다루는 세 편의 설교를 한다. 그가 새로 확정된 12월 25일 성탄절 기념식에서 「설교 38」을 하고 12일 후에 주현절 전야에서 「설교 39」와 「설교 40」을 하였는지, 아니면 세 편의 설교 모두를 주현절 기념식에서 하였는지는 분명하지 않다.[27] 어느 경우이든지 세 편은 분명히 하나의 일련의 설교들로 계획된 것이다. 세 편의 설교들은 이후의 분석에서 매우 중요해질 것이다. 새로운 대감독으로서 나지안조스의 그레고리오스는 전통적인 세례교육을 제공하고 주현절 세례식을 집례하였다. 그 날의 많은 수세 후보자들이 가장 최근에 유사파 데모필로스 하에서 세례교육을 받았기 때문에, 나지안조스의 그레고리오스는 분명하고 종합적인 방식으로 신앙의 개요를 전달하고자 특별한 노력을 기울였다. 「주현절에 관하여」(On the Theophany, Or. 37)는 그리스도의 탄생을 축하한다. 「거룩한 빛들에 관하여」(On the Holy Lights, Or. 39)는 그리스도의 세례와 세상으로의 계시됨을 기념한다. 그래서 이것이 동방에서는 주현절의 일차적인 초점이 된다. 반면에 서방에서는 동방박사의 선물들이 초점이 된다. 「세례에 관하여」(On Baptism, Or. 40)는 세례 예식 그 자체를 광범위하게 다룬다.

4일 후인 1월 10일에 테오도시우스는 칙령 「눌리스 하에레티키스」(Nullis haereticis)를 공표하여 이단들이 교회 건물들 안에서나 어떤 도시의

---

[27] 설교 38의 끝 부분에서 나지안조스의 그레고리오스는 (설교 39-40에 있는) 예수의 세례의 기념이 "곧 바로"(μικρόν, 38.16) 있을 것이라고 쓴다. 이것은 몇 시간들이나 12 날들의 간격을 의미할 수 있다. 설교 39의 시작 부분에서 나지안조스의 그레고리오스는 거룩한 빛들의 축일이 마치 처음인 것처럼 이 축일의 이름을 잠시 설명한다(39.1). 그래서 설교 38이 아니라 설교 39가 이 축일에 관한 첫 번째 설교임을 알려주는 것처럼 보인다. 불행하게도 성탄절을 12월 25일에 지키는 것이 콘스탄티누폴리스와 동방에서 언제부터 시작되었는지를 알려주는 직접적인 증거가 거의 없다; 설교 38이 이런 점에서 종종 인용되지만 분명히 선결문제해결의 오류가 있다. 참조. Mossay, Les fêtes, 21-30; "La Noël et l'Épiphanie"; Talley, Origins of the Liturgical Year, 137-138; Roll, Toward the Origins of Christmas, 189-195; McGuckin, St. Gregory, 336-340.

성 내에서 예배하는 것을 금지하였다.[28] 이단들의 목록이 곧 확장될 것이지만 이 칙령은 특히 아레이오스주의자들, 에우노미오스주의자들, 포테이노스주의자들의 이름을 거론하였다.[29] 안티오케이아인들 및 나지안조스의 그레고리오스의 니카이아 공동체의 영향력이 더욱 민감하게 느껴지는 수도에서 거주하였기 때문에, 테오도시우스의 칙령은 알렉산드레이아와 로마를 보편신앙의 결정권자들로 더 이상 명기하지 않는다.

자신의 종교정책을 강화하기 위하여 테오도시우스는 그 다음 여름에 콘스탄티누폴리스에서 동방 감독들의 공의회를 소집하였다. 나중에 2차 에큐메니칼 공의회로 알려지게 된 회의이었다. 이 공의회의 공식적인 기록들 또는 법들이 존재하지 않으며, 루피노스의 간단한 언급 외에는 약 60년 후에 저술된 소크라테스의『교회사』(Ecclesiastical History) 이전에 어떤 역사적인 설명도 존재하지 않는다. 이러므로 공의회의 절차들에 관한 나지안조스의 그레고리오스의 긴 논의는 당시 무슨 일이 일어났는지를 보여주는 아주 드문 당대 자료이다.[30] 참석한 140명의 감독들은 주로 소(小)아시아와 멜리티오스의 영향 하에 있는 지역들에서 왔고 이들은 379년 안티오케이아 교회회의에 참석하였던 자들과 거의 동일하다. 이러한 점은 공의회를 조직한 자들이 공의회가 이전 모임에서의 삼위일체 교리를 지지할 것이라고 기대하였음을 알려주고,[31] 또한 공의회가 분명히 동방의 교회회의로서

---

28 C. Th. 16.5.6.

29 "니카이아 신앙의 옹호자로서 및 보편신앙의 참된 지지자로서 받아들여질 수 있는 사람은 다음과 같아야 한다. 즉, 전능하신 하나님과 하나님의 아들 그리스도가 하나의 이름이며 하나님으로부터 나온 하나님이며 빛으로부터 나온 빛임을 고백하여야 한다. 우리가 소망으로 기다리며 만물의 최고의 조성자로부터 받아들이는 성령을 부인함으로써 성령을 침범하지 말아야 한다. 썩지 않은 삼위일체의 분할되지 않는 본체를 정결한 신앙의 인식을 통하여 존경하여야 한다. 올바르게 믿는 자들은 이러한 본체를 그리스 단어인 우시아(ousia)로 부른다." 소크라테스에 따르면, 테오도시우스는 이 시점에서 마케도니아인들을 자기 편으로 끌어드리려고 하지 않았다(HE 5.8). 이러한 점은 성령의 신성에 관한 불특정한 언어를 설명한다. 참조. Behr, Nicene Faith, 119.

30 DVS 1506-1918; Rufinus, HE 2.19; Socrates, HE 5.8-9; Sozomen, HE 7.7-11; Theodoret, HE 5.6-8. 이 공의에 관한 최근의 가장 중요한 연구들은 다음과 같다. Ritter, Das Konzil; Hauschild, "Das trinitarische Dogma von 381"; Simonetti, La crisi Ariana, 527-541; Hanson, Search for the Christian Doctrine of God, 791-820; Staats, Das Glaubensbekenntnis; 또한 다음을 참조하라. Kelly, Early Christian Creeds, 296-367.

31 역사가들에 따르면, 황제는 "황제 자신의 신앙을 지닌 고위성직자들"의 교회회의를 소집하였다(Socrates, HE 5.8). 또는 "정통신앙 감독들의 공의회"를 소집하였다(Sozomen, HE 7.7).

여겨졌다는 점을 알려준다. 테오도레(Theodoret)는 테오도시우스가 멜리티오스를 꿈의 환상 속에서 보았고 직접 수많은 입맞춤을 하였기에 멜리티오스가 황제의 관심의 중심에 있다고 극적으로 묘사한다.[32]

비록 이 공의회가 니카이아 또는 아리메논-셀레우케이아와 같은 보편적인 공의회로 여겨지지 않았던 것처럼 보인다고 하더라도,[33] 그럼에도 불구하고 테오도시우스는 다음 2년 동안의 교회회의들과 입법에서 드러나는 바와 같이 동로마제국을 위한 종교적 해결을 위하여 활동하였다. 의장인 멜리티오스 하에서 공의회는 세 가지 서로 관련된 의제들을 포함한다. 즉, 콘스탄티누폴리스의 감독을 확증하는 것, "성령과 다투는 자들"을 온전히 삼위일체적 교리와 화해시키는 것, 신앙에 관하여 더 깊은 정의를 내리는 것을 포함한다. 이 공의회는 소위 니카이아-콘스탄티누폴리스 신조(the Niceno-Constantinopolitan Creed), 공의회의 교리적 입장을 더 상세하게 요약하는 서신(그러나 이것은 현존하지 않음),[34] 그리고 네 개의 교회법들을 생성하였다. 공의회에서 일어난 사건들의 순서는 오직 부분적으로만 알려져 있어서 재구성되어야 한다. 5세기 역사가들의 설명들은 때때로 개연성이 낮고 종종 상호모순적이이다. 그러나 본래의 이야기를 너무 극적으로 변경하는 것은 나지안조스의 그레고리오스의 변증적 목적에 도움이 되지 않을 것이기 때문에(콘스탄티누폴리스에 있는 그의 청중은 더 잘 알 것임이 확실하다), 사건들의 순서와 공의회의 기본적 결과에 대해서 그의 이야기를 꽤 신뢰할만한 자료로 우리는 여길 수 있다. 물론 그것들에 대한 그의 해석이 편향되어 있다는 점은 또한 인정할 수 있다.

공의회의 첫 번째 과제는 나지안조스의 그레고리오스를 콘스탄티누폴리스의 대감독으로 확증하는 것이다.[35] 이 시점까지 그는 친(親)니카이아적 감독 대행으로 섬겨오고 있었으며, 동방으로부터의 광범위한 후원을 대표하고 있었다. 여기에는 멜리티오스 및 앙키라의 바실레이오스의 유사본질

---

32 HE 5.6-7.
33 Ayres, *Nicaea*, 253.
34 382년의 콘스탄티누폴리스의 교회회의가 보고하는 바와 같다. Theodoret, *HE* 5.9.

파 인적 관계를 포함하는데, 앙키라의 바실레이오스는 니사의 그레고리오스와 알고 지내는 사이였다. 그리고 이코니온의 암필로키오스와 만년의 카이사레이아의 바실레이오스를 비롯한 카파도키아 사람들을 포함한다. 그리고 히에로니무스와 같은 중요한 개인들도 포함한다. 그리고 나지안조스의 그레고리오스는 더욱 최근에 데모필로스의 후임으로 제국에서 임명한 자로서 섬겨오고 있었다. 여러 황제들의 간섭하려는 계획들에도 불구하고 4세기에 교회가 자신의 일들을 다루는 계속된 권한의 표시로서, 모든 이들은 테오도시우스가 무엇을 생각하든지간에 공의회가 나지안조스의 그레고리오스를 이후 총대교구가 될 곳의 유일한 감독으로 임명해야 한다는 점을 인식하였다.

소크라테스와 소조메노스의 어느 정도 상상적인 설명들은 나지안조스의 그레고리오스의 임명의 중요성을 드러낸다. 이들은 그레고리오스의 임명을 멜리티오스의 활동과 긴밀하게 연관시키는 방식으로 설명한다. 소크라테스에 따르면, 나지안조스의 그레고리오스가 여전히 나지안조스의 감독으로 있는 동안(즉, 370년대 초에) 수도를 여러 차례 방문함으로써 자신의 미래의 역할을 일찍이 암시적으로 보여주었다. 그런 후에 그는 많은 감독들의 결정으로(379년의 멜리티오스의 교회회의를 상기시킨다) 공식적으로 콘스탄티누폴리스로 옮겼다. 그리고 멜리티오스는 그의 취임식에 참여하기 위하여 수도로 여행하였다.[36] 소조메노스의 설명에 따르면, 멜리티오스는 안티오케이아에서의 갈등을 해결하자마자 콘스탄티누폴리스로 가서 감독들의 회의에 참석하였고, 이 회의에서 나지안조스의 그레고리오스를 수도교구로 옮길 것을 계획하고 있었다.[37] 교리적 진술을 공표하는 것과 함께

---

35 DVS 1513 (문자적으로 "경건의 자리를 확립하는 것," 즉 정통신앙을 확립하는 것(ὡς πήξοντες εὐσεβῆ θρόνον)); Socrates, HE 5.8; Sozomen, HE 7.7; Theodoret, HE 5.6. 소크라테스와 소조메노스는 콘스탄티누폴리스의 선거를 나중에 떠났던 마케도니아인들을 화해시키기 위한 초창기 시도 이후에 둔다; 그들은 나지안조스의 그레고리오스의 선출을 무시하고 곧바로 넥타리오스의 선출을 다룬다. 테오도레토스는 막시모스를 안수하기 위한 이집트인들의 조치에 관하여 보고한다. 그러한 조치는 그들을 공의회의 나머지 사람들로부터 구분하였다. 공의회는 나지안조스의 그레고리오스의 편을 든다. 그 때 나지안조스의 그레고리오스는 그러한 자리를 거절한다; 넥타리오스가 선출되었다. 그리고 막시모스는 아폴리나리오스주의자이라고 비난을 받는다!

36 Socrates, HE 4.26; 5.6, 8.

나지안조스의 그레고리오스를 확증하는 것이 공의회의 주요한 의제이었던 것처럼 보인다.[38] 감독들은 이제 막시모스의 안수를 취소하였고 그의 이름으로 행해진 모든 것을 부정하였다.[39]

나지안조스의 그레고리오스의 임명이 확증된지 오래지 않아 멜리티오스는 사망하였다(DVS 1578). 그리고 나지안조스의 그레고리오스는 예기치 않게 제국 수도의 대감독이 되었으며, 또한 새 정권 하에서 가장 중요한 교회 공의회의 의장이 되었다. 파울리노스의 단체가 또한 참석하기도 하였지만, 참석한 감독들 대부분은 멜리티오스의 인적 관계 출신이었다. 안티오케이아인들이 우세한 점을 고려하면, 기독교의 주요한 중심지에서의 분열이 회의들의 분위기를 지배하였을 것이라는 점은 놀라운 일이 아니다. 이 시점에서 불확실한 점들이 남아있지만,[40] 나지안조스의 그레고리오스의 설명은 비록 편견들이 있다고 하더라도 실제로 무엇이 일어났는지를 가장 잘 이해하도록 해준다.[41]

그가 회고하면서 기술한 것에 따르면 — 자신의 이후의 문제점들의 근원을 부각시키는 것이 당연하지만 — 공의회는 경쟁관계에 있는 안티오케이아 분파들 사의의 다툼에 의하여 처음부터 골치를 썩이고 있었고, 또한 더 광범위한 동방교회들 및 서방교회들의 상호 대결하는 음모들에 의하여 악화되어 있었다. 330년대 말에 동방에서 에우세비오스파가 일어나고 서

---

37 Sozomen, HE 7.3, 7. 나지안조스의 그레고리오스의 이후의 불명예는 다음과 같은 사실에서, 즉 공의회가 시작하기도 전에 소크라테스가 그로 하여금 교구를 사임하도록 하였다는 사실에서 알 수 있다. HE 5.7-8.

38 소크라테스와(HE 5.8) 소조메노스는(HE 7.7) 먼저 이러한 두 가지 목적들을 나열한다. 그런 후에 마케도니아인들의 문제를 이차적인 문제로 추가한다. 테오도레토스는 공의회가 동방으로부터 아레이오스적 감염을 치료하기 위하여 소집되었다고 말한다. 그리고 그는 마케도니아인들의 문제를 전적으로 무시하면서 나지안조스의 그레고리오스의 입교에 먼저 집중한다(HE 5.7-8). 나지안조스의 그레고리오스는 이 두 가지 목적들을 하나로 만든다(DVS 1513; cf. 1525).

39 공의회의 네 번째 교회법에 명시되어 있는 바와 같다. 동일한 해 나중에 아퀼레이아에서 개최된 공의회는 막시모스를 합법적인 감독으로 승인하도록 계속 압력을 가하였다. Ambrose, Ep. 9.13; Hanson, Search for the Christian Doctrine of God, 822 n117.

40 소크라테스(HE 5.9), 소조메노스(HE 7.11), 테오도레토스(HE 5.23) 모두는 플라비아노스의 선출을 공의회에 관한 이야기들의 끝에 둔다.

41 예를 들면, 나지안조스의 그레고리오스는 안티오케이아의 다툼을 공의회를 괴롭히는 진정한 문제로 강조하기 위하여 교리적 논쟁의 첫 번째 단계를 피하였을 가능성이 있다.

방에서는 마르켈로스와 아타나시오스의 지지가 있은 이후로 동방과 서방 사이의 긴장들이 여러 점들에서 고조되었다. 안티오케이아에서의 분열들은 더 이전에 있었던 대립 중 일부를 되돌렸다. 즉, 콘스탄티누폴리스와 소(小)아시아에 있는 대부분의 감독들의 지지와 더 최근에는 로마의 다마수스의 지지를 받고 있는 에우세비오스-이후의 멜리토스와, 또한 다마수스로부터도 호의를 받고 있고 특히 알렉산드레이아의 호의를 받고 있는 파울리노스 사이의 대립을 되돌렸다. 나지안조스의 그레고리오스는 자신이 그들 사이의 평화를 중재할 수 있다고 생각하였기 때문에 처음에는 대감독이 되기로 동의하였다고 말한다(DVS 1525-1534). 앞서 살펴보았던 것처럼 이러한 의도는 370년대 말 다마수스 하의 로마 교회회의들과 379년의 안티오케이아 교회회의 모두가 공유하는 것이었다.

나지안조스의 그레고리오스는 공의회에서의 분쟁의 근원이 멜리티오스나 파울리노스가 아니라 오히려 논쟁에 기름을 붓는 "양진영의 권력 추구자들"이라고 밝힌다(DVS 1546-1547, 1566-1569). 이러한 표현은 확실히 멜리티오스의 주요한 동료인 타르소스의 디오도로스를 가리킴이 분명하다. 타르소스의 디오도로스는 멜리티오스가 아르메니아에서 유배 중일 때에 멜리티오스의 공동체를 감독하였던 자이다. 또한 이러한 표현은 아마도 파울리노스의 장로인 플라비아노스를 가리키는 것 같다. 타르소스의 디오도로스와 파울리노스의 플라비아노스 두 사람은 사건들이 전개되면서 나지안조스의 그레고리오스에게 슬픔을 계속 초래하였다. 멜리티오스가 사망할 때 디오도로스는 안티오케이아의 다수파의 주요한 대변인이 되었던 것 같다. 비록 디오도로스 자신은 이미 타르소스의 감독이었기 때문에 안티오케이아 교구의 후보자가 될 수 없었지만 다수파의 주요한 대변인이 되었던 것 같다.[42]

멜리티오스와 파울리노스 사이의 이전의 합의에 따르면, 한 감독이 사

---

[42] 소조메노스에 따르면, 나지안조스의 그레고리오스가 이후에 사임할 때 넥타리오스가 콘스탄티누폴리스의 대감독이 될 것을 후원하였던 이는 디오도로스였다(HE 7,8).

망하면 다른 감독이 죽을 때까지 안티오케이아의 권좌를 차지하며 그가 죽을 때에는 새로운 감독을 선출할 것이었다. 이와 같은 합의는 멜리티오스의 주도로 이루어졌다고 나지안조스의 그레고리오스는 암시한다(DVS 1576-1577).[43] 지금까지 서방교회가 공의회의 절차들에서 부재하였다는 사실을 나지안조스의 고레고리오스가 인식한 것은 동일하게 중요한 것이었다.[44] 그리고 만약 참된 신학적 일치가 확립될 어떤 가망성이라도 있다면 서방의 바램들을 고려하여야 한다고 나지안조스의 그레고리오스는 알고 있었다. 그러므로 그는 파울리노스의 임명을 동방교회와 서방교회를 일치시키기 위한 중대한 조치로 이해하였다. 파울리노스는 멜리티오스의 후임자로 지명된 자이었으며 또한 로마 및 알렉산드레이아와 이미 교제 중에 있었던 감독이었다. 불행하게도 파울리노스를 지명한 것이 공의회에서는 아주 많은 논쟁을 초래하였고, (멜리티오스가 죽기 전에 바랬음에도 불구하고) 심지어 멜리티오스파 안에서도 그러하였다. 그래서 어느 단체는 나지안조스의 그레고리오스에게 안티오케이아의 새로운 감독이 선출되어야 한다고 제안한다(DVS 1583-1588). 바로 이 시점에서 디오도로스는 플라비아노스를 지명하였던 것 같다.[45] 나지안조스의 그레고리오스는 재임 중인 파울

---

43 핸슨은 현대의 역사가들이 이러한 협의를 거의 보편적으로 부인하였다고 쓴다(Search for the Christian Doctrine of God, 801 n51). 그러나 다수의 조짐들이 그러한 협정이 맺어졌음을 강력하게 알려줄 뿐만 아니라, 나지안조스의 그레고리오스와 서방인들이 그것을 교회법적으로 규범적으로 여겼다는 점을 알려준다. 예를 들면, 나지안조스의 그레고리오스의 보고; 379년 안티오케이아 공의회가 다마수스와 성찬교류를 시작하였고 여기에 파울리노스가 또한 참여한 조치들; "당사자들 사이의 협정," 즉 생존자가 유일한 감독이 되도록 한다는 협정에 근거하여 381년 아퀼레이아의 공의회가 플라비아노스보다는 파울리노스를 지지한 사실(Ambrose, Extra collectionem Ep. 6.5); 그리고 382년 로마 공의회가 그러한 견해의 반영한 사실 등의 조짐들이 있다. Field, On the Communion, 166, 189. 또한 다음을 참조하라. McGuckin, St. Gregory, 351.

44 공의회를 기대하면서 다마수스는 자신의 비공식 대표자인 테살로니케의 아콜리오스에게 쓰면서 막시모스의 감독직에 대한 알렉산드레아인들의 주장을 비난하였다. 그리고 (또한 막시모스에 반대하여) 적극적인 회중들로부터이든 야망으로이든 감독들을 옮기는 것을 비난하였다. 그리고 경건한 감독이 콘스탄티누폴리스의 교구에로 선출되도록 분명히 하도록 테살노케의 아콜리스에게 요청하였다. Damasus, Ep. 1.

45 이러한 사실 후, 382년의 로마 교회회의는 승계를 위한 이전의 협정을 지지하였다. 뿐만 아니라 공의회에서의 나지안조스의 그레고리오스의 입장을 지지하였다. 그리고 파울리노스와 멜리티오스와의 교제를 확립하기 위한 다마수스의 더 이전의 계획들을 지지하였다. 로마 교회회의는 플라비아노스의 선출을 인정하기를 거부하였고, 그 대신에 「시노디카」(synodica)를 파울리노스에게로 보내고, 플라비아노스를 임명한 것에 대해서 디오도로스와 베로이아의 아카키오스를 파문하였다. Sozomen, HE 5.23; Field, On the Communion, 183.

리노스가 자신의 교구에서 쫓겨나고 새로운 감독으로 대체되어야 한다는 점이 분명히 불미스러운 일이라고 생각하였다.

나지안조스의 그레고리오스는 공의회에서 자신의 입장을 주장하고자 노력하였고, 자신의 조언대로 하지 않는다면 자신은 사임할 것이라고 또 다시 위협하였다(DVS 1591-1679).[46] 나지안조스의 그레고리오스가 들려주는 이야기에 따르면, 그와 같은 제안에 대하여 젊은 회원들과 결국에는 그들의 선임자들까지도 소리를 지르며 저항하였고, 그리스도와 태양이 모두 동쪽으로부터 나온다는 의심스러운 근거들을 대면서 동방교회들이 자신들의 문제를 직접 다루는 특권을 옹호하였다(DVS 1680-1702). 결국에는 나지안조스의 그레고리오스의 제안이 기각되었고, 플라비아노스가 안티오케이아의 감독으로 선출되었다. 플라비아노스가 파울리노스파 출신이었으나 (타르소스의 디오도로스의 친구이기에) 이제는 또한 멜리티오스파를 대표하기 때문에, 플라비아노스의 선출은 본래의 합의의 정신을 지킨 것이며 경쟁파들 사이에 상당한 정도의 화해를 이룩하였다고 주장되어 왔다.[47] 그러나 나지안조스의 그레고리오스는 전혀 이렇게 이해하지 않았다. 참으로 안티오케이아인들은 수십 년 동안 계속 분열되었다.

나지안조스의 그레고리오스가 대감독으로 확증되고 안티오케이아의 분쟁이 잠깐 동안 해결되었기에 공의회의 마지막 의제는 동로마제국을 위하여 정통신앙을 규정하는 것과 "성령과 다투는 자들"을 새로운 교리적 기획과 화해시키는 것이었다.[48] 이러한 신학적 활동은 나지안조스의 그레고리오스의 주된 관심이었다. 그리고 자신의 인생의 나머지 기간 동안 그가

---

46 이러한 태도는 이후의 해석일 수 있다. 왜냐하면 나지안조스의 그레고리오스의 후임자인 넥타리오스를 아마도 가리키면서 성직들을 거래하는 감독들을 비난하는 말들 중에 이러한 태도가 나타나기 때문이다.

47 See Hanson, *Search for the Christian Doctrine of God*, 810; McGuckin, *St. Gregory*, 351-354. 리터는 어떤 감독들이 즉시 안티오케이아로 갔고 그곳에서 플라비아노스를 선출하였다고 추측한다 (*Das Konzil*, 102-103). 382년의 「진술문」(*Tome*)은 시리아의 감독들이 (아마도 동시에 개최된 회의에서) 플라비아노스를 임명하였다고, 그리고 그러한 임명이 이후에 "전체 공의회"에 의해서 승인되었다고 말한다(Theodoret, *HE* 5.9).

48 소크라테스(*HE* 5.8), 소조메노스(*HE* 7.7), 테오도레토스(*HE* 5.7) 모두 이것이 공의회의 일차적인 목적이라고 제시한다.

생각하기에 이러한 신학적 활동은 공의회의 결정적인 요인으로 남았다. 그러나 공의회가 교리를 신중하게 검토하는 작업에 가장 큰 애매한 점들이 존재하였다. 나지안조스의 그레고리오스는 안티오케이아에서의 대실패 이후에 벌어지는 교리적 논쟁들에 관하여 말한다(DVS 1704-1743 및 이후). 그는 또한 교리적 논쟁들이 이전의 회기들에서 이미 지나갔다고 말하는 것처럼 보인다(DVS 1739). 그러나 그는 공의회에서 "성령과 다투는 자들"이 있다는 점을 「그의 삶에 관하여」(De vita sua) 또는 「설교 42」에서 전혀 언급하지 않는다.[49] 다만, 모압인들과 암몬인들이 안티오케이아 논쟁들 이후 교회에 다시 들어오도록 수치스럽게도 허용이 되었다는 점을 나지안조스의 그레고리오스가 완곡하게 언급하였던 것 같다(DVS 1738-1739).[50] 짐작건대 그의 의도는 그들을 기록으로부터 가능한 한 완벽하게 제거하는 것이었다.[51]

소크라테스와 소조메노스 모두의 보고에 따르면, 공의회의 첫 번째 의제로서 황제와 감독들이 "성령과 다투는 자들(마케도니오스주의자들)" 및 그들의 지도자 엘레우시스를 다수파와 화해시키기 위하여 최선을 다하였지만, 그들이 거부하고 떠나버렸다.[52] 그러나 우리가 아는 바로는 테오도시우스는 384년까지 그들을 포함하려는 시도들을 계속 하였고, 가능하다면 그들이 토론들에 다시 참여하도록 설득하고자 하였던 것 같다. 그러므로 처음에는 교리적 대화들이 있었으나, 아마도 멜리티오스가 살아있는 동안 공의회에서 일찍이 "성령과 다투는 자들"을 화해시키려는 시도는 실패로 돌아간 것처럼 보인다. 그리고 안티오케이아 논쟁 이후에 더 이상의 논의들

---

49 나지안조스의 그레고리오스가 마케도니아인들의 도착을 언급할 때(DVS 1800) 테살로니케의 아콜리오스를 가리킨다. "성령과 다투는 자들(Pneumatomachians)"을 가리키는 것이 아니다.

50 이러한 점을 설교 42. 18과 비교하면 분명해진다. 여기에서 나지안조스의 그레고리오스는 모압인들과 암몬인들이 신성에 반대하여 하나님의 출생과 출원에 관하여 악의적으로 탐구하였다고 언급한다. 그러므로 그들은 교회로 들어오도록 허용되지 말아야 하였다.

51 McGuckin, St. Gregory, 355.

52 소크라테스의 보고는 아주 압축되어 있는데, 그에 따르면 멜리티오스가 사망하기 전에 나지안조스의 그레고리오스의 후임자인 넥타리오스가 선출되었다(HE 5.8). 소조메노스는 나지안조스의 고레고리오스의 선출 이전에 마케도니아인들이 떠났다고 여기고, 또한 마케도니아인들이 성령이 아니라 성자의 동일본질성을 부인하였다는 상세하면서도 의아스러운 점을 추가한다(HE 7.7).

이 있었지만 "성령과 다투는 자들"이 잠시 참여하였지만 나중에는 영원히 떠나버렸던 것 같다.[53]

그런 후에 황제의 주도로 공의회는 보편신앙의 합의문을 중재하고자 시도하였다. 이것은 나지안조스의 그레고리오스와 같은 삼위일체론자들과 379년의 멜리티오스의 교회회의에 참석한 감독들을 대표할 뿐만 아니라, 또한 아마도 양태론의 낌새가 보이기 때문에 성령의 신성을 고백하는 데에 불편해하였던 감독들을 대표할 것이었다.[54] 논의들이 진행되는 동안 나지안조스의 그레고리오스는 감독들이 삼위일체에 대한 온전한 교리를 받아들이도록 설득하고자 시도하였다. 즉, 성령의 신성과 성부 하나님과의 동일본질성을 명시적으로 선언하도록 설득하고자 시도하였다. 그러나 그들은 그의 교리가 혁신적인 것이라고 여겨 반대하였다(DVS 1760). 그들은 이 시점에서 "성령과 다투는 자들"을 여전히 포함하는 더 많은 다수파에게 호소하고자 하는 바램으로 테오도시우스가 권고하였던 것처럼 더 중도적인 입장을 선호하였다. 나지안조스의 그레고리오스는 자신의 가까운 일부 친구들조차도 그가 그러한 기본 방침에 따르도록 설득하고자 하였다고 말한다. 친구들 중에서 아마도 니사의 그레고리오스를 가리키는 것같다(DVS 1766).[55]

그러나 나지안조스의 그레고리오스의 견해에 따르면, 그러한 제안은 기만적으로 및 부정직하게 비정통적이고(DVS 1750), 그래서 제국의 미심쩍은 의제에, 즉 "권력자에게 좋은 것은 무엇이든지!"라는 것에 기여하게 될 수 있었다(DVS 1709). 나지안조스의 그레고리오스의 논평에 따르면, 어떤

---

53 나지안조스의 그레고리오스는 멜리티오스가 "수상한 자들의 손에 의해서 속임을 당하였음에도 불구하고 성령을 위하여 많은 것을 인내하였다"고 말한다(DVS 1522-1523). 나지안조스의 그레고리오스가 "모압인들과 암몬인들"이 다시 들어오는 것을 허용하는 것에 관하여 불평할 때, 그의 대적자들은 그가 전에 "이와 같은 일들"을 승인하였다고 가정한다. 아마도 "성령과 다투는 자들"과의 더 이전의 논의들을 가리키는 것 같다. 그러자 나지안조스의 그레고리오스는 자신 이외의 다른 어떤 사람이 그 당시에 책임을 맡고 있었다고 응답한다(DVS 1736-1741).

54 이런 측면에서 그들이 성자의 동일본질성을 최종적으로 부인하는 것에 대한 소조메노스의 보고는 어느 정도의 개연성이 있다. 위의 각주 162를 참조하라.

55 맥거킨의 이러한 제안은 전적으로 개연성이 있다(St. Gregory, 356). 니사의 그레고리오스가 안티오케이아인들 및 제국의 새로운 지배층과의 친밀한 협력은 그가 테오도시우스의 아내와 딸의 장례설교 뿐만 아니라 멜리티오스의 장례설교를 행하였다는 사실에서 잘 알 수 있다.

이들은 테오도시우스의 포용전략을 적극적으로 홍보하였지만, 많은 이들은 자신들의 신학적 서투름과 신앙고백의 난해한 본성으로 인하여 권위의 힘에 마지못해 묵인하였든지(DVS 1750-1754), 또는 교리상의 차이점을 파악하기에는 단지 너무나 어리거나 미숙하였다(DVS 1712-1718). 나지안조스의 그레고리오스는 이와 같이 생겨나는 교리적 중용과 관망의 정책은 니카이아에서 이미 구상되어졌던 사도적 신앙을 정치적인 동기로 배반하는 것이나 다름없다고 보았다(DVS 1703-1709). 그는 자신의 구원을 조금이라도 영원히 배반하지 않을 것이다(DVS 1774-1776).

나지안조스의 그레고리오스는 "그리스도를 팔아버리는" 이 모든 것에 분개하고(DVS 1756) — 그리고 "성령과 다투는 자들"이 아마도 다시 들어오도록 허용되었을 때에 — 그는 최종적으로 강단 앞에 섰고, 사람들이 올바르게 서도록, 그리고 변화는 인생의 양념이기 때문에 사람들이 자신들의 견해들을 다시 바꾸도록 냉소적인 초청의 설교를 행하였다(DVS 1724-1732). 이 시점에서 나지안조스의 그레고리오스가 회의의 통제권을 상실한 것이 분명하였다. 곧 그는 병에 걸렸고 모임을 떠났으며 자신의 숙소 밖으로 움직이기 시작하였다(DVS 1745, 1777). 나지안조스의 그레고리오스의 보고에 따르면, 아나스타시아 교회에 있는 지지자들은 그가 아주 힘들게 수고하면서 돌봤던 자녀들을 버리지 말도록 거듭 외쳤다(DVS 1781-1795).

논의하는 작업들이 시들해지는 것에 놀란 테오도시우스는 이 시점에서 공의회에서 어떤 결의들을 이룩하기 위하여 서방의 관심들을 대표하는 "이집트인들과 마케도니오스주의자들"을 소환하였다[56](DVS 1798-1802). 이집트인들이 6월 중순에 도착하여 즉시로 책임을 맡고자 시도하였던 것 같고, 아마도 이전 회기들의 작업을 되돌리고자 시도하기까지 하였던 것 같다. 그러나 그들은 동방 감독들의 즉각적인 저항에 직면하였고, 또 다른 맹렬

---

[56] 즉, 마케도니아의 지방들의 대표자들이다. 특히, 테살로니케의 아콜리오스가 있다. 나지안조스의 그레고리오스가 이 시의 더 앞부분에서 "성령과 다투는 자들"(DVS 1180)을 묘사할 때 이러한 용어가 부재한다는 사실과 함께, 이러한 언급은 382년에 아직 그들이 "마케도니아인들"로 알려지지 않았다는 점을 암시한다.

한 대립이 이어졌다(DVS 1803-1808). 그러면서 알렉산드레이아인들이 안티오케이아인들 및 콘스탄티누폴리스인들과 격렬한 논쟁에 참여하였다. 알렉산드레이아인들은 비록 처음에는 수도에서의 나지안조스의 그레고리오스의 사역을 지지하였지만,[57] 이후로는 자신들의 후보를 대감독으로 내세우고자 하였다. ― 그리고 이제는 결정적인 요인으로 ― 그들은 콘스탄티누폴리스가 로마 다음으로 두 번째 교구로서 확립되고자 하는 열망에 심히 분개하였다.[58]

주도권을 쥐려는 노력의 일환으로 이집트인들은 미심쩍은 근거들을 들이대며 나지안조스의 그레고리오스의 직무의 적법성을 의문시하였다. 즉, 감독들을 한 교구에서 다른 교구로 옮기는 것을 금지하는 니카이아 공의회의 교회법 15를 그가 위반하였다는 근거들을 들이대며 의문시하였다. 나지안조스의 그레고리오스의 보고에 따르면, 이집트인들은 그에게 대감독직을 맡지 말라고 비밀리에 말하였으며, 그것은 그를 임명하였던 안티오케이아인들을 좌절시키려는 목적의 방침이었다. 나지안조스의 그레고리오스는 그것이 오랫동안 실행되지 아니하였던 규정에 근거한 날조된 비난이었음을 잘 알았다.[59] 그리고 그는 자신이 사시마에서 취임한 적이 결코 없었고

---

[57] 참조. Ors. 21, 34.

[58] 아래에서 논의되는 교회법3을 참조하라. 이런 측면에서 안티오케이아인들은 동방-서방 사이의 거대한 충돌에서 콘스탄티누폴리스와 동맹을 맺고 있다고 보인다. 그러한 충돌은 앞으로 오랫동안 및 동일하게 품위없는 모습을 드러낼 것이다.

[59] 루피누스는 나지안조스의 그레고리오스의 판단에 일치한다(HE 9.9); 참조. Ritter, Das Konzil, 104 n5. 니카이아 공의회 후에 감독들을 아무런 논란이 없이 이동을 시킨 다수의 예들이 있다. 343년 사르디케 공의회는 그러한 규칙에 더 상세한 제한조건을 달았다. 특히, 개인적인 열망이나 통치 때문에 다른 교구로 이동하는 감독들의 "이주(transmigration)"를 금지하였다(Concilium Sardicense 1; EOM 1. 2, 452- 453). 동일한 취지로 다마수스는 380년 아콜리오스에게 보내는 서신에서 이동들을 비난하였다. 이러한 비난은 명백한 열망 때문에 나지안조스의 그레고리오스의 자리를 빼앗으려고 추구한 막시모스를 가리킨다(Damasus, Ep. 1). 나지안조스의 그레고리오스를 가리키는 것이 아니었다. 다마수스는 치리의 교회법들을 갱신하고자 하는 자신의 수고 어디에서도 이동들과 관련하여 그를 언급한 적이 결코 없다. 371년과 379년 사이에 그러한 금지규정을 회복하거나 시행하는 것에 주의를 별로 기울이지 않았다(참조. DVS 1800-1811); 바실레이오스는 375년 감독 에우프로니오스를 콜로네이아로부터 니코폴리스로 이동시킨 것을 옹호하면서 두 회중들에게 편지까지 썼다(Ep. 227-230). 부분적으로는 안티오케이아의 분열에 응답하면서 다마수스는 379년 안티오케이아 교회회의에 연관하여 교회법의 명령을 더 크게 시행할 것을 촉구하기 시작하였다. 그러므로 나지안조스의 그레고리오스는 자신이 로마교회에 대한 충분한 지식과 지원을 바탕으로 콘스탄티누폴리스에서 사역하였다고 주장할 수 있다. 그는 대부분의 다른 교구들보다 로마 교구를 더 높이 존중하기 때문이다. 그리고 로마 교회가 자신의 실패 때문에 대적자들을 ―즉, 알렉산드레인들과 디오도로스를―비난한다고 주장할 수 있다(Carm. 2. 1. 12. 125-134). 「다

나지안조스의 보통 감독이 아니었기 때문에, 어쨌든 그 규정이 자신에게는 해당되지 아니한다는 점을 잘 알았다(DVS 1810-1817).[60] 그러나 이것은 그가 더 이상 견딜 수 없는 한계였다.

나지안조스의 그레고리오스는 이제 회의절차들에 대해 철저하게 역겨움을 느꼈고, 그래서 그는 이집트인들의 방해를 보람 없는 일로부터 벗어날 수 있는 섭리적 기회로 여겼다. 그것은 사건들이 복합적으로 바뀌는 것이다. 분명하게 그는 비참한 고난으로부터 벗어나기를 원하였다. 그러나 동시에 그는 그것이 지난 2년 동안 자신의 고된 노력들의 실패라고 여겼다. 그는 그렇게 공적으로 수치를 당하는 것에 대하여 물론 심히 당황스러워하였다.[61] 만약 그가 플라비아노스의 선출을 지지하였다면 그는 이집트인들의 비난들을 뚫고 대감독으로 계속 머물 수 있었을지도 모른다.[62] 그러나 그는 교회의 신앙을 근본적으로 타협하는 것을 더 이상 참을 수 없었다.

나지안조스의 그레고리오스는 안티오케이아의 승계에 관한 논쟁이 공의회를 오랫동안 괴롭히는 중심적인 문제라고, 또한 정통신앙을 널리 알리지 못하는 주요 원인이라고 나중에 여기게 되었다. 이집트인들이 제기한 비난들에 대답하기 위하여 그가 감독들 앞에 나타났을 때, 그는 대신 사임하는 설교로써 그들을 놀라게 하였다(DVS 1827-1855). 그는 마지막으로 한번 더 삼위일체에 대한 충성을 선언하였다. 만약 감독들만이라도 참 신앙 안에서 연합할 것이라면, 그는 배를 위하여 물속으로 던져진 요나와 같은 역할을 — 비록 그의 경우에는 폭풍우를 자신이 만드는 것은 아니라고 하

마수스의 진술문」(Tome of Damasus)에 있는 9번째 파문에서 교구들의 이동을 금지한 것은 381년의 사태들이 있은 이후 382년에 문서에 최종적으로 편집의 때로부터 시작한다. 참조. Scholz, Transmigration; Field, On the Communion, 156-163, 182-185, aIII (번역에 관해서), 139-140, 184-185 「다마수스의 진술문」에 관해서).

60 또한 다음을 참조하라. Ep. 87.5. 381년의 끝에 아마도 썼던 유언장에서 나지안조스의 그레고리오스는 자신을 콘스탄티누폴리스의 감독으로 표현한다. 콘스탄티누폴리스 공의회에 참석한 감독들의 명단에서는 그는 나지안조스의 감독으로 표기되어 있다. Daley, Gregory of Nazianzus, 184-185.

61 나지안조스의 그레고리오스의 분개함은 니카이아 운동의 역사에 관한 더 이전의 구절에서 볼 수 있다. 여기에서 그는 아레이오스가 이집트인이었다는 점에 반드시 주목한다(DVS 576).

62 McGuckin, St. Gregory, 361.

더라도 — 자신이 기꺼이 받아들였다. 그런 후에 회의 밖으로 걸어나왔고, 감독들은 충격 속에서 박수를 보내고 존경을 표하였다. 그는 황제에게로 가서 사임에 대한 동의를 요구하였다(DVS 1879-1904).

나지안조스의 그레고리오스를 대체하기 위하여 공의회는 세례를 받지 않은 공무원 넥타리오스를 선출하였다. 아마도 디오도로스가 추천하였다.[63] 핸슨(R. P. C. Hanson)은 나지안조스의 그레고리오스가 이해하였던 상황을 적절히 파악한다. "다른 대안이 없는 경우에 마치 추기경들이 로마의 시장을 교황으로 선출하는 것과 같다. 갑자기 떠맡게 된 위대한 일에 대하여 자격을 제대로 갖추지 못한 사람은 많지 않다."[64] 신학적으로 교육을 받지 않았지만 고도로 세련된 넥타리오스가 테오도시우스와 디오도레스의 이익들을 훌륭하게 대표할 것이며 이상적인 제국 감독이라는 점을 나지안조스의 그레고리오스는 너무나 잘 깨달았다. 그가 떠난 후에 공의회의 최종적인 결정들이 나왔던 것 같다. 세 명의 모든 역사가들은 공의회가 넥타리오스의 지도력 하에서 교리적 진술과 교회법들을 발표하였다고 보고하고,[65] 나지안조스의 그레고리오스 자신도 비슷하게 암시한다(DVS 1749). 그는 어쨌든 그 점에 관하여 알았을 것임이 확실하고, 그래서 그가 나중에 가진 인상들은 회의 당시에 직접 참여하지 않아도 가질 수 있는 것이었다.

공의회는 교회법들을 통하여 니카이아 신앙이 여전히 확립되어야 한다고 선언하였고 모든 이단들을 비난하였다. 특히, 비(非)유사파(Anhomoian) 에우노미오스주의자들, 아레이오스적인 에우독시오스주의자들, 반(半)아레이오스적 "성령과 다투는 자들", 사벨리오스주의자들, 마르켈로스주의자들, 포티노스주의자들, 아폴리나리오스주의자들을 비난하였다(교회법 1).[66] 공의회는 또한 교구들 및 주(州) 교회회의들의 경계들을 조정하였다. 특히,

---

63 Sozomen, *HE* 7.8.

64 Hanson, *Search for the Christian Doctrine of God*, 811.

65 Socrates, *HE* 5.8; Sozomen, *HE* 7.9; Theodoret, *HE* 5.8. 핸슨도 또한 동의한다(*Search for the Christian Doctrine of God*, 811).

66 교회법들의 그리스어 본문은 다음에서 찾을 수 있다. Lauchert, *Kanones*, 84-85.

알렉산드레이아, 안티오케이아의 경계들을 조정하였고, 아시아, 폰토스, 트라케의 교구들을 조정하였다(교회법 2).[67] 공의회는 콘스탄티누폴리스 교구가 "새 로마이기 때문에" 로마 교구 다음으로 명예롭다고 선언하였다(교회법 3). 그리고 막시모스를 비난하였고 그의 안수를 무효로 선언하였다(교회법 4). 이렇게 하여 공의회는 콘스탄티누폴리스를 동방교회의 주요한 총대교구로 확립하였고, 이러한 지위는 비록 서방에 의해서 계속 부인될 것이라고 하더라도 451년 칼케돈 공의회의 교회법 28에서 반복될 것이다.

니카이아 신조("N")를 재확증한 것 외에도, 공의회는 또한 유명한 니카이아-콘스탄티누폴리스 신조를 발표하였는데 이것은 나중에 공통 성만찬 예전들에서 발견된다("C").[68] 공의회가 교회법 1에서 N을 재확증한 점, C와 N 사이의 12개 변형들 중 9개가 사소하다는 점을 고려하면, C는 N을 대체하거나 개정하는 것이 아니라, 오히려 니카이아 신앙에 대한 공의회 자체의 진술이며 더 온전한 해설이다. C는 아마도 지역의 세례 신조에 기초하거나, 혹은 또 다른 동방교회의 신조에, 즉 니카이아 신조에 기초하는 것 같다. 그리고 4세기에는 니카이아 신조와 같은 것들이 많이 있었다. N의 의미 있는 변형들 중에서 "그의 나라는 끝이 없을 것이다"라는 구절을 성자에 관한 항목에 추가한 것은 이제는 마르켈로스를 반대하는 상투적인 요소였고, 이것은 나지안조스의 그레고리오스로부터 어떤 반대도 이끌어내지 않을 것이다. 더욱 의미가 있는 점은 성자는 "성부와 동일본질이다"라는 니카이아 구절이 빠져 있는 것이다. 이 구절이 처음에는 있었다고 하더라도, 이후 유사본질파 "성령과 다투는 자들"과 협상을 하는 동안 생략되었을 수 있다.[69] 성자의 동일본질을 아타나시오스가 설명하고 옹호하는 데에서 이 구

---

67 제정되자마자 사문화되었다. Hanson, *Search for the Christian Doctrine of God*, 808.

68 콘스탄티누폴리스 신조를 가장 잘 다룬 이는 켈리이다. Kelly, *Early Christian Creeds*, 296-367. 또한 다음을 참조하라. Ritter, *Das Konzil*, 123-147; Simonetti, *La crisi Ariana*, 538-542; Hanson, *Search for the Christian Doctrine of God*, 812-820. 그리스어 본문을 보려면 다음을 참조하라. Dossetti, *Il smbolo*, 244-250; 다음의 책에 영어번역과 함께 실려있다. Kelly, *Early Christian Creeds*, 297-298.

69 메이("Die Datierung," 53-54) 그리고 리터(*Das Konzil*, 132-147) 두 사람이 논증하는 바와 같다. 그러나 핸슨은 회의적이다(*Search for the Christian Doctrine of God*, 818; 또한 다음을 참조하라. Sozomen, *HE* 7.7).

절이 차지하는 중심적인 위치를 고려할 때, C에서 이 구절이 생략되어 있다는 점은 (심지어 알렉산드레이아의 대표단이 참석할 때조차도) 동방교회의 신앙고백들이 갖는 지속적인 독특성이 무엇인지를 보여주는 중요한 표지이다. 이것은 아타나시오스와 이후 그를 따랐던 자들의 교리적 체계와는 구별되는 점이다.

그러나 가장 중요한 점은 성령에 관한 항목에서 다음과 같은 긴 구절이 추가된 것이다. "그리고 우리는 생명의 주님과 시여자이신 성령을 믿습니다. 성령은 성부로부터 나오시고, 성부 및 성자와 함께 예배를 받으시고 함께 영광을 받으십니다. 그리고 성령은 예언자들을 통하여 말씀하셨습니다."[70] 그런데 이 신조가 성자에 관하여 진술하는 것과는 달리, 이 진술에는 성령이 "하나님(θεόν)"이라는 점을, 또는 성령이 "성부와 동일본질(ὁμοούσιον τῷ Πατρί)"이라는 점을 언급하지 않는다. 여기에서 사용된 언어는 "성령과 다투는 자들"의 입장을 수용하기 위하여 본래 선택되어진 것처럼 보이며, 그런 후에는 앞으로의 화해를 바라는 마음에서 한편으로는 황제를 기쁘게 하기 위하여, 다른 한편으로는 잘 알려지지 않은 또 다른 감독들의 무리를 기쁘게 하기 위하여 보존된 것처럼 보인다. 그리고 여기에서 사용된 언어는 370년대 중반에 성령의 신성에 관하여 카이사레이아의 바실레이오스가 취한 신중한 입장을 상세하게 반영하여 준다.[71] 니사의 그레고리오스도 이러한 입장을 나타내었다.

그러나 나지안조스의 그레고리오스는 370년대에 및 381년 공의회에서 정확히 이러한 입장에 반대하였다. 「그의 삶에 관하여」 안에 있는 그의 논평들은 아마도 C를 가리키든지, 또는 C의 초안을 가리킨다. 두 개의 신조들을 비교하고 있음을 암시하는 말투로 그는 불평하면서 공의회의 교리적 작업이 "그 부모와는 완전히 같지 않은 자식"이라고 말하였다. 즉, 공의회

---

[70] 핸슨은 4가지 중요한 변형들을 가리킨다(Search for the Christian Doctrine of God, 816-818. 이것은 켈리의 본래의 분석을 따른다). 이것들 중 네 번째는 C에 있는 어떤 파문들도 결여되어 있기에 내 생각에는 중요하지 않다. 교회법 1에서 이단들을 비난하고 있는 것에 비추어 그러하다. 세 번째의 중요한 변형은 "즉, 성부의 본체와 동일한"이라는 구절이 결여되어 있다.

[71] 참조. Basil, Ep. 110.2. 그것은 또한 아타나시오스의 더 이전의 용어를 반영한다. Ep. Serap. 1.31.

가 니케아의 신앙을 왜곡하였다(DVS 1755).[72] 디오도로스, 니사의 그레고리오스, 그리고 다른 감독들은 이와 같이 덜 공격적인 진술이 친(親)니카이아적 성령론을 고백하는 적절한 방식이었고, 또한 이럼으로써 교회의 평화를 조성하는 추가적인 혜택이 있다고 진심으로 생각하였던 것 같다.[73] 그러나 나지안조스의 그레고리오스는 그렇게 확신하지는 않았다. 그는 현재의 논쟁들에서 "성령과 다투는 자들"의 견해나 이와 비슷한 견해들에게 여지를 두도록 명백하게 의도된 신조를 공포하는 것보다는 니케아의 기본적인 용어들을 유지하는 것이 더 좋을 것이라고 생각하였다. 382년의 교회회의 서신에 따르면, 공의회는 또한 장문의 「진술문」을 작성하였지만,[74] 유감스럽게도 분실되었다.

381년 7월 9일에 공의회는 끝났고, 7월 30일에는 테오도시우스가 칙령 「에피스코피스 트라디」(Episcopis tradi)에 있는 결론들을 확증하였다. 이 칙령은 보편신앙의 중재자들로서 넥타리오스와 티모테오스를 — 이들은 이 순서대로 각각 콘스탄티누폴리스와 알렉산드레이아를 대표한다 — 언급하며, 그 다음으로 라오디케이아의 펠라기오스, 오리엔스 교구에 속한 타르소스의 디오도로스, 이코니온의 암필로키오스, 아시아에 있는 안티오케이아 피시디아스의 옵티모스, 카이사레이아의 헬라디오스, 니사의 그레고리오스, 스키티스의 테레니오스, 폰토스에 있는 마르키아누폴리스의 마르마리오스를 언급하였다.[75] 비록 로마의 다마수스나 안티오케이아의 플라비아노스도 이 목록에서 언급되지 않았지만, 나지안조스의 그레고리오스는 자신의 교구를 사임하였기 때문에 언급되지 않았다. 만약 그가 이미 없다면, 이 시간까지는 카파도키아에 있는 자신의 집으로 잘 돌아가는 중이었다.

---

72 또한 다음을 참조하라. DVS 1703-1709.
73 앤쏘니 메레디스가 논증하였던 바와 같다: "카파도키아 교부들의 성령론."
74 Theodoret, HE 5.9.
75 C. Th. 16.1.3.

5

381-390 카파도키아에서의 마지막 시간

콘스탄티누폴리스 공의회에서 나지안조스의 그레고리오스가 열심히 노력하였지만 최종적으로 그가 패배한 것은 그의 문학적 및 신학적 작업의 마지막 형성에 심대하게 결정적인 영향을 끼쳤다. 비록 그는 수도에서 아주 좌절감을 느낄 정도로 패배하였지만, 삼위일체를 위한 자신의 활동은 결코 끝나지 않았음을 알았다. 그리고 그동안 입은 손상을 회복하고자 서둘러 집으로 돌아갔다. 그는 자신이 인격적으로는 모욕을 당했다고 느꼈지만, 자신의 활동을 옹호하기 위한 훨씬 더 큰 목회적 및 신학적 책임감이 자신에게 있다고 믿었다. 생애 나머지 기간 동안 자신의 교회적 명성을 회복하기 위하여, 그리고 동시대인들과 후손들에게 구원을 가져오는 참된 삼위일체교리를 일깨우고자 거대한 문헌적 운동을 수행하였다. 여기에는 상당한 양의 자전적 및 신학적 시(詩)들, 4편의 설교들, 그리고 더 많은 서신들이 포함되어 있다. 이들 중 많은 저작들이 콘스탄티누폴리스를 대상으로 말해진 것이며 그래서 직접 그곳으로 보내어졌다.

돌아온 직후에 나지안조스의 그레고리오스는 이와 같은 목적으로 5편의 주요한 저작들을 썼다.[1] 나쁜 감독들을 비난하는 변증적 성격의 장편시

---

1   나지안조스의 그레고리오스의 은퇴 초기 저작에 관해서는 다음을 참조하라. McLynn, "Voice of Conscience"; Elm, "Inventing the 'Father of the Church'"; Sykes, *Poemata Arcana*, 66.

「자신에 관하여 및 감독들에 관하여」(De seipso et de episcopis, Carm. 2.1.12)를 아주 빨리 썼던 것 같다. 목회사역에 관한 자신의 이전의 저작들에 근거하여 이 시가 쓰여졌고, 서문에는 콘스탄티누폴리스에서의 임직에 관한 간결한 설명이 있다.[2] 그런 후에 자신의 삶에 관한 훨씬 더 광범위한 설명인 「그의 삶에 관하여」(De vita sua, Carm. 2.1.11)를 작성하였다. 콘스탄티누폴리스에서의 자신의 활동을 옹호하기 위한 목적으로 작성되었으며 특별히 공의회에 집중하였다. 이 시에서 많은 분량을 차지하는 자전적 문헌의 혁신적인 부분은 시간이 더 많이 걸렸을 것이지만, 또한 급하게 쓰여진 흔적들이 있다.[3]

381년이 끝날 때까지 그는 또한 「마지막 고별사」(The Last Farewell, Or. 42)와 「카이사레이아의 바실레이오스(대(大)바실레이오스)를 위한 장례설교」(Funeral Oration for Basil the Great, Or. 43)를 작성하였다. 그리고 382년 초까지 오리게네스의 『제일원리들에 관하여』의 구조를 본떠서 체계적인 「포에마타 아르카나」를 저술하였다. 「설교 42」에서 나지안조스의 그레고리오스는 공의회에서 행한 자신의 마지막 설교를 기록하면서 콘스탄티누폴리스에서 삼위일체를 위하여 행한 자신의 활동을 설명하며, 중도적이고 정식적인 용어들로 자신의 교리를 간결하게 진술하는 중요한 문서를 제시한다(42.14-18). 비록 이 설교가 공의회 앞에서의 자신의 마지막 설교로 의도되었지만, 「그의 삶에 관하여」에서 제시된 것보다는 상당히 긴 설교이다(DVS 1827-1855). 장 베르나르디(Jean Bernardi)는 이 설교가 여러 단계들에 거쳐 저술되고 배포되었음을,[4] 그리고 현재의 사본에서 나지안조스의 그레고리오스는 자신이 수도에서 중요한 목회적 책임들이나 거주를 더 이상 지니지 않음을 확신있게 묘사한다.[5]

---

2 넥타리오스가 임명되기 전에 나지안조스의 그레고리오스가 자신의 후임자의 선택에 영향을 주기 위하여 이 시를 썼다는 맥린의 논증은("Voice of Conscience," 303) 이 저작의 소급적인 특성을 고려하면 내겐 가능성이 없어 보인다.

3 McLynn, "Voice of Conscience," 299.

4 사본 전승에서의 중대한 변형들과 삽입들에 근거한다. Bernardi, SC 384, 24.

5 주요한 구절은 나지안조스의 그레고리오스의 진술, 즉 자신은 이제 "무명의 자유"를 즐기고 있다는 진술이다(42. 22). Bernardi, SC 384, 14.

비록 「설교 42」가 더 세련되고 정교하기는 하지만, 두 설교들 사이의 공통주제들을 고려하면 두 설교 모두가 본래 하나의 동일한 설교에 근거하고 있는 것처럼 보인다.[6] 제목이 알려주듯이 이 설교는 고별사(λόγος συνακτήριος)로서 제시되었지만, 4절까지는 수도에서의 자신의 활동을 공식적으로 옹호하는 내용이 되었다(λόγος ἀπολογήτικος). 더욱이, 수산나 엘름(Susanna Elm)이 입증하였듯이, 나지안조스의 그레고리오스가 자신의 마지막 경력을 수행하는 자신에 관하여 설명하면서 공무원의 수사적 및 법적 용어로 자신의 입장을 신중하게 제시하면서도, 동시에 행정관이 황제로부터 받는 것처럼 직무에서 벗어남을 보여주는 확인서를 제시하였다.[7] 이렇게 하여 나지안조스의 그레고리오스는 감독들에게, 그리고 콘스탄티누폴리스에 있는 황제에게 자신의 정당함을 주장하고, 동시에 자신을 모범적인 감독과 판단자로 묘사하며 또한 물러난 곳에서도 자신의 책무들을 계속 가르치는 신앙의 참 스승으로 묘사한다.

382년 1월 1일 나지안조스의 그레고리오스는 카이사레이아의 바실레이오스의 죽음 3주년을 맞이하여 카이사레이아에 있는 바실레이오스의 공동체에 남아있는 자들에게 그를 칭송하는 유명한 추모설교를 하였다(Or. 43). 카이사레이아의 바실레이오스와는 성인으로서 가장 친밀한 관계에 있었지만 그가 죽을 때에 나지안조스의 그레고리오스는 여러 가지가 혼합된 느낌들을 가졌다. 한편으로는 중요하고도 전문적인 협력을 하였지만, 다른 한편으로는 그에게 가장 고통스러운 인간적인 배신을 하였기 때문이다. 더욱이, 카이사레이아에 있는 바실레이오스의 후임자인 헬라디오스는 바실레이오스를 깊이 존경하지 않았던 것처럼 보인다.[8] 그러므로 나지안조스의

---

6   맥거킨의 가설에 따르면, 나지안조스의 그레고리오스의 사임설교 후에(DVS 1827-1855) 황제의 명령으로 감독들이 존경의 표시로 그가 떠나기 전에 일련의 설교들을 행할 것을 요청하였다. 이 설교들 중에서 오직 「설교 42」만이 남아있다(St. Gregory, 361-362 및 n268). 그러나 이러한 일이 실제로 일어났는지에 관하여 증거가 전혀 없다. 공의회의 논쟁적인 상태를 고려하면 가능성이 없는 것처럼 보인다.

7   첫 번째 7 절들은 그러한 설교를 위한 필수조건들에 따라서 조직되었다. C. Th. 1.32.2, 67-68. 참조. Elm, "Inventing the 'Father of the Church,'" 9-11 n21, n24.

8   Van Dam, Becoming Christian, 96.

그레고리오스는 3주년을 활용하여 ― 수도에서 돌아온 이후에 그가 처음을 갖는 기회이었다 ― 자신의 친구를 기념하고자 하였고, 동시에 카이사레이아의 기독교 공동체 안에서 자신의 위치를 재확립하고자 하였다.

네일 맥린(Neil McLynn)이 말하였듯이, 나지안조스의 그레고리오스는 카이사레이아의 바실레이오스의 생애와 활동을 주로 자신과의 관계성에 비추어서 이야기한다.[9] 그는 카이사레이아의 바실레이오스의 사역이 인격적인 덕, 목회적 관심, 삼위일체 교리에 대한 신실함을 특징으로 하는 이상적인 기독교 감독으로 칭송함으로써 자기 자신의 이미지를 개선한다. 이 추모설교는 그리스 수사학과 기독교 성인전의 걸작으로 오랫동안 일컬어져 왔다. 그의 설교들 중에서 가장 길기 때문에 현재의 형태로서는 말해질 수는 없었을 것이며[10] 추후에 확대된 것임에 틀림이 없다. 「설교 43」은 나지안조스의 그레고리오스의 생애와 카이사레이아의 바실레이오스의 생애 모두에 관하여 귀중한 정보를 알려주는 중요한 자료이며 나지안조스의 그레고리오스가 지닌 목회사역의 이상을 알려주는 주요한 증언이다. 또한, 그의 기념비적인 설교가 성공한 덕택에, 그동안 카이사레이아의 바실레이오스가 두 사람 중에서 신학적인 지도자로 전형적으로 간주되어왔던 주된 이유가, 그리고 그들의 관계가 아주 조화로운 관계로 여겨져왔던 이유가 이 설교이라는 점이 드러났다.[11] 그래도 나지안조스의 그레고리오스는 아테나이에서 자신이 카이사레이아의 바실레이오스의 조언자이며 주도자이었다고 알려준다(43.16-22).

그렇지만 그는 자신 이외에 카이사레이아의 바실레이오스의 발전에 영향을 끼친 두 사람, 즉 바실레이오스의 누이인 마크리나 및 세바스테이아의 에우스타티오스에 관하여 전혀 언급하지 않는다. 의심의 여지없이 그 이유는 두 사람이 그레고리오스의 삼위일체적 기획에 충분히 공감하지 못하였다는 판단 때문이다. 이 설교가 처음에 카이사레이아 공동체를 대상으

---

9   McLynn, "Gregory Nazianzen's Basil," 180-181.

10   갤레이는 이 설교를 구두로 전달하기에 두 시간 반이 걸릴 것이라고 추정한다(*La vie*, 214).

11   참조. 예를 들면 *Or.* 43.17.

로 한 것이며 콘스탄티누폴리스에게로 보내어지는 본래의 서신들 중에 속하지 아니하였지만, 나지안조스의 그레고리오스가 최종적인 형태의 설교를 후세를 위하여 의도하였다는 점은 분명하다. 이것을 본서 Ⅴ장에서 검토할 것이다. 이러한 네 편의 중대한 설교들 외에도 그는 은퇴한지 얼마 되지 않은 초기에 삼위일체에 관하여 및 자신에 관하여 많은 시(詩)들을 썼고 회람시켰다.[12]

공의회에서 전한 「설교 42」의 끝에서 나지안조스의 그레고리오스는 자신이 감독들에게 개인적으로 직접 말하지는 않는다고 하더라도 자신의 혀는 "펜과 잉크로 싸우는 것"을 중단하지 않을 것이라고 그들에게 말한다 (42.26). 만년에 쓴 저작들에서 그는 자신의 삶에서 삼위일체를 위하여 행한 활동을 열심히 변호한다. 그는 자신이 받은 양육과 교육, 의도하지 않은 안수와 감독직 임명, 나지안조스와 콘스탄티누폴리스에서의 사역, 거룩한 사도들의 교회에서의 상서로운 취임, 그리고 원치는 않았지만 맡은 공의회 의장직에 관하여 이야기한다. 이 모든 이야기들은 그가 탁월한 기독교 스승이라는 점을 입증한다(DVS 51-551).

그런 후에 그는 자신의 활동을 더 큰 섭리적 정황 안에서 본다. 즉, 그에 따르면, 비록 참 신앙이 콘스탄티누폴리스에서 한때 번성하였더라도 아레이오스 이후로 이단에 의하여 황폐하게 되었다(그는 아레이오스가 알렉산드레이아의 사악한 도시로부터 왔다는 점을 유쾌하게 언급한다, DVS 574-578; Or. 42.3). 그러나 하나님께서는 신자들의 메마른 영혼들을 한 물줄기의 참된 교리로 다시 살리시고자 나지안조스의 그레고리오스를 부르셨다(DVS 592-599). 자신의 신실한 가르침과 목회적 돌봄을 통하여 나지안조스의 그레고리오스는 제국의 중심, 즉 "세계의 눈(the eye of the oikoumene)"에서 건전한 신앙을 확립하는 데에 성공하였으며, 이것은 앞으로 세계도처에서 정통신앙의 근원이 될 것이었다(42.10). 이 기간 동안 신자들은 그를 자신들

---

12 「서신」(Ep. 176)은 나지안조스의 그레고리오스의 시가 친구들과 대적자들 모두에 의해서 읽혀지고 반응이 있었음을 알려준다. McLynn, "Voice of Conscience," 300. 또한 다음을 참조하라. Gregory's "Defense of His Verses" (Carm. 2.1.39).

이 찾을 수 있는 유일한 정통신앙 스승으로 여기며 찾아왔다(DVS 1140). 땅에 묻혀있던 신앙의 "부활"이나 다름이 없었고(42.6) — "부활(아나스타시아)"은 나지안조스의 그레고리오스가 섬긴 교회의 이름이었다(42.26) — 이러한 일에 나지안조스의 그레고리오스는 구원의 도구이었다. 이와 같은 설명들에서 그레고리오스는 자신을 초대하였던 안티오케이아인들과는 독립적으로(DVS 1127-1128, 디오도로스와 플라비아노스를 암시한다), 그리고 380년 테오도시우스의 개입과 381년 공의회 이전에(넥타리오스를 암시한다) 자신이 참 신앙을 재확립하였다는 점을 분명하게 하기를 원한다.[13]

그러나 모든 노력들에도 불구하고, 나지안조스의 그레고리오스는 자신이 항상 저항에 직면하였다고 독자들에게 말한다. 에우노미오스주의자들, 유사파들 및 다른 사람들이 처음에 반대를 하였고 막시모스가 당황스러운 배신을 하였을 뿐만 아니라, 마지막에는 그가 보기에 삼위일체 운동에 충실하였던 자들의 대적들과도 싸워야만 하였다. 나지안조스의 그레고리오스는 정화를 위하여 구원, 중용 및 물러남을 추구하는 동안(DVS 1414, 1434, 1866-1867), 그는 궁정에서의 뇌물제공에 직면하였고, 배임에 대한 고소를 받았으며, 또한 그의 생명에 대한 살해 위협을 받았다. 그러나 무엇보다도 최악은 감독들의 시기와 공의회에서의 권력욕이었다(DVS 1506-1508).

나지안조스의 그레고리오스는 자신의 설교를 듣는 자들이 "목회자들이 아니라 연설가들을, 영혼을 돌보는 청지기들이 아니라 돈의 재무자들을, 제사를 순전히 드리는 자들이 아니라 힘있는 후원자들을" 원한다고 불평한다(42.24). 요컨대, 나지안조스의 그레고리오스는 공의회가 강력한 친(親) 니카이아 신앙고백에 관한 동서방의 합의를 이룩하지 못한 실패는 용납할 수 없고 헤아릴 수 없는 손실이었다고 생각하였다(DVS 1560-1561, 1645-1647). 그리고 그는 논쟁하는 분파들이 감독들로서의 임무를 단지 태만히 하였다고 생각하였다(DVS 1591-1595). 결국 그는 동서방 사이의 성스럽지

---

13 또한 다음을 참조하라. DVS 1854: "어떤 혀가 삼위일체를 옹호할 것인가? 독립적이고 열정이 있는 혀가 그럴 것이다."

못한 전쟁과 감독들 사이의 적대적 경쟁을 더 이상 참을 수 없었다(42.20-22). 이제 그는 멀리서 싸워야만 한다. 이 문단들 여러 곳에서 및 이 시기에 쓰여진 다수의 서신들에서, 나지안조스의 그레고리오스는 (비록 종종 익명으로 하였지만) 특정한 감독들을 격렬하게 공격하였다. 누구보다도 자신의 후임자인 넥타리오스, 알렉산드레이아의 티모테오스, 타르소스의 디오도로스를 공격하였다.[14] 그러는 동안 그는 자신의 수고들의 열매를 주장한다. 즉, 아나스타시아(부활) 교회에 있는 자신의 회중과 그를 통하여 삼위일체 신앙을 받아들인 자들을 열매로 주장한다(42.1-2, 9, 11-12, 15, 27). 이것은 자신의 남아있는 지지자들로 하여금 최선을 다하여 참 신앙을 전파하도록 요청하는 신호임에 틀림이 없다.

고별설교에서 나지안조스의 그레고리오스는 참 신앙에 대한 간결한 해설을 제시한다(42.14-18). 그는 이것을 모든 이들이 동의할 수 있는 최종적인 협상책으로 제시한다. 한 번 더 그는 회유하는 접근법을 시도한다(「설교 41」에 있는 바와 같다). 그러면서 그는 "자신들의 경건을 감추고 있는" 자들을 격려하고, 그것을 선포하는 것에 근접하여 있지만 두려움으로 또는 신중함으로 참 신앙에로 다가오기를 주저하는 자들을 격려한다(42.14).[15] 성령에 관한 카이사레이아의 바실레이오스의 신중함 또는 애매함의 입장의 경우는[16] 정당화될 수 없다고 그는 생각하고, 담대히 신앙하는 것에로 한 번 더 나아가고자 준비한다. 더 자세한 내용들에 관해서는 그들이 그의 이전의 저작들을, 즉 그가 수도에서 행하였었고 유산으로 남겨두었던 설교들 전체를 참고하도록 권장한다(42.18). 나지안조스의 그레고리오스가 아나스타시아 교회, 거룩한 사도들의 교회, 콘스탄티누폴리스시(市), 회집한 감독들에게 고별설교를 하면서, 마지막 권면을 다음과 같이 한다. "진리에로 다가가라; 이 마지막 시간에서도 회심하라!"(42.27).

---

14 참조. McGuckin, "Autobiography as Apologia."
15 또한 다음을 참조하라. Ors. 42.18: 나지안조스의 그레고리오스는 그들이 동일한 교리를 공유하고 있으며 동일한 편에 있음을 주로 보여주기 위하여 교리적 요약을 전달하였다; 42.25: 삼위일체는 그들의 공통된 예배와 소망이었다.
16 참조. Or. 43.68-69.

동일한 때인 381년 12월 31일에 나지안조스의 그레고리오스는 지역 감독들의 모임에서 자신의 유언장을 작성하였다. 이것에 따르면 그는 자신의 자산 대부분을 나지안조스의 가난한 자들에게 물려준다.[17] 이와 같이 자신의 공적인 문서이며 또한 상징적으로 마지막이 되는 문서에서 자신을 "콘스탄티누폴리스에 있는 보편교회의 감독 그레고리오스"[18]라고 지칭한 점이 유난히 눈에 띈다. 상황이 어떻게 보이든지 간에 그는 여전히 제국수도의 적법한 목회자이며 동방교회의 주요한 신학자이다. 5세기의 역사가들에 따르면, 어떤 황제들이 나지안조스의 그레고리오스가 활동한 아나스타시아 교회를 크게 확장하여 아름답게 및 웅장하게 만들었다. 테오도시우스가 그러한 황제들 중 첫 번째이었던 것 같다. 나지안조스의 그레고리오스가 많이 혐오하는 후임자는 교회의 미화작업을 위하여 대리석 판들을 기증하였던 것 같다.[19]

비록 381년의 공의회가 테오도시우스의 합의 하에서 니카이아 신앙의 위대한 승리로 여겨져 왔다고 하더라도, 이 기간에 저술된 나지안조스의 그레고리오스의 저작은 당시 상황이 실제로 얼마나 불안정하고 격동적이었는지를 보여준다. 나지안조스의 그레고리오스는 더 광범위한 교회 내에서 정통신앙을 위하여 계속 나아가면서, 클레도니오스 장로의 도움을 받아 나지안조스에 있는 부친의 교회에서의 목회적 실수를 다시 다루었다. 382년 봄 콘스탄티누폴리스시(市)가 첫 번째 테오도시우스 부활절의 기념을 준비할 때에 나지안조스의 그레고리오스는 "침묵의 사순절"을 지킴으로써 제국의 합의에 항의하였다. 그런 후에 이것을 감독들에게 및 궁중의 황제에게 큰 소리로 알렸다.[20] 그는 382년 여름에 개최된 공의회에 참석하도록

---

17 나지안조스의 그레고리오스의 유언장의 날짜에 관해서 오랫동안 논란이 되어왔다. 여기에 관해서는 다음을 참조하라. Daley, *Gregory of Nazianzus*, 184-186. 또한 그가 나중에 유언장을 변경하였다는 가설에 관하여 다음을 참조하라. Van Dam, "Self-Representation in the Will of Gregory of Nazianzus," 136-137.

18 나지안조스의 그레고리오스의 고별설교에서의 마지막 말들을 또한 참조하라. 여기에서 그는 자신의 양떼를 보존하여 주시도록 삼위일체께 기도한다. "비록 나는 다른 곳으로 배정된다고 하더라도, 그들은 나의 양떼이기 때문이다"(*Or.* 42.27).

19 Socrates, *HE* 5.7; Sozomen, *HE* 7.5. 참조. Snee, "Gregory Nazianzen's Anastasia Church."

초청을 받았다.

그러나 그는 교회 절차들에 너무나 염증을 느껴서 참석하기를 거절하였다(Ep. 130-131). 그 대신에 테오도시우스의 장관들에게 서신들을 써서 그들이 교회 안에서의 조화를 강요하도록 촉구하였다(Ep. 132-133, 135-136). 일련의 서신들을 통하여 그는 또한 미숙한 넥타리오스를 비판하였고, 나지안조스 안의 멀리 떨어진 곳으로부터 몇몇 필요한 지침을 제공하고자 하였다. 그는 그리스 수사학의 전통에 따라서 자신의 비판을 냉소적인 칭송의 모습으로 종종 제시하기 때문에, 넥타리오스를 향한 그의 존경이 오랫동안 유쾌하고 협력적인 것으로 오랫동안 여겨져 왔다. 그러나 서신들은 후임자에 대한 매서운 감정들이 실제로 어느 정도인지를 보여준다. 그는 넥타리오스가 국가의 후원을 받지만 기독교 복음에 대한 모욕이며, 감독이라면 해야 할 신실한 지도력과는 정반대의 모습이라고 여겼다.[21]

383년의 부활절에 나지안조스의 그레고리오스는 「거룩한 부활절에 관하여」(On Holy Pascha, Or. 45)를 전하였다. 이것은 「설교 38」의 여러 부분들을 그대로 반복한다.[22] 그리고 이것은 그리스도의 정체성 및 구원활동에 관한 그의 문헌전체에서 가장 중요한 구절들의 일부를 포함한다. 이렇게 하여 전통적인 저작번호로 「설교 1」과 「설교 45」는 부활(ἀνάστασις)이라는 주제로 전체적인 틀을 형성한다. 또한 부활은 콘스탄티누폴리스에 있는 그의 교회 이름이었다. 그 다음 주일에(더 이른 날짜가 아니라면),[23] 그는 아마도 카이사레이아에 있는 대성당에서 카파도키아의 순교자 마마스의 축일을 위하여 「새로운 주일에 관하여」(On the New Sunday, Or. 44)를 전하였다. 이 설교는 삼위일체의 부활의 빛에 초점을 두며, 지역 수도사들의 예들에 근거한 광범위한 도덕적 교훈을 포함한다.

---

20 최고행정관 팔라디우스를 통하여(Ep. 119). 참조. Gallay, *Saint Grégoire de Nazianze, Lettres*, vol. 2, 5; McLynn, "Voice of Conscience," 301.

21 참조. McLynn, "Voice of Conscience," 303. 서신에 관한 충분한 논의에 관해서는 또한 다음을 참조하라. McGuckin, *St. Gregory*, 377-384.

22 *Or.*, 45.3-9=38.7-13; 45.26-27=38.14-15.

23 이 설교의 의심스러운 날짜에 관해서는 다음을 참조하라. Daley, *Gregory of Nazianzus*, 154-155.

나지안조스의 그레고리오스의 경력에서 마지막 신학적 토론이 383년 가을에 시작되었다. 이때에 일단의 아폴리나리오스주의자들이 나지안조스에 있는 그의 교회를 차지하고자 시도하였다. 클레도니오스는 크산크사리스의 온천지역에 있는 나지안조스의 그레고리오스에게 사람을 보내어 소식을 전하였다. 나지안조스의 그레고리오스는 이곳에서 또 다른 병으로부터 회복 중에 있었다. 그는 「서신 101」로 응답하였는데, 이것은 그의 가장 유명한 기독론 논문이다. 그 다음해에 그는 넥타리오스에게 보낸 서신에서 이 문제를 더 깊이 다루었다(Ep. 202). 그런 후에 384년 또는 385년에 클레도니오스에게 두 번째 서신을 보냈다(Ep. 102).[24] 후대의 신학전통에서는 이 세 서신들이 기독론적 정통신앙의 고전적인 표현이 되었고 5세기부터 8세기까지의 기독론적 논쟁들의 용어에 중대한 영향을 끼쳤다. 본서 Ⅳ장에서 그것들을 상세하게 다룰 것이다.

「서신 202」에서 나지안조스의 그레고리오스는 아폴리나리오스주의자들을 반대하는 일에 넥타리오스와 테오도시우스의 지지를 받고자 한다. 그리고 이 서신에서 나지안조스의 그레고리오스는 테오도시우스가 아레이오스주의자들, 마케도니오스주의자들, 에우노미오스주의자들과 최근에 가졌던 회의를 언급한다. 이 회의에 넥타리오스는 나지안조스의 그레고리오스를 초대하지 않았고 그 대신에 분파적인 노바티아누스주의자들과 협의하였다.[25] 그리고 이 서신에서 나지안조스의 그레고리오스는 테오도시우스가 이전에 아레이오스주의자들이 수도 성벽 안으로 모이는 것을 금지하였던 자신의 법들을 보류하는 것을 언급한다(202.4).

비록 이 서신들이 반(反)아폴리나리오스적 논문들로 거의 보편적으로 간주되고 있지만,[26] 사실 이 서신들은 나지안조스의 그레고리오스의 기독론적 입장을 훨씬 더 광범위하게 선언하며, 또한 틀림없이 아폴리나리오스

---

24 또한 다음을 참조하라. *Ep.* 115, 121, 138; *Carm.* 2.1.19.101-102.

25 Socrates, *HE* 5.10.

26 참조. 예를 들면, 갤레이에 의한 현재의 비평사본과 서론(*SC* 208) 그리고 윅컴에 의한 가장 최근 어 영어번역과 서론(*St. Gregory of Nazianzus, On God and Christ*, 149-172. 이것은 「서신 101-102」만을 포함한다.

를 반대하는 것만큼 적어도 강력하게 디오도로스에게도 반대하는 것에 맞춰져 있다.[27] 이러한 점들은 모두 함께 그레고리오스가 디오도레스를 기독론적 경쟁자인 아폴리나리오스보다 훨씬 더 큰 위협으로 여기고 있음을 알려준다. 심지어 그가 넥타리오스와 테오도시우스가 정신을 차리고 아폴리나리오스주의자들을 다루어야 한다고 여전히 촉구하는 때에도 그러함을 알려준다. 디오도레스는 아마도 그레고리오스가 공의회에서 몰락한 것에 대해 가장 많은 책임이 있는 자이며 넥타리오스를 그의 후임자로 추천한 자로서 이제는 황제에게 영향을 끼치며 자리를 확실히 잡은 고문이었다. 아폴리나리오스는 383년 12월에 이단으로 최종적으로 열거되었다.[28] 나지안조스의 그레고리오스가 보기에, 제국의 종교적 화해가 잘 진행되고 있지 않고 넥타리오스는 자신과 멜리티오스가 379년 이후로 새롭게 바꾸고자 애써왔던 삼위일체적 합의를 어떻게든 파괴하려고 하였다.[29]

나지안조스의 그레고리오스는 문서적 운동으로 여러 해들을 보내었다. 그는 383년 말까지 공적인 삶에서 영원히 은퇴하려고 준비하였다. 그래서 그는 사촌 에우랄리오스가 나지안조스의 감독으로 임명되도록 주선하였다. 나지안조스에 있는 교회건물들과 카르발라에 있는 그의 토지를 수도원 기관으로 전환한 후에, 그는 집사 그레고리오스와 수도사 에우스타티오스와 함께 카르발라에로 영구히 물러났다.[30] 자신의 마지막 여러 해 동안 그는 시(詩)와 서신을 계속 썼으며, 자신의 문학적 활동과 조용한 사교 활동을 통하여 영향력을 계속 행사하였다. 이 모든 것을 통하여 그는 자신을 소통의 달인으로 입증하였고, 또한 여러 가지 방식들에서 자신을 문학적 선

---

27 여기에 관해서는 다음을 참조하라. chap. 2.
28 C. Th. 16.5.12. 379년부터 「설교 22」 그리고 382년에 본래 쓰여진 「그의 삶에 관하여」에 있는 구절들은 이 시점에서 또는 더 이후에 아마도 추가되었다. 아폴리나리오스는 381년의 공의회의 교회법들로 또한 파문되었다(교회법 1).
29 니사의 그레고리오스도 또한 383년 또는 384년에 넥타리오스의 무능함에 반대하여 설교한다; Deit. Fil. et Spir. (PG 46, 556D). 참조. Bernardi, Le prédication, 329-330; McLynn, "Voice of Conscience," 307 n40.
30 나지안조스의 그레고리오스는 가난한 자들을 돌보기 위하여 자신의 모든 재산을 "나지안조스에 있는 보편교회"에 유산으로 남겼다. 집사 그레고리오스의 감독 하에서 그렇게 하였다(Test.). 그의 죽음 이후에 수도원 공동체가 오랫동안 그곳에서 지속되었다고 맥거킨은 주장한다(St. Gregory, 385, 394).

구자로 입증하였다. 그의 조카의 아들인 니코불로스의 도움으로(Ep. 52-53), 그는 자신의 서신들을 모아서 출판한 첫 번째 그리스어 저작자가 되었다.

380년대의 그의 서신 및 시 저작활동은 그가 고전어 학교들 및 카파도 키아의 문학계에 계속 참여하였음을 보여주며 — 교회의 초기 교부들 중에서 가장 위대한 활동임이 틀림없다[31] — 또한 카이사레이아의 바실레이오스와 자신의 관계를 통하여 자신의 교회적 명성을 강화하려는 지속된 노력을 보여준다.[32] 이 서신전집 안에는 니코불로스에게 보낸 서신이 포함되어 있는데, 이것은 그리스어 서신 이론에 관한 표준적인 논문이 되었다(Ep. 51). 또한, 이 기간 동안 나지안조스의 그레고리오스는 에우랄리오스의 도움으로 자신의 설교들을 하나의 묶음으로 또는 다양한 조합으로 편집하여 출판하였다.[33]

390년에 대략 61세의 나이로 사망할 때까지,[34] 그는 약 1만 7천행의 현존하는 시(詩)들을 지었는데, 그 중 대부분을 은퇴 중에 지었으며 어떤 형태로든 출판하였던 것 같다. 나지안조스의 그레고리오스의 시(詩)는 금욕의 연습 및 노년의 병으로부터의 위로와 같은 개인적인 목적도 있었지만, 일련의 새로운 기독교적 시(詩)들을 제공함으로써 젊은이들에게 유익을 주고자 하는 공적인 목적도 있었다(Carm. 2.1.39.37-39). 자신의 설교들을 출판하여 핵심적인 그리스어 기독교 설교저작집을 제공하고자 하였던 것과 마찬가지이다.[35] 그의 시(詩)들은 다수의 개인적, 도덕적 및 정치적 주제들에 관한 그레고리오스의 견해들에 관하여 우리가 알 수 있는 주요한 자료

---

31 McLynn, "Among the Hellenists," 218, 238.
32 이 전집의 선별과 구조는 나지안조스의 그레고리오스이 그러한 관계 안에서 보여주는 지도력과 영향력을 강조한다. McLynn, "Gregory Nazianzen's Basil," 184-186. 성령론에서 나지안조스의 그레고리오스의 지도력에 관해서는 서신들에서 특별히 분명하게 드러난다. 여기에 관해서는 본서 III장 참조하라.
33 예를 들면, 「설교 13」의 제목이 "도아라에로의 헌신에 관하여―감독 에우랄리오스의 편집"이다 (PG 35.852).
34 나지안조스의 그레고리오스의 사망 날짜에 관해서는 다음을 참조하라. Nautin, "La date." 하르트만은 그의 출생년도를 대략 326으로 여긴다(DVS 239, 512f., Ep. 50.8). Hartmann, "Gregory of Nazianzus." 그러나 후자를 참조하는 것은 아무런 관련성이 없다.
35 나지안조스의 그레고리오스의 시의 범위, 목적, 편집에 관해서는 다음을 참조하라. McGuckin, "Gregory: The Rhetorician as Poet," 202-204.

이다. 그러나 그의 많은 저작처럼 그의 시(詩)들도 종종 너무나 심히 단도
직입적으로 읽혀짐으로써 그것들이 지닌 고도로 양식화된 문학형식이 소
홀히 여겨졌다. 그 결과로 나지안조스의 그레고리오스는 지속적으로 우울
한 불평가라는 이미지로 여겨졌지만 실제로 그러한 가능성은 없다. 정반대
로, 맥거킨이 능숙하게 보여주었듯이, 나지안조스의 그레고리오스는 시로
표현한 자신의 모습에 있어서나 경쟁자들과의 문학적 언쟁들에서나 완숙
한 예술가였다. 그의 설교들과 서신들에서 완숙한 예술가이었던 것과 마찬
가지이다. 이러한 과정에서 그는 또한 그리스 문학의 여러 하위 장르들을
창조하였다.[36]

요약하면, 나지안조스의 그레고리오스는 삼위일체에 관한 신앙고백을
중심으로 모든 것을 포괄하는 고전적인 기독교 교육이나 다름없는 것을 저
술하였다.[37] 그의 저작전체는 고전문학을 기독교 문화의 목적에 활용하는
것을 가장 분명하게 보여주는 표현이며, 또한 황제 율리아누스가 시도한
비난에 대한 가장 강력한 응답이다. 설교자, 목회자 및 저술가로서의 그의
목적은 당대의 교회와 제국에 영향을 끼치는 것이며, 동시에 오랜 동안의
비잔틴 시대 뿐만 아니라 후대에서도 신학적 참조, 문법적 연습, 수사학적
훈련을 위하여 사용될 수 있도록 새로운 기독교 문헌집을 남겨주는 것이
다.

결국 나지안조스의 그레고리오스는 탁월하게 성공하였다. 그는 재능이
적은 동시대인들에 비하여 훨씬 오래 영향을 끼쳤으며, 비잔틴 문화에서
가장 많은 영향을 끼친 유일한 저술가였다. 비록 그가 공의회에서 패배하
였지만, 정통신앙의 실질적인 중재자로서 및 삼위일체에 관한 고전적 기독
교 교리를 가르치는 영향력이 있는 스승으로서 궁극적으로 승리의 면류관
(στεφηφόρος, DVS 1919-1920)을 쓴 사람은 바로 나지안조스의 그레고리오스

---

36 다음과 같은 장르들을 포함한다. 변증적 설교(Ors. 1-3, 9, 12, 자신의 마지못한 안수와 성직임명
   에 관하여), 기독교적 찬사(Ors. 7, 8, 18), 저주하는 부고(Ors. 4-5 황제 율리아누스에 반대하여),
   그리고 시적 자서전(Carm. 2.1.11 De vita sua). 참조. McLynn, "Voice of Conscience."

37 McGuckin, "Gregory: The Rhetorician as Poet," 210.

였다.[38] 본서는 삼위일체 교리가 그리스도인의 삶과 관련하여 지닌 신학적 및 실천적 비전의 의미를 깊이 탐구한다.

---

38 만약 382년의 교회회의 서신이 어떤 점을 알려준다면, 나지안조스의 그레고리오스가 거의 즉시로 어떤 효력을 미쳤을 것이다. 아타나시오스 뿐만 아니라(*Ep. cath.* 7) 370년대 서방 공의회들을 (*Ea grat.* 14.49; *Non nobis* 18.108) 반영하는 언어로 이 교회회의 서신은 381년의 공의회가 "동일 본질적 및 함께 영원한 삼위일체"를 고백하였다고 말한다. (Theodoret, *HE* 5.9). 나지안조스의 그레고리오스는 공의회가 이러한 교리를 신앙고백하기를 원하였지만 공의회는 그러지 않았다.

제 I 장,

하나님과 신학자

정화가 있는 곳에 조명이 있다. 조명은
가장 위대한 것들을, 아니 가장 위대한
것을, 즉 모든 **위대함을 뛰어넘는 것을**
간구하는 자들의 갈망을 만족시켜준다.
- 「설교 39」

나지안조스의 그레고리오스는 기독교 전통 안에서 삼위일체에 관한 명확한 가르침으로 가장 잘 알려져 있다. 그러나 그의 삼위일체론은 현대의 조직신학 내의 구분들에 들어맞지 않는다. 그러기에 그의 삼위일체론의 특징은 어떻게 하나님이 하나이면서 셋인지에 관하여 기술적으로 정확한 진술을 고안하는 것에 있지 않으며, 심지어 하나님 그 자체에 관한 교리에도 있지 않다. 오히려 그의 삼위일체론의 특징은 기독교 인간학, 언어이론, 성례신학에 관련된 관심사들 전체가 하나로 연결되어 있다는 점에 있다. 현대 기독교 교리의 더 고상한 분야들에 관련된 관심사들 전체가 하나로 연결되어 있는 것과 같다. **하나님에 관한 지식이 하나님을 알아가는 인간의 상태와 불가분리적으로 관련되어 있다**는 나지안조스의 그레고리오스의 반복된 주장은 그의 저작 전체의 가장 특징적인 측면들 중의 하나이며 그의 신학적 체계의 주요한 원리이다. 그는 **신학이 신학자의 상태의 변화를 요구하고 또한 그러한 변화를 일으킨다**는 점을 주장하며, 또한 신학은 신학의 기본적인 의미에 필수적인 **광범위한 실천적 및 이론적 관심사들을 포함한다**는 점을 주장한다.

이후의 저술가들이, 특히 종교개혁 이후의 서방세계에서의 저술가들이 신론, 기독론, 인간론으로 예리하게 구별하였던 것이 나지안조스의 그레고리오스의 저작에서는 수사학적 형식과 교의적 내용 모두에서 불가피하게 하나로 섞여있다. 상당한 양의 저작들을 통하여 그는 그리스도 또는 삼위일체에 대해서보다는 금욕적 및 영성적 주제들에 더 많은 관심을 기울인다. 따라서 20세기의 학자들은 그의 기독론 및 삼위일체론을 다룬 연구들을 합한 것보다는 그의 금욕신학에 관하여 더 많은 연구들을 내놓았다.[1] 그

---

1   특별히 다음 학자들의 저작을 참조하라. Bouyer, Ellverson, Gilbert, McGuckin, Norris, Pinault, Plagnieux, Ruether, Spidlík, Szymusiak. 그리고 나지안조스의 그레고리오스의 수사학적 문체와 시학에 관한 다수의 저작들도 참조하라.

렇지만 이러한 연구들도 현대의 서양 접근법을 따르다보니 그의 더 광범위한 교리적 체계로부터 인위적으로 단절되는 경향이 있다.

나지안조스의 그레고리오스의 견해에 따르면, **기독교신학은 하나님과 신학자 사이의 역동적이고 생생한 관계와 연관되어 있으며 또한 그러한 관계를 표현한다.** 그러기에 기독교신학은 마치 하나님에 관한 추상적인 정보를 중립적으로 획득할 수 있는 것처럼 여기면서 추상적인 정보로부터 시작하지 않는다. 그 대신에 기독교신학은 교회의 삶 안에서 인정되고 기념되며 세계 속에서 이루어지는 하나님의 임재 및 활동의 지평 안에서 신학자 자신의 변혁으로부터 시작한다. 영적인 진보와 올바른 믿음이 불가피하게 함께 나아간다는 점은 나지안조스의 그레고리오스의 저작에서 공통적으로 반복된다. 달리 표현하면, 그에게서는 하나님에 관한 교리와 인간에 관한 교리가 본질적으로 서로 연결되어 있다. 장 플라니외(Jean Plagnieux)가 언급하듯이, 나지안조스의 그레고리오스에게서 하나님에 관한 교리를 하나님이 알려지는 수단에 관한 교리로부터 분리하는 것은 불가능하다.[2] 이러므로 그의 삼위일체론은 하나님과 관련된 신학자 자신의 상황을 포함한다. 그리고 신학은 구체적 및 광범위한 방식들로 신학자로 하여금 신적인 신비에로 들어가게 하는 진정한 조명이다. 바로 여기에서 신학을 시작해야 한다고 나지안조스의 그레고리오스는 반복적으로 강조한다.[3]

그러므로 나지안조스의 그레고리오스의 주요한 저작들의 논증에서 및 독자의 인식론적 우선순위 모두에서 드러나는 그의 **첫 번째 핵심은 정화와 조명이라는 두 가지 기둥 사이의 변증법적 관계이다. 이러한 관계가 형성하는 영성적 틀 안에서 하나님 지식이 일어나며 신학의 내용이 그 의미를 지닌다.** 이러한 역동성이 나지안조스의 그레고리오스의 저작 전체를 관통하며,

---

2   Plagnieux, *Saint Grégoire*, 109; 또한 다음을 참조하라. Bouyer, *Spirituality*, 348-350.
3   이러한 측면에서 나지안조스의 그레고리오스의 저작은 언어습득의 실천들, 정황들, 구체적 방식들에게 비트겐슈타인이 자신의 성숙기 철학에서 언급한 것과 유사한 종류의 근본적인 위치를 제공한다. 전통적 기독교 교리와 비트겐슈타인의 저작 사이의 유사한 연관성에 주목하였던 최근의 신학자들 중에 로완 윌리엄스가 있다. Rowan Williams, *On Christian Theology*, 152, 201; *Why Study the Past*, 90-91 그리고 여러 곳. 또한 다음을 참조하라. Norris, "Theology as Grammar."

특히 그의 성숙한 활동에서, 즉 그가 콘스탄티누폴리스에 도착한 때부터 인생을 마칠 때까지(379-390) 두드러지게 나타난다. 자신의 교리를 간결하게 설명하고자 시작할 때 전형적으로 그가 하나님을 알기 위하여 필수적으로 요구되는 정화로부터 시작한다는 점은 의미가 있다. 즉, 콘스탄티누폴리스에서의 그의 첫 번째 설교(20.1-4), 「신학적 설교」, 대(大)주현절 주기(38.1, 4-6),⁴ 그의 기획적인 「포에마타 아르카나」(Carm. 1.1.1.1-5, 7-9)에서 그렇게 시작한다.

삼위일체론에 관한 그의 가장 유명한 옹호 저작인 「신학적 설교」(Ors. 27-28)에서 나지안조스의 그레고리오스는 하나님, 그리스도, 성령에 관한 관념으로부터 시작하지 않고, 하나님에 대한 인간 자신의 인격과 태도에 초점을 두는 서론으로부터 시작한다. 그러한 초점은 하나님을 알 수 있는 가능성을 위한 인간적 조건들을 확립하기 위함이다. 그는 첫 번째 신학적 설교(Or. 27)를 전적으로 이러한 주제를 다루는 데에 할애한다. 그리고 두 번째 신학적 설교(Or. 28)의 초반에서 그러한 생각을 가장 전형적으로 진술한다. 여기에서 나지안조스의 그레고리오스는 하나님과 신학자와의 관계를 극적으로 묘사한다. 즉, 모세가 하나님을 만나기 위하여 시내산으로 올라가는 이야기를 일인칭으로 말하면서 극적으로 묘사한다(28.2-3).⁵ 이 주제는 이후의 기독교 영성 전통들에서 지대하게 영향을 끼쳤다.⁶ 두 가지 구

4   「설교 38」에서는 금욕적 주제들이 축일의 설교에 걸맞게 기독론과 혼합되어 있다. 그렇지만 금욕적 주제들은 그의 저작에 동일하게 근본적이다.

5   출 19-20장과 24장에 근거하여 나지안조스의 그레고리오스는 모세를 하나님 지식의 전형과 모범적인 영적 지도자로서 자주 언급한다. 특히, 다음을 참조하라. Ors. 2.92; 9.1; 18.14; 20.2; 32.16, 33; 28.2-3; 31.1; 37.3; 39.9; 40.45; 45.11; Carm. 1.1.1.11-13. 그가 광범위하게 사용하는 인격성의 예들과 비인격성의 예들(παραδείγματα)에 관해서는 다음을 참조하라. Demoen, Pagan and Biblical Exempla.

6   모세를 기독교적 성장의 주요한 모형 및 하나님에 대한 비전의 주요한 모형의 이미지로 여기는 것은 대체적으로 나지안조스의 그레고리오스의 덕택이다. 오리게네스 안에도 모세를 그렇게 여기는 것을 암시하는 간략한 진술들이 있다. 오리게네스는 "모세가 시내산에서 신적 본성과 대화할 때" 그의 얼굴에서 빛났던 영광을 언급한다(Comm. Jn. 32.338-343). 그런 후에 정화와 관상에 관하여 간단한 주석을 추가한다: "하나님에 관한 관상을 확신할 수 있을 정도로 모든 물질적인 것들을 초월하고 정화되었던 정신은 신성화된다. 이 정신이 관상하는 것들에 의하여 신성화된다."(트리그의 번역). 그러나 전체적으로 ―어쨌든, 현재 남아있는 그의 저작 안에서― 오리게네스는 고후 3장의 바울의 논증을 따라 시내산에서 모세 얼굴의 영광을 그리스도의 변형의 영광과 대조시킨다(Hom. Ex. 12.3; 또한 다음을 참조하라. Cels. 1.19; Hom. Num. 22.3; Hom. Ps. 36.4.1). 모레쉬너는 오리게네스가 모세를 사용하는 것을 과장한다. "il coronamento della mistica ascesa

별된 운동들 안에서 이 본문은 정화와 조명 사이의 변증법을 묘사한다. 이 변증법 안에서 하나님에 대한 지식이 일어난다. 이 본문은 신학적 발전에 관한 나지안조스의 그레고리오스의 생각의 많은 부분을 요약하여 준다. 그래서 이 본문은 Ⅰ장의 다양한 본문들과 주제들을 조직해주는 장치로 기여할 것이다.

---

dell'anima a Dio"("Influenze di Origene," 43); 모세의 이야기는 오리게네스에게서 중심적으로 나타나지 않는다(예를 들면, Origen's *Hom. Ex*). 그러나 나지안조스의 그레고리오스는 모세가 시내산에서 하나님과 가진 만남을 그리스도인들을 위한 전형으로 여긴다. 나지안조스의 그레고리오스의 저작을 따르는 니사의 그레고리오스의 『모세의 삶』(*Life of Moses*)과 위(僞)디오니시오스의 『신비주의 신학』(*Mystical Theology*)을 통하여 이러한 주제는 동방적 영성과 서방적 영성에서 표준이 되었다.

1

신학자의 정화

나지안조스의 그레고리오스는 시내산에서 모세가 경험한 신현현 사건을 기독교신학의 모형으로 삼아서 살펴본다. 이 사건은 그리스도의 성육신 이전 성경에서 드러난 하나님과의 만남을 전형적으로 알려준다. 이렇게 하여 하나님에 대한 지식과 신학의 변혁적 활동이 시작한다.

나는 간절하게 산을 오른다 ─ 아니, 솔직하게 말하면, 나는 간절하게 소망한다. 그러나 동시에 나의 연약함이 두렵다! ─ 하나님께서 명하신대로 구름 속으로 들어가서 하나님을 만날 것을 간절하게 바란다. 누군가 아론이라면, 나와 함께 올라가서 옆에 서도록 하라. 필요하다면 구름 밖에 기꺼이 머물도록 하라. 누군가 나답, 아비후, 또는 장로들 중의 한 사람이라면, 어떻게든 그로 하여금 오르도록 하라. 그러나 자신의 정화(κάθαρσις)의 가치에 따라 멀리 떨어져 서도록 하라. 만약 어떤 이들이 군중으로부터 나오고 그러한 고상한 관상에 가치가 없다면, 만약 그들이 전적으로 불순하다면(ἄναγνος), 전혀 다가오지 못하도록 하라. 왜냐하면 안전하지 않기 때문이다. 만약 누군가가 적어도 당분간이라도 정화되어 있다면(ἡγνισμένος), 아래에 머물러 소리와 나팔소리만을, 그리고 경건의 말만을 듣도록 하라. 또한, 연기 나고 번쩍이는 산을 보도록 하라. 산을 오를 수 없는 자들에게는 두려움이기도 하고 놀

라움이기도 하다.(28.2)

나지안조스의 그레고리오스는 ― 비록 자신의 가치에 관해서는 혼합된 감정들을 느꼈지만 ― 교리적으로 거대한 논쟁의 시기에 가르침, 예전 집례, 목회적 돌봄의 책임들을 담당한 감독으로서, 이렇게 그의 회중을 하나님을 아는 지식에로 ― 모든 사람이 이것에로 부름을 받는다 ― 이끌고자 시도한다.

자신을 모세의 역할로 묘사함으로써 나지안조스의 그레고리오스는 영감과 식견이 있는 교사로서 자신의 권위를 위한 전통적인 목회적 요건을 확립하고 있고, 그럼으로써 그가 제시하고자 계획하는 교리의 신뢰성을 확립하고 있다.[1] 이 구절의 기본적인 요점은 분명하다. 즉, **사람이 하나님을 알기 위해서는 정화되어야 한다.**[2] 나지안조스의 그레고리오스는 하나님을 알아가는 가능성에 대한 불확실성을 표명한 후에, 출애굽 이야기에 나오는 인물들 각각을 하나님에 대한 지식이 인간의 정화의 정도에 상응하는 방식의 예로서 열거한다. 모든 인물들이 하나님께 나아가도록 명령을 받지만 ― 그리스어 본문에서는 일련의 긴 명령들을 포함한다 ― 각 인물은 자신의 정화가 허용하는 정도로만 올 수 있다. 거의 정화가 되지 아니한 자들은 아래에서 "경건의 말만"을 들어야 한다. 그러나 완전히 불순하여 이 수준의 하나님 지식을 받을 자격이 없는 자들은 산으로부터 멀리 떨어져야 한다. 하나님 지식이 그들에게 초래하는 위험이 있기 때문이다.[3]

---

1 요한복음 주석과 같은 본문들에서 제시한 권위 있는 영적 주석에서 오리게네스가 하였던 것과 아주 마찬가지이다. 여기에 관하여 나지안조스의 그레고리오스는 잘 알고 있었다(물론 그 이전에 바울이 하였던 것도 잘 알고 있었다[예를 들면, 고후 1-3장]). 참조. Trigg, "Knowing God." 나지안조스의 그레고리오스는 그리스 수사학 이론의 범주들로 자신의 설교의 기풍을 확립하고 있다. 참조. Norris, *Faith Gives Fullness*, 35.

2 나지안조스의 그레고리오스의 정화교리에 관한 가장 중요한 연구들은 다음과 같다. Gottwald, *De Gregorio Nazianzeno Platonico*; Pinault, *Le Platonisme*, 113-148; Plagnieux, *Saint Grégoire*, 81-113; Moreschini, "Luce e purificazione," 538-542; "Lumière et Purification," 66-70; *Filosofia e letteratura*, 69-81.

3 여기에서 나지안조스의 그레고리오스는 오리게네스의 기본적인 구별, 즉 단순한 신앙과 더 높은 단계의 기독교적 성장 사이의 구별을 기반으로 한다. 전자는 성경의 분명한 의미에 근거한다. 후자는 더 깊은 차원들의 성경적 의미에 상응한다. 예를 들면, 오직 문자만 보고 성경의 영을 보지 않는 단순한 신자들에 관해서는 다음을 참조하라. *Princ.* 4.2.1-2.

그러나 두 번째 집단에 속하는 자들이 있다. 하나님 지식에 대한 이들의 노골적인 반대는 자신들의 불순함을 알려준다. 나지안조스의 그레고리오스에 따르면, 성경의 모든 짐승들이 숲에 누워서 그가 제시하고자 계획하는 "건전한 교리"를 산산조각으로 찢고자 한다(딛 2:8). 그래서 그는 진리의 말씀이 돌들처럼 그들을 분쇄하시 않도록 그들에게 산으로부터 달아나도록 권고한다. 이 집단에 속한 대적자들은 콘스탄티누폴리스에서의 그의 논쟁적 상황을 분명하게 드러낸다. 논쟁의 속임수들을 교활하게 사용하는 이 질적인 늑대의 모습에서 에우노미오스주의자들을 발견할 수 있다. 이들은 그의 전형적인 신학적 대적자들이었다. 반면에 다른 짐승들은 그의 강의들에 참석하는 유사본질파 또는 유사파 신학자들을 대표할 수 있다. 그렇지만 그는 또한 자신의 직접적인 상황 이외의 다른 독자들까지도 포함한다.[4] 이와 같이 복잡한 목회적 상황 안에서 나지안조스의 그레고리오스는 정화의 정도에 상응하는 틀 안에서 "관상과 신학(contemplation and theology)"의 여러 다양한 가능성들을 예증한다. 하나님 지식은 이렇게 모세의 석판들과 같다. 석판 양쪽에 새겨져 있지만, 바깥쪽은 아래에 있는 군중에게 보이지만, 감추어진 안쪽은 정화를 통하여 관상의 산에 오른 자들에게만 보인다.

나지안조스의 그레고리오스가 「설교 28」에서 정화를 극적으로 요청한다는 첫 번째 「신학적 설교」의 주요한 주제를 잘 요약하여 준다. 에우노미오스주의자들을 반박하는 간략한 도입의 말 후에 그는 다음과 같이 유명한 구절에서 핵심을 다룬다.

하나님에 관하여 철학적으로 논하는 것은 모든 사람들에게 해당되지 않는

---

4 구체적인 언급들에 관해서는 다음을 참조하라. McGuckin, *St. Gregory*, 277; Norris, *Faith Gives Fullness*, 108. 이와는 달리 리차드 립은 고대의 증언과 현대의 통용되는 해석과는 반대로 나지안조스의 그레고리오스가 특별히 에우노미오스주의자들을 언급하고 있지 않고 신학의 공개적인 논쟁에 부적당하게 참여하는 더 큰 단체를 언급하고 있다고 주장한다. 참조. *Public Disputation*, 160-162. 사본전승이 암시하듯이, 만약 나지안조스의 그레고리오스가 설교 28을 편집하였거나 또는 은퇴기에 새롭게 썼다면, 짐승들의 목록이 또한 그가 믿기에 381년 공의회에서 신앙을 저버렸던 "성령과 다투는 자들"과 다른 감독들을 가리킬 수 있을 것이다.

다. 그것은 값싼 가격으로 살 수 있는 것이 아니며 또는 땅을 엎드려 기는 자들에게 주어질 수 있는 것이 아니다. 게다가, 그것은 모든 경우나 모든 청중이나 모든 주제를 위한 것이 아니라, 마땅한 시간과 청중과 주제가 있다. 그것은 모든 사람들을 위한 것이 아니다. 왜냐하면 그것은 시험을 받았고 관상에 확실한 기반을 두었던 자들을 위한 것이며, 그리고 가장 중요하게는 영혼과 몸이 정화된 자들, 또는 적어도 정화되고 있는 자들을 위한 것이다. 순수하지 않은 자가 순수한 것을 붙잡는 것은 위험하기 때문이다. 약한 눈이 태양의 광채를 응시하는 것과 같기 때문이다.(27.3)

모든 사람들이 하나님 지식에로 부름을 받지만, 실제로 이러한 지식은 어떤 조건들이 수반될 때에 획득될 수 있음을 나지안조스의 그레고리오스는 인정한다. 이러한 점은 클레멘스와 오리게네스에게서 시작하는 알렉산드레이아의 전통에서 오랫동안 볼 수 있다.[5] 나지안조스의 그레고리오스는 자신의 청중 중 교육을 받은 이들에게 친숙한 표준적인 수사학적 범주들을 사용하여, 그리고 그러한 문제들에 예민한 부류의 사람들이 인식할 수 있는 종교지식의 상식적 개념들을 표현하는 수사학적 범주들을 사용하여 하나님 지식을 좌우하는 한도들을 규정한다.[6] **기독교신학은 개인적인 및 사회적인 마땅한 조건들을 요구한다. 이 조건들 중 가장 중요한 것이 신학자의 정화이다.** 위의 구절이 포함된 더 넓은 문맥은 "하나님에 관하여 철학적으로

---

5 예를 들면, Origen, *Princ.* 1.1.7; *Comm. Jn.* 10.40.283; *Cels.* 6.69. 참조. Moreschini, *Filosofia e letteratura*, 100-112; "Nuove Consideratione," 214-218; Kovacs, "Divine Pedagogy"; Trigg, "God's Marvelous Oikonomia."

6 참조. Aristotle, *Rhet.* 1356a; Norris, *Faith Gives Fullness*, 35, 89. 이 점과 관련하여 현대의 학자들이 나지안조스의 그레고리오스를 오히려 오해하여 왔다. 플라니외는 그가 테오리아의 더 높은 방식을 "소수"와 그리고 실천의 더 낮은 방식을 "다수"와 동일신하고 있다고 여긴다(*Saint Grégoire*, 151-160). 또한 다음을 참조하라. Lim, *Public Disputation*, 158-171; Elm, "Diagnostic Gaze"; "Orthodoxy and the Philosophical Life." 그러나 이 용어들이 사회적 계급에 관한 로마적 개념들과 공명한다고 하더라도, 나지안조스의 그레고리오스는 그것들은 일차적으로 성경적인 의미로 사용한다. 즉, 하나님의 나라는 값비싼 진주이며 좁은 문으로서 다수가 부름을 받지만 선택되는 자는 소수이다. 비록 그가 당대의 로마 귀족정의 태도들 중 많은 것들을 공유하고 좋은 교육과 지적인 여가가 신학적 활동에 기여하는 가치를 인식하지만, 그는 여가가 있는 계층이 하나님을 알 수 있다고 결코 믿지 않는다. 이후에 살펴보는 바와 같이, 신학적으로 적합한 준비를 위하여 중요한 것은 그리스-로마 엘리트의 전통적인 사회적 관습이 아니다.

논하는 것(philosophizing about God)"은 하나님에 관하여 배우는 것과 기독교 교리를 대중적으로 가르치는 것을 모두 가리킨다. 나지안조스의 그레고리오스에게 이 두 가지 요구조건들은 본질적으로 동일하다.[7] 그러므로 하나님 지식은 사람의 도덕적 및 영적 조건과는 무관하게 획득되거나 가르쳐질 수 있는 어떤 것이 아니다. 그것은 그가 정화라고 부르는 변혁의 값비싼 과정을 겪은 자들에게만 해당된다.

「신학적 설교」의 직접적인 논쟁적 문맥을 넘어서 보자면, 정화에 대한 요구는 나지안조스의 그레고리오스의 저작 전체에 걸쳐 드러나는 그의 교리의 주요한 요소이다. 콘스탄티누폴리스에서 제시한 첫 번째 교리적 요약에서 그는 플라톤의 유명한 구절을 차용하여 다음과 같이 핵심을 간결하게 표현한다. "사람은 먼저 자신을 정화시키고 그런 후에 순수한 것에로 가까이 다가가야 한다"(20.4).[8] 삼위일체에 관하여 말하면서 그는 견유학파 막시모스에게 다음과 같이 권고한다. "우리가 얘기해오고 있는 것들[성부, 성자, 성령] 중의 하나, 또는 그들과 같은 어떤 자가 먼저 되어라. 그런 후에야 그들이 서로에게 알려지는 것과 동일한 범위로 너는 그들을 알게 될 것이다"(25.17).[9] 그러므로 정화는 모든 이들에게 요구된다. 즉, 아나스타시아 교회에 있는 그의 회중, 친(親)니카이아 협력자, 콘스탄티누폴리스의 경쟁관계의 신학자들, 그의 문헌의 주된 대적자 에우노미오스 모두에게 요구된다. 이와 같은 변혁과는 별도로 하나님을 알고자 시도하는 것은 바울의 표현으로는 교만하게 하는 지식이다(32.12; 고전 8:1). 그러므로 하나님 지식에로 나아가는 첫 번째 접근은 하나님께서 요구하시고 가능하게 하시는 심오한 변혁에로 들어가는 것이다.[10]

---

7 Plagnieux, *Saint Grégoire*, 160, *pace* Winslow, *Dynamics of Salvation*, 23-28. 우리는 여기에서 전자에 집중할 것이다. 신학적 가르침의 활동은 V장에서 다룰 것이다.

8 *Phaed.* 67b. 유사한 진술들이 다음에서 발견될 수 있다. *Ors.* 2.71; 39.9; 2.2.7.221. 나지안조스의 그레고리오스가 플라톤을 이용하는 것에 관해서는 아래를 참조하라.

9 참조. *Ors.* 23.11; 32.12.

10 정화의 필수조건에 관해서는 다음을 참조하라. *Ors.* 15.1; 4.11; 6.1; 7.17; 9.1-2; 20.1- 4; 32.12; 36.10; 38.7 (=45.3); 39.8-10, 14; 45.11; *Carm.* 1.1.1.8b-15; 1.2.10.972f.

나지안조스의 그레고리오스에게 "정화"(xáθαρσις 및 이의 동족어들)는 무엇보다도 사람의 인격과 삶의 방식에서의 철저한 변화를 의미한다. 그에 따르면, 복음이 요구하는 변혁에로 모든 사람들이 — "남자와 여자, 노인과 청년, 도시 사람과 시골 사람, 시민 개개인과 공적 지도자, 부유한 자와 가난한 자"가 부름을 받는다. "동일한 시합이 우리 모두를 부르기 때문이다. 그러므로 우리의 삶을 변화시키자"(19.6). 자신의 활동을 마칠 즈음에 그는 그리스도 안에서 이러한 새로운 삶을 기념하는 주된 방법은 끊임없이 변혁되는 것이라고 주장한다. "여러분 자신을 이제 새 사람으로, 즉 인격이 달라지고 완전히 변화된 사람으로 드러내라. … 자신을 끊임없이 변화시키고 개선하여 늘 새 피조물이 되라. 죄를 짓는다면 회개하고, 유덕한 삶을 산다면 계속 나아가라"(44.8).[11] 하나님 지식에로 나아가기 위하여 사람은 바로 새 피조물이 되어야 한다. 정화의 개념을 더 분명하게 정의하기 위하여 본서는 두 번째 주현절 설교인 「거룩한 빛들에 관하여」에 있는 주요한 구절을 최대한 살펴보고자 한다. 나지안조스의 그레고리오스는 「설교 38」의 시작부분에서처럼 「설교 39」의 첫부분에서도, 한편으로는 기독교 세례의식과 이것이 가리키는 삶을, 다른 한편으로는 이방 그리스 문화의 삶의 양식과 의식들 사이의 큰 대조를 다시 강조한다. 예수 그리스도 안에서 주어진 구원의 은혜에 비추어서 기독교 교리와 삶이 어디에서 시작하는지를 염두에 두어야 한다. 본서의 여러 곳에서 아래 구절을 여러 차례 언급할 것이지만, 여기에서는 아래 구절 전체를 인용할 만하다.

우리의 철학을 시작하는 가장 좋은 곳은 솔로몬이 우리에게 시작하라고 명령하였던 곳이다. 그는 "지식의 근본으로서 여러분 자신을 위하여 지식을 얻으라"고 말하였다. "지식의 근본"에 관하여 말할 때 그가 무엇을 의미하는가? 경외이다(잠 1:7). 왜냐하면 관상으로부터 시작해서 경외에 도달할 수는

---

11 목회자들에게 적용되는 기독교적 성장의 끊임없는 본성에 관해서는 다음을 참조하라. *Or.* 2.14-15.

없기 때문이다. 결국, 자유분방한 종류의 관상은 여러분을 절벽 아래로 밀어 넬 것이다. 오히려, 사람이 경외 안에서 교훈을 받고, 정화되고, 그리고 (심지 어 다음과 같이 표현할 수 있다면) 경외에 의해 밝게 된다면, 그런 후에야 높이 들려질 것이다. 경외가 있는 곳에 계명들의 준수가 있다. 그리고 계명들의 준수가 있는 곳에 육체의 정화가 있다. 육체는 영혼을 가리는 구름이며 영혼 이 신적인 빛을 보지 못하도록 하는 구름이다. 그러나 정화가 있는 곳에 조 명이 있다. 조명은 가장 위대한 것들을, 아니 가장 위대한 것을, 즉 모든 위대 함을 뛰어넘는 것을 간구하는 자들의 갈망을 만족시켜준다.

이러한 까닭에 사람은 먼저 자신을 정화시키고, 그런 후에 순수 자체에로 접근해야 한다. 만약 우리가 이스라엘이 경험하였던 바를 겪지 않고자 한다 면 그렇게 하여야 한다. 이스라엘은 모세의 얼굴에서 빛나는 영광을 감당할 수 없었고, 그래서 수건을 요구하였다 …

동일한 말씀이 한편으로는 본성 때문에 자격이 없는 자들에게는 두려운 것이지만, 다른 한편으로는 사랑의 친절 때문에 회심하는 자들에게는 접근 가능한 것이다. 즉, 우리가 지금까지 묘사하였던 바와 같이 회심한 자들에 게, 자신들의 영혼으로부터 부정하고 물질적인 영을 쫓아낸 자들에게, 자기 점검을 통하여 자신들의 영혼을 깨끗하게 하고 장식한 자들에게, 그리고 악 으로부터 벗어날 뿐만 아니라 덕을 실천하고 그리스도께서 자신 안에 완전 히, 또는 적어도 가능한 한 많이 거주하도록 하는 자들에게 접근가능한 것이 다. … [우리가 이것을 행하고] 그래서 지식의 빛으로 우리 자신을 비출 때 에, 그런 후에야 신비 속에 감추어져 있는 하나님의 지혜에 관하여 말하도록 하자. 그리고 다른 이들을 비추도록 하자. 그러는 동안, 우리 자신을 정화시 키고 말씀 안에로 들어가자. 그래서 우리 자신에게 가능한 한 많은 좋은 것 을 행하도록 하자. 즉, 하나님의 형상으로 우리 자신을 형성하고 말씀이 주 어질 때에 받아들이도록 하자. 그를 받아들일 뿐만 아니라, 사실상 그를 꽉 붙들고 또한 그를 다른 이들에게 드러내도록 하자.(39.8-10).[12]

---

12 데일리의 번역 및 각색.

나지안조스의 그레고리오스는 세례후보자들의 요리문답을 완성하고 기독교 교리의 요약을 널리 알리고자 준비하면서, **정화의 특징을 하나의 과정 또는 연속으로, 즉 하나님께로 도덕적 및 영적으로 성장하는 과정 또는 연속으로 묘사한다.** 솔로몬이 말한 것처럼, 하나님에 대한 경외로 계명들을 지킴으로써 사람이 정화되고 신적인 빛으로 조명된다. 이러므로 정화는 성경의 계명들을 따르는 도덕적 개혁에 있다. 그는 「설교 20」에 있는 유명한 구절에서 다음과 같이 표현한다. "여러분이 삶을 사는 방식으로 [하나님께] 나아가라. 왜냐하면 순수한 것은 정화를 통해서 획득될 수 있을 뿐이기 때문이다. 여러분은 언젠가 신학자가 되기를, 즉 신성에 합당한 자가 되기를 원하는가? 계명들을 지키라. 교훈들을 지킴으로써 전진하도록 하라. 기독교적 실천(프락시스, πράξις)은 관상(테오리아, θεωρία)에로 나아가는 디딤돌이기 때문이다"(20.12). 정화는 자신의 삶의 전체적인 수행의 변화 및 자신의 실천의 변화이다. 이것은 하나님에 대한 깊은 지식을 위한 필수적인 기초와 정황이다. 나지안조스의 그레고리오스는 **하나님에 대한 깊은 지식을** "**관상(contemplation)**"이라고 표현한다.

이러므로 정화는 조명으로 나아가는 변화의 과정을 구성하는 두 부분 중 첫 번째에 해당한다. 정화라는 단어가 문자적으로 암시하듯이, **정화는 자신의 삶을 오염시키고 하나님을 알지 못하도록 하는 부정한 요소들을, 즉 자신의 죄와 세상의 부정한 영들을 제거하는 것이다.** 위에서 언급한 「설교 39」에서 나지안조스의 그레고리오스는 더러운 귀신이 본래의 사람에게로 되돌아간 것에 관한 예수님의 이야기의 관점에서 변화의 이중적 운동을 묘사한다(39.8-10; 마 12:43-45; 눅 11:24-26). 참으로 하나님을 알기 위하여 우리는 먼저 영혼으로부터 부정한 세상의 영을 — 설교의 시작부분에서 묘사한 이방의 삶의 양식과 의식들을 특히 가리킨다 — 쫓아내야 한다. 그 대신에 영혼을 덕으로 장식해야 한다. 덕을 통하여 그리스도께서 우리 안에 거주하시기 때문이다. 「설교 20」에서 나지안조스의 그레고리오스는 삭개오의 이야기를 영적으로 해석함으로써 이 이중적 과정을 설명한다(눅 19:1-

10). 삭개오가 예수를 보기 위하여 뽕나무에 올라갔던 것처럼, 우리도 또한 우리 안에 있는 "땅에 있는 지체"(골 3:5)를 죽여야 하고, "우리의 낮은 몸"(빌 3:21)을 버려야 한다. 그래야 우리가 그리스도를 맞이할 수 있고 "오늘 구원이 이 집에 이르렀다"(눅 19:9)고 말씀하시는 그의 음성을 들을 수 있다. 기독교적 금욕을 실천하는 훈련들은 몸과 영혼 모두를 정화하는 데에 도움을 준다.

정화의 활동을 형성하는 구체적인 요소들은 많다. 가장 일반적인 의미로, 그리스도인들은 꾸준한 묵상, 기도, 증언 및 찬양을 통하여 하나님을 생각함으로써(μεμνῆσθαι θεοῦ)(27.4),[13] 그리고 "통회하는 마음과 찬양의 제사로써"(16.2) 정화된다.[14] 당대의 대부분의 목회적 신학자들처럼 나지안조스의 그레고리오스도 또한 정화를 돕기 위하여 더 광범위한 실천들을 추천한다. 즉, 성경적 및 철학적 출처들에 근거하여 경건 및 영적인 훈련의 행동들, 또는 금욕을 추천한다. 이것들은 오리게네스의 영향과 새로 출현하는 수도원 운동을 통하여 상대적으로 표준화되고 있었다. 나지안조스의 그레고리오스에 따르면, 누구든지 이방종교의 이질적인 요소들을 포기하였다면 "신학자 내면을 아름답게 다듬어서 조각상처럼" 되어야 한다.[15] 누구든지 환대, 형제애, 부부애, 순결, 빈민구제, 시편찬송, 철야기도, 참회, 기도, 죽음에 대한 묵상 및 정념의 제어와 같은 실천들을 통하여 죄의 불순물들을 쪼아내야 한다(27.7). 마찬가지로, 나지안조스의 그레고리오스는 세례후보자들이 세례를 준비하면서 자신들을 정화하도록 권고하면서 "철야기도, 금식, 땅바닥에서 잠자기, 기도, 눈물 및 빈민구호"와 같은 실천들을 행할 것을 추천한다. 그러면서 가난한 자들을 위한 관대와 돌봄을 특별히 강조하였다

---

13 다음의 성경구절들을 인용한다. 시 1:2; 수 1:8; 시 55(54):17(18), 34(33):1 (2), 신 6:7. 또한 다음을 참조하라. Or. 39.11: 하나님을 회상하는 것이 축일의 주요한 사항이다; 천상에서는 합당한 자들이 하나님께 찬송하고 찬양한다.

14 참조. 시 50:23, 51:19.

15 나지안조스의 그레고리오스는 플로티노스로부터 이미지를 차용한다. Plotinus, Enn. 1.6.5-9. 이 것은 또한 플라톤을 가리킨다. Plato, Phaedr. 111d. 금욕적 실천들 외에도 플로티노스는 이교적 신비들을 논의한다. 나지안조스의 그레고리오스는 자신을 그것들로부터 거리를 두기를 분명하게 원한다. 참조. Plagnieux, Saint Grégoire, 87-88 n48.

(40.31).[16]

나지안조스의 그레고리오스는 이와 같은 종류의 훈련된 기독교적 실천을 전통적인 용어인 "철학(philosophy)"이라는 말로 전형적으로 가리킨다.[17] 아테나이에 있는 카이사레이아의 바실레이오스와 함께 자신의 시대에 관하여 말하면서, 그는 "철학은 우리의 주요한 목표"이라고 썼다. 이들은 세상으로부터 물러나서 신적인 사랑, 기독교적 덕 및 종말론적 소망의 삶을 실천하였다(43.19-20).[18] 나지안조스의 그레고리오스는 아테나이를 떠나 카파도키아로 돌아온 후에 자신은 "철학을 실천하고 더 고상한 삶을 추구하기로 결심하였다"고 말한다(7.9). 그것은 그의 명성있는 수사학적 기술들을 하나님을 섬기는 데에 사용하는 것을 포함하였다(DVS 270). 「그의 삶에 관하여」를 계속 쓰면서, 그는 기독교 철학이 하나님의 친구로서 보일 뿐만 아니라 실제로 하나님의 친구이라고 묘사한다(DVS 321-324). 그리고 기독교 철학이 가장 충만하게 가능한 의미로서 복음을 살아내는 것이라고 묘사한다.

헬레니즘 시대의 많은 사람들에게서처럼 그에게도 철학은 전적으로 정신적인 훈련인 것만은 아니다. 근대 시대에는 철학이 자주 그렇게 여겨졌었다. 플라톤과 아리스토텔레스에 근거하여 여러 다양한 종류의 헬레니즘 저술가들은 철학이 인간의 전적인 삶의 방식과 관련된 것이라고 여기게 되었다. 특히, 지향성의 철학적 또는 종교적 실천이라고 우리가 일컫는 것으로 여기게 되었다. 앤-마리 말린그레이(Anne-Marie Malingrey)가 보여주었듯이, 유대교 저술가들과 기독교 저술가들은 모두 철학의 언어를 받아들여서 헬레니즘 환경 안에서 자신들의 믿음 체계들과 삶의 양식들을 표현하였

---

16 가난한 자들에 대한 자비의 행동들에 관하여 또한 다음을 참조하라. *Ors.* 6.6; 11.4-5; 14.37; 몸의 부분들과 기능들 각각의 정화에 관해서는 다음을 참조하라. 40.39-40; 43.9; 44.9; *DVS* 1218-1224. 여기에서는 가난한 자들을 돌보고 낯선 자들을 환대하는 것이 가장 먼저 언급된다.

17 철학에 관한 그리스적 개념들과 기독교적 개념들을 나지안조스의 그레고리오스가 변형한 것에 관해서는 다음을 참조하라. Malingrey, "*Philosophia*," 237-262; Pinault, *Le Platonisme*; Asmus, "Gregorius von Nazianz"; Pelikan, *Christianity and Classical Culture*; Elm, "Orthodoxy and the Philosophical Life"; Gautier, *La retraite*, pt. 1; Daley, *Gregory of Nazianzus*, 34-41.

18 참조. *DVS* 261.

다. 그런 후에 나지안조스의 그레고리오스도 클레멘스와 오리게네스로부터, 그리고 아마도 또한 카이사레이아의 에우세비오스로부터 그와 같은 관행을 물려받았다. 물론 성경 및 고대 그리스인들에 대한 자신의 연구와 병행하였다.[19] 예를 들면, 나지안조스의 그레고리오스의 「설교 4-5」는 그 자신이 소크라테스 이전의 철학자들로부터 일부 형태의 신플라톤주의자들까지 대부분의 그리스 철학자들을 알고 있었음을 알려준다. 아마도 그 자신이 직접 플라톤과 아리스토텔레스의 상당한 양을 공부하였고 강의들과 안내서들을 통하여 많이 배웠던 것 같다. 그러나 그리스 철학에 대한 자신의 지식에도 불구하고, 그는 무엇보다도 이교 철학과 기독교 철학을 서로 대조시키는 것에 관심을 가졌다. 그에 따르면, 이교 철학은 "철학이라는 망토와 모습 하에서 진리의 그늘들을 다루지만", 반면에 기독교 철학은 "비록 겉으로는 천하게 보인다고 하더라도 내적으로는 고상하고 하나님께로 나아간다"(25.4). 그는 여러 다양한 헬레니즘 학파들을 호되게 비판한 후에, 모든 사람들의 행복을 위하여 섬기는 자는 그리스도인이며, 그리스도인이야말로 진정으로 "지혜를 사랑하는 자이며 지혜가 부족한 자들과는 반대된다"고 결론을 내린다(25.6-7).

나지안조스의 그레고리오스는 철학이 실천적 차원과 사변적 차원을 모두 포함하며, 또는 실천과 관상을 모두 포함한다고 때때로 말하지만(예를 들면, 4.113), 그는 주로 실천적인 훈련에 초점을 둔다. 즉, 사람이 자신의 지고한 가치들에 비추어 삶을 수행하는 실천적인 훈련에 초점을 둔다. 우리가 위에서 "하나님에 관하여 철학적으로 논하는 것"(27.3)과 관련하여 살펴본 것처럼, 그의 철학은 하나님 및 피조된 존재에 대한 기독교적 이해에 의해 항상 규정된다. 그럼에도 불구하고, 그의 철학은 전형적으로 하나님과의 연합을 위하여 요구되는 자기제어의 실천들과 관련이 있으며, 또한 하

---

[19] 나지안조스의 그레고리오스에게 기독교적 플라톤주의의 가능성들을 소개하는 데에는 클레멘스와 오리게네스의 알렉산드레이아 전통이 중요한 역할을 하였다. 참조. Pinault, *Le Platonisme*; Moreschini, "Nuove Considerationе," 214-218. 오리게네스가 플라톤을 비판적으로 이용한 것에 관해서는 다음의 세밀한 연구를 참조하라. Mark Edwards, *Origen Against Plato*.

나님 지식에 의해 영감을 받은 삶의 실천적 방식과 관련이 있다.[20]

기독교 철학자에 대한 그의 가장 광범위한 묘사는 「설교 25-26」에 나오는데, 악명 높은 막시모스 사건 전후로 그가 행하였던 설교들이다. 막시모스가 콘스탄티누폴리스를 떠나 알렉산드레이아로 돌아가고자 막 준비하고 있을 때에, 나지안조스의 그레고리오스는 첫 번째 설교에서 이 이집트 신학자를 탁월한 기독교 철학자로 묘사한다. 알렉산드레이아인들로부터 지지를 얻고자 하는 약간의 바램으로 그는 막시모스가 모든 실천적 및 이론적 덕을 숙달한 것에 대해 칭찬을 아끼지 않았음이 분명하다. 즉, 그의 견유학파적 옷차림, 가난함, 솔직한 연설(παρρησία), 선(善)에 대한 옹호, 다른 사람들의 도덕적 발전에 대한 돌봄(25.2,7), 사치와 부와 권력의 거부, 정념의 제어, 물질에 대한 무심함, 영원한 세계에 대한 고수(25.4)와 같은 것에 대해 칭찬을 아끼지 않았다. 자격을 갖춘 기독교 철학자로서 막시모스는 또한 삼위일체에 관한 정통신앙을 옹호함으로써(25.3), 그리고 개인적인 고독과 공적인 섬김을 병행한 삶을 실천함으로써 진리를 위해 싸웠다(25.4-6). 마지막으로, 나지안조스의 그레고리오스는 막시모스가 삼위일체 신앙을 위하여 고난과 유배를 당하였음을 특별히 언급하고, 자신의 삼위일체 교리의 요약본을 그에게 맡긴다(25.13-19).

막시모스가 콘스탄티누폴리스의 권좌를 차지하려고 시도함으로써 나지안조스의 그레고리오스를 공격한 후에,[21] 나지안조스의 그레고리오스는 「설교 26」에서 철학자에 관하여 훨씬 더 분명하게 묘사한다. 그에 따르면, 기독교 철학자는 어느 사회적 계층에 속할 수 있고(26.10), 또한 그리스도께서 세상의 구원을 위하여 더 악한 것을 당하셨음을 아는 지식과 함께, 자기 절제, 솔직한 연설, 구제, 철야기도, 금식, 단순성, 인내, 기도 및 비폭력을 실천함으로써 자신의 삶을 유덕한 삶으로 만든다(26.11-12). 유혹 속에서도 그러한 사람은 그리스도인이 예배하는 거대한 반석에 합당한 하나의 바위

---

20 Daley, *Gregory of Nazianzus*, 37.
21 (사후에서야 분명해졌지만) 막시모스의 가짜 철학에 관해서는 또한 다음을 참조하라. *DVS* 758, 1030.

가 되며, 고통들을 통하여 위상이 커가고 역경을 통하여 영광을 얻는다 (26.8-10). 요약하면,

> 철학보다 더 확고하고 더 견고한 것은 없다! 철학자가 무너지기 전에 다른 모든 것이 무너진다. 욥이 말하듯이, 철학자는 속박에서 벗어나서 자유로운 사막의 들나귀이다(참조. 욥 39:5-12). … 간단히 요약하면 다음과 같다. 우리의 통제를 벗어나는 것이 두 가지가 있는데, 바로 하나님과 천사이다. 그리고 세 번째로는 철학자이다. 철학자는 물질 안에 있지만 비물질적이고, 몸 안에 있지만 한계가 없으며, 지상에 있지만 천상적이고, 고통들 한 가운데에서도 고통을 느끼지 않으며, 자신의 생각들(φρόνημα) 외의 모든 것들에서 지지만, 단순히 짐으로써 철학자를 이겼다고 생각하는 자들을 이기는 자이다 (26.13)[22]

철학적 삶에 관한 나지안조스의 그레고리오스의 이상이 금욕적으로 보일 수 있지만, 이 구절들을 지나치게 단순화하여 해석하는 것에는 조심해야 한다. 나지안조스의 그레고리오스 자신의 금욕적 실천은 마크리나 및 바실레이오스의 더욱 공격적인 시도들, 당대의 카파도키아 수도사들의 극단적인 요소, 또는 이집트 사막의 수도사들에 비교하면 사실 온건하였다.[23] 예를 들면, 그가 동정(童貞)을 격찬하지만, 또한 부부애의 선함을 최고로 칭찬한다(Carm. 1.2.1.189-526). 그리고 육체의 순결보다는 영적인 순결의 가치를 더 강조한다(37.9-11, 17). 오리게네스의 영성뿐만 아니라 그리스-로마 귀족사회의 전통적인 철학적 여가(otium)를 반영하는 용어들로 나지안조스의 그레고리오스는 성경연구와 묵상의 실천을 무엇보다도 옹호한다.[24] 관상적인 고독과 교회에서의 공적인 참여 사이의 경쟁적인 요구들을 그가 절

---

22 데일리의 번역 및 각색. 철학(φιλοσοφία)과 그 동족어가 사용된 400회 이상의 예들 중에서 또한 다음을 참조하라. Ors. 2.7, 103; 7.1, 15; 10.1; 27.7; 37.14; 43.2; 44.9; Ep. 119.

23 Bouyer, Spirituality, 342.

24 McGuckin, St. Gregory, 28, 72, 87-99, 149, 172, 205, 335-336. 또한 다음을 참조하라. Daley, Gregory of Nazianzus, 40.

충하하고자 하였지만, 해결할 수 없는 불행한 긴장이 있었다고 전통적으로 해석되어 왔다. 이러한 긴장이 평생 따라다니면서 그로 하여금 동시대인들 사이에서 허둥대도록 하였고, 그리하여 카이사레이아의 바실레이오스의 영웅적 성직자의 모습과 니사의 그레고리오스의 형이상학적 천재성의 모습에 비하여 그의 모습이 무색하여지도록 하였다.[25] 그러나 나지안조스의 그레고리오스가 우리에게 솔직하게 말하는 바에 따르면, 자신은 의식적으로 ─ 우리가 추가한다면 오히려 성공적으로 ─ "중도(middle way)"를 선택하였다. 즉, 개인적 관상적 물러섬과 교회 및 사회를 위한 공적 섬김 사이에서 "중도"를 선택하였다.[26] 그리고 그는 잘 계발된 내면적 삶과 다른 사람들에 대한 헌신된 섬김을 모두 병행하는 것이 기독교 복음에 가장 적합한 삶이며 감독들에게는 이상적인 형태의 삶이라고 주장한다. 그의 중도적이며 학문적인 금욕주의로 인하여 그는 도시형태의 비잔틴 수도원 생활의 주요한 선구자가 되었다. 그래서 영향력에서 카이사레이아의 바실레이오스와 대등하였다. (서로 다른 점들 중) 바로 이러한 점에서 나지안조스의 그레고리오스가 자신을 카파도키아 동시대인 두 사람 중 어느 누구보다도 오리게네스의 더 충실한 제자임을 보여주었다.[27]

나지안조스의 그레고리오스의 정화 교리의 언어가, 그리고 어느 정도로는 그것의 종교적 정신이 플라톤으로부터 기원하는 오랜 철학적 전통을 환기시켜 준다고 오랫동안 인정되어 왔다.[28] 사람이 순수하신 하나님께 도달하기 위해서 자신을 정화시켜야 한다는 원리를 나지안조스의 그레고리

25 여기에 관한 고전적 연구는 다음과 같다. Otis, "The Throne and the Mountain." 또한 다음을 참조하라. Winslow, Dynamics of Salvation.

26 참조. 예를 들면, Ors. 14. 4; 12. 4; DVS 300-311. 수도원적 물러섬과 목회적 섬김을 나지안조스의 그레고리오스가 결합한 것에 관해서는 다음을 참조하라. Gautier, La retraite. 또한 본서 V장과 엘름의 분석도 참조하라. 엘름은 그의 공적인 지도력을 그리스적 정치적 수사학의 전통적인 용어들로 설득력 있게 분석하였다. Elm, "Inventing the 'Father of the Church.'."

27 참조. Moreschini, Filosofia e letteratura, 111-112.

28 플라톤적 전통을 나지안조스의 그레고리오스가 사용한 것에 관해서는 다음을 참조하라. Dräseke, "Neuplatonisches"; Gottwald, De Gregorio Nazianzeno Platonico; Pinault, Le Platonisme; Moreschini, "Il Platonismo Cristiano"; Filosofia e letteratura, 22-60; Plagnieux, Saint Grégoire. 더 광범위한 고전적 그리스 철학에 관해서는 다음을 참조하라. Pinault, Le Platonisme; Norris, Faith Gives Fullness.

오스가 자주 반복하였다.[29] 이 원리는 플라톤의 『파이돈』(Phaedo)의 전반부를 분명하게 반향시켜 준다.[30] 이 작품에 나오는 소크라테스의 정화 교리는 이후의 헬레니즘 전통들에서 광범위하게 영향을 끼쳤으며, 아마도 나지안조스의 그레고리오스가 또한 읽었던 신플라톤주의자 플로티노스는 변형된 플라톤적 정화 교리를 대중화하였다.[31] 이와 같은 유사점들로 인하여 나지안조스의 그레고리오스의 저작 안에는 성경적 기독교보다는 플라톤적 교리가 우세하다고 학자들이 종종 성급하게 가정하여 왔다. 이들은 양자 사이의 순수성과 비교불가능성에 관한 어떤 현대적 이론들에 근거하여 그렇게 가정하여 왔다. 플라톤과 플로티노스가 순수한 신(the pure God) 또는 일자(the One)는 오직 순수한 인식자들에 의해서만 알려진다고 가르쳤음이 확실하지만, 이와 유사한 사상들이 또한 성경에도 나타난다. 신약에서 다만 두 가지 예들을 들자면, 요한일서에서는 그리스도가 나타나시면 신자들이 그와 같을 것이며 "그의 참모습 그대로 볼 것이기 때문이니 주를 향하여 이 소망을 가진 자마다 그의 깨끗하심(순수하심)과 같이 자기를 깨끗하게 하느니라(정화시켜야 한다)"(요일 3:2-3)고 말씀한다.[32] 더 유명한 예로는 마태복음의 산상수훈에서 예수님이 "마음이 청결한(순수한) 자는 복이 있나니 그들이 하나님을 볼 것임이요"(마 5:8)라고 선언하신다. 나지안조스의 그레고리오스는 많은 구절들에서 정화의 성경적인 의미를 알려 준다. 예를 들면, 초기의 감독 설교에서 그는 다음과 같이 쓴다.

"육과 영의 온갖 더러운 것에서" 우리 자신을 자유롭게 하자[신약본문에서는 "우리 자신을 깨끗하게 하자(καθαρίσωμεν)"고 되어 있다](고후 7:1). 우리가 씻으며 정결하도록 하자(καθαροί)(사 1:16). 우리 자신의 "몸"과 영혼을 "하나

---

29 참조. Ors. 2.39, 71; 17.12; 18.3; 20.4, 12; 27.3; 30.20; 39.9.

30 예를 들면, Phaed. 67b: "순수하지 않은 자가 순수한 것을 만지는 것은 금지되어 있다."; 69c: "자기절제이든 온전성이든 용기이든 참된 도덕적 이상은 진정으로 모든 감정들로부터의 일종의 정화이다. 그리고 지혜 자체는 일종의 정화이다."

31 예를 들면, Enn. 1.2.7: "모든 덕은 정화이다."

32 또는 "하나님께서 계시될 때" (ἐὰν φανερωθῇ).

님이 기뻐하시는 거룩한 산 제물로" 드리자. "이는 [우리의] 영적 예배"이며 간구이다(롬 12:1). 순수하신 분(ὁ καθαρός)에게 순수성과 정화(καθαρότης καὶ κάθαρσις)보다 더 귀중한 것은 없기 때문이다.(11.4)

참으로, 정화 및 정결이라는 언어는 70인경과 신약 모두에서 상당히 많이 통용되고 있다.[33]

여러 학자들은 나지안조스의 그레고리오스의 정화 교리와 플라톤 및 플로티노스의 정화 교리들을 세밀하게 비교하여 왔고 — 비록 성경의 자료를 고려하지는 않았다고 하더라도 — 여러 견해들을 제시하여 왔다.[34] 그러나 나지안조스의 그레고리오스의 저작을 해석하기 위해서는 그의 교리가 처한 직접적인 정황과 목적에 주의 깊게 관심을 기울여야 한다. 단지 다양한 자료들로부터 언어적 유사점들을 모으는 것으로는 부족하다. 이러한 목적을 위하여 381년 1월의 주현절 설교들에 다시 관심을 기울이고자 한다. 클라우디오 모레쉬니(Claudio Moreschini)가 말하였듯이, 문체가 아름답고 교리적으로 풍부한 이 설교들에서 나지안조스의 그레고리오스는 자신이 믿기에 여전히 대체적으로 이교적인 문화에 기독교적 계시를 전달하기 위하여 수사학적 및 예술적 로고스(logos)를 제시한다.[35] 그래서 세 편의 설교들 각각이 이교적 의식들과 행동의 사악함에 관한 논의로부터 시작하며, 또한 설교를 듣는 자들이 그것들을 포기하고(또는 그것들을 포기한 것을 재확인하고) 그 대신에 기독교적 삶을 받아들이라는 충고한다(38.4-5; 39.1-7; 40.3-4).[36] 정확히 나지안조스의 그레고리오스가 정화에 관하여 가장 분명

---

33 주로 다음과 같은 형태로 나타난다. καθαρίζειν/καθαρός 및 ἁγνίζειν/ἁγνός (부정적인 표현으로는 ἀκαθαρσία/ἀκάθαρτός). 그리고 거룩과 연관되는 용어들에서 더 자주 나타난다. 70인경에서 이러한 사상은 처음에는 의식상의 순수성과 불순성에 대한 관심에 근거한다. 모세의 율법에 규정되어 있는 바와 같다. 이후에는 이러한 사상이 도덕적 및 영적 용어들로서 여겨진다. 참조. 예를 들면, 창 7:2, 8; 레 7:19-21; 11-15; 민 18-19; 신 12:15, 22; 14-15; 시 24[23]:4; 51[50]; 73[72]:1; 욥 16:17; 33:3; 사 6:5; 35.8; 겔 39:24. 후자의 의미가 신약에서 우세하다. 참조. 예를 들면, 마 23:26: "눈먼 바리새인이여! 먼저 잔의 안쪽을 깨끗하게 하라. 그러면 바깥쪽도 또한 깨끗해질 것이다."; 히 9:14: "그리스도의 피가 …… 죽은 행실들로부터 우리의 양심을 정화시킨다. 이는 우리가 살아계신 하나님을 예배하도록 하기 위함이다"; 행 15:9; 고후 7:1; 딤후 2:21.

34 가장 최근의 학자들은 다음과 같다. Pinault, Plagnieux, Moreschini, Norris, Sykes.

35 Moreschini, SC 358, 22-23.

하게 진술하는 곳에서 그러한 대조가 가장 분명해진다는 점은 의미심장하다(39.8-10, 앞에서 인용됨). 더욱이, 그가 사람들이 종종 행하는 것처럼(40.11-40) 세례 받는 것을 연기하지 말아야 한다고 끈질기게 및 오히려 장황하게 권고하였다는 점은 그가 콘스탄티누폴리스라는 사회가, 비록 겉보기에는 기독교적으로 보인다고 할지라도, 여전히 많은 점들에서 회심하지 않은 문화라고 이해하고 있음을 추가적으로 알려준다.[37]

그래서 그는 「거룩한 빛들에 관하여」의 시작부분에서 다음과 같은 용어들로 그리스도의 세례를 묘사한다.

> 다시 말해서 나의 예수님, 그리고 또한 신비(mytery): 기만적이지도 않고 무질서하지도 않고, 그리스의 오류 또는 술취함에 속하지도 않는다 ― 왜냐하면 나는 그들의 의식절차를 그렇게 부르며, 내 생각에 건전한 양식을 지닌 모든 사람도 그렇게 할 것이기 때문이다 ― 그러나 신비는 고귀하고 신적이며, 위의 영광과 연합되어 있다. 우리가 도달하였고 오늘 기념하고 있고 빛들의 거룩한 날의 기원이 나의 그리스도의 세례에 있기 때문이다. 나의 그리스도는 참 빛으로서 세상에 온 모든 사람을 비춘다(요 1:9). 참 빛이 나의 정화를 일으킨다. 그리고 우리가 처음에 위로부터 그에게서 받았지만 죄로써 어둡게 하였고 혼란스럽게 하였던 빛을 참 빛이 돕는다.(39.1).

나지안조스의 그레고리오스는 기독교 신비의 기본 목적이 타락한 인간성의 회심임을 강조한다. 타락한 인간성이 4세기말 콘스탄티누폴리스의 계속된 이교숭배와 도덕적 악행들에 의하여 터무니없는 방식으로 드러나고 있다고 그는 믿는다. 우리가 회상하는 바와 같이, 그는 자신의 이전 학우인 율리아누스가 기독교 지성인들을 학문의 중심들로부터 추방하고 이교적 종교의식들을 회복한 것을 공포에 휩싸여 목격하였다. 더욱이, 율리아

---

36 나지안조스의 그레고리오스는 이교 종교의 악들을 아주 상세하게 통렬히 비난한다. *Ors.* 4-5.
37 Moreschini, *SC* 358, 33. 이러한 점과 연관하여 참회에 관한 나지안조스의 그레고리오스의 논의를 또한 참조하라. *Or.* 39.17-19.

누스 자신이 예시하듯이, 신플라톤주의 철학자들은 이교 신들에게 드리는 종교의식적 제사들에 정기적으로 참여하였다.[38] 그러므로 설교를 듣는 자들에게 자신들을 정화하라고 말하면서 나지안조스의 그레고리오스는 우선적으로 그들이 이교 문화 안에 전형화된 죄와 어두움으로부터 돌이키도록 권고하고, 또한 예수 그리스도 안에서 제공되고 있는 신적인 삶으로 회심하도록 권고한다. 첫 번째 「신학적 설교」에서 나지안조스의 그레고리오스는 정념들과 허구적 신들을 섬기는 이교 예배는 기독교적 가르침에 해로우며 기독교 신학의 주제에 완전히 이질적인(ἀλλότριος) 관점이라고 강력하게 주장한다(27.6-7).

회심에 관한 이러한 더 큰 의도를 고려하면, 우리는 다음과 같은 점에 대해서도 추가적으로 주목할 수 있다. 즉, 최고로 교육을 받은 그리스인으로서 나지안조스의 그레고리오스는 플라톤적 정화(카타르시스, *katharsis*)가 어떤 스토아학파의 이상과 견유학파의 이상과 결합하여 여전히 콘스탄티누폴리스의 지성인들 안에서 공통적으로 통용된 영적인 모습의 일부이라는 점을 잘 알고 있었다. 플라니외(Plagnieux)가 진술하듯이, 이러한 주제들이 어떤 시대 전체의 철학을 그 용어보다 훨씬 더 많이 신비적으로 반영하고 환기시켜 준다. 즉, 철학자가 영적인 삶과 종교적 철학을 전달하는 어떤 시대 전체의 철학을 환기시켜 준다.[39] 군중은 신비 종교들을 원하였던 반면에, 이방 지성인들은 자유로움을 주는 고행을 통하여 관상과 신성화에 도달하기 위하여 철학을 사용하였다. 비록 이방 지성인들이 그의 유일한 청중은 아니라고 하더라도, 나지안조스의 그레고리오스는 자신의 귀족 동료들을 회심시키고자 의도한 것이 확실하다. 수도에 있는 교회를 지지하는 데에서의 이들의 핵심적인 중요성에 그는 주목하였다. 자신의 저작의 많은 부분에서처럼 정화 교리에서 나지안조스의 그레고리오스는 기독교 복음을 전달하기 위하여 근본적으로 성경적인 사상을 헬레니즘 전통들과 접촉

---

38 Daley, *Gregory of Nazianzus*, 6-7.
39 Plagnieux, *Saint Grégoire*, 90-92. 유사한 접근에 관해서 또한 다음을 참조하라. Hadot.

하도록 하였다. 이를 통하여 그는 동시대인들을 회심시키고자 하였고, 또한 그리스도인들이 거룩함에서 성장하도록 영감을 주고자 하였다. 그럼으로써, 존 맥거킨(John McGuckin)이 주장하듯이, 선교적 목적들을 위하여 기독교 헬레니즘(Christian Hellenism)을 창안하였다.[40]

앙리 피노(Henri Pinault)와 모레쉬니(Moreschini)는 나지안조스의 그레고리오스가 플라톤을 사용한 것은 대부분의 측면들에서 클레멘스와 오리게네스의 알렉산드레이아 기독교 전통의 선례를 따른다고 지적하였다.[41] 비록 나지안조스의 그레고리오스가 플라톤을 직접적으로 알았더라고 하더라도, 자신의 기독교적 기획을 위하여 어떤 플라톤적인 주제들을 변용할 때에 그는 알렉산드레이아인들에 의하여, 누구보다도 오리게네스에 의하여 인도를 받았다. 클레멘스와 오리게네스처럼 그는 그리스 문화의 최상적인 것을 기독교적 목적들을 위하여 보존하고 변형하고자 한다. 훨씬 더 집중된 의도를 가지고서 그렇게 하고자 한다. 루이 부이어(Louis Bouyer)는 카파도키아의 세 교부들 모두에 관하여 말하면서 그와 같은 현상을 잘 요약하여 준다.

> 한편으로, 그들은 그리스화되고 있는 그리스도인들 중에서 이전의 어떤 사람들보다 더 엄격하게 하나님의 말씀을 충실하게 따랐다 ―그러므로 기독교에 의해 동화될 수 없는 그리스 개념들에 대해서 그들은 명민하게 비판하였다. 다른 한편으로, 그들은 분리된 사상들만이 아니라 참으로 삶으로 경험한 인문주의를 다시 그리스로부터 가져와서 아주 본질적으로 기독교적인 영성 안으로 통합시키고자 하였다.[42]

평생 동안 나지안조스의 그레고리오스는 (철학적 관심사들과 관련된) 그리스 수사학을 그리스도를 섬기는 데에 사용하는 것을 목표로 삼았다. 그

---

40 McGuckin, *St. Gregory*, 75.

41 Pinault, *Le Platonisme*; Moreschini, "Nuove Considerazione."

42 Bouyer, *Spirituality*, 338.

가 복음과 그리스 고전 문헌들을 밀접하게 접촉시키면서도 동시에 복음에 아주 열렬하게 헌신할 수 있었던 사실이 어떤 근대적 감수성을 지닌 자들에게는 모순적으로 보일 수도 있고, 심지어 신앙의 오염으로도 보일 수 있다. 그러나 이러한 판단은 초기 기독교의 본질과 관련이 있기보다는 서양의 철학, 조직신학 및 교회론에서의 근대적 발전들과 더 많은 관련이 있다. 루이스 에이레스(Lewis Ayres)가 말하듯이, 친(親)니카이아 신학을 이해하는 데에 방해가 되는 가장 큰 장애물들 중의 하나는 철학의 본질과 성경의 올바른 사용에 관한 가정들을 의문시하는 근대의 만연되어 있는 교묘한 전략이다. 따라서, 초기 그대로의 "성경적" 기독교는 자립적이고 자족적인 철학적 체계들에 의해서 위협을 받는 것으로 보여진다. 그러한 철학적 체계들이 성경적 기독교를 부패시키거나 압도하기 쉽기 때문이다.[43] 그러므로 이러한 근대적 견해에 따르면, 나지안조스의 그레고리오스가 자신의 교리의 사도적 특성을 자동적으로 타협함이 없이 철학적 전통들의 요소들을 선택적 및 변용적 방식으로 — 다시 말해, 주로 기독교적 설득과 회심의 목적을 위하여 — 사용할 수 있었다는 점이 불가능한 것처럼 보인다. 그러나, 여러 훌륭한 학자들이 입증하였듯이, 이것이 정확하게 바로 나지안조스의 그레고리오스가 행하였던 바이다.[44]

나지안조스의 그레고리오스가 플라톤적 전통을 사용하는 것과 관련하여 의문시되었던 하나의 특정한 문제는 정화의 과정에서 인간 몸의 위치에 관해서이다. 어떤 구절들에서 그는 정화는 몸으로부터 영혼의 도피를 수반한다는 희화화된 플라톤적 견해를 지니고 있는 것처럼 보인다. 그 결과로 몸이 폄하되고 새롭게 된 기독교적 존재에서는 몸이 어떤 위치도 보유하지

---

43 Ayres, *Nicaea*, 390-392.
44 특히 피노와 플라니외가 입증하였다; 참조. Gregg, *Consolation Philosophy*, 197-198. 그러나 모레쉬니의 판단도 참조하라. 그는 나지안조스의 그레고리오스가 기독교 교리를 위하여 플라톤 철학을 사용한다기보다는 플라톤 철학의 한계들 내에서 기독교 교리를 재해석한다고 판단한다. Moreshini, "Il Platonismo Cristiano"; "Lumière et Purification" 그리고 "Le Platonisme Chrétien"(*SC* 358, 62-81), 특히 70-71. 마찬가지로, 엘름도 본질적으로 나지안조스의 그레고리오스가 이교들과 이단들을 올바른 플라톤적 우주론에로 회심시키고자 목표하였다고 주장한다. 경쟁하는 중기 플라톤적 체계와 신플라톤적 체계 사이에서 계속 진행되는 논쟁의 일부로서 성경이 플라톤적 우주론에로 맞춰진다. "Inscriptions and Conversions," 3-4, 15-16, 20-24.

못한다는 견해를 가진 것처럼 보인다. 이 점과 관련하여 종종 인용되는 본문은 자신의 형제를 위한 장례 설교에서 나온 것이다.[45]

> 나는 현자의 말씀들을 믿는다. 즉, 하나님의 사랑을 받는 모든 아름다운 영혼이 몸의 속박으로부터 자유롭게 될 때 여기로부터 떠난다. 그리고 영혼을 기다리는 복들을 즉시로 느끼고 지각하는 것을 누린다. 영혼을 어둡게 하였던 것이 씻어 없어지거나 포기되거나 할 정도이다(나는 달리 어떻게 표현할지를 모른다). 그리고 영혼은 놀라운 즐거움과 열광을 느끼고, 주님을 만나기 위하여 기뻐하며 나아간다. 왜냐하면 여기에서의 삶의 슬픈 독으로부터 소위 도피하였으며 영혼을 속박하고 정신의 날개들을 억압하였던 족쇄들을 떨쳐버렸기 때문이다. 그리고 영혼은 현재에서도 지복에 관하여 어떤 개념을 지니고 있지만, 이제 영혼은 자신을 위하여 기다리고 있는 지복을 향유하는 것에로 들어간다.(7.21)

표면적으로는 그레고리오스가 정화에 관한 플라톤적 견해를 아무런 의심이 없이 받아들이는 것처럼 보인다("현자의 말씀들"은 플로티노스를 가리킨다).[46] 그리고 문자적으로 정화를 영혼을 감금하고 어둡게 하는 몸으로부터 영혼이 도피하는 것으로 정의하는 것처럼 보인다.

그러나 여기에서 다시 그의 수사학적 상황과 교리적 의제를 고려하면 주목할 것이 더 많이 있다. 그의 형제 카이사리오스는 황제 궁정에서 의사로, 그리고 이후에는 비티니아에서 재무관으로 활동하였다. 그래서 회중에는 고위직 관리들이 있었을 것이라고 생각할 수 있다. 그들에게는 그리스의 전통적인 위안의 철학이 바로 이와 같은 때에 어떤 의미를 지닐 것이었다. 더욱이, 장례설교에서 나지안조스의 그레고리오스는 이중적인 목회적 과제를 가진다. 한편으로는 생존자들을 위로하기 위하여 죽은 자들의 천상

---

45 참조. 예를 들면, Pinault, *Le Platonisme*, 121-125; Moreschini, *SC* 358, 67, on 7.17. 이것은 동일한 설교에서 더 앞에 나온다.

46 *Enn.* 1.2; 1.6.9; 6.9.9 그리고 여러 곳.

에서의 삶에 초점을 두는 것이며, 다른 한편으로는 동시에 청중의 슬픔을 공감하기 위하여 이미 일어난 죽음과 또한 죽음이 초래하는 모든 인간의 필멸성을 진지하게 고려하는 것이다. 정화에 관한, 그리고 몸의 속박으로 부터의 영혼의 해방에 관한 소크라테스의 가르침은 아마도 그러한 위안의 문학의 가장 유명한 예이다.[47] 그리고 소크라테스의 가르침은 이러한 두 목적들 모두에 잘 들어맞는다. 그래서 카파도키아의 세 교부들 모두가 소크라테스의 가르침을 자주 활용한다.[48] 더욱이, 성경 안에 비슷한 사상들이 발견되는 점을 고려하면 나지안조스의 그레고리오스와 다른 기독교 설교가들이 이러한 자료를 사용하는 것은 전혀 놀라운 일이 아니다. 예를 들면, 바울이 "내가 … 세상을 떠나서 그리스도와 함께 있는 것이 훨씬 더 좋은 일이라. 그렇게 하고 싶으나 내가 육신으로 있는 것이 너희를 위하여 더 유익하리라"(빌 1:23하반절-24)고 말하였는데, 이 구절을 카이사레이아의 바실레이오스와 나지안조스의 그레고리오스가 모두 플라톤적 자료와 연결하여 인용한다.[49]

몸과 친근한 성경적 교리와 몸에 반대하는 그리스 철학을 대조하는 것은 약간 상투적인 일이 되었다. 그러한 대조는 인위적인 근대의 구분들을 거듭 반영한다. 그리고 이 경우에는 매우 지나친 단순화의 구분이다. 그러나 몸에 관하여 및 몸과 영혼의 관계에 관하여 나지안조스의 그레고리오스가 가진 견해는 이러한 단순한 대조가 허용하는 것보다 오히려 더 복잡하다. 가장 기본적인 수준에서 나지안조스의 그레고리오스는 대부분의 초기 그리스도인들처럼 영혼이 몸보다 하나님에게 더 가깝다고 간주한다. 이러

---

47 Gregg, *Consolation Philosophy*, 9.

48 기독교 장례 설교들에서 계속 반복되어 나타나는 비슷한 주제들 외에도 그러하다. 바실레이오스의 「젊은이들에게」(*To Young Men*)에 따르면, 플라톤과 바울은 "몸이 덕의 추구를 위하여서만 유익하다"는 점에 일치한다(*Adolesc.* 12). 플라톤을 반향하면서(*Phaed.* 64a) 나지안조스의 그레고리오스는 필라그리오스에게 "내생을 위하여 살도록, 그리고 이생이 죽음을 위한 준비가 되도록" 격려한다. "왜냐하면 플라톤이 말하였듯이 영혼은 몸으로부터, 또는 감옥으로부터 풀려날 것이기 때문이다"(*Ep.* 31. 4). 또한 다음을 참조하라. Gregg, *Consolation Philosophy*, 126, 198-199.

49 바실레이오스는 빌립보서의 구절을 언급한다. *Ep.* 29 그리고 *Ep.* 76. 나지안조스의 그레고리오스는 이 구절을 플라톤의 예비 주제(*Phaed.* 64a)와 결합한다. 또한 다음을 참조하라. Gregg, *Consolation Philosophy*, 199 n2.

한 입장은 몸이 본질적으로 악하거나 또는 영혼이 자연적으로 선하기 때문이 아니다. 오히려 이러한 입장은 대부분의 전근대인들이 자명하다고 여기는 바를 반영한다. 즉, 사물들에 의미와 궁극적 가치를 부여하고, 선택을 결정하며, 믿음과 소망과 하나님의 사랑을 지니는 것은 영혼이라는 점을 반영한다. 이러한 의미로 영혼은 의지하는 자아 또는 인간 주체와 실제적으로 동의어이다. 반면에 몸은 인간 주체의 이차적인 부분이며 심지어 대상으로 보일 수 있다. 비록 인간이 필연적으로 몸과 영혼으로 구성되어 있는 것이 동등하게 사실이기는 하더라도, 나는 몸을 "가지고" 있지만 반면에 나는 나의 영혼 "이다"라고 말하는 것이 더 자연스러운 것처럼 보인다. 그래서 나지안조스의 그레고리오스는 하나님의 인간적 형상이 정확히 말하면 영혼이라고 여긴다. 그렇지만 그는 영혼이 몸 없이 존재할 수 있거나 또는 몸이 악하다는 점을 암시하지 않는다.

몸에 대한 영혼의 우월성은 나지안조스의 그레고리오스에게는 하나님의 창조활동의 결과이다. 하나님은 먼저 천사들로 이루어진 지성세계를 창조하였다. 지성세계는 본성적으로 하나님과 더 가깝다. 그런 다음에 하나님은 두 번째 세계, 즉 땅과 하늘의 물질세계를 창조하셨다. 물질세계는 비록 또한 선하기는 하지만 본성적으로 하나님과 덜 유사하다. 마지막으로, 하나님은 물질세계로부터 몸을 만드시고, 여기에 자신의 숨, 즉 영(즉, 지성적 영혼과 하나님의 형상)을 주셨다. 이렇게 하여 인간존재가 소위 대립되는 것들의 혼합체가 되도록 만드셨다.

> 또 다른 종류의 천사이며, 혼합된 예배자이고, 가시적 창조세계의 관중이면서 지성세계로 들어가는 자이고, 지상에서는 모든 것들의 왕이지만 위로부터 다스림을 받는 자이며, 지상적이면서 천상적이고, 시간에 종속되지만 불멸하며, 가시적이면서도 인식할 수 있는 자이고, 위대함과 미천함 사이 중간 어딘가에 위치한 존재이다.(38.11)[50]

나지안조스의 그레고리오스는 창조의 각 순서가 선하며 각자의 방식대로 하나님을 영화롭게 한다는 점에 주목한다. 그리고 인간의 행위, 덕, 자유는 영혼에 속하는데, 우리의 몸의 차원 자체를 초월하는 방식으로 영혼에 속한다(26.13). 그럼으로써 영혼을 몸보다 더 가치있는 것으로 만든다.

이러한 견해는 성경에 관한 및 인간의 경험에 관한 나지안조스의 그레고리오스의 이해에 의하여 여러 방식들로 강화된다. 마음을 불편하게 하겠지만 경험적 진실로 보자면, 몸은 지성적 또는 영적 존재보다 덜 직접적으로 통제가능한 것으로 드러난다.[51] 많은 경우들에서 몸은 사람의 뜻을 성취하는 데에 장애물로 경험되고, 그래서 적절하게 지도를 받고 제어를 받아야 한다. 신체의 질병들 중에서도 덕의 진보가 가능하지만 — 그리고 신체의 질병들에 의하여 심지어 도움을 받을 수 있지만, 나지안조스의 그레고리오스는 다음과 같은 점에 주목하는 버릇이 있다(Carm. 2.1.14) — 몸은 어느 정도로 반응한다고 하더라도 똑같은 방식으로 덕의 진보에 자동적으로 반응하지 않는다. 이것을 보여주는 가장 분명한 예는 신체적 병이다. 신체적 병은 사람의 도덕적 상태와는 별개로 종종 나타난다.

「가난한 자들을 사랑함에 관하여」(On the Love of the Poor)라는 설교에서 나지안조스의 그레고리오스는 "몸의 병은 자신의 의지와는 상관없이 나타나지만, 그러나 [영혼의 병은] 우리의 신중한 선택의 결과이다"라고 썼다(14.18).[52] 마찬가지 방식들로, 몸의 존재는 억압적인 것으로 보여질 수 있으며, 때때로 합당한 이상으로 훨씬 더 많은 골칫거리로 보여질 수 있다. 자전적 시(詩)들에서 나지안조스의 그레고리오스는 종종 육체적 존재의 우여곡절에 관하여 한탄한다.[53] 바로 이러한 문맥에서 — 카이사레이아의 가난한 자들, 노숙자들 및 한센병자들의 비참한 곤경 — 나지안조스의 그레고

---

50 데일리의 번역. 참조. Ors. 2.17; 7.23; Richard, Cosmologie et théologie. 이 구절은 나지안조스의 그레고리오스의 수사학적 감수성이 자신의 신학적 교리와 어떻게 함께 엮어지는지를 보여주는 좋은 예가 된다. 정신과 몸을 "반대되는 것들"로 해석하면서 논쟁적인 효과를 드러내기 위하여 그는 전통적인 형태의 대립을 이용하고 있다. 그러나 그는 그것들이 존재론적, 우주론적 또는 도덕적 반대들이라고 제안하지 않는다. 이러한 입장은 희화화된 영지주의적 또는 마니교적 견해일 뿐이다. 아타나시오스의 비슷한 진술을 참조하라. 그는 그리스도의 몸은 몸 안에 있는 말씀에 대해 "본질적으로 이질적"이라고 진술한다(Ep. Epict. 8).

51 그리스도의 은혜가 영혼을 죄로부터 구속한다고 가정한다.

52 빈슨의 번역.

리오스는 몸에 관하여 가장 폄하하는 일부 발언들을 한다(14.6-8).[54]

나지안조스의 그레고리오스는 인간에게 친숙한 몸의 필멸성과 부패성이 타락의 결과이라고 시사한다. 하나님께서 아담과 하와에게 주셨던 가죽 옷은 "더 거친 육체"를 가리킨다(38.12; 창 3:21). 마찬가지로, 부활하신 그리스도는 우리가 알고 있는 바와 같은 부패되는 "육체" 안에 더 이상 존재하지 않으신다.[55] 하나님만 아시는 신비스러운 방식으로 그리스도는 이제 "더 신적인 형태의 몸(θεοειδέστερον σῶμα)"을 지니신다. 제자들에게 "우리의 두터운 육체성이 없는 하나님(θεὸς ἔξω παχύτητος)"(40.45)으로 나타나셨을 때에도 그들에게 보여지고 만져질 수 있는 몸이었다. 사실, 나지안조스의 그레고리오스는 "몸을 벗어버리는 것"(41.5)은 기독교적 이상이 아님을 명시적으로 주장한다. 그리고 부활하신 그리스도께서 몸을 계속 지니고 계심을 명시적으로 주장한다. 이것은 부활하신 그리스도께서 몸을 더 이상 지니지 않으신다는 견해에 반대된다. 그러한 견해를 오리게네스가 가르쳤다는 혐의가 있지만 (잘못) 제기된 것이다.

그러나 창조에 관한 이레나이오스의 설명 및 오리게네스의 설명에 유사한 방식으로, 나지안조스의 그레고리오스는 우리의 신체성에서 초래된 부패성이 하나님의 본래의 계획의 이야기에서 시작된 것이라고 여긴다. 즉, 하나님께서 우리를 영과 육을 지닌 존재로 창조하셨다. 영적인 위대함에 대한 우리의 교만이 육체 안에서 겪는 고통을 통하여 제어될 수 있도록 하기 위함이다. 타락에서 일어날 일들을 고려하면, 하나님의 자비는 처음부터 드러난다. 즉, 우리를 혼합된 피조물로 창조할 때부터 드러난다. 혼합

---

53 참조. 예를 들면, *Carm.* 2.1.28. 육체 안에 있는 존재를 탄식하고 특히 노년의 고통을 탄식한다; 2.1.29. 질병의 고통들에 관하여(콘스탄티누폴리스에서 자신이 거부된 것을 비유적으로 가리킨다); 2.1.50 *Against the Burden of Sickness* (질병의 부담에 반대하며). 그러나 나지안조스의 그레고리오스의 눈에는 이러한 어려움들이 자신이 사악한 감독들의 손에서 경험하였던 시기와 다툼이라는 악들에 비교하면 무색하게 된다. 참조. *DVS*; 2.1.13 *On the Bishops* (감독들에 관하여); 2.1.14 *On Himself and Against the Envious* (자신에 관하여 및 시기하는 자들에 반대하며); 2.1.40 *Against the Envious* (시기하는 자들에 반대하며). 모든 범위의 악들을 포괄하면서 2.1.45 *Threnody Over the Sufferings of His Soul* (그의 영혼의 고난들에 대한 애가).

54 참조. *Ors.* 7.17; 12.3; 40.36.

55 참조. *Or.* 18.4.

된 피조물의 구성 그 자체는 우리의 훈련과 신성화를 대비한다(38.11).[56]

그러므로 영혼이 하나님께 나아가기 위하여 몸을 필요로 하며 몸을 특별히 활용한다. 그리스도의 은혜와 성령의 선물을 받는 수혜자로서 기독교인들은 몸과 함께 성령을 따라 산다(41.18). 몸은 결코 소모될 수 없으며 폐기될 수 있는 어떤 것이 아니다. 몸은 영혼의 동료로서(14.7) 및 친족으로서(7.21) 여겨질 수 있다. 몸이 가장 다루기 어렵고 좌절감을 주는 순간들에서조차도 그러하다. 이와 같이 균형잡힌 견해의 예를 들자면, 나지안조스의 그레고리오스는 노바티아누스가 탐욕의 영적인 죄보다 음란의 신체적 죄를 무자비하게 및 더 가혹하게 정죄하였다고 비판한다. "마치 (노바티아누스) 그 자신은 육체와 몸이 아닌 것처럼!"(39.19) 정죄하였다고 비판한다. 그러나 몸은 자신의 타락한 상태 때문에 또한 우리에게 일종의 횡포를 행사한다(45.30). 나지안조스의 그레고리오스는 그리스 종교의 특징이 "몸적"(41.1)이라고 자주 언급한다. 그리스 종교는 정념들에 집중하여 있고 우리의 몸의 무질서의 최악을 대변하는 신들을 숭배하기 때문이다(27.6). 그런 까닭에, 사람이 그리스도 안에서 하나님이 주시는 새로운 삶에 참여하기 위하여, 몸은 "위로 부활되어야 하며"(42.12), "정복되어야 하며"(43.2), 또한 여러 기관들과 감각 기능들이 훈련을 받아야 한다(44.6).

일련의 주현절 설교들에 대한 절정의 결론에서 나지안조스의 그레고리오스는 다음과 같이 권고한다. "형제들과 자매들이여, 몸의 모든 지체를 정결하게 하라. 모든 감각을 정화시켜라. 우리 안에 어떤 것도 불완전하도록 하지 말고, 우리의 첫 출생처럼 되도록 하지 말라. 어떤 것도 조명되지 않도록 두지 말라." 그런 후에 그는 머리부터 허리까지 몸의 기관들과 오감들의 정화를 명하는 영적 해석으로 이루어진 깊은 연도를 제시한다. 땅에 있는 우리의 모든 지체들이 하나님께 드려질 수 있도록(골 3:5) 및 우리의 모든 신체적 욕망들이 영적이 될 수 있도록 하기 위함이다(40.38-40).

---

56 참조. *Or.* 40.7: "죄를 짓는 것은 인간적이다. 그리고 죄를 짓는 것은 지상의 복합자에게 속한다. 왜냐하면 복합은 분리의 시작이기 때문이다."

그러므로 **정화는 몸으로부터 영혼의 분리를 포함하기 보다는 오히려 "영혼 안에서 및 몸 안에서"**(27.3) **일어난다.** 「설교 38」에서 창조와 타락에 관하여 설명한 직후에, 나지안조스의 그레고리오스는 우리를 구원하시기 위하여 그리스도께서 육체와 지성적 영혼 모두를 입으셨으며, 둘 모두를 정화시키기 위하여 그렇게 하셨다고 주장한다(38.13).[57] 더욱이, 정화될 필요가 있는 것은 무엇보다도 바로 영혼이다. 왜냐하면 영혼이 지닌 본성적 우월성 때문이며(37.22),[58] 또한 죄는 영혼에서 시작하며 가장 고유하게 영혼 안에 머물기 때문이다. 그래서 영혼은 치유될 필요성이 훨씬 더 크다(Ep. 101.52). 그래서 (앞에서 인용한) 「설교 39」에서 나지안조스의 그레고리오스가 비록 처음에는 육체의 정화에 관하여 말하지만 이후 계속해서 영혼으로부터 부정한 영들을 쫓아내는 것과 관련한 과정을 기술한 것은 의미가 있다. 그와 같은 일은 그리스도께서 그 안에 거주할 수 있도록 할 것이다(39.8-10). 그러므로 몸은 구속된 인간 존재의 매우 중요한 부분이다. 이러한 점은 나지안조스의 그레고리오스가 죽은 자의 부활을 논의할 때에 분명하게 드러난다. 카이사리오스를 위한 장례설교에서 인용한 앞의 구절에서, 그는 죽은 자의 부활의 모습을 아름답게 완성한다.

다음으로, 조금 후에, [영혼이] 자신의 친족인 육체를 땅으로부터 받아들인다. 땅은 육체를 내기도 하였고 또한 육체를 맡고 있기도 하였다. 영혼은 이제 위에 있는 것들을 추구하는 것에 참여하고 영혼은 어떤 방식으로 하나님에게 알려져 있다. 하나님께서는 이 둘을 긴밀하게 결합시키시고 흩으신다. 영혼은 [육체와 함께] 그곳에서 영광을 상속받기 시작한다. 그리고 둘의 친밀한 연합을 통하여 [영혼이] 육체의 고난들에 참여하기 때문에, 마찬가지로 영혼은 자신의 기쁨들 중 일부를 육체에게 주며, 육체를 완전히 모아서 그 자체가 되게 하며, 영과 정신과 하나님 안에서 육체와 하나가 되어, 필멸

---

57 참조. *Or.* 11.4. 여기에서 나지안조스의 그레고리오스는 몸과 영혼의 정화와 관련하여 고후 7:1을 인용한다. 그리고 "영혼"을 롬 12:1에 추가한다; 또한 다음을 참조하라. 40.45; *Ep.* 101.51.
58 참조. *Ors.* 2.16-22; 32.12.

하고 변하는 것이 생명에 의해서 삼킨 바가 된다.(7.21)

나지안조스의 그레고리오스와 니사의 그레고리오스 모두에게(비록 바실레이오스에게는 덜 그러하지만),[59] 죽은 자의 부활은 사랑하는 자의 상실로 인한 슬픔에 대한 가장 강력한 위로이다. 평생 동안의 정화를 통하여 몸과 영혼 모두가 죽은 자의 부활에서 하나님의 영광에 참여하게 된다.[60]

정화는 실제적인 금욕적 노력과 구체적인 실천들을 포함하지만, 나지안조스의 그레고리오스는 **정화의 궁극적인 원천이 하나님이시라는** 점을 강조하는 것에도 동일하게 관심을 가진다. 방금 살펴보았던 것처럼, **그리스도인들의 정화를 일으키시며(38.13),[61] 이들이 실천하는 모든 덕들을 생생하게 하시며 이들의 몸의 감각들을 정화시키시는 분은 바로 그리스도이시다 (45.13-14). 예수 그리스도 안에서의 새로운 삶이라는 하나님의 선물은 일련의 주현절 설교들의 주요한 주제이다. 여기에서 나지안조스의 그레고리오스는 정화에 대해 아주 많은 관심을 기울인다.**

오늘 우리가 기념하는 축제는 바로 이것이다. 즉, 인류에게 하나님께서 오셨다. 그래서 우리가 하나님에게 나아갈 수 있다. …. 옛 사람을 벗어 버리고 새 사람을 입는다(엡 4:22-24). 나는 아름다운 회심(ἀντιστροφή)을 경험해야 한다. 고통이 행복에서 나왔던 것처럼, 행복도 고통으로부터 돌아옴에 틀림없다. '죄가 더한 곳에 은혜가 더욱 넘쳤다'(롬 5:20). 만약 선악과 열매를 맛본 것이 우리를 정죄하였다면, 그리스도의 고난이 얼마나 많이 우리를 의롭다고 하겠는가.(38.4).[62]

---

59 바실레이오스는 자신의 위안의 문헌에서 부활을 드물게 언급한다. Gregg, *Consolation Philosophy*, 208-209.
60 이러므로 플라니외는 나지안조스의 그레고리오스의 정화 교리가 그가 신플라톤주의자이라는 비난에 맞서는 가장 확실한 방어이라고 주장한다. *Saint Grégoire*, 92-101.
61 참조. *Ors.* 11.4; 30.6; 39.1; 40.7.
62 데일리의 번역 및 각색.

정화를 통하여 사람이 겪은 변혁의 원천은 예수 그리스도의 의롭게 하시는 은혜이다. 그러므로 그리스도는 성화(Sanctification) 자체로 불리운다. "그가 순수함 자체이셔서 순수한 것이 그의 순수함으로 채워질 수 있기 때문이다"(30.20). 그리고 정화의 길은 무엇보다 대(大)스승이신 예수님을 따르는 것이다(19.6). 참으로, 우리 모두는 하나님이 우리의 삶의 모든 것의 원천이시며, 특히 하나님을 알아가는 지식의 원천이심을 깨달아야 한다고 나지안조스의 그레고리오스는 말한다. 이웃들에게 사랑을 베풀라고 동기부여를 하면서 이렇게 말한다(14.23).[63] 하나님께서 정화의 전체 과정을 일으키시며, 이를 통하여 우리는 신성화된다(38.7).[64] 솔로몬의 지혜의 표지는 다음과 같다. 즉, 그 자신의 이해는 실제로 그 안에서 활동하시는 하나님 자신의 이해임을 인정하는 것이다(20.5).

나지안조스의 그레고리오스에게 하나님은 엄청나게 관대하신 분이시다. 우리가 받을 수 있는 것보다 훨씬 더 많이 주시고자 하신다(40.27).[65] 그리고 우리는 결코 하나님으로부터 받았던 것만큼 많이 결코 줄 수도 없을 것이다(19.8). 나지안조스의 그레고리오스가 신학적 방법을 가장 중요하게 다루었던 대목들 중 한 곳에서 정화의 필요성을 하나님의 은혜와 직접적으로 결부시키고 있음은 의미가 있다. 기독교 교리를 가르치기를 열망하는 자들은 자신들이 먼저 기독교적 실천으로 훈련을 받고 성숙한 신앙을 가질 때까지 기다려야 한다고 그는 말한다. 하나의 이유로서 그는 아우구스티누스의 은혜의 교리에 아주 강력하게 영향을 끼쳤던 바울의 질문을 바꾸어 표현한다. "네게 있는 것 중에 네게 주어지지 아니하고 네가 받지 아니한 것이 무엇인가?(고전 4:7)"(32.13).

하나님의 은혜와 관련된 성경의 두 본문들을 주석하면서 — 하나는 독신은 "그것이 주어진 자들에게서만"(마 10:11) 수용될 수 있다는 예수님의

---

63 성령의 정화시키는 권능에 관해서는 다음을 참조하라. Or. 45.11 그리고 Or. 41.12.
64 참조. Or. 21.1 그리고 Or. 20.4. 후자에서는 정화의 과정이 삭개오 이야기에 관한 그의 영적 주해에서 드러난다.
65 참조. Or. 40.13.

교훈이고, 다른 하나는 하나님의 긍휼은 "원하는 자로 말미암음도 아니요 달음박질하는 자로 말미암음도 아니요 오직 긍휼히 여기시는 하나님으로 말미암음이니라"(롬 9:16)는 바울의 말씀이다 ― 나지안조스의 그레고리오스는 우리가 영지주의자들처럼 어떤 이들은 본성적으로 구원을 받고 덕을 실천하도록 성향을 지니고 있지만 어떤 이들은 아니라고 상상해서는 안된다고 주장한다. 그리고 우리의 인간적 성공들이 오로지 우리 자신의 노력들 때문이라고 상상해서는 안된다고 주장한다. 오히려, "우리는 우리 자신의 스승들이 되어야 하지만, 또한 우리의 구원은 하나님에게 속하여야 한다는 점 모두가 필수적이다." 의지하는 능력도 또한 하나님으로부터 나오는 것이기 때문에 바울이 전체 과정을 하나님에게 돌리는 것은 올바르다. 그러므로 나지안조스의 그레고리오스는 하나님의 은혜가 구원과 인간의 덕을 충분히 생성하여 낸다고 이해한다. 그래서 **기독교적 정화는 인간의 노력과 금욕적 훈련의 노력이면서, 동시에 전적으로 하나님의 선물이다.** 하나님의 관대와 은혜를 제대로 인식한다면 자신의 성화에 관하여 훨씬 더 부지런하게 되도록 열망해야 하며, 그 반대는 아니다(40.34).

위에서 살펴보았던 「거룩한 빛들에 관하여」에 있는 구절에서, 나지안조스의 그레고리오스는 은혜가 이미 주어졌기 때문에 독자들이 스스로를 정화시키도록 권고한다(39.8). 아우구스티누스를 아주 많이 움직였던 질문, 즉 신적인 행위와 인간적 행위 사이의 관계에 관한 질문과 같은 것을 나지안조스의 그레고리오스가 제기하지는 않았지만, 그는 당대의 대부분의 신학자들처럼 **정화는 진지한 도덕적 노력을 포함한다는 점과, 동시에 정화는 신비로운 방식으로 동시에 그러한 노력 안에서 및 그 너머에서 전적으로 그리스도 안에서 드러난 하나님의 은혜의 결과라는 점을** 단지 선포한다 (38.4). 아우구스티누스의 신학적 전통들 안에서 형성된 독자들은 여기에서 조심해야 한다. 즉, 단지 나지안조스의 그레고리오스가 서방에서의 이후의 대화들을 예상하지 않기 때문에, 그가 신앙에 이르는 덕에 관한 펠라기오스적 기획을 제안하고 있다고 의심하지 않도록 조심해야 한다.[66]

정화의 은혜는 무엇보다도 기독교 세례에서 나타난다. 세례의 은혜에 관한 주제는 「세례에 관하여」(On Baptism, Or. 40)를 관통하며 기독교적 입회를 추천하는 그의 여러 시도들의 공통된 맥락을 형성한다. 그는 세례가 선물이라고 불리운다고 말한다. 왜냐하면 세례가 아무런 댓가도 없이 빚진 자들에게 주어지기 때문이다(40.4).[67] 그러나 동시에 그는 독자들이 자신들의 정화를 위하여 열심히 노력하도록(φιλοπονεῖν) 훈계하며, 세례 후에도 그들이 받은 선물을 보존하도록 훈계한다(40.34). 나지안조스의 그레고리오스에게 세례는 정화를 전형적으로 실행하고 상징한다. 그리고 모든 정화는 가장 근본적으로 세례적이다(8.14).[68] 기독교적 정화와 이방 종교 사이의 가장 큰 대조점은 구체적으로 세례이다. 이러한 대조점을 자신의 주현절 설교들의 시작부분에서 다룬다(39.1-6).[69] 자신도 삼위일체를 고백하지 못할 수도 있다는 생각에 대해서 나지안조스의 그레고리오스는 세례식에서의 삼위일체적 고백을 가리키면서 "아니, 나는 당신을, 즉 세례의 정화시키는 권능을 부인하지 않을 것이다!"라고 응답한다(Carm. 1.1.3-47).[70] 「세례에 관하여」(On Baptism)라는 설교에서 물론 나지안조스의 그레고리오스는 성례의 효력들에 관하여 가장 광범위하게 다룬다. **세례는 "각 사람의 죄들을 정화시키는 것이다"**(40.7). 그리고 **세례는 인간성을 재창조하시는 하나님의 활동이 실현되는 구체적인 수단이다.** 그 다음 부분에서 그는 위에서 논의하였던 인간론에 비추어 세례의 정화시키는 효력에 관하여 더 상세하게 설명한다.

---

66 피노는 나지안조스의 그레고리오스가 하나님의 은혜를 강조하기 때문에 그의 정화 교리와 플로티노스의 정화 교리는 아주 예리하게 구별된다고 주장한다. Pinault, Le Platonisme, 147. 고백자 막시모스로 대표되는 동방 신학자들과 아우구스티누스로 대표되는 서방 신학자들이 은혜론에 대해 가지는 서로 다른 접근들에 관하여 펠리칸의 유익한 논의를 참조하라. Pelikan, Spirit of Eastern Christendom, 182-183.

67 참조. Ors. 40.24: 세례는 "은혜"이다; 40.26: 사람들은 어느 성직자가 세례를 베푸는지에 관해서 까다로워서는 안된다. 왜냐하면 은혜는 성령을 통하여 오며 사람의 인간적 사회적 지위나 유명한 대도시 교회로부터 오지 않기 때문이다.

68 나지안조스의 그레고리오스가 세례를 정의하는 풍성하게 다양한 전통적인 주제들에 관해서는 다음을 참조하라. Or. 40.3-4. 세례에 관한 그의 이해에 대해서는 다음을 참조하라. Moreschini, "Il battesimo"; Elm, "Inscriptions and Conversions."

69 참조. Or. 40.11. 여기에서 또한 피노는 나지안조스의 그레고리오스의 세례적 정화를 플라톤적 정화(katharsis)와 대조시킨다. Le Platonisme, 145-148.

70 사익스의 번역 및 각색.

우리는 이중적이기 때문에, 즉 영혼과 몸으로 구성되어 있기 때문에, 그리고 우리의 본성이 부분적으로 가시적이고 부분적으로 비가시적이기 때문에, 우리의 정화도 또한 이중적이다. 즉, "물과 성령으로" 이루어진다(요 3:5). 한 부분은 가시적으로 및 육체적으로 받아들여진다. 다른 한 부분은 비육체적으로 및 비가시적으로 받아들여진다. 한 부분은 비유적이며(τυπικός), 다른 한 부분은 실재적이고(ἀληθινός), 심연을 정화시킨다. [세례는] 우리의 첫 번째 출생을 돕기 위하여 와서 우리를 옛사람이 아니라 새롭게 만들며, 현재의 우리의 모습이 아니라 하나님처럼 되게 하며, 불이 없이 우리를 재주조하며, 부수지 않고 우리를 재창조한다. 왜냐하면, 한 마디로, 세례의 덕은 두 번째 삶에 대한, 그리고 삶의 더 순수한 방식(πολιτεία)에 대한 하나님과의 언약으로 이해될 수 있기 때문이다.(40.8)

세례 수조에서 몸을 정결하게 하는 것은 신체적 정화이기도 하고 또한 영적인 정화이기도 하다. 이러한 정결은 세례가 일으키는 더 실재적이고 영적인 정결에 부합하며 또한 그것을 전형적으로 보여준다. 그 결과는 다름 아닌 바로 갱신, 신성화, 재창조, 두 번째 삶에 대한 언약이다. 나지안조스의 그레고리오스는 「설교 40」의 많은 부분을 할애하여 독자들 자신들이나 자녀들이 나이, 직업 또는 결혼 상태와는 무관하게 더 나중이 아니라 오히려 지금 세례를 받으라고 권고한다. 세례가 삶을 변화시키는 혜택들을 그들이 누리도록 하기 위함이며, 또한 그들이 예기치 않게 죽는다면 심판의 날에 부정한 자로 남지 않도록 하기 위함이다(40.17-18).

그러나 나지안조스의 그레고리오스의 호소가 지니는 모든 도덕적 및 종말론적 진지함에도 불구하고, 그는 세례의 정화가 의식 자체에로 한정되지 않는다고 동일하게 강조한다. 이미 살펴보았던 것처럼, 그는 사람들이 세례를 준비하기 위하여 자신들을 정화시키도록, 그리고 이후에는 정화를 보존하기 위하여 열심히 노력하도록 권고하는 데에 상당한 노력을 기울인다(40.31). 세례는 기독교 정화의 전형적인 행동으로서 요리문답 준비의 절

정이며 하나님께로 나아가는 평생 과정의 변혁과 성장의 시작이다. 나지안
조스의 그레고리오스는 여동생 고르고니아의 장례설교에서 바로 이러한
역동성에 관하여 자신의 견해를 밝히는 씁쓸하면서도 좋은 기회를 가졌다.
고르고니아는 임종 때까지 세례를 연기하여 왔기 때문이었다. 비록 그의
세례가 "우리가 모두 받아들였던 정화와 완전성의 복"이라고 하더라도, 또
다른 측면에서 그의 전 생애가 세례에서 성령에 의한 자신의 중생을 확실
하게 하는 정화이었다. "거의 그의 경우에서만 신비가 은혜의 선물이라기
보다는 보증이었다고 나는 조심스럽게 말할 것이다!"(8.20).

　　나지안조스의 그레고리오스는 자신의 부친에 관해서도 비슷한 언급을
한다. 그의 부친은 경이롭게도 세례를 받는 동시에 안수를 받았다(18.13).
세례가 정화의 분명한 행동이기는 하더라도 — 정화는 "물과 성령에 의한
중생이며, 이 중생으로써 우리는 하나님께 그리스도와 같은 사람으로의 형
성과 완성을 고백한다"(18.13) — **세례는 즉각적인 변혁이기보다는 정화의**
전체 과정을 위한 결정체적 사건이며 정화가 이해될 수 있는 주된 정황이
다.[71] 정화는 마지막에 달성될 수 있는 완전성의 상태가 아니라 정화되어가는
계속적인 과정이다.[72] 그러므로 그가 사람들에게 세례를 받도록 격려할 때
조차도, 그의 메시지는 기독교적 삶의 모든 순간을 위한 메시지와 동일하
였다. 즉, "여러분의 정화에 대하여 항상 부지런하라"이었다(40.34).

　　나지안조스의 그레고리오스의 저작들을 통하여 드러난 — 즉,「신학적
설교」, 일련의 대(大)주현절 설교들, 산재하여 있는 여러 본문들을 통하여
드러난 — 기독교 교리의 첫 번째 요소는 신학자의 정화에 관하여 분명히
아는 것이다. **조금이라도 하나님을 알기 위해서는 사람이 완전히 변화되어야**
한다. 나지안조스의 그레고리오스는 이러한 "첫 번째 지혜"를 "찬양하기에
합당한 삶이며 하나님을 위하여 순수하게 보존된 삶이라고 — 또는, 순수
하게 되어가는 삶이라고 일컫는다. 하나님은 전적으로 순수하시며 전적으

71　참조. Elm, "Inscription s and Conversions," 2, 17-20, 24.

72　Plagnieux, *Saint Grégoire*, 83-84.

로 빛나시는 분으로서 우리에게 그의 유일한 제사로서 정화를 요구하신다. 즉, 성경이 표현하기를 좋아하는 대로, 통회하는 마음과 찬양의 제사를(시 50:23; 51:29), 그리스도 안에서의 새로운 피조물을(고후 5:17), 그리고 새 사람과(엡 4:24) 그와 같은 것을 요구하신다"(16.2).

그러나 나지안조스의 그레고리오스에게 **정화의 필수요건은 신학자의 신앙과 삶일 뿐만 아니라, 기독교 교리의 본성 그 자체이다.** 그는 신학적 말들로 이루어진 공허한 지껄임을 **새로운 삶을 진정으로 드러내고 증진하는 교리와** 종종 대조시킨다. **참 신학자는 자신의 삶으로써 자신의 언어의 신뢰성을 입증한다.** 세례 안에서 상징된 정화가 계속되는 과정인 것처럼, 나지안조스의 그레고리오스는 또한 독자들로 하여금 그리스도 안에서의 새로운 삶에로 나아가도록 하는 것을 일관되게 목표로 삼는다. 이러는 과정에서 그는 기독교 목회자로서의 자신의 소명과 헬레니즘의 철학적 수사학의 고상한 훈련을 모두 반영하는 방식으로 행한다. 이러한 목적은 「설교 28」에서 시내산을 오르는 이야기 속에 특히 분명하게 드러난다(28.2-3). 이 구절의 전반부는(28.2) 다소간의 정화된 특성들을 나열하면서 독자로 하여금 자신의 도덕적 및 영적 상태를 점검하도록 예리하게 권고한다. 나지안조스의 그레고리오스의 교리가 지닌 전반적인 수사학적 힘은 이 설교의 앞에 있는 서론적 부분에서 씨뿌리는 자에 관한 예수님의 비유에 관한 그의 언급에서 또한 드러난다(28.1). 예수님께서 여러 다른 유형들의 토양을 제시하셔서 독자들이 이것들을 자신들의 삶과 비교하도록 하신 것처럼, 나지안조스의 그레고리오스도 모든 영적인 상태들이 하나님 지식에로 오를 수 있는 것이 아니라는 전망으로 독자들에게 도전한다.[73]

정화의 우선순위는 나지안조스의 그레고리오스의 여러 저자들의 문학적 구조에서도 또한 드러나며, 그가 이 구절들을 특징짓는 효과적인 방식에서도 또한 드러난다. 예를 들면, 두 번째 「신학적 설교」에서 그는 정화에

---

[73] 마태복음 13장과 평행본문들. 참조. *Or.* 2.73. 여기에서 나지안조스의 그레고리오스는 목회자들을 과도하 서둘러 교육하는 것에 반대하여 씨뿌리는 자의 비유를 사용한다.

대한 논의로부터(27; 28.2; 그리고 28에서 더 상세하게) 하나님 및 삼위일체 지식에 관한 논의에로(28.3으로부터 31까지) 이동하는 부분을 "우리가 신학자를 우리의 교리로 정화하였기 때문에"(28.1)라는 논평으로 표시한다.[74] 나지안조스의 그레고리오스는 자신이 「설교 27」(그리고 앞으로 Or.28.2 또는 28.2)에 있는 예비교육 설교를 전함으로써 신학자를 정화시켰다고 말한다.[75] 또한, 그는 「설교 39」(Or.39.8-10)에서 정화에 관하여 중요하게 진술한 직후에, 위와 유사한 문구, 즉 "우리가 지금까지 말하여진 바에 의해서 극장을 정화시켰기 때문에"(39.11)[76]라는 문구를 말하면서 삼위일체에 관한 논의로 이동한다.

이와 같이 논의의 이동을 표시하는 문구들이 지닌 공식적인 특성은 나지안조스의 그레고리오스가 **정화를 엄밀한 직선적 방식으로 이해하지 않음을**, 즉 신학을 실천하기 전에 연대기적 순서로 먼저 달성해야 하는 시점의 상태로서 이해하지 않음을 알려준다. 오히려, 정화는 하나님을 알기 위한 필수적인 조건이다. 그리고 정화는 모든 신학자가 하나님을 더 충만하게 알기 위하여 거룩함이 자라가면서 항상 존재한다. 그러므로 나지안조스의 그레고리오스가 노바티아누스주의자들의 영적인 엄격주의를 강력하게 반대한 것은 놀라운 일이 아니다(39.18). 그들은 정확하게 이 지점에서 오류를 범하였기 때문이다. 그들은 정화와 거룩을 과도하게 문자적인 방식으로 생각함으로써 그러한 개념이 지닌 더 포괄적이고 강력한 의미를 역설적으로 놓친다. 정화가 세례라는 분명한 순간 전에, 안에 및 후에 일어나는 것과 마찬가지로, 나지안조스의 그레고리오스의 교리는 영속적인 수사학적 — 심지어 실존적이라고 우리는 말할 수 있다 — 특성을 지니며, 그래서 항상 독자로 하여금 변혁적인 하나님 지식에로 나아가도록 한다.

수사학적 형식과 실질적 내용 사이의 대중적인 구별과는 반대로, 나지

---

[74] Ἐπειδὴ ἀνεκαθήραμεν τῷ λόγῳ τὸν θεολόγον. 여기에서 로고스(λόγος)는 내용의 관점에서의 나지안조스의 그레고리오스의 가르침을 가리키고, 또한 그가 전개하는 논증의 과정을 가리킨다.

[75] 이 구절은 또한 설교 20.5에도 등장한다. 동일한 전환을 표시하기 위해서이다.

[76] 더 많은 예들을 보려면 다음을 참조하라. Ors. 6.5-6; 39.2; 40.1.

안조스의 그레고리오스의 정화 교리가 지닌 수사학적 힘은 신학적 체계를 뚜렷하게 보이도록 해주는 단지 피상적으로 장식이 아니다. 오히려, 그러한 체계가 인식적 본성을 본질적으로 알려준다. 또한, 시내산 구절에서 그는 자신의 교리(λόγος)가 불순한 것으로부터 물러나서 석판들의 양면에 새겨진 것이라고 쓴다. "왜냐하면 율법은 부분적으로 가시적이고 부분적으로 은폐되어 있기 때문이다." 복음 자체에서처럼 나지안조스의 그레고리오스의 교리는 인식적으로 중립이 아니다. 단지 어떠한 조건에서도 인식되어짐을 허용하지 않는다. 오히려 인식자의 상태에 따라 서로 다른 인식적 상태를 지닌다. 즉, 정화되지 않은 자들에게는 "조문의 율법"이며, 정화된 자들에게는 "영의 율법이다."

여기에서 나지안조스의 그레고리오스는 성경 안에 있는 신적인 계시의 이중적 본성 및 기능에 관한 오리게네스의 교리를 사용하고 있다. 그는 이 교리를 고린도후서 3장에 있는 조문과 영에 관한 바울의 범주들의 관점에서 이해한다.[77] 이러한 체계 안에서는 더 단순하고 분명한 수준의 의미는 더 많이 다양한 청자들에게 가능하지만, 더 깊은 의미는 삶의 거룩을 통하여 하나님의 유사성에로 변혁되어지는 자들에게만 가능하다.[78] 이러한 이미지를 언급함으로써 나지안조스의 그레고리오스는 자신의 교리가 성경의 가르침과 연속성을 이루며 동일하게 이중적 특성을 지님을 알려준다. 이러한 심층적 의미가 현대적 의미에서의 지성적 어려움과 부합하지 않는다는 점을 우리는 주목해야 한다. 이러한 심층적 의미의 특징은 사람의 교육과는 관계없는 도덕적-영적 지혜이다. 그래서 모든 수준들에서 기독교는 "단순하고 복잡하지 않은 종교로" 남는다(36.2).[79]

나지안조스의 그레고리오스는 「거룩한 빛들에 관하여」라는 설교에서

---

77 고후 3:6-8; 롬 2:29; 7:6. 참조. *Or.* 43.72: "모세는 … 이중적인 율법을 제정하였다. 즉, 문자의 외면적인 율법과 영의 내면적인 율법을 제정하였다."

78 성경의 삼중적인 의미에 관한 오리게네스의 유명한 논의는(*Princ.* 4.2.2) 자신의 더 기본적인 이중적 체계에 대한 상세한 분석이다. 영적 주해에 관한 구절들이 카이사레이아의 바실레이오스 및 나지안조스의 그레고리오스의 오리게네스 선집의 대략 절반을 차지한다.

79 ἡ ἁπλῆ καὶ ἄτεχνος εὐσέβεια.

정화에 관한 자신의 권고를 다음과 같은 풍성한 글로 마무리한다(39.8-10). "왜냐하면 어떤 교리(λόγος)는 **그 자체의 본성으로** 자격이 없는 자들에게는 끔찍하지만, 이렇게 준비된 자들에 의해서는 사랑의 친절로 받아들여질 수 있다"(39.10; 저자의 강조). **기독교 교리는 그 자체의 본성에 의해서 인식자의 영적인 상태에 소위 스스로를 적응시키며, 그렇지 않은 사람에게는 철저하게 다른 의미들을 전달한다.** 궁극적으로, 이러한 이중적 기능은 기독교적 가르침이 지닌 본질적으로 종말론적인 특성을, 즉 그리스도의 최후 심판을 예시하는 **종말론적인 특성을 반영한다.** 일련의 주현절 설교들의 마지막 부분들에서 나지안조스의 그레고리오스는 하나님의 심판이 정화된 자들에게는 빛이 될 것임을 — 즉, 하늘 나라, 또는 "보여지고 알려진 하나님"이 될 것임을 — 약속하고 또한 경고한다. 반면에 하나님의 심판은 불순한 상태로 남아있는 자들에게는 흑암이 될 것이든지, 또는 하나님으로부터의 소외가 될 것이다(40.45).

그러므로 정화는 신학자로 하여금 하나님 지식을 준비하도록 의도된 단지 외적인 명령이 아니다. 오히려 정화는 처음부터 끝까지 기독교 교리가 지닌 내적인 역동성을 드러낸다. 본서의 다음 장들에서 살펴볼 것이지만, 나지안조스의 그레고리오스의 삼위일체론의 의미는 이것이 기술하는 신비들에 독자가 참여하는 것과 모든 점에서 결부되어 있다.

2

조명: 불가해한 하나님에 관한 지식

　　나지안조스의 그레고리오스의 저작 안에서 **기독교 교리가 지닌 내적인 역동성의 두 번째 기둥은 신학자의 신적인 조명이다.** 조명에 관한 전형적인 논의를 살펴보기 위해서, 두 번째 「신학적 설교」에서 나지안조스의 그레고리오스가 시내산으로 올라가는 이야기를 다시 다루고자 한다(28.2-3). 이 구절의 전반부에서 정화의 필요요건을 확립한 후에, 그는 후반부에서 및 「설교 28」의 나머지 부분에서 하나님 지식 그 자체를 다룬다. 이 구절의 중요성 때문에 구절 전체를 인용할 만하다.

> 진리의 친구들과 전수자들과 동료 애호가들이여, 나에게 무슨 일이 일어났는가? 나는 하나님을 파악하기 위하여(καταλαμβάνειν) 달려가고 있었다. 나는 산으로 올라갔고 구름을 지났으며 물질과 물질적인 것들로부터 멀리 벗어나 들어갔다. 내가 할 수 있는 한 나 자신 안으로 물러났다. 그런 다음 내가 위를 볼 때에 하나님의 등 부분들을 간신히 보았다. 그리고 이 안에서 나는 반석에 의해, 즉 우리를 위해 육신이 되신 말씀에 의해 보호를 받았다(출 33:22-23, 요 1:14, 고전 10:4). 내가 조금 더 자세히 살펴보았을 때, 내가 보았던 것은 제일의 순수한 본성(ἡ πρώτη τε καὶ ἀκήρατος φύσις)이 아니었다.[1] 이것은 그 자체에게, 즉 삼위일체에게 알려져 있다. 내가 보았던 것은 그 본성의

한 부분인데(ὅση), 이것은 첫 번째 수건 안에 머무르며 그룹들에 의해 감추
어져 있다(출 26:31-33; 36:35-36); 그러나 그 본성 중에서 뒤에 생겨나고 우
리에게 전해오는 부분을(ὅση) 볼 뿐이다. 내가 아는 한, 이것은 하나님의 위
엄이다. 하나님의 위엄은 하나님께서 만드셨고 다스리시는 피조물들 중에
서 드러난다. 또는, 경건한 다윗이 표현하듯이, 이것은 하나님의 "영광"이다
(시 8:2). 이와 같은 것들은 하나님께서 자신의 징표들로서 뒤에 남겨두시는
하나님의 등 부분들이다. 태양이 물에 어둡게 반사되는 것과 같다. 우리가
태양 자체를 볼 수 없기 때문에, 어둡게 반사하는 것이 태양을 우리의 약한
시력에 보여준다. 태양의 혼합되지 아니한 빛은 우리의 인식을 좌절시키기
때문이다. 그러므로 이러한 방식으로 여러분이 신학을 해야 할 것이다. 비록
여러분이 모세이며 "바로에게 신"이라고 하더라도(출 7:1), 비록 여러분이
바울처럼 "셋째 하늘에" 이끌려서 "말로 표현할 수 없는 말들을" 들었다고
하더라도(고후 12:2-4), 비록 여러분이 모세와 바울보다 더 높아져서 천사적
또는 대천사적 상태와 지위로 격상된다고 하더라도 그렇게 해야 할 것이다!
왜냐하면 비록 어떤 것이 전적으로 천상적이고 ― 또는, 하늘보다 높다고 하
더라도, 우리보다 훨씬 더 고귀한 본성이라고 하더라도, 하나님께 더 가깝다
고 하더라도 ― 그것은 하나님으로부터 및 하나님에 대한 완전한 이해
(κατάληψις)로부터 여전히 멀리 있기 때문이다. 그것이 우리의 복잡하고 천
하고 땅에로 가라앉는 구성 위로 떠오른다고 하더라도, 여전히 멀리 있기 때
문이다.(28.3)

나지안조스의 그레고리오스가 정화를 위하여 산을 올랐고 가능한 온전
히 하나님에게 집중하였기에, 이제 그가 보는 것을 보고하고 하나님 지식
의 특성을 기술한다. 간결하지만 복잡한 이 구절은 신학적 환상의 본성에
관한 그의 가장 유명한 진술이다.[2] 그리고 이 구절은 그의 삼위일체 교리에

---

1   문자적으로 "더럽혀지지 않은 본성"을 의미한다. 나는 "아케라토스(ἀκήρατος)"가 (브라운과 스
     왈로우와 함께) "케란뉘미(κεράννυμι)"의 한 형태라고 여기기보다는 (윅컴과 함께) "케라이노
     (κηραίνω)"의 한 형태라고 여긴다.

서 여러 중대한 주제들을 소개한다. 앞으로 이 주제들을 차례대로 살펴볼 것이다. 이 구절이 종종 문맥에서 벗어나서 이해되어 왔다고 하더라도, 그의 저작 전체의 더 폭넓은 맥락을 고려해야 할 뿐만 아니라, 「설교 28」에서 에우노미오스주의자들을 반대하는 그의 논증의 특수성들을 고려해야 한다. 앞으로 살펴보는 것처럼, 나지안조스의 그레고리오스는 하나님의 불가해성에 관하여 및 그리스도인들이 하나님을 알아가는 방식에 관하여 두 가지 연결된 점들을 전달하고자 한다.

위 구절(28.3) 및 「신학적 설교」 모두의 가장 직접적인 교리적 정황은 나지안조스의 그레고리우스와 에우노미오스주의자들 사이의 논쟁이다. 에우노미오스주의자들이 하나님의 본질을 정확하게 및 완전하게 안다고 하는 주장이 양진영 사이의 불일치의 중심점이다. 비록 380년 콘스탄티누폴리스에서 실제로 활동하였던 에우노미오스주의 신학자들과 그 활동들에 관한 우리의 지식이 최소이라고 하더라도, 나지안조스의 그레고리오스는 바로 에우노미오스를 일종의 이상적인 반대자로 여기면서 그의 교리에 대해 응답하고 있는 것처럼 보인다. 즉, 그의 견해들로 인하여 나지안조스의 그레고리오스가 또한 다른 입장들 안에 있는 문제들을 파악할 수 있도록 해주는 이상적인 반대자로 여겼다.[3] 나지안조스의 그레고리오스가 수도에 도착하기 거의 20년 전에 에우노미오스가 쓴 자신의 『변증』(Apology)에서[4] 예수 그리스도의 아버지이신 하나님은 하나이심을, 그리고 하나님의 특성은 무엇보다도 하나님께서 자신의 내부이든 외부이든 어떤 근원도 없이 존재하신다는 사실이라는 점을 논증함으로써 자신의 신앙고백을 시작한다. 그러므로 에우노미오스는 하나님을 "출생하지 않은 본질(unbegotten essence, οὐσία ἀγέννητος)"로서 기술한다.[5]

성부 하나님이 출생하지 않은 본질이라는 관념은 이것에 수반되는 여

---

2 플라니외, 맥거킨 등등이 광범위하게 언급한다.
3 에우노미오스적 교리에 관한 최근의 요약들에 관해서는 서론을 참조하라.
4 360년 또는 361년 이후로. 참조. Vaggione, *Eunomius: The Extant Works*, 8-9.
5 *Apol.* 7.

러 단서들만큼 그 자체로 나지안조스의 그레고리오스를 화나게 하지 않는다. 에우노미오스에게 하나님의 비출생(unbegottenness, τὸ ἀγέννητον)이라는 사실은 마치 인간의 고안물이기만 한 것처럼 단지 "명목적으로"만이 아니라, 하나님의 실재를 문자적으로 기술하는 것으로 이해되어야 한다.[6] 에우노미오스에게 여기에서의 핵심은 하나님에 대한 우리의 지식의 신뢰성이다. 즉, 하나님에 대한 우리의 지식이 참되기 위하여, 우리가 하나님을 알아가는 이름들이 하나님을 실제로 있는 그대로 정확하게 가리켜야 한다. 하나님께서 자신에 대하여 소유하고 계신 지식과 동일하여야 한다.[7] 이러한 목적을 위하여 에우노미오스는 플라톤 전통 및 스토아 전통에서 발견되는 언어에 관한 본질주의적 견해를 기독교적 방식으로 채택한다. 이러한 입장에 따르면, 사물들의 이름들은 하나님 자신에 의해 주어진 것으로서 각 사물의 본성을 직접적으로 계시한다.[8]

그러나 이러한 본질주의적 틀 안에서 에우노미오스는 비출생성이라는 하나님의 본질이 하나님에게 정확하게 적용될 수 있는 많은 술어들 중의 하나이라고 단지 말하는 것이 아니다. 오히려 그는 하나님의 비출생성이 하나님의 본질 중에서 모든 다른 본질들보다 더 우월한 일차적인 정의라고 말한다.[9] 그는 하나님의 비출생성이 하나님이 이전에 가지고 계셨던 특성(즉, 출생성)의 결여로서 이해될 수 없다고 주장한다. 왜냐하면 하나님은 어떤 것에 의해서도 출생된 적이 결코 없기 때문이다. 그리고 하나님의 비출생성은 하나님의 일부분에만 적용될 수도 없으며, 하나님으로부터 분리되거나 다른 어떤 것에도 적용될 수 없다고 주장한다. 왜냐하면 하나님은 부분들이 없으며, 단순하고, 비복합적이며, "유일하게" 비출생적이기 때문이다.[10] 그러므로 하나님의 본질은 단지 **비출생성이다.**[11] 정확한 언어를 사

---

6   *Apol.* 8. οὐκ ὀνόματι μόνον κατ᾽ ἐπίνοιαν ἀνθρωπίνην, ⋯ δὲ κατ᾽ ἀλήθειαν.

7   참조. Vaggione, *Eunomius of Cyzicus*, 245-256.

8   Plato, *Crat.* 430a- 431e; Albinus, *Epit.* 6; Chrysippus, *Frag.* 895; Norris, *Faith Gives Fullness*, 34 n167; 또한 다음을 참조하라. Jean Daniélou, "Eun ome l'Arien." 에우세비오스는 플라톤의 『크라틸로스』(*Cratylus*)와 창세기 사이의 조화를 또한 주장하였다. 참조. *Prep. ev.* 11.6, 9; Michel René Barnes, *Power of God*, 203 n132.

9   *Apol.* 7.

용하는 것에 관한 이러한 주장은 에우노미오스의 견해에 따르면 기독교 경건에 핵심적이다. 즉, 하나님은 존재하시는 모습과 정확하게 그대로 인정되어야 하며, 그렇게 하는 것이 하나님을 제대로 존귀하게 여기는 것이다. 이러므로 에우노미오스는 "만물의 하나님이 한 분이시며 비출생적이시고 비교불가능하시다(ἀσύγκριτος)"[12]는 점을 카이사레이아의 바실레이오스와 같은 신학자들에게 충분히 증명하였다고 믿는다. 만약 우리가 소크라테스에 의해 보존된 단편의 진정성을 받아들일 수 있다면, 에우노미오스는 이와 같은 견해들을 다음과 같이 매우 강력한 진술로 요약한다.

> 하나님은 자신의 본질에 관하여 우리가 아는 것보다 더 많은 것을 아시지(ἐπίσταται) 않는다. 그리고 하나님의 본질은 하나님에게는 더 잘 알려지고(γιγνωσκομένη) 우리에게는 덜 알려지는 것이 아니다. 오히려, 우리가 그것에 관하여 아는(εἰδείημεν) 바는 무엇이든지 하나님께서 아시는(οἶδεν) 바와 정확하게 같다. 그리고 역으로, 하나님께서 아시는 바는 여러분이 우리 안에서 아무런 변화 없이 발견할 바와 같다.[13]

이 단편이 진정성이 있든지 아니든지, 에우노미오스는 비출생성이라는 하나님의 본질에 대한 자신의 지식이 절대적으로 정확하고 또한 논리적으로 종합적이라고 믿는다.

나지안조스의 그레고리오스는 에우노미오스의 논증의 여러 사소한 점들에는 일치하지만 — 예를 들면, 성부 하나님에게는 어떤 근원도 없다는 점, 하나님은 모든 인간의 말과 이해에서 최고의 존경을 받으실 분이라는 점, 그리고 하나님은 비분할적이고, 단순하며, 비복합적이라는 점에는 일

---

10 ἀμερής, ἁπλοῦς, ἀσύνθετος, εἷς καὶ μόνος ἀγέννητος.

11 *Apol.* 8.

12 *Apol.* 11.

13 *Frag.* 2, in Socrates, *HE* 4-7 (Vaggione, *Eunomius: The Extant Works*, 178). 이 진술은 에피파니오스 저작 안에 있는 아에티오스의 유사한 단편에 의해서 확증된다(Epiphanius, *Panar.* 76. 4. 2). 또한 다음을 참조하라. Ayres, *Nicaea*, 149 n49.

치하지만 — 그럼에도 불구하고 그는 그것들로부터 철저하게 다른 결론들을 이끌어낸다.[14] 나지안조스의 그레고리오스의 견해에 따르면, 에우노미오스의 진짜 오류는 그가 선택적으로 및 아무런 분명한 정당성도 없이 모든 다른 속성들 중에서 비출생성을 격상시켜서 이것을 하나님의 본질에 대한 참된 정의로 만들기까지 한 것이다. 그리고 이것을 모든 다른 특성들을 포괄하는 유일한 특성으로, 그리고 하나님의 본질 전체를 하나도 남김없이 모조리 정확하게 표현하는 특성으로 만들기까지 한 것이다.[15] 그 결과로, 에우노미오스는 실제로 자신이 하나님의 본질을 완전히 안다고 주장한다.

나지안조스의 그레고리오스는 하나님의 본질을 완전히 안다고 주장하는 에우노미오스의 입장을 특별히 검토하기 위하여 자신이 시내산에 오르는 이야기를 한다. 이 구절은 그가 하나님을 만나기를 바라는 진지한 소망으로 산을 오르는 것에서부터 시작한다(28.2). 그리고 다음 부분에서 자신의 목적을 분명하게 밝힌다. 즉, "나는 하나님을 파악하기 위하여(καταλαμβάνειν) 달려가고 있었다."(28.3)고 말한다 — 단지 하나님을 알기 위해서가 아니라, 에우노미오스가 주장하는 것처럼, 하나님을 완전히 알기 위해서라고 말한다. 마지막 문장에서 그는 이러한 점을 되풀이하며, 그럼으로써 이러한 주제로 구절 전체의 틀을 형성한다. 즉, 어느 사람이 다른 이들에 비교하여 아무리 격상된다고 하더라도 그는 여전히 하나님에 대한 "완전한 파악(κατάληψις)"으로부터 무한히 멀리 떨어져 있을 것이다. 비록 오늘날의 영어 번역들에서 쉽게 간과된다고 하더라도,[16] 이 구절의 주요 주제는 하나님의 이해가능성에 관한 질문이다. 이러한 점에서 신학적 비전에 관한 나지안조스의 그레고리오스의 분명한 이야기는 어떤 의미에서 실패의 이야기이다.

---

14 바로 여기에서 카이사레이아의 바실레이오스가 그에게 참여한다. 카이사레이아의 바실레이오스는 에우노미오스의 아게네시아(ἀγεννησία)의 교리를 반대하였다(*Eun.* 1).

15 예를 들면, 카이사레이아의 바실레이오스의 「에우노미오스를 반대하여」에 대한 응답으로 에우노미오스는 그의 주장을, 즉 성경용어인 "아버지"가 "비출생"이라는 용어보다 성부를 이해하는 데에 더 분명한 칭호로 여겨져야 한다는 주장을 반박한다. 에우노미오스는 (성부) 하나님이 성자를 출생하시기 전에 존재하였으며 그래서 성자가 비출생인 동안 하나님이 아버지가 될 수 없다고 믿기 때문이다(*Apol. Apol.* I. 182. 2-6; 192. 20-193. 1; Vaggione, *Eunomius: The Extant Works*, 103). 또한 다음을 참조하라. *Apol.* 26, 28 그리고 여러 곳; *Apol. Apol.* 1. 5-8; 2. 4; Basil, *Eun.* 1. 9-15; 2. 4, 9; *Frag.* 2, 11. Vaggione, *Eunomius: The Extant Works*, 170, 178-179.

즉, 그는 자신이 본래 바랬던 대로 하나님을 파악하지 못하고, 다만 "하나님의 등 부분들"을 겨우 볼 수 있을 뿐이다. 이러한 정황 내에서 이 구절에서 드러난 **나지안조스의 그레고리오스의 직접적인 논쟁적 관심은 하나님의 불가해성을 확립하는 것이다.** 즉, 에우노미오스가 주장하는 것처럼 하나님이 완전히 알려질 수는 없음을 입증하는 것이다.

하나님의 불가해성은 그레고리오스의 저작의 중요한 주제이며, 이것에 관하여 그는 오리게네스를 따른다.[17] 하나님의 불가해성은 두 번째 「신학적 설교」에서 가장 두드러지게 나타나고 다수의 다른 구절들에서도 나타난다.[18] 위에서 검토하였던 서론적 부분들 이후에(28.1-3), 나지안조스의 그레고리오스는 「설교 28」의 많은 주제들을 하나님의 불가해성이라는 거대한 틀 안에서 제시한다(28.4, 31). 그가 계속해서 반복하는 이 설교의 주요한 논증은 "하나님은 인간의 이해에 의해서 파악될 수 없고,[19] 하나님의 위대함 전체는 상상될 수조차 없다"[20](28.11)는 점이다. 이와 같은 진술들에서, 나지안조스의 그레고리오스는 무언가를 파악하고, 통달하고, 또는 "숙달하는" 것이라는 관념을 표현하기 위하여 다양한 형태들의 "람바네인 (λαμβάνειν)"을 사용한다. 이것들은 스토아 인식론을 통하여 대중적으로 사용되었다. 이러므로 파악이라는 것은 완전하고 총체적인 이해와 관련된 것이다. 그의 기본적인 논증은 하나님은 무한한 장엄과 위엄 때문에 어떤 피

---

16 이 구절의 시작과 끝에 있는 이 진술들이 지니는 중요성이 윅컴의 가장 최근의 영어번역에서 간과되어 있다. 첫 번째 문장을 나지안조스의 그레고리오스가 하나님을 "보기" 위하여 달려가고 있다고 해석하는 것은 아래에서 분명해지는 여러 이유들로 특히 오해의 소지가 있다. 브라운과 스왈로우는 첫 번째를 "붙잡다"로 그리고 두 번째를 "파악"으로 번역한 것이 어느 정도 더 좋다. 그렇지만 용어들의 변형은 설교 28의 더 나중에 있는 파악에 관한 그의 논의와 이 구절 사이의 연관성을 약화시킨다.

17 참조. *Princ.* 1.1.5; 4.4.8; Moreschini, "Influenze di Origene," 45-47; "Nuove Considerazione," 215-216.

18 가장 명시적인 진수들 중에서 다음을 참조하라. *Ors.* 2.74.77; 14.32; 18.16; 32.14; 30.17; 39.13. 노리스는 이러한 사상이 「신학적 설교」에서 가장 자주 등장한다고 말하기까지 한다. *Faith Gives Fullness*, 40 그리고 n182. 또한 다음을 참조하라. McGuckin, "Perceiving Light," 12-13; "Vision of God," 148.

19 τὸ μὴ ληπτὸν εἶναι ἀνθρωπίνῃ διανοίᾳ τὸ θεῖον.

20 참조. *Or.* 28.4: "이와 같이 아주 대단한 주제를 이해(διάνοια)하면서 파악하는 것(περιλαβεῖν)은 전적으로 불가능하며 실행될 수 없다. 전적으로 부주의한 자들과 넘어지는 자들에 대해서만이 아니라 높이 존귀히 여김을 받고 하나님을 사랑하는 자들에 대해서조차 그러하다."

조된 존재에 의해서 완전히 알려지거나 통달될 수 없다는 점이다. 그는 이러한 점을 자신의 부친의 장례설교에서 특히 분명하게 드러낸다.

> [하나님의] 모든 특성은 불가해하고(ἀκατάληπτον) 또한 우리의 개념(ἐπίνοια)을 넘어서기 때문에, [우리 수준의 존재를] 초월하는 것이 어떻게 생각될 수 있거나(νοηθήσεται) 가르쳐질 수 있겠는가? 무한자가 어떻게 측량될 수 있는가? 그렇다면 하나님은 유한자들의 상태를 겪어야만 하고 더 낮은 정도들과 수준들에 의하여 측정되어야 할 것이다.(18.16)

하나님이 파악될 수 있다고 상상하는 것은 하나님의 본성과 피조된 존재의 본성 사이의 관계에 관한 심각한 오해를 반영한다. 나지안조스의 그레고리오스에게 **하나님의 불가해성은 하나님의 존재의 무한성의 필연적인 결과이며, 또한 인간의 생각을 포함하여 피조된 존재의 유한성의 필연적인 결과이다.** 하나님의 불가해성에 관하여 논의할 때, 그는 하나님을 알아가는 신학자의 능력과 비교하여 하나님의 위대함 또는 거대함에 관하여 매우 특별한 점을 주장한다. 만물의 창조주이며 근원으로서[21] 하나님은 거대함과 위대함에서 만물을 초월한다.[22] 하나님은 "지고한 본성(ἀνωτάτω φύσις)"(31.10)이다. 하나님은 너무나 위대하셔서 모든 다른 것들은 하나님에게 비하여 작고 약하며 하나님에게 나아갈 수 없다(2.5, 74). 그러나 하나님은 단지 정도에서 만물보다 더 위대하신 것만이 아니라, **무한히** 위대하시며 전적으로 피조물을 초월하신다. 나지안조스의 그레고리오스는 자신의 초기의 「평화에 관한 첫 번째 설교」에서 다음과 같이 주장한다. "하나님은 존재하는 것들 중에서 가장 아름답고 가장 고귀하다."(6.12). **한편으로, 하나님은 지고하게 위대하고 아름답고 고귀하신 분으로 알려져 있다. 그러나 다른 한편으로, 하나님의 위대함은 위대함이라는 범주조차도 초월한다.** 그러

---

21 Ors. 34.8; 28.31; 38.9; 39.12.
22 오리게네스는 최상의 중대에 관한 유사한 용어들로 하나님에 관하여 말한다. 참조. 예를 들면, Princ. 4.1.7.

므로 하나님은 시간과 공간 너머에(ὑπέρ) 있으며, 우주 전체 너머에(ὑπέρ) 있으며, 심지어 모든 순수와 선 너머에(ὑπέρ) 있다(2.5, 76; 37.2).[23]

첫 번째 주현절 설교에서 나지안조스의 그레고리오스는 하나님의 초월 성을 성경적 표현과 철학적 표현을 깊이 있게 조합하는 방식으로 묘사한 다. 하나님께서 모세에게 말씀하셨듯이("ὁ ὤν" ἀεί, 출 3:14), 하나님은 영원한 "본체/존재(Being)"이시다.[24] "왜냐하면 하나님은 존재 전체(ὅλλον τὸ εἶναι) 를 자신 안에 포함하고 소유하시며, 시작 또는 끝이 없으시고, 본체/존재 (Being, οὐσία)의 대양, 즉 끝없고 한없는 대양과 같으시며,[25] 시간 및 본성의 모든 개념 너머로 크시다"(38.7).[26] **하나님이 존재의 거대한 바다로 비유되지 만, 하나님은 상대적으로가 아니라 절대적으로 위대하고, 그러므로 본체/존 재 자체와 심지어 위대함이라는 범주조차도 초월하신다.** 즉, 하나님은 아주 위대하셔서 수량(ἄποσον)을 전적으로 넘어서며, 절대적이시다(또는 단순하시 다, τὸ ἁπλοῦν)(37.2).

나지안조스의 그레고리오스는 바로 다음과 같은 점에 관하여 「설교 28」에서 하나님의 불가해성을 위한 자신의 논증의 결론을 내린다. 즉, 하나 님의 본성은 만물 자신의 관점에서 만물보다 더 우월하다는 의미로 우리의 이해하는 능력보다(νοῦ κρείττων) 단지 "더 위대한" 것도 아니며, 심지어 "만 물 위에(ὑπέρ ἄπαντα)" 초월하여 있는 것도 아니다. 오히려, 하나님의 본성은 절대적인 의미로 "첫째이시며 독특하시다(πρώτης καὶ μόνης)"(28.31).[27] 왜냐 하면 하나님의 존재는 우리 자신의 존재와는 철저하게 다른 종류에 속하기 때문이다(25.17). 이러므로 하나님은 만물보다 더 위대할 뿐만 아니라, 또한 위대함이라는 관념보다 훨씬 더 위대하시며, 우리가 하나님을 이해하거나

---

23 참조. Or. 38.7 (=45.3); 39.12.
24 흥미롭게도 나지안조스의 그레고리오스는 이러한 계시가 "산 위에서" 일어난 것으로 여긴다. 그 럼으로써 떨기나무 불꽃 이야기와 시내산에서의 신현현의 이야기를 혼동한다.
25 플라톤으로부터 차용한 비유이다(Symp. 210d). 플라톤적 전통에서 존재의 초월에 관하여 다음을 참조하라. Plato, Rep. 509b; Plotinus, Enn. 5.3.13-14, 17; 6.8.21.
26 참조. Or. 34.8.
27 "제일 본성"으로서의 하나님에 관하여 또한 다음을 참조하라. Ors. 34.8; 40.7.

하나님을 언어로 표현하는 우리의 능력을 전적으로 뛰어넘으신다(30.17).[28]

그러나 역설적으로 — 여기에서의 우리의 논의가 이미 알려주듯이 — 하나님의 절대적 초월성은 위대함, 거대함 및 고귀함의 범주들을 **통해** 이해되고 표현될 수 있을 뿐이다(37.2). 나지안조스의 그레고리오스에게 초월성에 관한 순수한 논리는 위대함에 관한 피조된 개념들을 통하여 실제적인 인식적 상승의 특징을 표현하는 데에 도움을 준다는 점을 이해하는 것이 중요하다. 위대함에 관한 피조된 개념들 자체는 초월적인 창조자의 본성에 의존하고 이 본성을 반영한다. 하나님에 관한 지식은 세상적 개념들과 가치들의 규모를 통하여 긍정적 상승을 드러내기 때문에, **단순성보다는 위대함이라는 개념이 하나님의 초월성을 드러내는 형이상학적 표현이라고 나지안조스의 그레고리오스는 선호한다.** 그러므로 단순성은 하나의 근본적인 신학적 원리로서보다는 오히려 "위대함보다 더 위대한" 및 "선함보다 더 선함"과 같은 개념들을 위한 일종의 암호로 기능한다. 그러한 개념들은 하나의 근본적인 신학적 원리를 부적절하게 및 불필요하게 표현한다.[29]

나지안조스의 그레고리오스가 주목하듯이, 단순성 그 자체는 필연적으로 신적이지 않으며 불가해적인 것만큼 곧 바로 가해적일 수 있다(38.7). 이러므로 나지안조스의 그레고리오스는 하나님께서 모든 존재와 언어를 초월한다고 말할 때에, 우리가 종교적 언어의 사용을 전적으로 피하는 것이 더 좋겠다고 제안하지 않는다. 오히려 정반대이다. 나지안조스의 그레고리오스에게 기독교 언어의 제한적인 용어들은 필수적이며, 그것들은 자신들의 실제적인 의미들과 함께 진실로 의미를 전달한다. 심지어 그것들이 과정 안에서 그 자체들을 초월하면서 진실로 의미를 전달한다. 그러므로 나지안조스의 그레고리오스는 주로 위대함의 개념들을 통하여 하나님의 초월적 본성을 관례대로 이해한다.

---

28 참조. *Ors.* 32.14; 38.18; 42.18; 특히, 31.7-11, 22, 31-33.

29 여기에서 또한 나지안조스의 그레고리오스는 하나님의 단순성에 관한 오리게네스의 이해를 따른다(참조. *Princ.* 1.1.6; *Comm. Jn.* 1.119; *Cels.* 7.38). 그렇지만 위에서 언급한 이유들로 인하여 그는 훨씬 덜 강조한다.

하나님의 초월적 본성을 이해하거나 표현하는 우리의 능력에 관하여 말하면서 그는 네 번째 「신학적 설교」에서 다음과 같이 쓴다. "어떤 사람도 아직 **전체** 공기를 들이마신 적이 없고, 또한 어떤 정신도 하나님의 실체를 완전히 파악한 적이 없으며 어떤 언어도 **완전히 파악한** 적이 없다"(30.17; 저자의 강조). 마찬가지로, 「설교 38」에서 하나님의 초월성을 깊이 있게 다룰 때에 그는 신적인 위대성의 동일한 구조에 의존한다. 즉, **하나님은 작은 하나의 피조물에 비하여 존재의 거대한 대양과 같다. 하나님은 단순한 이미지에 비하여 진리 자체이며, 우리의 약한 시력에 대해 번쩍거리는 번개의 섬광과 같다. 그러므로 — 거듭 양적인 관점에서 — 하나님은 "부분적으로" 파악된다. "부분적으로" 파악될 때조차도 하나님은 불가해한 존재로 남는다.**[30]

요약하면, 하나님이 **무한하심**(ἄπειρον τὸ θεῖον)을 우리는 확신할 수 있다. 단지 단순하실 뿐만 아니라, 모든 시작과 끝을 넘어서며 아무런 한계들이 없이 크시다. 하나님은 아주 거대하시기에 정신이 심연을 응시할 때에 어리둥절케 된다(38.7-8).

나지안조스의 그레고리오스가 하나님의 불가해성이라는 개념으로 의미하는 바는 인간이 하나님의 완전한 거대함 또는 하나님의 전체를 알지 못하는 인간의 피조적 무능력을 가리킨다. 어떤 사람들이 하나님을 실제적으로 — 심지어 성경의 위대한 인물들의 정도로까지 — "알(γιγνώσκειν)" 때,[31] 그는 그들이 하나님을 완전히 아는 것이 아님에 주목한다. 어느 사람의 지식이 완벽하다고 말해지더라도, 이것은 그가 다른 사람들보다 하나님을 더 많이 안다는 점을 의미할 뿐이다. 하나님에 대한 사람의 지식은 적어도 이 세상에서는 상대적인 의미로서만 완벽하다(30.17).

나지안조스의 그레고리오스에게는 위대한 성인들의 증언이 이러한 점을 증명한다. 황홀하여 세 번째 하늘로 이끌려 갔던 바울이 또한 "우리가 부분적으로 알고 부분적으로 예언한다"고 썼고, 또한 하나님에 대한 우리

---

30 설교 28.3에서 이와 동일한 양적인 용어들이 사용된다.

31 Or. 28.18-21: 에노스, 에녹, 노아, 아브라함, 야곱, 엘리야, 마노아, 베드로, 이사야, 에스겔, 바울, 솔로몬, 다윗. 또한 다음을 참조하라. 14.30; 27.9.

의 모든 지식은 "거울들 안에 있는 어리둥절케 하는 반사들"이라고 썼다(고전 13:9, 12; *Or.* 28.20).[32] 야곱이나 그 후손들 중 어느 누구도 "하나님의 전체 본성 또는 환상을 파악하였다(χωρεῖν)"고 자랑할 수 없었다(28.18). 그리고 솔로몬이 하나님 지식의 깊이에로 더 많이 들어갈수록, "그는 더 어리둥절케 되었다. 그리고 그는 지혜의 완전함은 얼마나 멀리 지혜가 자신으로부터 멀리 날아가는지에 관한 발견이라고 선언하였다"(28.21).[33]

이와 같은 예들로부터 나지안조스의 그레고리오스는 다음과 같이 결론을 내린다. 즉, 정화되고 신지식에로 올라가는 자들을 위한 하나님의 가장 위대한 보상은 그들이 삼위일체에 관하여 더 온전하게 깨닫도록 하는 것이라고 결론을 내린다. 삼위일체는 부분적으로만 알려져 있으며 항상 부분적으로 우리의 탐구의 대상이 되기 때문이다(26.19). 그러므로 가장 위대한 신학자는 "[하나님의 실체의] 전체를 발견한 자가 아니라, 그것에 관하여 다른 누구보다도 더 많이 상상하였던 자이며, 진리의 드러남(ἴνδρλμα) 또는 희미한 흔적(ἀποσκίασμαα)을 더 많이 스스로 수집하였던 자이다"(30.17).[34] 하나님의 불가해성에 관하여 이와 같이 근본적으로 양적인 이해는 나지안조스의 그레고리오스에게 기획적으로 남는다. 그래서 만약 우리가 그의 신학에 대한 전반적인 이해를 놓치지 않고자 한다면, 그러한 점을 신중하게 염두에 두어야 한다.

여러 곳에서 나지안조스의 그레고리오스는 하나님의 불가해성을 더 순전히 존재론적인 용어들로 기술한다. 시내산에 관한 구절 후에 그는 하나님의 불가해성에 관한 자신의 논증을 반복하면서 "다시 시작한다"(28.4). 그런 후에 자신의 초점을 선명하게 한다. "우리의 주제는 단지 '모든 지각(νοῦς)에 뛰어난 하나님의 평강'(빌 4:7)과 파악(κατάληψις)만이 아니다. 또한 하나님께서 의인들을 위하여 약속들로 보관하신 것들이 얼마나 위대한지

---

32 그래서 그룹들은 제일 존재를 성실한 자들에게 단지 "어느 정도로만" 알려준다(τοσοῦτον, *Or.* 34.13).

33 더 많은 성경적 예들에 관해서는 다음을 참조하라. *Or.* 14.30.

34 참조. *Or.* 38.7.

도 아니다. ⋯ 또한, 창조세계에 관한 정확한 지식(κατανόησις)조차도 아니다." 이 모든 것들을 우리는 부분적으로만 안다. "그러나 이러한 것들 훨씬 이상으로 우리는 파악되기 어렵고 불가해한 본성에 관하여 말하고 있다. 이것은 그것들을 초월하여 있으며 이것으로부터 그것들이 나온다.[35] — 내가 의미하는 바는 이것이 존재한다는 사실이 아니라 이것이 무엇인지와 관련된 본성이다"(28.5). 여기에서의 주제는 단지 하나님의 활동들이 아니라 (이것들 자체는 불가해하다), 하나님의 실체의 온전성이며 하나님이 누구이신지 또는 무엇인지에 관한 정체성이다.

나지안조스의 그레고리오스는 하나님이 존재하신다는 사실을 단지 가리키는 것이 아니다. 이러한 사실은 우주에 대한 기본적인 분석을 통해 증명될 수 있는 상대적으로 사소한 점이다. 오히려 그가 가리키는 바는 하나님의 본성 또는 실체 자체이다.[36] 이러므로 다른 사람들보다 더 완벽하게 하나님을 알았던 성경의 인물들 중 어느 누구도, 성경에 기록된 바와 같이 (렘 3:18 70인경), "'주님의 본체[37]와 실체(ὑπόστημα καὶ οὐσία) 안에 서있던' 자는 없다"(28.19). 하나님에 대한 성인들의 지식은 하나님의 실체 또는 본성에 대한 완전한 인식이 아니다.

이 마지막 구절이 암시하듯이, 하나님의 불가해성을 더 보편적인 용어들로 표현하는 진술들을 해석하는 데에서 하나의 특별한 어려움이 생겨난다. 예를 들면, 나지안조스의 그레고리오스가 「설교 28」전체의 중간에서 한 번 더 "다시 시작하면서", 그가 다음을 강조하면서 선언하기 때문이다.

---

35 ἡ ὑπὲρ ταῦτα καὶ ἐξ ἧς ταῦτα φύσις ἀληπτός τε καὶ ἀπερίληπτος.

36 나지안조스의 그레고리오스는 「설교 28」에서만 신적 본성을 가리키는 여러 표현들을 사용한다: ἥτις ἐστίν (28.5); τὸ/ὁ τί ποτέ ἐστί (28.5, 17); εἶναι θεόν (28.6). 초기 그리스도인들이 많은 비유대인들과 비그리스도인들이 아무리 불완전하거나 부정확하더라도 하나님의 존재와 속성에 관하여 어느 정도의 지식을 갖고 있음을 인정하는 것은 아주 흔한 일이었다. 참조. 행 14:15-17; 17:22-31; 25:19; 롬 1:19-21; Clement of Alexandria, *Strom.* 1.19; 4.5; 5.14; Origen, *Cels.* 7.41-47 그리고 여러 곳. 신의 존재에 관한 여러 다양한 개념들이 그리스 철학 학파들에 만연하였다.

37 나지안조스의 그레고리오스는 드물게 등장하는 용어인 위포스테마(ὑπόστημα)가 "본체/실체"를 의미한다고 여긴다(참조. Lampe, s.v.). 이 용어가 고전 그리스 용법에서는 이러한 의미를 전달하지 못하지만(LSJ, s.v.), 이 용어는 휘피스테미(ὑφίστημι)로부터 파생되고 그래서 위포스타시스(ὑπόστασις)와 관련된다. 그러나 이 용어가 브라운과 스왈로우가 선호하는 히브리 본문의 "상의"라는 의미를 어떻게 전달할 수 있는지를 파악하는 것은 어렵다.

즉, "어떤 인간도 지금까지 하나님을, 즉 본성과 실체 안에 있는 하나님의 본질을 발견하지 못하였고 또한 발견할 수 없다"(28.17). 표면적으로, 그는 인간이 하나님의 실체 또는 본성을 전혀 알 수 없다고 말하는 것처럼 보인다.[38]

그러나 이것은 그가 의미하는 바가 아니다. 나지안조스의 그레고리오스가 하나님의 본성을 알지 못하고 발견하지 못하는 우리의 무능력에 관하여 말할 때, 그는 단지 하나님의 불가해성을 약간 다른 용어들로 표현하고 있을 뿐이다. 우리가 하나님의 무한한 본질에 관하여 **모든 것**을 알 수 없기 때문에, 우리가 하나님의 본질을 전혀 알 수 없다고 또한 말할 수 있다. 전적인 불가지성에 관한 이러한 진술들은 나지안조스의 그레고리오스의 저작에서 드물다. 나지안조스의 그레고리오스가 인간이 하나님의 본질을 전혀 알지 못함을 의도하였다고 아주 종종 해석된다는 사실은 얼마나 많이 「신학적 설교」가 그에 관한 연구의 독점적인 초점이 되어왔는지를 보여준다. 그러한 개념이 가장 두드러지게 나타나는 「설교 28」에서조차 나지안조스의 그레고리오스는 자신이 의미하는 바를 신중하게 제한한다.

그러면서 그는 하나님에 관한 우리의 지식에 관한 질문은 하나님의 온전한 거대함을 포괄하지 못하는 우리의 무능력과 주로 관련이 있다고 주장한다. 그는 이러한 점을 파악의 언어로 전형적으로 표현한다. 앞에서 인용한 진술에서, 즉 "하나님은 인간의 지성에 의해서 파악될 수 없다. 또한, 하나님의 거대함 전체는 상상될 수 없다"는 진술에서(28.11), 두 번째 절은 첫 번째 절을 구체하면서 신적 거대함의 개념성 안에서 파악(또는 이해)의 개념을 설정한다.[39] 그래서 나지안조스의 그레고리오스는 「설교 28」을 이러한 용어들로 끝내면서 **하나님의 실체의 본성은 "우리의 이해보다 더 크다(νοῦκρείττων)"**(28.31)라고 말한다.[40]

---

38 예를 들면, Plagnieux, *Saint Grégoire*, ,283: 설교 28에 있는 나지안조스의 그레고리오스의 주된 논증은 "신적 인식에 관한 우리의 무지"이다. 더 나은 평가들은 다음에서 찾을 수 있다. McGuckin, "Perceiving Light," 12-13; Norris, "Theology as Grammar," 241.

39 동일한 구조가 설교 20.11에 나타난다: "여러분이 하나님에 관하여 정확한 지식을 —즉, 하나님은 무엇이고 얼마나 큰지에 관하여 정확한 지식을— 가지고 있다고 어떻게 생각할 수 있는가?"

동일한 점이 우리가 하나님을 "알" 수 없거나 하나님에 관한 전혀 말할 수 없다는 진술들에도 적용된다. 예를 들면, 플라톤의 격언을 뒤바꾸어서 나지안조스의 그레고리오스는 다음과 같이 말한다.[41] "하나님을 표현하는 (φράσαι) 것은 불가능하다. 그러나 그를 이해하는(νοῆσαι) 것은 훨씬 더 불가능하다"(28.4).[42] 나지안조스의 그레고리오스에게 하나님은 형언할 수 없는 분이시다. 우리가 하나님에 관하여 정확하게 아무것도 알 수 없거나 하나님의 본성을 표현할 수 없기 때문이 아니라, 우리가 하나님이 무엇인지, 즉 그의 본성에 관하여 **모든 것**을 결코 표현할 수 없기 때문이다. 하나님에 관하여 믿어지고 말하여지는 많은 것이 진실이라고 하더라도, 우리가 하나님의 본성의 모든 것을 표현할 수 없기 때문에 하나님은 그러한 의미에서 "형언할 수 없는 분이시다." 그러한 진술들에 근거해서 우리가 하나님의 본질에 관하여 알지 못하거나 참된 진술들을 할 수 없다고 결론을 내리는 것은 나지안조스의 그레고리오스의 부정주의 신학을 크게 과장하는 것이며 그의 교리가 지닌 궁극적인 목적을 간과하는 것이다. 그 목적은 어떻게 그리스도인들이 정말로 하나님을 아는가를 보여주는 것이다.[43]

나지안조스의 그레고리오스는 주로 인간의 육체성의 관점에서 불가해성의 인식론적 차원을 분석한다. 만물의 창조주로서 하나님은 피조된 존재의 특징들인 유한성, 규정성 및 형식성을 초월한다. 오리게네스에게처럼 나지안조스의 그레고리오스에게는 모든 피조물들은 구별된 방식들로 제한되고 형성됨으로써 존재하며 자신들의 독특한 정체성들을 지닌다. 이를 통하여 모든 피조물들이 어떤 의미로 "육체적(σωματικός)"이게 된다. 인간의 정신적 활동도 또한 근본적으로 육체적이다.[44] 비록 인간이 지성적 실재와 물질적 실재의 혼합체이더라도(38.11),[45] 인간의 정신은 시간과 공간의 차

---

40 하나님의 무한성에 관해서는 또한 다음을 참조하라. Ors. 38.7-8; 40.41.

41 Tim. 28c.

42 참조. Or. 30.17: 하나님은 명명될 수도 없고 형언될 수도 없다.

43 나지안조스의 그레고리오스의 "부정신학적, 불가지적 신학"에 관한 핸슨의 강조를 참조하라. Search for the Christian Doctrine of God, 708.

원들 안에서 형태와 질서를 수단으로, 그리고 모든 피조물들의 특징들인 수, 양 및 관계의 범주들을 사용하여 사물들을 인식한다.[46]

그러므로 나지안조스의 그레고리오스는 인간의 정신적 활동을 일정의 정념으로 묘사한다(20.9). 그리고 그는 인간의 상태가 지닌 몸의 "두께(αχύτης)"에 관하여 종종 언급한다.[47] 이해될 수 있는 어떤 것도 정신적으로 "구체화된다." 그리고 모든 언어도 정신적으로 "구체화된다." 그래서 우리는 체질적으로 인간의 앎의 육체성을 초월할 수 없다. 이와는 대조적으로, 하나님은 이와 같은 피조물의 한계들을 뛰어넘고, 공간과 시간을 초월하며 (20.9), 그리고 하나님은 이러므로 비육체적이다(ἀσώματον).[48] 나지안조스의 그레고리오스는 하나님의 비육체성이 기독교 신학 전통에서 보편적으로 가르쳐지고 있음에 주목하는데(28.9),[49] 이것은 또한 오리게네스를 떠올리게 한다. 그리고 여기에 관하여 나지안조스의 그레고리오스와 에우노미오스는 사실 완전히 일치한다.[50] 나지안조스의 그레고리오스의 추론에 따르면, 만약 하나님이 몸이라고 한다면, 하나님은 우주의 하나의 지체이든지, 또는 아마도 우주 자체가 될 것이다. 그러므로 하나님은 우주의 창조자 주님, 및 피조물들의 예배의 참된 대상이라기보다는 우주에 의해서 지배되거나 또는 그것에로 동화될 것이다(28.7).[51]

그러나 나지안조스의 그레고리오스는 하나님을 인식할 때 인간의 언어

---

44 오리게네스에 따르면, 성부, 성자, 성령의 신적 본질만이 물질적 본체가 없이 그리고 몸이 없이 존재한다(Princ. 1.6.4; 2.2.2; 4.3.15). 천사들과 마귀들을 포함하여 모든 다른 것들은 어느 정도로 몸으로 구체화된다(pref. 8).

45 참조. Or. 28.12. 육체성과 비육체성에 관한 주제들은 주현절 설교들에서 대체적으로 부재한다; 참조. 39.8, 13.

46 Origen, Princ. 4.3.15.

47 참조. Ors. 2.17, 74; 22.6; 34.6; 28.7, 12; 29.11, 19; 38.12-13 (= 5.8-9); 45.11-12, 45; Ep. 101.49, 56.

48 참조. Or. 30.17.

49 아소마톤(ἀσώματον)이라는 용어가 성경에 등장하지 않는다고 하더라도 이러한 개념이 성경 안에 존재하며 기독교적 신론에서 본질적인 부분이라고 오리게네스는 주장하였다. Princ. pref. 8-9; 1.1-4 그리고 여러 곳.

50 참조. Eunomius, Apol. 12-22.

51 그러면 하나님도 또한 복합적인 존재가 되어 분리와 해체될 것이다(Or. 28.7). 그리고 하나님은 즉시 우주를 채우지 못하거나 우주의 운동자로서 기능하지 못할 것이다(28.8).

가 지닌 한계들을 오리게네스보다[52] 훨씬 더 많이 깨닫는데, 이러한 깨달음은 크게는 하나님의 본질을 안다고 주장하는 에우노미오스주의자들의 확신 때문임이 확실하다. 그래서 그는 "그것은 큰 건축들을 짓는 데에 작은 도구를 사용하는 것과 같다"(28.21)고 논평한다.[53] 두 번째 「신학적 설교」에서 하나님의 불가해성을 논의할 때, 나지안조스의 그레고리오스는 먼저 하나님의 육체성에 관한 질문을 다루면서 "파악은 일종의 한정"(28.10)이라고 결론을 내린다.[54] **우리의 육체적 본성과 하나님의 비육체적 무한성 때문에, 하나님은 우리에게 불가해적이시다.** 비록 우리가 자연스럽게 하나님에 대한 직접적인 지식을 갈망한다고 하더라도, 피조된 이미지들 및 개념들과는 별개로 하나님을 아는 어떤 시도도 인간의 앎이 본질적으로 지닌 한계들과 대립한다.[55]

나지안조스의 그레고리오스는 우리의 앎의 육체적 한계들이 좋은 목적에 실제적으로 기여함을, 그리고 그 한계들은 하나님의 자비의 징표로서 우리의 행복을 증진하기 위하여 하나님에 의해 고안되었음을 여러 차례 골똘히 생각한다. 하나님께서 자신과 인간 사이에 "몸의 흑암"을 도입하셨다. 아주 쉽게 얻어진 것을 우리가 잃지 않도록, 아주 훌륭한 지식으로부터 루시퍼처럼 떨어지지 않도록, 또는 우리가 나중에 보상을 받을 수 있는 어떤 것을 추구하는 일이 우리에게 결여되지 않도록 하기 위함이다(28.12). 하나님께서 "우리 눈 위에로 부어진 흑암 속에 숨어 계시다"는 사실은 신비스러운 방식으로 우리에게 도움을 준다. 우리의 현재의 고통들 한가운데에서 더 나은 삶에 대한 소망을 가지도록 하며, 또한 우리가 품고 있는 환상들, 즉 우리 스스로 충분하다는 환상들을 제어하도록 한다(17.14).[56] 우리의 육체성이 — 다시 말해서, 우리의 피조성이 — 지닌 이러한 중립적 상태는 하

---

52 참조. Richard, *Cosmologie et théologie*, 439; Trigg, "Knowing God."
53 윅컴의 번역 및 각색. 참조. 14.32: 빙글빙글 돌고 비이성적인 자들은 세상이 아니라 우리이다.
54 참조. *Or.* 22.9.
55 참조. *Ors.* 2.74; 24.15; 31.7; 39.13; 45.11.
56 나지안조스의 그레고리오스는 우리의 피조된 존재라는 사실을 "하나님의 오래된 고정적 규례"이라고 일컫는다(*Or.* 17.4). 참조. 24.19; 29.11; 39.8.

나님 지식에 대한 장애물이기도 하고 또한 도움이기도 한다. 우리의 육체성의 중립성 그 자체는 우리를 하나님으로부터 명백하게 분리시키는 죄와 개념적으로 유사하지 않다.[57]

에우노미오스를 반대하는 가장 직접적인 정황 안에서 보자면,「설교 28」에 있는 나지안조스의 그레고리오스의 **시내산 등정 이야기는 우리가 하나님을 파악할 수 없다는 부정적 주장을 제시한다**(28.2-3).**그러나 더 큰 의미에서 보자면 — 그리고 그의 신학적 관심사들에 더 중심적으로 — 이 이야기는 어떻게 우리가 하나님을 알 수 있고 진정으로 아는지를 알려준다**. 거듭 말하자면, 용어들의 선택이 의미심장하다.

비록 나지안조스의 그레고리오스는 **하나님을 "파악하지" 못한다고 하더라도, 그는 하나님을 정말로 "본다"**고 우리에게 말한다. 하나님에 대한 완전한 파악보다는 덜하다고 하더라도 그는 하나님에 대한 실제적인 지식을 얻는다. 모세처럼 나지안조스의 그레고리오스도 하나님이 지나가실 때에 "하나님의 등 부분들"(출 33:23), 즉 하나님의 실체의 뒤쪽의 주변부를 본다. 그가 하나님의 본성을 충분하게 보지 않지만, 즉 하나님 자신이 첫째 베일 안에 머물며 그룹들에 의하여 감춰진 [하나님의 본성의] 일부분을 보는 것처럼 충분하게 보지 않지만,[58] 그는 하나님의 본성을 "어느 정도로" 정말로 본다. 즉, 그는 "그 본성 중에서 뒤에 생겨나고 우리에게 전해오는 부분(ὄση)"을 본다(28.3).[59]

여기에서도 또한 나지안조스의 그레고리오스가 과도하게 부정신학적 방향으로 오해되어져 왔다. 마치 그가 하나님의 본성을 전혀 보지 못한다고 말하는 것처럼 오해되어져 왔다.[60] 그가 하나님의 본성의 모든 것을 보지 않더라도, 그는 하나님의 본성 중에서 창조세계로 확장되는 일부분을, 즉 하나님이 피조물들에 의하여 알려지도록 하는 "하나님 자신의 징표

---

57 참조. *Or.* 2.74.

58 하나님을 감추는 첫 번째 베일과 두 번째 베일에 관하여 다음을 또한 참조하라. *Ors.* 6.22 그리고 38.8: 하나님은, 즉 삼위일체는 거룩 중의 거룩이며 스랍들로부터도 감추어져 있다.

59 윅컴의 번역처럼 이 구절은 하나님의 본성이 "첫 번째 베일 안에 머무르면서" 및 "우리에게 다가오면서"를 의미한다고 또한 번역될 수 있다. 어느 경우는 두 진술 보두가 신적 본성을 가리킨다.

들"을 정말로 본다. 성경에서는 그러한 징표들을 하나님의 "위엄" 또는 "영광"이라고 일컫는다. 나지안조스의 그레고리오스가 에우노미오스의 정황으로부터 멀리 벗어난 자신의 마지막 설교에서 모세의 시내산 등정을 다시 언급할 때, 그는 이제 순전히 긍정적 계시의 관점으로 모세의 등정을 묘사한다. 여기에서는 하나님의 불가해성에 관한 언급이 전혀 없다. "그 산에서 하나님께서 인간들에게 나타나시기(φαντάζεται) 때문이다"(45.11).[61] 온전한 파악을 위한 우리의 시도들에 대하여 신중하게 표명된 제한조건들을 제시함과 동시에, 나지안조스의 그레고리오스는 하나님을 아는 실제적 가능성을 강조하는 데에 훨씬 더 많은 관심을 가지고 있으며, 심지어 과장하기까지 한다. 그는 정화된 사람들은 삼위일체를 잘 알게 될 것이라고, 즉 성부와 성자와 성령이 서로에게 알려지는 것처럼 삼위일체를 잘 알게 될 것이라고 말한다(25.17).[62]

나지안조스의 그레고리오스가 **주현절 설교들에서 하나님에 관한 긍정적 지식에 관하여 가장 분명하게 진술한 것**은 놀라운 일이 아니다. 그는 「설교 27-28」에 비하여 「설교 38-40」에서 하나님 지식에 더 많은 주의를 기울인다. 부분적인 이유는 그가 대감독으로 취임을 하여서 유사파들 및 에우노미오스주의자들에 대한 그의 비판이 덜 긴급하기 때문이다. 뿐만 아니라 더 큰 이유는 그의 주된 목적이 그리스도인들 안에서의 교리적 논쟁이

---

60 이 점에서 브라운과 스왈로우의 번역이 특히 오해의 소지가 있다. 왜냐하면 그리스어 본문대로 하나님의 하나의 본성의 두 "부분들"을 구별하기보다는 이 절에 —"우리에게로 다가오는 … 본성과 대립되는 첫 번째의 비혼합적인 본성"에— 피조된 두 번째 "본성"을 추가하기 때문이다. 블라디미르 로스키의 주장도 더 이상 도움이 되지 않는다. 그는 나지안조스의 그레고리오스가 하나님에 대한 비전의 본성에 관하여 분명하지 않다고, 즉 때로는 신적 본질을 아는 가능성을 부정하고 때로는 그것을 확증한다고 주장한다. *Vision of God*, 82-84.

61 참조. 설교 32.16에서, 즉 논쟁이 많이 벌어지는 379년 가을부터 모세를 더욱 부정적인 방식으로 사용한다. 여기에서는 조심스러움과 신학적인 절제가 나지안조스의 그레고리오스의 마음에 아주 많았다.

62 γνώσῃ τοσοῦτον, ὅσον ὑπ' ἀλλήλων γινώσκονται. 이 평범한 그리스어 구문을 문자적으로 해석한다면 터무니없이 과장된 효과를 지닌다. 나지안조스의 그레고리오스는 우리가 하나님 자신의 자기지식이라는 피조되지 않은 거대함에 참여할 것이라고 물론 믿지 않는다. 그것에 아주 부분적으로 참여하는 것만을 언급한다. 이와 동일하게 제한된 수사학적 의미를 그의 유명한 진술에서 볼 수 있다. 즉, "그리스도께서 인간이 되시는 것과 동일한 정도로 우리가 신이 될 수 있기 위하여(ἵνα γένωμαι τοσοῦτον Θεός, ὅσον ἐκεῖνος ἄνθρωπος, 29.19))" 그리스도가 인간이 되셨다는 진술에서 볼 수 있다. 아래서 인용된 구절의 맨 끝을 또한 참조하라(*Or.* 38.7).

아니라 세례를 위한 요리문답이며, 또한 불신앙과 전통적 그리스 종교에 맞서서 기독교의 독특성을 분명히 하는 것이기 때문이다. 기독교와 이방종교 사이의 차이점에 관한 서론 다음에, 나지안조스의 그레고리오스는 하나님의 본성 및 하나님 지식에 관한 중요한 성찰과 함께 자신의 주요한 교리적 해설을 시작한다.

하나님은 항상 계셨고, 지금도 계시며, 앞으로 계실 것이다 — 더 잘 표현하면, 하나님은 항상 계신다. "계셨다"와 "계실 것이다"는 우리가 경험하는 시간의 분할들이기 때문이다. 시간은 흘러가는 하나의 본성이다. 그러나 하나님은 항상 계시며, 산에서 모세에게 자신의 정체성을 알려주실 때에 이러한 이름을 자신에게 주신다(출 3:14). 하나님은 존재 전체(ὅλον τὸ εἶναι)를 자신 안에 포함하고, 시작 또는 끝이 없으시고, 존재(being)의 대양, 즉 끝없고 한없는 대양과 같으시다. 하나님은 시간 및 본성에 대한 우리의 모든 개념들 너머로 크시며, 오직 정신에 의해서 윤곽이 드러난다(σκιααγραφούμενος). 그러나 오직 매우 희미하게 및 제한된 방식으로 드러난다 — 하나님을 완전하게 드러내는 것들에 의해서가 아니라, 하나님에게 주변적인 것들에 의해서 드러난다(οὐκ ἐκ τῶν κατ' αὐτόν, ἀλλ' ἐκ τῶν περὶ αὐτόν). 진리에 대한 일종의 유일한 이미지(ἕν τι τῆς ἀληθείας ἴνδαλμα)를 형성하기 위하여 하나의 표상(φαντασία)이 다른 것으로부터 파생되는 것과 같다. 진리는 숙달될 수 있기 전에 달아나며, 이해될 수 있기 전에 피하고, 우리를 인도하는 이성 위에로 빛을 비춘다. 마치 번개의 빠르고 순식간의 섬광이 우리 눈에 비추는 것과 같다. 하나님께서 이렇게 행하심은 하나님이 이해될 수 있는(τῷ ληπτῷ) 정도로 진리가 우리를 진리 자체에로 이끌어갈 수 있도록 하기 위함이라고 내게는 보여진다 — 왜냐하면 완전히 불가해한 것은(ἄληπτον) 또한 소망 너머에 있으며, 성취 너머에 있기 때문이다. 그리고 진리가 우리의 파악(τῷ ἀλήπτῳ) 너머에 있는 정도로, 진리가 우리의 경이를 불러일으키기 위함이며, 또한 경이를 통해서 훨씬 더 많이 갈망하도록 하기 위함이고, 또한 갈망을 통하여 우리를 정화시키기 위함이며, 또한 정화를 통하여 우리로 하여금 하나님과 같이 되도록 하기 위함이다. 그리고 우리가 이렇게 되었을 때에, 하나님께서 친구로서 친밀하게 우리와 함께 사귐을 가지기 위함이다 — 여기에서의 나의 말들이 경솔하고 대담하다! — 하나님께서 자신을 우리와 연합시키며 자신을 우리에게 신들 중의 참 신으로 드러내심으로써, 아마도 하나님께서는 자신에 의하여 알려진 자들을 이미 아시는 것과 동일한 정도로 사귐을 가지기 위함이다.(38.7)[63]

여기에서 나지안조스의 그레고리오스는 하나님을 아주 풍성한 실체로서, 즉 우리 존재의 차원들과 범주들을 뛰어넘는 실체로서 묘사한다. 그러기에 유한한 인간 정신은 하나님을 단지 겨우 파악할 수 있을 뿐이다. 이러한 사실에도 불구하고 — 나지안조스의 그레고리오스는 이러한 생각을 믿을 수 없다고 인정하지만 — **우리는 하나님을 알 수 있다. 그렇지 않다면 우리에게는 소망이 없을 것이다. 비록 우리가 하나님의 실체(κατ' αὐτον)를 완전히 파악할 수 없다고 하더라도, 그럼에도 불구하고 우리는 하나님의 실체의 "가장자리"에 관하여 무언가를 정말로 인식한다.** 우리가 위에서 보았던 것처럼, 하나님의 실체의 소위(περὶ αὐτόν) 자그마한 확장에 관하여 무언가를 정말로 인식한다(28.3).[64]

정신은 자신의 자연적 한계들로 인하여 피조적 이미지들과 개념들을 통하여 하나님을 안다. 피조적 이미지들과 개념들은 하나님의 지고한 실재에 비하면 그림자들이며, 이것들은 전부 함께 하나님의 진리에 대한 이미지만을 생성한다. 그럼에도 불구하고 이러한 이미지들을 통하여 하나님 자신이 신자에게 알려진다. 하나님의 실체의 "가장자리", 즉 하나님의 바깥 부분들이 참으로 보여지는 것처럼 알려진다. 나지안조스의 그레고리오스가 「설교 2」에서 쓰듯이, 하나님께서는 "우리가 하나님을 파악할 수는 없다

---

63 데일리의 번역 및 각색.
64 설교 30.17에 있는 비슷한 표현을 참조하라. 이 구절은 나지안조스의 그레고리오스가 전달하고자 하는 하나님 지식의 실제를 약화시키는 방식들로 대개 해석되어 왔다. 브라운과 스왈로우에게, 하나님은 "자신의 본질들에 의하여 알려지지 않고 자신의 환경에 의하여" 알려진다; 갤레이는 다음과 같이 해석한다. "non pas d'après ce qui est en Dieu, mais d'après ce qui est autour de lui."

고 하더라도 하나님을 만질 수 있도록"(2.75) 창조하셨다. **이렇게 하여 하나님은 우리가 하나님에 관하여 아는 바를 통하여 우리를 자신에게로 더 가까이 이끄신다. 그러면서 점점 더 우리를 변화시키며 자신과 우리를 연합시키신다. 우리의 갈망을 이끌어내시기 위하여 하나님께서 이러한 지식을 항상 초월하시는 때조차도 그렇게 하신다. 그 결과로, 하나님에 대한 우리의 관계가 믿을 수 없을 정도로 친밀한 관계로 묘사되는 정도로 하나님이 알려지신다.**

하나님의 본성과 인간의 하나님지식 사이의 긍정적 관계는 무엇보다도 나지안조스의 그레고리오스가 신적 빛과 조명을 다루는 곳에서 분명하게 드러난다. 특별히 효과적인 구절이 「세례에 관하여」 설교의 앞부분에 나온다.

> 하나님은 빛이시다(요일 1:5) — 지고하며(ἀκρότατον), 가까이 다가가지 못하며(딤전 6:16), 형언할 수 없는 빛이시다 — 이 빛은 정신으로 파악될 수 없으며 말로 표현될 수 없다. 그리고 이 빛은 모든 이성적 본성을 비춘다. 태양이 감각될 수 있는 것들 중에 있는 것처럼, 이 빛은 지성으로 이해될 수 있는 것들 중에 있다. 이 빛은 우리가 정화되는 정도로 우리에게 나타난다. 이 빛이 드러나는 정도로 이 빛이 사랑될 수 있다. 다음으로, 이 빛이 사랑될 수 있는 정도로 이 빛이 이해된다. 이 빛은 자신을 관상하고 파악하며, 이 빛 바깥에 있는 자들에게 자신을 아주 조금 부어준다. 내가 의미하는 빛은 성부와 성자와 성령 안에서 관상되어지는 빛이다. 이 빛의 풍성함은 그들 사이의 조화이며 그들의 광채의 도약이다.(40.5)

하나님의 본성을 표현하는 나지안조스의 그레고리오스의 일차적 개념은 빛이다. 그는 하나님 지식을 조명으로, 또는 신적 빛에로의 참여로 종종 표현한다.[65]

삼위일체의 지고한 빛은 — 즉, 모든 파악을 초월하는 하나님의 존재 자체는[66] — 하늘과 땅의 모든 다른 빛의 근원으로서 자연스럽게 바깥의 다른

것들에게로 확장된다(45.2).[67] 첫째는 천사들에게 확장된다. 천사들은 하나님의 "일차적 광채"를 받는 "이차적 광채들"이며, 이들을 통하여 인간에게로 확장된다(39.9).[68] 나지안조스의 그레고리오스는 하나님의 빛을 때때로 태양에 비유한다.[69] 자연의 태양처럼, 하나님은 인간의 인식에 위험스러울 정도로 밝다(28.3).[70] 태양이 감각의 세상을 비추는 것처럼, 하나님은 인간을, 특히 인간의 정신을 비추신다(40.5).[71] 나지안조스의 그레고리오스가 신적인 조명을 인간의 정신적 삶 일반(영혼 또는 이성)으로 종종 표현하지만,[72] 조명은 하나님 자신에 관한 구원적 지식이라는 하나님의 선물을 더 자주 가리킨다. 자연의 태양이 우리의 몸들을 완전하게 하고 그것들을 태양과 같이(ἡλιοειδεῖς) 만들듯이, 하나님은 우리의 지성적 본성들을 완전하게 하고 그것들을 신과 같이(θεοειδεῖς) 만든다(21.1).

나지안조스의 그레고리오스에게 신적 빛의 완전한 환상이 오직 내생에

---

65 이 개념은 비전에 관한 관상적 용어와 중첩된다. 나지안조스의 그레고리오스에게서의 빛의 이미지에 표준적인 연구는 다음과 같다. John Egan, "Knowledge and Vision of God." 또한 다음을 참조하라. Kertsch, *Blidersprache*; Moreschini, "Luce e purificazione"; *SC* 358, 63-66. 성경 외에도(특히 요한문헌을 참조하라: 요 1:4-9; 3:19-21; 8:12; 9:5; 요일 1:5; 또한 다음을 참조하라. 히 1:3), 빛의 이미지는 4세기 신조들과 신학적 저작들 안에서 잘 확립되어 있다. 그리스도는 "빛으로부터 나온 빛"이라고 말하는 니카이아의 진술이 하나의 예이다.

66 이건은 다르게 생각한다. 그는 나지안조스의 그레고리오스에게 "빛"은 하나님의 본성 자체를 가리키지 않고 단지 하나님의 조명적인 인과성을 및 하나님에 대한 인간의 유사성을 가리킨다. 플로티노스의 저작에서와 같다("Knowledge and Vision of God," 134, 141). 또는 "혼과 신적 영의 상호적 침투"를 가리킨다(159). 설교 40.5가 알려주듯이, 나지안조스의 그레고리오스는 빛의 이미지를 사용하여 하나님의 초월적 본성을 가리킨다. 하나님이 자신의 본성을 전달하는 것만을 가리키지 않는다(또한 다음을 참조하라. 37.4; 44.3).

67 참조. *Ors.* 2.76; 12.4; 17.8; 20.1; 32.15; 21.1-2; 28.31; 31.3; 36.5; 37.4; 39.1, 9; 40.37, 41; 44.3; 45.2; *Carm.* 1.1.32.13-18; 2.1.12.753; 2.1.36.7.

68 참조. *Ors.* 38.9; 40.5. 하나님의 태고의 빛의 전달자로서의 천사들에 관해서는 다음을 참조하라. 28.31; 44.3; 45.2.

69 전통적인 성경적 및 그리스적 이미지이다: 시 84:11; 89:36; 말 4:2; 마 17:2 (변모); 또한 다음을 참조하라. 계 10:1; 12:1; 19:17; Origen, *Comm. Jn.* 13.23. 그리스 자료들 중에서는 특별히 다음을 참조하라. Plato, *Rep.* 6.508, 510a, e; 516c; *Phaed.* 67b; Plotinus, *Enn.* 6.7.16. 참조. Egan, "Towards a Mysticism of Light," 특히, n10, n28-32; Moreschini, "Luce e purificazione," 545-546; Pinault, *Le Platonisme*, 89.

70 참조. *Ors.* 9.2; 17.7; 20.10.

71 참조. *Ors.* 21.1; 28.3; 44.3- 4; *Carm.* 1.2.10.946-960; Gottwald, *De Gregorio Nazianzeno Platonico*, 40-41, 48; Kertsch, *Blidersprache*, 125 and n3.

72 참조. *Ors.* 28.17; 39.1; *Carm.* 1.1.4.32-34; 1.1.8.1-3; Egan, "Knowledge and Vision of God," 160-161.

서 일어난다고 하더라도, 신적인 조명은 이생에서 시작한다. 카이사리오스를 위한 장례설교에서 나지안조스의 그레고리오스는 자신의 죽은 형제에게 감동적으로 말한다. "너는 [하나님]으로부터 흘러나오는 빛으로 가득하지만" 이 세상에 남아있는 자들은 "거울들과 수수께끼들로 보는 이 날에"(고전 13:12) 단지 적은 흐름의 빛을 받는다(7.17). 나지안조스의 그레고리오스는 고전 13:12에 있는 바울의 말을 자주 인용한다. 그럼으로써 그는 우리가 지상의 삶 동안에는 신적 빛이 거울로 비춰지는 것처럼 우리가 하나님을 오직 부분적으로 본다는 점을 알려준다. **우리는 현재 하나님의 본질을 파악하지 못한다. 다만 "우리에게 도달하는 것은 조금한 양의 방산이다. 마치 큰 빛에서 나오는 작은 불빛과 같다"(28.17)**[73]

거울과 빛에 관한 나지안조스의 그레고리오스의 이미지에 관한 연구에서 존 에건(John Egan)은 **이생에서의 하나님 지식과 내생에서 하나님을 보는 것을 구별한다. 전자는 영혼의 내적인 거울에 반사되어 간접적으로 보여지는 것이지만, 후자는 얼굴과 얼굴을 맞대어 온전히 보는 것이다.**[74] 천상에서의 봄과 지상에서의 봄이 이렇게 구별되지만, 온전한 지식을 내생으로 미룬다고 해서 두 개의 다른 종류들의 지식 사이에 철저한 구별이 있다고 과장하지 않는 것이 중요하다. **하나님의 본성에 대한 지식이 이생에서 실재적으로 가능하다는 점은 나지안조스의 그레고리오스의 신학적 비전에서 중심적이며, 또한 그러한 지식과 종말론적 비전 사이에 연속성이 있음도 중심적이다.** 이생의 신학적 비전과 종말론적 비전은 단지 정도에 있어서 차이가 난다.

앞에서 인용한 「설교 40」에서 바로 다음과 같은 점을 강조한다. 즉, **하나님은 온전하게는 불가해적이지만, 그럼에도 불구하고 신적 빛은 정화된 자들에게 나타나서, 부분적이지만 실재적인 방식으로 그들에게 "자신을 부어준다." 그래서 현재에서조차 그들은 삼위일체의 풍성한 광채를 관상한다**(40.5).[75] 「설교 28」의 반(反)에우노미오스적 정황 안에서 나지안조스의 그

---

[73] 참조. *Ors*. 11.6; 12.4; 20.1, 12; 24.19; 32.15; 25.16; 26.19; 38.7, 11; 43.82; *Carm*. 1.2.10.946-960; 2.1.1.213; 2.1.87.15f.; 2.2.3.286.

[74] Egan, "Knowledge and Vision of God," 1-2, 18 그리고 여러 곳.

레고리오스는 자연스럽게 하나님의 불가해성을 강조한다. 그러나 이것은 그의 평상시의 초점이 아니다.[76] (주현절 설교들에서처럼) 더 전형적으로 그는 불가해한 하나님께서 자신의 영원한 광채의 조명을 통하여 자신을 계시하셨다는 기이한 사실을 찬양한다.

「설교 32」에 있는 빛에 관한 중요한 구절이 이 점을 분명히 한다. 나지안조스의 그레고리오스는 하나님께서 "우리의 흑암(γνόφος)을 밟으시고 '흑암(σκότος)을 자신의 숨는 곳으로 삼으신다'"고 말한다. 이 말로 그는 히브리서 12장 18절의 시내산 위의 구름 속에서 및 시편 18편 11절[17편 12절]의 격렬한 뇌운들 안에서 드러난 하나님의 임재를 가리킨다. 하나님의 임재는 우리가 정화를 통하여 안정되게 및 확실하게 하나님 지식을 획득하기 위함이며, 또한 "그 빛이 빛과 사귐을 가지기 위함이며, 이를 통하여 갈망을 가지고 그것을 계속 위로 이끌어 올리기 위함이다"(32.15). 달리 표현하면, **우리가 보는 것의 한계들조차도 하나님의 자기계시를 증진하기 위함이지, 하나님을 무지의 구름 안에로 분리시키기 위함이 아니다.** 나지안조스의 그레고리오스가 고전 13:12에 관하여 주석하면서 계속 말하듯이, 신적 빛은 지상에 있지만 이 빛과 "친밀하게 사귐을 갖는(ὁμιλεῖν)" 자들에게 자신을 지금 부분적으로 계시하고(τὸ μέν) 내생에서 부분적으로 계시한다(τὸ δέ). 신학적 담론의 한계에 관하여 다루는 이 설교에서 그는 하나님의 불가해성과 온전히 보는 것의 종말론적 특성에 주목할 때조차도, 이 구절 전체는 이생에서 시작되는 신적 빛에 관한 지식, 즉 부분적이지만 실재적인 지식으로 빛나고 있다.

하나님의 실체의 긍정적 계시는 나지안조스의 그레고리오스의 저작을 통하여 빛의 이미지가 전달하는 주요한 개념이다. 그에 따르면, **이생에서**

---

75 이 구절에 관한 주석에서 모레쉬니는 하나님과 피조물 사이의 존재론적 차이를 강조하며(SC 358, 204 n4), 다음과 같이 추가하여 말한다. 즉, 빛의 이미지를 사용하면서 나지안조스의 그레고리오스는 —마치 자신이 계시하는 요점 자체로부터 우리를 보호하려는 듯이— "부정신학"과는 모순되지 않음을 알고 있었다고 말한다("Luce e purificazione," 536).

76 앞에서 주목하였듯이, 설교 28의 논증은 나지안조스의 그레고리오스의 저작 전체에서 드물게 나타난다.

그리스도인들을 부분적으로($\tau\grave{o}$ $\mu\acute{\epsilon}\tau\rho\iota o\nu$) 조명하여 내생에서 더 온전하게 "하나님의 광채를 보고 경험할" 수 있도록 하는 것은 신적 빛의 본성 및 목적 자체이다(38.11).[77] 현재에서도 그리스도인들은 "조금한 양의 방산을, 그리고 소위 큰 빛에서 나오는 작은 불빛"(28.17)을 받아들인다. 지상적 조명의 실재에 관해서는 나지안조스의 그레고리오스가 「설교 40」에서 사용하는 강력한 표현들로 이해될 수 있다. 즉, 삼위일체의 빛은 순수한 자들에게 "자신을 아주 조금 부어준다($\chi\epsilon\widehat{\iota}\sigma\theta\alpha\iota$)"(40.5). 여기에서 사용된 동사는 그가 성부 하나님으로부터의 성자 및 성령의 영원한 생성에 관하여 말할 때(23.8) 및 창조의 활동 속에서 하나님의 선이(38.9) 특히 지성 세계에로 부어주심에 관하여 말할 때(38.9) 사용하는 것과 동일하다.[78] 그리고 신적 지식의 연속성이 동일한 빛이 양적으로 다른 분량들이라는 관점으로 표현된다($\ddot{o}\sigma o\nu$, $\dot{o}\lambda\acute{\iota}\gamma\alpha$)(40.5). 신적 빛의 광선들은 상대적으로 적지만, 이생에서의 그리스도인들을 참으로 조명하여 준다(8.19).[79]

381년의 주현절 설교들에서 나지안조스의 그레고리오스는 자신의 회중의 지체들이 삼위일체에 의하여 조명을 받기 위하여 정화되도록 권고한다. "너희는 이제 유일한 하나님으로부터 광선 하나를 부분적으로 받았다"(39.20).[80] 또 다른 중요한 본문에서 나지안조스의 그레고리오스는 하나님께서 자신의 빛과 본성적으로[81] 닮은 조명에 의하여 사람들을 자신에게로 이끌어온다고 말한다. 왜냐하면 그러한 조명은 하나님으로부터 나오며 하나님에 대하여 우리가 보는 것에 의하여 구성되기 때문이다(21.1). 하나님에 대한 긍정적 지식에 관한 나지안조스의 그레고리오스의 이해가 아주

---

77 참조. *Ors.* 8.23; 16.9.

78 나지안조스의 그레고리오스는 모나드가 흘러넘치는 신플라톤적 함의들에 관하여 조심한다(Or. 29.2); 참조. Plotinus, *Enn.* 5.1.6; 5.2.1; 또한 다음을 참조하라. 2.9.3; Plato, *Tim.* 41d (다른 상황이다). Moreschini, *SC* 358, 77–80; 29.2의 철학적 방향에 관해서 본서 IV장을 참조하라.

79 참조. *Ors.* 7.17; 39.1-2; *Carm.* 1.2.10.142; 2.1.1.630-632.

80 참조. *Or.* 17.8.

81 $\sigma\upsilon\gamma\gamma\epsilon\nu\acute{\eta}\varsigma$. 모세이는 더 안전한 번역으로 다음을 선호한다. "innée en nous" (*SC* 270, 111); 그러나 설교 21.1-2에 있는 신적 빛의 정황과 함께, 친족과 자연적 혈통이 내포한 의미들은 더 견고한 해석을 요구한다. 브라운과 스왈로우의 비슷한 판단을 참조하라(*NPNF* II.7, 269).

강하기에 그는 종종 자신의 정의들을 넘어서며 우리의 현재의 조명을 극단적인 용어들로 표현한다. 그는 자신의 주현절 설교들의 절정적 결말에 이르러 청중들을 다음과 같이 자극한다. "하나님을 붙듭시다! 첫 번째이며 가장 밝은 빛을 붙듭시다! 하나님의 광채에로 걸어갑시다!"(40.37) — 여기에서의 언어는 완전한 이해(λαμβάνειν)를 가리킨다. 마지막으로, 그는 삼위일체에 관한 신앙고백을 권하면서, 그는 하나에 대한 자신의 관상에서 셋에 의하여 이미 조명을 받는다는 점을, 또한 셋에 대한 자신의 관상에서 하나의 빛(μία λαμπάς)을 본다는 점을 아주 기쁘게 표현한다(40.41).[82]

「설교 28」에 있는 시내산 구절에서 나지안조스의 그레고리오스는 이와 같은 여러 점들을 알려주기 위하여 태양의 유비를 자신의 독특한 방식으로 만들었다. 그는 하나님의 등의 부분들을 물에서 빛의 희미한 형태들로 굴절된 광선들에 비유한다(28.3). 이러한 이미지는 하나님께서 너무나 거대하고 강력하여 완전하게 알려질 수 없다는 점을 암시하지만, 그럼에도 불구하고 하나님은 자신의 실체에 관하여 약화되어 있지만 실재적으로 보는 것으로 피조물들에게 조명하신다는 점을 암시한다. 이러한 이미지는 사람들이 태양이 형성한 그림자들의 윤곽선들을 따라 이해하는 경향이 있음을 알려 준다. 이러한 경향은 우리가 하나님의 빛을 보지 못하며 다만 그것이 형성하는 그림자들을 통해서 오직 부정신학적으로만 안다는 점을 암시할 것이다.

그러나 나지안조스의 그레고리오스는 또 다시 이것보다는 덜 부정신학적이다. 그가 삼위일체의 세 위격들을 가리키기 위하여 비슷한 이미지를 사용한다는 점은 — 즉, 햇살, 벽에 있는 반사, 그리고 물 속의 굴절의 이미지를 사용한다는 점은 — 태양과 물에 있는 이미지 사이의 연속성을 알려 준다(31.32). 불연속성, 간접성, 윤곽의 무지성을 가리키지 않는다. 물에 형성된 태양의 이미지는 약한 시력이 인식할 수 있는 약화된 형식으로 하나님의 실체에 관하여 긍정적 빛을 전달한다. 빛의 힘이 감소된다는 점 외에

---

82 참조. *Carm.* 2.1.1.194-213.

— 이러한 점은 하나님을 파악한다고 주장하는 에우노미오스의 입장에 반대한다 — 사람이 보고 있는 것이 그 그원에 의해 형성된 동일한 빛이라는 점에는 어떤 의문도 없을 것이다.

앞에서 인용한 「거룩한 빛들에 관하여」에 있는 구절에서 동일한 강조점을 발견한다. 사람이 정화와 두려움으로 시작하여 초월적 하나님에 대한 갈망으로 움직여지며, — 심지어 지금이라도 — 신적 지식의 빛에 의하여 조명되는 고지에로 올려진다(39.8-10). 빛과 조명에 관한 이러한 긍정적 이미지를 통하여 나지안조스의 그레고리오스는 하나님에 관한 그리스도인의 지식을 하나님의 실체 자체와 긴밀하게 동일시한다. 하나님의 초월적 실체가 하나님에 대한 우리의 지식 안에로 소위 흘러든다. 그래서 하나님의 무한성이 항상 제한요인이기는 하지만 그 결과는 하나님의 실체와 하나님에 대한 인간의 지식 사이의 직접적이고 연속적인 관계성이다. 이러한 연속성 때문에, 하나님을 표현하는 빛이 상대적인 개념인지 절대적인 개념인지에 관한 질문은 사실상 해소된다. 왜냐하면 그러한 구별은 그리스도인들이 하나님에 관하여 아는 바가 그 자체로 계시는 하나님의 본성이 (심지어 부분적으로도) 아니라는 가정에 의존하기 때문이다.[83]

거룩한 세례가 정화의 전형적인 예가 되듯이, 세례는 또한 신적 조명의 탁월한 예이다. 일련의 주현절 설교들을 살펴보면, 세례에서 그리스도인들이 "참 빛으로 인쳐질 때" 그들이 받아들이는 조명에로 성육신한 그리스도의 빛이 직접적으로 나아간다(39.1-2). 앞에서 논의하였던 설교 40.5에서 나지안조스의 그레고리오스가 신적 빛과 조명을 다룬 것은 세례에서 주어지는 하나님 지식에 대한 직접적인 설명이다. 이러한 이해는 또한 일련의 설교들 중 여러 다른 구절들에도 적용될 수 있다. 세례를 기독교의 가장 큰 조명으로 여기는 나지안조스의 그레고리오스의 이해는 그가 전통적인 용어인 포티스모스(φωτισμός)를 포티스마(φώτισμα)("조명")로 변경하는 방식에

---

83 알트하우스와 이건은 다르게 생각한다. 이들은 빛이 하나님을 가리키는 절대적인 이름이 아니라 상대적인 이름이라고 주장한다(설교 30.18에 근거하여). Althaus, *Die Heilslehre*, 159-160 n62; Egan, "Knowledge and Vision of God," 476.

서도 보여질 수 있다. 이러한 변경은 밥티스마(βάπτισμα)("세례")를 떠올리게 한다.[84] 설교 앞부분에서 나지안조스의 그레고리오스는 기독교 세례의 다면적인 치유와 변혁을 탁월한 조명 그 자체로 묘사한다.

조명(τò φώτισμα)은 영혼들의 광채이며, 생명의 회심이고, 하나님께 대한 양심의 호소이다. 조명은 우리의 연약함을 돕고, 육체를 부인하며, 성령을 따르고, 말씀과 연합하며, 피조물을 개선하며, 죄를 파괴하고, 빛에 참여하며, 어두움을 해체한다. 조명은 하나님께로 나아가는 마차이며, 그리스도와 함께 죽고, 정신을 온전하게 하며, 신앙을 방어하며, 천국의 열쇠이며, 삶의 변화이고, 예속성의 제거이며, 사슬을 푸는 것이며, 우리의 복잡한 존재의 갱신이다. 내가 더 상세하게 다루어야 하는가? 조명은 하나님의 은사들 중에서도 가장 위대하고 가장 훌륭한 선물이다.(40.3)

더 개인적인 어조로 나지안조스의 그레고리오스는 자신의 세례를 신적 조명으로 생생하게 묘사한다. 『카르멘 루구브레』(Carmen lugubre)에서 그는 자신의 세례를 여성 인물들이 꿈같이 등장하는 모습으로 묘사한다. 즉, 그리스도 주님의 임재 안에 서있는 "나지안조스의 그레고리오스에게 그의 불꽃과 그들의 불꽃을 합하도록 초대하는 동정성과 단순성이라는 여성 인물들이 꿈같이 등장하는 모습으로 묘사한다. 이를 통하여 그들은 그를 안내하여 하늘을 지나 "불멸의 삼위일체의 광채 안에 서도록" 할 수 있다.[85]

세례를 정화 및 조명과 동일시하는 것은[86] 나지안조스의 그레고리오스의 영적인 변증법의 두 기둥들 사이의 복잡한 상호관계를 강조한다. 정화라는

---

84 알렉산드레이아의 클레멘스를 따른다. Clement of Alexandria, *Paed.* 1.6, 26, 29-30. 시각장애인 디디모스것으로 여겨지는 다음 본문들도 또한 참조하라: *In Pss.* 20-21 14.7; *In Gen.* 7A.4 (세례를 가리키지 않는다); *Trin.* 1.15, 18; 2.1, 5, 7, 14; 3.39 (대부분 세례를 가리킨다); Origen, *Fr. in Ps.* 44.11-14, l.28. 이 용어는 다음에서 자주 나타난다. *Or.* 40: 40.3 (5x), 4 (2x), 24, 25; 포티스모스(φωτισμός)의 계속된 용법에 관하여 참조하라. 40.1, 3, 5 (3x), 24, 36 (2x), 37 (2x).

85 *Carm.* 2.1.45 *Carmen lugubre*, here ll. 257-263. 또한 다음을 참조하라. McGuckin, *St. Gregory*, 67-76.

86 참조. Elm, "Inscriptions and Conversions," 16-18.

개념은 하나님과의 삶을 방해하는 불순물들을 제거함을 함축한다. 반면에, 조명은 신적 빛이 그리스도인에게 전달됨을 묘사한다. 조명되기 위해서는 정화되어야 한다. 이러한 점이 시내산 이야기에서 극적으로 표현되었음을 살펴보았다(28.2-3). 정화는 조명으로 나아간다(39.8). 그리고 하나님은 이성적 존재들이 정화되는 정도로 조명하며, 사랑을 통하여 그들을 관상에로 나아가도록 이끈다(40.5). 그래서 그리스도는 "빛"으로 불리운다. 왜냐하면 그리스도는 "세상과 삶 안에서 정화되는 영혼들의 조명"이기 때문이다(30.20). 거의 동의적인 용어들로 나지안조스의 그레고리오스는 행동(또는, 실천[프락시스, πρᾶξις])을 하나님에 대한 관상(또는 하나님을 보는 것, θεωία)에로 나아가는 것이라고 말한다. 행동이 사랑의 힘을 통하여 세상 안에서 그리스도를 섬기지만, 관상은 세상을 넘어서 하나님을 직접적으로 보게 한다(14.4). 나지안조스의 그레고리오스는 신학 후보자들이 유덕한 삶을 통하여 하나님 지식에로 오르도록, 그리고 정화를 통하여 순수 자체에 도달하도록 권고한다. 이러한 점을 그는 "행동은 관상으로 나아가는 디딤돌이다"(20.12)[87]라는 유명한 진술로 요약한다.

「평화에 관한 첫 번째 설교」에서 그가 쓴 바에 따르면, "행동들에(ἔργα)에 있는 철학을 통하여" 먼저 자신을 정화시키고, 그런 다음에 성령으로부터 신적 지혜를 받는 것은 성령의 우선순위이다(6.1). 이러한 표현들은 일종의 연대기적 순서를 암시할 수 있다. 즉, 행동을 통하여 정화된 이후에야 조명과 관상이 일어나는 순서를 암시할 수 있다. 그러나 토마스 스피들리크(Thomas Spidlík)가 보여주었듯이,[88] 나지안조스의 그레고리오스에게는 행동과 관상 사이에, 그리고 정화와 조명 사이에 항상적이고 유동적이며 역동적인 관계가 존재한다. 그래서 그것들은 사실상 하나의 운동의 두 차원들이다. 카이사레이아의 바실레이오스에 관한 찬사에서 그는 둘 중 하나를

---

87 πρᾶξις γὰρ ἐπίβασις θεωρίας. 또는 "실천은 관상의 후원자(πρόξενος)이다"(40.37). 실천이 관상으로 나아간다고 여기는 사상은 또한 오리게네스에게도 있다(예를 들면, *Comm. Jn.* 2.36.219). 참조. Moreschini, "Influenze di Origene," 40.

88 Spidlík, *Grégoire de Nazianze*, 113; 또한 다음을 참조하라. Plagnieux, *Saint Grégoire*, 141-164.

배제하고 다른 하나만을 상상하는 것을 분명하게 제지한다. "비이성적인 실천과 비실천적인 이성(ἄλογος πράξις καὶ λόγος ἄπρακτος)"은 똑같이 부족하다. 그래서 카이사레이아의 바실레이오스는 지혜롭게 두 가지를 결합하였고(43.43), 삶과 지식(비오스(βίος)와 로고스(λόγος)) 모두에서 뛰어났다(43.12). 아타나시오스도 또한 관상과 행동을 결합하였던 사람의 예로서, 아타나시오스는 "삶을 관상에로의 안내로 활용하고, 또한 관상을 삶의 보증으로 이용한다"(21.6).[89] 이런 까닭에 첫 번째 「신학적 설교」에서 나지안조스의 그레고리오스는 하나님 지식은 관상과 정화 모두를 필요로 한다고 주장한다(27.3. 위에서 인용됨).[90]

그러므로 **정화는 조명을 위한 끊임없는 준비이며 또한 조명을 위한 행동적 및 실천적 토대이다. 둘 사이의 역동적인 관계는 그리스도인이 하나님에게로 나아가는 운동을 형성한다.** 이 운동에서 세례는 결정적인 순간이다. 이러한 영적인 과정의 유동성은 나지안조스의 그레고리오스가 정화에서부터 조명에로 나아가기도 하고 그 반대로 나아가기도 하며, 또한 이 둘을 함께 다루는 방식에서 확인될 수 있다. 「거룩한 빛들에 관하여」의 마지막 문단은 이러한 연관성을 아마도 다른 어떤 구절보다 더 잘 보여준다.

> 완전히 정화되어라. 그래야 여러분이 순수해질 것이다. … 여러분이 그 위대한 빛 옆에 완전한 빛들로 서기 위함이며, 그의 임재 안에서 빛의 신비(φωταγωφγγία)에로 들어가도록 하기 위함이다.[91] 그래서 삼위일체에 의하여 더 순수하게 및 더 분명하게 조명되도록 하기 위함이다. 삼위일체에 관하여 여러분은 지금조차도 그리스도 예수 우리 주 안에서 유일한 하나님으로부

---

[89] 수도원을 개혁하면서 아타나시오스도 또한 관상의 고독한 삶과 행동의 공동적 삶을 조화시켰다 (Or. 21.19-21). 또한 다음을 참조하라. 14.4: 그리스도는 행동이 고독과 관상만큼 중요함을 보여주신다.

[90] 로고스(λόγος)와 테오리아(θεωρία)에 관한 잘못된 에우노미오스적 시도들에 관해서 참조하라. Or. 27.8.

[91] 나지안조스의 그레고리오스는 빛을 가리키는 희귀한 용어를 사용한다. 이것은 뮈스타고기아 (μυσταγωγία)를 반향한다. 그는 에우세비오스로부터 그것을 차용하였을 수 있다. Eusebius, Comm. Pss., PG 23.1228.52; 또한 다음을 참조하라. Pseudo-Didymus, Trin. 2.14.

터 이 하나의 광선을 부분적으로 받았다. 그에게 영광과 능력이 항상 있을지로다. 아멘(39.20)

정화의 과정 전체를 통하여 그리스도인은 삼위일체의 빛과 함께 그리스도에 의하여 점점 더 많이 조명된다. 기독교적 삶이 이제 독자들 앞에 놓여 있기에, 나지안조스의 그레고리오스는 그들을 준비시켜 세례 자체에 관한 다음의 설교를 듣도록 하였다. 정화, 조명, 세례에 관한 그의 교리의 목표는 엄격한 자족적인 금욕 체계를 생성하는 것이 아니라, **오히려 독자들로 하여금 자신들을 정화시키도록 권고하는 것이다. 그래서 그들이 그리스도의 신적인 빛을 받을 수 있고 세상 안에서 그 빛을 전할 수 있도록 하기 위함이다.** 아래에서 살펴보겠지만, 예수 그리스도, 성령, 삼위일체, 교회의 목회사역에 관하여 나지안조스의 그레고리오스가 행한 중요한 교리적 성찰들이 영적 성장의 이러한 역동성을 구체적으로 표현한다.

3

결론

정화 및 조명에 관한 나지안조스의 그레고리오스의 교리는 하나님이 어떻게 알려지시는지에 관한 기본적 틀을 규정하고 모든 신학의 인식적 구조를 규정한다. 역설적이지만 최고로 신중한 방식으로, 그는 독자를 더 깊은 하나님 지식에로 이끌어가는 신비적 긴장을[1] 구성하고 있다. 그는 소위 수사학적-신학적 역동성을 제시하는데, 이것은 성경의 하나님 말씀과 고전적 수사학적 변증법 모두가 지는 설득적인 목표들을 반영한다. 그리고 이 역동성의 주된 목적은 신학자로 하여금 하나님에 대한 예비적 지식에로 나아가도록 하는 것이다.[2] 그가 이해하듯이, 하나님은 계속 초월적이시지만 우리의 제한된 이해에로 자신을 계시하시며 우리가 성장하도록 하는 역동성을 만드신다. 우리로 하여금 갈망과 감탄을 지나게 하여 훨씬 더 큰 정도의 정화 및 조명에로 나아가도록 한다. 수사학적 태도보다 훨씬 더 큰 이러한 변혁이 나지안조스의 그레고리오스의 교리의 구조 자체 안으로 엮어

---

1 이 주절은 모레쉬니의 것이다; 그러나 이러한 긴장의 본성에 관한 그의 이해는 여기에서 주장되는 것과는 다르다. 그는 이것을 니사의 그레고리오스의 더 체계적인 저작이라고 여겨지는 것과 대조시킨다. *SC* 358, 69.

2 윈슬로우가 다음과 같이 말하는 것과 같다. "나지안조스의 그레고리오스의 사상은 정적인 묘사의 영역에서보다 동적인 기능의 영역에서 더 효과적으로 작동한다." *Dynamics of Salvation*, 91. 또한 다음을 참조하라. McGuckin, "Vision of God," 148; *St. Gregory*, 58, 65, 74-75, 220 그리고 여러 곳.

지고, 그 의미와 범위를 결정한다.

나지안조스의 그레고리오스가 이러한 주제들을 다루는 것은 신학의 본성의 특징을 또 다른 측면에서 규정한다. 그는 「설교 28」에서 에우노미오스주의자들과 논쟁하면서 **이성만으로 하나님을 아는 인간적 능력을 철저하게 제한한다.** 독자로 하여금 하나님 지식이 신적 계시에 대한 반응으로 생겨날 수 있을 뿐임을 가리키기 위함이다. 그는 창조세계에 대한 자신의 긴 찬양의 끝에서 이러한 점을 요약한다. **"이성이 아니라 신앙이 여러분을 이끌어가도록 하라.** 즉, 만약 여러분이 가까이에 있는 것들과 관련하여 이성의 약함을 배웠다면, 그리고 이성 너머에 있는 것들을 아는 데에 있어서 이성에 관하여 충분한 지식을 획득하였다면, 신앙이 여러분을 이끌어가도록 하라"(28.28).[3] 나지안조스의 그레고리오스는 하나님께서는 결코 충분하게 알려질 수 없으며 우리가 하나님을 조금이라도 알기 위해서는 신앙에 의지해야 한다는 점을 보여주기를 원한다. 그에 따르면, **우리의 이성의 한계들을 인정하지 않는 것은** "심지어 여러분 자신의 무지조차 무시하는 것이다"(28.8).

마찬가지로, 「평화에 관한 두 번째 설교」에서 그는 많은 어려움들의 근원은 어떤 종류의 것들이 우리의 능력 안에 있어서 이성으로만 탐구될 수 있는지를(하나님 이외의 것들), 그리고 어떤 종류의 것들이 우리의 능력을 넘어서 있어서 오직 신앙으로만 알려질 수 있는지를 깨닫지 못하는 실패이라고 주장한다(22.11). 지상적 이성의 한계들 너머를 보면서 하나님의 마음을 분별하는 것은 신앙의 활동에 본질적인 것이다. 하나님의 마음은 아무런 도움을 받지 않은 우리의 자연적 능력들에는 모호하다(14.33). 확실히, 나지안조스의 그레고리오스에게 이성은 창조 때에 주어진 하나님의 형상이다. 그리고 인격의 중심인 이성을 통하여 우리는 하나님을 알고 우리의 복잡한 삶들을 영위한다.[4] 그럼에도 불구하고, 그는 이성은 죄와 마귀에 의하여 부

---

3   여기의 중요한 통찰은 또한 오리게네스의 것이다(*Cels.* 6.65). 그는 인간의 이성(λόγος)으로 하나님에게 도달할 수 없다고 주장한다. 그러나 켈소스의 회의주의와는 반대로, 신적 로고스(Λόγος)에 의하여, 그리고 하나님께서 성부를 계시하시는 자들에 의해서 참으로 하나님에게 도달할 수 있다고 주장한다(Mt 11.27). 참조. Lieggi, "Influssi Origeniani."

패되어 있기 때문에 인간의 한계에 의하여 극심하게 제한되어 있으며 (6.7),[5] 그래서 신앙과는 별도로 하나님을 아는 데에는 무용하다고 경고한다(4.44).[6] 「설교 32」에서 길게 다루는 부분에서 그는 조명은 오직 신앙을 통해서 오며, 특히 성경의 가르침을 가리킨다고 주장한다. 그러므로 지적으로 약한 자들은 더 많은 재능을 가진 자들만큼이나 마음의 신앙과 입의 고백을 통하여 구원을 받을 수 있는 좋은 위치에 놓여 있다.[7] 왜냐하면 의는 신앙만을 통하여 오기 때문이다(32.23-27).

유감스럽게도, 나지안조스의 그레고리오스의 사상에서 이와 같이 중요한 요소가 현대의 연구에서는 자주 오해되어 왔다. 예를 들면, 플라니외는 「설교 28」이 이성의 능력에 대한 나지안조스의 그레고리오스의 큰 확신을 예시하기 때문에 이 설교를 하나님에 관한 자연적 지식에 대한 선언문이라고 여긴다.[8] 그렇지 않으면, 핸슨은 나지안조스의 그레고리오스가 하나님에 관한 자연적 지식과 계시적 지식을 적절하게 구별하지 못한다고 비난한다.[9] 그러한 평가들은 설교 28.16과 같은 구절들에 의하여 지지를 받는 것처럼 보일 수 있다. 여기에서 나지안조스의 그레고리우스는 하나님께서 우리에게 주신 이성은 타락 이후조차도 우리를 하나님께로 이끌고 간다고 진술하기 때문이다.

그러나 이 진술문은 하나님의 존재에 관한 지식만을 가리키지 그 이상은 아니다. 이 설교의 앞부분에서 그는 우주에 대한 기본적인 관찰을 통해서 하나님이 존재하심을 알 수 있다고 주장한다. 하나님의 존재에 대한 자연적 증명을 확립하기 위해서가 아니었다. 정반대로, 그와 같은 지식은 하

---

4 이와 같은 다수의 진수들 중에서 다음을 참조하라. *Ors.* 15.2; 6.6, 10; 11.6; 14.33; 17.1, 3, 9; 22.7; 24.7; 25.1; 27.5; 32.7, 24, 27; 33.9; 36.8; 37.14, 21; 39.7; 40.5, 37, 45; 42.6; 44.6.

5 하나님으로부터 나오는 선한 빛 대 마귀로부터 나오는 빛의 악한 모습에 관하여 또한 다음을 참조하라. *Or.* 40.37.

6 「신학적 설교」의 시작 부분에서부터 계속해서 나지안조스의 그레고리오스는 에우노미오스주의자들이 이성에 대하여 가지는 교만을 체계적으로 비판한다. 본서 III장을 참조하라.

7 참조. *Rom* 10.6-8.

8 Plagnieux, *Saint Grégoire*, 277-287. 그래서 그는 나지안조스의 그레고리오스에게서의 혼종 개념을 가리키기 위하여 "프와-레종(foi-raison)"이라는 용어를 고안한다(278, 287).

9 Hanson, *Search for the Christian Doctrine of God*, 708 n119. 설교 6.32-33에 근거한다.

나님의 본성에 관하여 아무것도 말하지 않기 때문에 상대적으로 무익하다고 말하기 위해서였다(28.6). 그래서 그는 예리한 수사학적 질문으로 마친다. "만약 여러분이 이성의 근사치들에 의존한다면, 하나님의 본성을 무엇이라고 생각할 것인가?"(28.7). 여기에 대하여 그는 하나님의 본질에 대한 지식은 하나님의 깊은 것을 통달하시는 성령에 의해서만 온다고 주장한다(28.6).[10]

두 번째로 그러한 본문은 나지안조스의 그레고리오스가 마음이 가시적인 것들을 신들이나 다른 것으로 만들지만 마음이 "가시적인 것들의 아름다움과 질서를 통하여 하나님을 발견한다"(28.13)고 말하는 진술이다. 그러나 여기에서 그는 종교의 역사 속에서 피조된 것들을 섬기는 우상숭배와 우리가 피조된 것들을 통하여 하나님을 알게 되는 방식을 대조하고 있다.[11] 그의 요점은 이성이 독립적으로 하나님을 알 수 있다고 이성을 격찬하는 것이 아니다. 오히려, 신앙과 은혜와 분리되면 이성은 하나님을 아는 것이 심히 불가능하며 어떤 정확성도 없고 또한 구원의 혜택도 없다고 주장한다. 이성은 "추적하기가 어렵다"고 그는 말한다(28.21). 그러나 "우리의 이성을 성취하는 것은 신앙이다"(29.21).

나지안조스의 그레고리오스의 목표는 독자들이 이성만을 중시하는 입장에서 벗어나서 이성의 성취로서의 신앙을 바라보도록 하는 것이다.[12] 20세기 신학자들의 예상에도 불구하고, 그는 하나님에 관한 자연적 지식의 이론을 증진하는 것도 아니고 순전히 부정주의 신학(apophaticism)을 주장하는 것도 아니다. 그 대신에, 그는 하나님께서 구원의 경륜 안에서 성령을 통하여 예수 그리스도 안에서 자신을 계시하셨던 대로 신학자가 하나님을 알아가도록 하고자 한다.[13]

---

10 고전 2:10; 또한 다음을 참조하라. 28.17.
11 로마서 1장 18-23에 있는 바울의 논증을 따르는 것처럼 보인다.
12 신앙으로 이성을 성취하는 것에 관하여 다음을 참조하라. Norris, *Faith Gives Fullness*, 126-127. 이 책의 제목도 참조하라; "Of Thorns and Roses," 462-464; McGuckin, *St. Gregory*, 57-58, 288, 332.
13 신적 경륜의 본성에 관해서는 본서 IV장을 참조하라.

나지안조스의 그레고리오스가 시내산에서 하나님에 관한 자신의 비전을 보고할 때, 다음과 같은 점에서 중요한 세부사항을 덧붙인다. 즉, 그는 "반석에 의해, 즉 우리를 위해 육신이 되신 말씀에 의해 보호를 받았다"고 우리에게 이야기한다(28.3). 나지안조스의 그레고리오스가 어렴풋하게라도 하나님의 본질을 볼 수 있는 것은 그리스도를 통해서이다.[14] 마찬가지로, **나지안조스의 그레고리오스가 아주 종종 말하는 조명은 총칭적인 종류의 신지식이 아니라 예수 그리스도의 성육신을 통하여 계시된 삼위일체의 지고한 빛이다.** 그리스도 안에서 주어지는 하나님 지식에 대한 그레고리오스의 이해가 아주 강력하여서 그는 자신의 제한적인 용어들을 거듭 거창하게 말한다. 즉, 성육신의 목적은 예수님이라는 인간적 형식을 통하여 "불가해한 것이 이해될 수 있도록(ἵνα χωρηθῇ ὁ ἀχώρητος)" 하기 위함이라고 말한다(39.13).[15] 나지안조스의 그레고리오스는 일련의 주현절 설교들의 중간지점에서, 즉 그리스도의 성육신을 다루는 것으로부터 세례에서 그리스도인들에게 주어지는 신적 조명의 수여를 다루는 것에로 나아갈 때에 이렇게 진술한다. 그리고 이러한 진술은 그의 교리의 첫부분이 지닌 예비적 특성을 더 상세히 알려준다. 「설교 27-28, 38-40」 및 다른 곳에서 우리가 검토하여 왔던 주제들은 신학의 폭넓은 윤곽들에로 나아가도록 하는 일종의 예비지식적인 입문이다. 이러한 입문은 신학자로 하여금 하나님 지식에로 나아가도록 움직인다. "이러한 방식으로 여러분이 신학을 행할 것이다"(28.3)라고 그는 말한다. 즉, 불가해한 하나님의 신적인 빛을 구원의 경륜을 통하여 신앙으로 알 것이다.

---

14 참조. *Or.* 32. 16.
15 참조. *Or.* 37. 3.

제 II 장,

예수 그리스도, 하나님의 아들

그리스도는 땅에 계시도다 ─ 찬양을 받
으시도다!

                            -「설교 38」

두 번째 「신학적 설교」에서 신학적 환상에 관한 자신의 이야기의 정점에서 나지안조스의 그레고리오스가 시내산에서 하나님의 실체의 주변부를 보는 장면을 묘사할 때, 그는 자신이 "반석에 의하여, 즉 우리를 위하여 육신이 되신 말씀에 의하여 보호를 받았다"고 말한다(28.3). 이러한 이미지가 암시하듯이, 나지안조스의 그레고리오스에게는 신학자의 정화와 조명을 통하여 생겨나는 하나님 지식은 육신이 되신 말씀, 즉 예수 그리스도에 의하여 끊임없이 가능하게 된다.

물론 그리스도는 사도 시대 이후로 교회의 교리 및 경건의 중심이었다. 그리고 "예수는 주님이시다"(고전 12:3)는 표현은 아마도 가장 초기의 기독교 신앙고백이다. 마찬가지로, 그의 교리 체계 안에서 그리스도는 삼위일체 중의 하나의 지체인 것만이 아니다. 즉, 그의 지상 활동이 삼위일체론에 그저 우연적인 것이 아니다. 또한, 성부 하나님이나 성령이 성육신하신 것이 아니다. **그리스도는 하나님 지식의 필수적이며 영구적인 초점이다.** 분명하고 심지어 아주 단순한 의미로 그리스도의 신성이 삼위일체의 온전한 교리 안에 함축되어 있지만(만약 우리가 거기에서부터 시작해서 상상할 수 있다면), 나지안조스의 그레고리오스에게 **그리스도를 하나님의 영원한 아들로 고백하는 것은 더 깊은 의미로 직접적인 수단, 즉 삼위일체가 우선적으로 인식되고 알려지는 수단이다. 그리고 성령의 임재에 의하여 그리스도는 이러한 지식의 중심으로 남는다.**

나지안조스의 그레고리오스는 5세기부터 8세기까지 점점 더 학문적인 방식으로 교회의 관심을 차지하였던 기독론 논쟁들에서 사용된 언어와 개념들의 주요한 형성자들 중의 하나였다. 그러나 아이러니하게도 그리스도에 관한 그의 교리는 여러 세대들의 학생들이 칼케돈 이전의 기독론을 보도록 가르침을 받아왔던 것과는 다르다. 즉, 나지안조스의 그레고리오스는 전문적인 용어들에 일차적인 관심을 두지 않았고, 그리스도의 인격의 구성에 관한 정확한 정의에 일차적인 관심을 두지도 않았다. 사실, 나지안조스의 그레고리오스는 전문적인 용어상의 질문들은 그것들이 불완전하게나마 표현하는 기본 신앙에 종속되어야 한다고 매우 꾸준하게 주장한다.[1]

나지안조스의 그레고리오스의 저작에서 하나님에 관한 교리와 하나님 지식에 관한 교리가 서로 분리될 수 없는 것과 똑같은 방식으로, 그리스도의 정체성도 또한 그리스도께서 일으키시는 구원과는 분리될 수 없다. 나지안조스의 그레고리오스의 기독론이 본질적으로 구원론을 특별하게 표현한다고 말하여도 과장이 아닐 것이다. 그래서 그리스도의 인격의 본성에 관한 우리의 이해는 기독교 구원의 본성에 의해서 전반적으로 결정되며, 그 역도 마찬가지이다.

II 장에서는 나지안조스의 그레고리오스의 구원론적 관심들에 비추어 그의 기독론을 살펴볼 것이다. 이를 통하여 그의 기독론의 가장 기본적인 의미와 근거를 발견하고 그의 삼위일체론 전체 안에서 기독론이 차지하는 위치를 발견하고자 시도한다. 그의 기독론의 기본적인 윤곽들은 그가 362년에 안수받은 목회사역을 시작할 때까지 꽤 잘 확립되었던 것처럼 보인다.[2] 비록 그가 은퇴한 동안에 초기 저작들이 어느 정도 편집되었음을 인정하더라도 그런 것처럼 보인다. 그러나 동시에 그가 후기에 에우노미오스주의자들, 안티오케이아인들, 아폴리나리오스주의자들과 관계하게 됨으로써 많은 점들이 더 크게 두드러지게 되었다. 그러므로 우리는 더 이른 시기의 자료에도 근거하지만 그들과의 논쟁적인 정황 속에서 나온 그의 후기 저작들을 강조하면서 그의 저작 전체를 사용할 것이다.[3]

---

1   이와 같은 취지로 그가 말한 다수의 진술들 중에서 다음을 참조하라. *Ors.* 16.2; 19.10; 20.8-10; 32.14, 26; 41.7-8; 28.4, 20; 29.8; 31.9-11, 20, 22, 24, 33; 25.2, 18; 37.2, 4; 39.11; 42.16, 18; 43.11, 13, 15, 65, 68-69. 이 주제에 관한 최근의 논의들은 다음을 참조하라. Norris, "Theology as Grammar"; "Gregory Nazianzen."

2   노리스가 주목한 점이다. Norris, "Gregory Nazianzen's Doctrine of Jesus Christ," 207.

3   나지안조스의 그레고리오스의 기독론을 가장 잘 다룬 유일한 연구는 1970년에 쓰여진 노리스의 예일대학교 박사학위논문이다. Norris, "Gregory Nazianzen's Doctrine of Jesus Christ." 그렇지만 그의 초기 저작과 후기 저작 사이의 차이점에 관한 분석과 아타나시오스에 대한 연구가 이제는 시대에 뒤쳐졌다. 다른 중요한 연구들로는 다음과 같다. Althaus, *Die Heilslehre*; Winslow, *Dynamics of Salvation.*

1

기독론과 신성화

나지안조스의 그레고리오스는 테오시스(theosis, θέωσις), 즉 "신성화(di-vinization)"[1]라는 더 큰 개념의 관점에서 기독교 구원을 이해한다. 신성화는 인간이 하나님의 존재와 삶에 변혁적으로 참여하는 것을 의미한다. 더 이전의 기독교 저술가들은 — 누구보다도 클레멘스, 오리게네스, 아타나시오스는 — 이교적 개념과 기독교적 개념 모두를 가리키면서 신성화에 관하여 산발적으로 말하기 시작하였다.[2] 그러나 기독교 전통에서 신성화를 구원의 일차적 개념으로 확립하였던 자는 바로 나지안조스의 그레고리오스였다.[3] 그는 테오오(θεόω)라는 말로부터 테오시스(θέωσις)라는 말을 만들었으며, 또한 이 개념을 자신의 저작에서 중요한 것으로 삼았다.[4] 그리고 위(僞)디오니시오스와 고백자 막시모스를 본받은 그의 테오시스(theosis) 교리는 이후 후기 비잔틴 신

---

1   나지안조스의 그레고리오스에게서의 신성화에 관한 가장 유용한 연구들로는 다음과 같다. Rus-sell, *Doctrine of Deification*, 213-225, 341-344; Winslow, *Dynamics of Salvation*. 러셀과 윈슬로는 그로스의 더 이전의 연구(*La divinisation*, 244-250)를 뛰어넘었다. 또한, 다음을 참조하라. Norris, "Gregory Nazianzen's Doctrine of Jesus Christ," 58-62, 129-148; Moreschini, *Filosofia e letteratura*, 34-36.

2   비록 아타나시오스가 그리스 교부들 중에서 신성화에 관한 첫 번째 중요한 이론가로 종종 여기진 다고 하더라도, 그리고 그가 이전의 저술가들보다 이 용어를 더 많이 사용한다고 하더라도, 이 용어는 자신의 논쟁적 문헌에서만 거의 배타적으로 나타난다(특히, *Ar.* 그리고 *Ep. Serap.* 1); 다음과 같이 그의 일차적으로 구원론적 및 영적 저작들에서는 나타나지 않으며 근본적인 구원론적 의미를 지니지 않는다. *Festal Letters* 그리고 *Life of Antony.* 참조. Russell, *Doctrine of Deification*, 167.

3   이러한 점을 나중에 아우구스티누스 및 다른 서방신학자들이 다룰 것이다.

학에서 구원에 관한 표준적인 개념이 되었다.[5]

빛과 조명에 관한 이미지가 하나님의 본성과 하나님 지식 사이의 밀접한 관계를 드러내는 데에 기여하는 것과 동일한 방식으로, 신성화라는 이미지는 ― "신과 같이 되는 것" 또는 "신적이 되는 것" ― 마찬가지로 인간 존재가 하나님의 실체 자체 안에 참여한다는 의미를 표현한다. 나지안조스의 그레고리오스는 신성화를 그리스도의 구원의 활동의 결과이라고 전형적으로 말하지만, 테오시스(theosis)는 더 넓은 의미에서 성장과 변혁의 과정이다. 그리고 이 과정은 창조에 뿌리를 두고 다가오는 시대에 성취된다.

나지안조스의 그레고리오스는 일련의 주현절 설교들에서 창조에 관하여 설명하면서 테오시스(theosis)를 가장 종합적으로 다룬다. 그에 따르면, 존재하는 모든 것은 하나님의 영원한 존재, 선(38.7, 9), 빛(40.5)에 뿌리를 둔다. 그것들은 소위 창조의 활동에로 흘러넘치는 정도로 풍성하다. 처음에 하나님은 천사들이 있는 "첫째 세계"를 창조하셨다. 천사들은 하나님의 일차적인 빛 옆에 있는 이차적인 빛들이다(38.9). 그 다음에 물질적 실재의 "둘째 세계"를 창조하셨다(38.10). 두 세계는 모두 선하며 각각의 방식으로 하나님을 영화롭게 한다. 다음으로 하나님은 지성세계와 물질세계로부터 인간(ἄνθρωπος)을 복합적인 피조물로 창조하셨다. 하나님은 물질세계로부터 몸을 취하신 후에 지성적 영혼을 몸 안으로 불어넣으셨다. 이 지성적 영혼이 하나님의 형상이다. 이렇게 하여 하나님은 인간을 "일종의 둘째 세계로,[6] … 또 다른 천사로, 복합적으로 혼합된 예배자로" 만드셨다. 땅에서 하나님을 영화롭게 하도록, 그리고 모든 창조세계 안에서 하나님의 지혜와 베풂을 가장 온전하게 드러내도록 하셨다(38.11).[7]

---

4 클레멘스와 같은 더 이전의 저술가들은 테운(θεοῦν) 뿐만 아니라 테오포이에인/테오포이에시스 (θεοποιεῖν/θεοποίησις)를 사용하였다.

5 테오포이에시스(θεοποίησις)를 사용하는 것에 있어서 아타나시오스를 따르는 알렉산드레이아의 키릴로스는 예외이다. Russell, *Doctrine of Deification*, 341-343.

6 둘째 세계(δεύτερος κόσμος)는 물질적 창조를 가리키기 위하여 사용된 것과 동일한 표현이다 (38.10).

7 참조. *Ors.* 39.13; 40.8.

여기에서 다시 나지안조스의 그레고리오스는 선교적 및 목회적 목적들을 위하여 성경적 주제들과 철학적 주제들을 상호 연관시킨다.[8] 그가 정화에 관하여 및 인간 몸의 본성에 관하여 다룰 때와 마찬가지이다.[9] 그런 다음에 그는 창조의 절정을 인간의 신성화로 이야기한다. 천상과 지상 사이에 위치한 인간은 "지상의 통치자이지만 하늘로부터 통치를 받는 자로, 지상적이면서 천상적인 자로, 시간적이면서 불멸하는 자로, … 이 세상에서 돌봄을 받는(οἰκονομεῖν) 살아있는 존재이지만 그 다음에는 또 다른 세계로 옮겨지는 자로, 그리고 ― 이 신비의 마지막 단계로서 ― 하나님을 향한 자신의 경향성에 의해 신적으로 되는 자로"(38.11) 창조되었다.

나지안조스의 그레고리오스가 분석하듯이, 하나님의 무한한 선을 반영하는 창조세계의 본성 자체는 인간이 하나님에게로 성장하고 최종적으로 신성화되도록 준비하는 것이다.[10] 달리 표현하면, 인간은 하나님께로 나아가는 역동적인 운동의 상태로 창조되었다. 그래서 신성화의 과정은 인간 존재의 구조에 뿌리를 둔다.[11]

그런 다음에 나지안조스의 그레고리오스는 동생의 장례를 위한 설교와 아타나시오스에 관한 찬사에 있는 두 중요한 구절들에서 신성화의 끝과 최종적인 목적에 관하여 집중적으로 다룬다. 그는 지상에 있는 존재의 부침에 관하여 성찰하면서 다음과 같이 탄식한다. "비록 우리가 신들과 같이 되었다고 하더라도(θεοὶ γεγονότες), 우리는 우리가 지니고 다니는 [우리 몸의] 무덤에 머무르며 모든 인간처럼 죄의 죽음을 겪는다"(7.22).[12] 우리의 죄와

---

8 아우구스티누스가 창세기를 다룰 때에 또한 이렇게 한다; 참조. *Conf.* books 10-13.

9 본서 I 장을 참조하라. 또한 우리는 나지안조스의 그레고리오스의 창조이야기가 지닌 철학적인 여운들을 과도하게 해석하는 것을 경계해야 한다. 이 책은 그러한 주제들로만 그의 인간론을 다룬다; Elm, "Inscriptions and Conversions," 20. 이 논문은 「설교 38-40」에 있는 그의 목적이 플라톤적 대립들의 혼합을 본질적으로 증진하는 것이라고 주장한다.

10 유용하게 다음에서 요약되어 있다. Winslow, *Dynamics of Salvation*, 54, 58-60.

11 신성화의 과정은 또한 인류를 다른 피조물로부터 구별한다(*Carm.* 1. 2. 2. 560-561). 참조. Winslow, *Dynamics of Salvation*, 60 n4. 나지안조스의 그레고리오스의 창조론에 관해서는 또한 다음을 창조하라. Richard, *Cosmologie et théologie*, 68-83.

12 Russell, *Doctrine of Deification*, 217. 설교 7.22에 따르면, 우리의 몸은 무덤이다. 우리의 몸이 악하기 때문이 아니라 우리의 영혼이 죄를 통하여 죽어 있기 때문이다. 참조. *Ps* 82.6-7.

필멸성에도 불구하고, 이생에서부터 신들과 같이 되는 것이 우리의 피조성의 목적이다. 「설교 21」의 시작부분에서 그가 거룩한 삶에 관하여 기술한 대목은 더욱 지나치다. 타락 이전과 이후 모두에서[13] **불가해하신 하나님은 자신의 빛의 조명을 통하여 우리를 자신에게로 끌어올리시고, 우리의 지상적 존재가 지닌 육체적 장막을 너머로 상승하도록, 그리고 "인간 본성이 얻을 수 있는 한, 가장 순수한 빛과 교제하도록, 즉 하나님과 교제를 가지도록", 그래서 성 삼위일체와의 연합을 통하여 신성화되도록 하신다**(21.1-2).[14]

여기에서 **테오시스**(theosis)는 삼위일체를 알아가는 전반적인 과정으로서 상승, 조명, 연합이라는 개념들과 밀접한 관련을 맺는다.[15] 앞으로 제기될 수 있는 반대들을 피하기 위한 목적으로, 그는 **신성화는 이 단어의 완전한 의미로 하나님이 되는 것을 의미하지 않는다**고 강조한다(42.17).[16] 그 대신에 그는 **창조자와 창조세계 사이의 차이점은 기독교 교리의 근본적인 교리로서 유지되어야 한다**고 강조한다.[17] 그러나 나지안조스의 그레고리오스에게 신성화는, 앞에서 이미 암시되었듯이, 단지 세례를 가리키는 유비보다 훨씬 더 크며, 하나님을 윤리적으로 닮는 것을 가리키는 비유보다 훨씬 더 크다.[18] 신적 조명과 관련하여 앞에서 주목하였듯이, 그에게 **신성화는 하나님의 본성 안에로의 실재적인 참여 및 성장해가는 참여**를 가리킨다. 그래서 신비스럽지만 실재적인 방식으로 인간은 하나님의 존재로 가득 채워지며, 인간이 피조물로서 가능할 수 있을 정도로 "신성화된다."

---

13 "하나님께서 백성을 자신에게로 — 또는, 다시 — 들어올리신다"(21.1)는 구절은 구속에서 우리가 받는 조명이 하나님께서 죄를 제외하고 주시는 것과 근본적으로 동일함을 알려준다.

14 이 구절이 지닌 플라톤적 여운들에 관해서는 다음을 참조하라. McGuckin, "Strategic Adaptation of Deification."

15 신성화와 조명에 관해서는 또한 다음을 참조하라. Ors. 39.10, 17 그리고 여러 곳; 45.5, 28; Carm. 1.1.8.70-77.

16 γένεσθαι κυρίως θεός.

17 이것은 성자 및 성령의 신성을 주장하는 그의 논증의 많은 부분의 기저에 놓여 있는 전제이다. 본서 Ⅲ장과 Ⅳ장을 참조하라.

18 러셀은 신성화를 말하는 나지안조스의 그레고리오스의 용법은 순전히 비유적이며, 아타나시오스와는 달리 신적 존재에로의 실재적 참여의 의미를 전혀 포함하지 않는다고 주장한다(Doctrine of Deification, 213-214, 222-225); 그러나 러셀의 이러한 판단은 신성화에 관한 그의 이해를 삼위일체 안에서의 조명 및 참여에 관하여 밀접하게 연관된 개념들로부터 분리시킨다.

테오시스(theosis) 단어를 사용하는 나지안조스의 그레고리오스의 용법은 사실 아주 대담하다. 그래서 그는 자신이 믿음의 경계들을 확장하는 진술들을 하고 있다고 한 번 이상 인정한다.[19] 창조 안에 확립된 우리 존재의 규정과 목적은 이와 같이 신적 빛으로 점점 더 많이 조명을 받을 수 있고, 이생에서 시작하여 내생에서 계속적으로 하나님 자신의 존재에 점점 더 많이 참여할 수 있다. 이렇게 하여 **테오시스(theosis)**는 인간의 본래적 규정, 인간의 현재적 본성, 인간의 종말론적 운명을 드러낸다.

그러나 인간 존재의 현재적 상태에서 인간의 본래적 본성과 인간의 궁극적 목적은 손상되었다. 아담과 하와의 타락에서 인간은 자신을 하나님으로부터 분리시켰고(39.13),[20] 신성화를 위한 피조적 및 종말론적 과정을 방해하였다. 그 결과로, 인간은 생명나무로부터 끊어지고 낙원에서 추방되며, 또한 하나님과의 연합에로 더 이상 성장하지 못한다(38.12).[21] 그러므로 최후의 심판에서 그리스도는 한편으로는 하나님으로부터 계속 분리되어 있는 자들을, 다른 한편으로는 하나님 지식이 성장하여 하나님과의 연합에로 나아가는 자들을 나누실 것이다(40.45). 이러한 큰 체계 안에서 **구원은 하나님께서 창조에서 확립하셨고 내세에서 완전하게 하시고자 의도하신 테오시스(theosis)의 과정의 회복이다.**

나지안조스의 그레고리오스는 그리스도께서 일으키시는 구원을 묘사하기 위하여 다수의 전통적인 이미지들을 사용한다. 그는 「설교 38」의 시작 부분에서 풍성한 예들을 제공한다. 즉, 여기에서 그는 그리스도의 구속적 활동을 빛의 관점에서,[22] 옛것을 대체하는 새것의 관점에서, 문자보다 우위에 있는 영의 관점에서, 그림자들을 대체하는 진리의 관점에서, 옛 인

---

19 Ors. 14.23; 11.5; 38.7.
20 "나의 죄와 나의 정죄가 첫째 피조물의 불순종(ὁ πρωτόπλαστος)과 대적자의 반역에서 철저하였다." (22.13).
21 참조. Ors. 2.23-24; 36.5; 45.28; Ep. 101.51; Carm. 1.1.7.55-64; Winslow, *Dynamics of Salvation*, 60-66; Althaus, *Die Heilslehre*, 79-82.
22 (빛이 흑암을 쫓아내면서 이스라엘이 불기둥으로 조명된다; 무지의 "흑암에 앉아있는 사람들이" 앎의 "위대한 빛을" 보았다)(사 9:2).

간성을 벗어버리고 새 인간성을 입는 것의 관점에서, 아담 안에서 죽고 그리스도 안에서 사는 것의 관점에서, 인간의 연약함의 치유의 관점에서, 그리고 부패하고 있는 세계의 재창조의 관점에서 묘사한다(38.2-4). 그러나 이러한 다양한 이미지들 중에서 그것들을 모두 하나로 함께 묶어줄 수 있는 것은 **테오시스(theosis)라는 핵심적인 구원론적 개념이다.**

인간성의 타락한 상태 때문에, 그리고 신성화를 막는 방해 때문에, **인간 존재의 결정적인 요인은 이제 인간의 신성화를 회복하는 예수 그리스도의 성육신이다.** 테오시스(theosis)의 더 큰 범위, 즉 창조된 시작으로부터 종말론적 성취에 이르기까지의 범위는 육체가 되신 말씀의 신비를 통해서만 이제 우리에게 알려진다.[23] **비록 신성화가 창조에 뿌리를 둔다고 하더라도, 이러한 변혁에 대한 우리의 지식과 경험은 그리스도가 일으키시는 테오시스(theosis)의 개혁을 통해서만이 일어난다.** 그러므로 나지안조스의 그레고리오스에게 **인간의 삶의 본질과 목적은 그리스도께서 인간이 되셨던 것의 결과로서 신적이 되는 것이다.** 「설교 7」에서 그는 인간의 피조된 본성이 어떻게 죄와 필멸성에 의하여 어두워졌는지에 관하여 성찰한다. 이와 같은 치명적인 상태에서는 **오직 하나의 해결책만이 있다. 즉, "나는 그리스도와 함께 장사되어야 하며, 그리스도와 함께 부활하여야 하고, 그리스도와 함께 공동의 상속자가 되어야 하며, 하나님의 아들이 되어야 하고, 하나님 자신으로 불리어야 한다!"**(7.23).[24] 오직 그리스도만을 통하여 인간은 자신의 본래적 창조의 역동적 본성을 회복할 수 있다.

그리스도께서 회복시키시는 신성화는 처음부터 우리가 그로부터 받는 혜택도 아니며 그가 일으키시는 효과도 아니다. 그러나 **신성화는 그리스도 자신의 정체성과 더 밀접하게 관련되어 있다.** 그의 첫 번째 설교인 「부활절에 관하여」에서 나지안조스의 그레고리오스는 기독교적 삶을 풍성하게 및 기쁘게 묘사한다. 이것은 앞으로의 그의 활동의 나머지 기간 동안 따라갈

---

[23] (위에 있는) 「설교 38-40」에서 신성화에 관한 충분한 논의가 그리스도의 출생과 세례를 기념하는 그리스도 축제의 상황 안에서 일어나고 있음에 주목하라.

[24] 참조. *Or.* 14.23.

신학적 기획의 윤곽들을 여러 가지 측면들에서 제시하여 준다.[25] 그리스도는 자신의 성령과 함께 우리를 새롭게 하시며, 새로운 인간성으로 우리에게 옷입혀 주신다고 그는 선언한다. 비유적으로 말하면, 우리가 그리스도와 함께 죽고 사는 것이다(1.2-4). 그래서 그는 극적인 권고로 다음과 같이 마무리한다. "그리스도께서 우리와 같이 되셨기 때문에, 우리가 그리스도와 같이 되도록 하자. 그가 우리를 위하여 인간이 되셨기 때문에, 우리가 그를 위하여 신들이 되도록 하자"(1.5).[26] 구원이 실제적인 도덕적인 노력과 자신의 삶 전체의 헌신을 포함하더라도,[27] 구원은 예수 그리스도에게서 이루어지는 하나님의 말씀의 성육신 안에서의 **테오시스**(theosis) 과정의 재확립 안에 있다.[28]

그리스도를 통한 신성화가 지닌 구원론적 원리가 「신학적 설교」, 주현절 설교들, 후기의 기독론적 서신들에 있는 나지안조스의 그레고리오스의 중요한 교리적 활동의 중심에 놓여 있다. 「설교 38」에서 그가 쓴 바에 따르면, 하나님께서 율법서와 예언서를 통하여 우리를 훈련하신 후에 자신의 아들을 보내심으로써 죄의 갈수록 악화되어가는 병을 위한 "더 강력한 치료책"을 제공하셨다. "내가 그의 신성의 풍성함을 취하도록 하기 위하여 그는 나의 육체의 빈곤함을 취하신다"(38.13). 이러한 주제는 또한 「설교 38-40」 전체에서 드러나는 빛의 이미지와 공명하며 또한 하나님 지식에 관한 논의와도 공명한다. 성경에 기초하여 그리스도의 신성이라는 주제를 논의

---

25 이것의 요약적 특성으로 인하여 아마도 이후의 편집을 반영하는 것 같다.

26 에딘버러 시리즈는 이 구절을 잘못 번역하고 있다. 이것이 지닌 충격적인 특성에 반대하여 아마도 옹호하기 위하여 "신들이 되도록(become gods)"을 "하나님의 것이 되도록(become God's)"으로 바꾸었다. Winslow, *Dynamics of Salvation*, 91; Russell, *Doctrine of Deification*, 215 n16.

27 금욕 또는 "철학"이 신성화에 기여하는 점에 관하여 다음을 참조하라. *Ors.* 3.1; 4.71; 21.2; 25.2; *Ep.* 6.3; *Carm.* 1.2.10.630; 1.2.17.1-2 (cf. 1.2.33.88-90). 비록 러셀이 나지안조스의 그레고리오스가 금욕적 실천과 신성화를 연결시키는 첫 번째 기독교 저술가이라고 주장하지만, 그 이전에 오리게네스도 분명히 그렇게 하였다. *Doctrine of Deification*, 222; cf. 218. 나지안조스의 그레고리오스는 테오시스가 금욕을 실천하는 엘리트의 특권이라고 믿지 않는다: 설교 2.22를 참조하라. 그리고 세례에서의 신성화에 관하여 설교들 31, 38-40 등등에 있는 다수의 관련 구절들을 참조하라.

28 이 연관성에 관한 유익한 논의는 다음에서 발견할 수 있다. Harrison, "Some Aspects of St. Gregory the Theologian's Soteriology," 11. 또한 다음을 참조하라. Russell, *Doctrine of Deification*, 220-221.

하는 시작부분에서(29.17-21), 나지안조스의 그레고리오스는 자신의 유명한 말을 진술한다. 즉, "하나님께서 인간이 되시는 한 내가 하나님이 되도록 하기 위하여" 하나님께서 태어나셨다(γέγονε)(29.19).

마찬가지로, 신성화는 「설교 30」에 있는 그의 주석적 논의들의 초점이다. 여기에서 그는 에우노미오스주의자들에게 다음과 같이 묻는다. "하나님과 밀접하게 관계되는 것보다", 그리고 그리스도 안에서 하나님과 인간 존재가 혼합되는 것을 통하여 "하나님이 되는 것보다, 무엇이 인간의 비천함에게 더 훌륭할 수 있겠는가?"(30.3). 그리스도께서 우리의 구원을 위하여 인간의 형태를 입으셨기 때문에, "하나님께서 신들 한가운데에 계신다."29(30.4). 그리고 성육신에서의 혼합을 통하여 우리는 고유하게 그리스도 자신의 것(신적 본성)에 참여하게 된다. 우리가 온전히 하나님처럼 될 때에 최종적으로 "하나님께서 만유 안에 만유가 되실 것이다"(고전 15:28)30. 그럴 때에 하나님으로 완전히 가득할 것이며, 오로지 하나님만으로 가득할 것이다(30.6).31

나지안조스의 그레고리오스에게 **성육신의 목적과 이유는 타락으로 인하여 막혀왔던 신성화를 일으키는 것이다.** 그리고 역으로, **우리의 신성화의 기초는 그리스도의 성육신이다.** 그러나 우리는 성육신의 외적인 효과로서만 구원을 받고 신성화되는 것이 아니다. **인간 예수 자신이 신성화의 첫째 예이며 원형이다.** 그리스도인들은 그리스도 자신의 **테오시스**(theosis)에 참여하고, 그럼으로써 구원을 받는다. 나지안조스의 그레고리오스의 구원론에서 결정적인 요인은, 그리고 그리스도의 활동에 관한 이해의 실마리는 바로 그리스도의 정체성이다. 즉, 인간의 신성화를 회복하시고자 하시는 그리스도는 누구이신가에 관한 것이다.32 이러한 점은 나지안조스의 그레고리오스가 그리스도에 관한 교리를 창조, 구원, 완성을 위한 그리스도의

---

29 시 81:1.
30 참조. 요일 3:2.
31 그리스도 안에서의 신성화에 관한 더 많은 진술들은 다음에서 찾을 수 있다. *Ors.* 11.5; 30.21; 25.16; 37.2; 38.3, 7, 11, 16; 39.16; 40.8, 10, 16, 42; *Ep.* 101.46; *Carm.* 1.1.11.9; 1.1.2.47. 이것들 중 여러 구절들이 아래에서 논의될 것이다. 신성화에서 성령의 역할은 본서 III장에서 논의될 것이다.

활동들에 관한 이야기로부터 분리하지 않음을 의미한다. 왜냐하면 그러한 이야기가 그리스도의 정체성을 이해하기 위한 기초를 형성하기 때문이다.[33] 나지안조스의 그레고리오스의 기독론과 그의 구원론은 이렇게 하여 서로 불가분리적으로 연관되어 있으며 어떤 의미로는 서로 동일하다.

---

[32] 그래서 「설교 38」은 그리스도가 이룩하신 구원으로 인하여 그리스도가 누구이신지를 기념하는 것으로 시작한다.

[33] 윈슬로우는 이것을 나지안조스의 그레고리오스의 기독론의 역동적 특성이라고 명명한다. *Dynamics of Salvation*, 91; 또한 다음을 참조하라. Harrison, "Some Aspects of St. Gregory the Theologian's Soteriology," 12.

2

그리스도의 정체성

19세기 및 20세기 연구에서 일정한 발전들 덕택에, 초기 신학자들의 기독론을 주로 후대의 범주들과 공의회적 기준들로 평가하는 것이 흔한 일이 되었다. 무엇보다도, 역사신학을 공부하는 학생들은 그리스도 안에 있는 신성과 인성이라는 두 본성들의 결합의 관점에서, 그리고 그리스도의 인격(들)의 구조적 요소들의 관점에서 기독론적 교리들을 평가하도록 가르침을 받아왔다. 그러나 이러한 시대착오적이고 과도하게 전문적인 접근에도 불구하고, 나지안조스의 그레고리오스의 본질적인 기독론적 성찰은 전혀 다르게 진행된다. 즉, 현대의 분석의 범주들이 대체로 간과해온 범위와 의미를 지닌다. 프레데릭 노리스가 지적하였던 바와 같이,[1] 나지안조스의 그레고리오스는 정적이거나 추상적인 의미로 그리스도의 정체성을 규정하고자 하지 않고, 오히려 그리스도의 정체성이 하나의 전체로서 여겨지는 구원경륜에 의하여 규정되는 것이라고 이해한다.

나지안조스의 그레고리오스는 예수 그리스도의 정체성과 이로부터 나오는 구원을 우리가 서사적 경륜적 체계 또는 틀이라고 일컫는 것을 통하여 주로 이해한다. 이러한 관점이 그의 저작 전체를 관통하지만, 379년 이

---

1   Norris, "Gregory Nazianzen's Doctrine of Jesus Christ," 167.

후로 쓰여진 주요한 기독론적 저작들에서 특별히 두드러지게 나타난다.[2] 「신학적 설교」, 「설교 37」, 「주현절 설교들」(*Ors.* 38-40), 후기의 기독론적 서신들(*Ep.* 101-102, 202)에 있는 네 개의 중요한 기독론적 진술들에서 "경륜적 체계"를 발견할 수 있다. 이 본문들은 II장의 나머지 부분에서 분석의 기초를 형성할 것이기 때문에 각각 개별적으로 우리의 주의를 받을 만하다.

나지안조스의 그레고리오스의 기독론의 기본구조를 보려면, 그의 잘 알려진 기독론적 서신들을 볼 것이 아니라 콘스탄티누폴리스에서의 그의 활동의 중심을 보아야 한다. 거기에서 그의 기독론이 충분하게 표현되었기 때문이다.[3] 첫 번째 중요한 진술은 나지안조스의 그레고리오스가 성경에 계시된 그리스도의 신성에 관하여 에우노미오스주의자들과 논쟁을 시작할 즈음에 나왔다. 그가 네 번째 「신학적 설교」에서 이의가 제기되는 일련의 성경본문 10개에 대하여 응답하고자 준비하면서, 먼저 자신의 교리를 분명하게 요약한다.

여러분이 지금 조롱하는 그 분은 이전에 여러분의 위에(ὑπὲρ σέ) 계셨다. 지금 인간이신 그 분은 한 때 합성적이지 않았다(ἀσύνθετος). 이전의 자신이었던 바를 그는 계속해서 존속한다. 이전의 자신이 아니었던 바를 그는 취하지 아니하였다. 처음에 그는 원인 없이(ἀναιτίως) 존재하였다. 하나님에게 원인이 무엇 때문에 있겠는가? 그러나 나중에 그는 하나의 원인 때문에(δι' αἰτίαν) 태어났다. 즉 여러분이 구원을 받도록 하기 위하여 태어났다(29.19)

나지안조스의 그레고리오스는 그리스도가 누구인신지를 이해하기 위

---

2   두드러진 초기 예는 1.5이다. 나지안조스의 그레고리오스의 "경륜적인 전형"에 관하여 비록 궁극적으로 다르기는 하지만 유용한 분석을 다음에서 찾을 수 있다. Norris, "Gregory Nazianzen's Doctrine of Jesus Christ," 167-201.

3   비록 서신들이 나지안조스의 그레고리오스의 주요한 기독론적 해석으로 종종 여겨지기는 하지만, 서신들 101-102 및 202는 그가 381년 수도를 떠날 때까지 대체로 완성되었던 교리적 기획의 최종적인 부분이다.

하여 우리가 구원의 더 큰 이야기를 알아야 한다고 주장한다. 즉, 우리를 구원하시기 위하여, 그리고 타락에서 깨어졌던 신성화의 과정을 회복하시기 위하여, 하나님의 신적 아들이 우리의 피조된 인간 존재를 — 자신의 것과는 철저하게 다른 존재 형태를 — 자신에게로 취하셨고 합성적이 되셨다 (σύνθετος)(29.18). 그는 이전에 합성적이지도 않았고(ἀσύνθετος) 또한 피조세계와 혼합되지도 않으셨다. 그는 계속 하나님의 신적 아들이시지만 — "이전의 자신이었던 바를 그는 계속해서 존속한다", 이제 그는 또한 인간 피조물이 되셨다 — "이전의 자신이 아니었던 바를 그는 취하지 아니하였다."[4] 그러므로 이러한 서사적 체계는 나지안조스의 그레고리오스가 네 번째 「신학적 설교」 전체에서 성경본문들 각각을 논의하는 것에 영향을 끼친다.

두 번째 중요한 진술은 「설교 37」의 시작 부분에 나온다. 여기에서 나지안조스의 그레고리오스는 그리스도를 제한되지 않으신 분이시지만 이제는 이곳저곳으로 움직이셔서 제한되시는 분으로, 시간과는 별도로 위에 계시지만 이제는 시간 아래에 계시는 분으로, 보이지 않으시는 분이시지만 이제는 보이시는 분으로 묘사한다(특히, 37.1-3). "그는 태초에 계셨고, 하나님과 함께 계셨으며, 하나님이셨다"(요 1:1). 그리고 그는 이제 피조적 존재를 취하셨다(37.2).

훨씬 더 완전한 정의가 「설교 38」에 나오며, 이것은 이후 「설교 39-40」 전체에서 반향된다.[5] 「설교 38」의 시작 부분들은 그리스도를 보내는 것에서 하나님의 구원 활동을 이야기하기 시작한다(38.1-4). 다음으로, 기독교 축일을 마땅히 지킬 것에 관하여 언급한 후에(38.5-6), 창조를 하나님 자신의 존재의 표현으로 여기기 시작하면서 그는 피조물들을 향한 하나님의 경륜, 즉 관계의 경륜 전체를 반복한다(38.7 이하). 이러한 더 큰 서사 안에서

---

4 이 구절은 오리게네스의 『기독론』(Christology)과 여러 유사점들이 있음을 보여준다. 『제일원리들에 관하여』의 시작 부분에서 신앙규범에 관하여 설명하면서 오리게네스는 그리스도가 인간일 때조차도 그는 "이전의 그의 모습으로, 즉 하나님으로 남는다"고 논평한다(Princ. pref. 4). 또한 오리게네스는 성육신 때문에 "우리는 그를 일종의 또한 복합적인 존재로 명명한다"고 쓴다 (σύνθετόν τι χρῆμά φαμεν αὐτὸν γεγονέναι, Cels. 1.66; see also 3.41).

5 참조. Ors. 39.13; 40.33, 45.

나지안조스의 그레고리오스는 절정부분인 13절에서 성육신을 다룬다. 여기에서 그는 불가해하고 비가시적인 하나님 말씀이 "우리의 육체를 위하여 자신에게 육체를 취하셨고, 나의 영혼을 위하여 자신을 지성적 영혼으로 혼합하셔서 유사한 것으로 유사한 것을 정화시키시고, 죄 외에는 모든 점들에서 인간이 되셨다"고 주장한다(38.13 = 45.9).

마지막으로, 나지안조스의 그레고리오스는 클레도니오스에게 보는 두 편의 서신들의 시작 부분에서 비슷한 서사 체계를 제시한다. 「서신 101」의 본문에서 주요 논증을 시작하면서 나지안조스의 그레고리오스는 자신의 기독론에 관하여 요약문을 제시한다(δογματίζειν). 즉, 하나님의 신적 아들은 인간이 되기 전에 시간에서의 구원 경륜과는 별도로 먼저 "영원 전에" 존재하셨다. 그러나 마지막에 그는 인간적 존재를 취하셨고 우리의 구원을 위하여 그도 또한 인간이 되셨다(Ep. 101.13-14).[6] 클레도니오스에게 보내는 두 번째 편지도 동일하게 시작한다. 즉, 하나님의 아들은 성부로부터 영원히 태어난다. "그리고 이런 후에(καὶ μετὰ τοῦτο)" 동정녀 마리아에게서 태어난다(Ep. 102.4).[7] 나지안조스의 그레고리오스가 경륜의 틀 안에서 자신의 기독론을 설정하면서 신앙의 규범, 신앙고백문, 공식적 신조들에서 표현된 오랜 동안의 교회전통 뿐만 아니라 성경 서사의 형태를 고수하고 있다는 점은 주목할 만하다. 그의 기독론의 각 요소를 검토할 때에 이러한 기본적 서사적 틀을 염두에 두어야 한다.

위의 진술문들이 분명하게 보여주듯이, 나지안조스의 그레고리오스는 그리스도는 온전히 신적인 하나님 아들이며 그도 또한 우리의 구원을 위하여 인간이 되셨다고 주장하고자 하였다. 어느 특정 신학자가 그리스도 안에서의 신성과 인성의 결합을 어떻게 생각하는지를 평가하는 것은 현대의 교리분석에서 흔한 일이다. 이러한 일은 여기에 상응하는 칼케돈 규정의 두 본성들에 관한 언어(two-nature language)에 의하여 적지 않게 영향을

---

6 πρότερον μὲν οὐκ ἄνθρωπον, ἀλλὰ Θεὸν καὶ Υἱὸν μόνον καὶ προαιώνιον, ἀμιγῆ σώματος καὶ τῶν ὅσα σώματος, ἐπὶ τέλει δὲ καὶ ἄνθρωπον, προσληφθέντα ὑπὲρ τῆς σωτηρίας τῆς ἡμετέρας.
7 다음과 같은 교리적 시들이 동일한 형태를 따른다. 1.1.2 On the Son; 1.1.10 On the Incarnation, Against Apollinarius.

받은 것이다. 더욱이, 나지안조스의 그레고리오스의 기독론은 ― 카이사레이아의 바실레이오스의 기독론과 니사의 그레고리오스의 기독론과 함께 ― 아폴리나리오스의 교리에 반대하여 그리스도의 온전한 인성을 옹호하는 것으로 일반적으로 여겨진다.[8]

그러나 이러한 접근은 나지안조스의 그레고리오스의 경우에는 부분적으로만 유용할 뿐이며, 심지어 분명히 오해의 소지가 있을 수 있다. 위에서 언급된 구원의 활동을 고려하면, 그의 기독론의 명확한 초점은 신적 경륜의 틀 안에서의 그리스도가 신성을 지닌다는 점이 아주 분명하다.[9] 두 본성들이 어떻게 하나의 인격 안에서 동등하게 결합되는지에 관한 것이 그의 초점이 아니다. 논쟁적 상황에서 나지안조스의 그레고리오스는 에우노미오스주의자들 및 다른 대적자들에 맞서서 그리스도의 신성을 분명하게 주장할 필요가 있었다. 심지어, 아레이오스, 아에티오스, 에우노미오스와 같이 4세기의 가장 극단적인 반(反)니카이아적 신학자들조차도 모두 하나님의 아들은 어떤 의미로 신적이시며 인류의 구원을 위하여 육체가 되셨다고 믿었다. 달리 표현하면, 4세기의 논쟁들에 참가한 자들 중 대부분이 각각 어떠한 방식으로든 성육신을 생각한다.[10]

그러나 더 심오한 이유들도 있다. 나지안조스의 그레고리오스는 그리스도의 신성에 초점을 두면서 초대 교회의 구원론적 주류라고 주장할 수 있는 입장을 드러내고 있었다. "예수가 주님이시다"(고전 12:3)라는 초기의 사도적 고백 이후로, 초대 교회의 신조들, 신앙고백들, 그리고 광범위한 기독교 단체들의 사변들은 그리스도가 인간이었다는 사실에 초점을 두기보다는 그리스도의 천상적 기원에 및 신적인 구원자로서의 그의 정체성에 더 많은 초점을 두었다.[11] 2세기에 그리스도를 신적 지위로 격상하는 것은 때때로 아주 배타적이어서 요일 4: 2-3과 같은 이후의 신약 본문들, 안티오케

---

8   본서 Ⅱ장 이후 부분을 참조하라.

9   참조. Norris, "Gregory Nazianzen's Doctrine of Jesus Christ," 65.

10   비록 나지안조스의 그레고리오스가 포티노스를 언급하지만(Or. 33.16), 카파도키아 또는 콘스탄티누폴리스에서 자신의 직접적인 환경에서는 그리스도가 (신적인 아들로 입양이 되든 아니든) 단지 인간일 뿐이라고 생각하는 자는 없었던 것처럼 보인다.

이아의 이그나티우스, 리옹의 이레나이우스와 같은 후(後)사도기 저술가들은 그리스도가 온전히 인간임을 부정하는 가현적 또는 "영지적" 기독론들에 주로 반대하여 그리스도의 온전한 인간성을 옹호하는 작업을 할 수 밖에 없었다.

나지안조스의 그레고리오스가 서있는 신학적 전통도 마찬가지이다. 이레나이우스, 클레멘스, 오리게네스를 포함한 신학적 전통은 그리스도의 신성을 정체성의 중심적이고 가장 중요한 사실로 강조하였다. 그래서 또한 그의 기독론의 중심에는 그리스도가 온전히 신적인 하나님 아들이며 하나님의 말씀이라는 고백이 있다. 그리고 그리스도를 따르는 자들의 인간적 존재에 관한 모든 함의들이 여기로부터 나온다. 나지안조스의 그레고리오스는 자신의 가장 중요한 기독론적 논쟁들 중의 하나에서 이러한 점을 간결하게 주장한다. "만약 내가 피조물을 예배한다면, 나는 그리스도인으로 불리지 않을 것이다. 기독교가 왜 귀중한가? 그리스도가 하나님이라는 사실 때문이 아닌가?"(37.17).

4세기 말 논쟁들에서의 주된 질문은 예수 안에서 성육신한 신적 존재의 정확한 본성에 관한 것이었으며, 그 결과로 그러한 본성이 그리스도의 정체성과 그를 따르는 자들의 삶에 대하여 의미하는 바에 관한 것이었다.[12] 이 당시의 소위 유사본질파들 및 친(親)니카이아주의자들에게서처럼 나지안조스의 그레고리오스에게도 그리스도가 온전히 및 완전히 신적이라는 점은 기독교적 구원에 있어서 본질적이다. 위에서 언급한 구절들에서 사용된 용어들과 이미지는 그리스도가 하나님의 영원한 말씀으로서 성부의 빛나는 신성을 온전히 공유한다는 점을, 그리고 마리아의 아들이 다름 아닌 바로 인간의 형체를 지닌 창조주 하나님이라는 점을 입증하고자 한다.[13]

---

11 초기 기독교 신조들과 신앙고백들의 개관에 관해서는 다음을 참조하라. Kelly, *Early Christian Creeds*.

12 그 동안 그리스도의 인성에 관한 다른 해석들이 결코 없지는 않다. 이러한 점을 이후에 살펴볼 것이다.

13 그래서 나지안조스의 그레고리오스는 그리스도를 묘사하기 위하여 신적 빛의 이미지를 자유롭게 사용한다. 물론 신약과(특히, 요 1:4-9; 8:12; 9:5; 히 1:3) 니케아신조가 그렇게 한다. 참조. *Ors*. 18.28; 39.1; 45.2.

「설교 38」에서 나지안조스의 그레고리오스는 인간이 되신 하나님의 신비에 관하여 아주 기쁜 경이로움 속에서 계속 말한다. "오 새로운 혼합체여! 오 예기치 않은 혼합이여! 스스로 존재하시는 분이(출 3:14) 존재하시게 되었고(ὁ ὢ γίνεται), 창조되지 아니하신 분이 피조되었으며, 제한되지 아니하신 분이 제한되시도다! … 나를 둘러싸고 있는 이 신비는 무엇인가?" (38.13)[14] 피조되고 제한되고 심지어 고난을 당하는 인간 예수는 신비스럽고 역설적인 방식으로 무한한 창조주 하나님이시고, 비가시적 및 비육체적인 하나님 아들이 드러나는 가시적 및 유형적 인간적 형태이시다. 그래서 **그리스도를 예배하고 영화롭게 하면서 그리스도인들은 실상 하나님 자신을 예배한다**(38.13).[15]

이러한 서사 틀에서 가장 중요한 개념은 바로 "취함(assumption)"이라는 용어이다. 나지안조스의 그레고리오스는 하나님의 말씀이 우리의 구원을 위하여 인간 존재를 "취하셨다(assumed)"고, 즉 성자가 인간의 생명을 "입었다(take on)"고, 그리고 이것을 자신의 선재적인 신적인 존재에 추가하였다고 자주 말한다. 즉, 그는 잉태되었고, 태어났고, 살았고, 죽었고, 부활하였고, 승천하였고, 인간으로 다시 오실 것이다. 이러므로 그리스도는 시간과 공간 안에서 인간 형체 안에 거주하는 하나님의 영원한 아들이시다. 그가 입었던 인간 형체와 하나님 사이의 큰 차이점 때문에, 성자가 인간 본성을 취한 것의 결과로 나타나는 형태와 특성은 바로 겸손, 자기비움 및 자기비하이다. 상대적인 관점으로 말하자면, 그것은 하나님 편에서의 하향적이고 감소적인 운동이다. 하나님의 아들은 자신의 영원한 존재의 불가해성 안에 머무르기보다는 오히려 "우리의 연약함에로 자신을 낮추셨다" (37.3). 우리를 구원하시기 위하여 그는 "몸에 복종하셨고"(*Carm*. 1.1.2.57), "나의 육체의 빈곤을 취하셨다"(38.13). 바울의 용어로, 성자가 "자신을 비

---

14 참조. *Or*. 38.2: "육체가 없으신 분이 육체가 되고, 말씀이 물질이 되며, 보이지 않으신 분이 보이시고, 만져질 수 없는 분이 만져지고, 무시간적이신 분이 시작이 있으시며, 하나님의 아들이 사람의 아들이 되신다 ─'예수 그리스도는 어제도 오늘도 모든 시대에 항상 동일하시다(히 13:8)!'"

15 그리스도의 신성에 관한 간단한 진술들에 관해서는 또한 다음을 참조하라. *Ors*. 20.4; 32.18; 23.9; 41.4; 30.1, 4, 7, 12; 31.26, 28, 29, 33; 26.7.

우셨고", 또한 우리에게 이해될 수 있도록 하기 위하여 우리에게로 내려오셨다(37.3). 그리고 피조물들을 돌보시기 위하여 겸허한 피조물이 되셨다(37.1.4).[16]

나지안조스의 그레고리오스는 낮추심 및 자기비움이라는 용어를 절대적인 의미로 여기고자 하는 유혹을 알고 있었다. 성자가 인간이 될 때에, 자신의 고유한 존재 안에 있는 신적인 실체를 문자적으로 감소시키거나 또는 비우거나 하는 것처럼 여기고자 하는 유혹을 알고 있었다. 그렇게 여기면, 성육신한 이후에 성자는 더 이상 신적이지 않게 되며, 적어도 온전히는 신적이지 않게 된다. 이런 까닭에 나지안조스의 그레고리오스는 하나님의 아들이 우리를 위하여 사람의 아들이 되실 때에, 자신이 이전의 본질을 변화시키지도 않으며 자신의 신성을 어떤 식으로든 자신에게서 제거하지 않으셨다고, 그러나 오히려 자신에게 없었던 본질을 취하셨다고 제한조건을 제시한다(39.13; *Carm.* 1.1.2.60-61).

성자가 자신의 영광을 감소시켰다는 표현은(37.3) 우리의 본성을 취할 때에 우리의 구원을 위하여 "모든 것들을 견디시고 참으신다"는 사실을 가리킨다(37.1, 4). 그래서 그리스도의 낮추심은 그가 우리의 상태를 취하심을 의미한다(14.15). 인성을 취하심을 통하여 우리가 이해할 수 있는 방식으로 자신을 우리에게 계시하시기 위함이다.[17] 그러므로 낮추심과 자기비움은 절대적이지 않고 상대적인 용어들이다. 그것들은 그리스도께서 우리의 본성을 취하시는 형식을 묘사하며, 신적 경륜 안에서 그의 영광이 우리의 눈에 가시적이고 상대적이게 되는 정도를 묘사한다.[18] 이러므로 나지안조스의 그레고리오스에게 그리스도는 하나님의 영원한 아들이시다. 그리고 그리스도는 인간의 형체를 입으셨고 우리 안에 거하셨다.

---

16 빌 2: 5-1; 또한 다음을 참조하라. 히 12:2. 그리스도의 자기비움에 관한 확장된 논의에 관해서는 다음을 참조하라. Norris, "Gregory Nazianzen's Doctrine of Jesus Christ," chap. 3 그리고 여러 곳; 낮춤과 자기비움에 관해서는 다음을 참조하라. Winslow, *Dynamics of Salvation*, 92-6, 99.

17 참조. *Or.* 45.26.

18 그리스도께서 인간적 존재를 취하심에 관하여 다음을 또한 참조하라. *Ors.* 19.13; 34.10; 30.5, 9, 21; 26.7; 37.4; 44.2, 7; 45.13, 26-9.

비록 나지안조스의 그레고리오스가 그리스도의 신성을 아주 강조하더라도, 그는 일반적으로 그리스도의 인성을 전제한다. 그리고 인성에 대하여 적극적인 설명을 별로 하지 않는다. 나지안조스의 그레고리오스의 기독론의 특징이 아폴리나리오스주의에 반대하여 그리스도의 온전한 인성을 옹호하는 것으로 보통 여겨진다고 하더라도, 그리스도가 온전히 인간이라고 그가 명시적으로 주장한 구절들이 그의 활동을 마치기 전까지 거의 없다. 379년 이전의 가장 강력한 예인 설교 2.23은 후대의 편집을 반영하는 것일 수 있다.[19]

나지안조스의 그레고리오스가 379년 콘스탄티누폴리스에 도착할 때까지는 370년대에 아주 활발하게 진행되었던 디오도로스와 아폴리나리오스 사이의 기독론적 논쟁을 알고 있었다(22.13).[20] 앞으로 살펴보겠지만, 그는 디오도로스보다는 아폴리나리오스와 더 많은 공통점을 가졌다. 심지어 그의 소위 반(反)아폴리나리오스적 서신들에서도 그러하다. 일단의 아폴리나리오스주의자들이 383년에 나지안조스에서 그의 교회를 차지하려고 하여 그들과의 논쟁 중에 있을 때에, 나지안조스의 그레고리오스는 마지막으로 자신의 활동이 끝날 즈음에 그리스도의 온전한 인성을 명시적으로 주장한다.

나지안조스의 그레고리오스의 견해에 따르면, **하나님의 아들이 우리를 구원하기 위하여 인간이 되었다는 기본적인 기독교적 신앙고백은 우리의 인간 상태 전체를 포함함을 암시한다.** 아폴리나리오스가 하나님의 말씀이 그리스도 안에서 인간적 정신을 대신한다고 주장할 때,[21] 나지안조스의 그레고리오스의 응답은 성육신이 이러한 측면을 분명히 가진다는 점을 단순히

---

19 윈슬로우는 다른 입장이다. Winslow, *Dynamics of Salvation*, 79.

20 383년 전의 나지안조스의 그레고리오스의 저작에서 (설교 2.23과 함께) 그리스도가 인간적 정신을 지닌다는 점을 부인하는 언급이 드물다. 만약 그가 379년까지 아폴리나리오스 문제를 알았다면 —379년에 안티오케이아 교회회의가 인정한 다마수스의 『일루트 사네』(*Illut sane*)로부터이든, 교회회의를 대신하여 그를 콘스탄티누폴리스의 감독으로 임명하였던 멜리티오스로부터이든, 또는 아폴리나리오스에 관한 자신의 연구로부터이든— 그는 383년까지 그것에 관심을 거의 두지 않았다.

21 아폴리나리오스의 구원론의 이유에 관하여 본서의 결론을 참조하라.

지적하는 것이었다. 우리의 몸, 영혼, 정신이 치유를 필요로 하기 때문에 — 특별히 정신이 그러하다. 정신이 처음으로 죄를 짓고, 정신이 진정으로 모든 다른 문제들의 근원이기 때문이다 — 그리스도는 우리를 구원하기 위하여 이 모든 요소들을 취하여야 하였음이 틀림없다(*Ep.* 101.50-55). 그러므로 그는 자신의 유명한 구원론적 격언을 말한다. **"취하여지지 않은 것은 치유되지 아니하였다. 그러나 하나님과 연합되는 것은 또한 구원을 받는다"**(*Ep.* 101.32).[22]

아폴리나리오스에 반대하여 그리스도의 온전한 인성을 그가 옹호하는 것은 그의 기독론에서 새로이 등장하는 중대하고 구성적인 부분이 아니다. 그것은 그가 콘스탄티누폴리스에서 목회사역하는 동안 아주 상세하게 이미 표명하였던 입장을 단지 적용한 것일 뿐이다. 솔직하게 그는 그러한 질문 전체가 터무니없는 것이라고 여긴다. "정신을 지니지 않은 인간에게 소망을 두는 자는 누구든지 스스로 분별력이 없는 자이다!"(*Ep.* 101.32). 이와 달리 그는 다음과 같은 입장이 분명하다고 여긴다. 즉, 그리스도가 온전한 인간이기에 그리스도가 영혼과 몸만이 아니라 인간적 선택과 자기결정을 지닌다는 입장이 분명하다고 여긴다. 이러한 점을 부정하는 것은 그로 하여금 터무니없이 화가 나도록 한다.

---

22 이 구절은 본래 오리게네스의 『헬라클리데스와의 대화』(*Dialog with Heraclides*) 7.7에 나타난다: "만약 그가 온전한 인간 존재를 취하지 않았다면 온전한 인간 존재는 구원을 받지 못할 것이다."

3

그리스도의 일치성

위의 진술들이 알려주듯이, 나지안조스의 그레고리오스에게 성육신의 본질은 — 또는 더 좋은 표현으로, 성육신의 역동적인 핵심은 — 일치성을 이루는 것이다. 그러므로 **하나님의 아들이 인간적 존재를 취하신 것의 중요성은 인간적 존재를 치유하고 구원하기 위하여 인간적 존재를 자신에게로 연합하고 일치시키는 것이다. 이러므로 그리스도의 일치성은 그의 기독론의 중심적인 교리이다.** 그리고 이것은 에우노미오스주의자들, 안티오케이아인들, 아폴리나리오스주의자들과 같은 그의 기독론적 세 대적자들 모두와의 논쟁의 핵심을 규정한다. 또 다시, 그의 네 가지 주요한 기독론적 본문들 각각이 이러한 쟁점과 관련되어 있다. 「설교 29」에서 나지안조스의 그레고리오스는 에우노미오스주의자들이 그리스도의 신성을 반대한다고 말한다.

그는 여러분의 두터운 육체성을 자신에게로 취하셨기 때문에,[1] 그러시면서 [인간의] 정신의 매개를 통하여 육체와 연합하셨고, 지상에서 하나님이신 인간이 되셨기 때문에(γενόμενος ἄνθρωπος ὁ κάτω Θεός),[2] 그리고 [인간적 존재가] 하나님과 혼합되었고, 그가 하나의 단일한 존재(εἷς)로 태어나셨기 때문

---

1   즉, 인간적 존재라는 두터운 육체성.

에…. 더 강력하신 분이 [자신이 취하신 인성을] 이기셨기 때문에, 그가 인간이 되셨던 것과 같은 정도로 우리가 신적이 될 수 있다.(29.19)

같은 해 나중에 나지안조스의 그레고리오스는 「설교 37」에 있는 기독론적 진술을 아주 동일하게 마무리한다. 그러한 생각들을 표현하는 것의 어려움에 대하여 변명들을 제시하면서, 그는 성육신으로부터 결과되어진 일치성을 설명하고자 한다.

그는 자신의 본래의 본성을 제쳐놓으셨다. 자신의 본성이 아닌 것을 취하셨다. 그가 두 개의 존재들이 되신 것이 아니라, 둘로부터 하나가 되셨다(οὐ δύο γενόμενος, ἀλλ' ἓν ἐκ τῶν δύο γενέσθαι ἀνασχόμενος). 둘 모두 하나님이기에, 즉 취하였던 주체도 하나님이 취하게 된 대상도 하나님이시기 때문에, 두 본성이 만나서 하나가 된다(δύο φύσεις εἰς ἓν συνδραμούσαι). 그러나 두 아들들이 아니다. 이러한 혼합(ἡ σύγκρασις)에 관하여 잘못된 설명을 제시하지 말자.(37.2)[3]

마찬가지로, 381년 1월부터 나지안조스의 그레고리오스는 「설교 38」에서 계속해서 설명한다. 즉, 성육신의 결과로, 마리아에게서 태어나신 분은 "자신이 취한 것을 함께 지닌 하나님이시며, 육체와 영, 즉 반대되는 두 개로 만들어진 하나이시다(ἓν ἐκ δύο τῶν ἐναντίων). 영은 육체를 신성화하며 육체는 신성화된다"(38.13). 이 세 구절들 각각은 380-381년부터 나왔다. 즉, 점차적으로 변화하기는 하지만 공공연한 상황, 즉 반(反)에우노미오스적인 (그리고 아마도 반(反)안티오케이아적인) 논쟁적인 상황에서 나왔다. 첫 번

---

2 브라운과 스왈로우가 이 구절을 번역한 것은 —"그의 열등한 본성, 즉 인성이 하나님이 되었다"— 이중적인 방향에서 오해의 소지가 있다. 이러한 번역은 그리스도의 인성이 어쨌든 독립적으로 존재하였고 그런 후에 신성화된다는 점을 암시한다. 갤레이의 프랑스어 번역도 동일한 문제를 드러낸다: "l'homme d'ici-bas est devenu Dieu" (SC 250, 219). 이러한 번역들은 나지안조스의 그레고리오스의 생각과는 관련이 없다. 웍컴의 번역("being made that God on earth, which is Man")이 이러한 오류를 피하지만, 불행하게도 (그리고 확실히 부주의하게도) 인성 일반이 신적이라는 점을 암시한다.

3 브라운과 스왈로우의 번역 및 각색.

째 구절은(29.19) 에우노미오스주의자들과 직접적이고 뜨거운 논쟁이며, 두 번째 구절은(37.4) 황제 테오도시우스가 수도에 들어와서 나지안조스의 그레고리오스를 대감독으로 임명한 후에 쓰여졌다. 그리고 세 번째 구절은 (38.13) 나지안조스의 그레고리오스가 주현절의 대축일을 기념할 때 쓰여졌다. 이때는 황제 테오도시우스가 에우노미오스주의자들과 여러 다른 이단들을 법으로 금지한 직후였다.

마지막으로, 나지안조스의 그레고리오스는 후기의 기독론적 서신들에서 동일한 점을 주장한다. 이 구절을 살펴보기 전에, 이 세 서신들이 반(反)아폴리나리오스적 논문들이라고 거의 보편적으로 여겨진다는 점에 주목할 필요가 있다. 그러나 그리스도의 일치성이라는 중심점에 관하여 세 서신들은 사실 반(反)아폴리나리오스적이라기보다는 더 강력하게 반(反)안티오케이아적이다. 나지안조스의 그레고리오스가 「서신 101」의 앞부분에서 자신의 기독론적 신앙고백을 제시할 때, 아폴리나리오스적인 사상을, 즉 말씀이 그리스도의 인간적 마음을 대신한다는 사상을 단지 간단하게 언급할 뿐이다.

그런 후에 아주 다른 방향으로 나아가서 그는 그리스도의 일치성을 집중적으로 다룬다. 그는 "우리의 주님 및 하나님"이라는 칭호를 선호한다고 설명한다. 그러한 칭호가 하나님의 영원한 아들로서의 예수의 유일한 정체성을 전달한다고 여기기 때문이다. "우리는 신성으로부터 인간적 존재를 분리시키지 못한다. 다만 우리는 하나의 동일한(εἷς καὶ ὁ αὐτός) 하나님 및 성자를 가르친다." 그는 처음에는 오직 영원한 성자이었으나 나중에는 또한 인간이 되셨다. "그래서 전적인 인간이시며 또한 하나님이신 동일한 분에 의해서, 그 동안 죄 아래에 타락하였던 인성 전체가 새롭게 창조되기 위함이다"(Ep. 101.13, 15).[4]

다음으로 나지안조스의 그레고리오스는 10가지 파문들의 목록을 제시

---

4   οὐδὲ γὰρ τὸν ἄνθρωπον χωρίζομεν τῆς θεότητος, ἀλλ' ἕνα καὶ τὸν αὐτὸν δογματίζομεν ⋯ Θεὸν καὶ Υἱόν ⋯ ἵν' ὅλῳ ἀνθρώπῳ τῷ αὐτῷ καὶ Θεῷ ὅλος ἄνθρωπος ἀναπλασθῇ πεσὼν ὑπὸ τὴν ἁμαρτίαν.

하는데, 이 중 7가지가 아마도 디오도로스를 반대하면서 그리스도의 일치
성을 주장한다(항목들 1, 3-8). 항목1은 **테오토코스**(Theotokos)라는 칭호를
옹호한다. 이 칭호는 아폴리나리오스가 디오도로스의 이원론적 기독론에
대한 반대를 표현하기 위하여 사용한 것이며, 4세기에 일치성을 주장하는
기독론을 가리키는 유명한 표어가 되었다(Ep. 101.16a). 항목3은 이원론적
사상, 즉 성육신이 "하나님의 출생"이라기보다는 오히려 하나님이 이전에
형성된 인간을 "입으셨다"는 사상을 비난한다(Ep. 101.17). 항목4는 두 아들
들의 교리에 반대하여 "하나의 동일한"이라는 구절을 거듭 주장하며, 그리
스도의 두 본성들 사이의 실재적인 연합을 더 자세히 설명한다(Ep. 108.18).
항목5는 연합과 결합이라는 더 강력한 용어를 선호하여 디오도로스의 은
혜의 용어를 반대한다(Ep. 101.22a). 항목6은 십자가에 달리신 주님을 섬기
는 유일한 예배를 옹호한다(Ep. 101.22b). 항목7은 그리스도가 도덕적 발전
을 이룬다는 사상을 반대한다. 그리스도가 근본적으로 하나님이시기 때문
이다(Ep. 101.23). 그리고 항목8은 그리스도께서 자신의 몸을 더 이상 가지
지 않는다는 사상을 반대한다. 이를 위하여 취함이라는 일치성을 내세우는
언어와 유일한 술어라는 해석학적 관습을 사용한다(Ep. 101.25).[5]

만약 우리가 다음과 같이 말한다면, 즉 아폴리나리오스적이라고 평판
이 나있는 사상, 즉 그리스도의 인성이 하늘로부터 내려왔다는 사상에 반
대하는(Ep. 101.16b) 항목2가 항목1을 따른다고 말한다면, 즉 항목1과 항목
2 모두 마리아를 가리키기 때문에 항목2가 아마도 항목1을 따른다고 말한
다면, 그리고 그리스도의 일치성이 항목 9-10에서 이차적으로 또한 나타
난다고 말한다면, 그렇다면 우리는 모든 취지들과 목적들에도 불구하고 나
지안조스의 그레고리오스가 그리스도의 일치성에 관한 장문의 강력한 진
술로 서신을 시작하였다고 말할 수 있다.

동일한 구조가 클레도니오스에게 보내는 두 번째 서신에서 반복된다.
나지안조스의 그레고리오스는 그리스도의 일치성에 관하여 더 간결하지

---

5   여기에 관해서는 아래를 참조하라.

만 훨씬 더 분명한 진술문으로 자신의 논증을 시작한다. "우리는 하나님의 아들을 다룬다. 그는 성부로부터 태어났고 이후에 단일한 존재체로서(εἰς ἕν ἄγομεν) 동정녀 마리아에게서 [태어났다]. 그리고 우리는 두 아들들이라고 명명하지 않는다. 오히려 우리는 하나의 동일한 분을 예배한다. 그는 신성이 나뉘어지지 않으며 존귀하신 분이시다"(Ep. 102.4).[6] 그러므로 나지안조스의 그레고리오스는 자신의 후기 서신들에서 그리스도의 일치성에 관하여 동일한 교리를 제시한다. 그는 더 일찌기 콘스탄티누폴리스에서의 어느 정도 다른 정황에서 이 교리를 자신의 기독론의 중점적인 교리로서 발전시켰다. 그리고 이것은 그리스도가 인간적 정신을 지니는지 여부에 관한 질문보다 더 중요한 의미가 있는 문제로서 다루었다.

나지안조스의 그레고리오스는 성육신에서 하나님의 아들이 인간적 존재를 자신의 것과 "혼합시킴으로써" 인간적 존재를 취하신다고 말한다. 그래서 그리스도는 신비스러운 방식으로 단일한 존재체로서(εἰς ἕν) 태어난다.[7] 신적인 아들이 자신의 인간 형체를 신성화하는 효과 때문에, 예수 그리스도라는 단일한 존재체는 가장 근본적으로 하나님의 아들로 남는다. 즉, 그리스도는 지상에서 하나님의 인간적 삶이시다. 그리스도는 "자신이 취하신 것과 함께 하나님이시다." 이미 하나님이시기에 그는 자신의 인간적 형체 안에서도 "하나의 동일한" 하나님 아들이시다.

나지안조스의 그레고리오스는 전문적인 용어들에 너무 과도하게 의존하는 것에 대하여 자주 주의를 준다. 왜냐하면 신학은 구체적인 용어들(ὀνόματα)에 관심을 두지 않고, 그것들이 가리키는 실재들(πράγματα)에 관심을 두기 때문이다(31.20 및 여러 곳). 그가 그리스도의 일치성에 관하여 더 간

---

6   그리스도의 일치성에 관한 일관된 헌신에 비추어 볼 때, 나지안조스의 그레고리오스가 아폴리나리오스의 고소들, 즉 자신이 두 아들들에 관한 교리를 가르친다는 고소들에 단지 응답하기 위하여 이 서신들에서 일치성의 기독론을 준비하고 있는 것 같지는 않다. 비록 니사의 그레고리오스가 자신의 서신 「토 테오필로스」(To Theophilus)에서 이와 유사한 고소들에 응답하였더라도, 니사의 그레고리오스의 기독론적 환경은 그의 환경과는 오히려 다른 것이었다. 그리고 그가 교리적 근거들과 관련하여 아폴리나리오주의자들에 의해 실제로 위협을 느꼈음을 알려주는 증거는 없다.

7   나지안조스의 그레고리오스가 그리스도의 일치성을 가리킬 때 남성 대명사와 중성 대명사 모두를 사용하고 있음에 주목하라. 그는 어느 성이든 기술적인 용어로 만들지 않는다.

결하고 더 전문적인 표현들을 사용하는 것은 그것들이 지금까지 살펴보았던 성육신의 서사적 역동성을 표현하는 데에 일반적으로 기여하기 때문이다. 성자는 인간의 형체를 취하고 "단일한 존재체(εἷς)"(29.19)로서 태어난다. 그는 하나님과 인간 존재라는 거대하게 다른 실재들로부터 "하나"가 된다(ἓν ἐκ δύο, 37.2, 38.13; εἰς ἕν, 37.2; Ep. 102.4). 비슷한 맥락에서 나지안조스의 그레고리오스는 성자가 인간 존재를 자신과 함께 "섞거나" 또는 "혼합한다"고 말한다. 그리스도의 일치성을 "반대되는 둘로부터 만든 하나"이라고 묘사한 후에, 나지안조스의 그레고리오스는 잠시 경탄과 찬양에 빠진다. "오 새로운 섞음이여(μίξις); 오 놀라운 혼합이여(κρᾶσις)!"(38.13). 그는 거듭 이러한 표현들을 사용한다. "둘은 혼합을 통하여 하나이다"[8](Ep. 101.28).

스토아 철학과 플라톤 철학으로부터 나온 이러한 용어들이 나지안조스의 그레고리오스에게는 친숙하였을 것이지만,[9] 아마도 그는 성육신을 묘사하기 위하여 그것들을 사용할 때에는 아폴리나리오스 또는 오리게네스를 따르는 것 같다.[10] 혼합을 표현하는 용어는 성자의 신적 본성의 초월성을 타협하는 것처럼 보이기 때문에, 안티오케이아인들의 재촉에 의하여 나중에 칼케돈에서 정죄될 것이다. 그러나 나지안조스의 그레고리오스의 용법에서 혼합이라는 용어는 성육신의 서사적 운동과 또한 예수 안에서의 하나님과 인성 사이의 신비적 연합을 모두 유용하게 전달한다. 즉, 먼저 하나님의 영원한 아들이 존재하셨고, 다음으로 그가 인간적 존재의 온전한 실재를 취하셨고, 그것을 자신과 혼합하여 성육신하신 한 분 주님이 되셨다.

나지안조스의 그레고리오스의 견해에 따르면, 진정한 위험은 안티오케이아인들이 주장하듯이, 이 두 실재들의 통합을 타협하는 것에 있지 않고, 오히려 반대의 방향으로 나아가는 것이다. 즉, 혼합은 실재적 연합보다 덜

---

8 τὰ γὰρ ἀμφότερα ἓν τῇ συγκράσει. 참조. Ors. 14.7; 27.7; 28.3, 22; 32.9; 38.9.

9 철학적 내력에 관해서는 다음을 참조하라. Harrison, "Some Aspects of St. Gregory the Theologian's Soteriology," 13. 인용색인과 참고문헌을 함께 참조하라.

10 참조. Frag. 10, 93; 그리고 아마도 요 1:23-24에 관한 오리게네스의 단편을 참조하라(GCS Origenes 4, 498.23-4). 또한 다음을 참조하라. Daley, "Nature and the Mode of Union," 172. 나지안조스의 그레고리오스의 저작에서 크라시스(κρᾶσις)와 페리코레시스(περιχώρησις)의 상용에 관하여 다음을 참조하라. Harrison, "Perichoresis," 55-57.

한 어떤 것으로 오해되어서는 안된다(37.2). 만약 우리의 인성이 그리스도 안에서 하나님과 완전히 연합되어 있지 않다면, 그는 사실상 서로 다른 두 아들들이며 우리는 성육신에서 신성화되지 않는다. 「서신 101」의 다섯 번째 파문에서 나지안조스의 그레고리오스는 디오도로스의 견해에 반대하여 연합에 대한 자신의 견해를 정의하고 있는 것처럼 보인다(이해될 수 있는 정치적인 이유들로 인하여 비록 익명적으로 표현하였지만). 즉, 성자는 예언자에게서 작용한 것처럼 그리스도 안에서도 단지 은혜로 작용한(ἐνεργεῖν) 것은 아니었다. 그 대신에 성자는 존재하였고, 이제는 자신의 본질 안에서 인간적 존재와 함께 결합된다(κατ᾽ οὐσίαν συνάπτειν[11])(*Ep*. 101.22).[12]

그리스도의 일치성을 표현하기 위하여 나지안조스의 그레고리오스가 사용하는 가장 분명하고 가장 의미있는 용어는 "하나의 동일한(one and the same)"이라는 구절이다. 즉, 그리스도는 성육신 이전과 성육신에서 모두 "하나의 동일한" 하나님 아들이시다.[13] 바로 이 구절에서 우리는 일치성을 표현하는 나지안조스의 그레고리오스의 용어들 각각의 핵심을 볼 수 있다. 즉, 성자가 인간적 존재를 자신의 존재에로 취하여 단일한 존재체가 되심으로써 그리스도인들은 그리스도가 하나님의 영원한 아들이심을 고백할 수 있고 인간 예수를 하나님으로 예배할 수 있다.[14] 어떤 반(半)전문적 용어들과 함께 이와 같은 일치성의 체계 안에서 나지안조스의 그레고리오스는 하나님의 영원한 아들로서의 그리스도의 정체성에 관하여 서사적 및 경륜적 설명을 제시한다. 성육신의 "행동" 또는 결과는 인간이 되신 단 하나의 일치된 주님, 즉 하나님의 영원한 아들을 생성하는 것이다.[15]

---

11 또는 그것과 접촉하게 되었다.

12 참조. *Or*. 30.21: 성자는 은혜에 의해서가 아니라 인간적 본성을 취하심으로써 신성화하신다. 그러나 참고. 30.8: 그리스도는 본성에 의해서가 아니라 연합에 의해하여 하나이다.

13 이 구절은 후기의 기독론적 서신들에서 점점 더 많이 나타난다. 예를 들면, 서신 101.13은 다음의 문장들에서 반향된다. 비록 나지안조스의 그레고리오스가 아마도 그것을 아폴리나리오스로부터 배웠다고 하더라도 그것은 이레나이오스로부터 기원한다(*Adv. haer*. 3.16.3): 참조. *KMP* 36; *Frag*. 42, 109.

14 참조. *Carm*. 2.1.11.631-651: 그리스도는 단지 "신적 속성들에 참여하는 것"이 아니다. 그러나 그리스도 안에선 인간적 본성과 온전한 하나님이 완전하게 병합되어 있다"(노리스의 번역. Norris, "Gregory Nazianzen's Doctrine of Jesus Christ," 190).

그리스도의 일치성에 관한 서사적 및 전문적 묘사들 외에도, 나지안조스의 그레고리오스는 그리스도의 일치성에 대한 자신의 경륜적 이해를 지지하는 성경해석의 기본규칙을 제시한다. 비록 그가 자신의 신학적 또는 주석적 방법을 좀처럼 상세하게 설명하지는 않지만, 콘스탄티누폴리스에서 에우노미오스주의자들과 벌인 논쟁으로 인하여 그는 자신의 기독론적 주석 방법을 더 명시적으로 정의하게 되었다. 그러한 세 진술문들 중 첫 번째는 앞에서 인용한 「설교 29」에 있는 기독론적 구절 직후에 나온다(29.19). 성경에서 그리스도에 관한 광범위하게 다양한 진술들을 제대로 이해하기 위하여 다음의 일반규칙을 지켜야만 한다고 그는 주장한다.

> 더 존귀하게 표현하는 구절들을 신성에 적용하라. 수동적인 것들과 몸에 비하여 더 우월한 본성에 적용하라. 그리고 더 비천하게 표현하는 구절들을 복합적인 분에게 적용하라. 즉, 여러분을 위하여 자신을 비우셨고 육체가 되셨고 (또한 정당하게 말하자면) 인간이 되셨고, 이후에는 또한 존귀하게 되셨던 그 분에게 적용하라.(29.18)[16]

성경에서 그리스도에 관한 많은 구절들을 해석하는 열쇠는 비록 다른 방식들이기는 하지만 그리스도를 더 많이 찬양하는 진술들과 더 비천하게 여기는 진술들이 모두 동일한 하나님 아들을 가리킨다는 점을 이해하는 것이다.

그리스도의 온전한 신성을 반대하는 에우노미오스적 주장들에 대답하기 위하여, 나지안조스의 그레고리오스는 그리스도에 관한 순전히 신적인 진술들과 성육신한 상태의 그리스도를 묘사하는 진술들을 구별한다. "하나님", "말씀"(요 1:1), "하나님의 능력 및 하나님의 지혜로서의 그리스도"(고전

---

15 아폴리나리오스와의 강한 유사점들 외에도 나지안조스의 그레고리오스의 기독론은 오리게네스의 교리가 지닌 더욱 일치성의 측면들을 반향한다. 여기에서 말씀은 그리스도의 피조된 영혼과 (그리고 이후에는 몸과) 아주 연합되어 있어서 그리스도의 인성이 신성화되고 성육신하는 말씀이 실제로 단일주체로서 기능한다. 특히 다음을 참조하라. *Princ.* 2.6.

16 해석학적 규칙이 다음에서 나타난다. *Ors.* 29.18; 30.1, 2. 또한 다음을 참조하라. 34.10.

1:24)와 같이 더 장엄한 칭호들은 그리스도의 정체성이 성부와의 영원한 관계 속에 있는 하나님의 신적인 아들임을 알려준다. 이러한 점을 나지안조스의 그레고리오스는 여기에서 간략한 표현인 "신성(the Divinity)"으로 가리킨다.[17] 그렇지 않으면, "종", "그가 굶주리셨다" 및 "그가 우셨다"(빌 2:7; 마 4:2; 요 11:35)와 같이 더 비천한 표현들은 — 그리고 무엇보다도 그리스도의 십자가와 죽음은 — 예수라는 인격 안에서 인간적 존재를 취하셨고 이제는 하나님과 인간적 존재로 구성된 단 하나의 혼합체이며 "복합체"이신 하나님 아들을 가리킨다.

이러므로 말씀이 지혜자의 모습으로 "여호와께서 자신의 길들의 시작으로 나를 **창조하셨다**"(잠 8:22)고 말할 때, 이것은, 마치 성부의 말씀이 피조물이라고 무조건적으로 말하는 것처럼, 성자의 성육신 이전의 상태에 관한 진술이 아니다. 오히려, 지혜로서의 성자는 자신의 미래의 성육신, 또는 복합적 상태에 관하여 선취적으로 진술하고 있다. 그러한 상태 안에서 그는 또한 하나님의 피조물, 즉 인간 예수이다. 더 비천한 표현들을 성육신 형체의 성자에게로 돌림으로써, 나지안조스의 그레고리오스는 그러한 본문들이 성자는 단지 피조물일 뿐이며 그러기에 온전히 신적이지 않다고 증명한다는 주장을 반박할 수 있었다.

그러나 동시에, 나지안조스의 그레고리오스가 그리스도를 무조건적으로 언급하는 것들과 조건적으로 언급하는 것들 사이를 구별할 때, 그는 두 종류의 진술들이 모두 **동일한 하나님 아들을** 가리킨다고 말한다. 고귀한 표현들이 무조건적으로 성자를 가리키지만, 비천한 표현들은 조건적으로, 즉 그가 이제는 성육신한 인간 주님이라는 조건 하에서 동일한 성자를 가리킨다. 만약 이 두 표현들이 동일한 성자를 가리키지 않았다면, 비천한 표현들은 다른 주체를 가리키는 것으로, 그러므로 성자의 신성을 위협하지 않는 것으로 쉽게 여겨질 수 있다. 달리 표현하면, 신적 경륜에 관한 자신의 서사적 진술들에 일치하는 **나지안조스의 그레고리오스의 해석규칙은 하나님의**

---

[17] 나지안조스의 그레고리오스는 이러한 구절들의 더 긴 목록을 다음에서 제시한다. *Or.* 29.17.

아들의 영원한 상태와 성육신한 상태 사이의 구별일 뿐만 아니라, 또한 하나
님의 아들의 일치성과 불변하는 정체성에 대한 규정이다.

그리스도 안에 근본적인 일치성이 있는지 아니면 근본적인 이원성이
있는지에 관한 질문에 대하여 나지안조스의 그레고리오스가 종종 오해되
어 왔다. 기독론적 주석에 관한 이 구절에서(29.18), 그가 그리스도의 신적
속성들과 인간적 속성들 사이의 강력한 구별을 주창한 것으로 간주되어 왔
다.[18] 예를 들면, 최근까지 「신학적 설교」의 표준적인 영어번역이었던 찰스
고든 브라운(Charles Gordon Browne)과 제임스 에드워드 스왈로우(James
Edward Swallow)의 번역에서 해당구절을 "여러분을 위하여 자신을 아무런
명성도 없는 자로 만드신 이의 복합적 상태"[19]로 번역한다. 여기에서 비천
한 진술들은 성자의 복합적 [성육신적] 상태를 가리킨다. 즉, 인간적 형체
에 있는 성자 자신을 가리키기 보다는, 오히려 그리스도의 신성과는 구별
되는 그리스도의 인성을 가리킨다. 그러나 그리스어 본문은 이러한 해석을
지지하지 않는다. 평행하는 여격 구문(τῷ συνθέτῳ καὶ τῷ διὰ σὲ κενωθέντι)은
호 쉰테토스(ὁ σύνθετος)가 "복합체이신 분"("자신을 비우신 분"이라는 표현과 동
시에")이라는 점을 분명하게 한다. 즉, 하나님의 아들의 "복합적 상태"라기
보다는 오히려 성육신하신 하나님 아들이라는 점을 분명하게 한다.[20]

이 구절에 대한 정확한 해석은 「신학적 설교」에 있는 나지안조스의 그
레고리오스의 해석학적 규칙의 두 번째 예에 의해 지지된다. 여기에서 "더
비천하고 더 인간적인" 표현들은 "죄를 패배시키기 위하여 감동성이 있는
존재가 된 하나님, 새 아담"(30.1)을 가리킨다. 즉, 새 아담처럼 인간적 형체
를 지닌 영원한 하나님 아들을 가리킨다. 나지안조스의 그레고리오스는 고
귀한 표현들이 성자의 신성을 가리키고 비천한 표현들이 성자의 인성을 가
리킨다고 말하는 것이 아니다. 그리고 마치 고귀한 표현들이 성육신 이전

---

18 참조. 예를 들면, Hanson, *Search for the Christian Doctrine of God*, 713.

19 브라운과 스왈로우의 번역.

20 윅컴의 번역은 다음과 같은 오류를, 즉 "더 비천한 [표현들을] 복합자에게 적용하는 것, 즉 여러분
때문에 자기를 비우신 그에게 적용하는 것"의 오류를 피한다. 또한 다음을 참조하라. Bouteneff,
"St. Gregory Nazianzen," 260.

의 그리스도를 가리키고 비천한 표현들이 성육신 중의 그리스도를 가리키는 것인 양, 그리스도의 성육신 이전의 상태와 그리스도의 성육신적 상태를 구별하고 있는 것도 아니다. 그리스도의 신성을 가리키는 진술들은 성육신 이전이든 성육신 동안이든 **항상** 적용된다. 이러한 점은 예수가 영원한 하나님 아들이라는 신앙고백 자체 안에 반영되어 있다.

이러한 주석적 규칙을 이원론적인 방식으로 이해하는 것은, 그래서 서로 다른 표현들을 서로 다른 두 주체들에로 또는 그리스도의 활동의 서로 구별되는 두 단계들에로 서술하는 것은 나지안조스의 그레고리오스의 의도를 완전히 간과하는 것이다. 자신의 활동의 중요한 시점에서 기독론적 방법을 설명하도록 압박을 받은 그레고리오스는 영원한 상태 및 성육신한 상태에 있는 하나님 아들의 일치성과 불변하는 정체성에 관한 교리를 택하고 또한 발전시킨다. 이러한 입장은 그가 자신의 활동을 시작한 이후로 아마도 취하여 왔던 것이었다.[21]

그리스도의 일치성에 관한 나지안조스의 그레고리오스의 교리는 아주 깊이 스며들어 있어서 그는 에우노미우스주의자들의 입장을 일치성을 주창하는 자신의 체계의 관점으로 재구성하였던 것처럼 보인다. 에우노미오스는 현존하는 자신의 저작들에서 성육신 **이전의** 성자를 가리키는 본문들에 근거하여 그리스도의 온전한 신성을 반대하여 논증한다. 그래서 그는 하나님의 아들은 성육신과는 별도로 이미 피조물이라고 주장한다. 나지안조스의 그레고리오스가 설교 29.18-19에서 묘사하는 방식대로 에우노미오스가 예수의 비천하고 인간적인 상태 그 자체에 호소한 적이 있음을 알려주는 흔적은 없다.[22] 나지안조스의 그레고리오스는 에우노미오스가 인용한 여러 성경본문들을 열거한 후에,[23] 자신의 성경본문들 일부를, 즉 성자의 성육신 이전의 상태를 가리키지 않고 구체적으로 성자의 비천한 인간

---

21 원슬로우는 다르게 생각한다. 그는 그리스도의 단일주체가 나지안조스의 그레고리오스의 저작에서 나중에 발전한 것으로 여긴다. *Dynamics of Salvation*, 94.

22 그러나 에우노미오스는 예수의 인간적 영혼을 성육신 이전의 로고스와 동일시한다. 아레이오스, 에우세비오스, 아폴리나리오스가 동일시하였던 것과 같다.

23 요 20:17, 14.28; 잠 8:22, 행 2.36, 요 10:36.

적 상태를 가리키는 표현들을 추가한다.

> 만약 여러분이 원하면, 또한 "종", "순종하는", "그가 주셨다", "그가 배웠
> 다"(빌 2.7, 8; 요 18:9; 히 5:8)와 같은 구절들을 열거하라. ⋯ 그리고 만약 여러
> 분이 원하면, 이것들보다 훨씬 더 비천한 표현들을 추가하라. 그가 주무셨
> 고, 배고프셨고, 피곤하셨고, 우셨고, 고뇌하셨고, 고난을 당하셨다는 사실
> 처럼 더 비천한 표현들을 추가하라(마 8.24, 4:2; 요 4:6, 11:35; 눅 22.44; 고전
> 15:28). 아마도 여러분도 그의 십자가와 죽음에 대하여 그를 훈계조차할 수
> 있다!(29.18)

나지안조스의 그레고리오스는 다음과 같이 암시한다. 즉, 만약 잠언
8:22와 같은 본문들이 성자의 피조된 상태를 알려준다면, 그의 배고픔, 눈
물, 십자가에서의 죽음은 얼마나 많이 그러겠는가? 물론, 여기에서의 숨겨
진 전제는 두 종류의 진술이 모두 동일한 주체를 가리킨다는 점이다. 이것
은 나지안조스의 그레고리오스가 취한 입장이고 에우노미오스가 또한 주
장하였던 것처럼 보이는 입장이다.[24]

만약 그리스도가 서로 다른 두 주체들로 구성되었다면, 그레고리오스
가 제시하는 비천한 표현의 구절들이 인간 예수에게로, 즉 성육신 이전의
성자와는 구별되는 인간 예수에게로 돌려질 수 있을 뿐이지, 그의 신성을
반대하는 증명으로 기능하지는 않을 것이다. 그러나 의미심장하게도 나지
안조스의 그레고리오스는 이렇게 하지 않는다. 그는 에우노미오스적 입장
을 확장하여 ― 성육신 이전이든 성육신 중이든 ― 그리스도의 피조적 상
태에 관한 **모든** 성경적 표현들을 포함한다. 여기에 대하여 그는 신앙의 진
술문으로 응답한다. 즉, **비천하고 십자가에 달리신 그리스도는 "우리에게 참
하나님이시며 성부와 동일하게 존귀하시다"**(29.18).

확실히, 나지안조스의 그레고리오스는 그러한 본문들이 성자를 다른

---

24 Vaggione, *Eunomius of Cyzicus*, 109.

방식으로 — 성육신에서, 또는 "경륜적으로"(29.18) — 가리킨다는 두 번째 요점을 또한 주장하고 있다. 그러나 그의 서술방법의 궁극적 목적은 십자가에 달리신 주님 그 자신이 단 하나의 주체로서 하나님의 영원한 아들이라고 고백하는 것이다. 그의 논증은 인간적인 표현들과 신적인 표현들을 분리시킴으로써 에우노미오스적 반대들을 회피하기보다는, 오히려 다음절이 보여주듯이 정반대의 방향으로 나아간다. 에우노미오스주의자들이 조롱하였던 자는 바로 다름 아닌 자비하신 주님, 즉 우리의 구원을 위하여 십자가에 달리신 주님이시다(29.19). 이렇게 하여 나지안조스의 그레고리오스는 자신이 문제를 제기하는 방식에서 및 자신의 응답이 제시하는 주석방법에서 모두 그리스도의 일치성을 주창한다.

나지안조스의 그레고리오스의 해석규칙에 따르면, 그리스도의 모든 속성들과 행동들은 신적이든 인간적이든 궁극적 주체에게 최종적으로 속한다. 그래서 **그리스도의 가장 근본적인 정체성은 육체가 되신 영원한 하나님 아들이다.** 기독론적 주석에 관한 이 서론적 구절에 대한 극적인 결론으로서, 나지안조스의 그레고리오스는 초기 기독교 문헌에서 가장 아름다운 구절들 중의 하나에서 이러한 주석적 방법을 적용한다. 수사적 솜씨와 대단한 예전적 감수성을 지닌 나지안조스의 그레고리오스는 성육신하신 한 분 하나님 아들에게 대립적으로 보이는 행동들에 관하여 장황한 설명을 열거한다. 그것들은 서로 상응하는 대조들로 짝을 이루고 있다.

> 그는 출생하였다(ἐγεννήθη). 그러나 또한 한 여인에게서 태어났다(γεγέννητος).[25] … 그는 포대기로 쌓였다. 그러나 다시 사심으로써 무덤의 포대기를 벗으셨다. … 그는 이집트로 추방당하셨다. 그러나 이집트의 우상들을 추방하셨다. … 그는 인간으로서 세례를 받는다. 그러나 하나님으로서 죄들을 사면하셨다. … 그는 굶주리셨다. 그러나 수 천 명을 먹이셨다. … 그는 목마르셨다. 그러나 "누

---

25 대부분의 사본에서 이렇게 되어 있다. 갤레이는 렉티오 디피킬리오르(lectio difficilior)의 원칙에 따라 더 부자연스러운 구문은 "ἐγεγέννητο"를 선호한다. SC 250, 218.

구든지 목마르거든 나에게로 와서 마시라"고 외치셨다. … 그는 기도하신다. 그러나 기도를 들으신다. 그는 우신다. 그러나 울음이 그치도록 하신다. 그는 인간이었기에 나사로가 어디에 누웠는지를 물으신다. 그러나 하나님이었기에 나사로를 일으키신다. … 양으로서 그는 도살장으로 끌려가신다. 그러나 이스라엘의 목자이시다. … 그는 자신의 목숨을 내려놓으신다. 그러나 그것을 다시 시작할 권능을 지니신다. … 그는 죽으신다. 그러나 그는 생명을 주시고, 죽음으로써 죽음을 멸하신다. 그는 묻히신다. 그러나 그는 다시 살아나신다.(29.19-20).[26]

그리스도의 신적인 속성들 또는 행동들 각각에 대하여 — 어떤 것들은 성육신 이전이며 어떤 것들은 성육신과 관련된다 — 나지안조스의 그레고리오스는 그리스도가 인간으로서 행하신 행동을 하나씩 상응시킨다. 그럼으로써 그러한 행동들 모두를 행하신 분이 동일한 하나님 아들임을 드러낸다. 그는 어느 정도 다른 용어들로 논평하기도 한다. 즉, 성자는 "하나님으로서" 어떤 일들을, 즉 오직 하나님만이 (인간적 형체에 있든지 없든지) 할 수 있는 어떤 일들을 행하신다. 예를 들면, 죽은 자들로부터의 부활, 죄의 용서 및 죽음의 파멸과 같은 어떤 일들을 행하신다. 반면에, 그리스도는 "인간으로서" 어떤 일들을 행하신다. 예를 들면, 기도, 굶주림, 죽음과 같은 어떤 일들을 행하신다. 이것들은 인간들이 하나님의 구원활동과는 별개로 행하는 일들이며, 성자가 와서 치유하고 구원하는 상태의 특징이다. 비록 성육신과 별도로이든 또는 성육신 중이든 그러한 일들 모두의 주체는 동일한 하나님 아들이라고 하더라도 그러하다.

나지안조스의 그레고리오스는 「설교 30」에서 및 이후의 다른 저작들에서 논란이 되는 성경구절들을 하나씩 논의하면서 단일주체의 술어를 적용한다. 예를 들면, 그는 「서신 101」에서 그리스도는 성자가 나중에 "입는" 독

---

26 나지안조스의 그레고리오스가 이 구문을 좋아함은 적어도 두 번 이상 이 구문을 각색한 것에서 알 수 있다. *Or.* 38.15-16, *Carm.* 1.1.2.62-75. 또한 다음을 참조하라. 4.67; 30.15; 37.5; 40.45; *Ep.* 101.14-15.

제Ⅱ장. 예수 그리스도, 하나님의 아들   237

립적으로 존재하는 인간이 아니라 인간적 형체로 있는 하나님 자신이라고 주장한다. 이러므로 마리아는 문자적으로 하나님의 어머니(the Mother of God)이다(*Ep.* 101.16-17; 파문들 1항, 3항). 하나님이 인간을 취하시기 전에 인간 예수가 인간으로서 존재하였던 순간조차 없다. 오히려, 예수의 출생은 정반대로 여겨져야 한다. 즉, **하나님**의 인간적 탄생으로 여겨져야 한다(*Ep.* 101.17). 하나님과 인성이 서로 구별된 종류들의 실재(ἄλλο καὶ ἄλλο)라고 하더라도, 성자가 인간 존재를 입을 때에는 그것들이 "하나(ἕν)"가 되었고, 성육신한 성자는 이전처럼 계속해서 하나의 단일한 존재주체(ἄλλος)가 된다(*Ep.* 101.20-21).

이러므로 나지안조스의 그레고리오스는 그리스도 안에 독립적인 존재주체들이 둘이 있다거나 두 아들들이 있다는 사상에 분명히 반대한다. 그는 디오도로스가 이러한 입장을 말한다고 여겼다. 그 대신에 그는 오직 "하나의 동일한 성자"가 있다고 주장한다(*Ep.* 101.18). 비록 그리스도가 온전히 인간이며, 인간의 정신과 영혼과 몸을 지닌다고 하더라도, 그리스도를 신적인 존재 및 인간적 존재라는 두 존재들로 분리할 수 없다. 마치 공존하는 두 사람들처럼 분리할 수 없다(*Ep.* 101.19). 다시 말해서, 예수의 발전은 하나님의 인간적 발전으로 이해되어야만 하고(이것은 도덕적 진보를 불가능한 것으로 만든다), 그리고 부활 후에 그리스도는 계속해서 "그가 취하였던 것과 함께" 존재하신다(*Ep.* 101.23-25). 이 두 경우들에서 그리스도의 인간적 존재의 주체는 하나님이다.

그리스도의 행동들의 단일주체에 관한 언급들은 나지안조스의 그레고리오스의 저작에서 넘쳐난다. 콘스탄티누폴리스에서의 자신의 첫 번째 중요한 기독론적 진술에서 그레고리오스는 **하나님께서** 우리를 위하여 태어나셨고 죽으셨고 부활하셨다고 주장하고, 그러한 생생한 언어를 회피하는 자들을 심하게 비판한다(22.13). 그래서 제한이 없으신 분이 이곳저곳으로 움직이셔서 제한되신다. 시간 위에 계신 분이 시간 아래로 오셨다(37.2). 그리스도께서 "하나님으로서, 즉 자신이 취하였던 것과 함께 하나님으로서" 마리아로부터 나오셨다. 그리고 신성으로 가득한 성자는 자신을 비우시고,

또한 다른 이들을 풍성하게 만들기 위하여 스스로 빈곤해지신다(38.13-14).[27]

이와 같은 일치성의 체계 안에서 그리스도는 참으로 하나님 아들이시기 때문에, 나지안조스의 그레고리오스가 "그리스도"는 성육신과는 별도에서조차도 신적인 것들과 인간적인 것들을 모두 행하시고 존재하신다고 말하는 것이 이해가 된다. 이것이 실제로 나지안조스의 그레고리오스가 자신의 첫 번째 기독론적 진술에서 시작하여 저작 전체에서 가장 전형적으로 말하는 방식이다. "그리스도가 우리와 같이 되었기 때문에, 우리가 그리스도와 같이 되자. … 우리가 존귀하게 되도록 그는 내려오셨다. 그는 우리를 자신에게로 이끄시기 위하여 올라가셨다"(1.5). 마찬가지로, 우리를 창조하셨고 우리를 구원하기 위하여 인간이 되셨던 분은 "예수"이시다(14.2; 40.2).

나지안조스의 그레고리오스는 요한복음 1장 1절에 관한 논의에서처럼, "성자" 또는 "말씀"이라고 말하는 것이 더욱 자연스러울 구절들에서조차 단일주체의 적용을 준수한다(예를 들면, 37.2). 그는 그리스도의 인간적 형체가 문자적으로 성육신 이전에 존재하였다고 암시하는 것이 아니다.[28] 오히려 그는 영원한 하나님 아들로서의 그리스도의 단일한 정체성에 호소하고 있을 뿐이며 신약의 통상적인 실천을 반영하고 있을 뿐이다. 그리스도는 하나님 아들이기 때문에, **그가** 우리를 창조하셨고 **그가** 우리를 구원하기 위하여 인간이 되셨다고 말하는 것은 수용될 수 있을 뿐만 아니라 분명한 신앙고백이다.[29] 나지안조스의 그레고리오스의 저작에서 이러한 진술들은 **"하나의 동일한"** 하나님 아들로서의 예수 그리스도의 일치성 및 정체성에 대

---

27 참조. *Or.* 34.10: 성육신으로 인하여 인간으로서의 그에 관하여 말하여진 것은 무엇이든지 제외하고, 성부가 가지신 모든 것이 또한 성자에게 속한다; 45.27: 성자는 (신적 출생에서) 성부로부터 영원히 "보냄"을 받고, 또한 (성육신에서) 인성에 따라 경륜 안에서 "보냄"을 받는다.

28 아폴리나리오스가 그만큼 많이 주장하였다고 고소되었지만, 그는 훨씬 더 많이 주장하였던 것처럼 보인다.

29 많은 예들 중에서 특히 다음을 참조하라. *Ors.* 2.98; 15.1; 4.19, 37, 67; 5.36; 7.23; 14.4, 15; 8.14; 12.4; 17.12; 19.12-13; 24.2, 10; 32.33; 33.9; 41.4-5; 31.12; 26.6; 37.1-3, 7-8; 38.1; 39.1, 12; 40.2; 43.61, 64; 44.2, 7; 45.1. 「설교 42」뿐만 아니라 「신학적 설교」에는 대체적으로 그러한 언급들이 결여되어 있음은 주목할 만하다. 나지안조스의 그레고리오스는 더 전문적인 정확함으로 논증하고 있기 때문이다. 이러한 관행에 관한 더 긴 논의는 다음을 참조하라. Beeley, "Gregory of Nazianzus on the Unity of Christ."

한 확고한 신학적 고백이다. 그리고 그것들은 디오도로스와 안티오케이아 인들이 행하였던 속성들의 단순한 교차적-술어(mere cross-predication of attributes), 즉 **속성들의 교류(communicatio idiomatum) 보다는 훨씬 더 강력하다.**

바로 여기에서 우리는 나지안조스의 그레고리오스의 기독론의 핵심과 이것의 가장 실천적인 의미를 만난다. 나지안조스의 그레고리오스에게 "하나님이 잉태되셨고 태어나셨다"라는 점은 구원론적으로 본질적이다(*Carm.* 1.1.10.22).

> 하나님께서 인간으로 죽으셨다. 나를 존귀하게 여기기 위함이다.
> 그래서 그가 입으신 것들 자체로써 회복하시기 위하여,
> 그리고 죄의 고소를 전적으로 파멸시키기 위하여,
> 그리고 죽으심으로써 도살자를 멸하시기 위함이다.
> (*Carm.* 1.1.10.6-9)[30]

나지안조스의 그레고리오스에게 **그리스도의 구원 활동의 초점과 절정은 십자가에서의 죽음이다.** 이것의 큰 의미를 말하면서 그는 하나님께서 ― 단일주체 ― 우리의 구원을 위하여 십자가에서 죽으셨다고 종종 말한다.[31] 그리스도의 신적 정체성이 지니는 구원론적 중요성은 그의 고난이라는 가장 중요한 시점에서 가장 분명하게 드러난다. **예수가 십자가에서 "나의 하나님, 나의 하나님, 나를 보소서. 어찌하여 나를 버리시나이까?"라고 외칠 때** (시 21.1 LXX; 참고. 마 27:46), 나지안조스의 그레고리오스는 이것이 하나님 께서 그를 버리셨음을(이러한 경우에는 두 주체들이 존재함이 확실하다) 알려주지 않는다고 주장한다. 즉, 그리스도는 성부에 의해서 또는 자신의 신성에 의해서 버림을 받은 것이 아니었다. 마치 하나님께서 고난을 두려워하시는

---

30 길버트의 번역.
31 Norris, "Gregory Nazianzen's Doctrine of Jesus Christ," 134. 또한 다음을 참조하라. Winslow, *Dynamics of Salvation*, 105.

것처럼이 아니다!

오히려, 인간적 황량함의 궁극적인 이 시점은 **성자가 우리의 타락한 상태를 얼마나 진정으로 취하셨고 대표하는지를**(τυποῦν), **그래서 "우리의 무분별함과 고집을 자신의 것으로 만드셨음을"**(30.5) **보여준다고** 그는 말한다. 달리 표현하면, **버림받음에 대한 예수의 외침은 자신의 고통에서의 하나님의 부재를 반영하지 않고, 오히려 하나님께서 우리의 버림받음을 포함하심을 반영한다. 즉, 우리의 황량함과 죽음 한가운데에 있는 하나님의 구원하시는 포용과 치유하시는 임재 안으로 우리의 버림받음을 하나님께서 포함하심을 반영한다.** 나지안조스의 그레고리오스의 글에 따르면, 그리스도께서 하나님의 성육신한 아들로서의 자신 안에 우리의 존재 전체를 품으신다. 하나님은 자신의 신적 존재 안에서 마치 불이 초를 녹이듯이 죄와 죽음을 불태우시고, 또한 우리가 "그러한 혼합을 통하여"[32] 하나님의 신적인 삶에 참여하도록 하기 위함이다(30.6). 그리고, 마치 이후의 단의론 논쟁을 예고하는 것처럼, 그는 예수가 우리의 죄와 고난을 취하시기 위하여 신적인 의지와 인간적 의지를 모두 지니신다고 분명하게 규정한다(30.12).

성육신의 일치성을 묘사하기 위하여 나지안조스의 그레고리오스가 사용하는 강력하고 심지어 역설적인 용어들은 우리의 인간적 상황을 그리스도께서 취하신다는 사실을 강조한다. 비록 성자가 자신의 고유한 신적 존재에서 정복당할 수 없다고 하더라도,[33] 하나님께서는 인간의 고난과 죽음 안에로 온전히 들어오셨고 그것들에 "복종하셨다"(30.2). 그래서 마귀가 예수를 공격할 때 부지불식간에 하나님과 맞닥뜨리게 되고 죽음이 죽음에 의하여 패하게 된다(39.13). **그리스도의 고난은 우리를 위한 하나님의 사랑이 얼마나 큰지를 보여준다. 왜냐하면 우리의 죄들을 용서하시기 위하여 하나님께서 그리스도 안에서 죽으셨기 때문이다**(33.14). 나지안조스의 그레고리오스는 하나님께서 실제로 인간이 되시지 않으면서 인간적 존재와 자신을 연

---

32 ἵνα ··· κἀγὼ μεταλάβω τῶν ἐκείνου διὰ τὴν σύγκρασιν.

33 참조. *Or.* 26.12: 하나님은 그리스도의 고난에서 지고하시다; 45.13: 그리스도는 자신의 첫 번째 본성에서 희생될 수 없다.

합시키는 것만으로는 충분하지 않다고 확고하게 진술한다. 비슷한 것이 비슷한 것을 정화시키기 위하여 성자 자신이 인간의 고통과 죽음을 취하고 겪어야만 한다(Ep. 101.51).

비록 나지안조스의 그레고리오스가 여기에 관계된 역설을 예민하게 의식한다고 하더라도, 그는 **기독교의 중심적인 확신은 그리스도께서 "죄에 맞서서 우리를 위하여 감동성이 있는(즉, 고난을 받으실 수 있는 (passible)) 하나님"**이시라는 점이라고 주장한다(30.1).[34] 그리스도께서 그러한 하나님이시기에 "우리는 무감동하신 분의 고통들에 의하여 구원을 받는다"(30.5).[35] 이러므로 나지안조스의 그레고리오스에게 **기독교 신앙의 경탄할만한 본질은 주로 "십자가에 달리신 하나님을 보는 것"**(43.64)이다. 바로 이러한 충격적인 선포와 함께 그는 자신의 마지막 설교를 끝내고자 한다. "우리가 살기 위하여, 우리는 성육신한 하나님, 즉 죽임을 당하시는 하나님이 필요하였다. 그리고 우리는 그와 함께 죽었다." 그래서 "하나님이 십자가에 달리신다"(45.28-29). 바로 하나님께서 십자가에서 죽으셨기 때문에 — 하나님의 아들이 바로 이러한 목적을 위하여 인간이 되셨기 때문에 — 그의 죽음은 모든 타락한 인성의 죽음이 될 수 있고, 그래서 우리는 그의 신적인 삶에 의하여 정화될 수 있고 새창조가 될 수 있다.[36]

나지안조스의 그레고리오스의 기독론의 영적인 차원을 더 깊이 철저하게 조사하기 전에, 우리는 그의 교리가 지닌 일치성의 역동성이 그에 대한 현재의 연구에서 거의 보편적으로 간과되고 있다는 점에 주목해야 한다. 우리가 이미 주목하였듯이, 19세기 및 20세기 역사신학에서 나지안조스의 그레고리오스의 기독론은 일차적으로 반(反)아폴리나리오스적 및 이원론적인 것으로 보통 간주된다.[37] 네 번째 「신학적 설교」에 있는 여러 구절들에서, 그는 우리가 인간 예수를(또는 그리스도의 인성을) 영원한 하나님 아들

---

34 참조. *Ors*. 17.12; 30.1; 26.12; 39.13; 44.4.

35 τὰ τοῦ ἀπαθοῦς πάθεις. 참조. *Or*. 17.12.

36 또한 참조하라. *Ors*. 15.11; 14.3; 11.7; 18.28; 20.4; 22.13; 21.24; 32.33; 33.14; 31.29; 26.12; 39.13, 17; 44.4; 45.13, 19, 22, 30; *Carm*. 1.1.6.77; 1.2.14.91; 1.2.34.190; 2.1.11.1603; 2.1.13.35; 2.1.60.9.

과는 독립적인 존재 주체로서 생각해야 한다고 말하는 것처럼 보인다. 어떤 부분들에서 그는 우리가 방금 검토하였듯이 설교 29.18 및 30.1에서 개략적으로 제시된 단일주체 술어의 모범을 따른다. 그러나 다른 부분들에서 그는 일종의 이중적 술어를 적용하는 것처럼 보인다. 즉 어떤 것들을 그리스도의 신성과는 독립적으로 보이는 방식으로 그리스도의 인성에로 돌리는 것처럼 보인다.

설교 30.2와 같이 이 구절들 중 일부는 단일주체의 형태로 분석된다.[38] 설교 30.2에서 그는 잠언 8장 22절의 해석을 검토하고 자신의 해석학적 규칙의 세 번째 예를 제시한다. 나지안조스의 그레고리오스는 그리스도께서 "창조되다"라는 말과 같이 어떤 행위에 의하여 야기되어진다는 사실과 관련이 있는 것은 무엇이든지 그의 인성(ἡ ἀνθρωπότης)을 가리켜야 한다고 언급한다. 반면에 단순하고 어떤 행위에 의하여 야기되지 않는다는 사실과 관련이 있는 것은 무엇이든지 그의 신성(ἡ θεότης)을 가리켜야 한다고 언급한다. 여기에서의 질문은 나지안조스의 그레고리오스가 그리스도의 인간적 본성 그 자체를 하나님의 아들과는 다른 존재 주체로서 의미하는지, 아니면 그가 인간적 형체에 있는 하나님 아들을 의미하는지에 관한 것이다 (29.18과 30.1에서 알려지듯이). 이 부분의 끝에서 그는 명백하게 후자를 가리키면서, 지혜(신적 주체)가 여러 다른 측면들에서 이러한 것들로 불리운다고 말한다.[39]

그러나 일치성의 체계 안으로 깔끔하게 들어맞지 않는 구절들도 있으며, 그것들 중 대부분은 네 번째 「신학적 설교」에 있다.[40] 예를 들면, 그리스

---

37 표준적인 안내서들에서 켈리는 나지안조스의 그레고리오스가 비록 두 아들들이 있다는 점을 가르치지는 않는다고 하더라도 그에게는 그리스도가 "이중적"(διπλοῦς; Or. 38.13)이라는 점에 주목하고 인정한다(Early Christian Doctrines, 297). 그릴마이어는 또한 나지안조스의 그레고리오스의 두-본성 용어에 집중하면서 그의 기독론적 공식이 "매우 '안티오케이아적'으로 들린다"고 논평한다(Christ in Christian Tradition [1975], 369). 이러한 평가가 그에 관한 더욱 최근의 연구에 만연해 있다: 참조. Winslow, Dynamics of Salvation, 83-4; Wesche, "Union of God and Man"; Moreschini, SC 358, 53f.; Bouteneff, "St. Gregory Nazianzen"; Norris, "Christ/Christology"; "Gregory of Nazianzus"; Russell, Doctrine of Deification, 221, 223.

38 참조. Norris, "Gregory Nazianzen's Doctrine of Jesus Christ," 172-176.

39 이원론적으로 보이지만 이러한 방식으로 해소될 수 있는 다른 구절들로는 다음과 같다. Or. 30.9, 10, 13, 21.

도의 인간적 행동들에 관한 진술들이 — 하나님의 계명들을 지키고,[41] 고난을 통하여 순종을 배우고,[42] 자신의 정념에서 고통을 느끼고[43] 등등 — "정념 훨씬 너머에 있는 무변동성의 본질이 아니라 감동성의 요소"(30.16)를 가리킨다. 비천한 표현의 구절들이 인간적 형체에 있는 하나님 아들을 가리키기보다는 오히려 나지안조스의 그레고리오스는 그것들이 하나님을 전혀 가리키지 않고 신성과 **구별된** 예수의 인성을 가리킨다고 말하는 것처럼 보인다. 이럼으로써 그가 이전에 개략적으로 제시하였던 단일주체 술어의 원리를 분명하게 부정하는 것처럼 보인다. 다른 구절들에서 그는 그리스도가 여러 다양한 방식들로 이원적 또는 이중적이라고 묘사한다.

　　나지안조스의 그레고리오스는 요한복음 14장 28절과 20장 17절에 — "아버지는 나보다 더 크시다" 및 "나는 내 아버지, 곧 너희의 아버지, 내 하나님 곧 너희 하나님께로 올라간다" — 근거하여 에우노미오스적 논증들에 응답하면서, 그는 성부는 말씀의 성부이시지만 하나님은 "이중적(διπλοῦς)이시기 때문에" 하나님은 말씀의 하나님이 아니라고 설명한다. 나지안조스의 그레고리오스에 따르면, 이단들을 오도하는 것은 이러한 이중성을 인정하지 못하기 때문이며, 또한 그리스도의 신적 칭호들과 인간적 칭호들이 "혼합(ἡ σύγκρασις)으로 인하여 함께 연결되어" 있지만 그럼에도 불구하고 "우리의 생각들에서 본성들이 구별되고 명칭들이 분리되어 있음을" 깨닫지 못하기 때문이다. "[하나님과 인간적 존재]의 결합이 단일한 존재체이라고 하더라도, 하나님은 자신의 [신적] 본성에서가 아니라 이 둘의 연합에서 그러하시다"(30.8).[44] 앞에서처럼, 나지안조스의 그레고리오스는 그리스도의 정체성을 이해하는 열쇠는 그의 두 본성들을 서로 다른 지시체들 및

40　*Ors.* 30.2, 5, 8, 12, 15, 16, 21; 38.15 (= 45.27); 43.69; 45.25.

41　요 15:10; 참고. 10:18, 12:49.

42　히 5:8.

43　히 5:7; 눅 22:44.

44　Εἰ γὰρ καὶ τὸ συναμφότερον ἕν, ἀλλ᾽ οὐ τῇ φύσει, τῇ δὲ συνόδῳ τούτων. 유사한 구절들이 다음에서 발견할 수 있다. *Or.* 30.5, 12; 그러나 참고. *Ep.* 102.28. 여기에서 나지안조스의 그레고리오스는 자신이 그리스도 안에 있는 연합을 침해하는 교리, 즉 두 개의 대립된 본성들에 관한 교리를 주장한다는 점을 부인한다.

존재주체들로 여기며 서로로부터 구별하는 것이라고 말하는 것처럼 보인다.[45]

이 구절들을 이해하기 위하여, 첫째, 우리는 단일주체 형태가 나지안조스의 그레고리오스의 저작에 있는 기독론적 성찰에서 단연코 가장 많이 나타나는 것이라는 점에 주목해야 한다. 단일주체 구문들이 이중적 구절들보다 빈도수나 중요성에서 모두 앞선다. 교리적 시(詩)들에서뿐만 아니라 긴 설교들과 짧은 설교들에서도 그러하다. 둘째, 이중적 주석으로 보이는 것이 가장 많이 집중한 곳이 네 번째 「신학적 설교」라는 점은 의미가 있다. 이러한 사실은 우리로 하여금 이 설교 전체를 고려하도록 촉구한다. 위에서 우리가 검토한 「설교 30」의 서론에서 나지안조스의 그레고리오스는 단일주체 주석의 관행과 함께 일치성의 기독론적 형태를 확립한다(29.17-21). 만약 우리가 그 결론을 검토한다면, 나지안조스의 그레고리오스가 또한 기독론적 수석의 원리들을 일반적으로 진술하고 있음을, 그리고 자신의 주장을 하나님 및 그리스도의 명칭들에 관한 긴 묵상에서 요약하고 있음을 우리는 발견한다(30.17-21).

그는 먼저 성자의 고귀한 명칭들을 논의한다. 그것들은 "우리 너머에서 및 우리를 위하여" 성자에게 속한다. 그런 다음에 그는 성자의 미천한 명칭들을 다룬다. 그것들은 "독특하게 우리의 것이며 그가 우리로부터 취하였던 것에 속한다"(30.21). 이 두 번째 구절이 또한 이중적 모형을 암시할 수 있다. 즉, 비천한 명칭들은 영원한 성자에 반대되는 그리스도의 인성에 속함을 암시할 수 있다. 그러나 여기에서 나지안조스의 그레고리오스는 그리스도의 인간적 존재와 그의 신적 아들됨 사이의 일치를 다시 강조한다. 그에 따르면, 그리스도는 "인간"으로 불리운다. 이것은 불가해한 분이 **"그의 몸을 통하여"** 파악될 수 있음을 의미하고, 그가 **"자신을 통하여"** 인성을 거룩하게 함을 의미한다. 각 경우에 영원한 성자는 그리스도의 인간적 행동

---

45 설교 38.15 외에도 또한 다음을 참조하라. *DVS* 651: "그는 보냄을 받았다. 그러나 인간으로서 보냄을 받았다; 그는 이중적(two-fold(διπλοῦς))이기 때문이다." 그러나 30.8과는 달리 이 구절은 단일주체 전형에서 더 분명하게 해소된다.

들의 주체이다. 나지안조스의 그레고리오스는 "본성"이라는 단어로써 신적 존재를 일차적으로 가리키는 자신의 평상시의 관행에로 돌아감으로써 또한 일치성의 모형을 드러낸다.[46]

그리고 이어지는 주석에서 그리스도의 신적인 정체성이 그의 성육신적 인간의 상태를 분명하게 포함하고 규정한다. 그리스도는 — 몸, 영혼, 정신이 있는 — 완전한 인간이지만, 그리스도는 인간적 존재를 자신에게로 아주 온전하게 연합시킴으로써 그는 "지성적 인식에 가시적으로 드러나는 하나님"이다.[47] 그는 동일한 이유로 "그리스도"로 불리운다. 즉, 인간이 되시면서 신적인 아들이 "기름을 붓는 자로서의 자신의 완전한 임재"를 통하여 자신의 인성에 기름을 부으시기 때문이다.[48] 이것은 예언자들과 왕들에게 기름을 붓는 것과는 반대된다. 후자의 경우는 단지 신적인 행동에 의하여 (ἐνεργείᾳ) 일어나며, 서로 구별되는 두 존재체들 사이에서 필연적으로 일어난다. 이러므로 이 마지막 부분들에서 나지안조스의 그레고리오스는 이 설교의 끝을 시작에서처럼 일치적인 경륜적 모형이 되도록 확고하게 한다.[49] 나지안조스의 그레고리오스의 저작의 전반적인 형태와 「설교 30」의 더 큰 논증(29.17-30.21)은 모두 그리스도의 정체성을 이해하기 위한 일치적인 경륜적 모형을 제시한다. 이러한 점은 의심스러운 본문들을 이러한 관점에서 재검토해야 함을 암시한다.

나지안조스의 그레고리오스의 가장 강력한 이중적 구절을 다시 살펴본다면(30.16), 우리는 그가 예수의 인간적 행동들과 신적 행동들이 두 개의 서로 다른 존재주체들을 가리킨다고 말하는 것으로 여길 필요가 없다. 오히려 그는 그리스도의 인간적 행동들이 "**그의** 감동성이 있는 요소"를 가리키는 것이지 "정념 훨씬 너머에 있는 **그의** 무변동성의 본성을" 가리키는 것이 아니라고 주장할 가능성이 더 많다. 이것은 그리스어 본문이 허용하는

---

46 알렉산드레이아의 키릴로스가 이러한 관행에서 그를 따랐다. 참조. Beeley, "Cyril of Alexandria."
47 θεὸς ὁρώμενος, διὰ τὸ νοούμενον.
48 παρουσίᾳ δὲ ὅλου τοῦ χρίοντος.
49 이 설교의 마지막 부분을 아래에서 검토할 것이다(30.21).

246 삼위일체와 영성: 나지안조스의 그레고리오스의 신앙여정

의미이다.[50] 즉, 비천한 표현의 구절들은 성자가 취하였던 인간적 존재 또는 인간적 형체를 가리키지, 성육신과는 별도의 자신의 신적 본성 그 자체를 가리키는 것이 아니다. 마찬가지로, 그리스도는 "이중적(διπλοῦς)"이라는 (30.8; 38.15) 나지안조스의 그레고리오스의 진술들은 바로 그가 「설교 29」에서 주장하는 바를 의미한다. 즉, 경륜 안에서 성자는 이제 "복합적(σύνθετος)"이고, 그러므로 그가 취한 인간적 형태 때문에 그는 인간적인 것들이 되었고 인간적인 것들을 행한다고 말하여질 수 있음을 의미한다(29.18).

더 면밀하게 살펴보면, 이중적으로 보이는 본문들 각각은 마찬가지로 경륜적 모형 안에서 해석될 수 있다. 「설교 30」에서 이후 다른 잔여 효과와 함께 일어나고 있는 것처럼 보이는 것은 나지안조스의 그레고리오스가 가능한 강력하게 일치적인 경륜적 모형을 주장하기 위하여 당시 콘스탄티누폴리스에 있는 다른 신학자들의 영향력과 함께 자신의 역량을 최대한 발휘하고 있다는 점이다. 에우노미오스적 주석에 응답하면서 나지안조스의 그레고리오스는 제한조건을 추가한다. 즉, 정확하게는 예수의 행동들이 하나님의 **인간적** 행동들이기 때문에, 그것들은 성육신과는 별도로 있는 하나님의 신적인 행동들로 이해되어서는 안된다는 제한조건을 추가한다. 하나님의 아들이 예수 그리스도 안에서 인간적 죽음을 죽으셨다고 고백하는 것이 중요한 만큼, 하나님의 아들이 또한 **신적** 죽음을 죽었다고 암시하지 않는 것이 동일하게 중요하다. 즉, 자신의 신적인 존재의 온전함으로 하나님이 십자가에 죽으셨고 그래서 하나님이시기를 중단한다고 암시하지 않는 것이 동일하게 중요하다. 하나님이시기를 중단한다는 경우는 에우노미오스적 입장과 많은 관련이 있다.[51]

단일주체의 경륜적 모형은 그러한 제한조건들을 수용할 수 있을 뿐만이 아니다. 또한, 그리스도의 정체성이 일차적으로 그의 신성에 의해서 결

---

50 τὸ πάσχον ⋯. οὐ τὴν ἄτρεπτον φύσιν καὶ τοῦ πάσχειν ὑψηλοτέραν.

51 나지안조스의 그레고리오스는 자신의 후기저작인 「서신 202」에서 그러한 제한조건을 제시한다: 그래서 성육신에 "독생자 하나님께서" "자신의 고유한 신성에서" 고난을 당하였다고 생각되어서는 안된다. 그러한 경우에는 영원한 아들이 무덤에서의 삼일 동안 자신의 신성에서 죽을 것이며 성부 하나님에 의하여 부활될 필요가 있을 것이기 때문이다. *Ep.* 202. 15-6.

정된다는 핵심적인 주장을 뒤엎지 않으면서, 이 모형은 필연적으로 명시적으로든 암시적으로든 그러한 제한조건들을 포함한다. 그것들이 예수의 인성에 관한 지나친 설명이든지, 또는 그가 두 본성들 또는 두 요소들을 소유함을 말하는 진술들이든지 그러한 제한조건들을 포함한다. 이러한 점에서 경륜적 모형은 더 포괄적이다. 즉, 그리스도의 일치성에 대한 이해는 경륜 안에서의 그의 복합적 상태라는 관념을 암시적으로 포함한다. 반면에, 이중적 입장은 일치적 교리를 생성하지 못한다. 이의가 있는 구절들이 나지안조스의 그레고리오스의 일치적 구조에 완벽하게 잘 들어맞는다는 점을 고려하면, 해석자 편에서의 전제된 기독론적 이원론으로부터 혼동이 생겨나는 것처럼 보인다.

만약 나지안조스의 그레고리오스처럼 그리스도의 일치성에 대한 온전한 경륜적 이해를 지닌다면, 그리스도의 인간적 행동들의 궁극적인 주체는 영원한 하나님 아들이라는 점을 가정하는 한, 어떤 것들이 그리스도의 신성과는 구별되는 인성에 속한다고 말하는 것에는 아무런 문제가 없다. 더욱이, 매번 이러한 점을 자세히 설명하는 것을 불필요하며, 참으로 성가신 일일 것이다. 그러므로 나지안조스의 그레고리오스의 기독론은 사람들이 일치적 모형이 작용하지 않는다고 가정할 때에만 이원적이 되는 것이기에, 선결문제 요구의 오류에 빠진다. 이후의 독자들이 「설교 30」을 구원의 서사적 경륜의 정황 안에서 이해하지 않고, 오히려 그것을 피상적으로 읽음으로써 및 나지안조스의 그레고리오스의 진술들을 과도하게 존재론적 및 공시적인 방식들로 분석함으로써, 불행하게도 나지안조스의 그레고리오스를 잘못 해석하여 왔다. 아주 많은 이들이 칼케돈 규정을 잘못 해석한 것과 똑같다.[52]

자신의 저작 전체에서, 그리고 무엇보다 379년 이후의 자신의 성숙한 저작에서 드러난 나지안조스의 그레고리오스의 기독론의 주된 힘은 **예수**

---

[52] 더욱 그레고리오스적이고 키릴로스적인 교리에로 돌아가기 위하여 이러한 점을 교정하는 데에는 여러 세기들 동안의 기독론적 논쟁이 필요하였다.

그리스도 그 자신이 바로 "하나의 동일한" 하나님 아들임을 말하는 기본적 기독교적 신앙고백을 표현하고 옹호하는 것이다. 이것은 사도들이, 초기의 신앙규범들이, 그리고 4세기의 신조들이 선포하는 바와 같다.[53] 나지안조스의 그레고리오스의 일차적인 기독론적 관심은 인간이 되신 영원한 하나님 아들로서의 그리스도의 유일한 정체성을 고백하는 것이다. 이러한 일치적 신앙고백은 에우노미오스주의자들, 안티오케이아인들, 아폴리나리오스주의자들에게 똑같이 반대하는 그의 입장에 근거한다. 그러므로 현대 조직신학에서 삼위일체 교리와 기독론 교리로 종종 구별되는 것들은 나지안조스의 그레고리오스에게는 하나의 동일한 사상의 부분들일 뿐이다.

---

[53] 니카이아의 두 번째 조항 및 다른 신조들에서 사용된 단일-주체 언어에 주목하라: "그리고 [우리는] 하나의 주님 예수 그리스도, 하나님의 아들을 [믿습니다]. … 그는 고난을 받으셨고 제삼일에 다시 살아나셨습니다. …."

4

기독론적 영성

나지안조스의 그레고리오스에게 기독교 구원의 중심적 원리는 단지 그리스도의 활동만이 아니라 또한 그리스도의 정체성이다. 즉, 인간이 되신 하나의 동일한 하나님 아들로서의 그의 정체성이다. 그리고 타락한 인간적 존재를 성자가 취한 점은 기독교 영성의 기본적 구조적 원리이다. 바로 여기에서 그리스도의 일치성의 신비가 구원의 신비와 결합되어 있다. 그리고 전형적으로 말하자면, 기독론과 구원론은 동일하다.

성자와 인간적 존재와의 연합의 정확한 본질은 말로 표현할 수 없지만 (*Carm.* 1.1.10.26, 50-51), 그럼에도 불구하고 연합의 구조와 일치 원리에 관하여 말할 수 있는 것은 많다. 이를 위하여 앞에서 검토한 네 가지 주요한 본문들 각각을 다시 살펴보고자 한다. 첫째, 성육신의 일치시키는 원리는 신적 아들 자신이며, 그리고 자신이 취한 인성을 신성화시키는 행동이다. 신적 아들은 태어난 신성이다. 즉 영원한 삼위일체 안에서 신적인 본성이면서 또한 위격적 존재이다. 나지안조스의 그레고리오스에 따르면, **성자는 하나님이시기 때문에** 그가 인간적 형체를 취할 때, 그것을 자신의 신적인 본성과 혼합시키고 그것을 자신에게로 연합시킨다. 달리 표현하면, 성자는 인간적 존재를 취할 수 있고 그것을 자신과 혼합시킬 수 있다. "그리고 더 강력한 부분이 우세하였기 때문에 그는 단일한 존재체로 태어났다."[1]

나지안조스의 그레고리오스는 성자가 스스로 취한 인성에 대하여 가하는 행동을 일치의 행동으로 및 신성화의 행동으로 — 때로는 동일한 문장에서 — 직설법적으로 묘사한다. 성육신에서 성자는 두 가지(즉, 성자와 인간)가 되지 않았다. 그러나 성자는 둘로부터 하나가 되었다. 왜냐하면 "취하는 주체와 취하여진 대상 모두가 하나님이기" 때문이다(37.2). 그리스도의 신체적인 몸도 포함한다(39.16). 다시 말해서, 성자는 인간적 존재를 취함으로써 그것을 신성화하고, 또한 신성화하면서 그것을 자신 안에서 취한다. 이러한 일은 하나의 동일한 신적 행동에서 일어난다. 나지안조스의 그레고리오스가 클레도니오스에게 보낸 첫 번째 서신에서 쓰듯이, "두 가지는 혼합에 의해서 이루어진 하나의 존재체이다. 하나님께서 '안에서 인간화되었고' 또한 인성이 '신성화되었기' 때문이며,[2] 또는 우리가 어떻게 표현하든지 그러하기 때문이다"(Ep. 101.21).[3] 그리스도의 일치성과 인성의 재신성화는 이런 점에서 동일한 실재의 두 측면들이다. 즉, 성자가 인간적 존재를 자신의 유일한 존재에로 취하는 것은 — 그래서 구주는 "하나의 동일한" 하나님 아들이다 — 소위 인성의 신성화를 위한 구조적 원리이다. 그리고 그리스도의 신성에 의한 인성의 신성화는 성육신의 특성과 효과를 드러낸다.

하나님과 인성이 — 그리고 참으로 모든 창조세계가 — 철저하게 다른 존재질서들에 속한다는 믿음은 나지안조스의 그레고리오스의 기독론의 구조적 측면과 구원론적 측면 모두 안에 암시되어 있다. 나지안조스의 그레고리오스의 주장에 따르면, 그리스도의 정체성과 구원목적을 이해하기 위하여 우리는 두 피조물들 사이의 연합이 아니라 창조주와 피조물 사이의 연합에 관하여 말하고 있다는 점을 염두에 두어야 한다. 하나님과 창조세계 사이에 놓여있는 존재상의 무한한 차이는 나지안조스의 그레고리오스

---

1   γέγονεν εἰς τοῦ κρείττονος ἐνικήσαντος.

2   τὰ γὰρ ἀμφότερα ἐν τῇ συγκράσει, Θεοῦ μὲν ἐνανθρωπήσαντος, ἀνθρώπου δὲ θεωθέντος.

3   참조. Or. 30.2: 그리스도의 신성이 자신의 인성에 기름을 붓는다; Ep. 101.29: 부활하신 그리스도께서 다시 오실 때, 그의 보이지 않는 신성이 그의 보이는 육체보다 (계속해서) 우세할 것이다; 101.46: 그리스도께서 인간적 육체와 정신을 모두 취하셨다. 그것들이 거룩하여지도록 그리고 "그의 신성에 의하여 신성화되도록" 하기 위함이다.

의 신학 체계 전체에서, 즉 창조론으로부터 구원 및 종말론적 성취에 대한 이해에 이르기까지 신학 체계 전체에서 암시되어 있고 때로는 논증되고 있다. 그리고 무한한 차이는 그가 그리스 기독교적 전통을 통하여 읽고 배웠던 성경 이야기를 반영한다.[4]

그리스도 안에서 두 가지의 연합의 원리를 제공하는 것은 하나님의 본성이다. 즉, 인간적 피조물들의 본성에 비교되는 하나님의 본성이다. **하나님은 모든 피조물들보다 무한하게 더 크시기 때문에, 인간적 존재를 자신의 본성 안에로 취하실 수 있다.** 하나님은 아무런 모순이 없이 및 자신에게 아무런 위협이 없이 그렇게 하실 수 있다. 383년에 아폴리나리오스주의자들과의 논쟁하는 과정에서 나지안조스의 그레고리오스는 이 원리에 관하여 자세하게 말하는 계기가 있었다. 「서신 101」에서 그가 보고하듯이, 아폴리나리오스주의자들은 말씀과 인간의 정신이 상호 배타적이기 때문에 말씀이 인간의 정신과 함께 공존할 수 없다고 논증하였다. "그들은 그에게 두 개의 온전한 것들을 위한 여지가 없다고 말한다"(*Ep.* 101.37).[5] 말씀과 인간적 정신이 마치 두 개의 유사한 물체들이 하나의 동일한 공간을 차지할 수 없는 것처럼 서로 경쟁할 것이라고 그들이 짐작하였던 것 같다.

그러나 나지안조스의 그레고리오스의 견해에 따르면, 이러한 반대는 해당되는 "둘"에 대한 기본적인 오해를 반영한다. 즉, 하나님과 인간적 정신(또는 어떤 피조물)을 동일한 존재 질서에 속하는 것으로 여기는 오해를 반영한다. 그러하기에 둘이 서로 충돌한다고 여긴다. 나지안조스의 그레고리오스는 심지어 피조물들 중에서도 몸 안에 인간 영혼이 있는 것처럼 둘이 서로를 차지하거나 공존하는 것들의 예를 찾을 수 있다고 주장한다. 또는, 소리들과 냄새들이 우리의 지각 안에서 서로 혼합되어 있는 방식을 찾

---

4   하나님과 피조세계 사이의 철저한 구별은 가장 최근에 유사본질파에 의해 주장되었다; 결론을 참조하라.

5   οὐκ ἐχώρει δύο τέλεια. 또한 다음을 참조하라. *DVS* 616-18: 아폴리나리오스주의자들은 그리스도에게 인간적 정신이 부족하다고 주장한다. 왜냐하면 그들은 그리스도에게 인간적 정신이 있다는 점은 그리스도 안에 하나님이 존재하신다는 점과 충돌할 것이라고 보기 때문이다. 그들에게 응답하면서 나지안조스의 그레고리오스는 확실히 인간적 육체가 정신보다는 더 하나님과 충돌한다고 말한다.

을 수 있다고 주장한다. 물론 하나님은 아무런 모순이 없이 이미 우주를 가득 채운다(Ep. 101.36-39). 그러나 비록 이러한 예들이 핵심을 보여주는 데에 유용하지만, 나지안조스의 그레고리오스에게 궁극적으로 그것은 상대적 존재론, 또는 상대적 완전성의 문제이다. 만약 하나님과 인성을 동일한 종류의 것으로 상상하고자 한다면 — 아폴리나리오스는 하나님과 인성을 정신적 지성의 두 예들로 생각하고 있는 것처럼 보인다 — 여전히 둘 사이의 상대적 "크기"에 관한 문제가 있다.

여기에서 우리는 거대함(magnitude)에 관한 나지안조스의 그레고리오스의 근본적 신학적 범주에로 다시 돌아간다. 즉, 하나의 빛 줄기는 태양을 위협하지 않는다. 그것이 태양 안에 존재하기 때문이다. 그리고 한 방울의 물도 강을 위협하지 않는다. 나지안조스의 그레고리오스는 완전성은 상대적이라고 말한다. 어떤 것이 한 사물과 관련하여 완전할 수 있지만, 어떤 다른 것에 비교하여 불완전할 수 있다. 모세가 바로에게는 하나의 신일 수 있지만 하나님의 일꾼인 것과 마찬가지로,[6] 인간의 정신이 몸을 통치하고 다스리지만 그 자체로는 하나님에 의하여 다스림을 받는다. 두 가지 사이에는 아무런 모순이 없다.

나지안조스의 그레고리오스가 아폴리나리오스주의자들과 벌인 논쟁에서 우리는 그가 콘스탄티누폴리스에서 에우노미오스주의자들과 함께 제기하였던 동일한 불일치점을 양적인 관점에서 본다. 그 경우에 에우노미오스주의자들은 (나지안조스의 그레고리오스의 견해에 따르면) 하나님께서 인간의 고통과 죽음에 자신을 복종시킬 수 없다고 반대하며, 또한 인간적 상태와 하나님은 상호적으로 배타적이라고 반대한다. 나지안조스의 그레고리오스는 에우노미오스주의자들이 하나님에게는 가치가 없는 것이라고 경멸하는 것이 사실은 하나님께서 허리를 굽히시고 우리를 구원하시는 자비를 반영한다고 대답한다. 「서신 101」에 있는 동일한 근본적 원리에 근거하여 나지안조스의 그레고리오스는 하나님은 아주 위대하셔서 우리의 구

---

6   출 7:1; 수 1:15.

원을 위하여 자신을 낮추고 인간적 죽음에까지 이를 수 있다고, 그리고 하나님이 우리의 타락한 상태와 가지시는 일치성은 하나님과는 모순되지도 않고 하나님을 위협하지도 않는다고, 그렇지만 그렇게 할 수 있는 것은 정확하게 하나님의 특성 안에서이라고 말한다.[7] 마찬가지로, 나지안조스의 그레고리오스는 디오도로스도 또한 그리스도 안에서의 하나님과 인성의 일치성이 지닌 중심적인 의미를 간과하였다고 비난한다. 세 부류의 모든 대적자들, 즉 에우노미오스주의자들, 아폴리나리오스주의자들, 안티오케이아인들에 대한 그레고리오스의 반대에는 그리스도의 일치성에 관한 동일한 원리가 놓여 있다.

하나님의 완전성은 성육신에서 일치시키는 활동과 신성화시키는 활동을 일으킨다. 이것은 또한 우리로 하여금 그리스도의 신성에 대한 나지안조스의 그레고리오스의 일관된 강조점을 보게 한다. 나지안조스의 그레고리오스에게 **기독교 신앙의 초점은 십자가에 달리신 그리스도 자신이 영원한 하나님 아들이라는 고백이다.** 나지안조스의 그레고리오스는 여러 간결한 칭호들에서 신적 아들이 자신이 취한 인성에 비하여 우세함을 강조한다. 즉, 그리스도는 아폴리나리오스주의자들이 주장하였듯이 "주님과 같은 인간(lordly man)"[8]이 아니라 "우리의 주님이며 하나님(our Lord and God)"이시다(*Ep*. 101.12). 그리스도는 "또한 하나님이신 인간(a man who is also God)"이라기보다는 "하나님-인간(God-man)"[9]이시다(40.33). 그리고 그리스도인들은 "하나님을 지닌 육체(God-bearing flesh)"를 (또는, "하나님을 지닌 인간(God-bearing man)"을) 예배하지 않고, "인간을 지니신 하나님(man-bearing God)"[10]을 예배한다(*Ep*. 102.18-20).[11]

---

7   유사한 논증이 다음에 있다. Gregory Thaumaturgus, *To Theopompus, On the Impassibility and Passibility of God*. 여기에 관해서는 본서의 결론을 참조하라.

8   또는 "주님의 인간(man of the Lord)," ἄνθρωπον κυριακόν.

9   ἄνθρωπος, ὁ αὐτὸς καὶ Θεός, μᾶλλον δὲ Θεὸς ἄνθρωπος.

10 τὸ δεῖν προσκυνεῖν μὴ σάρκα θεοφόρον (or ἄνθρωπον θεοφόρον, *Ep*. 102.18), ἀλλὰ Θεὸν ἀνθρωποφόρον.

11 참조. *Or*. 9.6: 마지막 날에 그리스도는 "우리의 위대한 하나님"의 최종적인 표현과 계시가 될 것이다.

하나의 전체로서의 신적 경륜처럼 성육신은 일차적으로 하나님의 활동으로 여겨질 수 있다. (고대이든 현대이든) 어떤 신학자들의 직감들과는 정반대로, 나지안조스의 그레고리오스는 **그리스도의 인격과 구원 활동 안에서 하나님의 우위성을 강조하는 것은** 피조된 삶의 타당성과 중요성을 폄하하거나 또는 다른 방식으로 무시하는 것이 아니며, **오히려 피조된 삶을 고양시키는 것이라고 말한다. 비천한 인간들에게 일어날 수 있는 가장 위대한 일은 말씀의 성육신에 의하여 하나님으로 만들어지는 것이다**(γενέσθαι θεόν)(30.3). 그런 까닭에 그리스도의 인격 안에서 하나님께서 인성을 신성화하는 것은 성육신의 존재론적 가능성이며 또한 성육신의 특성과 구원목적이다. 따라서 성육신과 신성화의 과정은 사실상 동일하다. 하나님과 인간적 존재는 그리스도 안에서 하나이기에 하나님은 인성을 신성화할 수 있다. 그리고 하나님께서 그리스도 안에서 인성을 신성화하기 때문에 하나님과 인간 존재는 하나이다. 도날드 윈슬로우가 적절하게 언급하듯이, "나지안조스의 그레고리오스에게 그리스도의 인격의 일치성은 **테오시스**(theosis)이다."[12]

하나님께서 그리스도 안에서 인간적 존재를 취하신 것은 구원과 신성화를 성취하되, 인성 전체에 대하여 결정력이 있는 방식으로 성취한다. 우리를 구원하시기 위하여 그리스도는 아담의 타락한 인류 전체를 포함하거나 대표하는 방식으로 인간적 존재를 취하셨다. 바울의 용어로 그리스도는 새 아담이며 새로워진 인류의 창시자이시다.[13] 이레나이우스가 행한 것과 마찬가지로, 나지안조스의 그레고리오스는 바울을 따라 그리스도를 우리를 향한 하나님의 모든 관대하심의 요약이라고 여긴다. 즉, 아담의 인류의 요약이며 심지어 "존재하는 모든 것"(38.7)의 요약이다.[14]

나지안조스의 그레고리오스에 따르면, 성육신에서 그리스도는 "나의 모든 것과 함께 자신 안에서 나의 모든 것을" 지니시며, "그래서 혼합을 통

---

12 *Dynamics of Salvation*, 87. 나지안조스의 그레고리오스의 기독론에서 신성화의 역할에 관해서는 또한 다음을 참조하라. Norris, "Gregory Nazianzen's Doctrine of Jesus Christ," 128-66

13 *Ors.* 30.1, 5; 39.13.

14 참조. *Or.* 2.23-4.

하여 내가 그의 것에 참여하도록 하기 위함이다"(30.6). 이상적인 의미로 또는 잠재적인 의미로, 우리는 모두 죽음에 처하였고, 다시 부활하였으며, 그리스도와 함께 영화롭게 된다. 우리가 전적으로 정화되기 위함이다(45.28). 그러나 윈슬로우가 주장하였듯이 그리스도의 신성화가 원리적으로 모든 인성의 신성화이지만, 현실적으로 그것은 오직 그리스도의 인간적 본성의 신성화이다.[15] 나지안조스의 그레고리오스 및 다른 그리스 교부들에게 신성화는 하나님의 구원의 생명을 인류에게로 주입하는 것, 즉 일종의 자동적으로 및 심지어 신체적으로 주입하는 것이라고 여기는 대중화된 현대적 견해가 있지만,[16] 이와는 정반대로 그러한 견해는 나지안조스의 그레고리오스의 입장이 아니다. 확실히, **그리스도는 새로워진 인성 전체를 포함한다. 그리고 모든 사람들의 죄와 필멸성이 그리스도 안에서 정복된다. 그래서 그리스도는 첫째 새 피조물이며 새로운 인류의 머리이다. 그러나 이러한 교환은 다른 방향으로 자동적으로 일어나지 않는다.** 그리스도는 인간 본성을 자신 안에서 거룩하게 함으로써 잠재적인 의미로 및 이상적인 의미로 인성의 전체 덩어리 안에 있는 누룩이 된다. 발효하는 행위는 성육신이라는 사실 그 자체보다 더 많은 것을 필요로 한다.

이러므로 성육신은 모든 인성의 신성화의 전형일 뿐만 아니라, 또한 그리스도 이외의 다른 사람들에게서 신성화가 실현되어지도록 하는 도구이다. 성자가 우리의 타락한 상태의 심연 안으로 내려옴으로써 우리가 타락의 심연으로부터 일어날 수 있다.[17] 나지안조스의 그레고리오스에 따르면, 그리스도는 우리의 육체의 빈곤함을 입으셨다. 우리가 그의 신성의 풍성함을 소유하도록 하기 위함이다. "풍성하신 그가 자신을 비우셨다. … 내가 그의 풍성함에 참여하도록 하기 위함이다"(38.13).

---

15 *Dynamics of Salvation*, 88, 92.

16 이 견해는 때때로 하르낙의 입장이라고 여겨진다. 그렇지만 전적으로 타당한 것은 아니다: 참조. *History of Dogma*, vol. 3, 163-71; Winslow, *Dynamics of Salvation*, 89 n1. 또한 다음을 참조하라. Lampe, *Seal of the Spirit*, 150; Norris, "Gregory Nazianzen's Doctrine of Jesus Christ," 132 n4.

17 노리스가 성육신의 "자기비움-신성화(kenosis-theosis)" 형식이라고 명명하는 원리이다. "Gregory Nazianzen's Doctrine of Jesus Christ," 128-48. 또한 다음을 참조하라. Winslow, *Dynamics of Salvation*, 95-6, 99.

나지안조스의 그레고리오스는 「설교 38」에서 일련의 강력한 성경이미지들로 요점을 제시한다. 성육신에서 자신을 겸허하게 함으로써 그리스도는 잃어버린 양을 찾아나서는 선한 목자이시다. 잃은 양을 자신의 어깨에 메셨다. 이 어깨에 그는 또한 십자가를 지셨고 그것을 생명을 위하여 높이 드셨다. 그리스도는 자신의 육체의 초에 불을 붙이고 죄로부터 세상을 깨끗하게 하고자 집을 청소하였던 여인이시다. 그리고 그리스도는 하나님의 왕과 같은 형상이지만 정념에 의하여 덮여진 잃어버린 동전을 찾아나선 여인이시다. 잃어버린 것을 찾았을 때에는 자신의 출생의 비밀을 천사들과 함께 나누면서 기뻐하셨다(38.14).[18]

하나의 일치된 하나의 신-인간 주체로서 그리스도께서 자신 안에서 겸허와 존귀를 성취하심으로써 자신의 인격 안에서 인성을 신성화하는 것과 그리스도인들이 그의 구원의 삶에로의 참여를 통하여 신성화하는 것이 가능하게 된다. 나지안조스의 그레고리오스는 **구원의 과정을 그리스도의 성육신을 수단으로 하나님께로 "올라가는 것"**이라고 종종 말한다. 하나님께서 예수 안에서 성육신하였기 때문에, 우리는 하나님에게로 접근할 수 있다. 그리고 그리스도가 영원한 하나님 아들임을 아는 자들에게 그리스도는 "보여지는 하나님(θεὸς ὁρώμενος)"이시다. 즉, 우리의 구원을 위하여 보여지고 알려진 하나님이시다(30.21).[19] 달리 표현하면, 그리스도는 우리의 상태를 입으셨고, 자신을 겸허하게 하셔서 죽기까지 하셨고, 또한 존귀하게 되셨다. 성육신한 주님으로서의 그에 대한 우리의 지식을 통하여 우리 자신의 지상적 존재가 하나님에게로 고양되도록 하기 위함이다. 그리스도의 겸허는 **하나님의** 겸허이기 때문에, 그리스도인들은 그리스도를 알 때 자신들의 겸허를 그의 겸허와 동일시하며, 그와 함께 하나님에게 올라간다. 그래서 그들

---

18 참조. *Ors*. 40. 45; 45. 22.

19 마찬가지로, 신약은 성자 안에서 하나님을 드러낸다(31. 26, 28); 「설교 38」은 하나님이 드러나게 되도록 하는 예수의 탄생을 기념한다(38. 3); 그리고 그리스도 안에서 우리는 이 인간이 사실 하나님이라고 고백한다(40. 33). 눅 2:52을 주석하면서 나지안조스의 그레고리오스는 자신의 인생의 여정에 걸쳐서 그리스도의 신적 특성이 점진적으로 드러났다고 쓴다(43. 38). 변형에 관해서는 다음을 참조하라. 40. 6.

은 하나님이 인간이 되신 것과 동일한 정도로 하나님이 된다(29.18-19).

이런 점에서 그리스도의 신성화는 성육신의 **교리**를 통하여 우리의 신성화가 된다. 나지안조스의 그레고리오스는 세 번째「신학적 설교」(Ors. 29-30)의 시작과 끝에서 모두 그리스도의 정체성이 주는 구원적 지식의 역할을 강조한다. 그가 처음 자신의 기독론적 주석규칙을 제시할 때, 존귀한 표현들을 성자의 신적 본성에 적용하고 비천한 표현들을 성자의 성육신(οἰκονομία)에 적용함으로써 그는 사람들이 "그와 함께 신성에로 올라갈 수 있고"[20] 그의 가시적 현현을 통하여 더 나아가서 영적인 실재들을 볼 수 있다고 결론을 내린다(29.18).[21] 달리 표현하면, 그리스도에 대한 성경증언을 해석하는 실천을 통하여 그리스도인은 그리스도의 지상적 계시를 통하여 그리스도의 참된 신적 정체성에로 나아간다. 나지안조스의 그레고리오스는 세 번째 및 네 번째「신학적 설교」에서 그리스도에 대한 자신의 긴 논의를 동일한 영적인 목적으로 마친다. 하나님 및 그리스도의 많은 칭호들을 반복한 후에, 그는 다음과 같이 덧붙인다.

> 자, 여러분에게 성자의 칭호들이 있다. 이제 그것들을 통하여 걸으라 — 신적인 방식으로(θεϊκῶς) 존귀한 칭호들과, 그리고 공감적으로(συμπαθῶς) 육체적인 칭호들을 통하여 걸으라. 또는 오히려 그것들 모두를 신과 같은 방식으로 다루어라. 우리를 위하여 위에로부터 아래오 내려오신 분 때문에 여러분이 아래에서 위로 올라감으로써 하나님이 되도록 하기 위함이다.(30.21)[22]

그리스도께서 취하신 인간적 속성들이 우리 자신의 것들이기 때문에(συμπαθῶς) 우리가 처음에 그것들과 동일시할 때조차도, 신앙의 목적은 이것들이 또한 하나님에게 속하다는 점을(θεϊκῶς) 보게 되는 것이며, 그리스도께서 내려오심의 결과로 우리가 올라가서 신적이 되도록 하기 위함이다. **인**

---

20 또는 "그의 신성을 수단으로 올라간다(συνανιέναι θεότητι)".

21 문자적으로 다음과 같다. "가시적인 것들과 머무르지 않고, 그와 함께 지성적인 것들에로 오르며"라고 되어 있다(μὴ τοῖς ὁρωμένοις ἐναπομένοις, ἀλλὰ συνεπαίρῃ τοῖς νοουμένοις)."

간이 되신 하나님으로서의 그리스도의 정체성을 인정하는 것의 본질과 목적
은 — 이것은 기독론적 교리와 성경적 경건의 본성과 목적을 말하는 것이
다 — 예수 그리스도는 하나님의 신적인 아들임을 알게 되는 것이며, 그의 인
간적 요소가 또한 하나님임을 보는 것이다. 예수 그리스도는 우리와의 공감
의 반영으로서 육체적인 형체로 우리에게 인식될 수 있다. 그리고 그리스
도의 인간적 요소는 신성과의 연합에 의해 신성화되었다. 그리스도에 관한
교리와 고백은 이러므로 신성화의 일차적 수단이다. 그리고 그리스도에 대한
지식을 통하여 하나님에게로 우리가 올라가는 것은 나지안조스의 그레고리
오스의 기독론의 궁극적 의미이다.

　나지안조스의 그레고리오스가 「설교 29」에서 주목하듯이, 그리스도를
통한 교리적 상승은 또한 "성령을 따른" 성경의 해석을 나타낸다(29.18). 즉,
영적인 주석의 실천을 나타낸다. 나지안조스의 그레고리오스는 고린도후
서 3장에 있는 바울의 논증을 따라 처음에 오리게네스로부터 이것을 배웠
다.[23] 성육신은 문자가 무너지고 성령이 전면에 나옴을 나타낸다(38.2). 이
러므로 그리스도가 인간이 되신 하나의 동일한 하나님 아들임을 인식하지
못하는 것은 — 에우노미오스적 입장이든, 안티오케이아인의 입장이든, 또
는 아폴리나리오스적 입장이든 어느 입장에 근거하든 — 성경의 문자적 의
미에 의해 걸려넘어지는 것이며 성경의 영적인 의미를 간과하는 것이다.

　성경의 영적인 해석에 의하여 그리스도를 통하여 하나님에게로 올라가
는 것은 나지안조스의 그레고리오스에게는 그리스도의 삶과 죽음과 부활

22　참조. *Ors.* 2.98; 6.4; 34.7; 37.4. 그리스도를 가리키는 성경용어들에 관하여 나지안조스의 그레
　　　고리오스가 주석적, 교리적, 영적으로 집중하는 것은 명백하게 오리게네스를 따르는 모습이다.
　　　오리게네스에게는 그리스도의 칭호들 또는 측면들(ἐπίνοιαι)에 관한 성찰은 영적인 상승의 주요
　　　수단이다. 참조. *Princ.* 1.2.4; *Comm. Jn.* 1.9.52; 1.20.123, 120; 1.31.217-219. 나지안조스의 그
　　　레고리오스는 그리스도에 관한 영원한 말씀들과 경륜적 말씀들을 더 분명하게 구별함으로써 오
　　　리게네스의 체계를 변형한다. 이것은 그로 하여금 그리스도의 선재적 말씀 또는 말씀-영이 성
　　　부 하나님의 단순한 일치성에 비교되는 다수성의 원리를 드러낸다는 암시를 피할 수 있도록 한
　　　다. 그래서 그는 존재의 단일한 주체로서의 그리스도에 관하여 더 일관적으로 말할 수 있고, 무엇
　　　보다도 오리게네스보다 십자가에 관하여 더 집중적으로 집중할 수 있다. 또한 그는 오리게네스의
　　　교리를, 즉 그리스도의 인간적 영혼이 신적 말씀과 그리스도의 육체 사이의 중재자로서 활동한다
　　　는 교리를 공유한다(*Princ.* 2.6.3).

23　여기에 관해서는 본서 III장을 참조하라.

에 참여하는 것을 의미한다. 그리스도의 삶과 죽음과 부활은 우리가 닮아 가도록 하기 위한 모형들로 우리에게 주어졌다(40.30).[24] 나지안조스의 그레고리오스의 가장 흔한 주석적 실천들 중의 하나는 그의 삶과 활동의 여러 다양한 측면들을 묵상함으로써 그리스도에 참여하는 것을 말하는 것이다. 예를 들면, 주현절 설교들에서 그는 청자들로 하여금 그리스도의 출생과 어린 시절 성전에서 가르친 일로부터 성인이 되어 심문을 받고 십자가 처형을 받는 것에로까지 "그리스도의 활동의 모든 단계들과 행동들을 통하여 아무런 흠 없이 여행함으로써" 스스로 그리스도의 제자들이 되도록 초청한다(38.18). 그리스도인들은 아담 안에서 죽었기 때문에 그리스도와 함께 태어나고 십자가에 달리고 묻히고 부활함으로써 그리스도 안에서 살 것이다(38.4).

나지안조스의 그레고리오스의 권고는 「신의 현현에 관하여」(On the Theophany)에서 가장 중요한 마지막 구절에서 최고조에 달한다. **"마지막으로, 그와 함께 십자가에 달리어라. 그와 함께 죽으라. 간절히 그와 함께 묻히어라. 여러분이 또한 그와 함께 부활하고 그와 함께 영광을 받으며 그와 함께 통치하기 위함이다.[25] 그리고 삼위일체 안에서 예배와 영광을 받으시는 하나님을 가능한 한 많이 보며, 또한 그 하나님에게 의해 보여지기 위함이다"**(38.18).[26] 그리스도의 삶, 죽음 및 부활에 우리가 참여하는 것은 그리스도의 성육신 및 정체성에 대한 규정이며, 또한 나지안조스의 그레고리오스의 영성의 핵심이다. 그래서 이와 같이 명상적으로 및 모방적으로 성경에 접근하는 것은 금욕적 실천과 기독교적 예배의 삶과 함께 자연스럽게 결합된다.[27]

그리스도에의 참여를 일으키는 영적 해석을 통하여[28] 그리스도에 관한

---

24 참조. *Or. 32.15*: 그리스도는 우리에게 경건의 모형을 주시기 위하여 성부에게 영광을 돌리신다.

25 영어로는 파악하기가 어려운 이러한 그리스 수사학적 형식은 절정에서의 반복을 통하여 그러한 참여를 격려한다: τέλος συσταυρώθητι, συννεκρώθητι, συντάφθι προθύμως, ἵνα καὶ συναναστῇς καὶ συνδοχασθῇς καὶ συμβασιλεύσῃς.

26 많은 예들 중에서 다음을 참조하라. *Ors.* 1.2, 4; 14.14, 18, 21; 8.9, 23; 16.11-12; 18.4; 19.1; 24.4; 39.14-16; 45.1, 22-25.

27 본서 Ⅰ 장을 참조하라.

교리는 기독교 구원 및 하나님에게로의 상승의 진정한 자료가 된다. 그리스도의 정체성을 표현하기 위하여 인간의 언어를 사용하는 것조차도 나지안조스의 그레고리오스에게는 그리스도의 자기비움과 낮추심에 참여하는 것이다. 그리스도께서 자신이 파악되도록 하기 위하여 인간의 육체에로 낮아지셨던 것처럼, 그리스도는 자신이 알려지는 유한하고 불완전한 인간 언어에로 낮아지셔서 참으신다(37.1-4). 이러므로 그리스도인들의 구원과 신성화는 그리스도에 관한 교리에 의존할 뿐만 아니라 또한 이 교리의 의미와 목적이다. "하나님은 인간들을 올바르게 하고 구원하는 것 외에는 아무것도 기뻐하시지 않으신다. 이것이 모든 교리(λόγος)와 모든 신비의 목적이다"(39.20).[29]

나지안조스의 그레고리오스가 자신은 성경을 통하여 그리스도의 신성을 안다고 주장할 때(29.17), 그의 주석은 단지 본문의 문자보다 훨씬 더 많은 것을 반영한다. 교회의 공동체 안에서 그리스도인들이 살아내는 성경에 대한 영성적 및 구원론적 해석 안에서만 그리스도에 관한 교리가 그 진정한 의미를 가진다. 루이 부이어(Louis Bouyer)가 언급하였듯이, 복음에 대한 나지안조스의 그레고리오스의 묵상의 중심에 우리 안에 있는 그리스도의 신비가 있다.[30] **그러므로 나지안조스의 그레고리오스의 기독론의 의미와, 그리고 그리스도께서 모든 인성을 잠재적으로 변화시키는 신성화는 성령의 임재와 활동에 의해서만 실현된다.**

---

28 성경 주석 및 해석이라는 말로 내가 의미하는 바는 성경본문에 대한 문헌적인 연구가 아니다. 그 대신에 나는 구두로 읽혀지는 성경을 듣고, 설교를 들으며, 기독교적 이미지들을 보고, 자신의 기도에서 기억하면서 일어날 수 있는 어떠한 해석의 행동을 의미한다.

29 또는 "모든 말씀과 성례." 또한 다음을 참조하라. *Or.* 38.16: 그리스도의 신비들 중 각각은 동일한 기본의미와 최종결과를 지닌다(κεφάλαιον ἕν): "나의 완전과 재창조와 첫째 아담으로의 복귀."

30 Bouyer, *Spirituality*, 348.

제 III 장,

성령

우리를 재창조하시는 분의 존귀에 대한
우리의 인식은 … 성령으로부터 나온다.
　　　　　　　　　　－「설교 31」

"**나**는 나 자신과 나의 모든 것을 성령에게 드린다"(12.1). 나지안조스의 그레고리오스는 나지안조스에서 자신의 첫 번째 감독 설교를 이렇게 시작한다. 그는 성령의 신성에 관한 분명하고 체계적인 가르침으로 4세기 말의 교부들 중에서 유명하였다고 오랫동안 인정되어 왔다.[1] 그의 기독론이 당대의 논쟁들에서 중심적이었고 이후의 여러 기독론적 전통들에게 중대한 영향력을 끼쳤지만, 그에게 가장 큰 개인적 관심과 전문적인 헌신을 불러일으킨 것은 성령이며 — 그리고 성령이 완성하는 삼위일체론 전체와 함께 — 이것은 또한 그에게 결국 콘스탄티누폴리스의 대감독의 자리와 381년의 위대한 공의회의 의장의 자리를 내어놓게 하는 큰 댓가를 치르게 하였다.

성령은 나지안조스의 그레고리오스의 교리의 모든 측면에 스며들어 있다. 즉, 신학자의 정화와 조명 및 그리스도의 신성에 대한 고백으로부터 삼위일체에 대한 지식과 목회사역의 활동에 이르기까지 스며들어 있다. 그가 표현하듯이, "우리가 행하는 모든 것이 영적이다"(11.6). 성령이 모든 측면에 스며들어 있는 점은 놀랍지 않다. 중요한 의미로 정확하게는 성령의 특성은 스스로 겸손하는 것이다. 왜냐하면 성령은 예수 그리스도에 집중하는 하나님 지식이 가능하도록 일차적으로 기여하기 때문이다. 나지안조스의 그레고리오스는 금욕이론, 그리스도, 또는 삼위일체에 대해서보다 성령에 관한 명시적 논의에 더 적은 분량을 할애한다. 그러나 동시에 그는 동시대인들 중에서 성령론의 선두적인 선구자이다. 그리고 그의 저작에서 성령이 핵심적으로 중요하다. 많은 측면들에서 나지안조스의 그레고리오스의 신학적 기획의 가장 독특한 특성이 바로 그의 성령론이다. 성령에 관한 그의 견해 전체를 요약하는 것이 여기에서의 우리의 목적이 아니다. 그 대신에

---

1   예를 들면, 스웨트의 평가를 참조하라. Swete, *The Holy Spirit and the Ancient Church*, 245-246.

성령에 관한 그의 핵심적 논증들에 관하여, 그리고 그의 신학적 체계 안에서 성령이 담당하는 독특한 역할에 관하여 집중할 것이다.

나지안조스의 그레고리오스의 성령론은 근본적으로 구원론적 관심들을 드러낸다. 그의 기독론과 유사한 방식으로, 그리고 동시에 그의 기독론과 다른 방식으로 드러낸다. 그리스도 자신이 인성의 구원과 재신성화이실 때조차도, 성령은 또한 "새로운 구원의 신비"이시다(14.27). 교부학 학자들이 일반적으로 합의하는 바에 따르면, 4세기의 중요한 교리적 발전들의 원동력은 기독교적 구원에 관하여 적절하게 표현하고자 하는 관심이었다. 아타나시오스와 세 명의 카파도키아 교부들이 성자의 신성에 관하여 사용하였던 논증들을 성령에 적용하여 동일한 결과들을 이루어냄으로써 360년대부터 380년대까지 성령에 관하여 새롭고 중대한 흐름의 성찰을 시작하였고, 이로써 정통적 삼위일체론이 형성되었다는 점은 오랫동안 표준적인 견해가 되어 왔다.[2] 이런 점에서 나지안조스의 그레고리오스의 성령론은 단지 그가 그리스도에 관하여 제시한 구원론적 논증들의 논리적 확장이라고 여겨져 왔다. 마치 그가 그리스도로부터 시작하였고, 그런 다음에 동일한 마음의 상태로 성령에게로 옮겨갔던 것처럼 여겨져 왔다.

나지안조스의 그레고리오스의 기독론과 성령론이 모두 근본적으로 구원론적이라는 점이 충분히 사실이지만, 기독론과 성령론이 구원론적이게 되는 방식과 여기에 각각 관련된 이유와 논증들은 상당히 서로 다르다. **그리스도는 인간이 되신 하나님으로서의 정체성으로 인하여 원리적으로 우리의 구원이시다. 반면에, 성령은 교회 안에 및 개별 그리스도인 안에 거주하는 하나님으로서의 정체성으로 인하여 현실적 인간의 삶들에서 우리의 구원이시다.** 나지안조스의 그레고리오스의 기독론이 그리스도가 인간을 구원하시고 신성화하시는 특별한 방식을 표현하는 것과 마찬가지로, 그의 성령론도 또한 그의 구원론의 특별한 윤곽에 비추어 이해되어야만 한다. 그리스도가 삼위일체에 관한 기독교 지식의 초점이라고 하더라도, 성령에 관한

---

2   예를 들면 다음을 참조하라. Winslow, *Dynamics of Salvation*, 121, 126; Ayres, *Nicaea*, 215.

나지안조스의 그레고리오스의 이해와 함께 우리는 여러 가지 방식들에서 그의 신학적 노력의 핵심에 이를 수 있고 삼위일체적 신앙고백의 직접적인 이유에 이를 수 있다.

지중해 주변의 감독들, 신학자들, 제국 관리들은 320년대 아레이오스 위기가 발생하기 이전에도 그리스도의 정체성에 관하여 논쟁하는 데에 상당한 힘을 쏟았다. 그러나 나지안조스의 그레고리오스가 362년에 목회를 시작할 때에는 그리스도에게 주어진 관심에 거의 상응하는 어떤 성찰도, 또는 이레나이우스와 오리게네스의 이전 저작에 비교될 수조차 있는 어떤 지속적인 성찰도 성령에 관하여 나오지 않았다. 아타나시오스와 카이사레이아의 바실레이오스 모두 다음 20년 안에 성령에 관한 중요한 저작들을, 즉 성령의 신성에 대한 최근의 반대에 어느 정도로 응답하는 중요한 저작들을 저술하였다.[3] 그러나 어느 누구도 성령론에 관하여 전체적인 범위의 교리적 및 실천적 차원들을 전개하지는 않았다.

나지안조스의 그레고리오스가 성령론이 기독교 신학에 근본적이라는 점을 앞으로 보여줄 것이다.[4] 나지안조스의 그레고리오스가 콘스탄티누폴리스 공의회로 하여금 성령이 성부와의 완전한 신성과 동일본질성을 지님을 고백하도록 격렬하게 촉구하였지만, 공의회가 그러기를 거부하였다는 사실에도 불구하고, 이후의 기독교 신학에서 성령의 주요한 역할을 재확립하는 데에 선도적인 역할을 수행하였고 곧 성령의 정통교리가 되었던 바를 규정하였던 이는 바로 나지안조스의 그레고리오스였다.[5] 이러한 사실은 그리 놀라운 일은 아니다. 왜냐하면 나지안조스의 그레고리오스는 오리게네스의 성실한 제자이었으며, 오리게네스는 자신의 신학과 영성에서 성령에

---

3 Basil, *Eun.* 3; *Spir.*; Athanasius, *Ep. Serap.* 우리는 또한 힐라리우스를 주목해야 한다. 약 360년부터 힐라리우스는 자신의 「삼위일체에 관하여」(*On the Trinity*) 8-9에서 성령에 관한 온전한 교리를 향하여 단편적이지만 중요한 계획들을 가졌다. 비록 어떤 이들은 아타나시오스가 성령론에 진지하게 착수한 첫 번째 기독교 신학자로서 여겨왔지만(예를 들면, Hanson, *Search for the Christian Doctrine of God*, 749), 이러한 명예는 확실히 오리게네스에게 속한다. 오리게네스는 나지안조스의 그레고리오스를 통하여, 그리고 그보나는 조금 못한 정도이지만 카이사레이아의 바실레이오스와 니사의 그레고리오스를 통하여 이후 동방의 친(親)니카이아적 성령론의 토대를 놓았다.

4 성령에 관한 이 저술들의 입장을 비교 평가한 것은 본서의 결론을 참조하라.

게 중심적인 자리를 마련하였고 자신의 교리의 주요한 점들을 나지안조스
의 그레고리오스에게 (그리고 카이사레이아의 바실레이오스에게) 제공하였기
때문이다.

**나지안조스의 그레고리오스가 기독교 신학에 기여한 공헌의 상당 부분이
바로 성령론에 있다. 그의 성령론은 I장에서 살펴보았던 금욕적 주제들과
II장에서 다루었던 기독론적 영성을 가장 완전한 의미로 포함한다.** 나지안
조스의 그레고리오스의 신학체계 안에서처럼, 성령론은 본서에서도 일종
의 효소와 같은 효과를 드러내며 기능한다. 그리고 눈에 띄지 않는다고 하
더라도 다른 주요한 점들의 특성을 포함하고 결정적으로 바꾼다. 오리게네
스 이후로 깊은 통찰력이 드러나지 않았기 때문에, 나지안조스의 그레고리
오스는 자신에게 커다란 개인적인 희생을 치루면서 성령의 온전하고 확고
한 신성을 옹호하였다. 그리고 그는 그것이 기독교 교리와 삶에서 담당하
는 본질적인 역할을 명확하게 하였다.

나지안조스의 그레고리오스의 성령론은 그의 활동 기간 동안 그의 기
독론에 비하여 더욱 확연한 발전을 이루었다. 초기 설교들에 몇몇 진술들
이 있기는 하지만, 사실상 성령에 관한 그의 공적인 가르침은 372년 그가
감독으로 안수를 받을 때로부터 시작한다. 나지안조스에서 행한 자신의 첫
번째 감독 설교들, 즉 「설교 9-12」에서 그는 자신의 성령론적 기획을 대담
하게 표현하며 시작한다. 여러 요인들로 인하여 초래된 장기간의 활동중단
후인 380년에, 나지안조스의 그레고리오스는 「설교 21」과 「설교 34」에서
성령론을 다시 다루기 시작한다. 그런 후에 그의 성령론이 온전히 만개한
것은 380년 여름부터 두 설교들에 나타난다. 즉, 「성령강림절에 관하여」,

---

5   나지안조스의 그레고리오스의 업적은 서방에서는 아우구스티누스의 업적만이 대응될 수 있다.
    아우구스티누스는 루피누스의 라틴어번역을 통하여 나지안조스의 그레고리오스의 「오순절에 관
    하여」를 인용하였다. 반(反)펠라기우스적인 자신의 후기의 저작들에서 인용하였지만 자신의 성
    령론에는 어떤 실질적인 영향을 끼치지 않은 것처럼 보인다. 참조. Lienhard, "Augustine of Hip-
    po." 카이사레이아의 바실레이오스와의 관계에서 나지안조스의 그레고리오스가 취한 신학적 지
    도력에 관해서는 다음을 참조하라. McGuckin, *St. Gregory*, 204-206 그리고 여러 곳. 아타나시오
    스와 카이사레이아의 바실레이오스가 정통적 성령론에 주로 책임을 진다는 전통적인 견해에 관
    해서는 다음을 참조하라. Haykin, *Spirit of God*; Ayres, *Nicaea*, 211-218.

그리고 특히 「설교 31」, 즉 다섯 번째 「신학적 설교」에서 나타난다.

　「설교 31」은 스웨트(H. B. Swete)가 올바로 명명하였듯이 초대 교회로부터 생겨난 "성령론에 관한 모든 설교들 중 가장 위대한 설교"이다.[6] 그러나 「설교 31」의 중요성이, 그리고 이보다는 더 적은 정도로 「설교 41」의 중요성이 오랫동안 인정되어 왔다고 하더라도, 나지안조스의 그레고리오스의 논증의 여러 주요한 요점들이 — 그리고 결과적으로 그의 교리의 온전한 풍성함이 — 현대의 주석가들로부터 일반적으로 간과되어 왔다. 그가 381년과 383년 사이 어느 때에 카파도키아에서 썼던 교리적 시(詩)인 「성령에 관하여」(On the Spirit, Carm. 1.1.3)를 고려한다면, 그가 대략 10년 동안 성령에 관하여 집중적인 신학적 활동하였음을 알 수 있다. 그가 자신의 성령론을 정교한 수사학적 방식으로 표현하기 때문에, 특히 「설교 31」에서 그러하기 때문에, 우리의 연구는 또한 역사적 정황과 수사학적 정황 모두를 특별히 고려할 것이다.

6　Swete, *The Holy Spirit in the Ancient Church*, 240. 또한 다음을 참조하라. Haykin, *Spirit of God*, 174.

1

나지안조스의 그레고리오스의 성령론의 발전: 372-380

나지안조스의 그레고리오스의 성령론은 그의 기독론에 비하여 더욱 주목할 정도로 그의 활동 기간에 걸쳐서 발전하였다. 이러한 점은 동일한 기간 동안 기독론에 관하여서 논쟁이 벌어진 것보다는 더 큰 정도의 논쟁이 친(親)니카이아적 사람들 내에 있었음을 증언한다. 나지안조스의 그레고리오스가 379년에 콘스탄티누폴리스에 도착할 때, 그는 성령에 관하여 서로 다른 견해들이 많이 있음을 발견하고 탄식한다. 즉, 성령이 창조되지 아니한 하나님이며(나지안조스의 그레고리오스 자신의 견해임), 하나님과 동일한 존귀가 있으시며(이 시점까지의 카이사레이아의 바실레이오스와 니사의 그레고리오스의 교리이며, 또한 381년 공의회의 교리임), 단지 피조물이며(아마도 에우노미오스주의자들과 유사파들의 견해임),[1] 하나님의 작용(에네르기)이며(아마도 에우노미우스자들의 견해임),[2] 또는 단지 명칭일 뿐이며 하나의 구별된 존재는 아니다(양태주의적 견해; 32.5)[3]라는 견해들이 있었다. 우리가 서론에서 주목하였듯이, 370년대 초까지 하나의 구별된 집단이 소아시아에서 확인될

---

1 더 일찍 카이사레이아의 에우세비오스에게서 또한 발견할 수 있는 견해이다. 참조. *Eccl. theo.* 1.6.

2 참조. Athanasius, *Ep. Serap.* 1.20; Basil, *Spir.* 61.

3 다음해인 380년 8월 그는 유사한 목록을 제시한다: 어떤 이들은 성령을 하나님의 활동(에네르기)로, 하나님으로, 또는 피조물로 여기며, 또 어떤 이들은 성경이 이 문제에 관하여 분명하지 않기 때문에 말하지 않는 것을 선호한다(*Or.* 31.5).

수 있다. 주로 유사본질파들로 구성된 집단인 것처럼 보인다. 여기에 속한 사람들은 성자의 신성을 확증하지만 성령의 신성을 부인하고, 또한 강력하게 삼위일체적(결국에는 친(親)니카이아적) 교리를 양태론적이라고 간주하였던 것 같다. 이들은 소위 "성령과 다투는 자들(Spirit-Fighters, Pneumato-machians)" 또는 "마케도니오스주의자들(Macedonians)"이다.[4]

나지안조스의 그레고리오스가 다음 10년에 걸쳐 자신의 성령론을 분명하게 표현할 때, 여러 형태의 이 집단을(또는, 다른 시점들에서 다른 형태들의 이 집단을) 염두에 두었고, 또한 에우노미오스주의자들과 유사파들도 함께 염두에 두었다.[5] 성경 및 오리게네스의 연구에서 깊이 영향을 받았기 때문에, 나지안조스의 그레고리오스는 성령의 신성을 가능한 완전하게 확증하는 데에 헌신함으로써 이 논쟁적 상황에서 자신의 감독 사역을 시작한다. 372년 자신의 첫 번째 감독 설교들에서(Ors. 9-12) 나지안조스의 그레고리오스가 성령에 주의를 기울인 사실은 성령론이 교회의 삶에서 가져야 할 중요성을 알려준다. 그가 콘스탄티누폴리스에 도착할 때 성자의 신성에 관한 논쟁들에 먼저 빨려들 것이지만, 그는 그곳에서 성령에 대한 자신의 관심을 새롭게 할 것이며, 또한 궁극적으로 그는 정통 성령론이라고 믿는 바를 옹호하는 데에 자신의 활동을 걸었다.

나지안조스의 그레고리오스는 자신의 첫 번째 감독 설교의 시작부분에서 "성유와 성령이 다시 나에게로!"라고 외친다(9.1). 안수의식에서의 기름부음을 가리키면서, 그는 자신이 몰두하고 있는 중요한 교리적 주제에 주의를 기울인다. 또한, 감독으로서의 가르치는 자신의 새로운 권위에도 주의를 기울인다. 사시마의 감독으로 취임하기 위하여 가는 길에 성 오레스테스(St. Orestes)의 성지에서 순교자 축일을 위한 설교에서,[6] 나지안조스의 그레고리오스는 "우리 한가운데에 있는 거짓 그리스도들, 즉 성령에 반대

---

4   이러한 용어들의 기원과 유래에 관해서는 본서의 서론을 참조하라.
5   이러한 언급들은 372-381년 기간에 나타난다. 특히 다음을 참조하라. Ors. 12.6; 21.33-34; 34.11; 41.7-8; 31.1-3 그리고 여러 곳; 39.12.
6   「설교 11」의 두 번째 부분이다(11.4b-7). 이것은 여러 다른 설교들로부터 나중에 모아진 것이다. 참조. McGuckin, St. Gregory, 193.

하여 전쟁하는 자들"에 대한 자신의 반대를 선언한다(11.6).[7]

이 진술은 나지안조스의 그레고리오스가 "성령과 다투는 자들"을 직접적으로 언급한 첫 번째이다. 비록 이것이 카이사레이아의 바실레이오스와 니사의 그레고리오스에게서와 같은 정도로 그에게 전문적인 표현인 것은 아니지만,[8] 그럼에도 불구하고 이것은 기술적인 표현이며, 또한 우리의 목적들을 위하여 유용할 것이다. 그는 아마도 세바스테이아의 에우스타티오스 주위에 있는 여러 집단들을 가리키는 것처럼 보인다. 그리고 이 시점에 카이사레이아의 바실레이오스는 여전히 에우스타티오스와 연합하고 있었고 축일에 참여하고 있었기 때문에, 나지안조스의 그레고리오스의 이 진술은 또한 카이사레이아의 바실레이오스에게 그의 첫 번째 공개적인 도전일 수 있다. 그는 카이사레이아의 바실레이오스의 성령론이 뭔가 부족하다는 점을 이미 알고 있었다. 순교자들이 참 신앙을 증거하였음에 그가 호소한 것은(11.5) 카이사레이아의 바실레이오스와 다른 이들에게 주는 하나의 신호가 될 수 있다. 즉, 그들이 성령을 온전히 고백하는 것에 참여하든지 않든지, 그는 그곳에 참여하고 있던 온전히 삼위일체적 입장의 수도사들의 지지에 의존할 수 있다는 신호가 될 수 있다.[9]

팜필리아에서의 칩거로부터 돌아오자마자 나지안조스의 그레고리오스는 자신이 엘리야와 세례 요한처럼 성령과 교통해오고 있었다고 설명한다. 그리고 자신과 회중 사이에 있는 성령의 임재와 유대로 인하여 자신의 회중에게로 돌아왔다고 설명한다(10.1, 3). 이와는 대조적으로 이 설교에서 그리스도는 단지 두 번만 언급되고 있으며, 서론과 결론에서 오히려 형식적으로 언급되고 있다(10.1, 4).

---

7 οἱ ἐν ἡμῖν αὐτοῖς ψευδοψρίστοι καὶ πολεμίοι τοῦ Πνεύματος.

8 나지안조스의 그레고리오스는 성령을 위하여 다투는 자들을 가리키기 위하여 보통 이 용어를 사용한다: 그는 자신이 목회하는 참된 신자들(Ors. 33.13; 42.11), 참된 목자(2.87; 또한 다음을 참조하라. 40.43), 또는 참된 목회자에 의해 안내를 받는 자들을(16.2) 가리킨다. "성령과 다투는 자들(Pneumatomachians)"을 부정적으로 언급하는 유일한 구절은 25.15이다. 여기에서는 성령이 "하나님"이라는 신앙고백이 어떤 이들에 의해서 "공격을 받는다." 또한 42.13을 참조하라. 여기에서는 신성 일반과 "싸우는" 자들을 가리킨다. 이들은 에우노미오스주의자들, 유사파, "성령과 다투는 자들"을 모두 가리킨다. 본서 서론을 참조하라.

9 McGuckin, St. Gregory, 196.

372년에 나지안조스의 그레고리오스는 나지안조스에서 부친의 부감독으로 활동하기 시작하였다. 이로 인하여 그는 카이사레이아의 바실레이오스의 권위 아래에 있는 카파도키아 프리마에서가 아니라 오히려 카파도키아 세쿤다의 교구에 속하게 되었다. 고향 교회에서 목회를 시작하면서 그는 감독으로서 완전히 솔직하게 자신의 교리적 입장을 선언한다. 나지안조스에서의 자신의 첫 번째 감독 설교, 즉 「설교 12」에 있는 시(詩)에서 자신의 삼위일체적 기획을 드러낸다. 이것은 이후의 시(詩)들 중에서 성령의 활동에 관하여 가장 감동적인 개인적 묘사이다.

"나는 내 입을 열고 성령 안에서 움직였다"(시 119/118.131). 그리고 나는 나 자신과 나의 모든 것을 성령에게 드린다 — 행함과 말에서 및 조용함과 침묵에서 그렇게 한다. 오직 성령께서 나를 붙들고 나의 선과 마음과 혀를 이끄시기를 …. 나는 저 위대한 음악가, 즉 성령에 의하여 조율되고 연주되는 도구, 신적인 도구, 이성적인 도구이다. 어제 성령께서 내 안에서 침묵을 일으키셨다 — 나의 철학이 말할 수 없었다. 오늘 성령이 나의 마음을 연주한다 — 나의 말이 들릴 것이고 나의 철학이 말할 것이다 … 나의 입의 문을 정신과 말씀과 성령에게 열고 닫는다. 이 셋은 함께 하나의 본질이며 하나의 신성이다.(12.1)

나지안조스의 그레고리오스는 교회의 공동의 삶과 목회사역의 직무는 성령의 활동이라고 열정적으로 자주 말한다. 성령은 언약들을 통하여 천사들, 족장들, 예언자들, 사도들 안에서 활동을 하셨고(41.11, 14), 이제는 기독교 공동체들을 활기있게 만들어주고 그들을 서로와 함께,[10] 그리고 그들의 목회자들과 함께[11] 묶어주신다. 성령은 또한 목회자들과 감독들을 부르시고 그들에게 기름을 부어주어 목회사역의 직무를 맡기신다.[12] 그리고 비록

---

10 Ors. 34.6; 26.1-2.
11 Or. 13.4.

성령이 모든 신자들에게 다양한 영적 은사들을 선물로 준다고 하더라도, 성령은 그들의 일차적인 가르침의 사역을 — 즉, "성령을 대신하여 숨을 내실 자를 사로잡는 것을"(21.7) — 가능하게 하신다(41.12).

초기의 감독 설교들에서 나지안조스의 그레고리오스는 카이사레이아의 바실레이오스와의 우정이 성령에 예속되어 있다고 (아주 미묘하지는 않게) 규정한다(10.2-4). 그리고 나지안조스의 그레고리오스는 카이사레이아의 바실레이오스가 자신을 사시마에로 임명함으로써 성령의 마음을 상하게 하였다고 주장한다. 니사의 그레고리오스는 그들 둘 모두를 성령과 화해시기키 위하여 그러한 임명의 조치를 이후에 바로잡아야 하였다(11.3).[13] 나지안조스의 그레고리오스가 삼위일체의 일치성을 선포하기 전에, 자신의 교리와 실천에 영감을 주시고 이끌어가시는 성령의 활동을 먼저 가리킨 것은 의미가 있다.

삼위일체와 성령 사이의 근본적인 연관성에 관하여 그는 여러 해 후에 「설교 31」에서 훨씬 더 충분하게 설명할 것이다. 비록 「설교 12」의 표면적인 주제가 자신의 부친과 자신의 새로운 감독 사역이라고 하더라도, 실질적인 주제는 성령이며, 성령이 새롭게 임명한 해석자로서의 자신의 권위이다. 부친이 "성령의 권능으로" 및 "영적인 활동들"로써 회중을 이끌었지만, 부친은 이제 자신을 받쳐주는 지지대가 필요하였다. 모세가 아론의(즉, 나지안조스의 그레고리오스의) 도움을 의지하였던 것과 같다. "아론의 수염과 옷깃 위로 영적인 성직자의 기름이 흐른다"(12.2). 부친 그레고리오스는 노년에도 불구하고 "영적인 힘이" 여전히 있다. 그리고 두 사람은 감독으로서 모두 "영적인 선서"를 하였다. 비록 감독직의 세상적 권세를 최근에 행사하

---

12 나지안조스의 그레고리오스는 자신이 초청을 받았기 때문에, 그리고 자신의 양심과 성령의 부르심을 따랐기 때문에 콘스탄티누폴리스에로 왔다고 쓴다(Or. 33.13). 또한 다음을 참조하라. 26.1-2; 42.1, 12; 43.37.

13 여러 해 후에 나지안조스의 그레고리오스가 고인이 된 바실레이오스가 카이사레이아에서 가지고 있었던 인적 관계로부터의 지지를 되살리고자 할 때, 그는 바실레이오스가 권좌에로 선출된 것은 성령의 활동이었다고, 그리고 바실레이오스는 성령의 일들에 일편단심으로 헌신적이었다고, 그리고 바실레이오스가 자신의 저작들과 말들의 신중한 "절제"에서 성령의 신성을 옹호한 것이 그의 신앙고백에 개인적으로 격려가 되었다고 열렬하게 말할 것이다(Ors. 43.37, 59, 65, 67-9, 73)!

고자 하였던 자들에 의하여(즉, 카이사레이아의 바실레이오스) 두 사람이 세속적인 동기들이 있다고 고소를 당하는 사실에도 불구하고, 두 사람은 그렇게 하였다(12.3). 마지막으로, 성령은 나지안조스의 그레고리오스로 하여금 고독한 관상과 교회의 공적인 직무 사이에서 중도의 길(middle course)을 선택하도록 하였다. "온 교회의 개혁이 단 하나의 영혼의 진보보다 선호되기" 때문이다(12.4-5).[14]

나지안조스의 그레고리오스는 다시 자신의 성직임명을 가리키면서 성령이 "하나님"이라고 분명히 선언하였다. 이러한 선언은 현존하는 교부문헌 중에서 첫 번째이다. 절정을 이루는 결론에서 그는 자신을 성령에게 바친다. 그는 성령에게 자신을 드린 적이 있다. 즉, 그는 전능하신 성부, 독생자 말씀, "하나님(θεόν)이신 성령"[15]의 이름으로 감독으로 기름부음을 받을 때 성령에게 자신을 드렸다. 그런 후에 그는 **삼위일체의 온전한 교리를 위하여 성령을 고백하는 것의 중요성**을 드러낸다. "바로 지금 등경 위에 두어서 모든 교회들과 영혼들에게, 그리고 세계의 온 충만함에게 빛을 비추어야 하는데, 즉 더 이상 이미지들이나 지성적 개관에 의해서가 아니라 분명한 선언에 의해서 비추어야 하는데, 우리는 얼마나 오랫동안 등을 감추고 완전한 신성을 다른 이들로부터 숨겨야만 하는가?"(12.6).

나지안조스의 그레고리오스는 성령을 통하여 예수 그리스도 안에서 드러난 하나님의 온전한 계시를 부정하는 것은 신학적으로 및 목회적으로 옹호될 수 없다고 단호하게 주장한다. 그 결과로, 그는 카이사레이아의 바실레이오스 및 다른 이들이 아무리 주저한다고 하더라도 자신은 성령의 신성을 옹호할 것이며 신론에서 성령이 차지하는 중심적인 위치를 선언할 것임

---

14 목회적 지도력에 관한 교회의 성찰의 발전에서 나지안조스의 그레고리오스의 주요한 입장을 강조하는 주장; 여기에 관해서는 본서 V장을 참조하라.

15 참조. 380년부터 *Or.* 33.16: 정통 그리스도인들은 "성부와 성자와 성령, 하나의 신성"을 예배한다. "성부를 하나님으로, 성자를 하나님으로, 그리고 (화를 내지 마시기를!) 성령을 하나님으로 [또는; 성부 하나님, 성자 하나님, 성령 하나님을], 세 구별된 존재들 안에서의 하나의 본성"을 예배한다."(Θεὸν τὸν Πατέρα Θεὸν τὸν Υἱόν, Θεὸν, εἰ μὴ τραχύνῃ, τὸ Πνεῦμα τὸ ἅγιον, μίαν φύσιν ἐν τρισὶν ἰδιότησι). 이 구절은 설교 31.28에서 거의 말 그대로 반복된다. 성령을 하나님으로 신앙고백하는 것에 관해서는 다음을 또한 참조하라. 31.3, 5, 10 그리고 여러 곳.

이 분명하게 알려지기를 원한다. 여러 해 후 은퇴기 동안 작성한 신앙진술문에서 나지안조스의 그레고리오스는 성령이 하나님이라는 자신의 선언이 정통교리의 유일한 본질적인 요점임을 구체적으로 확인한다. 니카이아 공의회에서는 이러한 점을 선포하지 않았다. 왜냐하면 그러한 질문이 아직 제기되지 않았기 때문이었다. 나지안조스의 그레고리오스는 바로 이러한 신앙고백이 이제 보편교회의 교제를 규정해야 한다고 말한다. 특히, 381년의 공의회가 오랜 동안 불명확한 입장을 보였기 때문에 새롭게 규정해야 한다고 말한다(Ep. 102.2).

일련의 개인적, 가족적 및 지역적 비극들로 인하여, 그리고 셀레우케이아에서의 칩거 시기로 인하여, 372년부터 379년까지 7년 동안 성령에 관한 그의 활동이 중단한다.[16] 또한, 수도에서 보낸 첫 몇 개월 동안 기독론에 관한 논쟁들에서의 더 긴급한 필요들 때문에 그는 성령에 거의 관심을 기울이지 못한다.[17] 그러나 380년 봄에 그는 성령이라는 주제를 다시 다룬다. 그리고 다음 몇 개월에 걸쳐서 오리게네스 이후로 성령에 관하여 가장 의미 있는 가르침을 제시한다.

나지안조스의 그레고리오스의 성령론의 두 번째 국면은 알렉산드레이아인들의 도착과 일치한다. 그들은 동로마제국의 중심에서 새로운 신학적 영향력에 직접 참여하기 위하여서 뿐만 아니라, 나지안조스의 그레고리오스의 활동을 지원하기 위하여 페트로스 감독의 축복을 받고 파견되었던 것처럼 보인다. 새로운 이집트 파견단을 위한 첫 번째 설교, 즉 「아타나시오스를 칭송하며」(In Praise of Athanasius)에서 나지안조스의 그레고리오스는 아레이오스로 인한 위기의 역사를 이야기한다. 성자의 신성을 부정하는 아레이오스의 사악함이 최근에는 삼위일체 전체에도 적용되었다고 말한다. 이를 통해 나지안조스의 그레고리오스는 에우노미오스주의자들, 유사파

---

16 이 시간 동안 그는 교회에서 및 개인의 성화에서 성령의 활동에 관하여 단지 간략하게 성령을 언급한다. 참조. Ors. 13.4; 16.1; 17.2, 6; 18.29, 36; 19.2.
17 그는 물론 성령을 포함하는 삼위일체 전체를 논의한다. 특히 다음을 참조하라. Ors. 20.5-.11; 23.6-2.

들, 일부 니카이아주의자들 의하여 성령의 신성이 부정되고 있음을 가리킨다. 그런 후에 그는 아타나시오스의 유덕한 지도력과 정통신앙을 칭송한다 (21.13). 그리고 아타나시오스가 자신의 활동을 마칠 즈음에 성령에 관하여 "대부분의 교부들이 성자에 관하여 이전에 인정하였던 것과 동일한 신앙에" 도달하였으며, 이후에는 이러한 신앙을 황제 요비아누스에게 글로 고백하였던 위대한 탁월함을 칭송한다(21.33).[18]

바실레이오스에 대한 찬사에서처럼, 이 설교에서 드러난 나지안조스의 그레고리오스의 설득적 능력들의 성공으로 인하여 그는 자신과 아타나시오스와의 관계의 실제적인 본질을 과장하는 경향이 있었다.[19] 여기에서의 그의 목적은 다중적이다. 그는 새로운 이집트 대표단의 도착을 축하하고, 수도에서의 자신의 목회에 대한 그들의 지원을 얻으며, 또한 다수의 대적자들에게 자신의 회중이야말로 알렉산드레이아의 페트로스와 로마의 다마수스를 따르는 새로운 제국의 필수규정을 지킨다는 점을 알려주고자 하는 목적을 지녔다.[20] 그 뿐만 아니라 무엇보다도 그는 아타나시오스의 유산이 정통신앙을 위하여 수도에서 활동하는 자신의 사역에 있음을 주장하는 목적을 지녔다. 니카이아적 정통신앙의 형성을 위한 아타나시오스의 수고의 계승자가 자신이라는 이야기를 만든 이는 바로 나지안조스의 그레고리오스 자신이다. 아타나시오스가 여러 해 동안 "아레이오스주의자들"에 반대하여 성자의 신성을 옹호하였다는 점을 나지안조스의 그레고리오스는 대체로 전해들어서 알고 있었다.

그리고 나지안조스의 그레고리오스는 아타나시오스의 성령론이 자신의 성령론과 거의 가깝다는 점을 어느 정도 드러내었다. 그러나 그는 카이사레이아의 바실레이오스의 경우에서와 마찬가지로, 아타나시오스가 성령에 대한 온전한 신앙을 고백하였다는 점을 의도적으로 과장한다(43.67-69). 「황제 요비아누스에게 보내는 서신」(Letter to the Emperor Jovian)에서 아

---

18 아타나시오스의 저작을 가리킨다. Athanasius, *Ep. Jov.*

19 여기에 관해서는 본서의 결론을 참조하라.

20 In *Cunctos populos* (*C. Th.* 16,1,2).

타나시오스는 어떤 사람들이 "성령은 피조물이며 성자에 의해서 만들어진 어떤 것으로서 존재하게 되었다고 말하고, 성령을 신성모독함으로써" 아레이오스 이단을 새롭게 하고 있다고 썼다.[21] 이에 대한 응답으로 아타나시오스는 다음의 논평을 추가한다. "니카이아 공의회는 … 호모우시오스 (ὁμοούσιος)(즉, 동일본질적)이라고 썼다. 이것은 성부로부터 참으로 및 본성적으로 나온 진정하고 참된 성자에게 독특한 표현이었다. 그리고 니카이아 공의회는 성령을 성부 및 성자로부터 이질적인 존재로 만들지 않았다. 오히려 삼위일체에 대한 하나의 신앙 안에서 성부 및 성자와 함께 성령을 영화롭게 하였다. 왜냐하면 삼위일체 안에 또한 하나의 신성이 있기 때문이다."[22]

아타나시오스가 성령을 가장 광범위하게 다룬 「세라피온에게 보내는 서신들」을 나지안조스의 그레고리오스가 언급하지 않고 오히려 「황제 요비아누스에게 보내는 서신」을 언급하는 것은 의미가 있다. 그 이유는 아마도 그가 그것들을 모두 알지 못하기 때문일 것이다. 그가 아타나시오스의 저작에 대해 정통하다는 점은 가능성이 희박하다. 그리고 그가 아는 많지 않은 부분도 자신의 저작에 크게 영향을 미치지 못한다. 「황제 요비아누스에게 보내는 서신」에서조차 여러 차이점들이 존재한다. 즉, 그는 특징적으로 아타나시오스적인 논증을, 즉 성자가 참되며, 성부에게 고유하고, 또는 성부에게 내적이라는 주장을, 또는 성령은 성부 및 성자에게 "이질적이지" 않다는 (또는 성자가 성부에게 이질적이지 않다는) 주장을 제시하지 않는다. 또한, 그는 성령은 "하나님"으로 부르며 성부와 동일본질이라고 여기는데, 아타나시오스는 그렇게 하지 않는다.[23]

삼위일체 논증에서 성부 및 성자라는 관계론적 범주들을 창조주와 피조물이라는 존재론적 범주들로부터 구별하는 방향으로 변천하는 것은 소

---

21 *Ep. Jov.* 61.1.
22 *Ep. Jov.* 61.4.
23 나지안조스의 그레고리오스는 아타나시오스가 성령이 성부와 동일본질(ὁμοούσιον)이라고 말한 두 진술들을 아마도 알지 못하고 있는 것 같다(*Ep. Serap.* 1.27 그리고 3.1); 여기에 관해서는 본서의 결론을 참조하라.

(小)아시아에 있는 니카이아주의자들 사이에서 이미 꽤 잘 확립되어 있었다.[24] 그래서 이 점과 관련하여 아타나시오스는 나지아조스의 고레고리오스가 물려받은 신학적 의제를 단지 제공할 뿐이었다. 그럼에도 불구하고, 나지안조스의 그레고리오스는 아타나시오스가 성령의 신성을 옹호하기 시작하였다는 점을 막연하게 알고 있었으며, 그래서 그는 아타나시오스의 유산이 자신의 더 온전한 교리적 기획을 위한 것이라고 주장하기를 기뻐하였다.[25] 자신이 아타나시오스의 수고의 계승자임을 확립한 후에 그는 이후 이어지는 여러 주 동안 이전의 어떤 신학자보다 더 상당하게 성령의 신성을 계속해서 논의한다.

그런 다음으로 나지안조스의 그레고리오스는 자신의 이집트 지지자들을 위한 두 번째 설교에서 성령의 신성을 더 분명한 용어들로 고백하면서 논증의 주요한 점을 소개한다.

> 나는 존재하는 것들 중에 있는 두 가지 주요한 차이점들을 발견한다. 즉, 통치와 예속이다. 독재가 우리들을 서로 나누었고 가난이 단절시킨 그런 종류의 차이점이 아니라, 본성이 구별하였던 그런 종류의 차이점이다. 말하자면 (첫째인 것은 또한 본성을 넘어서기 때문이다). 이것들 중 첫 번째는 창조적이고, 스스로 기원하며, 불변적이다. 반면에 두 번째는 피조적이고, 다른 것에 종속적이며, 가변적이다. 훨씬 더 명확하게 말하자면, 첫 번째는 시간을 초월하고 두 번째는 시간에 종속적이다. 첫 번째는 "하나님"이라고 불리우며, 세 개의 가장 위대한 것들, 즉 원인(the Cause), 창조주(the Creator)(δημιουργός), 완성자(the Perfector) 안에 존재한다 — 나는 성부와 성자와 성령을 의미한다. … 두 번째 부분은 우리에게 있으며 "창조세계"라고 불리운다. 물론 창조세계 안에서는 하나님에게 가까이 있는 정도에 따라서 하나가 다른 것에 비

---

24 특별히 카이사레이아의 바실레이오스 뿐만 아니라, 앙키라의 바실레이오스와 라오디케이아의 게오르기오스의 저작에서. 본서의 서론과 결론을 참조하라.

25 나지안조스의 그레고리오스가 바실레이오스에게 더 강력한 신앙을 고백하는 길을 분명하게 제시하였을 때 바실레이오스가 거부한 점을 고려하면, 아타나시오스의 저작은 또한 바실레이오스의 묘사에 보다는 나지안조스의 그레고리오스의 전체적인 묘사에 더 잘 들어맞는다.

하여 존귀하게 여겨질 수 있다.(34.8)

자신의 접근법을 명확하게 하기 위하여 나지안조스의 그레고리오스는 하나님과 피조물들 사의 철저한 구분을 규정한다. 즉 통치와 예속으로 규정한다. 그리고 그는 중간적인 세 번째 존재 지위를 허용하지 않는 예리한 존재론적인 구분을 규정한다. 카이사레이아의 바실레이오스도 또한 성령의 자유롭고 능동적인 주권을 피조물의 예속과 대조시킨다.[26] 그러나 카이사레이아의 바실레이오스는 성령의 능동적 특성을 성부 및 성자가 공유하는 특성, 즉 "하나님"의 특성으로 동일시하지는 않는다. 사실, 카이사레이아의 바실레이오스는 그러한 진술을 의도적으로 피하는 것처럼 보인다. 그럼으로써 카이사레이아의 바실레이오스는 성령이 보통의 피조물과는 대조적으로 하나님의 주권에 참여하는 중간적인 신적 존재인지 아닌지에 관한 긴급한 질문을 미해결 상태로 둔다.

나지안조스의 그레고리오스에게 중요한 점은 성령이 하나님 및 통치자로서 성부 및 성자와 함께 속한다는 점이며, 단지 하나님의 피조물과 예속자가 아니라는 점이며, 또한 둘 사이에는 어떤 세 번째 대안적인 존재가 없다는 점이다. 통치와 예속의 관점에서 말함으로써 나지안조스의 그레고리오스는 또한 더 예리하고 광범위한 관심사를 제기하고 있으며, 이 점에 관하여 그는 곧 다시 다룰 것이다. 그의 관심사는 **성령을 하나님 이외의 어떤 것으로 간주한다면 하나님의 권위가 성령의 내주하심을 통하여 신자의 삶과 교회의 삶에 임재하고 있음을 부인하게 된다는 것이다.**

「설교 21」에서 이러한 주제를 다룬지 정확하게 한 달 후인 380년 6월 9일 오순절 축일에 나지안조스의 그레고리오스는 성령에 관한 선포를 최종 이전의 수준에로까지 끌어올린다. 이제 그는 창조주-피조물 구별이 갖는 더 충분한 함의들을 명시적으로 표현한다. "성령을 피조물의 수준에로 축소하는 자들은 신성모독자들이며 사악한 일꾼들이고, 사악한 자들 중에서

---

26 *Ep.* 159.2; *Spir.* 19.50-20.51; 또한 다음을 참조하라. *Eun.* 2.31; 3.2.

도 최악이다. 왜냐하면 주인됨을 경멸하고 통치에 반역하며 자유를 자신의 동료일꾼으로 삼는 것은 사악한 일꾼들의 역할이기 때문이다"(41.6). 성령을 훼방한 죄는 용서될 수 없다는 예수님의 경고를 암시하면서,[27] 나지안조스의 그레고리오스는 성령을 온전히 신적인 것보다 덜한 어떤 존재로 여기는 것은 사실상 성령을 단지 피조물로 여기는 것이며 하나님을 신성모독하는 것임을 청자들이 깨닫도록 촉구한다(41.5, 7).

성령론에서의 그의 가장 핵심적이고 독특한 통찰들 중의 하나에서, 나지안조스의 그레고리오스는 성령이 하나님임을 부인하는 것은 사실상 피조물에 대한 하나님의 주인됨을 거부하는 것이라고 추론한다. 다른 곳에서 그는 성자의 신성을 부인하는 것은 예수님을 보내신 하나님의 자비를 경멸하는 것이라고 말한다(29.19). 그러나 여기에서 그의 논증은 더 심오해진다. 왜냐하면 그는 성육신한 그리스도에 관하여 더 이상 말하지 않고 가장 친밀한 측면에서의 하나님의 임재에 관하여 말하고 있기 때문이다. 성육신한 그리스도의 신적인 본성은 성경에서 자세히 설명되어 있지만 사람의 직접적인 경험과 관련하여서는 (이러한 경험도 중요하지만) 외적이다. (그러나 가장 친밀한 측면에서의 하나님의 임재는 그리스도에 대한 신앙고백을 가능하게 한다.)

이 설교의 나중 부분에서 나지안조스의 그레고리오스는 계속해서 성령을 아주 강력한 표현들로 묘사한다. 즉, 성령에 의하여 성부는 알려지고 성자는 영광을 받으신다. 성령은 영원히 존재하시며 성부 및 성자와 동등하시고, 하나님의 영광과 완전을 드러내신다. 성령은 신성화하는 분이지 신성화되는 분이 아니시다. 성령은 모든 피조적 범주들을 초월하시고, 제일 원인이신 성부 하나님으로부터 신적인 존재를 받으시며, 비출생 및 출생 이외에 성부 및 성자와 모든 것을 공유하신다(41.9). 성령은 성부 및 성자와 동일본질이시며(41.12), 또한 창조와 중생의 활동을 성자와 공유하신다(41.14). 이 모든 것들을 그는 곧 「설교 31」에서 다시 다룰 것이다.

교리와 개인적 경건 사이의 이러한 연관성을 간략하게 확인하였기에,

---

27 마 12. 31; 눅 12. 10.

나지안조스의 그레고리오스는 이제 그의 성령론의 핵심에 도달한다. 이 시점에서 그는 「신학적 설교」를 또한 준비하고 있었을 수도 있다(41.6). 이 설교들에서 그는 약 두 달 동안의 시간 안에 자신의 교리를 더 상세하게 설명할 것이다. 여기에서 그는 단지 성령의 신성에 관한 기본적인 고백을 하는 것을 의도하였고, 또한 이 대안적인 입장이 영적으로 함의하는 바를 간략하게 주목하는 것을 의도하였다. 당분간 그는 "성령과 다투는 자들"의 지지를 획득하기 위한 노력의 일환으로 자신이 지금까지 실천하여 왔던 합의형성을 위한 회유책을 지속적으로 제시한다.[28] 그들을 대적자로서가 아니라 형제들로 여기면서 성자의 신성에 관한 고백으로부터 또한 성령의 신성에 관한 고백에로 나아가게 하고, 또한 그럼으로써 온전한 삼위일체 신앙에로 나아가게 하고자 하였다. 만약 그들이 삼위일체를 하나의 신성 또는 하나의 본성을 지닌 것으로 고백하기만 한다면, 가장 완전한 의미로 성령이 하나님이심을 인정하는 지점에까지 도달할 것이다(41.8).[29]

「설교 31」에서의 고조된 열정에 근거하여 판단한다면, 나지안조스의 그레고리오스는 화해를 위한 시도들에서는 성공하지 못하였다. 중요한 다섯 번째 「신학적 설교」는 "성령과 다투는 자들" 및 에우노미오스주의자들 모두에 반대하여, 그리고 더 나아가서 데모필로스와 연관된 유사파들에 반대하여 제시한 그의 가장 온전한 성령론적 해설을 포함한다. 여기에서 그의 성령론이 교리적, 인식론적, 영적 관심사들을 광범위하게 포함하면서 활짝 꽃피우고 있음을 우리는 발견할 수 있다.

하나님의 통치의 관점에서 성령이 성부 및 성자와 함께 속한다는 그의 이전의 고백은 물론 선결문제의 해결을 요구한다. 즉, 그의 대적자들이 믿지 않는 것처럼 만약 사람들이 성령이 하나님이심을 믿지 않는다면, 그들은 신성모독이 범해지고 있다는 점에 동의하기 어려울 것이다. 창조주-피조물 구별에 근거하고 있는 현재 형태의 논증은 본질적으로 교의적 선언이

---

28 설교 23.13만큼 최근까지 그러하다. 그 이전에 대해서는 다음을 참조하라. *Ors.* 6, 22, 32.

29 이전의 설교에서 그가 사용하였던 전략이다(*Or.* 34.9, 14). 또한 다음을 참조하라. 41.14.

며, 여기에 정교한 위협이 결부되어 있다. 설교 41.6에서 암시하였듯이 이러한 기본적 질문이 훨씬 더 심화되고 있다.

그리고 그는 「설교 31」에서 이러한 기본적 질문을 더 근본적인 수준에서 다루고자 한다. 그러나 자신의 논증과 함께 나아가기 전에 그는 이 설교의 시작 부분에서 자신의 기본적 입장을 간단한 고백으로 반복한다. 즉, 그는 "우리가 예배하는 성령의 신성"에 아주 깊은 확신을 가지고 있기 때문에, 그가 성부 및 성자에게 인정하는 신성과 동일한 표현들을 성령에 거듭 적용함으로써 시작한다. **"빛과 빛과 빛이 있다. 그러나 하나의 빛이며 하나의 하나님이다"**(31.3). 몇몇 부분들 뒤에서 그는 이러한 기본적 확신을 다시 다룬다. **"그런즉 성령은 무엇인가? 하나님인가? 물론, 그렇다! 그러므로 성령은 동일본질인가? 만약 성령이 하나님이라면, 그렇다."**(31.10).[30] 이러한 입장이 어떤 이들에게는 여전히 과격하다는 점을 알지만, 나지안조스의 그레고리오스는 **만약 누군가가 최고수준의 신성모독을 피하고자 한다면 성령을 "하나님"으로 및 성부와의 동일본질로 고백해야 한다**는 점에 확신한다.[31] 그러나 이러한 생각이 어려움에 직면하였기 때문에, 그는 또한 자신의 논증을 ― 즉, 그가 믿기에 교회의 역사적 신앙과 공동적 삶으로부터 보건대 자명한 논증을 ― 가능한 한 설득력 있게 제시해야 할 필요가 있음을 알았다. 그래서 그는 이것을 설교의 나머지 부분에서 의제로 다룬다.

「설교 31」이 진행되는 동안 나지안조스의 그레고리오스는 독자들이 자신의 성령론의 핵심에로 나아가도록 인내심을 가지고 체계적으로 안내한다. 그리고 여기에서 그의 성령론이 구원론과 교차한다. 모든 초기 기독교 교리가 성경의 해석으로부터 나왔다고 말해질 수 있지만, 그의 성령론도 중점적이고 훨씬 광범위한 주석적 쟁점들과 해석학적 쟁점들을 모두 포함한다. 심지어 자신의 기독론을 능가할 정도이다. 오리게네스 이후로 나타

---

30 참조. *Ors.* 25.16; 41.12; 38.16; *Carm.* 1.1.3.3-4.

31 아폴리나리오스는 나지안조스의 그레고리오스가 알기에 성령이 성부와 **동일본질**이라고 불렀던 유일한 신학작이었을 것이다. 참조. *KMP* 33, 358년과 362년 사이에 쓰여졌다; 또한 다음의 보고들을 참조하라. Philostorgius, *HE* 8.11-.13; Sozomen, *HE* 6.22.3. 동일한 용어가 아마도 377년 전에 쓰여진 다음에서 나타난다. Epiphanius' *Panar.* 74.11.2.

나지 않았지만, 나지안조스의 그레고리오스의 성령론은 교의적, 인식론적, 해석학적 관심사들 사이의 근본적인 상호연관성을 반영한다. 그리고 이러한 관심사들로 인하여 「설교 31」전체가 무언가를 드러낼 수 밖에 없다.

나지안조스의 그레고리오스가 보고하듯이, 성경이 성령의 신성에 관하여 말하는 바에 관한 — 또는, 오히려 성경이 말하지 않는 바에 관한 — 질문에 대하여 논쟁이 절정에 도달하였다. 이 질문은 이 설교에서 다루어진 가장 중요한 문제이다.[32] 그의 설명이 정확한지 아닌지를 알 수 있는 본문상의 증거가 충분하지 않다. 그러나 그가 상황을 묘사한 것에 따르면, "성령과 다투는 자들"은 (그리고 아마도 또한 에우노미오스주의자들은)[33] 그가 성령이 "하나님"이며 성부와 동일본질이라고 선언하면서 "낯설고 비성경적인 하나님"(31.1)[34]을 도입하였다고 주장한다. 이러한 반대는 단 하나의 용어인 토 아그라폰(τὸ ἄγραφον, "비성경적인")이라는 말로 요약된다(31.21).

그러한 지적이 나지안조스의 그레고리오스에게 전적으로 무관한 것은 아니다. 그 자신도 성경이 성령을 명백하게 "하나님"이라고 부르지 않고 있음을 깨닫는다. 그리고 그는 성령론이 성경에 기초하여야 한다는 점을 확실히 믿는다. 그러나 그의 생각에 중요한 문제는 누군가의 교리가 성경적이냐 아니냐가 아니라, 그것이 어떻게 성경적이냐에 관한 것이며, 또한 그것이 해석학적으로, 신학적으로 및 교회적으로 정확하게 무엇을 포함하는지에 관한 것이다. 그는 이러한 질문들을 충분하게 다루고자 의도하지는 않는다. 적어도 지금 당장은 의도하지 않는다. 그 대신에, 그는 수사학적 긴

---

32 헤르모게네스적 수사학 이론의 관점에서 설교의 쟁점에 관해서는 다음을 참조하라. Norris, *Faith Gives Fullness*, 184.

33 「설교 31」의 각 절에서 나지안조스의 그레고리오스의 대화상대자를 파악하는 것은 어렵다. 노리스가 표현하듯이, "문제들이 아직 분명해지지 않았고 당사자들이 아직 확고해지지 않았지만 이 설교는 생생한 토론과 비관용의 냄새로 가득하다." Norris, *Faith Gives Fullness*, 190. 노리스는 나지안조스의 그레고리오스가 이 구절에서 에우노미오스주의자들을 또한 염두에 두고 있다고 주장한다(p. 203). 그리고 학자들은 이 설교를 통하여 반(反)에우노미오스적 의제들이 두드러지게 나타나고 있음을 일반적으로 인정한다. Norris, "Gregory Nazianzen's Opponents in Oration 31"; McGuckin, *St. Gregory*, 278 n269.

34 ξένον θεὸν καὶ ἄγραφον. 또한 다음을 참조하라. *Or.* 31.3, 21. 헤이킨의 주장에 따르면, 이것은 "성령과 다투는 자들"의 입장의 중요한 점이었다. 그렇지만 그의 주장의 증거는 나지안조스의 그레고리오스의 설교 31.1.과 29와 함께 31.21의 진술, 즉 "몇 번이고 되풀이해서 너희는 성경의 침묵(τὸ ἄγραφον)에로 돌아간다"는 진술일 뿐이다. Haykin, *Spirit of God*, 175 n36.

박감과 긴장감을 형성하기 위하여 자신의 논증을 신중하게 제시한다. 그럼으로써 먼저 자신의 대적자들의 반대들을 논박하고 또한 점진적으로 자신의 교리를 드러낸다.[35]

비록 해석자들이 일반적으로 간과한다고 하더라도(아마도 교리적으로 중요하지 않으며 화나게 하는 비난의 부분이라고만 여긴다면), 나지안조스의 그레고리오스는 대적자들에 대한 자신의 첫 번째 응답에서 진정한 쟁점을 간략하게 드러낸다.

> 우리가 낯선 하나님 또는 외부에서 투영된 하나님을 끌어들이고 있다는 이유로 우리에게 화를 내는 자들은 자신들이 두려할 것이 아무것도 없는 곳에서 두려워하고 있음을 알아야 한다. 그리고 나는 그들이 문자에 대한 자신들의 사랑이 단지 자신들의 불경건을 은폐하는 망토일 뿐이라는 점을 분명하게 이해하기를 원한다. 우리의 능력이 미치는 한 그들의 반대들을 논박하면서 이러한 점을 후에 계속 살펴볼 것이다.(31.3)

한 번 이상 몇 번이고 나지안조스의 그레고리오스는 성경이 성령의 신성을 전달하지 않는다는 그의 대적자들의 반론을 부정한다(31.5, 21). 그러나 그는 반드시 다음과 같은 중요한 제한조건을 추가하고자 한다. 즉, **성경은 문자를 따라서가 아니라면 "영을 따라서" 성령의 신성을 선포한다**(고후 3:6).

나지안조스의 그레고리오스가 오리게네스로부터 이끌어낸 많은 사상들 중에서 그의 성령론은 고후 3:6에서의 문자-영 이분법이 오리게네스의 저작에서 감당하는 중심적인 중요성을 강하게 반영한다. 문자-영 이분법은 『제일원리들에 관하여』 제4권에서 가장 뚜렷하게 드러난다. 나지안조스

---

35 오리게네스의 이 점과 관련하여 배경을 이해할 필요가 있다. 성경은 성부와 성자와 함께 성령을 존귀하게 여겨야 함을 명확히 하지만, 오리게네스는 성경이 우리에게 말하지 않는 것들이 많이 있다고 말한다. 예를 들면, 성령이 출생인지 비출생인지, 또는 성령이 또 다른 성자인지 등등에 관하여 성경이 말하지 않는다고 오리게네스는 말한다(*Princ. pref.* 4). 나지안조스의 그레고리오스는 성경이 우리에게 말하지 않는 것들 중에 성령이 온전히 신적이라는 사실이 포함된다고 주장한다.

의 그레고리오스는 이 본문을 그리스어로 보존하는 데에 부분적으로 기여를 하였다. 설교의 후반부에서 그는 성령의 신성에 관한 성경적 증언이 "많은 사람들에 의하여" 입증되어 왔다고 주장한다. 즉, "단지 무관심이나 단순한 취미로 이 주제를 논하고 성경을 다루지 않고, 문자 속으로 들어가 내적인 의미를 살펴보는 사람들에 의하여, 즉 감추어진 아름다움을 볼 자격이 있다고 여겨지며 지식의 빛에 의하여 환하게 빛나는 많은 사람들에 의하여" 입증되어 왔다고 주장한다(31.21).[36] 그는 여기에서 전통적인 신학자들과 당대의 신학자들 모두를 가리킨다. 특히, 오리게네스와 카이사레이아의 바실레이오스를 가리키고, 또한 아마도 이코니온의 암필로키오스를 가리킨다.[37]

영감 있는 전임자들 및 존경을 받는 동시대인들과 보조를 맞춤으로써 그는 최고로 논쟁적인 상황 속에서 자신의 자격을 확립하고 있다. 신학적인 빛을 인정하는 것보다 훨씬 더 많이 그렇게 하고 있다.[38] 나지안조스의 그레고리오스는 자신이 성령이 신적임을 성경이 보여준다고 주장하는 첫 번째 사람이 아님에 주목한다. 그러나 그는 또한 이러한 작업은 더 깊이 파

---

36 참조. *Or.* 25.15: 성령은 영적으로 파악하는 자들에게 하나님이시다; 33.17: 성령이 없이 사람이 영적이 될 수 있는가?

37 나지안조스의 그레고리오스가 삼위일체에 관한 니사의 그레고리오스의 초기 저작에 관하여 많이 알고 있었는지는 분명하지 않다. 『마케도니오스를 반대하며』(*Against Macedonius*)로부터 시작하여 성령에 관한 니사의 그레고리오스의 저작의 날짜는 381년 공의회 이후인 것 같다. 어쨌든 이들의 교리적 접근은 여러 가지 측면들에서 서로 다르다(본서의 결론을 참조하라). 설교 31.2에서 나지안조스의 그레고리오스는 성경의 성령에 관하여 조직적인 연구를 수행하였던 사람들을 언급한다. 여기에 카이사레이아의 바실레이오스가 포함된다고 모두 동의한다; 암필로키오스 또는 니사의 그레고리오스가 포함된다거나(Norris, *Faith Gives Fullness*, 185), 또는 오리게네스가 포함된다고 여기는(Wickham, *St. Gregory of Nazianzus, On God and Christ*, 143 n2) 여러 제안들이 있다. 설교 31.28에서 나지안조스의 그레고리오스는 그의 표현으로 "영감이 있는 사람들 중 한 사람이 오래 전에 설명하지 않았던" 용어들로 삼위일체적 진술을 제시한다. 이 자료는 그레고리오스 타우마투르고스의 것으로 여겨지는 신조라고 전통적으로 간주되어 왔다. 니사의 그레고리오스의 『그레고리오스 타우마투르고스의 삶』(*Life of Gregory Thaumaturgus*)에서 그러하다(참조. McGuckin, *St. Gregory*, 309); 그러나 이 신조는 니사의 그레고리오스의 변증적 의제들의 고안인 것처럼 보이고 진정한 것으로 받아질 수 없다(다시, 본서의 결론을 참조하라). 아브라모우스키는 설교 31.28에 있는 구절(μικρῷ πρόσθεν)이 동시대의 니사의 그레고리오스를 가리키는 것이 가장 가능성이 있다고 주장한다("Das Bekenntnis," 149). 그러나 이러한 주장은 본문들 사이의 큰 차이점들을 고려하면 가능성이 있다. 오리게네스와 바실레이오스가 가장 가능성이 있는 후보자들이다.

38 나지안조스의 그레고리오스가 오리게네스에게 진 신세는 거대하지만, 대부분의 고대의 저술가들처럼 그는 오리게네스의 자료들에 대한 이름들을 언급하거나 장절을 인용할 필요성을 느끼지는 않는다. 이러한 규칙에 대한 예외로서 이 구절을 다루지는 말아야 한다.

고드는 주석에 의해서, 즉 본문의 단순한 문자 속으로 들어가서 내적인 의미를 인식할 수 있는 주석에 의해서 행해질 수 있을 뿐임을 강조한다. 비록 그가 379년 1월 1일 카이사레이아의 바실레이오스의 죽음의 시점까지 성령에 관한 그의 입장에 열렬하게 동의하지 않았다고 하더라도, 그리고 그가 그 다음 해에 공의회에서 니사의 그레고리오스에 의해 반대를 받았던 것처럼 보인다고 하더라도,[39] 그는 자신을 전통적인 신학자로서만이 아니라 인간관계가 좋은 동방의 감독으로 밝히는 것이 마땅하였다. 물론 그는 실제로 인간관계가 좋은 사람이었다.

나지안조스의 그레고리오스는 이제 카이사레이아의 바실레이오스가 행한 것보다 더 멀리 나아가고자 한다. 즉, "영을 따라" 성령의 신성을 이해하는 것이 무엇을 의미하는지를 더 깊이 고려하고자 한다. 이 설교의 앞부분들에서 그는 다음과 같이 질문한다. 즉, 만약 성령이 그를 하나님이 되게 하고 신성에 참여하게 한다면, 성령이 어떻게 그와 동등할 수 있는지를, 즉 피조물과 동등할 수 있는지를 묻는다(31.4). 그의 요점은 **성령의 신성에 관한 교리가 어쨌든 성령의 신성화하는 활동을 포함한다**는 것이다. 그러나 이 점에 관하여 그는 상세하게 설명하지 않고 다른 주제로 갑자기 옮겨간다. 심지어 공감적인 논평가들조차도 그의 논증을 "성령과 다투는 자들"의 입장을 지지하는 방식으로 이해하는 경향이 있어왔다는 점은 아이러니이다. 즉, 그가 성경본문으로부터 직접적으로 성령의 신성에 관한 해설을 제공할 것이라고 기대함으로써 그렇게 이해하는 경향이 있어왔다는 점은 아이러니이다.[40]

그러나 이것은 정확하게 그가 의도하지 않은 바이다. 비록 그가 설교의 시작 부분에서 주석적인 문제를 다룬다고 하더라도, 성경의 문자 대 영에 호소하는 것은 중요한 의미에서 성경 본문 자체가 성령이 하나님임을 진술

---

39 암필로키오스가 공의회에서 나지안조스의 그레고리오스의 교리를 지지하였던 것처럼 보인다. 그렇지만 암필로키오스는 사실 바실레이오스의 제자였다. 더 상세한 참고문헌에 관해서는 다음을 참조하라. Haykin, *Spirit of God*, 182, 그리고 n80-83.

40 예를 들면, Swete, *The Holy Spirit in the Ancient Church*, 243-244.

하지 **않는다**는 점을 또한 인정하는 것이다. 곧 분명해질 이유들로 인하여 그는 이 설교의 끝에 이를 때까지 성경적 증언을 다시 다루지 않는다. 그 사이에 그는 시작 부분과 끝 부분 사이에서 수사학적 공간을 창조하고 여기에서 자신의 중심적인 논증을 전개한다. 이와 같이 간결한 초기의 구절들에서 그는 성령의 신성에 관한 고백이 영을 따라 성경의 더 깊은 의미를 해석하는 것과 관계가 있음을 암시한다. 즉 이것은 영적인 주석의 문제이다. 그리고 그는 이것이 또한 우리가 신적인 지식에 합당한 자가 되는 것에 의존함을 암시한다(31.12). 그러나 정확하게 이것이 무엇을 의미하는지를 알기 위해서는 적절한 때를 기다려야 한다.

더 나아가기 전에 나지안조스의 그레고리오스의 논증의 흐름을 이해하기 위하여 「설교 31」의 전체 구조를 이해하는 것이 도움이 될 것이다. 우리가 방금 논의하였던 서론 부분을 따라서 나지안조스의 그레고리오스는 대적자들의 반대들에 대한 응답으로 4-27절들에서 일련의 하강하는 단계들을 거친다. 이것은 이 설교의 끝 바로 앞인 28절에서 제시하는 자신의 분명한 교리를 위한 준비이다. 이 설교의 개요를 절 번호에 따라 정리하면 다음과 같다.

1-4　서론적 문제: 성령의 신성에 관한 직접적 성경적 증명의 부족(토 아그라폰, τὸ ἄγραφον); 삼위일체적 신앙고백으로 우선적으로 응답

5-6　현재의 여러 입장들의 개관

7-20　성령의 신성 및 삼위일체에 대한 논리적 반대들에 응답

21-24　논리로부터 토 아그라폰(τὸ ἄγραφον)에 반대하여 옹호

25-27　신적 경륜으로부터 토 아그라폰(τὸ ἄγραφον)에 반대하여 옹호

28　성령의 신성을 위한 분명한 논증: 세례에서의 신성화

29-30　성령의 신성에 대한 성경의 증언

31-33　신학적 언어의 한계들 및 성령의 인도에 관한 결론

「설교 29-30」에서 성자의 신성을 위하여 사용한 것과 동일한 접근법으로 나지안조스의 그레고리오스는 성령의 신성 및 삼위일체의 온전한 교리에 대하여 대적자들이 제시하는 더 전문적이고 논리적인 반대들을 먼저 다룬다(31.4-20). 그런 후에 성경으로부터 그들의 반대들에 응답하기 위하여 나아간다(31.21-27). 이와 같이 중간 부분들에는 구성적인 신학이 상당히 많이 있다. 특히, 삼위일체적 논리는 그렇다. 다음 장에서 이것을 살펴볼 것이다.

나지안조스의 그레고리오스는 성령의 생성을 성자의 "출생(begotten, γεννητός)"과는 구별되는 성부로부터의 "출원(proceeding, ἐκπορεύεσθαι)"(요 15:26)으로 이해함으로써 삼위일체적 용어사용에 중요한 기여를 한다.[41] 그러나 이러한 부분들에서 그의 직접적인 목적은 부정적이고 방어적이다. 즉, 성령의 신성 또는 삼위일체론을 증명하려는 것이 전혀 아니라 — 이성이 기독교 신앙의 기본들을 확립할 수 없다는 그의 주장을 기억하라(28.28) — 오히려 성경이 성령의 하나님됨을 명시적으로 말하지 않는다고 하더라도 성령이 하나님이고 성부와 동일본질이신 것이 논리적으로 불가능하지 않다는 점을 보여주는 것이다.

이와 같은 논리적 및 개념적 장애물들을 제거하였기 때문에, 나지안조스의 그레고리오스는 21-27절들에서 대적자들의 주요한 반대를 다시 다룬다. 즉, 성령의 신성이 성경에서 증거되지 않는다는(τὸ ἄγραφον) 주요한 반대를 다시 다룬다. 먼저 그는 성경에는 참되지만 분명하게 명명되지 아니한 어떤 것들이 있기 때문에 — 예를 들면, 성부는 태어나지 않는다는 사실이 있다. 논쟁에 참여하는 모든 사람들이 여기에 대해서는 일치한다 — 단지 성령의 신성이 명시적으로 진술되지 않는다는 근거로 성령의 신성을 부인할 수는 없다고 주장한다. 그와 같은 모든 것들이 이러한 의미로 "비성경적"이기 때문에 참되지 않다고 간주하는 것은 명백하게 문자의 노예가

---

41 참조. *Or.* 29.2. 이후에 그는 또한 다른 용어들을 사용할 것이다: προϊέναι (25.15) 그리고 πρόοδος (25.15; 39.12).

되는 것이며, 실재적인 사실들(τὰ πράγματα)보다는 철자들을 선호하는 것이라고 그는 믿는다.[42] 역설적으로, 성경의 문자적 진술들(τὰ λεγόμενα)의 진정한 의미(τὰ νοούμενα)를 이해하는 열쇠는 "문자에 따라" 성령의 신성에 관한 성경의 침묵을 받아들이는 것이며 그 대신에 "영을 따라" 그것에 접근하는 것이다(31.24).

---

[42] 나지안조스의 그레고리오스는 자신이 생각하기에 신학적으로 필요하고 분명한 언어이론을 만들기 위하여 아리스토텔레스 자료들과(예를 들면, *Interp.* 16a-b) 에피쿠로스 자료들로부터(예를 들면, *Ep. Herodot.* 37, 75) 차용한다. 나지안조스의 바실레이오스와 카이사레이아의 바실레이오스 모두에게 인간 언어는 관습적인 표지들의 체계이다. 관습적인 표지들은 표지되는 대상들과의 복잡하고 종종 애매한 관계들을 지닌다. 그러나 스토아 철학자들과 플라톤주의자들이 주장하듯이 대상의 본질을 그대로 가리키지 않는다. Norris, *Faith Gives Fullness*, 192. 이들의 이론들이 중요한 측면들에서 다른 입장들이지만, 오리게네스는 또한 여기에서 중대한 영향을 끼친다(예를 들면, *Princ.* 4.2.2).

2

탁시스 테올로기아스(Τάξις θεολογίας): 성경의 증언과 신학의 순서

나지안조스의 그레고리오스가 자신의 영적 주석에 관하여 분명한 설명을 제시하기 전에 마지막으로 하나의 방어적인 논증을 제시한다. 이번에는 대적자들의 성경적인 반대들에 대한 방어이다. 이 설교 중 아마도 가장 유명한 구절에서(31.25-27) 그는 성령의 신성에 관한 성경의 침묵을 언약들의 역사 및 기독교 신학의 발전의 관점에서 설명한다. 이 구절은 신적 경륜의 진보에 관하여 및 기독교 교리의 발전에서의 전통의 긍정적인 역할에 관하여 제시된 중대한 교부적 진술로서 오랫동안 간주되어 왔다.[1] 또한, 이 구절은 점진적인 계시에 관한 기독교 교리의 첫 번째 진술로서도 오랫동안 간주되어 왔다.[2]

그러나 이런 측면에서 이 구절이 종종 오해되어져 왔다. 나지안조스의 그레고리오스는 19세기의 슐라이에어마허 또는 뉴먼의 견해들에서처럼 교회의 역사를 통하여 교리가 점진적으로 발전하는 것에 관하여 진술하고 있지 않다. 마찬가지로, 그는 오리게네스의 종말론적 영성을 언약들의 역사의 관점에서 발전시키고 있지 않다. 오리게네스에게 구약은 복음의 구조

---

1 참조. Plagnieux, *Saint Grégoire*, 51f.; Gallay, *SC* 250, 322-32 n4, 326-29 n2.
2 참조. Kelly, *Early Christian Doctrines*, 261; Hanson, "Basil's Doctrine of Tradition"; Winslow, *Dynamics of Salvation*, 125 n3.

와 그늘을 드러낸다. 그리고 신약에서 그리스도는 그 이전까지 단지 예시되어왔던 복음을 구체화하고 계시한다(이러므로 또한 구약에서의 복음을 분명하게 드러낸다). 또한, 종말론적 시대가 하나님에 관하여 얼굴과 얼굴을 대면하여 보는 비전을 가져올 것이다. 이러한 비전은 "영원한" 또는 "영적인 복음"(계 14:6)이다. 이 비전에 비교하면 신약의 복음은 그 자체로 그림자이며 신비이다.[3]

나지안조스의 그레고리오스는 영적인 진보와 종말론적 상승에 관한 오리게네스의 교리를 요약하고, 이것이 4세기 말의 정황에서 삼위일체의 선포에 관련이 되도록 한다. 그에 관한 연구에서 일반적으로 이 구절은 이 설교의 구성적인 핵심으로 간주된다.[4] 그러나 비록 이 구절이 그 자체로 극도로 흥미롭고 또한 그의 분명한 입장에로 나아간다고 하더라도, 여기에서의 그의 논증이 여전히 일차적으로 방어적이며 해체적이라는 점을 염두에 두는 것이 중요하다. 앞선 부분들에서처럼 그의 의도는 주로 대적자들의 반대를 논박하는 것이다. 즉, 성경이 성령이 하나님임을 명백하게 선언하지 않기 때문에 성령이 하나님이 될 수 없다는 그들의 반대를 논박하는 것이다.

나지안조스의 그레고리오스는 성령의 신성을 증명할 수 있는 어떤 개별적인 본문들에 집중하지 않고, 오히려 언약들의 중요한 서사에 및 전체로서의 신적 경륜에 집중한다. 그는 인간의 역사에 세 중대한 변화들이, 즉 지진과 같은 일들이 있다고 말한다. 그것들은 구약을 주는 것, 신약을 주는 것, 앞으로 종말론적으로 변혁되는 것이다. 각각의 중대한 변화에서 하나

---

3   *Comm. Jn.* 1.6.33-7.40; *Princ.* 3.6.8-9; 또한 다음을 참조하라. 4.2.2-6. 설교 31.25-27에서 나지안조스의 그레고리오스가 오리게네스를 사용한 것에 관해서는 다음을 참조하라. McGuckin, *St. Gregory*, 309; Trigg, "Knowing God." 참고. 370년대 중반부터 간략하게 언급된 점진적 계시에 관한 에피파니오스의 이론(*Ancor.* 73.5-6): 성경은 모세에게서 하나의 신성(one Divinity)을 선포하고, 예언서에서 이중체(Dyad)를 선포하고, 복음서에서 삼중체(Triad)를 선포한다. 이러한 큰 유사성에도 불구하고, 나지안조스의 그레고리오스는 아마도 에피파니오스의 저작을 알지 못하는 것 같다.

4   플라니외는 성령의 핵심적인 역할에 관하여 주목하지는 않지만 이 부분들에 집중한다(Saint Grégoire, esp. 44-49). 이 구절의 참신성과 영향에 관해서는 다음을 참조하라. Norris, *Faith Gives Fullness*, 206-207.

님은 자신의 백성을 믿음들과 실천들로 구성된 하나의 집합으로부터 또 다른 집합에로 옮기시고, 하나의 정도의 신적 계시로부터 또 다른 정도에로 옮기신다.

구약[5]은 성부를 분명하게 선포하였고 성자를 흐릿하게 선포하였다. 신약은 성자를 분명하게 드러내었고 성령의 신성을 암시하였다. 이제 성령 자체가 우리 안에 거하시고 자신에 대한 더 분명한 증명을 우리에게 제공하신다. 성부의 신성이 아직 인정되지 않은 때에 성자를 분명하게 선포하는 것은 안전하지 않기 때문이다. 또는 성자의 신성이 아직 받아들여지지 않은 때에 (만약 내가 어느 정도 대담하게 표현할 수 있다면) 성령으로 우리에게 더 많은 부담을 지우는 것은 안전하지 않기 때문이다.(31.26)

구약에서 하나님은 자신을 일차적으로 모든 것을 초월하는 성부로서 이스라엘에게 계시하신다. 반면에 하나님은 아마도 앞으로 오실 구속주에 관한 예언들을 통하여 성자의 인격을 암시하실 뿐이다. 다음으로 신약은 예수의 인격 안에서 직접적으로 성자를 계시한다. 반면에 성령의 계시는 아마도 "또 다른 보혜사"에 관한 예수의 예수의 약속에 의하여, 그리고 사도행전과 바울서신들에서 성령에 관한 모호한 언급들에 의하여 암시될 뿐이다. 그러나 지금 교회의 시대에서는, 즉 예수가 성부에게로 올라가고 오순절에 성령을 주시는 것과 함께 시작된 구원역사의 종말론적 기간에서는 성령이 "우리 안에 거하시고" 또한 자신을 그리스도인들에게 직접적으로 계시하신다. 이러므로 구원역사가 진행되는 동안 삼위일체에 관하여 계시가 점진적으로 드러난다. 이것의 완성은 최종이전적으로 교회의 시대에 나타나고, 또한 오직 최종적으로는 다가올 시대에 나타난다. 이러한 방식으로 하나님은 자신의 백성을 우상들로부터 율법에로, 율법으로부터 복음에

---

5   또는 "언약(διαθήκη)." 이 부분들에서 나지안조스의 그레고리오스는 언약 관계의 의미로부터 기록된 언약의 의미에로 이동한다. 그가 29절에서 성경 본문들을 인용하고자 준비하기 때문이다.

로, 그리고 마지막에는 지상으로부터 결코 파멸될 수 없는 곳에로 옮기신다.

나지안조스의 그레고리오스는 이러한 순서의 사건들을 해석하는 열쇠는 그것들의 특성, 목적, 효과를 인식하는 것이라고 주장한다. 성부, 성자, 성령의 순차적인 자기계시는 계시의 권능과 강도의 증가를 반영한다. 그래서 각각의 연속적인 단계는 계시를 받아들이는 자들이 다음 단계를 준비하도록 한다. 더 큰 신적 조명을 받기 위하여 사람들이 정화되어야 하고 하나님의 형상에로 변혁되어야 하는 정도로 다음 단계를 준비하도록 한다. 성자는 성부보다 더 강력하게 신성을 전달하신다. 그리고 성령은 성자보다 다시 더 강력하게 전달하신다. 신적 계시의 역사는 이렇게 하여 하나님을 그의 백성에게로 점점 더 가까이 다가가게 한다.

요한복음에 근거하면서, 또한, 우리가 추측하건대, 고전 12:3과 같은 바울의 본문들과 사도행전에 근거하면서, 나지안조스의 그레고리오스는 성령을 통하여 계시되는 하나님 지식이 오순절 이전에 제자들이 예수 안에서 가진 하나님 지식을 뛰어넘는다고 말한다. 그들이 예수 안에서 가진 하나님 지식이 이스라엘이 오직 성부에 관해서 가진 지식을 뛰어넘는 것과 마찬가지이다. 그리고 물론 종말론적 지식은 성령의 경륜의 완성이기에 앞의 세 가지 지식 모두를 뛰어넘을 것이다. 구약에서 계시된 성부 하나님은 (비록 관계는 단단하게 유지되지만) 상대적으로 멀거나 초월적이다. 예수 안에서 육신이 된 말씀은 이스라엘 백성이 알았던 것보다 더 친밀하고 구체적인 하나님 경험을 드러낸다. 그리고 마지막으로, 성령이 제자들 및 교회 "안에서 거하며", 예수가 자신의 지상적 사명에서 행하였던 것보다 훨씬 더 친밀한 방식으로 하나님을 계시하신다.

여기에서 우리는 나지안조스의 그레고리오스가 성자와 성령이 그 자체로 더 강력하다고 말하는 것이 아님을 주목해야 한다. 성자와 성령은 성부와 동일한 신적 존재를 공유하시기 때문이다. 그 대신에, 그는 성자와 성령이 신성을 인간에게 더 강력하게 전달하신다고 말하는 것임에 주목해야 한다. 왜냐하면 성자 및 성령의 경륜들은 하나님께서 인류에게 점점 더 가까이 임재하심을 드러내기 때문이다. 요한복음이 알려주듯이,[6] 성령의 오심은 그리스도의 오심보다 더 우월하다(31.27). 성자 및 성령의 더 큰 강도가 아주 현저하기 때문에 성자 또는 성령이 적절하지 않은 때에 계시되는 것이 위험할 수 있었을 것이라고 그는 믿는다. 순서가 뒤바뀐다면, 그것들은 우리가 감당할 힘을 넘어서는 음식과 같을 것이며, 또는 육안에 직접적으로 비치는 햇빛과 같을 것이다(31.26).[7]

종종 나지안조스의 그레고리오스의 사상의 특징이 되는 교육적 관점에서 보자면,[8] 그는 하나님께서 자신의 백성과 맺으시는 관계는 일관적으로 하나님 자신을 반영한다고 이해한다. 그는 그러한 교육적 관점을 이레나이우스, 알렉산드레이아의 클레멘스, 오리게네스와 공유한다. 그러므로 하나님은 계시를 받아들이는 백성의 능력에 맞춰 항상 자신의 자기계시를 적응시키신다. 이런 측면에서 성령 안에서의 하나님 지식은 인식자의 상태와 상관관계를 맺는다. 이러한 주제를 나지안조스의 그레고리오스는 곧 바로 다룰 것이다.

성령의 자기계시에 관한 나지안조스의 그레고리오스의 가장 분명한 진술은 「설교 41」에서 성령을 제자들에게 주신 것에 관하여 주석할 때에 나타난다. 하나님께서 자신을 점차적으로, 즉 처음에는 성부로, 다음에는 성자로, 그 다음에는 성령으로 계시하신 것처럼, 성령도 또한 받아들이는 자들의 능력에 따라서 점점 더 증가하는 강도의 세 단계들에 거쳐 제자들과 함께 거하였다고 그는 말한다. 첫째, 복음서들에서 이야기되는 시간의 시작에서 성령은 제자들 안에서 활동하셨고(ἐνεργεῖν, 에네르게인), 그들의 힘들을 온전하게 하셨으며, 그들이 병자를 치유하고 악한 영들을 쫓아낼 수 있도록 하셨다.[9] 둘째, 고난을 받으신 후에 예수는 성령을 제자들에게 불어넣

---

6   요 14:12, 26; 16:12.

7   때에 맞지 않는 계시가 주는 잠재적 위험성은 성령의 신성의 점진적 계시에 관한 유사한 구절에서(Carm. 1.1.3.17-33) 나지안조스의 그레고리오스가 보여주는 주된 우려이다. 또한 다음을 참조하라. Or. 45.12. 여기에서는 구원사에서 하나님의 치유 활동의 완만한 경륜에 관하여 말한다.

8   이 주제를 가장 잘 다룬 연구는 다음과 같다. Portmann, Die Göttliche Paidagogia.

9   마 10:1, 막 3:15, 6.7, 눅 9:1.

으셨다. 이것은 진정한 신적인 영감을 표현한다.[10] 셋째, 예수의 승천 후에
성령이 다락방에 있는 제자들에게 내려오셨고 불의 혀같이 나타나셨다.[11]
주목할 만한 어느 구절에서 그는 오순절 사건을 첫 두 가지 예들과 구별한
다.

> 첫 번째 예는 성령을 희미하게 드러내었고, 두 번째 예는 더 분명하게 드러
> 내었다. 그러나 현재의 이 경우[오순절]는 아주 더 완전하게 드러내었다. 성
> 령이 더 이상 이전처럼 단지 활동(ἐνεργείᾳ, 에네르게이아)안에서만 나타나시
> 지 않기 때문이다. 그러나 성령은 자신의 본질 자체 안에서(οὐσιωδῶς, 우시오
> 도스) 나타나시기 때문이다. 말하자면, 성령은 우리와 교제하시고 우리 안에
> 거하시기 때문이다. 성자가 몸의 형체로 우리 안에 사셨던 것처럼, 성령도
> 또한 몸의 형체로 나타나셔야 하는 것이 적합하다.[12] 그리고 그리스도께서
> 자신의 곳으로 돌아가신 후에 성령이 우리에게 내려오셔야 하는 것이 적합
> 하다.(41.11)

여기에서 나지안조스의 그레고리오스는 성령의 신적인 본성의 실재 및
교회 안에서의 성령의 임재를 아주 강력한 표현들로 확인한다. 카이사레이
아의 바실레이오스가 성령의 행동, 즉 활동(ἐνέργεια Πνύματος, 에네르게이아
프뉴마토스)이 정화된 영혼 안에 있다고 주장하는 반면에,[13] 나지안조스의
그레고리오스는 더 대담하게 주장한다. 즉, 교회의 시대에 성령은 신자들
에게 이제 자신을 온전히 신적이며 성부와 동일본질인 존재로 드러내신다
고, 즉 성령이 "자신의 본질 자체로" 임재하신다고 주장한다.[14]

그런 후에 그는 교회 안에서의 성령의 본질적인 임재와 성육신 안에서

---

10 요 20:22.

11 행 2:3.

12 불의 혀로.

13 *Spir*. 61. 그리스도인들 중에서 어떤 이들이 성령은 하나님의 우연 또는 활동(συμβεβηκός, ἐνέργεια)일 뿐이지 본래에 있어서 본체/실체(οὐσία)가 아니라고 고려한다는 나지안조스의 그레고리오스의 보고를 또한 참조하라(*Or*. 31.6).

의 그리스도의 본질적인 임재 사이의 유사점에 주목한다. 성자가 우리 안에 인간으로서 거하시기 위하여 몸의 존재를 입으셨던 것과 마찬가지로, 또한 성령도 교회로 오셔서 거하실 때에 (물론 인간으로의 성육신은 아니라고 하더라도) 불의 혀로 표현되는 몸의 현현을 획득하신다. 그리고 그리스도께서 세상을 구속하시기 위하여 인간적 죽음을 죽으셨던 반면에, 성령은 이제 "새로운 구원의 신비"가 되신다(14.27). 그리고 신적 경륜이 그리스도의 몸의 현현으로부터 성령의 몸의 현현으로 이동한다(41.5). **이와 같이 점진적인 "신학의 질서(order of theology)(τάξις θεολογίας, 탁시스 테올로기아스)"에서 (31.27), 성령이 교회에 직접적으로 계시됨은 지금까지 있었던 인간과 하나님과의 만남이 절정에 도달한다.** 그래서 "점차적으로 추가됨으로써, 그리고, 다윗이 말하듯이, '상승함'(시 83.6, LXX)으로써, 그리고 '영광으로부터 영광에로'(고후 3:18) 전진하고 진보함으로써, **삼위일체의 빛이 더 많이 조명을 받은 자들에게 빛난다**"(31.26).

나지안조스의 그레고리오스는 자신이 독창적 해석이라고 믿는 것 안에서 전체 체계가 당면하는 질문과 관련이 되도록 한다. 그는 그러한 독창적 해석을 다른 신학자들에게서 발견하지 못하였다. 예수께서 제자들이 당시에는 감당할 수 없다고 말씀하신 것들 중에서, 그렇지만 그들이 받을 수 있을 때에 성령이 그들에게 나중에 가르치실 것들 중에서,[15] 그 모든 것들 중에서 가장 큰 것은 성령의 신성이다(31.27). 그는 문자에 따라서조차 다음과 같이 말한다. 즉, 예수의 지상 사역이 완성된 후에야 성령의 계시가 교회에 주어질 것이라고 말한다.

비록 에우노미오스주의자들 및 "성령과 다투는 자들"이 성령의 신성은 성경의 문자적 본문으로부터는 부재하다고 바르게 지적하였지만, 나지안조스의 그레고리오스는 하나님이 자기 백성에게 계시하시고자 의도하신

---

14 나지안조스의 그레고리오스의 주장의 대담성은 해석자들을 계속 혼동스럽게 만들었다. 예를 들면, 비록 람페(s. v.)가 교부문헌에서 이 단어의 지배적인 의미로 "본질적으로"라고 기록하지만, 그는 이 본문을 하나의 예로 포함하기를 주저한다. 그 대신에 그는 이 단어를 "참되게, 진실로"라고 정의한다. 바실레이오스의 신중함이 남아있다.

15 요 14:26, 16:12.

모든 것들이 성경에(적어도 지상에서의 그리스도의 가르침에) 포함되어 있지 않다고 그리스도께서 직접 말씀하셨음을 인용한다. 수사학적으로, 성령의 자기계시를 인간의 하나님 지식의 절정이라고 나지안조스의 그레고리오스가 표현하는 것은 성령의 신성을 부정하는 "성령과 다투는 자들" 및 에우노미오스주의자들의 행위를 오히려 모조리 드러낸다. 왜냐하면 그렇게 표현하는 것은 그들이 하나님께서 교회에 임재하심을 부정한다고 암묵적으로 선언하는 것이기 때문이다.

그러나 「설교 41」에 있는 나지안조스의 그레고리오스의 주장, 즉 오순절에 성령이 자신의 본질 자체로 오셨다는 주장은(41.11) 본문이 문자적으로 말하는 바를 넘어선다는 점을 인정해야 한다. 그러한 주장 자체는 성령의 신성에 관하여 **선행하는** 확신에 근거한 영적인 해석이다. 이 부분들에서 그의 논증은 성령이 하나님이신 것이 비록 성경에 명시적으로 말하여지지 않는다고 하더라도 성경적 틀 안에서 가능하다는 점을 보여주는 데에 기여한다. 그리고 성경은 우리로 하여금 성령이 교회와 함께 본질적으로 거주하심을 보도록 가리킨다는 점을 보여주는 데에 기여한다. 그러나 그의 논증은 이것이 그러한지를 분명하게 증명하지는 않는다. 성령의 신성에 관한 논리적 및 성경적 반대들을 모두 제거하였기에 나지안조스의 그레고리오스는 마지막으로 다음 부분들에서 자신의 교리의 실질적인 근거를 다루고자 한다.

3

"참으로 황금빛의 구원사슬": 성령의 신성에 관한 직접적인 증거

나지안조스의 그레고리오스는 「설교 31」을 진행하면서 성령의 신성에 관한 증거는 — 그래서 그의 성령론의 실질적인 기초는 — 성령이 교회 안에 직접 내주하신다는 점을 통하여 주어진다고 여러 차례 암시하였다. 설교의 시작 부분에서 성령이 그를 하나님으로 만들고 신성에 참여하게 한다고(31.4), 그리고 그를 온전하게 만든다고 말한다(31.6). 이러한 구절들은 동일한 해에 더 일찍 했던 설교들에 있는 유사한 간결한 진술들을 반향한다. 성령의 신성을 부인하는 자들이 그가 세례시 받은 중생을 그로부터 사실상 박탈하고 있다고 그는 두 번 주장한다. 오직 하나님만이 우리를 신성화시킬 수 있기 때문이다(33.17; 34.12). 그리고 「설교 41」에 따르면, **성령은 "참여하는 자가 아니라 항상 다른 이들의 참여를 받는 자이시며, 온전하게 되는 자가 아니라 온전하게 하는 자이시고, 거룩하게 되는 자가 아니라 거룩하게 하는 자이시며, 신성화되는 자가 아니라 신성화하는 자이시다"**(41.9). 그리고 성령은 "영적 중생의 주관자"(41.14)이시다.

그러나 나지안조스의 그레고리오스가 자신의 성령론의 핵심 및 자신의 신학의 해석학적 열쇠에 도달한 것은 「설교 31」의 뒷부분에서이다. 즉, 그가 대적자들의 논증들을 하나씩 해체한 후에서이며, 또한 일련의 설교들 전체의 결론에서 다섯 부분들 앞에서이다. 28-29절들에서 그는 12절에서 이미 약속하였던 것처럼 성령의 신성에 관한 "더 온전한 이유"를 제시한다. 그는 자신의 기본적 신앙고백을, 즉 자신은 성부, 성자, 성령을 각각 하나님으로 예배할 것임을 반복한다. 그런 다음에 수사학적 질문의 형태로 자신의 입장을 진술한다.

> 만약 [성령이] 찬양될 수 없다면(προςϰυνητόν), 어떻게 성령이 세례에서 나를 신성화할 수 있는가? 그리고 만약 성령이 찬양된다면, 어떻게 성령이 예배되지 않을 수 있는가(σεπτόν)? 그리고 만약에 성령이 예배된다면, 어떻게 성령이 하나님(θεός)이시지 않을 수 있는가? 하나가 다른 하나에 연결되어 있다. 즉, 참으로 황금빛의 구원사슬이다.(31.28)

그는 성령론의 근본적인 기초는 세례에서 시작되는 신성화라는 그리스도인의 삶에 있다고 말한다. 성령이 그리스도인들을 신성화하기 때문에 성령은 하나님으로 알려지고, 또한 그러므로 성령을 예배하고 찬송한다. 역설적으로, 이것은 교회 안에서 성령에 의하여 전달되는 신적 삶에 관한 그리스도인의 실제적인 경험으로부터만 성령이 신성이 인정된다는 점을 의미한다.

이러한 요점은 또한 여러 다른 주요한 본문들에서 나타난다. 나지안조스의 그레고리오스는 황제 테오도시우스에 의하여 대감독으로 취임한 후에 주현절 설교들에서 이 주제를 다시 다룬다. 그는 세례후보자들이 유사파 감독 데모필로스에 의하여 최근에 세례문답교육을 받았다는 점을 알고 있었다. "내가 주제에서 약간 벗어나 말한다면, 성령에 의하여 여러분이 또한 하나님으로 될 수 있다면, 어떻게 [성령이] 하나님이시지 않겠는가?"(39.17). 「세례에 관하여」(On Baptism)라는 설교의 끝 부분에서 그는 "만약 내가 피조물을 예배하였다면 또는 피조물의 이름으로 세례를 받았다면, 나는 신적이 되지 못할 것이다"라고 강조한다. 그리고 그는 성령이 하나님임을 부인함으로써 신성을 나누는 자들은 누구든지 세례의 은사와 은혜를 받지 못할 것이라고 강조한다(40.42, 44).[1]

그는 카파도키아로 돌아온 후에 즉시 그의 시(詩) 「성령에 관하여」의 시작 행들에서 이러한 경험론적 기초를 다시 강조한다. "성령에 관한 찬양을 노래하라! ⋯ 강력한 성령 앞에서 경외감으로 절하자. 성령은 천상에서 하나님이시며, 나에게 하나님이시다. 성령을 통하여 나는 하나님을 알게 되었다. 그리고 성령은 이 세상에서 나를 하나님으로 만드신다"(*Carm.* 1.1.3.1-4). 동일한 시(詩)의 뒷부분에서 그는 성령의 신성을 이해하기를 원하는 자들은 누구든지 성령을 자신의 가슴 안에로 먼저 끌어들여야 한다고 말한다 (*Carm.* 1.1.3.13-14). 이러한 본문들이 모두 알려주듯이, 그가 성령을 찬양하는 것의 근거와 성령이 하나님이심을 고백하는 것의 근거는 그를 하나님으로 만드시는 성령에 대한 자신의 체험에 있다. 그래서 그리스도인의 삶에서의 성령의 활동이 성령론의 원천이다.

「설교 31」의 다른 곳에서 나지안조스의 그레고리오스는 예배에 근거하여 성령의 신성을 주장하는 것처럼 보인다. 즉, 그리스도인들이 성령을 예배하기 때문에 성령은 하나님이심에 틀림이 없다. 그러나 세례에서의 신성화로부터의 직접적인 증거가 또한 이 논증의 근거이다. 성령 "안"에서의 예배는 성령이 성령 자신에게 예배를 드린다는 점을 의미한다고 그가 말할 때,[2] 성령의 신성에 관한 "더 온전한 이유"는 아직 오지 않았다는 포기성명을 발표한다(31.12). 그리고 성부와 성자와 성령을 분리적으로 식별해야 한다고 주장하는 에우노미오스주의자들 및 "성령과 다투는 자들"의 논증들에 대한 응답으로 그가 "나는 나의 찬양의 대상을 버리지 않을 것이다"라고 쓸 때 그는 앞으로 올 논증을 거듭 가리키면서 성령을 예배하는 것 자체는 신학적인 정당화를 필요로 함을 알려준다(31.17).[3]

그러한 연관성은 28절에 있는 그의 다음 진술에서 가장 분명하게 드러난다. "성령으로부터 우리의 중생(ἀναγέννησις)이 나온다(요 3:3-5). 그리고 우리의 중생으로부터 우리의 재창조(ἀνάπλασις)가 나온다(고후 5:17). 그리고 우리의 재창조로부터 우리를 재창조하시는 분의 존귀에 관한 우리의 지

---

1 세례에서의 성령의 역할에 관하여 다음을 또한 참조하라. *Or.* 14.14.
2 해당되는 본문들은 다음과 같다. 요 4:24, 롬 8:25, 고전 14:15.
3 성령을 예배하는 것에 관하여 다음을 또한 참조하라. *Or.* 31.14.

식(ἐπίγνωσις)이 나온다"(31.28). 중생과 재창조에서 성령의 신성화하는 활동은 성령이 하나님이시며 그러므로 성령이 예배를 받으실 만하다는 점을 교회에 전달한다. 그래서 성령을 찬양하는 것의 원천과 성령의 신성에 관한 소위 예전적 논증의 원천은 또한 신성화라는 성령의 활동이다.

우리는 이제 나지안조스의 그레고리오스의 **성령론의 구원론적 핵심**에 도달하였다. 즉, **성령에 관한 지식은 신성화라는 성령의 구원 활동으로부터 직접적으로 나온다.** 그의 구원론이 그의 성령론에서 중요한 역할을 감당한다고 주석가들이 오랫동안 주목하였지만, 그 역할의 본질과 중요성과 함의는 충분하게 인정되지 아니하였다. 핸슨은 그가 "교회 및 그리스도인 개인의 종교적 경험을" 성경에 있는 성령의 신성을 이해하기 위한 필수적인 정황으로 만든다고 간략하게 말한다. 그리고 핸슨은 그의 교리가 이런 점에서 카이사레이아의 바실레이오스 및 니사의 그레고리오스보다 훨씬 더 만족스럽다는 점에 주목한다. 카이사레이아의 바실레이오스는 단지 성경 밖의 전통에 호소하였고 니사의 그레고리오스는 그와 같은 어떤 개념조차 결여되어 있기 때문이었다.[4]

그러나 핸슨이 종교적 경험이라는 용어로 무엇을 의미하는지는 분명하지 않다. 핸슨은 세례 또는 신성화에 관하여 어떤 언급도 하지 않는다. 그리고 핸슨의 이전의 발언, 즉 나지안조스의 그레고리오스의 삼위일체 교리는 실제적인 중요성의 문제에서 카이사레이아의 바실레이오스의 삼위일체 교리와 전혀 다르지 않다는 발언은 핸슨이 나지안조스의 그레고리오스의 교리를 충분하게 알지 못하고 있음을 암시한다. 도날드 윈슬로우와 프레데릭 노리스는 성령의 신성화하는 기능을 가리킴으로써, 그리고 신성화와 세례가 나지안조스의 그레고리오스의 논증에 핵심적이라고 주목함으로써 우리의 입장과 더 가깝다.[5] 나지안조스의 그레고리오스에게 **성령이 교회 안에 및 개별적인 신자들의 삶 안에 거주한다는 점은 참으로 중요하다. 그의 성**

---

4 Hanson, *Search for the Christian Doctrine of God*, 782-783; 바실레이오스에 관해서는 다음을 참조하라. 778-779.

5 Norris, *Faith Gives Fullness*, 187, 209; Winslow, *Dynamics of Salvation*, 127-134 그리고 이하.

령론에 대해서 뿐만 아니라 신학적 기획 전체에 대해서도 또한 중요하다.

나지안조스의 그레고리오스는 성령의 신성화하는 활동을 주로 세례에 둔다. Ⅰ장과 Ⅱ장에서 살펴보았던 것처럼, 세례는 정화 및 조명의 일차적이며 전형적인 경우이며, 신자가 그리스도를 통하여 받는 재신성화의 일차적이며 전형적인 경우이다. 그래서 세례는 또한 성령의 신성화하는 활동의 분명한 실행이다. 그는 「설교 31」의 다음절에서 성령은 "우리를 성령의 전(殿)으로 만들고 신성화시키며 온전하게 한다. 그래서 성령은 세례에 앞서며 또한 세례 후에도 추구된다"(31.29)고 언급한다. 여기에서 또 다시, 세례에서 일어나는 신성화는 세례 의식 이전 및 이후의 성령의 활동을 상징한다. 세례는 세례 전에 시작된 기독교적 회심의 보증이며, 또한 세례 이후 평생 동안 변혁의 과정의 시작이다.

윈슬로우가 언급하듯이, 나지안조스의 그레고리오스가 세례를 묘사하기 위하여 사용하는 많은 용어들과 이미지들 각각이 신성화하는 성령의 활동을 가리킨다. 그리고 나지안조스의 그레고리오스는 여기에서 바로 이러한 중심점을 강조하는 것에 가장 많은 관심을 둔다.[6] 그러나 우리가 또한 주목하였듯이, 세례가 기독교적 삶의 분명한 시작으로서 과거의 죄들을 용서하고 미래에 죄와 마귀에 저항할 힘을 주지만, 그리고 세례가 궁극적인 신적 선물 및 은혜이라고 하더라도(40.4), 세례는 순전히 기계적인 행동으로 또는 신성화 및 미래 구원의 취소불가능한 보증으로 기능하지 않는다. 왜냐하면 세례는 실질적인 변혁과 계속적인 도덕적 성장을 모두 생성하고 요구하기 때문이다. 이런 까닭에 나지안조스의 그레고리오스는 세례에서 시작하는 신성화는 기독교적 삶에서 실질적인 변혁을 가져오는 성령의 활동으로 항상 이해되어야 한다고 강조한다. 그러한 실질적인 변혁이 없이는 세례가 의미를 상실한다.

우리가 이미 주목하였듯이, 신성화하는 성령의 활동은 그리스도의 활동과 비슷하기도 하며 또한 다르기도 하다. 예수가 자신의 인성을 신성화

---

6   Winslow, *Dynamics of Salvation*, 133-134.

하고 죄와 사망을 패배시킨 것은 다른 이들의 신성화를 위한 원리가 되는 반면에, 믿음과 세례와 계속되는 영적 성장을 통한 성령의 임재와 활동은 그리스도의 신성화를 교회 안에서 현실적으로 실현한다. **성령의 구원론적 기능은 이중적이다. 첫째, 성령은 그리스도 안에서 전형적으로 일어났던 신성화를 그리스도인들의 삶 안으로 전유한다.** 그리스도께서 성취하셨고 잠재적으로 가능하게 하셨던 구원을 현실화한다. 이러므로 나지안조스의 그레고리오스가 피조물들로부터 창조자 및 통치자로서의 하나님을 구별할 때, 그는 **삼위일체를 "하나님이 행하시는 모든 것들의 "근원자, 창조자, 완성자**($\alpha i\tau\iota\sigma\sigma\varsigma$, $\delta\eta\mu\iota\sigma\nu\rho\gamma\delta\varsigma$,[7] $\tau\epsilon\lambda\epsilon\iota\sigma\pi\sigma\iota\delta\varsigma$[8])"(34.8)로서 묘사한다. **성육신 안에서 성자에 의하여 원형적으로 성취되었던 성부 하나님의 활동을 완성하고 교회 및 세계 안에서 실현시키는 것은 성령의 특성과 기능이다.**[9] 「설교 31」이 끝날 즈음에 나지안조스의 그레고리오스는 **성령이 우주를 신적 존재로 채우고 하나님의 모든 활동들을 성취하신다는 사실을, 무엇보다도 남자든 여자든 모든 사람들의 신성화를 성취하신다**는 사실을 깊이 생각한다(31.29).

완성하게 하시는 성령의 활동이 어떤 해석자들에게는 교회 또는 전체 인류에게로 향하는 것과 반대로 본질적으로 개인에게로 향하는 것으로 보여졌다. 예를 들면, 윈슬로우는 블라디미르 로쓰키를 따라서 성자의 활동과 성령의 활동을 보편적인 것과 특수적인 것에 적용되는 것으로 구별한다. 그래서 그리스도께서 인간본성 일반을 취하셨고 전체로서의 인성을 잠재적으로 구원하셨다면, 성령의 활동은 개별적 인간인 "인격"에 집중한다.[10] 이러한 이해가 나지안조스의 그레고리오스의 견해에 어느 정도로 가깝지만 — 그리스도께서 새 아담으로서 보편적인 방식으로 인간 본성을 취하셨음이 확실하다 — 그러나 이러한 이해는 그의 성령론의 중심점을 간과

---

7 참조. *Or.* 33.17.

8 참조. *Or.* 32.6.

9 참조. *Or.* 41.9.

10 Winslow, *Dynamics of Salvation*, 129 n3; Lossky, "Redemption and Deification," 55. 이 문맥에서 "인격(person)"은 로쓰키의 정의이다.

하며 그의 입장보다는 더 개인주의적으로 해석한다.[11]

나지안조스의 그레고리오스는 신성화하는 성령의 활동을 개인주의적으로 이해하지 않는다. 또한, 성령론이 기독교적 경험에 근거한다고 주장하기 위하여 근대적 인격관을 견지하는 것이 필수적인 것은 아니다. 성령의 신성화에 대한 경험은 특정한 개인들에게 속하는 것보다 오히려 더 근본적으로 전체로서의 교회에 속한다. 비록 교회는 개인들의 모임이라고 믿는다고 하더라도, 즉 언젠가 개별적으로 그리스도에게 자신들을 설명할 개인들의 모임이라고 믿는다고 하더라도 그러하다. 기독교적 삶에서의 하나님의 임재로서 및 그리스도 안에서의 하나님 지식의 직접적인 원인으로서의 성령은 교회가 그리스도의 구원 활동에 공동적으로 및 신자 개별적으로 모두 참여하게 되는 수단이다.[12]

그러므로 성령의 활동은 그리스도인들이 그리스도 안에 참여하도록 하고, 그리스도의 신성화를 그들 안에서 실재적이 되도록 하며, 그래서 그리스도 안에 있는 하나님 지식을 전달한다. 성령에 의해서만 성부가 알려지고 성자가 영광을 받으시기 때문이라고 나지안조스의 그레고리오스는 자신의 설교「오순절에 관하여」에서 주목한다. 이러므로 그가 주현절 설교들에서 — 첫 두 설교들은 기독론적 축일들에게 바쳐진 것이다 — 세례를 일차적으로 그리스도의 관점으로 말하는 것은 우연적이지도 않으며 비일관적이지도 않다. 반면에「설교 31」의 뒷부분에서 그는 성령이 그리스도의 신성화를 세례에서 주시기 때문에 세례를 일차적으로 성령의 관점으로 말한다.

마찬가지로, 첫 번째 설교「부활절에 관하여」에서 그는 부활하신 그리스도께서 성령으로 그를 새롭게 하여주시기를 기도한다(1.2). 그에게 그리스도를 계시하는 것에서의 성령의 역할이 그리스도의 지상 활동에서 분명

---

11 윈슬로우는 나지안조스의 그레고리오스가 일인칭 단수를 사용하는 것을 지적하면서 세례를 "기독교 의식들 중에서 가장 '개인적인' 및 '인격적인' 의식"으로 묘사한다. Winslow, *Dynamics of Salvation*, 131.

12 예를 들면, 서신 101.38에서 나지안조스의 그레고리오스는 자신이 (그리고 암시적으로 모든 그리스도인이) "영혼, 이성, 정신, 성령을 또한" 포함하고 있다고 주장한다.

하게 보여질 수 있다. 즉, 성령이 성육신에서 그리스도의 육체를 신성화한다(38.13). 그리고 그리스도의 세례에서 성령이 그리스도의 신성을, 즉 성령과 동일한 신적 본질이심을 증거한다(39.16). 그가 「설교 31」의 끝에서 성경의 증거를 다시 다룰 때에 그는 하나님의 창조적 및 구속적 활동을 수행하는 데에서 성령이 항상 그리스도와 협력하였다는 점을 강조한다(31.29).[13]

둘째, 성령의 구원론적 기능의 두 번째 독특한 측면은 우리가 유사(類似) 주관적(quasi-subjective)이라고 명명하는 것이다. 기독론에서는 그리스도의 정체성이 그의 구원활동의 근거이고 복음메시지의 중점적 의미인 것과는 달리, 성령의 정체성과 구원활동은 신자에게 순전히 객관적이거나 외적인 것은 아니다. 성령은 교회의 삶 안에서 지금 여기에서 알려진다는 사실에 의해서 주로 구별된다. 성령이 하나님이시고 이러므로 모든 피조된 것들보다 무한히 우월적이시기 때문에 성령이 성자와 같이 항상 일차적으로 신적인 타자(the divine Other)와 믿음의 "대상"으로 남는다고 하더라도, 그럼에도 불구하고 성령은 어떤 의미로서는 주관적으로, 즉 그리스도 자신의 삶에서 및 교회의 공동적 삶에서 주관적으로 — 경험적으로 또는 실존적으로 — 인식된다. 그리스도의 성육신과 고난의 이야기가 인간의 삶에 대한 어떤 실재적인 요구를 이해하지 않고서도 그러한 이야기를 이해하는 것이 가능하지만(공관복음서들에서 예수에 관한 귀신의 지식이 떠오른다), 성령의 경륜은 그와 동일한 정도의 분리를 허용하지 않는다. 즉, 성령의 신성을 고백하는 것은 — 동시에 예수를 주님으로 고백하는 것은[14] — **인간 자신의 삶 안에서 통치하시는 하나님의 임재를 인정하는 것이다.** 왜냐하면 이것이 정확하게 바로 성령이 신학자를 위하여 존재하는 "곳"이기 때문이다.

이러한 경험적 양식의 지식은 성령의 임재와 활동이 복음을 인간의 삶에서 활성화시키는 데에 기여하는 방식을 반영하고, 또한, 어떤 의미로는

---

13 더 일찍이 「설교 41」에서 제시된 점이다: 영원한 신적 삶에서 성자에게는 성령이 결코 결여되어 있지 않듯이(41.9), 성경에 따르면 "성령은 그리스도의 동등자로서 그에게 수반하시며(41.11) 창조와 부활에서 모두 성자와 함께 일하신다(συνδημιουργεῖ)(41.14)." 또한 다음을 참조하라. 21.7.
14 참조. 고전 12:3.

창조하고 구속하고 완성시키시는 하나님의 활동의 외적인 이야기를 인간 자신 안에서 및 동시의 기독교 공동체 안에서의 하나님의 활동의 내적인 이야기로 바꾸는 방식을 반영한다. 성령을 통하여 그리스도의 이야기가 하나님의 이야기가 된다. 하나님께서 예수의 인간적 삶에서 자신을 계시하셨던 것처럼, 인간의 새로운 삶 안에서 자신을 계시하시는 하나님의 이야기가 된다. 물론 나지안조스의 그레고리오스는 본성에 의한 성자의 신성화와 성령의 신적인 은사에 의한 우리의 신성화를 구별한다. 성령의 신성을 고백하는 것은 — 그리고 많은 점에서 기독교 신학의 기획 전체는 — 이러므로 교회의 삶 안에서의 성령의 직접적이고 즉각적인 활동의 결과이다. 교리 교과서들의 일반적인 견해에도 불구하고, 니카이아에서의 성령의 **동일본질**은 나지안조스의 그레고리오스의 성령론의 결론이지 전제가 아니다.[15]

이러므로 **성령의 내주는 그리스도 안에서 하나님에 관한 모든 지식의 인식론적 원리이다.** 우리가 처음에 주목하였듯이, 성령론은 기독교적 정화의 과정과 불가해한 하나님에 대한 지식을 함께 일으킬 뿐만 아니라 기독론을 일으킨다. 그러므로 성령을 다루는 장이 본서의 중심에 위치하는 것은 적절하다. 하나님의 영원한 삶 안에서 성자 및 성령의 존재와 파송은 그들이 성부에 의해서 생성된다는 점과 성부와 성자에 의해 보내어진다는 점에 의존한다. 반면에 그리스도인의 관점에서 보면 순서는 반대이다. 즉, 성령이 그리스도에 대한 고백을 가능하게 하며, 그리스도는 성부에 대한 접근을 허용한다. 성령의 효력이 기독교인들을 신성화하는 것이지만, 신성화의 내용과 구조는 그리스도 안에서의 하나님의 변혁적 지식을 일으키는 것이다. 그래서 **성령의 신성을 인정하는 것은 그리스도 안에서의 하나님 지식의 수단 자체가 하나님임을 고백하는 것이다. 즉, 그리스도인들은 하나님 안에서 하나님으로부터 하나님을 본다**(31.3). 성령의 특별한 활동을 통하여 하나님

---

15 4세기의 니카이아 신학이 삼위일체의 동일본질성에 기반하고 있다거나 또는 본질적으로 그것에 놓여 있다고 여기는 현대적 연구가 가지는 거의 보편적인 오류이다. 참조. Michel René Barnes, "De Régnon Reconsidered," 56. 나지안조스의 그레고리오스와 관련하여 이러한 견해의 예에 관해서는 다음을 참조하라. Winslow, *Dynamics of Salvation*, 75-6 (성자에 관하여) 그리고 121 (성령에 관하여).

은 믿음의 삶 및 신학적 기획의 일차적인 행위자이시다. 하나님께서 창조, 구원, 종말론적 완성의 일차적인 행위자이신 것과 같다. 그러므로 **성령의 신성은 은혜의 교리 전체의 존재론적 및 인식론적 기초이다.**

나지안조스의 그레고리오스의 기독론의 구원론적 차원과 그의 성령론의 구원론적 차원 사이의 주요한 차이는 보편적인 구원과 특수한 구원 사이의 차이가 아니라, 그리스도 안에서 구현된 이상적 또는 잠재적 구원과 기독교적 삶에서 성령이 실현하시는 실제적인 구원 사이의 차이이다. 그리스도의 새로운 삶을 교회에로 가져오는 것에서의 성령의 인식론적 우선순위는 그의 교리 전체에 근본적이다. 왜냐하면 이것이 신적 삶에 대한 신학자의 경험을 삼위일체적 고백의 필수적인 부분으로 만들기 때문이다. 신학자를 정화시키시고 조명하시는 성령에 의해서만 하나님이 이해되고 해석되고 들려질 수 있다(2.39).[16] 세례와 교회의 계속적인 삶을 통하여 **성령께서 그리스도 안에서 하나님을 계시하는 것은 가장 심오한 의미로서의 신학의 순서를 드러낸다. 즉, 모든 기독교 교리의 신학의 순서(τάξις θεολογίας)를 드러낸다. 영성 신학의 이러한 역동적 운동을 이해하고 표명하는 것은 삼위일체적 정통신앙의 원리들에 기여하는 나지안조스의 그레고리오스의 중요한 공헌들 중의 하나이다.**

---

16 τὸ Πνεῦμα ᾧ μόνῳ Θεὸς καὶ ἀκούεται. 나지안조스의 그레고리오스는 자신의 교리적 시들에서 극적인 용어들로 성령의 인식론적 우선성을 환기시킨다(*Carm.* 1.1.1.1-24).

4

영적 주석 및 경건의 수사학

성령이 세례를 통하여 그리스도인들을 신성화하는 것은 성령 및 성자의 신성을 드러낼 뿐만 아니라, 또한 오리게네스에서만큼 영적 주석에 관한 그의 이해에서 적극적인 요소이다. 따라서 신성화라는 신학적 경험은 그가 비성경적인 하나님(τὸ ἄγραφον)을 도입하였다는 비난에 대한 그의 주요한 응답이다(31.29).[1] 나지안조스의 그레고리오스는 감독들이 성령의 온전한 신성을 고백하도록 설득하는 노력들을 계속하면서, 공의회에서 행한 고별설교에서 우리는 언젠가 "평범한 문자에 의해서가 아니라 생명을 주시는 영에 의해서(42.11) 천상의 대저택으로 받아들여질 것이라고 쓴다. 신성화, 영적 주석, 기독교 교리 사이의 상호연관성이 그를 연구하는 학자들의 주목을 종종 피하였지만,[2] 이러한 상호연관성은 그의 신학적 방법의 핵심을 드러내고, 그러므로 그의 메시지 전체의 의미와 중요성을 이해하는 데에 결정적이다.

여기에서 다시 나지안조스의 그레고리오스는 자신이 오리게네스의 신

---

1 "그러므로 이것은 '성경에 있지 않다(τὸ ἄγραφον)'는 전제에 관하여 우리가 말할 수 있는 바이다." 이 구절은 앞서 나오는 절에서 세례에서의 신성화를 위한 논증을 가리킨다. 바실레이오스가 행한 영적 주석에 관한 나지안조스의 그레고리오스의 논의에 대해서는 다음을 참조하라. *Or. 43.67*.

2 예를 들면, Plagnieux, *Saint Grégoire*, 51 n39; Hanson, *Search for the Christian Doctrine of God*, 783.

실한 제자임을 증명한다. 오리게네스는 성경의 저술에 또한 영감을 주었던 성령의 영감과 성화에 의해서만 성경이 해석될 수 있다고 가르쳤다.[3] 나지안조스의 그레고리오스가 성령에 관한 성경적 증언에 관한 질문을 다시 다루기 전에 자신의 성령론의 기초를 세례에서의 신성화에서 먼저 확립한 것은 대단히 중대한 의미가 있다. 그는 처음의 논증을 가리키면서 다음과 같이 말한다. "**이제** 다수의 증언들이 여러분에게 갑자기 나타날 것이다. 성령에 극도로 둔감하거나 낯설지 아니한 자들에게는 그것들에 근거하여 성령의 신성이 성경 안에 아주 많이 기록되어 있음이 드러날 것이다"(31.29).

성령에 관한 교회의 신앙-경험의 관점에서 보면, 성경은 성령의 신성을 참으로 선언한다. 즉, 문자에 따라서가 아니라 영에 따라서 선언한다. 영을 따라서 성경을 주석한다는 것의 문자적인 의미는 성령의 임재 및 활동에 근거하여 성경을 해석하는 것이다. 즉, 교회의 삶에서 및 그리스도인 자신의 정화 및 조명의 삶에서 움직이시는 성령의 임재 및 활동에 근거하여 성경을 해석하는 것이다. 나지안조스의 그레고리오스는 영적 주석의 본성을 명확하게 하였기에 이제 성령에 관한 성경 본문들의 요약을 제시한다. 핸슨은 그것을 "성경적 암시들로 빽빽하게 채워지고 아름답게 표현된 발췌시문"[4]이라고 명명하는데 이는 적절한 표현이다. 먼저 그는 그리스도의 출생, 세례, 시험, 기적, 승천과 같은 활동에서 성령이 담당하는 역할들을, 즉 성령의 신적인 권능을 드러내는 역할들을 열거한다. 다음으로 그는 "하나님의 영", "그리스도의 영", "주님", 및 "양자, 진리 및 지혜의 영"과 같은 위엄의 칭호들을 반복한다. 마지막으로, 그는 성령의 신적인 활동, 즉 창조와 회복과 중생의 활동에 호소한다. 창조자 성령은 세례와 부활을 통하여 재창조하시며, 또한 성령은 세례 전에, 세례에서 및 세례 후에 그리스도인들을 신성화하신다. 요약하면, 성령은 하나님이 하시는 모든 것을 행하신다(31.29).[5]

---

3 특별히 다음에서 그러하다. *Princ.* 4.1-3. 또한 다음을 참조하라. Gregory, *Or.* 14.35: 성경은 성령의 도구이다.

4 Hanson, "Basil's Doctrine of Tradition," 254; Haykin, *Spirit of God*, 175 n37.

첫 번째의 본문들은 "성령과 다투는 자들"의 입장을 — 만약 그리스도가 신적이시라면, 그리스도의 구원 활동들에 아주 밀접하게 관련을 맺는 성령은 신적으로 간주되어야 하는 것이 확실하다는 입장을 — 다루는 것처럼 보인다. 반면에 두 번째 및 세 번째의 본문들은 에우노미오스주의자들과 "성령과 다투는 자들"을 모두 다루는 것처럼 보인다.[6] 이 구절에 대한 결론에서 나지안조스의 그레고리오스는 설교 29.18과 설교 30.1-2에서 그리스도에 관한 해석을 위하여 그가 주었던 것과 유사한 해석학적 규칙을 제시한다. 성령의 신성을 보여주는 본문들에 관하여 방금 논하였기에, 이제 그는 성령의 파송에 관하여(즉, 보냄을 받음, 나뉘어짐, 은혜에 관하여)[7] 말하는 더 비천한 표현들은 제일원인으로서의 성부 하나님으로부터 성령이 파생됨을 가리킨다고 덧붙여 말한다(31.30).

이 시점에서 세례에서의 신성화에 근거하여 나지안조스의 그레고리오스가 성령의 활동과 하나님의 활동의 동일성에(즉, 삼위일체의 위격들 사이에 동일한 작용들이 있음에 관한 교리에) 호소하되, 성령의 신성에 관한 근본적인 논증으로서가 아니라 영적 주석의 요소로서 호소하는 것은 의미가 있다. 니카이아의 신학자들이 세 위격들의 공통활동에 근거하여,[8] 또는, 예를 들면 니사의 그레고리오스에게서처럼, 이와 같은 논증이 있음에 근거하여[9] 삼위일체의 일치성을 확립하였다것이 학자들의 일반적인 견해이다. 그럼에도 불구하고, 나지안조스의 그레고리오스는 이러한 방식으로 자신의 삼위일체 교리를 확립하지는 않는다. 왜냐하면 그는 활동들의 동일성에 근거한 어떤 논증도 선결하는 문제에 의존함을 알기 때문이다. 즉, 하나님께서 비(非)신적인 또는 반(半)신적인 매개자들을 통하여서는 신적인 일들을 행하시지 않는다는 점을 우리가 어떻게 아는가라는 문제에 의존함을 알기 때

---

5 이와 비슷한 목록들을 다음에서 발견할 수 있다. *Ors.* 34.13-15 그리고 41.14.

6 Norris, *Faith Gives Fullness*, 209.

7 요 16:7, 히 2:4, 고전 12:9, 30.

8 1892년 테오도르 드 레뇽(Théodore de Régnon)이 표현하였고 이후 많은 학자들이 받아들였던 것으로 유명하다. 참조. Michel René Barnes, "De Régnon Reconsidered."

9 예를 들면, Ayres, *Nicaea*, 348-49, 355-58. 더 상세한 논의는 본서의 결론을 참조하라.

문이다.

성자 및 성령의 신성에 관한 그의 논증에서, 특히 「신학적 설교」에서의 논증에서 그는 자신의 입장을 신성화의 구원론적 원리들에 정확하게 근거시킨다. 즉, 신적인 경륜을 통한, 그리고 이에 상응하여 성경에 관한 영적 주석을 통한 신성화의 구원론적 원리들에 정확하게 근거시킨다. 이런 측면에서 구원에 관한 다른 이해가 또는 심지어 세례에 관한 다른 실천조차도 서로 다른 교리적 이해를 초래할 수 있다는 점이 인정되어야 한다. 왜냐하면 이 두 가지는 함께 가기 때문이다.[10] 이런 이유 때문에 동일한 활동들에 근거한 논증이 이 논증이 전제하고 드러내는 더 일차적인 구원론적 접근이 없이 삼위일체 교리를 확립한다고 말하기에 충분할 수가 없다.

여기에서 우리는 나지안조스의 그레고리오스의 접근과 루드비히 비트겐슈타인(Ludwig Wittgenstein)의 논증을 비교할 수 있다. 비트겐슈타인에 따르면, 사물들을 명명하는 언어게임을 배우는 것은 단지 구체적인 대상들을 무엇이라고 부르는지를, 즉 "지시적 정의"를 배우는 것이 아니라 더 근본적으로 사물들을 명명하는 인간의 활동을, 즉 모든 종류의 정신적, 육체적, 사회적 실천들을 포함하는 인간의 활동을 배우는 것을 포함한다.[11] 나지안조스의 그레고리오스에 따르면, 그리스도인이 성경본문에서 성령을 하나님으로 파악할 수 있고 신학을 실천할 수 있도록 하는 것은 교회의 삶 안에서의 성령의 임재를 통한 실제적인 하나님 지식이다. 성령의 신성은, 그리고 그 결과로 그리스도 안에서의 하나님 지식은 그리스도인의 성장의 삶의 과정 안에서 및 이러한 과정을 통하여 직접적으로 보여진다. 바로 이러한 더 온전한 의미의 지식이 인식론적으로 더욱 토대적이다. 나지안조스의 그레고리오스의 체계 안에서 성경은 (성경의 권위 또는 정경적 힘을 상실하지 않고) 그리스도인의 신학적 경험과 필연적으로 연결된다고 우리는 말할 수 있다. 기독교인들이 성경에서 증언되고 그리스도의 인격 안에서 분명하

---

10   Norris, *Faith Gives Fullness*, 203, 208. 또한 다음을 참조하라. Kopecek, *History of Neo-Arianism*, 398-400.

11   Wittgenstein, *Philosophical Investigations*, §§ 1-43 그리고 여러 곳.

게 유형화된 성화를 경험하는 것과 마찬가지이다. 이 주제들을 모두 통합함으로써 나지안조스의 그레고리오스는 성경의 증언에 관한 문제에서 그가 시작하였던 수사학적 교차배열적 구조를 마무리한다(31.1). 그리고 마침내 독자의 기대감이 성취된다.

나지안조스의 그레고리오스의 성령론의 구원론적 및 경험론적 토대는 「설교 31」의 끝에서 이제 온전하게 드러난다. 그러한 토대는 그가 많은 구절들에서 행한 욕설의 말들을 이해하는 데에, 그리고 하나의 통일된 구성으로서의 「신학적 설교」의 문학적 구조를 이해하는 데에 상당한 빛을 던져 준다. 성경에서 성령의 신성을 인정하지 않는 자는 누구든지 "비범할 정도로 둔감하며 영으로부터 멀리 떨어져 있음이 틀림없다!"(3.30)는 그의 재담은 일반적인 정서이다. 이러한 점에 웃지 않는 자는 누구든지 다음을 기억해야 한다. 즉, 자신의 대적자를 또는 자신의 청중을 모욕하는 것은 호메로스 이후로 그리스 수사학에서 예상되는 요소이었음을, 그리고 그러한 모욕은 격렬한 몸짓들이 르네상스 및 근대 희곡에서 기능하는 것만큼 가벼움과 유머의 중요한 요소를 제공하였음을 기억해야 한다. 그러한 언급들은 다섯번째 「신학적 설교」의 시작과 끝에 나타나며(31.1-3, 30), 그럼으로써 핵심 논증 주위의 또 다른 인클루시오(inclusio)를 형성한다.[12]

전통적인 수사학 형식 이외에도 이와 같은 구절들에서 또한 나지안조스의 그레고리오스는 영적 주석에 관한 자신의 이해를 끝까지 밀고 나아간다. 그에 따르면, 성경에서 성령의 신성을 인식할 수 없는 자들은 문자적으로 "영으로부터 멀리 떨어져" 있다. 이러한 표현은 그들의 교리의 단점들이 그들의 경건에서 성령이 행하는 역할을 거부하는 것으로부터 나옴을 의미한다. 이러한 점은 현대 역사가의 판단으로는 당황스러운 비난이 될 수 있다. 현대 역사가는 대적자들의 영적인 상태를 알아야 한다는 나지안조스의 그레고리오스의 주장의 개연성을 당연히 의문시할 것이기 때문이다. 그러

---

12 설교 41.6-8에서 나지안조스의 그레고리오스는 성령의 신성을 부인하는 자들에게 훨씬 더 다채로운 발언들을 주고자 목표한다.

나 그것은 나지안조스의 그레고리오스를 너무나 단도직입적으로 이해하는 것이 될 것이다. 그래서 성경의 예언의 표준적인 양식뿐만 아니라 4세기 수사학의 관례들을 모두 무시하는 것이 될 것이다.[13]

나지안조스의 그레고리오스는 자신의 대적자들의 영성을 진지하게 비판하고 있지만,[14] 그는 훨씬 더 예리하게 우리로 하여금 우리 자신의 영적 상태와 우리 자신의 신학적 고백 사이의 필연적인 상관관계에 주의를 기울이도록 하고 있다. 사람이 기독교적 덕을 아무리 주장한다고 하더라도 이 것과는 상관이 없이 하나님께서 마땅히 받으셔야 하는 존귀, 예배, 신학적 고백을 하나님에게 거부하는 것은 신성모독과 다름없다고 나지안조스의 그레고리오스는 전력을 다하여 믿는다. 그는 에우노미오스주의자들 또는 "성령과 다투는 자들"이 하나님에 관해 아는 지식이 무엇이든지간에 전혀 없다고 주장하는 것이 아니다.[15] 오히려, 그는 그들이 하나님께서 자신을 주시는 은혜의 선물을 걷어차는 불경건을 행한다고 비난한다. 그리고 그들이 하나님의 구원 활동을 부정하는 신론을 다른 사람들에게 가르친다고 비난한다.

이러한 까닭에 그는 **하나님의 가장 위대한 계시는 병고침과 예언과 같은 덜 영적인 은사들이나 심지어 기독교적 사랑을 주는 것이 아니라, 성령의 신성이 드러나는 것, 즉 우리 안에 거하시는 하나님에 관한 지식이라고 믿는다** (31.25-27). 그의 일차적인 관심은 그리스도인들이 하나님을 어떻게 여기는가에 관한 것이다. 즉, 그들이 성령을 하나님으로 여기는지, 아니면 성령을 동료 피조물이나 하나님의 일꾼으로 여기는지에 관한 것이다. 후자의 경우는 노골적인 우상숭배는 아니라고 하더라도 적어도 중대한 모욕이다. 어떤 의미로 나지안조스의 그레고리오스는 자신의 욕설을 매우 문자적으로 의미한다. 오리게네스가 이미 가르쳤듯이,[16] 삼위일체 하나님과의 인격적인

---

13 Norris, *Faith Gives Fullness*, 109.

14 참조. *Ors.* 23.12; 34.9: 성령은 성령의 신성을 고백하는 자들에게 상주시고 부인하는 자들에게 벌을 주실 것이다. 또한 다음을 참조하라. 18.36; 19.2.

15 에우노미오스주의자들에 관해서는 다음을 참조하라. *Or.* 27.2, 5; "성령과 다투는 자들"에 관해서는 다음을 참조하라. 41.7-8; 개괄적으로는 다음을 참조하라. 6.22; 23.3, 10, 13.

지식만이, 그리고 이것이 일으키는 변혁만이 정통적 교리를 생성할 수 있다. 「설교 31」의 이 마지막 부분들에서 나지안조스의 그레고리오스는 자신의 약속을, 즉 대적자들의 "문자에 대한 사랑"이 자신이 보기에 왜 "불경건을 감추는 망토"인지를 증명하겠다는 자신의 약속을 성취하였다(31.3). 성령이 더 적게 나타나는 어떤 현현들보다 더 많이 가장 중요한 것은 하나님의 은혜의 선물에 대한 응답으로 경외와 예배의 기본적인 태도를 갖는 것이다. 이러한 태도가 없다면 모든 방식의 기독교적 실천들과 덕들은 "적법한 노력"으로 나아갈 수 없다(딤후 4:8)(41.8).

다섯 편의 모든 「신학적 설교」를 뒤돌아본다면, 「설교 31」의 마지막 부분들이 일련의 설교들 전체를 지배하는 경건의 해석학(the hermeneutic of piety)을 가장 분명하게 드러낸다. 그리고 그가 믿기에 모든 성경해석과 기독교 교리에 요청되는 접근법을 가장 분명하게 드러낸다. 그의 대적자들이 불경건하며 영으로부터 멀리 떨어져 있고(31.3, 12, 30), 그래서 믿음을 전복시키고 기독교 신비를 공허하게 만든다는(31.23) 그의 비난들은 첫 번째 「신학적 설교」에 있는 유사한 구절들을 반향한다(27.1-3, 28.2). 그럼으로써 일련의 설교들 전체를 영적 주석 및 신성화라는 주제로 포괄한다.[17] 그런 후에 일련의 설교들을 마무리하면서 도덕적 및 영적 준비에 관한 주제를, 즉 「설교 27-28」에서 시작하였던 주제를 다시 다룬다.

우아하게 기획한 수사학적 구조를 통하여 나지안조스의 그레고리오스는 무엇보다도 사람의 불경건이 교리적 오류로 나아가고 신앙의 위대한 신비를 공허하게 만든다는 메시지를 전달한다(27.2, 31.23). 그에게 정통신학의 진정한 위협은 신성화의 영적-신학적 역동성에 관하여 부주의하는 것이다. 반면에 하나님을 알게 되는 과정을 통하여 "하나님으로 만들어지기에"(긍정적으로 말한다면) 신학적 이해는 의의 성장을 항상 포함한다. 「설교 27-28, 31」에서 영의 문제들을 강조한 것은 일련의 설교들의 중심적 본문

---

16 예를 들면, Origen, *Princ.* 4.3.14: "그러나 [성경에 관한] 우리의 모든 사변들에서 우리의 이해가 경건의 규칙과 충분히 일치하도록 하자"(그리어의 번역).

17 참조. *Or.* 33.17: 성령을 존귀하게 여기지 아니하는 자는 누구든지 성령에 참여하지 못한다.

들에서 제시된 기독론을 이해하는 데에 확정적인 신학적 및 수사학적 틀을 제공한다, 그리스도에 초점을 두는 신학적 기획을 가능하게 하는 것은 일반적으로 바로 성령의 기능인 것과 마찬가지이다.

나지안조스의 그레고리오스는 일련의 설교들을 시작하였던 것과 동일한 방식으로 마친다. 즉, 이제는 더 충분하게 명시적으로 된 그의 교리의 토대와 함께 마무리한다. 또한 성령 안에서의 기독교적 삶 안에서의 신학적 언어의 뿌리와 목적을 다시 가리킴으로써 마무리한다. 삼위일체에 대한 신앙을 옹호하기 위하여 「신학적 설교」에서 그가 오랫동안 열심히 수고하였기 때문에, 그가 시작하였던 방식으로 논쟁을 벗어나고자 한다. 즉, 모든 이미지들과 그림자들을 넘어섬으로써, 그리고 하나님에 관한 "더 경건한 개념(ἔννοια)"을, 즉 신성화와 예배의 입장으로부터만 얻어질 수 있는 지식을 간직함으로써 벗어나고자 한다.

> 성령을 나의 안내자로 삼고 성령과 함께 및 성령과 협력하면서, 그리고 내가 성령으로부터 받았던 참된 조명을 끝까지 보호하면서, 나는 세상을 통하여 길을 개척하면서, 그리고 모든 다른 이들이 성부, 성자, 성령을, 즉 하나의 신성이며 권능을 예배하도록 내 힘껏 설득한다(31.33).

나지안조스의 그레고리오스에게 기독교 교리의 핵심, 수사학적 힘, 언어적 경계들은 예수 그리스도 안에 있는 하나님의 삶을 항상 드러내며 고취한다. 즉, **성령의 내주하심에 의하여 신학자에게 주어지는 하나님의 삶을 항상 드러내며 고취한다.**

성령에 의한 신적 삶의 주입을 논의하고 옹호한 이후에 이제 나지안조스의 그레고리오스는 삼위일체를 온전하게 드러내고자 한다. 320년대의 논쟁들 이후로 처음인 것이 틀림없다.[18] 우리가 검토하였던 종류와 같은 성

---

18 더 일찍 있었던 오리게네스의 업적을 감안하면 그렇다. 오리게네스의 저작은 명시적으로 삼위일체적인 기획에 기반한다.

령론적 논증을 고려하면, 성령론을 아주 힘있고 통찰력 있게 옹호하였던 신학자가 또한 그의 시대에 가장 포괄적이고 예리한 삼위일체론을 제시하였다는 점은 놀라운 일이 아니다.[19] 나지안조스의 그레고리오스는 「설교 28」의 시작 부분에서 자신의 더 큰 기획을 아마도 이후에 전체 설교들을 염두에 두면서 쓴 구절에서 요약한다. 그가 자신의 교리적 논증을 제시하기 시작하면서, 자신이 곧 제시할 삼위일체에 관한 해설을 위해 기도한다. **"성부께서 그것을 인정하여 주시고, 성자께서 그것을 도와주시며, 성령께서 그것에 영감을 주소서. 그래서 그것이 단 하나의 신성의 유일한 조명에 의하여, 구별 안에서도 일치성을 이루고 연합되어 있으면서도 구별된 조명에 의하여, 즉 경이 자체인 조명에 의하여 비춰지게 하소서"**(28.1).

---

19 다섯 번째 「신학적 설교」의 본문에서 두 가지가 어떻게 함께 가는지에 관하여 주목하라. 이 설교는 삼위일체에 관한 중대한 논의임과 동시에 기독교 전통에서 성령에 관한 가장 중요한 논문들 중의 하나이다.

제 IV 장,

삼위일체

오 삼위일체시여, 저는 삼위일체를 예배
하고 있는 그대로 전달하는 자로서의 특
권을 오랫동안 누려왔습니다!

- 「설교 23」

나지안조소의 그레고리오스는 삼위일체에 관한 가르침의 명료함, 설득력, 영적 심오함으로 모든 세대의 기독교 신학자들 중에서 돋보인다. 그 이전의 어떤 신학자보다 많이 그는 삼위일체가 기독교 신앙의 내용이며 구조임을 이해한다. **지금까지 검토하였던 주제들 각각은 — 즉, 신학자의 정화와 조명, 기독론을 통한 하나님에게로의 상승, 신학과 주석에서 신성화하는 성령의 임재는 — 전체로서의 삼위일체론 안에서 적절한 위치를 찾는다.** 나지안조스의 그레고리오스의 설교들과 시(詩)들 모두에서 **삼위일체는 신학적 묵상들과 개인적 헌신의 변함없는 초점이다.**[1] 그리고 **그에게 삼위일체는 모든 그리스도인들의 구원을 위한 신앙고백이다.**

그러나 우리는 더 나아가서 다음과 같이 말할 수 있다. 나지안조스의 그레고리오스에게 **삼위일체론은 기독교적 삶의 본질적인 표현**일 뿐만 아니라, 중요한 의미에서 **바로 기독교적 삶**이다. 그의 기독론과 성령론이 기독교적 구원에 관한 관심을 반영하는 것과 동일한 방식으로, 그의 삼위일체론의 기본적 의미와 근거도 또한 하나님이 받아들여지고 알려지는 통로로서의 신성화라는 종말론적 과정에 놓여 있다. 현대 서양의 연구에서 그의 삼위일체론이 상대적으로 소홀하게 다루어지고 있음에도 불구하고, 그는 5세기 이후로 "**대(大)신학자(the Theologian)**"라는 칭호로 존경을 받아왔다. 즉, 기독교적 삶의 기초와 의미로서의 삼위일체에 관한 확고한 가르침으로 인하여 존경을 받아왔다. 그의 많은 성취들 중의 핵심에 있는 **삼위일체론은 그의 신학적 비전의 중심이며 그의 개인적 삶과 교회적 삶의 추동력이다.**

362년 부활절에 첫 세 설교들을 행한 때로부터 나지안조스의 그레고리

---

[1] 나지안조스의 그레고리오스의 시에서 드러난 삼위일체에 관한 개관에 대해서는 다음을 참조하라. Trisoglio, "La poesia della Trinita."

오스는 분명한 삼위일체적 용어들로 기독교 신앙을 규정한다. 최근에 안수를 받은 장로로서 말하면서 그는 청자들에게 "성부와 성자와 성령, 즉 한 신성과 권능에" 관한 건전한 믿음으로부터 벗어나도록 이끄는 자들을 피하라고 경고한다(1.7). 우리가 이미 주목하였듯이, 그가 목회직을 받아들인 동기의 대부분은 359-360년 유사파의 확립 및 부친의 교회에서의 분열에 대한 반응으로 그 지역에서 삼위일체 신앙의 운동을 지지하기 위한 바램이었다. 목회직에 관심을 기울인 두 번째 설교에서 그는 "주권적이고 복된 삼위일체"에 관하여 처음으로 의미있게 논의한다. 그는 삼위일체가 모든 기독교적 가르침의 최고의 주제이라고 말한다(2.36). 일련의 부활절 설교들을 완성하면서 그는 자신의 세 번째 설교에서 **교회의 일치성의 기초는 성자와 성령을 성부와 동등하다고 여기는 온전한 삼위일체적 신앙고백**이라고 선언한다(3.6). 그는 삼위일체론이 사도들의 신앙과 전수된 기독교 전통을 드러낸다고 반복적으로 진술한다.[2] 364년부터 긴밀하게 연관된 설교에서 그는 삼위일체에 관한 자신의 기본적인 이해는 "안정적이고 불변적"이라고 강력하게 진술한(6.11). 그의 저작을 전체적으로 고려하면 이러한 진술은 참되다고 증명된다. 그가 다음 25년에 걸쳐서 삼위일체에 관하여 더 심오하고 정교하게 설명할 것이지만, **"경건에 관한 그의 유일한 정의"**는 — 즉, 자신을 위해서 주장하고 다른 이들에게도 부과하는 기본적 신앙고백은 — 계속해서 **"성부와 성자와 성령, 즉 셋 안에 이는 한 신성과 권위에 대한 예배"**일 것이다(22.12).[3]

I 장에서 주목하였듯이, 나지안조스의 그레고리오스의 교리의 가장 특징적인 측면들 중의 하나는 — 특히, 현대의 조직신학의 구분들에 익숙한 해석자들에게는 — 그가 단순한 송영과 정교한 개념작업 사이를 아주 쉽게 넘나든다는 점이다. 그가 두 가지 구별된 유형의 신학적 담화들을 혼동하고 있는 것처럼 보일 수도 있지만, 그의 견해로는 두 가지 신학적 담화들이

---

2 Ors. 3.7; 6.22; 21.35; 34.6; 31.3, 5-6; 39.12; 43.67-68; Ep. 102.1; DVS 157.
3 참조. Ors. 15.12; 11.6; 12.6; 13.4; 19.17; 20.5; 32.5, 21; 34.6; 36.10; 25.17-18; 40.41; 42.27.

하나의 교리적 접근에 속할 수 있다. 비록 복잡하다고 인정되지만 그렇게 할 수 있다.[4] 나지안조스의 그레고리오스는 더 전문적인 신학분석이 일상의 기독교 언어와 비교하면 고도로 전문화되어 있기에 대부분의 신자들이 이해할 수 있는 범위 밖에 있다는 점을 안다. 그리고 그는 신학분석이 초래하는 위험, 즉 신앙을 "궤변"으로 해소하는 위험에 관하여 불평하기조차 한다(25.17).

그러나 동시에 그는 더 높은 수준들의 신학적 이해가 기본신앙의 토대 위에서 세워짐을, 그리고 정교하게 발전한 신학적 언어가 동일한 신앙을 표현하는 데에 항상 기여함을 주장한다. 예를 들면, 콘스탄티누폴리스에서 행한 설교인 「논쟁에서의 중용에 관하여」(On Moderation in Debate, Or. 32)에서 그는 평범한 사람들이 당대의 논쟁들의 전문적인 세부사항들로 스스로를 괴롭히지 말고, 그 대신에 "정교한 용어는 더 뛰어난 사람들에게 맡기도록" 격려한다. 그러나 그는 계속해서 말한다. 즉, 평범한 사람들이나 뛰어난 사람들은 똑같이 성경의 말씀들에 근거한 동일한 믿음과 신앙고백으로 구원을 받을 것이라고 그는 말한다(31.21, 24-25).[5] 사도적 신앙을 확립하거나 신성화의 성장을 촉진하는 데에는 필수적이지는 않겠지만, 더 정교하게 발전된 양식들의 논증과 분석은 신앙에 관한 이해를 다듬는 데에, 철학적인 동기로 움직이는 대적자들을 반대하여 신앙을 옹호하는 데에, 그리고 다른 세계관들과 철학적 체계들에 의하여 지배되는 문화적 상황들에서 신앙을 권장하는 데에 유용한 도구들일 될 수 있다고 그는 말한다(Ⅰ장과 Ⅱ장에서 살펴본 바와 같다).

Ⅳ장에서는 삼위일체에 대한 그의 접근을, 즉 단순한 신앙고백의 수준부터 세련된 전문적인 논증까지의 포괄적인 접근을 검토할 것이다. 해당되

---

4   나지안조스의 그레고리오스의 통합적 접근법의 중요성이 심지어 동방정교회의 현대 신학자들에 의해서 종종 간과되어 왔다. 예를 들면, 로쓰키는 그의 저작이 "교리적 해설이라기보다는 좀 더 관상적인 묵상들과 같다"고 여기며 비난한다. 마치 이 두 가지가 아주 분명하게 구별될 수 있는 것처럼 비난한다. Lossky, *Vision of God*, 89. 서방교회에서 프레스티지는 동일한 종류의 반대를 염두에 두면서 나지안조스의 그레고리오스의 특징을 "영감있는 대중화하는 자"로 여긴다. Prestige, *God in Patristic Thought*, 234.

5   참조. *Ors.* 11.6; 22.12; 33.15; 21.37; 34.6, 9; 31.17; 25.8, 17; 26.19; 42.3; 43.30.

는 주요 본문들을 확인하고 그의 방법론적 접근을 확립한 후에 그의 교리의 핵심을 검토할 것이다. 구체적으로, 삼위일체의 근원과 원인으로서의 성부 하나님의 우선순위를 중심으로 구성되는 성부와 성자와 성령의 영원한 존재와 생성, 공적인 신앙고백문들에서의 더 정교한 표현들과 개념적으로 더 개선된 점들을, 그리고 삼위일체에 신학자가 참여하는 것의 궁극적인 의미를 검토할 것이다. IV장의 끝에서는 신앙의 기본규칙, 전문적 논증, 영적 관상이 혼합되어 있는 그의 입장이 삼위일체가 신학적 논쟁의 주제일 뿐만 아니라 기독교 예배의 대상임을 보여준다.

삼위일체에 관한 나지안조스의 그레고리오스의 가르침은 그의 설교들과 시(詩)들 전체에, 그리고 다수의 간단한 진술문들로부터 장문의 중요한 논의들에까지 흩어져 있다. 그러면서도 독자들로 하여금 그의 저작들 자체의 종합적인 수사학적 구조를 넘어서 이해할 수 있도록 돕는 어떤 분명한 체계도 남기지 않는다. 연구하고 분류할 문헌들이 다수일 뿐만 아니라 각 설교의 수사학적 및 논쟁적 정황들은 상당히 다양할 수 있다. 이 두 가지 측면들에서 보자면 가장 두드러진 예는 그의 유명한 「신학적 설교」(Ors. 27-31)이다. 그것들은 그의 교리적 해설을 담은 중요한 저수지로서 종종 다루어지고 있지만, 우리가 이미 주목하였듯이 그것들은 주로 방어적인 특성을 지닌다. 즉, 에우노미오스주의자들 및 "성령과 다투는 자들"의 반대들에 대한 부정적인 논증으로 주로 구성되어 있다. 그것들이 그의 사상의 많은 점들을 보여주는 주요한 증거들이긴 하지만, 그것들의 수사학적 및 논쟁적 정황들 안에서 신중하게 해석되어야 한다. 또한, 그의 교리를 더 분명하고 긍정적으로 표현하는 다른 문서들과 함께 해석되어야 한다.

현대의 연구에서 그를 전형적으로 협소하게 해석하는 것은 「신학적 설교」에 과도하게 의존하는 것에 크게 기인하며,[6] 또한 그의 저작 전체에서 삼위일체에 관한 가장 중요한 네 개의 문서들 중 세 개가 최근에서야 영어

---

6 이것은 1904년의 홀의 연구로부터 2000년의 마르크쉬에스의 연구까지 거의 대부분의 20세기 연구에 해당된다. Holl, *Amphilochius; Markschies*, "Gibt es eine einheitliche 'kappadozische Trinitätstheologie'?"

로 번역되었다는 사실에 어느 정도 기인한다.[7] 그러므로 그의 교리를 상세하게 검토하기 전에 먼저 그러한 문서들을 개관하는 것이 도움이 될 것이다.[8]

삼위일체를 광범위하게 다루는 나지안조스의 그레고리오스의 작업의 대부분은 379년부터 381년까지 콘스탄티누폴리스에서 보낸 짧은 기간에 일어난다. 이러한 사실은 그의 직무에서의 극심한 요구들이 최고의 신학적 작업을 얼마나 많이 이끌어내었는지를 보여준다. 초기 설교들 중에 사실상 두 개의 중요한 구절들이 있는데, 모두 그가 자신의 부친의 정통신앙을 바로잡기 위하여 했던 초기의 일련의 설교들에 있다. 부친 그레고리오스가 리미니-콘스탄티누폴리스의 유사파 신조에 서명을 함으로써 지역 수사들과의 분열을 일으킬 때, 그는 나지안조스의 목회적 지도력이 현재 자신의 대리적 통솔 하에 있지만 여전히 삼위일체적 신앙에 확고하게 기반하여 있다는 점을 드러내기 위하여 「설교 1-3」과 이후 「설교 6」을 전하였다. 그는 간결하고 공식적인 정의들을 함께 제시하면서(1.7 그리고 3.6), 설교 2.36-38에서 더 길고 꽤 중요한 교리적 진술을 제시한다. 이것은 그의 초기 저작들 중에서 현저하게 균형적이고 포괄적이다.

「평화에 관한 첫 번째 설교」에서 나지안조스의 그레고리오스는 서로 단절된 지역 단체들 사이에서의 평화와 조화를 위하여 활동하는 데에 집중한다. 자신의 입장을 강화하기 위하여 그는 삼위일체의 일치성에 근거하여 그리스도인들 사이에서의 일치성을 주장한다. 이럼으로써 그는 수도사들이 자신의 신앙고백의 요점을 받아들이고, 또한 한 가지 유형의 사회적-삼위일체론적 논증을 끌어들인다. 이러한 논증에 관해서는 그가 두 번 더 다룰 것이다.[9] 설교 2.36-38의 포괄성에 비교하면, 「설교 6」 전체는 수사학적 긴급성 때문에 일치성이라는 주제로 심하게 채색되어 있다. 이 설교의 끝

---

7 빈슨이 다음을 번역하였다. *Ors*. 20, 23, 25; 데일리는 다음을 번역하였다. *Or*. 20. 나는 네 번째 본문이 하나의 집합으로서의 「신학적 설교」라고 여긴다.

8 이 기간에 관한 더 종합적인 이야기에 관해서는 본서의 서론을 참조하라. 나는 여기에서 삼위일체에 관한 본문들에만 초점을 둘 것이다.

9 *Ors*. 22 그리고 23. 또한 다음을 참조하라. 32.

에서 그는 삼위일체에 관하여 난해하면서도 어느 정도 공식적인 진술을 제시한다. 이것은 379년 이전에 삼위일체와 관련하여 그가 우시아($o\dot{v}\sigma\acute{\iota}\alpha$)(즉, 본체/실체/본질)라는 용어를 사용한 유일한 경우이다(6.22).[10]

두 본문들은 후대의 편집을 암시하는 것처럼 보이는 정교함을 드러낸다. 그러나 나지안조스의 그레고리오스는 이 시점에서 카이사레이아의 바실레이오스와 여러 해 동안 협력해오고 있었기에, 이 구절들은 360년대 초에 있었던 교리적 논의의 범위를 넘어서지 않는다. 364년과 379년 사이에 나지안조스의 그레고리오스는 삼위일체에 관하여 단지 간결하고 사소한 언급들을 제시할 뿐이며, 대체로 빛의 이미지들, 예배, 신적 조명이라는 주제들로 채워져 있다.[11]

콘스탄티누폴리스에서의 그의 설교들의 순서를 정확하게 확정하기는 어렵다. 그러나 설교들의 순서보다 더 중요한 것은 각 설교의 논쟁적 상황과 수사학적 의도인데, 이것들은 전반적으로 매우 분명하다. 콘스탄티누폴리스에서의 설교들 중에는 그의 삼위일체론에 관한 주요한 진술들로 여겨지는 여러 중요한 본문들이 있다(즉, 20.5-12; 32.5; 23.6-12; 34.8-15; 41.7-9; 「신학적 설교」에 있는 여러 구절들[28.1 그리고 29-31의 대부분]; 25.15-19; 일련의 주현절 설교들의 어떤 부분들[38.7-9, 13-15; 39.11-12; 40.34, 41-45]; 그리고 42.14-18). 이 본문들 사이에는 더 정형화된 특성을 지닌 중요한 작은 진술들이 포함되어 있다. 여기에 관하여 적절한 때에 다룰 것이다.

수도에 도착하자마자 나지안조스의 그레고리오스는 다양한 삼위일체적 인물들과 단체들을 — 이들 중 많은 이들이 계속되는 안티오케이아의 분열에 의하여 분리되어 있었다 — 하나의 연합된 공동체로 강화하고자 시작하였다.[12] 동시에 그는 수도에서 재임 중인 유사파의 존재에 주목한다. 「설교 20」에서 그는 자신의 삼위일체론을 종합적으로 및 상세하게 논의하면서 선언한다. 쉽게 파악될 수 있고 대략 화해적인 것으로 의도된 공식적

---

10 참조. *Or.* 6.4, 11-13.
11 특히 다음을 참조하라. *Ors.* 7.18; 8.23; 11.6; 12.1, 6; 13.4; 16.9; 17.8; 18.16; 19.17.

인 신앙고백을 시작부분에서 제시한 후에(20.5), 그는 자신의 가장 의미 있는 네 가지 교리적 진술들에 속하는 구절에서 자신의 더 이전의 논의를 (2.38) 인용하고 확장한다(20.6-12). 그런 후에 그는 「평화에 관한 두 번째 설교」에서 안티오케이아의 분열에 관하여 직접적으로 말한다. 여기에서 그는 삼위일체에 관하여 두 개의 간결한 정의들을 제시하고 참된 신앙과 대립되는 이단들의 목록을 제시한다(22.12, 14). 그리고 그는 경쟁적인 분파들이 자신이 기초하였던 신앙고백에서 공통근거를 찾을 것을 바라는 강렬한 바램을 표현한다. 379년이 끝날 즈음에 니카이아적 단체들 사이에서의 적대감들이 증가하면서, 그는 신학적 설교에서(Or. 32) 평화, 질서, 훈련에 관하여 상당히 큰 또 다른 설교를 전하였다. 여기에서 그는 어느 정도 신조의 형태로 더 기본적인 진술 둘을 제시한다(32.5, 21).[13]

380년 봄에 나지안조스의 그레고리오스의 목회적 상황이 바뀌었다. 강력한 삼위일체적 신앙고백을 지지하는 황제 테오도시우스의 2월 칙령 이후에 유사파 단체들 및 유사본질파 단체들과의 긴장들이 증대되었다.[14] 부활절 예배가 격렬하게 방해를 받고 그를 살해하고자 하는 시도가 있은 후에, 그는 이제 유사파들 및 유사본질파들과 직접적으로 관련을 맺기 시작하였고(33.15), 동시에 여러 다른 삼위일체적 단체들을 강화하기 위하여 계속 활동하였다(23.3). 「설교 33」에서 그는 삼위일체에 관하여 또 다른 광범위한 공식을 제시하고, 성자 및/또는 성령의 신성을 부인하는 자들에 반대하여 이단들의 목록을 제시한다(33.16-17). 그런 후에 「평화에 관한 세 번째 설교」에서 그는 자신의 네 개의 중요한 교리적 진술들 중에서 두 번째를 제

---

12 이 단체들이 공통적으로 공유하였던 것처럼 보이는 것은 그리스도의 온전한 신성에 대한 헌신(또는 그러한 쪽으로의 어떤 경향)이며, 어떤 경우들에서는 성령의 신성이고, 그리고/또는 성부와 성자와 성령의 단일한 신성, 그리고/또는 세 위격들 사이에서의 신적인 일치성, 또한 발렌스 및 데모필로스 감독의 유사파적 통치에 대한 반대(또는 점증하는 환멸)이다. 그들이 자신들의 신앙을 니카이아와 어느 정도로 동일시하였는지에 관해서는 이 시점에서는 훨씬 덜 분명하다.

13 설교 22와 설교 32 사이에서 나지안조스의 그레고리오스는 키프리아노스에 관한 찬사에서 고대 교리를 간략하게 언급한다(24.13).

14 Cunctos populos (C. Th. 16.1.2). 이것은 테살로니케로부터 공표되고 콘스탄티누폴리스의 사람들에게 발표되었다. 이거은 보편신앙을 로마의 다마수스와 알렉산드레이아의 페트로스가 고백하였던 신앙으로 규정한다. 즉, "동등한 위엄의 개념과 성 삼위일체의 개념 하에서, 성부와 성자와 성령의 단일한 신성"으로서의 신앙으로 규정한다. 이 칙령은 니카이아를 언급하지는 않는다.

시한다(23.6-12).[15] 이 시점에서 그는 자신이 직면하는 여러 다른 도전들 각각을 하나로 통합된 신학적 및 교회적 기획으로 결합시킨다. 분파적인 친(親)니카이아주의자들을 (특히 안티오케이아인들을, 23.3-5) 화해시키는 것, "성령과 다투는 자들"의 신앙을 온전하게 만드는 것, 반(反)니카이아주의자들을 회심시키거나 추방하는 것은 모두 온전한 삼위일체론에 관한 명확성, 선포, 옹호를 요구하였다.

나지안조스의 그레고리오스는 새로운 이집트 대표단이 도착하면서 친(親)니카이아주의자들을 통합하려는 시도들을 늘렸다. 아레이오스주의자들에 반대하는 아타나시오스의 수고를 이야기하는 동안, 그는 362년 알렉산드레이아의 회의에서 채택된 신학적 용어들의 모호성에 관한 정책을 인정할 뿐만 아니라(21.35), 또한 아타나시오스의 「황제 요비아누스에게 보내는 서신」과 관련하여 두 개의 간략한 교리적 진술들을 제시한다(21.13, 33). 이집트인들에게 보낸 「설교 34」에서 그는 각각의 단체들을 염두에 두면서 또 다른 중요하고 포괄적인 논의를 제시한다(34.8-15). 그런 후에 「오순절에 관하여」는 성령의 신성에 관하여 자신의 회중 안에서 벌어지고 있는 갈등에 집중하면서 삼위일체에 관하여 밀도있게 다룬다(41.7-9). 「설교 41」은 "성령과 다투는 자들"에 빠진 동료들을 설득하고 형제애적 논증으로써 끌어들이려는 그의 마지막 노력을 드러낸다. 그리고 이제부터는 더 적극적이고 논쟁적인 접근을 채택한다.

바로 이 시점에서 나지안조스의 그레고리오스는 자신의 유명한 「신학적 설교들」(Ors. 27-31)을 전한다. 그것들은 그가 다른 곳에서 전개한 교리를 확증하지만, 그것들의 독특한 수사학적 및 논쟁적 특성으로 인하여 더 분명한 다른 본문들과 그것들을 분리하여 해석하는 것은 종종 어렵고, 또한 어떤 경우에서는 분명히 오해의 소지가 있다. 다른 설교들과 함께 그것들을 읽는다면, 그것들은 삼위일체에 관한 그의 네 개의 중요한 저작들 중

---

15 이러므로 「설교 23」은 6, 22, 32로부터 더욱 직접적으로 반(反)유사파적 및 반(反)상이본질적 논쟁에로 옮겨가는 전환을 드러낸다.

세 번째를 드러낸다(28.1. 그리고 29-32의 대부분). 삼위일체에 관한 그의 네 번째 및 가장 중요하고 중대한 논의는 380년 늦여름에 나타난다. 즉, 알렉산드레이아의 신학자 막시모스를 칭송하는 「설교 25」에 나타난다. 이 설교의 중심에서 나지안조스의 그레고리오스는 자신이 간단한 신조적 진술문에서 개괄하는 참 신앙을 막시모스가 가르칠 것을 위임한다. 이 신조적 진술문 이후에 그는 삼위일체적 논리에 관한 전문적인 문제들로부터 바른 교리의 금욕적 및 수사학적 차원들에 이르기까지의 세밀한 주석을 여러 면들에 걸쳐 제시한다(25.15-19). 그러기에 이것은 해당 주제의 넓이 면에서 「설교 20」 및 「신학적 설교」에 필적한다. 한 달 또는 두 달 안에 행해진 이와 같은 마지막 두 개의 중요한 본문들에서 그는 삼위일체에 관한 자신의 공개적인 가르침의 절정에 도달하였다.

380년 12월에 나지안조스의 그레고리오스의 권위 있는 신학적 성취는 그가 콘스탄티누폴리스 교구에로 승격된 것에로 연결된다. 새로운 교회적 상황을 고려하면, 니카이아적 일치를 위한 운동이 당분간 후퇴하였지만 다음 해 여름 공의회에서야 다시 시작되었다. 380-381년 겨울에 걸쳐 수도에서 황제 앞에서 행한 그의 마지막 일련의 설교들에서, 그는 자신이 지금까지 선포하였던 교리를 반복하고, 또한 유사파들을 회심시키기 위한 자신의 시도를 계속한다. 그래서 그들 중의 많은 이들이 이제는 자신의 교구 내의 회중이 되었다.

「설교 36」에서 나지안조스의 그레고리오스는 제국의 중심에서 정통신앙의 회복에 관하여 의기양양하게 말한다(36.1-2). 여기에서 그는 이 정통신앙을 간단하게 규정한다(36.10). 그리고 다음 설교에서도 불의한 로마결혼법의 개혁에 대한 호소와 함께 정통신앙을 규정한다(37.5, 18, 22). 380-381년 성탄절-주현절 설교들의 위대한 제단화는 세례후보자들에게 신비전수적인 교리가르침을 제공하는데, 여기에 삼위일체에 관한 중요한 구절들이 포함되어 있다(38.7-9, 13-15; 39.11-12; 40.34, 41-45).

나지안조스의 그레고리오스는 자신이 이제까지 모았던 몇 안 되는 중요한 문서들과 함께 수도에서 건설적인 신학적 작업을 기본적으로 마무리하였다. 우리가 이미 상세하게 검토하였듯이, 그는 다음 여름에 콘스탄티누폴리스 공의회에서 온전한 삼위일체적 신앙의 채택을 위하여 열심히 노력하였다. 그러나 의사진행 절차가 갑작스럽게 변질되면서 그의 수고는 좌절되었다. 공의회에서 행한 마지막 설교에서, 그는 지금은 표준이 된 용어들로 신앙에 관하여 상세한 해설을 제시한다(42.14-18). 카파도키아에로 은퇴한 초기에 마지막으로 그는 자신이 콘스탄티누폴리스에서 확립하였던 교리에 관한 개요를 「포에마타 아르카나」(Carm. 1.1.1-3)에서 시(詩)로 표현한다. 그리고 「설교 45」에서 그는 「설교 38」에서 행하였던 본문 중 많은 부분을 다시 표현한다.

삼위일체에 관한 나지안조스의 그레고리오스의 많은 논의들은 — 장문의 중대한 본문들로부터 간단한 진술들에 이르기까지 — 공통구조를 드러낸다. 이 공통구조는 주어와 술어를 포함하는 서사적 교리적 진술문(a narrative doctrinal statement)으로 가장 쉽게 묘사될 수 있다. 먼저 그는 성부, 성자, 성령을 구별된 존재들로 확인하고, 그런 후에 그는 일종의 술어로서 그들의 공통된 신적 본성과 그들 사이에서의 일치성을 주장한다.[16] 이러한 방식으로 그는 자신의 핵심교리를 제시하면서, 기원의 관계들(relations of origin)을 근거로 성부와 성자와 성령 사이의 구별성과 일치성 모두를 고백한다. 그리고 이차적인 유형의 논증으로서 때때로 그는 자신의 핵심교리 안에 함의되어 있거나 그것으로부터 파생된 어떤 개념적인 개선점들을 제시한다. 대개는 비판자들에 반대하는 방어적인 조치로서 그렇게 한다.[17] 그리고 그는 자신의 핵심적인 가르침을 요약하고 더 넓은 논쟁들 안에서 자신의 입장을 드러내는 다수의 간결한 공식들을 제공한다.[18] 이러한 주요한

---

16 참조. 예를 들면, Or. 32.5: "우리는 한 분 하나님, 성부가 근원이 없고 비출생이심을, 한 분 성자가 성부로부터 출생된 분이심을, 한 분 성령이 성부로부터 생성되심을 인정해야 한다. 성부에게는 비출생을 돌리고 성자에게는 출생을 돌리지만 성령은 모든 다른 점들에서 성부 및 성자와 본성, 위엄, 영광, 존귀에서 동등하시다."

17 핵심적인 교리로부터 정교한 분석으로 나아가는 움직임의 분명한 예로서는 다음을 참조하라. Or. 25.15-18.

18 첫 번째 예는 다음과 같다. Or. 1.7: 우리는 "성부, 성자, 성령, 하나의 권능과 신성에 대한 건전한 신앙"을 보존해야 한다. 나지안조스의 그레고리오스는 많은 다른 구절들에서 사소하게 변형하지만 거의 동일한 공식들을 반복한다.

요소들 각각을 검토하는 것이 Ⅳ장에서의 과제가 될 것이다. 이를 통하여 그의 삼위일체론의 전반적인 의미와 목적을 파악하고자 한다.

1

신적 경륜의 신학

　삼위일체에 대한 나지안조스의 그레고리오스의 기본적인 접근은 그가 "신학(theology)"과 "경륜(economy)"이라고 명명하는 것들의 관점에서 가장 쉽게 이해될 수 있다. Ⅱ장과 Ⅲ장에서 보았던 것처럼, 그의 기독론과 성령론의 중심적 초점은 기독교적 삶의 기초와 구조로서 성자 및 성령의 신성이 함의하는 바들을 인식하고, 고백하고, 가능한 한 이해하는 것이다. 구원의 경륜 안에서 만난 예수 그리스도와 성령이 성부 하나님의 신성에 온전히 참여한다는 점을 우리는 신앙을 통하여 인식하게 된다. **구원의 경륜 안에서 드러난 성부, 성자, 성령의 신성을 고백하는 행위를 나지안조스의 그레고리오스는 전형적으로 "신학(theology, 테올로기아(θεολογία))"이라고 부른다.**

　삼위일체론은 성자 및 성령의 "신학"을 기반으로 한다. 그것이 성부와 성자와 성령을 결합하여 세 위격들의 일치성을 이룬다는 분명한 의미에서뿐만 아니라, 또한 그것이 신적 경륜이 지녀왔던 의미를 표현한다는 의미에서 기반으로 한다. 현대의 많은 교부학 연구의 전제들과는 반대로, 나지안조스의 그레고리오스의 삼위일체론은 근본적으로 **동일본질성의 형이상학(the metaphysics of consubstantiality)에 관한 것이 아니며,**[1] 또한 대중적인 생각처럼 어떻게 셋이 하나가 될 수 있는가라는 문제에 대한 **유사(類似)수학적 해결책도 아니다.** 오히려, 그의 삼위일체론은 가장 심오한 의미에서의 신적 경륜의 신학(the theology of the divine economy)을 드러낸다. 즉, 신적 경륜의 의미를 더 온전히 명확하게 하고 심오하게 하며 확장시킨다. 그러나 그의 삼위일체론은 신론과 기독론과 성령론이 완성된 후에 만들어지는 이 세 교리들의 종합으로서가 아니다.

나지안조스의 그레고리오스는 고대의 기독교 용어인 경륜, 즉 오이코 니미아(οἰκονομία)와 이것의 동족어들을 이용하여 하나님과 피조된 질서와의 관계들을 표현한다.[2] 이레나이우스와[3] 특히 알렉산드레이아의 전통이[4] 표현하였던 것과 같이, 그의 저작에서의 **"경륜"은 성경 계시에서 분명하게 드러나는 것처럼 창조로부터 최종 완성에 이르기까지 피조된 질서의 일들을 일반적으로 및 특수적으로 하나님께서 목적을 가지고 통치, 운영, 배열하시는 것을 가리킨다.**[5] 신적 통치에 관한 이러한 광범위한 섭리적 의미가 그의 저작에서 훨씬 더 흔하게 나타나지만, **몇몇 구절들에서 경륜은 구체적으로**

---

1 본서 III장을 참조하라.

2 고대 그리스에서 오이코노미아(οἰκονομία)는 집안의 경영 또는 어떤 목적적인 활동을 가리킨다. 그리스 수사학 이론에서 이 용어는 담화를 적절하게 배열하는 것을 의미하게 되었다. 신약의 저자들은 이 용어를 이용하여 다음을 가리킨다. 예수 그리스도에게 초점을 두는 하나님의 구원계획(엡 1.10, 3.9; 딤전 1:4); 바울에게 및 하나님의 신비들을 맡은 그의 청지기직에 주어지는 하나님의 은혜(고전 4:1-2, 9.17, 엡 3:2, 골 1:25); 하나님의 청지기로서의 감독의 역할(딛 1:7); 하나님의 은혜의 청지기로서의 모든 그리스도인들의 역할(벧전 4:10); 문자적으로 가정경영(눅 12:42, 16:2-4, 갈 4:2); 시의 재무관(롬 16:23). 이 용어에 관한 기독교적 용법의 역사에 관해서는 다음을 참조하라. Michel René Barnes, "Oeconomia"; Grillmeier, *Christ in Christian Tradition*, 118-120; Lampe (s.v.).

3 2세기의 다른 기독교 저자들에서의 간헐적인 예들 중에서(예를 들면, Ignatius of Antioch, *Ep. Eph.* 18.120; Justin Martyr, *Dial.* 87.5; 120.1), 하나님의 구원경륜이라는 개념을 기독교신학의 중심적인 자리에 두었는 자는 바로 이레나이우스였다(예를 들면, *Adv. haer.* 1.10.1-3). 비록 히폴리투스와 테르툴리아누스가 하나님에 관한 양태론적 개념들에 반대하여 신적 경륜을 성부와 성자와 성령 사이에서의 관계들로 언급하였지만 (참조. *Adv. Noet.* 3-4; *Prax.* 2), 이러한 삼위일체-내적 의미는 이후의 교부적 용법에로 이어지지 못하였다.

4 Clement, *Strom.* 1.11, 19; 6.6; Origen, *Princ.* 3.1.14; 4.2.4, 9; *Cels.* 1.66; 2.9, 26; 4.7; *Comm. Jn.* 10.3; 13.32; *Comm. Mt.* 12.43; Dionysius, in Eusebius, *HE* 7.11.12; Eusebius, *Mart. Palest.* 11; *V. Const.* 1.18; *Ev. theo.* 1.7; *HE* 1.1.7; Athanasius, *Ar.* 1.59; 2.11; *Ep. Aeg. Lib.* 2; *Ep. Serap.* 2.7. 경륜에 관한 나지안조스의 그레고리오스의 이해에 대해 이레나이우스, 클레멘스, 오리게네스가 미친 영향에 관해서는 다음을 참조하라. Kovacs, "Divine Pedagogy"; Trigg, "God's Marvelous *Oikonomia*"; "Knowing God."

5 *Ors.* 2.24, 106; 7.4, 24; 14.9; 17.9 (cf. 38.11); 18.20; 24.13 (cf. 6.8); 32.25, 30; 21.18; 41.5; 30.11, 19; 25.5; 38.11 (=45.7; cf. 17.9); 39.15; 42.1, 27; 43.25; 45.7, 12, 22, 23; *Ep.* 8.3; 139.1; 101.59; 204.8; 215.1, 2; 221.2; 222.6; 238.1. 이 용어가 「신학적 설교」에서 드물게 나타난다는 점은 흥미롭다. 그러나 이 용어가 나타날 때는 30.19에서 그가 신적 명칭들을 논의하는 것에서처럼 신학적으로 의미심장하다.

성육신을 가리킨다. 즉, 신성화(테오시스, theosis)에로 성장하는 과정을 회복함으로써 하나님께서 창조세계의 일들을 통치하는 일차적인 행동으로서의 성육신을 가리킨다.[6] (그는 이 용어로써 또한 인간이 일들을 영위하는 것을 자주 가리킨다. 일차적으로는 다양한 종류들의 목회적 및 신학적 영위를 가리킨다. 이러한 점은 V장에서 논의될 것이다.[7])

그러므로 가장 일반적인 의미로서 경륜은 창조세계에 대한 하나님의 능동적이고 질서적이며 목적적인 주권을 지칭한다. 신적 경륜이라는 개념은 창조세계 안에서의 하나님의 임재와 창조세계를 향한 하나님의 활동이 계획적이며 자선적이고 질서적이라는 점을 전달할 뿐만 아니라, 또한 이러한 개념은 그러한 행동들과 사건들 안에 있는 하나님의 행위를 가리키면서 그것들이 **하나님**의 활동들이며 또한 하나님의 활동들로서 제대로 이해될 수 있음을 전달한다. **그러므로 신적 경륜이라는 개념은 나지안조스의 그레고리오스가 명명하는 "신학"의 의미를 암시적으로 포함한다.** "신학"이 없이는 신적 경륜의 개념이 하나님의 경륜(God's economy)으로 전혀 이해될 수 없다.

신적 경륜의 개념이 나지안조스의 그레고리오스의 사상에서 중요하다고 하더라도, 그는 "신학"에 훨씬 더 많은 관심을 기울인다. 세 명의 카파도키아 교부들 중에서 신학을 자신의 중심적 관심으로 만드는 이는 바로 나지안조스의 그레고리오스이다. 비록 그가 카이사레이아의 바실레이오스와 니사의 그레고리오스보다 신적 경륜을 더 많이 언급하는 것은 아니지만, 테올로기아(θεολογία) 및 그 동족어들과 관련하여서는 그들 보다 훨씬 더 많

---

6 피조세계의 일들에 하나님께서 질서를 부여하심에 관한 총 47개의 언급들 중에서 11개는 다음과 같다: *Ors.* 19.12; 41.11; 29.18; 30.19; 38.8 (=45.4); 38.14 (=45.26); 45.22; *Ep.* 110.59; 202.10. 나지안조스의 그레고리오스의 용법이 카파도키아의 다른 두 교부들에게도 대략적으로 반영되어 있다. 참조. Basil, *Eun.* 2.3; 3.7; *Spir.* 37; 2.3; *Ep.* 5.2; 81; 101; 188; 193; 210.3; 214.1; 236.7; Gregory of Nyssa, *Eun.* 5, 8; *Ablab.*; 그리고 *Or. cat.* 전체에 드러나 있다. 셋 중에서 니사의 그레고리오스가 이 용어를 가장 자주 사용한다.

7 47개의 신적 언급들과 비교되는 42개의 인간적 언급들은 다음과 같다: *Ors.* 2.29, 35, 52; 3.7; 4.18; 6.8; 14.24; 16.18, 19; 18.1, 3, 20, 21, 36; 21.10, 34, 35; 34.3, 4; 41.6; 31.25; 26.11; 39.14; 40.18, 44; 42.13, 14, 24; 43.39, 68 (두 번), 69, 81; 44.9; *Ep.* 58.11, 12 (세 번); 14; 79.79; 162.4; *Carm.* 1.1.26.17. 그는 동물들에 의한 경륜에 관해서조차 한 번 말한다. 28.23.

이 말한다. 가장 일반적인 의미로서의 "신학(theology)"은 하나님에 관한 어떤 논의나 가르침을 의미하고,[8] "신학자(theologian)"는 어떤 종교적 전통 안에서 신을 알고 신에 관하여 가르치는 자를 의미한다.[9] 더 집중된 의미로서의 신학은 신적 경륜 안에서 드러난 대로의 성자와 성령의 신성에 관한 고백이며 또는 삼위일체 전체에 관한 고백이다.[10]

감독으로서의 활동 초기에 나지안조스의 그레고리오스는 성령이 "하나님"이심을 분명하고 확실한 표현들로 고백하는 것이, 그래서 성부와 성자와 성령 안에서의 "완전한 신성"을 선포하는 것이 "신학에 관한 가장 완전한 해설"(12.6)이라고 쓴다.[11] 마찬가지로, 그가 카이사레이아의 바실레이오스의 성령론이 불충분하다고 책망할 때 바실레이오스의 가르침에 관하여 어떤 수사들이 제출한 보고에 따르면 바실레이오스가 "성부와 성자에 관하여 신학을 행하지만, 그러나 성령에 관해서는 대충 보아 넘겼다"고 말한다(Ep. 58.7). 첫 번째 「신학적 설교」에서 정화에 관한 예비적 교리 이후에 나오는 하나님, 성자, 성령에 관한 교리, 즉 삼위일체에 관한 교리 전체가 "신학"을 구성한다. 나지안조스의 그레고리오스는 이러한 교리 전체를 마지막 네 개의 「신학적 설교」에서 다룬다.[12]

그러므로 가장 중요한 의미로서의 "신학"은 삼위일체와 고유하게 관련

---

8 *Ors.* 2.37; 27.3; 28.1f.; 31.3; 43.66.

9 이러므로 좋은 신학자들도 있고 나쁜 신학자들도 있다. 좋은 신학자들 중에는 다음과 같은 이들이 있다: 예레미야(*Or.* 31.16), 바울(34.15), 심지어 그리스도 자신(31.8); 교회의 정통 교사들, 즉 아타나시오스(21.10), 카이사레이아의 바실레이오스(43.81), 나지안조스의 그레고리오스(20.12; 22.9); 또는 하나님을 더 잘 알고자 추구하는 모든 자들(20.5, 12; 27.7; 28.1; 30.17). 나쁜 신학자들 중에는 다음과 같은 이들이 있다: 오르페오스와 같은 이교적 인물들, 그리스 만신적을 묘사하는 시인들(4.115, 117, 121; 5.31; 31.16; 25.15), 플라톤(28.4), 또는 다른 이교적 교사들(27.6; 31.5); 나지안조스의 그레고리오스의 대적자들, 특히 에우노미오스주의자들과 "성령과 다투는 자들"(23.3; 21.12; 34.12; 28.2, 7; 29.10; 40.42; *Ep.* 102.7); 그리고 제대로 된 신학적 영적 형성이 없이 목회직으로 나아가는 자들(20.1; 27.4, 9; 2 여러 곳). 나지안조스의 그레고리오스는 "하나님에 관하여 철학하는 것" 또는 단순히 "하나님을 아는 것"과 같은 구절들로 동일한 생각을 때때로 표현한다.

10 *Ors.* 12.6; 18.17; 23.3, 12; 34.11, 15; 25.17; 43.67-9; *Ep.* 58.7-, 14.

11 성자의 신성에 관한 신앙고백으로서의 신학에 대해서는 다음을 참조하라. *Or.* 43.69; 그리고 성령에 관해서는 다음을 참조하라. 23.12; 25.15.

12 "이제 신학에 관한 논의에로 나아가자(οἱ τῆς θεολογίας λόγοι), 성부와 성자와 성령을 우리의 교리(λόγος)의 머리로서 불러오자. 성부와 성자와 성령은 우리의 교리의 주제(περὶ ὧν ὁ λόγος)이다."

된다. 신학의 본성에 관한 나지안조스의 그레고리오스의 가장 간결한 정의는 — 그리고 아마도 모든 교부 문헌 중에서 삼위일체에 관한 가장 온전하고 미묘한 정의는 — 다섯 번째 「신학적 설교」의 시작 부분에 있는 신앙고백적 진술이다.

"참 빛, 곧 세상에 와서 각 사람에게 비추는 빛이 있었다"(요 1:9) — 성부. "참 빛, 곧 세상에 와서 각 사람에게 비추는 빛이 있었다" — 성자. "참 빛, 곧 세상에 와서 각 사람에게 비추는 빛이 있었다" — 또 다른 보혜사(요 14:16, 26). "있었다" 그리고 "있었다" 그리고 "있었다", 그러나 오직 하나가 있었다(ἐν ἦν); "빛" 그리고 "빛" 그리고 "빛", 그러나 하나의 빛과 한 하나님. 이것은 다윗이 "주의 빛 안에서 우리가 보리이다"(시 36[35].10)라고 말할 때에 생각하였던 바이다. 그리고 이제 우리는 삼위일체에 관하여 간결하고 단순한 신학(σύντομος καὶ ἀπέρττος θεολογία)을 보았고 또한 선포하였다. 즉, **빛(성부)로부터 우리는 빛(성령) 안에서 빛(성자)를 파악한다.**(31.3)

나지안조스의 그레고리오스가 성령의 신성을 옹호하고자 시작하면서 삼위일체 전체에 대한 자신의 신앙을 먼저 선포한다. 가장 기본적인 의미로서의 "신학"은 또한 신적이신 성령의 내주하심에 의하여 신적 성자의 위격 안에서 드러난 성부의 신성을 아는 지식이다. 이와 비슷하게 그는 「설교 40」에서 세례후보자들에게 다음과 같이 명한다. "주님의 빛 안에서 빛을 보라. 즉, 하나님의 성령 안에서 성자에 의하여 빛을 받으라 — 삼중적이며 나뉘어지지 않는 빛이다"(40.34).[13] 그러므로 **"신학"은 신적 경륜 안에서 계시되는 삼위일체에 관한 지식이다. 사람이 하나님을 알게 될 때 하나님 자신의 삼위일체적 삶 안으로 들어간다.** 그리고 신성을 온전히 공유하는 성령의 권능 안에서 예수 그리스도의 모습으로 성부로부터 나오는 신성을 안다. **하나님은 하나님 안에서 하나님으로부터 나오시기 때문이다.** 이런 측면에서

---

13 참조. *Or.* 34. 13.

나지안조스의 그레고리오스에게 **신학은 하나님에 대한 관상, 조명, 비전과 사실상 동의어이다.**[14] 즉, 가장 포괄적인 의미로서의 하나님 지식이다. 설교 31.3에서처럼 이러한 관상적인 의미의 신학은 단순한 철학적 표현이든 더 세련된 철학적 표현이든 삼위일체론을 비방하는 자들에 반대하여 옹호하는 것을 포함한다.[15]

"신학"이 매우 다양한 경륜적 의미들로서의 하나님 지식을 가리키지만, 나지안조스의 그레고리오스는 이것을 다른 주제들과 때때로 구별한다. 가장 유명하게는 신적 경륜 그 자체와 구별한다.[16] 이러한 구별을 예시하기 위하여 가장 많이 인용되는 구절은 「신현현에 관하여」에 나온다. 그는 하나님의 영원한 존재를 간략하게 논의하고, 잠시 중단한 후에 주요문제인 그리스도의 탄생을 다룬다. "이것이 내가 지금 하나님에 관하여 말해야 하는 모든 것이다. … 나의 현재의 주제는 신학이 아니라 경륜이기 때문이다"(38.8=45.4).

이 본문과 함께 네 번째 「신학적 설교」의 끝에서 하나님의 이름들에 관한 그의 논의들을 언급할 수 있다. 여기에서 나지안조스의 그레고리오스는 하나님의 이름들을 구별한다. ① 하나님의 존재를 가리키는 특별한 이름들. 예를 들면, "존재하시는 분"과 "하나님"과 같은 특별한 이름들; ② 신성에 공통되는 이름들, 즉 "성부", "성자", "성령"; ③ "전능자"와 "만군의 주"와 같이 하나님의 권능을 가리키는 이름들; ④ "아브라함, 이삭, 야곱의 하나님"과 같이 성육신 이전의 하나님의 경륜을 가리키는 이름들; (5) "그리스도", "어린양" 및 "대제사장"과 같이 성육신에서의 하나님의 경륜을 가리키는 이름들(30.17-21). 이러한 체계는 경륜적인 이름들과는 대조적으로 비(非)-경륜적인 이름들이 엄밀한 의미의 신학을 드러낸다는 점을 의미한다

---

14   *Ors.* 7.17; 12.6; 21.10; 28.2; 30.17; 31.33; 26.5; 43.67, 81.

15   *Ors.* 12.6; 18.17; 23.3, 6-11; 34.11, 15; 27.3, 6; 28.1-3; 31.3, 8, 26-27; 25.8, 17; 43.66-69.

16   나지안조스의 그레고리오스의 설교들에서 신학은 다음과 같은 것들과는 구별된다. 즉, 하나님에 대한 일반적인 회상과 찬양(*Or.* 27.4); 신적 경륜(38.8=45.4); 삼위일체의 신성과는 다른 기독교적 교리들(26.5); 신학에 더 많은 주의를 기울이는 요한과는 반대되는 어떤 복음서들에서의 그리스도에 대한 육체적 증언(43.69); 그리고 아마도 암시적으로 논쟁의 경륜적 주제들(27.10; 이 해석은 뜨겁게 논쟁 중에 있다).

고 해석될 수 있다. 그러나 이러한 구별은 그 구절을 해석하는 데에 필수적이지 않다.

신학의 포괄적 및 경륜적 의미가 나지안조스의 그레고리오스의 저작 전체에서 빈도수에서 및 의미의 중요성에서 모두 압도적으로 지배적이라고 하더라도, 신학이 주로 신적 경륜과 대조적으로 정의된다는 점은 이러한 몇몇 구절들에 근거하여 동방 및 서방의 해석자들 사이의 오랫동안의 합의점이었다. 종래의 의견에 따르면, 신학은 하나님 그 자신에, 즉 하나님의 존재와 내적-삼위일체적 관계들에 관련되지만, 경륜은 창조세계 안에서의 하나님의 활동들을 가리킨다. 신학과 경륜 사이의 이러한 구별 또는 구분은 최근의 교부연구에서 보편적이지만, 나지안조스의 그레고리오스의 삼위일체론에 관한 연구에 파괴적인 영향을 미쳤다.

이러한 점은 칼 홀(Karl Holl)의 중요한 저작에, 그리고 카파도키아 교부들의 삼위일체 신학에 관한 20세기의 많은 연구에 드러나 있다. 그래서 홀은 그를 오해하고 기독교신학에 대한 그의 접근을 비판한다. 처음부터 홀은 그가 "그의 종교경험[Erfahrung]으로부터 직접적으로 동일본질적 신적 위격들의 삼위성을 연역하고", 또한 "주체의 경험[Erlebnis]으로부터 삼위일체 신앙을 구성하고자 시도한다"고 결론을 내린다. 그런 후에 홀은 그가 (그리고 카이사레이아의 바실레이오스가) 오리게네스의 교리에로 퇴보하고 있다고 비판한다.[17] 마치 오리게네스와 카파도키아 교부들이 독일 낭만주의 신학자들 또는 이상주의적 철학자들인것처럼 그를 비판한다! 이와 같은 파편적 관점으로 보면, 유일하게 가능한 이해들은 낭만주의적 주관주의적인 입장인 것처럼, 또는 전문적인 용어들과 교리적 공식들에 대한 노골적인 논리적 분석의 입장인 것처럼 보인다. 그러나 이러한 입장들에는 신학적 실체가 결여되어 있으며, 그 어느 것도 그의 (또는 오리게네스의) 저작을 정확하게 조금도 정확하게 반영하지 못한다.[18]

나지안조스의 그레고리오스 및 다른 그리스 교부들이 지지하였다고 여

---

17 Holl, *Amphilochius*, 164-65.

겨지는 이러한 이해는, 즉 **신학과 신적 경륜을 대조적인 것으로 간주하는 입장**은 성경 또는 교리 교부를 드러내기보다는 사실상 아리스토텔레스의 견해를 드러낸다. 『형이상학』(Metaphysics)에서 아리스토텔레스는 "신학적 철학(theological philosophy)"을 사변적 사상의 최고의 형태로 묘사한다. 이러한 "제일철학(primary philosophy)"은 "그 자체로의 존재(Being at it is)"에 관심을 두고 사물들의 불변하는 원인들에, 즉 직접적인 경험의 대상들과는 "분리된" 불변하는 원인들에 집중한다.[19] 이와 동일한 방식으로, 나지안조스의 그레고리오스 및 다른 기독교 저술가들이 "신학"을 신적 경륜과는 분리된 하나님의 본성 및 삼위일체적 관계들이라고 (또는 그것들에 관한 지식이라고) 고려하였다고 여겨진다. 그래서 둘 사이의 관계가 불명확하고 잠재적으로 애매하다.

그러나 이미 오리게네스에게서도 기독교 "신학"은 신적 경륜 안에서 계시되고 성경의 영적인 이해를 통하여 전달되는 기독교 복음이 표현하는 하나님에 대한 이해를 지칭한다. 오리게네스는 예수의 가르침이 복음서들 안에 기록되어 있다고 말하면서 다음과 같이 논평한다. "예수는 하나님의 본성을 그의 참 제자들에 계시하셨고, 그들에게 하나님의 특성들에 관하여 말씀하셨다. 우리는 이것들의 흔적들을 성경에서 발견하고 그것들을 우리의 신학의 출발점들로 삼는다."[20] 오리게네스에게 신학은 신적 경륜 안에서 드러난 그리스도의 계시의 궁극적 목적으로부터 나오며, 또한 그러한 궁극적 목적이다. 오리게네스는 하나님에 관한 성경적 가르침과 플라톤 및 그

---

18 최근의 저작들 중에서는 다음을 참조하라. Gallay, "Notes to Ors. 27-31 and 38-40," in the Sources Chrétiennes editions (특히, 38.8에 관한 각주2). 맥거킨은 나지안조스의 그레고리오스가 콘스탄티누폴리스에서 행한 설교들에 있는 동일한 구별을 강조한다(St. Gregory, 278, 283, 285-286, 295-297, 333, 337, 339). 베어가 행한 것과 같다(Behr, Nicene Faith, 290-293, 347-348). 전형적인 종합적 진술은 스투더의 것이다(Studer, Trinity and Incarnation, 2): "하나님에 관한 교리와 구원에 관한 교리 사이의 구분이 4세기 이후로 이루어졌고, 이러한 구분은 극도로 생산적이라고 입증이 되었다. 이러한 구분은 교부적 종합을 기저에 놓여 있고, 나중에 스콜라적 대전들에로 이어졌다. 따라서, 교리의 역사에 관한 현대의 연구는 이러한 구별에 의해 대체로 결정되었다. 또한 참을 참조하라. Michel René Barnes, "Oeconomia," 826; 참고. 「삼위일체」(The Trinity)에서 라너는 잘 알려진 논증, 즉 "경륜적 삼위일체"와 "내재적 삼위일체" 사이의 일치성에 관한 논증을 제시하였다.

19 Metaph. 6 (1026a7-33); 또한 다음을 참조하라. 1 (983b29); 3 (1000a9); 10 (1071b27); Daley, Gregory of Nazianzus, 42.

리스 시인들의 가르침을 대조하기를 기뻐한다.[21] 확실히, 신학은 성부와 성자 사이의 영원한 관계를 포함하여 하나님의 초월적 삶에 정말로 관계한다. 그러나 신학은 신적 경륜 안에 있는 하나님의 관계에 항상 근거하며, 그러한 관계의 일차적 내용으로 간주된다. 그러나 오리게네스에게서조차 신학에 대한 더 추상적인 이해의 흔적이 발견될 수 있다. 왜냐하면 (어떤 본문들에 따르면) 성부 하나님이 우주로부터 더 멀리 떨어져 계시고, 중재자-로고스로부터 계시될 수 있기 때문이다.

나지안조스의 그레고리오스 및 다른 친(親)니카이아주의자들은 육신이 되신 말씀이 성부의 신성을 온전히 공유하심을 주장함으로써, 그리고 성령이 온전히 신적이고 "그 자신의 본체로"(4.11) 교회 안에 임재하심을 주장함으로써, 오리게네스보다는 더 강력하게 신적 경륜 안에서 드러나는 하나님의 임재와 직접적 계시를 강조한다. 이럼으로써 그들은 신학이 경륜적임을 훨씬 더 분명하게 보여준다. **나지안조스의 그레고리오스는 하나님이 창조세계를 초월하심과 인간지식의 모든 범주들을 초월하심을 주장하지만,[22] 우리가 살펴보았던 것처럼 그는 신적 경륜에서 계시된 하나님과 초월적 하나님을 분리하는 생각에 대해서는 분개할 것이다.**

나지안조스의 그레고리오스에게 **경륜에서 계시된 영원한 하나님은 창조 "전에" 확실히 존재하였고, 창조세계를 무한하게 초월하시며, 또한 자신이 창조세계에 어떤 식으로든 의존하지 않으신다. 그럼에도 불구하고 창조세계 안에 있는 하나님의 임재와 활동은 영원한 하나님의 임재와 활동, 즉 경륜적 계시이다.** 여기에서는 초월적 하나님이 신적 경륜 안에 계시된 하나님과는 잠재적으로 다르다는 느낌이 전혀 없을 뿐만 아니라, 잠재적으로 다르다는 개념은 신적 경륜이라는 사상 자체와 직접적으로 정반대가 된다. 즉,

---

20 *Cels.* 2.71 (채드윅의 번역), 121. 오리게네스는 성부에 대한 성자의 영원한 관계가 사도들에게서 뿐만 아니라 예언자들에 의해서 계시된다는 점에 주목한다. *Comm. Jn.* 2.34.205. 오리게네스가 "신학"이라는 용어를 사용함에 관하여 다음을 참조하라. Crouzel, "θεολογία et mots de même racine chez Origène," 83-90.

21 예를 들면, *Cels.* 6.18; 7.41.

22 *Ors.* 20.8-11; 23.9-11; 34.8, 10; 29-31 여러 곳; 25.15-18; 38.7; 40.42-43; 41.7; 42.15, 17. 본서 I 장을 참조하라.

신적 경륜이라는 개념 자체에 따르면, **하나님은 자신을 실제로 있는 그대로 계시하신다. 그래서 우리는 성령을 통하여 예수 그리스도 안에서 하나님의 피조되지 아니한 빛을 알 수 있다. 비록 약화된 형태라고 하더라도 알 수 있다.**

성육신 이전의 성자의 정체성과 성육신 안에서의 성자의 정체성 사이를 구별하는 나지안조스의 그레고리오스의 입장에서처럼(29.18) 후자의 범주는 전자를 포함한다(즉, 성육신한 주님은 하나님의 아들과 다름 아닌 바로 동일하신 분이시다). 비록 전자가 후자를 필연적으로 포함하는 것은 아니라도 하더라도(영원한 성자의 정체성이 성육신에 의존하지 않는다) 후자는 전자를 포함한다. **그러므로 나지안조스의 그레고리오스가 신학과 신적 경륜을 대조시키는 경우가 드물게 있다고 하더라도, 그렇다고 그가 경륜 안에서 계시된 하나님이 영원한 하나님 이외의 다른 어떤 분이심을 말한다고 해석해서는 안된다.** 그는 창조세계 안에서의 영원한 하나님의 임재와 활동이 영원 안에서의 하나님의 존재와 구별된다는 점을 언급하고 있을 뿐이다. 영원 안에 있는 하나님의 존재는 창조세계 안에서 뿐만 아니라 창조세계와 별도로 존재한다. 그리고 창조-경륜의 구별 자체가 창조세계에 **초월적이시고 영원하신 하나님 자신이 신적 경륜과는 별도로 알려질 수 있다는 점을 의미한다고 해석해서도 안된다.**

나지안조스의 그레고리오스에게는 나쁜 신학 또는 거짓 신학이라는 의미에서가 아니라면 **"경륜 밖의 신학(extra-economic theology)"과 같은 것은 전혀 없기** 때문이다. "경륜 밖의 신학"과 같은 사상은 나지안조스의 그레고리오스의 신학을 잘못 드러낼 뿐만 아니라, 어떤 신학자라도 신적 경륜 밖에 존재할 수 있다는, 또는 어떤 신학자라도 하나님에게로 직접 접근할 수 있다는 미심쩍은 가정을 한다. 달리 표현하면, 신학과 신적 경륜 사이의 구별은 인간지식의 두 가지 다른 양식들 사이의 구별이 아니다. 신학과 경륜은 평행적인 또는 경쟁적인 인식론적 범주들이 아니다. **하나님에 관한 "내재적" 양식의 사상과 "경륜적" 양식의 사상을 구별하고 또한 그것들이 서로 다를 수 있음을 허용하는 20세기의 관습은 극도로 오해의 소지가 있다.** 그러한 관습은 교부들에게서 신학이 지닌 계시적 특성을 약화시키고, 그래서 기독교 교리의 근거 자체를 약화시킨다. 나지안조스의 그레고리오스가 대개 그리스도의 인성을 전제하면서 그리스도의 신적 정체성에 집중하였던 것처럼, 그는 또한 신적 경륜으로부터 시작하고 그 안에 계시된 삼위일체 하나님의 정체성에 관심을 기울인다.

　　나지안조스의 그레고리오스에게 신학은 ― 즉, 삼위일체론은 ― 영원한 하나님의 존재와 활동과 관련된다. 하나님께서 자신을 피조된 질서 안에서 신적 경륜의 의미로 계시하시기 때문이다. **삼위일체에 및 기독교 교리 전체에 다가가는 그의 기본적 접근은 "신적 경륜의 신학(the theology of the divine economy)"으로 가장 잘 규정될 수 있다.** 그의 접근은 두 가지가 분리되어 있거나 대조되는 경우가 결코 아니다. 이런 측면에서 그의 교리는 성경의 언약들과 교회의 계속되는 삶을 직접적으로 반영한다. 그리고 그의 교리는 기독교가 추상적, 철학적, 사변적, 형이상학적 체계이라는 생각을 근본적으로 거부한다. **그에게 신적 경륜 안에 있는 기독교적 삶은 이러므로 항상 신학적이며, 기독교 신학은 항상 경륜적이다.**[23] 그가 교부시대의 탁월한 "대(大)신학자(the Theologian)"로 간주될 때, 그의 칭호는 하나님을 참으로 알려주도록 하는 신적 경륜이 지닌 신학적 의미를 가장 분명하게 보여주었던 신학자라는 의미로서 가장 잘 이해된다.

---

[23]　이러한 점에 관해서는 또한 다음을 참조하라. McGuckin, "Perceiving Light," 13; "Vision of God," 147-48.

2

성부 하나님의 단일원리성[單一原理性]

신적 경륜의 신학으로서의 나지안조스의 그레고리오스의 삼위일체론의 핵심에는 그의 사유의 핵심을 표현하는 중심이, 즉 사상들의 중심이 있다. 넓고 (그리고 잠재적으로 무한한) 범위의 개념적 요건들과 개선들이 함축적으로 및 광의적으로 이 핵심 교리로부터 나온다. 그것들은 하나님의 본성 그 자체와 관련될 뿐만 아니라, 하나님 지식이 어떻게 더 공식적인 특성을 지닌 다수의 간결한 진술들에 관한 우리의 이해와 관련된다. 또한 시간, 공간, 수량, 언어적 의미, 인간지식의 한계들에 관한 우리의 이해와 관련된다. 두 가지 유형의 가르침이 그의 저작 전체에 퍼져 있지만, 콘스탄티누폴리스에서의 시기에 가장 집중적으로 및 상세하게 드러난다. 어떤 개념적 개선들과 함께 그의 핵심 교리는 그의 가장 의미있는 유일한 교리적 진술문인 설교 25.15-18에서 분명하게 보여질 수 있다. 이 설교의 절정에서 그는 간결한 신조적 진술문의 형태로 그의 삼위일체론을 명료하게 및 분명하게 해설한다. 그런 후에 여러 쪽들에 걸쳐 상세한 주석을 제시한다. 첫 두 절들은 상세하게 인용할 만하다.[1] 그는 막시모스에게 "아래의 지식을 가르침으로써 우리의 경건을 정의하라"고 말한다.

한 하나님, 출생하지 않으신, 성부

그리고 한 주님, 출생하신 성자,

그가 따로 언급될 때에는 하나님으로 불리우지만,

성부와 함께 명명될 때에는 "주님"으로 불리운다.

[신적] 본성 때문에는 첫째이시며,

단일원리성 때문에는 둘째이시다.

그리고 한 성령,

성부로부터 나오시고(προελθόν) 또는 나아가신다(προϊόν).

사물들을 올바로 이해하는 자들에게는 "하나님(θεόν)"이시다.

불경건한 자들에 의해서 다투어지지만,

그들보다 뛰어난 자들에 의해서는 이해되어지고,

더 영적인 자들에 의해서는 심지어 고백되어진다.[2]

또한 가르쳐라. 즉, 우리는 성부를

[또 다른] 근원 아래에(ὑπὸ ἀρχήν) 두어서는 안됨을 가르쳐라.

"첫째 중의 첫째"를 상정하여, 그럼으로써

[신적] 존재를 뒤집지 않도록 해야 한다.[3]

그리고 우리는 성자 또는 성령이

근원이 없다고(ἄναρχος) 말해서는 안 된다.

성부의 특별한 특성(τὸ τοῦ Πατρὸς ἴδιον)을

제거하지 않도록 해야 한다.

---

1   나는 시작 행들의 신조적 구조를 강조하기 위하여, 그리고 뒤따르는 설명의 여러 다양한 점들을 구별하기 위하여 이 구절의 형식을 변형하였다. 이것을 영어로 표현하기는 어렵다. 왜냐하면 나지안조스의 그레고리오스의 최고로 반복적 아시아적 그리스 양식에서, "… 가르침으로써 우리의 경건을 규정하라"는 시작 문장 다음에 전체가 하나의 긴 일련의 종속절들로 구성되어 있다. 빈슨의 경우처럼 그것들을 모두 한정절들로 전화하기 보다는 나는 모세이의 불어번역에서처럼 수사학적 및 신학적 명료성을 위하여 그리스 구문의 많은 부분을 보존하고자 하였다.

2   나지안조스의 그레고리오스는 여기에서 세 단체들을 가리킨다. 그는 성령의 신성을 옹호하기 위한 노력들로 최근에 그러한 단체들을 다루었다(Or. 41.6; 또한 다음을 참조하라. 31.5): 즉, "성령과 다투는 자들", 성령을 믿는다고 주장하지만 공개적으로 고백하지 않는 자들(만년의 카이사레이아의 바실레이오스를 포함하여), 그리고 나지안조스의 그레고리오스와 같이 성령의 신성을 공개적으로 고백하고 삼위일체 전체를 고백하는 자들이다.

3   ἵνα μὴ τοῦ πρώτου τι πρῶτον εἰσαγάγωμεν, ἐξ οὗ καὶ τὸ εἶναι πρώτῳ περιτραπήσεται.

성자와 성령은 근원이 없지는 않다.

그러나 어떤 의미로는 성자와 성령은 근원이 없다.

이것은 역설이다.

그들은 자신들의 원인과 관련해서는(τῷ αἰτίῳ) 근원이 없지 않다.

시간에 있어서는 성부 다음이(μετ' αὐτόν) 아니라고 하더라도,

그들은 하나님으로부터(ἐκ Θεοῦ) 나오기 때문이다.

빛이 태양에서 나오는 것과 같다.[4]

그러나 그들은 시간과 관련하여서는 근원이 없다.

그들은 시간 아래에 있지 않기 때문이다.

그리고 가르쳐라.

즉, 우리는 세 개의 제일원리들을 믿지 않음을 가르쳐라.

그리스인들의 다신론을 지지하지 않기 위함이다.

하나의 고독한(μία) 원리도 믿지 않는다.

하나의 고독한 원리는 협소함에서 유대적이며,

베풀기를 마지못해 하며, 능력이 부족하다.

그래서 신성이 자체를 흡수한다고 말하든지

(이것은 성자가 성부로부터 나와서

다시 성부에게로 용해된다고 말하는 자들의 견해이다)

또는, [성자와 성령의] 본성들을 던져버리고

그것들을 신성에 이질적인 것으로 만든다

(이것은 우리의 현재의 전문가들의 견해이다).[5]

마치 신성이 어떤 경쟁적 대립을 두려워하듯이,

또는 피조물들보다 더 고상한 것은 아무것도 생성할 수 없듯이!

---

4   나지안조스의 그레고리오스는 태양이 지체없이 동시에 빛을 방산한다는 고대의 견해를 주장한다.
5   유사파, 에우노미오스주의자들, "성령과 다투는 자들"은 성자 및/또는 성령은 본질에 있어서 성부 하나님에게 종속적이라고 주장한다.

그리고 가르쳐라. 성부는 출생하지 않으심을 가르쳐라.

성부가 독특하시기 때문이다(εἷς ὁ Πατήρ).

그리고 성령은 성자가 아님을 가르쳐라.

독생자가 독특하시기 때문이다(εἷς ὁ Μονογενής).

그 결과

성자와 성령 각각 독특성이라는(τὸ μοναδικόν) 신적 특성을 지닌다.

전자는 아들됨(ἡ υἱότης)이며,

후자는 아들됨과는 다른 출원(ἡ πρόοδος)이다.

오히려, 가르쳐라. 성부가 참으로 아버지임을,

인간 아버지들보다 훨씬 더 참으로 아버지임을 가르쳐라.

왜냐하면 성부는 육체적 존재들과는 다른 방식으로

독특하게 및 특징적으로(μόνως, ἰδιοτρόπως) 아버지이시기 때문이다.

독특하시고(μόνος), 짝이 없으시고,

독특하신 분에게(μονοῦ) 속하시고, 즉 독생자에게 속하시고,

오직 아버지이시다(μόνον). 그는 전에 아들이 아니었다.

온전히 아버지이시다(ὅλον).

그리고 온전하신 이의 아버지이시다(ὅλου).

이것이 우리에게 분명하지 않다.[6]

그리고 처음부터(ἀπ᾽ ἀρχῆς) 아버지이시다.

왜냐하면 그가 시간 안에서 나중에(οὐ γὰρ ὕστερον)

아버지가 되신 것은 아니기 때문이다.

가르쳐라. 성자가 참으로 아들임을 가르쳐라.

성자 그만이 아들이며, 그만이 하나에 속하며,

---

6   즉, 인간에게서는 아버지됨과 아들됨이 그렇게 분명하지 않다. 왜냐하면 인간 아버지들은 또한
    아들들이 되기 때문이다. 반면에 삼위일체에서는 아버지됨과 아들됨이 절대적이기 때문에 완벽
    하게 분명하다.

절대적으로, 그리고 유일한 아들이다

(μόνος καὶ μόνου καὶ μόνως καὶ μόνον).

왜냐하면 그는 아버지가 아니기 때문이다.

그리고 그는 온전히 아들이며,

온전한 자에게 속하며, 그리고 처음부터 아들이다

(καὶ ὅλον Υἱὸς καὶ ὅλου καὶ ἀπ' ἀρχῆς).

아들로 되신 적이 결코 없다.

그의 신성은 목적의 변화로 인한 것이 아니기 때문이며,

또한 그의 신성화는

도덕적 진보(προκοπή)로 인한 것도 아니기 때문이다.

그렇지 않다면

성부가 아버지가 아니며 성자가 아들이 아닌 때가 있었을 것이다.

가르쳐라. 성령이 참으로 거룩함을 가르쳐라.

왜냐하면 성령과 같거나

성령과 똑같이 거룩한 자는 달리 없기 때문이다.

성령의 성화는 추가함으로써 오지 않는다.

그러나 성령은 거룩함 자체이다(αὐτοαγιότης).

성령은 더 거룩함도 덜 거룩함도 아니다.

성령은 시작이 없고, 시간 안에서 끝도 없을 것이다.

실상, 성부와 성자와 성령에게 공통적인 사실은

그들의 신성뿐만 아니라 그들이 창조되지 않았다는 점이다.

성자와 성령에게 공통적인 사실은

그들이 성부로부터 나온다는 점이다.

성부에게 독특하게 특징적인(ἴδιον) 점은 비출생(ἡ ἀγεννησία)이다.

성자에게 독특하게 특징적인 점은 출생(ἡ γέννησις)이다.

그리고 성령에게 독특하게 특징적인 점은 파송(ἡ ἔκπεμψις)이다.

그러나 만약 [신적 출생]의 방식을 추구한다면, 성경에서 서로를 알고 서로에게 알려진다고 증언되는 자들에게,[7]
또는 우리 중에서 나중에 위로부터 조명을 받게 될 자들에게조차,
무엇을 남기겠는가?

(25.15-16)

이와 같이 난해하고 신중하게 쓰여진 구절에서 나지안조스의 그레고리오스는 자신의 교리적 해설을 시작한다. 그는 성부, 성자, 성령에 대한 신앙을 담은 신조적 유형의 진술과 함께 시작하며, 각각의 독특한 특징들에 관한 상세한 논의를 제시한다. 지난 여러 달 동안 그는 유사파, 유사본질파, "성령과 다투는 자들"에 반대하여 성자 및 성령의 온전한 신성을 주장하는 데에, 그리고 성부 및 성령이 성부 하나님과 동등함을 주장하는 데에 노력을 집중해오고 있었다. 그러나 그가 자신의 교리적 입장을 간결하게 진술할 때, 우리가 예상하는 것처럼 그는 삼위일체적 동등성을 강조하는 것을 선택하지 않는다. 세 위격들의 일치성 또는 동일본질성을 강조하는 것을 선택하는 것은 말할 것도 없다. 그러나 오히려 그는 성부, 성자 및 성령의 독특한 특징들을, 그리고 그들 사이의 상호관계들을 강조할 것을 선택한다.

현저하게 나지안조스의 그레고리오스는 각 위격의 정체성을 —그리고 신적인 삶 전체를 — 삼위일체의 근원(ἀρχή)과 원인(αἰτία)으로서의 성부 하나님의 독특한 역할에 둔다. 현대의 해석자들에게 눈에 띄는 것으로 보일 수 있다고 하더라도, 그는 하나님을 일차적으로 "성부"로 언급하는 성경 및 전통 양식을 따라 신앙을 규정한다. 니카이아 신조가 하였던 바와 같다.[8] 신약의 증언을 따라서 보면, 하나님은 다른 무엇보다도 먼저 하나님의 아들,

---

7   참조. 고전 13:12; 요 17:3, 20-26.
8   나지안조스의 그레고리오스는 비슷한 신조 형식을 사용한다. 또한 성부의 우선순위를 강조하고 기원의 관계들을 강조한다. *Ors.* 32.5, 21; 39.12; 40.43-5.
9   예를 들면, 롬 1:7, 고전 1:9, 고후 1:2, 13:3, 갈 1:1, 약 1.1, 벧전 1:3. 복음서, 요한복음서, 히브리서에서 "성자"는 다른 성경책들에 있는 "주님"을 전형적으로 대신한다.

예수 그리스도의 아버지이시다.[9] 그러나 성부로부터의 무시간적 생성 덕분에, 성자 및 성령은 성부의 신적 본성을 온전히 공유하며 또한 하나님이시다.[10]

따라서, 나지안조스의 그레고리오스는 세 위격들을 주로 기원의 관점에서 및 이로 인한 상호관계들의 관점에서 규정한다. 즉, 하나님은 예수 그리스도의 성부이시며 출생하지 않으시는 분이시다. 주 예수 그리스도는 성부로부터 출생하시는 하나님 아들이시다. 그리고 성령은 성부로부터 출원하신다. 그러나 관계들로 이루어진 간단한 집합 외에도, 그는 시작부분에서 신조적 진술을 마치기 전에 성부 하나님으로부터 유래하는 인과적 관계들을 구체적으로 명시한다. 창조와 관련하여("따로 언급될 때에는"), 성자도 또한 "하나님"이시다. 왜냐하면 성자는 성부로부터 받는 신적 본성을 온전하게 지니시기 때문이시다. 그러나 세 위격들 사이에서의 영원한 관계들에서는("성부와 함께 명명될 때에는") 성부 하나님의 단일원리성 때문에 성부가 일차적으로 하나님이시고 성자는 "주님"이시다. 신약에서 전형적으로 명명되는 바와 같다.

나지안조스의 그레고리오스가 상세히 설명하듯이, **성부가 자신의 근원이 되시면서** ― 성부가 자존하는 신성이시며 비출생이시고 원인이 없으시며 근원이 없으시다는 의미로[11] ― **동시에 성자 및 성령의 근원이 되시는 것은, 그러므로 삼위일체 전체의 원인과 근원이 되시는 것은 성부의 특별한 속성이다.** 삼위일체의 근원으로서의 성부의 정체성을 부인하는 것은 ― 성부와는 다른 근원을 상정함으로써, 또는 원인으로서의 성부로부터 성자 및 성령의 존재를 끌어내지 않는다고 생각함으로써 성부의 정체성을 부인하는 것은 ― 그에게 하나님의 존재 전체를 부인하는 것과 동일하다. 그런 까

---

10 나는 "생성(generation)"이라는 용어로 성자의 출생(begetting)을 가리키고, 또한 성부 하나님에 의한 성령의 보냄(sending forth)을 모두 가리킨다. 이 둘을 구별하고자 할 때, 나는 성자에 대해서는 "출생(begetting)"이라고 말하고 성령에 대해서는 "보냄(sending forth)" 또는 "출원(procession)"이라고 말할 것이다.

11 "성부는 비출생으로서 존재하신다(τὸ τὸν Πατέρα εἶναι ἀγεννήτως)" (Or. 20.7). 그래서 성부는 생성되지 않으시고, 출생되지 않으시고, 다른 어떤 존재로부터 파생되지 않으신다"(ἀγέννητος, ἄναρχον, 25.16; 42.15).

닭에 그는 성부와 성자와 성령의 독특성을 상세하게 주장한다.

이를 위하여 그는 일련의 주요한 용어들을 간단히 나열한다. 즉, 이 구절의 시작부분의 말로부터("한 하나님", "한 주님", "한 성령") **단일원리성(즉, 근원의 단일성, 모나르키아(μοναρχία))**까지 나열한다. 인과성, 아들됨, 출원으로 표현되거나 비출생, 출생, 파송으로 표현되는 독특성(τὸ μοναδικόν)이라는 신적인 특성; 절대적 아버지됨, 아들됨, 거룩성; 그리고 여러 다양한 형태들의 "유일한" 또는 "단일한"(μόνος). **이 모든 것들은 근원 및 원인으로서의 성부의 독특한 정체성(τὸ τοῦ Πατρός ἴδιον)으로부터 유래한다.** 시작하는 행들에서 언급된 동등성조차도 그 아래에서 설명되는 독특한 정체성에 의존한다.

성부 하나님의 단일원리성은 — 즉, 삼위일체의 "유일한 근원" 및 "단일한 원리"로서의 성부의 독특한 정체성은 — 나지안조스의 그레고리오스의 중요한 교리적 진술들 각각의 중심에 놓여 있다.[12] 그리고 이것은 **그의 신학적 체계의 근본적 원리**이라고 증명된다. 362년 부활절 삼위일체에 관하여 처음으로 출판한 논의에서(2.36-38), 그는 이후의 활동 전체에 이어질 전형적인 예를 확립한다. 정통신앙을 아레이오스주의와 사벨리오스주의 모두에 대립되는 것으로 이해하는 기존의 규정을 받아들이면서 두 오류들로부터 참 신앙을 구별하는 것은 성부의 단일원리성이라고 주장한다. 성자 및 성령의 근원으로서의 성부의 지위로 인하여(τὸ τῆς ἀρχῆς ἀξίωμα, 2.38), (성부에게 "과도하게 몰두하는") 아레이오스주의자들이 주장하는 것처럼 성자는 피조물로 이해될 수 없다. 또한, (성자에게 "과도하게 몰두하는") 사벨리오스주의자들이 주장하는 것처럼 세 위격들이 오직 한 위격의 서로 다른 표현들일 수만은 없다.

여러 해 후 콘스탄티누폴리스에서의 첫 번째 설교에서 나지안조스의 그레고리오스는 이러한 초기의 진술을 인용하고 상세히 설명하며, 또한 신적인 삶의 근본적 원리를 더 온전하게 설명한다. 즉, **성부의 단일원리성과**

---

[12] 4개의 핵심적 본문들로는 다음과 같다: *Ors.* 20.6-7; 23.6-8; 25.15-16; *Ors.* 29-31. 또한 다음을 참조하라. 2.36-38; 6.22; 41.9f.; 40.43f.; 42.15f.

일차적 인과성은 하나님의 하나됨(εἷς μὲν θεός)의 근거이며, 또한 세 독특한 위격들(hypostases) 또는 인격들(persons)이 있다는 사실의 근거이다(αἱ δὲ τρεῖς ὑποστάσεις ..., εἴτ' οὖν τρία πρόσωπα)(20.6-7).[13]

달리 표현하면, 삼위일체의 일치성 또는 하나됨은 성부가 성자를 출생시키시고 성령을 출원시키시는 것에 의해서 형성된다. 성자와 성령을 생성시킴으로써 성부는 자신의 신성을 성자와 성령에게 온전히 전달하시며, 성자와 성령으로 하여금 동일한 신적 본성을 지니도록 하신다. 그래서 셋 모두가 함께 한 하나님이시다. 성자와 성령이 단일한 원리로서의 성부를 "다시 가리키고", 또한 성자와 성령이 존재하고 행하는 모든 것들의 기원으로서의 성부를 "다시 가리키기" 때문에, 나지안조스의 그레고리오스는 한 하나님이 존재한다고 자주 상술한다(20.7).[14] 그래서 성경에서 성자와 성령이 신적인 속성들을 지닌다고 표현할 때, 또한 성자와 성령이 성부에 의하여 생성되거나 보내어진다고 표현할 때, 성부 안에 있는 영원한 근원, 즉 성자의 영원한 근원과 성령의 영원한 근원을 궁극적으로 가리킨다.

예를 들면, 네 번째 「신학적 설교」에서 나지안조스의 그레고리오스는 **성부가 자신보다 더 크다는 예수님의 말씀은(요 14:28) 성육신한 주님으로서의 성자의 경륜적 열등성을 가리키기보다는 오히려 성자의 존재의 영원한 근원으로서의 성부의 우월성, 즉 성자에 대한 성부의 우월성을 가리킨다**고 주장한다(30.7).[15] 그가 「설교 29」에서 기독론적 주석에 관한 자신의 규칙을 개괄할 때, 그는 성자의 성육신한 상태를 가리키는 비천한 표현들을 중에 요한복음 14장 28절을 포함한다(29.18). 그러나 그 다음 설교의 더 긴 논의에서 그는 성부의 영원한 단일원리성과 원인성을 반영하는 해석을 자신이

---

13 또 다른 중요한 본문 「설교 23」에서 나지안조스의 그레고리오스는 양태론적 (마르켈로스적/포티노스적) 오류들과 종속론적 (유사파적/상이본질파적) 오류들에 반대하여 성부의 단일원리성을 위한 긴 논증을 다시 시작한다(23.6-). 그는 하나님은 최고의 존귀를 받으실 만하다고 말한다. 왜냐하면 그는 (성부는) 성자 및 성령의 신적 출원의 원인이며 근원이기 때문이시다(23.6).

14 참조. *Ors.* 41.9; 29.3; 30.16; 31.14, 30; 38.15 (=45.27); 42.15.

15 이러한 점은 아우구스티누스와의 흥미로운 대조점을 드러낸다. 아우구스티누스는 그러한 표현들이 성자가 인간으로서 지니는 열등한 지위를 드러낸다고 해석하기를 선호한다. 참조. 예를 들면, *Trin.* 1.15, 18; 6.10.

선호한다고 말한다. "인간으로서 여겨지는 성자보다 성부가 더 크시다고 말하는 것은 사실이지만 사소한 것이다"(30.7).[16]

마찬가지로, 성령의 신성에 반대하여 에우노미오스주의자들 또는 "성령과 다투는 자들"이 제시하는 비천한 표현들은 또한 제일원인으로서 및 성령의 근원으로서의 성부를 다시 가리킨다(31.30).[17] 그 결과로 나지안조스의 그레고리오스는 **삼위일체의 일치성은 단지 성부이며, 그로부터 성자와 성령이 나오고 성자와 성령이 그를 가리킨다**고 유명한 진술을 제시한다 (42.15). 이러므로 신적 일치성의 근거로서의 성부의 단일원리성은 에우노미오스주의자들과 유사파들이 제기하는 삼신론 비난에 대한 그의 일관된 응답으로 기능한다.[18]

하나님의 일치성은 하나님에게 오직 하나의 제일원리가 있다는 사실에 놓여 있다. 다신론의 진정한 오류는 하나 이상의 신적인 인물이 있다는 점이 아니라, 그들이 원리들의 복수성을 드러낸다는 점, 그리고 단 하나의 원리 하에 정리되어 있지 않다는 점이다. 반면에 성자와 성령은 성부로부터 받은 하나의 동일한 신적인 본성을 공유함으로써 단 하나의 원리 하에 정리되어 있다.

세 위격들이 존재하고 실행하는 단 하나의 신적 존재와 활동은 성부로부터 항상 나오며 성자와 성령에 의해 공유된다. 왜냐하면 성부가 그러한 존재와 활동을 그들에게 주고 그들은 받아들이기 때문이다. 이러한 이유로 나지안조스의 그레고리오스는 반복적으로 신적 일치성을 공통의 신성에 두지 않는다. 그렇게 두는 것은 마치 성부와 성자와 성령이 하나의 동일한 집단의 구성원들이기 때문에, 또는 성부와 성자와 성령이 단지 우연히 동일한 본성을 공유하기 때문에 한 하나님인 것처럼 여기는 것이다.

---

16 성부가 성자의 영원한 원인임을 명확히 하는 것은 네 번째 「신학적 설교」에서의 주석적 논증의 부담이다. 참조. 30.7, 9-12, 15-16, 20.

17 참조. Or. 41.9: "성령과 관련된 모든 것들은 제일원인[성부 하나님]을 다시 가리킨다. 성자와 관련된 모든 것들이 가리키는 것과 마찬가지이다." "제일원인"이라는 용어에 관해서는 다음을 참조하라. 31.14, 16, 30; 37.5.

18 Ors. 20.6; 23.6-7; 31.30; 25.16, 18; 38.8, 15; 40.41; 42.15.

그 대신에 나지안조스의 그레고리오스는 신적 일치성을 성부의 단일원리성에 둔다. 이러한 단일원리성에 의하여 성부는 자신의 존재를 성자 및 성령과 온전히 공유한다. 그가 콘스탄티누폴리스에서 행한 첫 설교에서 주장하듯이, "만약 성자와 성령이 하나의 원인(ἓν αἴτιον)과 합성되거나 융해되지 않고 하나의 원인을 다시 가리킨다면, 그리고 만약 성자와 성령이 신성의 동일한 운동과 의지를 공유한다면, 나의 견해로는 하나님의 일치성(τὸ ἕν)이 보존될 것이다"(20.7). 성자와 성령은 단지 자신들의 정체성으로 인하여 이렇게 한다. 즉, 성부와 성자와 성령은 그들 자체인 신적인 관계들(divine relations)(σχέσεις)로서 "서로에게 속한다(ἔχεσθαι)." 그래서 나지안조스의 그레고리오스는 성자가 "제일원인으로부터(from the First Cause, ἐκ τῆς πρώτης αἰτίας)"(37.5) 만물을 만들었음을, 또한 성자는 만물의 근원임을, 그러나 제일근원(the primary Source)으로부터 유래한 근원임을 강조한다(ἡ ἐκ τῆς ἀρχῆς ἀρχή)(38.13).

성부의 단일원리성은 신적 일치성의 근거일 뿐만 아니라, 또한 세 위격들의 구별되는 정체성들을 일으킨다. 나지안조스의 그레고리오스가 「설교 20」에서 계속하듯이, 성부와 성자와 성령은 세 독특한 존재들로 보존된다. 왜냐하면 성부는 "근원이 없는 근원, 즉 원인, 원천, 영원한 빛의 의미로서의 근원"이시기 때문이다.[19] 그리고 (성령처럼) 성자는 원인이 없지 않거나 또는 근원이 없지 않기 때문이다(20.7). 달리 표현하면, **성부와 성자와 성령 모두가 서로 구별되도록 하는 것은 성자 및 성령의 영원한 근원으로서의 성부의 역할이고, 따라서 성부로부터 성자 및 성령을 각각 생성하는 것으로서의 성부의 역할이다.** 이런 까닭에 나지안조스의 그레고리오스는 다음과 같이 유명한 정의를 제시한다. 즉, 세 위격들은 "관계들(σχέσεις)" 또는 서로를 향한 "존재의 양식들"(τὸ πῶς ἔχειν πρὸς [ἄλληλα])이다(29.16).[20] 성자와 성령을 서로로부터 (그리고 성부로부터) 구별시키는 것은 각각의 독특한 생성 양식

---

19 καὶ ἀνάρχου καὶ ἀρχῆς ἐπινοουμένου καὶ λεγομένου (ἀρχῆς δέ, ὡς αἰτίου καὶ ὡς πηγῆς καὶ ὡς ἀϊδίου φωτός).

들(출생 및 출원)이다(31.8-9).

이러한 점은 아우구스티누스의 전통과는 대조가 된다. 아우구스티누스는 차이점을 성부 및 성자로부터 나오는 성령의 이중출원에 둔다.[21] 반면에 나지안조스의 그레고리오스 따르면, 성부와 성자와 성령은 신적인 생성의 결과로 그들이 서로에게 대하여 관계를 맺는 방식에 의해서 규정된다. 성부는 이러한 신적인 생성의 근원이다. 이러므로 그들 사이의 구별되는 정체성들은 영원히 및 계속적으로 규정된다. 세 위격들을 보존하기 위하여 우리는 그들이 서로 합해지거나 용해되는 것으로 생각해서는 안 되며, 또는 신적 일치성을 존경하기 위한 강력한 바램으로라도 그들을 어떤 식으로든 혼동해서도 안 되는 것이 본질적이라고 그는 말한다(συναλειφή, ἀνάλυσις, σύγχυσις). 그렇지 않다면, 우리는 성부와 성자와 성령의 정체성들을 부정할 것이며, 결국 전체로서의 삼위일체론을 파괴할 것이다(20.7).[22] **이러므로 삼위일체는 바로 세 위격들의 독특한 정체성들로 인하여 존귀와 예배를 받으실 만하다. 즉, 성부는 신적 근원이시며 여기로부터 나오는 것은 성부의 본성에 온전히 참여한다. 그리고 성자와 성령은 성부로부터 나오지만 성부의 신적 본성을 공유하신다.**

콘스탄티누폴리스에서 상이본질파, 유사파, "성령과 다투는 자들"과의 논쟁들에서 나지안조스의 그레고리오스는 성자 및 성령의 신성을 강조하고, 특히 성자 및 성령이 성부와 갖는 동등성을 강조한다. 그러나 그렇게 하

---

20 참조. *Or.* 31.9: ἡ πρὸς ἄλληλα σχέσισ, 31.14: "그것은 마치 세 태양들 사이에서 빛이 단 하나로 합쳐져서 서로에게 관련되는 것과 같다." (οἷον ἐν ἡλίοις τρισὶν ἐχομένοις ἀλλήλων, μία τοῦ φωτὸς σύγκρασις). 이 용어는 본래 오리게네스와 에우세비오스에게서 발견된다. 이후에 라오디게이아의 게오르기오스, 카이사레이아의 바실레이오스, 에피파니오스가 받아들였다(본서의 결론을 참조하라) ―그렇지만 이 용어를 삼위일체적 교리를위한 기획으로 만든 것은 나지안조스의 그레고리오스였다.

21 참조. Augustine, *Serm.* 71.20.33; *Jo. ev. tr.* 99.8-9; *Trin.* 4.29; 15.29, 47-48. 아우구스티누스가 아레이오스주의자들/에우노미오스주의자들 및 "성령과 다투는 자들"에 반대하여 삼위일체의 일치성과 동일본질성을 강조하여 주장하지만, 그는 그들이 가지고 있는 가정을 공유한다. 즉, 출생과 출원 사이의 차이점이 성령으로 하여금 두 번째 성자가 되지 못하도록 하는 데에 충분하지 않다는 가정을 공유한다. 이러한 가정은 나지안조스의 그레고리오스가 설교 31.7-9에서 다루고 있는 주요한 반대점이다.

22 참조. *Or.* 25.18: "신성을 축소하거나 절단함으로써 신적 단일원리성에 대해 왜곡된 존경을 보이지 말라. 그리고 세 신들을 예배한다고 고소될 때에도 당황하게 느끼지 말라." (빈슨의 번역).

면서 그가 어떤 이들에 의하여 양태론이라는 고소를 당하였던 것처럼 보인다. 이런 까닭에 우리는 동일한 저작들 안에 있는 강력한 반(反)사벨리오스적 요소에 의하여 놀라서는 안 된다. 그러한 요소는 또한 나지안조스의 그레고리오스 자신의 확신들을 우연히 반영한다. 대체로, 그는 활동 전체에 걸쳐서 아레이오스주의 전에 사벨리오스주의에 대한 자신의 반대를 선언한다.[23] 그가 「설교 25」의 15-16절들 및 다른 곳에서 처음으로 세 위격들의 독특성을 강조한다는 사실은 이것이 그의 교리에서 얼마나 근본적인지를 보여줄 뿐만 아니라, 또한 반(反)사벨리오스적 감정이 콘스탄티누폴리스에서부터 안티오케이아에까지 동방신학자들 사이에 얼마나 깊이 뿌리내리고 있는지를 보여준다.[24] 그리고 이러한 사실은 나지안조스의 그레고리오스의 교리가 서로 관계를 맺으면서도 구별되는 세 인물들에 관한 성경의 묘사들에, 2세기와 3세기 신앙규범들에, 그리고 4세기 동방 기독교의 많은 신조들과 교리적 정의들에 확고하게 뿌리를 내리고 있음을 상기시켜 준다.

현대의 교부연구에서 신적 단일원리성은 2세기 및 3세기 소위 양태론자들과 양자론자들에 의하여 삼위일체의 영원한 구별들을 부정하는 것과 전형적으로 결부된다. 그러나 아이러니하게도 4세기의 삼위일체적 정통신앙의 중심에 놓여 있는 나지안조스의 그레고리오스 저작의 중심적 원리로서의 신적 단일원리성은 오늘날의 해석자들 사이에 가장 혼동스러운 점들 중의 하나가 되었다.[25] 그러한 혼동의 대부분은 문서적 증거와는 아주 상관없이 현대 역사가들과 신학자들 사이에 만연되어 있는 하나의 전제를 중심으로 생겨난다. 즉, 성자 및 성령의 근원과 원인으로서의 성부 하나님이 성자 및 성령에 대하여 갖는 우월성이 그들 사이의 일치성과 동등성과 선험

---

23 *Ors.* 2.36-38; 3.6; 18.16; 20.5-6; 22.12; 33.16; 21.13; 31.30; 36.10; 39.11; 42.16; 그렇지만 반대의 순서에 관해서는 다음을 참조하라. 24.13; 23.6; 34.8; 37.22; 43.30.

24 나지안조스의 그레고리오스와 가장 근접하게 유사한 예로는 다음을 참조하라. Basil, *Hom 24 Against the Sabellians, Arians, and Anhomoians.* 370년대 초반부터 중반까지에 저술되었다. 나지안조스의 그레고리오스가 동방의 신학전통과 맺는 관계에 관해서는 본서의 결론을 참조하라.

25 학문적 논쟁의 분석과 해결에 관해서는 다음을 참조하라. Beeley, "Divine Causality."

적으로 충돌한다는 전제를 중심으로 생겨난다.[26] 또는, 신적 단일원리성과 인과성이 구체적으로 성부에게 있지 않고, 성부 안에서의 기원과는 상관없이 신적 본성에 있다는 전제를 중심으로 생겨난다.[27]

그러나 우리가 이미 보았듯이, **나지안조스의 그레고리오스에게 성부의 단일원리성과 세 위격들의 동등성과 동일본질성은 함께 갈 뿐만 아니라, 필연적으로 함께 가고 사실상 동일한 것에 이른다. 삼위일체 내에서의 성부의 우선순위는 신적 일치성과 동등성과 충돌하지 않고, 오히려 일치성과 동등성을 일으키고 가능하게 한다.** 성부와 성자와 성령은 한 하나님이시다. 성부가 신적 본성을 성자와 성령에게 전달하시기 때문에 성자와 성령이 정확히 동일한 신적 본성을 공유함으로써 한 하나님이시다. 반면에, 성자 및 성령이 성부와 함께 갖는 동일본질성은 성부의 단일원리성의 필연적 귀결이며 또한 영원한 결과이다. **단일원리성과 동일본질성은 서로 반대되는 것이라기보다는 오히려 동일한 개념 안에 함께 속한다.** 그리고 신적 일치성은 성부의 우선순위 하에 구조화되어 특별한 "형태"를 지닌다.

더 선명하게 표현하면, 나지안조스의 그레고리오스는 성부의 단일원리성이 위격들의 동등성과 충돌한다는 개념을 확고하게 거부한다. 즉, 그는 성부의 단일원리성이 정확하게 바로 그러한 동등성을 일으킨다고 여긴다. 현대에서의 반대는 사실상 에우노미오스주의자들이 나지안조스의 그레고리오스, 카이사레이아의 바실레이오스, 다른 친(親)니카이아주의자들에 반대하여 제시하였던 것과 동일한 논증을 드러낸다. 즉, 성자와 성령은 성부라는 원인에 의하여 생성되기에 본질에서 동등할 수 없다는 논증을 드러낸다.[28] 그러나 나지안조스의 그레고리오스의 주장에 따르면, 성부가 성자와 성령을 일으키는 생성은 존재론적 불평등을 야기하기보다는 오히려 존재

---

26 다음을 참조하라. Meijering, "Doctrine of the Will and of the Trinity," 232-234; 또한 다음에서도 발견된다. Norris, *Faith Gives Fullness*, 45, 136-137, 176, 199; Hanson, *Search for the Christian Doctrine of God*, 713; Torrance, *The Trinitarian Faith*, 319-322; Egan, "Primal Cause," 28. 또한 다음을 참조하라. Pannenberg, *Systematic Theology*, vol. 1, 279-80.

27 참조. Hanson, *Search for the Christian Doctrine of God*, 710; Richard Cross, "Divine Monarchy," 114, 116; Ayres, *Nicaea*, 244-245.

28 *Ors.* 29.15; 30.7; 또한 다음을 참조하라. 38.15.

론적 **동등성**과 본질적 동일성을 일으킨다.[29] 달리 표현하면, 인과성과 위격적 구별성과 마찬가지로, 인과성과 동일본질성은 삼위일체 안에서 동일한 신학적 원리에 필연적으로 함께 속한다는 주장은 그의 삼위일체론에 중심적이다.

나지안조스의 그레고리오스에게 만약 성부가 성자와 성령을 생성함으로써 자신의 신성을 성자와 성령에게 전달하지 않는다면, 삼위일체 안에는 일치성과 동등성이 전혀 없고 참으로 삼위일체도 전혀 없다. 그리고 성부가 성자와 성령을 신성에 온전히 참여하는 자들로서 및 존재론적 동등자들로서 생성한다는 점을 제외하고는 삼위일체 안에 인과성 및 질서적인 위계성에 관한 어떤 느낌도 없다. 이러므로 성부의 단일원리성은 비동등성을 생성하기보다는 오히려 동등성과 공유적 존재를 생성하는 종류의 인과성이다. 그리고 위격들의 동등성은 원인, 근원, 제일원리로부터 나오고 그것들을 포함하는 종류의 동등성이지, 제일원리와는 별도로 존재하는 어떠한 종류의 동등성이 아니다. **그러므로 삼위일체 안에서는 의존성과 동등성이 상호적으로 관련되어 있다.** 이러한 생각이 아무리 어떤 고대적 또는 현대적 감수성들과는 상충한다고 하더라도 삼위일체 안에서는 그러하다.[30]

비록 어떤 이들이 정통적 신론이 삼위일체 내에서의 모든 인과적 관계들과 우월성에 관한 어떠한 이해도 배제한다고 주장하였다고 하더라도 — 즉, 신적 일치성의 특징이 주로 신적 **단순성**(divine simplicity)이고 더 이상의 조건들을 허용하지 않는다고 가정함으로써, 또는 삼위일체가 어떠한 종류의 위계성들도 허용하지 않는 **순전히 상호적인 페리코레시스**(perichoresis)를 포함한다고 가정함으로써 그렇게 주장하였다고 하더라도 — 나지안조스의 그레고리오스는 성자 및 성령이 근원이 없지(ἄναρχος) 않음을 강조한다(25.16). 그리고 그는 성자 및 성령이 성부의 원인에 의하여 생겨나는 것과는 별도로 존재한다고 상상하는 것이 오히려 성자 및 성령에게 불명예가

---

29 *Ors.* 29.15; 40.43; 42.15.
30 이러한 핵심적 입장이 지닌 교회론적 및 정치적 함의들은 중대하고, 복합적이고, 그리고 때때로 간과된다.

되는 것임을 강조한다(23.7). 그런 까닭에 그가 성자 및 성령을 규정하는 첫 번째 특성은 성자 및 성령이 성부로부터 나온다는 사실이다. 즉, "한 주님, **태어나신 성자**" 그리고 "성부로부터 **나오시는** 한 성령"이다. 이러한 특성은 또한 전통적 신조적 형식들을 반향한다. 성부는 자신의 정체성과 성자 및 성령의 정체성들을 완전히 규정하고 그것들을 각각 독특하게 만드는 방식으로 "참으로 아버지이시다"(μόνως, ὅλον, ἰδιοτόπως)(25.16).

그러므로 나지안조스의 그레고리오스는 다음과 같은 제안을 거부할 것이다. 즉, 성부가 삼위일체를 생성하기 시작한 이후로, 기원의 관계들의 질서구조가 어떻게든 시야에서 희미해져서 신성이 단지 순전히 상호적인 "페리코레시스적(perichoretic)" 교류만 한다는 제안을 거부할 것이다. 성부와 성자와 성령이 계속적으로 신적 존재를 부어주고 되돌리며, 그리고 이러한 의미에서 서로 "안에(in)" 및 "함께(with)" 존재하기에, 그들은 항상 영원히 선행적인 의미로 **성부의** 신적 존재를 공유한다. 나지안조스의 그레고리오스가 세 신적 존재들 전체의 일치성 또는 동일본질성을 주장하지 않고 있다는 점은 아무리 강조해도 지나치지 않다.

참으로, 그러한 주장은 대적자들에게 대답이 되지 못할 것이다. 왜냐하면 에우노미오스주의자들은 세 구성원들이 소속하여 있는 총칭적인 집합의 의미로서 공통적인 신적 본성의 일치성 또는 비분할성에 반대하고 있는 것이 아니기 때문이다. 그 대신에, 그들은 **성부로부터 태어나신** 성자가 성부의 신적 존재를 분할하지 않고서 받을 수 있다는 사상에 구체적으로 반대하고 있기 때문이다(예를 들면, 31.14).[31] 몇몇 현대 해석자들처럼, 에우노미오스주의자들은 신적 관계들이 인과적으로 질서정연하면서도 동시에 동등하다는 사상에 이런 식으로 반대하고 있다. 그러므로 나지안조스의 그레고리오스의 응답은 — 마치 다양성 안의 일치성이 문제였던 것처럼[32]

---

31 17세기 이후로 이 구절에 대한 논란이 있는 해석과 번역에 관해서는 다음을 참조하라. Beeley, "Divine Causality," 200, 210-211, 213 및 참고문헌.

32 나지안조스의 그레고리오스 및 다른 친(親)니카이아적 신학자들과 관련하여 에이레스가 받아들은 정의에서와 같다. Ayres, *Nicaea*, 236-240 그리고 여러 곳.

— 세 존재들 일반의 일치성 또는 동일본질성을 주장하는 것이 아니라, 오히려 하나님 안에서의 인과성과 존재론적 동등성 사이의 본질적인 연관성을 옹호하는 것이다.[33]

나지안조스의 그레고리오스에게 **삼위일체의 일치성은 하나의 추상적 논리적 원리 또는 신적인 삶의 선행적 사실이 아니다. 그러나 삼위일체의 일치성은 성자 및 성령을 일으키시는 성부의 신적 생성을 항상 가리키며, 또한 성부의 신적 생성이다.** 우리가 검토해오고 있는 중요한 삼위일체적 구절들에서, 신적인 일치성에 관한 이러한 단일원리적 이해는 아주 분명하다. 「설교 25」에서 성부의 단일원리성을 신중하게 개괄한 후에서야 나지안조스의 그레고리오스는 **"일치성은 삼위일체 안에서 예배되고, 삼위일체는 일치성 안에서 예배된다. 삼위일체의 연합과 구별은 모두 기적적이다"**라는 더 추상적인 진술문으로 마친다(25.17).[34] 이 진술문이 자신의 교리적 정황으로부터 분리된다면 삼위일체가 종종 생각되어지는 유사(類似)수학적인 의미로 이해될 수 있을 것이다. 즉, 한 하나님이 세 위격들 "안에" (어떻게든) 존재하고, 세 위격들이 서로에게 (어떻게든) 연합되어 있되, 이 진술문의 더 심오한 이해는 없다는 의미로 이해될 수 있을 것이다.[35] 그러나 나지안조스의 그레고리오스에게 이 진술문은 신적 일치성에 관한 무미건조한 총칭적인 진술이 전혀 아니라, 성자 및 성령의 일으키시는 성부의 영원한 생성을 가리키는 간략한 표현이다.

위의 첫 번째 혼동과 관련된 또 다른 혼동이 훨씬 더 널리 만연되어 있다. 즉, 교부들에 따르면, 인격성 또는 신적 본질 그 자체가 삼위일체에서,

---

33 참조. *Or.* 30.7: "그러한 원인[성부]으로부터 생성된다고 해서 생성하는 자보다 더 못함을 의미하지 않는다."

34 이와 동일한 순서가 설교 23.8에 나타난다: 하나님이 신성의 근원과 이 근원으로부터의 신적 출원(즉 성자와 성령)으로 구성되기 때문에, 그들은 그러므로 "자신들의 분리에서 하나이며 자신들의 연합에서 분리적이다. 비록 이것이 역설적인 진술이지만 그러하다. 그들은 세 완전한 존재체들의 온전한 삼위일체이다."

35 참조. 예를 들면, 다음을 참조하라. "Trinity" in the *Oxford Dictionary of the Christian Church*, 3rd ed.

그리고 따라서 기독교 존재론, 우주론, 인간론에서 우선순위를 가지는지 여부에 관한 혼동이 훨씬 더 널리 퍼져있다. 초대 및 중세 삼위일체 신학을 연구한 테오도르 드 레뇽(Théodore de Régnon)의 영향력 있는 연구에 관한 매우 난해한 해석에 근거하여 20세기 신학자들은 그리스 교부의 "인격주의(personalism)"와 라틴 스콜라주의의 "본질주의(essentialism)" 사이의 희화화된 구별을 발전시켰다. 전자는 본질(essence)보다 인격성(person-hood)을 우선시하지만, 후자는 인격성보다는 본질을 우선시한다.[36] 존 메이엔도르프(John Meyendorff)는 나지안조스의 그레고리오스가 성부의 우선순위를 주장하는 그리스적 견해의 전형적인 예라고 주장한다. 이러한 견해에 의하면, 신적 본질이 아니라 성부의 **위격**(hypostasis)이 "위격적 '존속'의 기원(the origin of hypostatic 'subsistence')"이다.[37] 위격의 범주와 본질의 범주를 서로 인위적으로 분리시킴으로써 메이엔도르프는 나지안조스의 그레고리오스의 교리를 극도로 잘못 표현한다. **나지안조스의 그레고리오스에게 삼위일체의 제일원리는 "인격성"도 아니며 신적 본질 그 자체도 아니라 성부 하나님이다. 태어나지 않은 신성으로서 성부 하나님은 위격**(hypostasis)**이면서 동시에 신적 본질**(divine nature)**이시다.**[38]

따라서, 나지안조스의 그레고리오스는 신적 삶을 성부의 단일원리성에 영원히 근거한 것으로서가 아니라 순전히 상호적인 것으로 여기는 삼위일체적 **페리코레시스**(perichoresis)에 관한 어떤 개념도 또한 거부할 것이다. 즉, 성부가 동일본질적 삼위일체를 확립하자마자 마치 신적인 생성들의 위계질서적 구조가 신성의 순전히 상호적인 교류로 대체되는 듯이 여기는 개념을 또한 거부할 것이다. 나지안조스의 그레고리오스는 서로에게 관계되는 정체성들이 변하는 방식으로 세 위격들이 서로 섞이지 않는다고 주장한

---

36 Régnon, *Études de théologie positive sur la Sainte Trinité*. 이것은 17세기 페토의 저작에 근거한다; 나지안조스의 그레고리오스에 관해서는 다음을 참조하라. vol. 1, 405. 20세기에 레뇽의 논증을 이상하게 받아들이는 것에 관한 설명은 다음을 참조하라. Michel René Barnes, "De Régnon Reconsidered"; Hennessy, "Answer to de Régnon's Accusers."

37 Meyendorff, *Byzantine Theology*, 183.

38 다음의 탁월한 연구를 참조하라. Halleux, "Personalisme ou essentialisme trinitaire?" 149-150; Beeley, "Divine Causality," 213-214.

다(20.7). 그리고 그는 성부가 항상 성자 및 성령 안에 있는 신성의 근원이라는 점을 동일하게 확신한다.

아무리 사람들이 나지안조스의 그레고리오스가 위(僞)키릴로스와 다마스코스의 요안네스에게서 발견되는 **페리코레시스(perichoresis)**의 전통을 지지하는 것으로 만들고자 하더라도,[39] 나지안조스의 그레고리오스에게는 신적 삶이 성부의 단일원리성에 영원히 근거하여 표현되고 있다는 점을 염두에 두어야 한다. 비록 성부와 성자와 성령이 신적 존재를 계속해서 쏟아내고 되돌리며, 그래서 서로 안에 상호적으로 내재한다고 말하여질 수 있다고 하더라도, 성부와 성자와 성령이 공유하는 것은 영원히 선행적인 의미로 항상 **성부의** 신족 존재이다. 신적인 생성과 수용의 과정 전체는 성부 하나님에 의해서 일으켜지는 것이며 성부 하나님에게 시작한다.

성부 하나님의 우선순위가 그의 신학적 환경에서는 보편적으로 당연시되었기 때문에, 나지안조스의 그레고리오스는 삼위일체를 다루는 모든 논의에서 그것을 확인하지는 않는다. 그가 가장 의미있는 해설들에서 자신의 입장을 명시적으로 제시하고 종종 그것을 지나가는 말로 언급하지만, 그는 또한 동일본질성이라는 용어와 같은 이차적 및 파생적 개념들을 통하여 그것을 언급한다. 니카이아 용어인 호모우시오스(ὁμοούσιος, 동일본질성)는 단일원리성이라는 더 근본적인 개념을 가리키는 암호로서 주로 기능하고, 또한 새로 생겨나는 친(親)니카이적 합의를 그가 지지한다는 점을 알려주는 공개적인 별칭으로 기능한다.

예를 들면, 비록 그가 바울이 "성부", "성자", "성령"이라는 용어들을 상호교환적으로 사용하는 것을 동일본질성의 증거로 가리킨다고 하더라도(34.15), 그는 성부가 성자 및 성령과 동일본질하다는 점에 관하여, 또는 전체로서의 "동일본질한 삼위일체(consubstantial Trinity)"에 관하여 결코 말하지 않는다.[40] 그는 이 용어를 오직 한 방향으로만 사용한다. 즉, 성자 및 성령이 **성부의** 신적 본질에 온전히 참여한다는 점을 드러내기 위하여 사용

---

39 참조. Egan, "Primal Cause."

한다. 더욱이, 그는 이 용어를 아주 좀처럼 사용하지 않으며[41] 종종 다른 이들의 논증들에 대한 응답으로 사용한다는 사실은[42] 이 용어가 그의 교리의 근본적인 요소이라기보다는 오히려 부산물이라는 점을 더욱 강조한다.

이러므로 성부, 성자, 성령의 구별된 정체성들 뿐만 아니라, 성자와 성령이 성부와 가지는 동일본질성 및 신적 일치성은 성부의 신적인 생성의 영원한 귀결이며 결과이다. 성부의 단일원리성은 삼위일체적 논리의 근본적 원리이며, 또한 일치성과 구별성의 문법적 측면들을 포함하고 그것들에 의미를 제공하는 근본적 역동성이다. 나지안조스의 그레고리오스의 교리에서 성부의 단일원리성이 지니는 중심성은 그가 용감한 친(親)니카이아적 감독으로서 성부는 성자와 성령의 원인과 근원으로서 "더 크시다"는 점을 계속 강조한다는 사실에서 보여질 수 있다. 「세례에 관하여」라는 그의 위대한 설교에서 최근의 유사파 요리문답자들에게 참된 신앙을 요약하여 제시한다. 여기에서 그는 성자 및 성령의 신적 본질과 동등성의 근원으로서의 성부의 역할로 인하여 성부를 "더 크시다"라고 말할 것이라고까지 말한다. 다만, 그는 비방자들이 신적 원인은 동등자들이 아니라 열등자들을 생성한다고 잘못 가정하는 점에 대해서는 동의하지 않는다(40.43).

이러한 이유로 나지안조스의 그레고리오스는 **원인으로서의 성부가 성자보다 더 크시다는 점이 성부가 존재에서 더 크시다는 점을 의미하지 않는다**고 여러 차례 설명하여야 했다.[43] 4세기의 에우노미오스주의자들에게서

---

40 이 시점까지 니카이아적 신학자들 사이에서 "동일본질적 삼위일체"라는 구절이 드물게 나타난다. 이 구절은 362년 알렉산드레이아의 교회회의로부터 문헌 속에 간단하게 나타난다(Athanasius, *Ep. cath.* 7. 또한 다음에서 보고된다. Socrates, *HE* 3.7; 그러나 주목할 정도로 다음은 아니다. *Tom.*); Didymus the Blind (*Comm. Zach.* 3.261.10); Epiphanius (*Ancor.* 64.3.1; *Panar.* 57.4.11; 76.45.5; *De fide.* 14.1). 그러나 아타나시오스게엑 동일본질이라는 용어선 성자가 성부 하나님의 신성을 온전하게 소유하고 성부 하나님의 신성 안에 존재함을 매우 분명하게 가리킨다. 이러한 점은 니카이아 신조의 두 번째 전문적인 구절에 의해서, 즉 성자는 "성부의 본질로부터"이라는 구절에 의해서 또한 전달된다.

41 동일본질(*homoousios*)이라는 용어는 설교 25.15-18에 있는 나지안조스의 그레고리오스의 중요한 삼위일체적 진술에서는 전적으로 나타나지 않는다.

42 예를 들면, *Or.* 31.10: "그렇다면, 무엇인가? 성령은 하나님이신가? 물론이다. 성령은 동일본질이신가? 만약 성령이 하나님이시라면, 그렇다." 또한 다음을 참조하라. 30.20: 그리스도의 칭호인 "성자"는 그가 본질에서 성부와 동일하다는 점을(ταὐτὸν κατ᾽ οὐσίαν), 그리고 그가 성부로부터 나온다는 점을(κἀκεῖθεν) 알려준다.

처럼 많은 현대인들에게는 다음의 사실을 강조하여야 한다. 즉, 나지안조스의 그레고리오스가 이러한 단서조항을 만들면서도 성부의 우선순위를 취소하려고 의도하지 않고, 오히려 정반대로 일치성과 구별성의 토대로서, 그리고 참으로 삼위일체의 존재 자체의 토대로서 성부의 우선순위를 분명하게 하고자 의도하였다. 그러므로 나지안조스의 그레고리오스의 교리의 중심에 있는 성부 하나님의 단일원리성은 삼위일체 내의 일치성과 구별성 모두의 뿌리이며, 그리고 이러므로 신적 삶의 두 측면들의 더 심오한 원리이다. 신적 일치성에 관한 모든 개념화들은 궁극적으로 영원한 생성들을, 그리고 성부가 성자 및 성령과 신적 본성을 공유함을 나타내며, 또한 성자 및 성령이 성부 하나님을 다시 가리킨다는 점을 나타낸다. 세 위격들 사이의 구별성에 관한 우리의 개념들도 마찬가지이다.

그러므로 나지안조스의 그레고리오스는 하나님이 일종의 역동적 질서 정연한 삶으로 계시된다고 이해한다. 즉, 성부 하나님으로부터 영원히 나와서 성부 하나님에게로 나아가는 삶으로 계시된다고 이해한다. 신적 생성들의 정확한 방식은 신비로 남으며 삼위일체의 내적 질서는 그 자체에로만 온전히 알려지지만,[44] 그럼에도 불구하고 그는 우리가 신적 경륜 안에서의 신앙을 통하여 하나님의 영원한 존재의 구조와 "운동"에 관하여 실질적인 이해를 얻는다고 믿는다. 성부가 성자와 성령을 생성하고 성자와 성령은 성부의 신적 본질에 온전히 참여하되 성부와는 구별되기 때문에, 다른 방식으로는 그러하지 않을 신적 관대성과 효능성을 하나님이 본질적으로 지니신다(25.16).

자신의 교리의 중심을 삼위일체의 영원한 역동적 삶에 둠으로써 나지안조스의 그레고리오스는 다시 오리게네스의 활동을 가까이 따른다.[45] 그

43 *Ors.* 29.15; 30.7.

44 *Ors.* 6.22; 20.10-11; 23.11; 29.8; 25.16.

45 "존재론적" 견해와 비교하여, 삼위일체에 관한 오리게네스의 역동적인 이해를 유용하게 논의한 것에 관해서는 다음을 참조하라. Crouzel, *Origen*, 187-88. 나지안조스의 그레고리오스에 대해서 —그리고 아마도 또한 오리게네스에 대해서— 우리는 크루젤의 입장을 수정하여 존재론 또는 신적 존재는 그 자체로 본질적으로 역동적이라고 말해야 한다.

는 삼위일체와 다른 교리들을 대조시킨다. 즉, 하나님을 소외되고 단절되며 무제히 분산된 분으로 만들거나, 또는 질투에 의해서든 두려움에 의해서든 수축되거나 인색하는 분으로 만드는 교리들을 대조시킨다. 전자는 다신론적 교리를 가리키며, 후자는 에우노미오스적 또는 유사파적 입장들을 가리킨다(23.6, 8; 25.16). 세 번째 「신학적 설교」의 시작 부분에 있는 유명하지만 종종 오해되는 구절에서 나지안조스의 그레고리오스는 성부 하나님으로부터 항상 일어나고 성부 하나님에게로 돌아가는 삼위일체의 역동적 삶을 간결하게 묘사한다. 그리스인들의 무(無)원리성(anarchy)과 다(多)원리성(polyarchy)이 혼돈과 무질서로 나아가는 경향이 있는 것과는 정반대로 그리스도인들은 신적 단일원리성(monarchy)을 인정한다.

> 그러나 우리 사이에서 존귀를 받는 것은 단일원리성이다 — 단 하나의 위격(πρόσωπον)[46]에 의해 한계가 정해지는 단일원리성이 아니다(왜냐하면 일자(the One)[τὸ ἕν]가 자신과 "불화"하여 복수성이 되는 것이 가능하기 때문이다). 그러나 본성의 동등한 위엄, 의지의 공통적 일치, 그리고 행동의 동일성에 의하여 함께 결합되는 단일원리성이다. 또한, 일자(the One)로부터 나오는 것들이 일자(the One)에로 수렴함에 의해서 결합되는 단일원리성이다. … 그래서 수(數)에서는 차이점이 있으나 본질에서는 구분이 없다. 그러므로 처음부터[47] 단일체(Monad)가 이중체(Dyad)로 나아가며 삼중체(Triad)에서 멈춘다 — 그리고 이것이 우리에게는 성부와 성자와 성령이다. [성부는] 출생하시는 자(ὁ γεννήτωρ)와 출원하시는 자(ὁ προβολεύς)이시며, 성자와 성령은 출생되시는 자(τὸ γέννημα)와 출원되시는 자(τὸ πρόβλημα)이시다.(29.2)

여기에서 다시 나지안조스의 그레고리오스는 구체적으로 성부의 단일원리성의 관점에서 삼위일체에 관한 자신의 견해를 신적 생성성(the divine

---

46 즉, 에우노미오스적 체계에서의 고독한 성부.
47 참조. 요일 1:1; 또한 다음을 참조하라. 요 1:1.

generativity)으로 요약한다. 이러한 신적 생성성은 성부로부터 영원히 나와서 성자 및 성령을 생성하고, 그럼으로써 온전한 삼위일체를 생성한다.[48] 삼위일체의 형성과 일치성은 성자 및 성령을 일으키시는 성부의 생성으로부터, 그리고 성자 및 성령이 성부에게로 다시 "수렴함"으로부터 생긴다. 여기에서 성부는 신적 생성성에 의하여 "일자(the One)(τὸ ἕν)"이시다. 동일한 생각을 더 이전에 작성한 것에 따르면, 나지안조스의 그레고리오스는 단일체(Monad)가 자신의 아주 풍성함으로 이중체(Dyad)를 초월하고 삼중체(Triad 즉, 삼위일체)를 생성한다고 말한다(23.8).[49] 그는 삼위일체의 완전성은 삼위일체가 피조된 질서의 기초인 이중성을 및 "이중성의 종합"을 초월한다는 사실에 의해 알려진다고 말한다. 이중성은 물체들을 구성하는 형상(form)과 질료(matter)를 가리킨다. 그러므로 삼위일체로서 하나님은 풍성하게 생성하시며 동시에 질서를 소유하신다. 이 두 가지는 생명 및 건강의 원리들이다.[50]

---

48 "그리고 이것은 우리를," 즉 그리스도인들을 "위한 것"이지 그리스인들을 위한 것이 아니다라고 말하는 그의 발언이 알려주는 바와 같이, 설교 29.2에서 나지안조스의 그레고리오스는 철학적인 여운을 지닌 용어들을 사용하고 있다고 오랫동안 인정되어 왔다. 유사점들을 다음에서 발견할 수 있다. Plotinus, *Enn*. 3.8.10 (권능의 흐름에 관하여 및 만물이 일자에로의 복귀에 관하여; 그리고 5.1-2(이중성과 다수성이 어떻게 일자로부터 생성하였으며 일자 안에서 및 일자로서 존재하는지에 관하여). 최근의 논의에 관해서는 다음을 참조하라. Meijering, "The Doctrine of the Will and of the Trinity," 226; Gallay, *SC* 250, 181; Norris, *Faith Gives Fullness*, 44; Vaggione, *Eunomius of Cyzicus*, 83 n92; Bergjan, *Theodoret von Cyrus*, 73-79. 초기 기독교 신학자들 안에서 드러나는 철학적 자료에 큰 관심을 두는 것이 19세기 이후로 유행이었지만 —드뢰세케는 나지안조스의 그레고리오스가 플라톤적 영향을 받았다는 자신의 주장의 많은 부분을 이 구절에 근거시킨다 (Dräseke, "Neuplatonisches," 142-143)— 여기에서 나지안조스의 그레고리오스가 사용하는 개념들과 용어들은 다른 구절들에서는 두드러지게 나타나지 않고 그의 교리에 근본적이지 않다. 더욱 핵심적으로, 나지안조스의 그레고리오스는 수사학적 효과를 위하여 통용되는 문화를 주로 활용하고 있다. 그러한 진술들은 기독교적 틀 안에서는 또한 전통적이다: 아타나시오스는 3세기 알렉산드레이아의 디오니시오스의 유사한 표현을 인용한다(*Dion*. 17, 19). 그에 관하여 나지안조스의 그레고리오스가 읽었을 수도 있다. 어쨌든, 나지안조스의 그레고리오스는 일치된 신적 삼중체에 관한 철학적 교리를 확립하려고 시도하고 있는 것이 아니다. 피노가 논평하듯이, 비록 그가 플로티노스를 암시하고 있다고 하더라도, 이 본문은 어떤 심각한 신플라톤적 영향을 드러내지 않는다. Pinault, *Le Platonisme*, 232.

49 여기에서 우리는 그리스 용어인 트리아스(τρίας)가 가장 단순히 삼중체(triad)를 의미함을 기억해야 한다. 라틴어 트리니타스(*Trinitas*)처럼 "셋"과 "하나"를 모두 융합적으로 함의함을 포함하지 않는다.

50 참조. *Or*. 20.6. 나지안조스의 그레고리오스는 창조세계에서의 질서가 여러 수준들에서 신적 존재와 의지를 드러낸다고 주장한다. 예를 들면, 교회의 몸 안에서의 질서와 통치에 관해서는 다음을 참조하라. 2.4; 별들 사이에서의 질서에 관해서는 다음을 참조하라. 7.7; 천상과 지상과 인간 행동에서의 질서에 관해서는 다음을 참조하라. 32.8, 18. 그는 평화에 관한 세 설교들(6, 22, 23)과 설교 32(논쟁 중인 중용에 관하여)에서 이러한 유사점을 아주 효과적으로 탐구한다.

이러한 진술들에서 나지안조스의 그레고리오스는 일치성과 구별성을 생성하는 삼위일체의 내적 생성성은 성부의 위격 안에서 원초적 존재양식 안에 있는 신적 본성을 반영한다고 또한 말한다. 그리고 그리스도인들은 하나님이 성부이심을, 즉 신적인 성자와 성령을 영원히 생성하는 성부이심을 믿는다고 말한다. 이것이 삼위일체적 계시의 본질이다. 성부와 성자와 성령의 인격성과 신적 본성 사이의 예리한 구별에도 불구하고 ― 그러한 구별이 삼위일체론의 개념적 기초라고 종종 가정되지만,[51] ― 그에게는 다른 방향으로의 강한 추동력이 또한 있다. 즉, 사실 그 자체들로는 존재하지 않는 두 범주들 사이의 상호 함의성과 상관관계성을 강조하는 추동력이 있다. 그것들이 그 자체들로는 존재하지 않는다는 점을 기억하여야 한다. 비본질적인 신적 인격 또는 비인격적 신적 존재와 같은 것은 전혀 없다. 오히려, 성부와 성자와 성령은 ― 이것들은 항상 일차적인 신학적 범주들이다 ― 각각 **위격**(hypostasis)이며 또한 신적 존재이다. 그가 「설교 25」에서 논평하듯이, 세 위격들 각각의 독특성과 전체로서의 하나님의 독특성 사이에는 근본적 상응성이 존재한다(25.16).[52]

동일본질성의 형이상학보다 더 근본적인 것은, 또는 일치성 또는 위격적 구별성의 논리보다 더 근본적인 것은 삼위일체가 성부 하나님의 단일원리성에 기초한 영원한 운동 또는 역동성을 포함한다는 점이며, 또한 삼위일체가 그러한 영원한 운동 또는 역동성이라는 점이다. 그러므로 그의 기독론 및 성령론에 유사한 방식으로 우리는 그의 삼위일체론의 뿌리로서 일종의 서사(narrative)를 발견한다. 즉, 성부가 영원히 성자를 낳고 성령을 내보내며, 이를 통하여 신적인 삶이 형성된다는 점을 발견한다. 정확하게 바로 하나님

---

51 여기에 관해서는 다음을 참조하라. Lienhard, "Ousia and Hypostasis." 이러한 구별은 카이사레이아의 바실레이오스와 니사의 그레고리오스의 저작에서 훨씬 더 큰 역할을 담당한다; 본서의 결론을 참조하라.

52 성부, 성자, 성령이 각각 독특하신(εἷς, μόνος) 것처럼, 성부, 성자, 성령은 독특성(τὸ μοναδικόν)이라는 신적 특성을 각각 공유하신다.

53 "하나님은 피조물보다 비례적으로 더 많은 존귀를 지니시는 분이시다. 그래서 피조물의 근원이 아니라 신성의 근원이 되는 것이, 그리고 신성의 매개를 통하여 피조물에게로 나아가되 그 반대는 아닌 것이 제일원인의 더 큰 위엄에 더욱 적합할 정도이다."

의 생성성이, 즉 자신과 동등한 성자와 성령을 일으키시는 하나님의 생성성이 하나님을 존귀을 받으실 만한 분으로 만든다(23.6).[53] 그래서 그의 저작 안에는 하나님의 경륜적 계시의 서사적 특성과 그러한 계시의 신학적 의미의 서사적 특성 사이에 심오한 상응성이 존재한다. 이렇게 하여 **성부 하나님의 단일원리성은 삼위일체적 논리의 토대적 원리이며, 삼위일체 안에서의 일치성과 구별성의 문법적 측면들에 의미를 제공하는 근본적 역동성이고, 또한 영원한 하나님이 알려지도록 하는 신적 경륜의 기본적인 형태이다.**

3

삼위일체를 이해하기

    목회적 신학자로서 나지안조스의 그레고리오스는 교리적 갈등이 극심한 환경에서 자주 활동하였고, 또한 여러 수준들에서 더 큰 교회적 관계망에 참여하였다. 그가 처하였던 여러 다양한 상황들은 여러 다른 수사학적 접근들과 교리적 양식들을 자연스럽게 요구하였다. 그것들 중 일부는 더 피상적이거나 더 정형화된 특성을 지니지만, 다른 것들은 논리와 형이상학의 문제들을 고통스러울 정도로 상세하게, 그렇지만 가장 자주 마지못하여 다룬다. 우리가 막 검토하였던 나지안조스의 그레고리오스의 기본 교리는 다양한 형태들로 반영되어 있다. 즉, 간단한 신앙고백적 정식들로부터 개념적 및 언어적으로 다듬어진 상세한 점들에 반영되어 있다. 전자는 신학적 동맹자들 속에서 자신의 입장과 교회적 규정들을 알려주는 데에 기여하는 반면에, 후자는 당시의 논쟁들의 구체적인 논증들에 자주 응답한다.

    삼위일체에 관한 나지안조스의 그레고리오스의 가장 중요한 간단한 진술은 현존하는 그의 첫 번째 설교에서 나타난다. 나지안조스에서의 지역적 분열에 대한 응답으로 그는 자신의 회중이 "성부와 성자와 성령, 즉 하나의 신성과 권능에 관한 건전한 신앙"(1.7)을 옹호하도록 명한다. 또한, 콘스탄티누폴리스에서의 초기 진술문에서 그는 동일한 기본적 정의를 광범위한 삼위일체적 합의를 세우기 위한 결집점으로서 다음과 같이 제시한다. "경건에 관한 단 하나의 정의, 성부와 성자와 성령에 대한 예배, 그리고 셋 가운데에 있는 하나의 신성과 권능을 우리가 고수하지 않겠는가?"(22.12).[1] 동일한 방식으로 그는 자신의 복잡한 「신학적 설교」를 마치고(31.33),[2] 황제 앞에서 자신의 초기 신앙고백을 하며(36.10), 그리고 그가 그리스도인들에게 세례를 줄 때 사용하는 신앙을 규정한다(40.41, 45).[3]

이 단순한 신앙고백은 여러 가지 측면들에서 주목할 만하다. 이것은 오직 성경언어만을 사용하고 우시아(οὐσία, 본체/실체)라는 용어를 피한다. 이 용어는 악명 높은 논쟁점으로서 콘스탄티우스와 발렌스와 같은 유사파 정권들 하에서는 금지되었으며, 또한 각기 다른 방식으로 생각이 비슷한 동일본질파 및 유사본질파 신학자들 사이에서 여전히 논쟁이 되고 있었다. 후자는 아시아에서 나지안조스의 그레고리오스 자신의 직접적인 환경에 최고로 집중되어 있었고, 또한 멜리티오스 주위에 있는 자신의 후원관계망에 집중되어 있었다. 아시아에 있는 자신의 동시대인들처럼, 나지안조스의 그레고리오스 자신은 "존재(being)"라는 관점에서 말하기보다는 "신성(Divinity)"에 관하여 말하기를 선호한다.

그러나 대개 이 진술을 둘러싼 더 상세한 논증과 함께 이 진술은 나지안조스의 그레고리오스의 믿음을, 즉 성자와 성령이 성부의 신성을 온전히 소유한다는 믿음을 또한 알려준다. 그리고 이 진술은 나지안조스의 그레고리오스의 반대를, 즉 성부와 성자와 성령이 아무리 서로 "비슷하다"고 말해진다고 하더라도 성자와 성령은 성부와는 다른 본성을 지닌다고 주장하는 자들에 대한 그의 반대를 알려준다.[4] 형식적으로 말하자면, 이 진술은 — 신

---

1   만약 「설교 20」의 날짜가 더 나중이라면, 이 진술은 수도에서 나지안조스의 그레고리오스의 첫 번째 진술이다. 또한 다음을 참조하라. 23.12. 여기에서 그는 신앙을 유사한 용어들로 요약한다: "성부, 성자, 성령, 즉 우리의 공통된 이름에 대한 믿음과 중생." 즉, 공통된 이름은 신성이다; 33.16.

2   많지 않은 말들로 표현되는 "하나님에 관한 더 경건한 개념(ἔννοια)"을 고수하는 것, 하나님으로부터 받은 조명을 지키는 것, 그리고 다른 사람들을 설득하여 "성부, 성자, 성령, 하나의 신성과 권능을 예배하도록 하는 것."

3   참조. Ors. 12.1; 32.21; 36.10; 26.19; 38.8; 40.5; 42.15, 16; 그리고 반대의 순서에 관해서는(성부, 성자, 성령의 하나의 신성) 다음을 참조하라. 19.17; 21.33; 34.9; 28.3 (참조. 31.9).

4   360년 리미니/콘스탄티누폴리에서의 정의, 즉 현재 통치하고 있는 제국의 정의에서와 같다.

적 경륜에서 만나는 세 위격들 — 성부와 성자와 성령의 이름을 사용한다. 그런 다음에 이 진술은 술어로서 선언한다. 즉, 성부와 성자와 성령이 각각 하나의 신성과 권능을 소유하며, 또한 하나의 신성과 권능이라고 선언한다. 하나의 신성과 권능은 보편적으로 성부 하나님과 연결된다. 그러므로 이 진술은 우리가 위에서 논의하였던 더 긴 구절들과 동일한 기본 형태를 반영한다.

대체로, 나지안조스의 그레고리오스는 성부와 성자와 성령의 구별된 정체성들을 처음에 논의한다(A부). 그런 후에 그는 그들이 공유한 신성과 본성의 일치성을 다룬다(B부).[5] 이러므로 이 간결한 신앙고백은 그의 더 온전한 교리를 나타내는 간략한 표현의 역할을 한다.[6] 이 점에 관하여 우리는 곧 다시 살펴볼 것이다. 사회적 기능의 관점에서 보자면, 이 진술은 강력하게 삼위일체적 단체들이 합의할 수 있는 교리적 진술, 즉 기억할만하고 상대적으로 비구체적인 교리적 진술의 역할을 한다. 그가 여러 다른 신학적 단체들을 통합하고자 시도하고 있던 설교들에서 이 진술이 자주 등장하는 사실에서 우리가 이 점을 알 수 있다.[7] 이 진술은 가장 자주 나타나는 그의 삼위일체적 공식이며, 또한 교부 자료들에서도 아주 독특하다.[8]

나지안조스의 그레고리오스가 제시하는 두 번째 간결한 정의는 참된 신앙을 사벨리오스와 아레이오스의 교리적 오류들과 대조시킨다. 한 번 더 그는 새롭게 일어나는 친(親)니카이아적 운동 내에서 자신의 헌신들을 주

---

5   참조. *Or.* 6.22: "성부, 성자, 성령을 예배하는 것 (A), 성자 안에서 성부를 알고 성령 안에서 성자를 아는 것 (B)," 이런 후에 동일한 형태가 두 번 더 반복된다. 20.5: "그러므로 우리는 성부, 성자, 성령을 예배하고, 각각의 개별적 특성들(ἰδιότητας)을 구별한다 (A). 그러면서 그들의 신성을 연합시킨다 (B)." 20.6은 또한 세 개별적인 특성들을 받아들인다 (A). 그런 다음에 20.7은 신적 일치성을 다룬다 (B). 23.4: "성부, 성자, 성령을 존귀하게 여기며 (A), … 하나님을 연합시키고 존귀하게 여기고 God (B). 26.19": "성 삼중체 (A), … 우리에 의해 올바르게 연합되고 예배된다 (B)." 또한 다음에 있는 유사(類似)-신조적 진술들을 참조하라. 32.5, 21; 39.12; 42.15; *Carm.* 1.1.1.25-39 및 그 다음의 시 두 편들.
6   이러한 이유로 인하여 이것은 「설교 25」에서 나타나지 않는다. 여기에서는 나지안조스의 그레고리오스의 교리가 가장 온전하게 및 분명하게 표현된다.
7   예를 들면, *Ors.* 1.7; 22.12; 32.21; 33.16; 23.12; 21.33; 34.9; 36.10; 그리고, 만약 우리가 이러한 기능이 「신학적 설교」에 있음을 인정한다면, 또한 28.31과 31.33도 해당된다.

로 표시하기 위하여 그러한 진술을 한다. 이 진술은 그러한 친(親)니카이아 적 운동을 나타내는 전통적인 별칭이 되고 있다.[9] 그러므로 이전의 정식처럼 이 진술은 그가 여러 다른 단체들 사이에서 화해하거나 동맹을 맺고자 시도하는 구절들에서 가장 자주 나타난다.[10] 전문적으로 말하자면, 이 진술은 두 가지 반대되는 오류들에 반대하여 신앙을 규정한다. 즉, 삼위일체의 세 위격들을 융해시켜 하나로 만들거나 삼위일체의 존재를 서로로부터 분할하는 오류들에 반대하여 신앙을 규정한다. 이러한 두 오류들은 피하여야 하는 두 극단들로 종종 묘사된다.

예를 들면, 중요한 두 구절들에서 나지안조스의 그레고리오스는 두 극단들을 성부 또는 성자에 대한 과도한 헌신으로 규정한다. 그에 따르면, "아레이오스주의자들"은 아주 열성적으로 "성부에 헌신하는 추종자들 (φιλοπάτορες)"이기에 그들은 존재의 관점에서 성부를 성자보다 높이 찬양

---

8 에피파니오스는 370년대 중반에 비슷한 구절을 사용한다: "하나의 신성과 하나의 영광이 있다. 삼위일체는 동일본질적이시다. … 완전한 삼위일체이시다. 하나의 신성과 하나의 힘과 하나의 존재가 있다."(*Panar.* 3.255.21-23, 마르켈로스주의자들을 반대하여); "두 완전자들, 즉 성부와 성자가 있고 그들은 하나(ἕν)이다. 그들의 동등성(ἰσότης)으로 인하여, 그들의 [하나의] 신성과 하나의 권능과 하나의 유사성(ὁμοιότης)으로 인하여 하나이다"(*Panar.* 3.218.2-3, 사벨리오스주의자들에 반대하여); 또한 다음을 참조하라. *Panar.* 3.178.30-31, 201.2-3, 아레이오스주의자들에 반대하여; 3.367.12-13, 아에티오스에 반대하여. 아타나시오스의 방식을 따라서 에피파니오스가 동일본질성(homoousios)을 일반적으로 사용하고 삼위일체 전체에 적용하는 것은 나지안조스의 그레고리오스의 저작에 반영되지 않는다. 그리고 이단들을 반대하는 그의 논증들 중 많은 것들이 나지안조스의 그레고리오스를 출처로 삼지 않는 것 같다. 나지안조스의 그레고리오스보다 단지 얼마 후에, 니사의 그레고리오스는 유사한 용어를 사용한다. 그렇지만 덜 자주 사용한다 : 참 신앙은 "하나의 권능, 하나의 선, 생명을 주는 하나의 권위, 하나의 신성, 하나의 생명"을 믿는다 (*Spir.* 115.24-5); 또한 다음을 참조하라. *Eust.* 5.18-9; 6.9-0; *Ep.* 5.9. 비슷한 주절이 또한 에프라임의 것으로 알려지는 설교의 그리스어 번역에서 나타난다. 그러나 그 날짜는 불확실하다: "세 인격들 또는 위격들 안에 하나의 신성, 하나의 권능, 하나의 나라가 있다"(*Serm. trans.* 30.5-6; 또한 다음을 참조하라. *Ad Ioan. mon.* 190.5). 나지안조스의 그레고리오스만큼 기획적인 방식으로 동일한 신앙공식을 사용한 저술가는 없다. "하나의 신성"에만 근거한 공식들이 훨씬 더 흔하였다: 참조. Athanasius, *Ar.* 1.18; 3.6; *Ep. Serap.* 1.14; 3.6; Epiphanius, *Ancor.* 6.9.1; 10.5.4; *Panar.* 3.11.17; Gregory of Nazianaus, *Ors.* 30.12; 31.9; Gregory of Nyssa, *Ablab.* 3.1.57.12; *Ref.* 144.3; *Cunctos populos.* 마지막은 황제 테오도시우스의 칙령으로서 보편신앙을 다음과 같이 규정한다. 즉, "동일한 위엄과 정통 삼위일체 안에서, 성부와 성자와 성령의 유일한 신성에 대한 믿음"으로 규정한다. 이러한 공식과 나지안조스의 그레고리오스의 동방적 신학유산 사이의 연관성에 관하여서는 본서의 결론을 참조하라.

9 참조. Athanasius, *Dion.* 9, 12-3, 25, 27; *Tom.* 6; Epiphanius, *Ancor.* 17.6; 116.9; *Panar.* 69.72.4; 72.1.2, 11.5; 78.24.5. 흥미롭게도, 짝을 이루는 관계는 제목에서만 나타나고 본문에서는 나타나지 않는다. Basil, *Hom. 24 Against the Sabellians, Arians, and Anhomoians.*

10 예를 들면, *Ors.* 2.36; 6.22; 20.5; 22.12; 33.16; 23.6; 21.13; 34.8; 31.9, 12, 30; 36.10; 37.22; 38.15; 39.11; 42.16, 18; 43.30. 다른 정황들에 관해서는 다음을 참조하라. 18.16; 24.13.

한다. 반면에 사벨리오스주의자들은 아주 강력하게 "성자에 헌신하는 추종자들(φιλοχρίστοι)"이기에 그리스도를 성부 하나님과 정확하게 동일하게 여기며 단지 표현에서만 다르다고 말한다(2.38; 20.6-7).

그러나 만약 우리가 나지안조스의 그레고리오스가 기독교 신앙은 두 개의 받아들일 수 없는 극단들 사이에서 문자적으로 평균이라고 말하는 것으로 이해한다면, 그의 수사학적 요점을 간과하는 것이다. 이 구절들에서 빈정대는 표현들과 놀리는 표현들을 아주 단도직입적으로 읽지 말아야 한다고 그는 경고한다. 사벨리오스주의자들과 아레이오스주의자들이 "과도하게 예배한다" 또는 "과소하게 예배한다"는 생각은 물론 익살스러운 표현이다. 그가 「설교 22」에서 털어놓는 바와 같다. 왜냐하면 삼위일체 중 어느 위격을 아주 최고로 예배하는 것은 불가능하기 때문이며 삼위일체의 위격들을 충분히 예배하지 않는 것은 불경건이기 때문이다(22.12). 나지안조스의 그레고리오스의 더 심오한 요점은 사벨리오스주의자들이나 아레이오스주의자들이나 어느 누구도 삼위일체를 충분히 존경하거나 예배하지 않는다는 점이다.

그래서 그는 "사벨리오스주의자들"(포테이노스의 집단)에 대하여 성자가 성부로부터 갖는 구별된 영원한 생성을 부인하는 것은 성자에게서 아들됨과 신성을 강탈하는 것이라고 대답한다. 그리고 그는 "아레이오스주의자들"(에우노미오스주의자들과 유사파들)에 대하여 성자의 온전한 신성을 부인하는 것은 성부에게서 아버지됨을 강탈하는 것이라고 쓴다.[11] 두 견해들은 모두 그들 주장하는 것처럼 성부 또는 성자를 존귀하게 여기지 못하고, 또한 삼위일체의 원인과 근원으로서의 성부의 역할을 약화시킨다(2.38; 20.6-7). 이러한 비판을 하면서 나지안조스의 그레고리오스는 사벨리오스주의자들에 반대하여 성부의 단일원리성을 옹호하는 전통적 에우세비오스적 및 유사파 입장을 받아들이고, 동시에 단일원리성에 관한 유사파의 견해 그 자체도 불충분함을 보여준다. "너희 자신에게서 단일원리성을 옹호하는

---

11 다른 곳에서 그는 "단일원리성에 대한 왜곡된 존경"(Or. 25.18)이라고 표현한다.

문제를 덜기 위하여 너희는 신성을 부인하였다!"(3.17).

그러므로 사벨리오스주의와 아레이오스주의는 극단적인 교리적 입장들이 아니다. 그것들과 비교하면 니카이아 정통신앙은 행복한 중간이다. 그렇지만 그것들은 그 자체로 근본적으로 불충분하다. 나지안조스의 그레고리오스에게는 온전한 삼위일체론만이 신적인 단일원리성, 세 위격들의 존귀와 위엄, 하나님의 존재를 적절하게 표현한다. 대체로, 사벨리오스와 아레이오스에 대하여 제기되는 정형화된 반대는 그에게 교리적 또는 심지어 논쟁적 내용을 거의 전달하지 못한다. 그는 에우노미오스주의자들을 "아레이오스주의자들"이라고 거의 부르지 않는다.[12] 그리고 그는 설교「아타나시오스를 칭송하며」에서 4세기 논쟁들에 관하여 이야기하면서 그러한 용어들을 드물게 사용한다(21.13, 25).[13] 첫 번째 신앙 정의에서처럼, 사벨리오스주의자들과 아레이오스주의자들에 대한 이중적 반대는 이러므로 성부의 단일원리성에 근거한 자신의 더 온전한 삼위일체론을 전형적으로 가리키는 역할을 한다.

두 번째 유형의 파생적 담화로서 나지안조스의 그레고리오스는 개념적 설명을 위한 여러 점들을 다룬다. 위에서 방금 검토하였던 간단한 교리적 진술들이 주어진 설교 안에서 여러 다양한 점들에서 나타나는 반면, 그는 이러한 전문적 논의들을 논증 안에서 정해진 지점에서 대체로 제시한다. 하나의 유형으로서 그는 먼저 위에서 개괄된 자신의 기본교리를 제시하고, 그 다음에 더 세련된 문제들을 종종 상세하게 다룬다. 첫째, 전문적 주석의 요점으로서 나지안조스의 그레고리오스는 하나됨과 셋됨의 관점에서 삼위일체에 관하여 말한다. 즉, 꽤 추상적인 용어들로서, 그리고 하나됨과 셋됨을 더 구체화하는 용어들로서 말한다.

---

12 「신학적 설교」에서, 예를 들면 설교 31.30은 간접적인 언급이다. 그리고 30.6과 18은 단지 상상 속의 사벨리오스주의자들을 가리킨다.

13 비록 전통적인 제목(「아레이오스주의자들을 반대하며 및 자신에 관하여」)을 지니긴 하였지만, 「설교 33」에서와 같다. 참조. 33.16.

(앞에서 인용된) 설교 25.15-16에 있는 중요한 진술 후에, 나지안조스의 그레고리오스는 다음과 같이 간결한 논평을 제시한다. 즉, 삼위일체 안에서 우리는 "삼중체 안에서 단일체를, 단일체 안에서 삼중체를, 믿기 어려운 그것의 구별과 연합을 모두" 예배한다(25.17).[14] 이 구절이 일종의 형이상학적 또는 유사(類似)수학적 문제를, 즉 어떻게 셋이 또한 하나가 될 수 있는지에 관한 문제를 제시할 수 있지만, 그는 또 다시 전통적 구문을[15] 사용하여 위에서 논의된 역동적 구조를 가리킨다. 이 구문 안에서는 신적 생성이 단일체(Monad)로 비유된다. 즉, 이중체(Dyad)를 초월하여 삼중체(Triad)가 되는 단일체(Monad)로 비유된다(23.8; 29.2). 셋-안에-하나와 같은 추상적 진술들은 나지안조스의 그레고리오스의 저작에서는 비교적 드물다. 그리고 그러한 추상적 진술들은 사벨리오스주의와 아레이오스주의에 대한 반대와 함께 종종 나타난다.[16] 그리고 그는 하나됨과 셋됨을 구체화하는 방식들로 삼위일체 안의 하나됨과 셋됨에 관하여 더 자주 말한다.

성부 하나님으로부터 생성되는 결과로 성자 및 성령이 온전히 신적이라고 고백하면서 나지안조스의 그레고리오스는 자신이 한편으로는 세 모든 위격들이 공유하는 신적 본성과 다른 한편으로는 세 위격들을 서로 구별해주는 독특한 특징들과 정체성들을 구별하고 있음을 깨닫는다. 그는 여러 다른 방식들로 하나님의 단일성과 셋됨을 표현한다. 하나님의 하나됨에 관하여 그는 다양하게 표현한다. 즉, 셋은 한 하나님(God, θεός)이고,[17] 신성(Divinity, θεότης)에서 하나이며,[18] 단일한 본성(nature, φύσις)[19] 또는 존재

---

14 이 구절은 설교 6.22에 있는 진술을 거의 문자 그대로 반복한다. 이와 관련된 표현은 다음과 같다. τὸ ἕν/τὰ τρία(참조. 6.22; 21.13; 31.4, 9, 14, 18, 19. 많은 다른 예들 중에서).

15 모나스-트리아스(Μόνας-Τρίας) 구문은 다음에서 가장 두드러지게 나타난다. Dionysius of Alexandria, apud Athanasius, *Dion.* 17, 19; Marcellus of Ancyra, apud Eusebius of Caesarea, *Eccl. theo.* 3.4; Athanasius, *Decr.* 26 (더욱 느슨하게); Eusebius, *Laud. Const.* 6.11; Epiphanius, *Ancor.* 22.7; *Panar.* 2.391; 3.406; Basil, *Eun.* 3.6; *Spir.* 29.72; Amphilochius, *Fragments*; *Trin.* 3.9. 마지막은 시각장애인 디디모스의 것으로 여겨진다.

16 참조. *Ors.* 18.16; 24.13; 23.8; 28.1; 31.14, *Carm.* 1.1.3.43, 60, 72, 75, 88.

17 *Ors.* 18.16; 20.7.

18 *Ors.* 21.13; 34.15; 31.14, 28; 37.22; 43.30; *Carm.* 1.1.3.74.

19 *Ors.* 33.16; 34.15; 26.19; 42.15.

(being, οὐσία)이고,[20] 또는 다시 말하면 단지 단일체(a single thing, Μόνας, ἕν) 이다. 대체로 나지안조스의 그레고리오스가 성경 용어들인 "하나님 (God)",[21] "신성(Divnity)",[22] "본성(nature)"[23]을 더 논쟁적인 용어인 "존재 (being)"보다 선호한다는 점은 주목할 만하다.

삼위일체의 셋됨에 관하여 나지안조스의 그레고리오스는 세 위격들 (hypostases) 또는 존속하는 존재체들(subsisting entities, ὑποστάσεις),[24] 세 위격들(persons, πρόσωπα),[25] 세 독특한 것들(unique things) 또는 특징들 (characteristics, ἰδιότητες),[26] 또는, 자주 단지 셋(three things)(τρία)이라고 말 한다. 단일한 신적 본성과 세 위격들 또는 인격들 사이의 이러한 구별은 — 보통 더 엄격하게 "하나의 **본체**와 세 **위격들**(one ousia and three hypostases)" 이라고 표현된다 — 삼위일체론에서 카파도키아 교부들의 독특한 업적으 로 종종 간주된다.[27] 비록 그와 같은 구절이 아우구스티누스에게서 처음 나 타난다고 하더라도 그렇게 간주된다.[28] 그러나 이것은 세 명의 다양한 신학 자들에 관한 과도한 일반화일 뿐만 아니라, 특별히 나지안조스의 그레고리 오스의 경우에는 이 이차적 정식이 그의 저작에서 담당하는 역할에 관한 과장이다.

---

20 *Ors.* 34.13; 42.16. 나지안조스의 그레고리오스는 6.13과 20.7에서 성부와 성자와 성령 사이에서의 존재의 동일성을 선언한다. 6.13에 있는 구절과 오리게네스의 구절 사이에는 현저한 독특한 유사점이 있다. 6.13에서는 "존재의 일치[문자적으로 동일한 마음]와 정체성(τὴν ὁμόνοια ἢ τὴν τῆς οὐσίας ταὐτότητα)"라고 말하며, 오리게네스의 구절은 341년 안티오케이아 공의회 이후로 여러 일치적 진술들에서 사용된 표현이다(*Cels* 8.12).

21 여러 곳.

22 참조. 골 2:9.

23 참조. 롬 1:26, 벧후 1:4.

24 *Ors.* 20.7; 34.15; 31.28; 42.16.

25 *Ors.* 31.30; 37.22; 42.16.

26 *Ors.* 33.16; 21.13; 34.13; 26.19; 42.15; 43.30.

27 참조. 예를 들면, Hanson, *Search for the Christian Doctrine of God*, 710. 이러한 견해에 대한 신랄한 비판에 관해서는 다음을 참조하라. Lienhard, "Ousia and Hypostasis." 이러한 관점에서 카파도키아 삼위일체적 신학에 접근하는 최근의 연구들에는 다음의 연구들을 포함한다. Ritter, "Die Trinitäts-Theologie der drei großen Kappadozier"; Markschies, "Gibt es eine einheitliche 'kappadozische Trinitätstheologie'?"

28 *Trin.* 5.8.10 및 7.4.7-8. 또한 다음을 참조하라. Plagnieux, *Saint Grégoire*, 405-406; Lienhard, "Augustine of Hippo."

이러한 구별의 의미와 기능에 관한 우리의 이해에서 핵심적인 것은 무엇보다도 다음과 같은 점을 깨닫는 것이다. 즉, 셋-안에-하나의 구문들에서처럼 이러한 구별이 성부의 단일원리성에 기초하고 신적인 경륜에서 계시된 삼위일체의 역동적 삶을 표현하고 명확하게 하는 역할을 한다는 점을 깨닫는 것이다. 더 나아가서, 신성과 위격과 (그리고 그와 유사한 것들과) 같은 구별된 범주들은 삼위일체론의 분석에서 사용되는 언어적 및 개념적인 도구들이지만, 그렇다고 그것들은 그 자체로 실재들은 아니다. 위격들이 공유하는 신적 본성과는 별도로 존재하는 추상적 위격들은 전혀 없다.[29] 오직 성부, 성자, 성령이 있을 뿐이다. 성부는 기원이 없는 신성이며 성자는 출생된 신성이고 성령은 출원된 신성이다. 마찬가지로, 신적 본성은 신성이신 성부와 성자와 성령과는 별도로 존재하지 않는다.[30] 두 범주들은 모두 신적 삶의 모든 측면에 관련되어 있으며, 실재 안에서가 아니라 오직 생각 안에서만 존재한다.

더욱이, 경륜을 신학화하는 것 안에서 인식되는 신적 삶의 운동으로 인하여, 나지안조스의 그레고리오스는 범주적 구별들을 통하여 말하거나 심지어 범주적 구별들을 흐릿하게 만드는 진술들을 자주 말한다. 신적 생성들의 결과로 그리스도인들은 "성자 안에서" 성부를 예배하고 "성령 안에서" 성자를 예배하며(24.16), 그리고 하나님은 "성자와 성령 안에서" 영광을 받으신다(15.12). 성자와 성령 각각의 생성의 양식(즉, 출생 대 출원) 안에서, 성자와 성령은 신적인 본성의 특징이 되는 독특성을 지닌다(25.16). 그래서 나지안조스의 그레고리오스는 신성이, 그래서 삼위일체 전체가 또한 거룩하다고 하더라도, 성령이 그 자체에 고유한 의미로서 거룩하고 주장하는 데에 아무런 어려움을 겪지 않는다(25.16).[31]

마찬가지로, 정의되는 대상과 비교되는 정의처럼, 성자는 성부에 관하여 선언적인 기능을 가지기 때문에, 정확하게 말하면 신적인 말씀이다(διὰ

---

29 기아나라스, 메이엔도르프, 지지울라스와 같은 정교회 신학자들의 낭만적 인격주의에서와 같다.

30 *Ors.* 28.3; 38.8; 39.11-12.

31 참조. *Ors.* 41.9; 31.4.

τὸ ἐξαγγελτικόν). 비록 전체로서의 하나님이 또한 이성적이고 지혜롭지만[32] 성자가 "성부의 본성의 간결한 설명(ἀπόδειξις)"이기 때문이다(30.20).[33] 더욱이, 비록 신적 본성과 영원한 성자 자신이 비육체적이라고 하더라도,[34] 성자는 순수한 정신으로서의 성부가 할 수 없는 방식으로 인간적 육체와 고난을 취할 수 있다. 카이사레이아의 바실레이오스와 특히 니사의 그레고리오스는 두 범주들 사이의 확고한 구별을 크게 신뢰하더라도, 나지안조스의 그레고리오스는 두 범주들을 삼위일체의 복잡한 역동적 실재를 논의하기 위한 개념적인 도구들로서 더 느슨하게 사용한다. 그러한 실재에 관한 참된 이해는 신적 경륜의 신학을 더 근본적으로 드러낸다.

그러므로 삼위일체의 단일성과 셋됨에 관한 이러한 진술들은 나지안조스의 그레고리오스의 교리의 출발점도 아니고, 또한 종합적인 요약도 아니다. 그것들은 분석에 의하여 인식될 수 있고, 또한 그것들은 더 기본적인 서사적 경륜적 교리의 축약된 표현들로 기능한다. 무엇보다도, **나지안조스의 그레고리오스는 그것들이 독립된 형이상학적 또는 논리적 체계를 드러낸다고 여기지 않는다.** 그런 후에 이러한 체계를 성경과 교회가 모사하고 널리 접근되도록 한다. **그는 셋이 하나가 되는 것과 관련된 형이상학적 문제들이나 함의들을 탐구하는 데에 어떠한 관심도 보이지 않는다.** 그리고 그는 그것들의 특성 그 자체에 관하여 어떤 중요한 교리적 주장들을 하기 위하여 이러한 구별들에 관하여 많이 고민하지 않는다.[35]

---

32 성자는 또한 "지혜"로 불리운다. 신적 실재들 및 인간적 실재들의 지식이기 때문이다(*Or.* 30.20). 또한 다음을 참조하라. 6.4-5. 이 부분 다음에는 우주적 질서와 사회적 질서에 관한 긴 성찰이 나온다.

33 범주들 사이의 비슷한 상호적 함의는 나지안조스의 그레고리오스에게서 발견할 수 있다. 즉, 성부, 성자, 성령은 "[신적] 존재에 관한"(περὶ οὐσίαν, *Or.* 41.9; 또한 περὶ τὴν φύσιν, 42.15; 참고. 29.12; *Carm.* 1.1.2.34-5) 구별들이라는 진술들에서, 그리고 일자(τὸ ἕν)가 성부 하나님, 또는 삼위일체, EH는 전체로서의 신적 일치성을 가리키는 여러 다양한 용법에서(참고. 33.16, 20.6, 31.14) 발견할 수 있다. 또한 다음을 참조하라. 28.3; 31.16, 29; 38.8; 39.11-12.

34 *Carm.* 1.1.1.28-29; 1.1.2.36-38.

35 사실 그는 그렇게 하기를 거부한다: 삼위일체의 내적인 질서는 오직 삼위일체 자체에게만, "그리고 정화된 영혼들에게" 알려진다. "그들에게 삼위일체는 현재 또는 미래에 계시하실 수 있다." (*Or.* 23.11; 또한 다음을 참조하라. 6.22).

지금까지 우리는 나지안조스의 그레고리오스의 교리의 간결한 정의들과 분명한 개념적 진술들을 고려하였다. 이제 우리는 그가 또한 제시하는 부정적 진술들을 고려해야 한다. 삼위일체 관한 네 개의 중요한 본문들 각각에서,[36] 나지안조스의 그레고리오스는 개념적으로 개선을 하기 위한 여러 점들을 자신의 교리적 해설에 추가한다. 부인과 부정의 과정을 통하여 그러한 점들은 하나님과 창조세계 사이의 비교할 수 없는 차이점으로 인하여 신학적 언어가 어디에서 멈추고 피조적 함의를 상실하는지를 파악한다.[37] 예를 들면, 나지안조스의 그레고리오스는 신적 생성이 인간적 생성처럼 육체적 또는 정념적이라는 사상에 반대하고, 그 대신에 신적 생성은 영적이며 비육체적이며 무(無)정념적이라고 말한다.[38]

어떤 범주들의 과도한 문자적 사용이 하나님에 관하여 주장되는 믿음들을 침해하는 많은 점들에 관하여 그는 부정신학적 특성을 지니는 제한조건들을 제시한다. 즉, 삼위일체는 시간을 넘어서고,[39] 인간적 의지와 같은 변덕이 없으며,[40] 비존재(non-being)로부터 존재(being)에로 전화되는 피조적 생성이 없다.[41] 비록 몇몇 사람들이 **나지안조스의 그레고리오스 안에서 강력한 부정신학을 살펴왔다고 하더라도,**[42] **이러한 제한조건들은 긍정적 교리적 언어로 묘사되고 있는 하나님이 어디에서 그러한 언어를 초월하는지를 드러내는 역할을 주로 한다.** 위에서 검토된 구문들과 비슷하게, 이러한

---

36 관련된 절들은 다음과 같다. *Ors.* 20.8-11; 23.9-11; 29.3-16 및 31.4-20; 31.33 (「신학적 설교」중에서 성자 및 성령에 관한 논리적-언어적 부분들과 일련의 설교들의 결론 부분); 그리고 25.16-17. 또한 다음을 참조하라. 34.10; 38.7; 39.12; 40.42; 42.15, 17; 다른 중요한 삼위일체적 구절들 중에서 *Carm.* 1.1.1-3. 설교 34.10에 있는 부정적인 부분이 설교 41, 즉 연대기적으로 따르는 유사한 설교에서 생략되어 있다.

37 *Ors.* 20.8; 23.9; 28; 29.4; 25.17; *Carm.* 1.1.1.1-6.

38 *Ors.* 20.8-9; 23.9-11; 29.4; 31.7; *Carm.* 1.1.2.13-17.

39 *Ors.* 20.9; 23.8; 29.3, 5, 13; 31.4; 25.16; 39.12; *Carm.* 1.1.2.18-27. 여기에서 우리는 성부로부터 성자의 영원한 생성에 관한 오리게네스의 영향력 있는 교리에 주목할 수 있다. 이후의 니카이아 논증들을 예견하는 듯이, 오리게네스는 "[성자가] 성부에 의하여 생성되었던 때는 없었다(οὐκ ἦν ὅτι οὐκ ἦν)"고 여러 번 강조한다(*Princ.* 1.2.9; 4.4.1; *Comm. Rom.* 1.5; 1.8). Crouzel, *Origen*, 187.

40 *Ors.* 20.9; 29.6-8.

41 *Or.* 29.5, 9.

42 본서 I 장을 참조하라.

제한조건들은 토대적인 점들 그 자체로서가 아니라 그의 기본적 교리를 더 명확하게 하는 역할을 한다.

논쟁적인 본문들 안에서 이러한 논증들이 많이 집중되어 있다는 점은 그것들의 논쟁적 기능을 드러낸다. 즉, 가장 훌륭한 예는 「신학적 설교」(*Ors. 27-31*)이다. 우리가 주목하였듯이, 신학적 설교들은 거의 전적으로 방어적인 특성을 지닌다. 하나의 그러한 구절의 결론에서 그가 진술하는 것처럼, "나는 그가 성자임을, 그리고 그가 성부로부터 나옴을 선언하는 것에 만족한다. 그리고 하나는 성부이고 다른 하나는 성자임을 선언하는 것에 만족한다. 그리고 나는 이러한 점을 넘어서서 무의미한 사변에 참여하는 것을 거부한다"(20.10). 교리의 가장 전문적이고 변증적 수준에서조차 나지안조스의 그레고리오스는 자신의 교리가 기본적인 구원의 의미를 항상 지녀야 함을 우리에게 상기시켜 준다.

삼위일체적 개념화와 관련하여 마지막으로 가장 중요한 점은 하나님에 관한 종말론적 비전의 본성과 관련된다. 여기에서 또한 우리는 학문적인 논쟁점을 만난다. 어떤 해석자들은 나지안조스의 그레고리오스가 다음과 같이 자기모순적인 말을 한다고 주장하였다. 즉, (a) 한편으로, 그는 그리스도인들이 일차적으로 성부 하나님에 집중하면서 성령을 통하여 예수 그리스도 안에서 하나님을 안다고 말한다. 그리고 (b) 다른 한편으로, 그는 그리스도인들이 삼위일체 전체를 비전의 대상으로 여기면서 성부와 성자와 성령으로서의 하나님을 또한 안다고 말한다. 예를 들면, 현대의 동방정교회 저술가 블라디미르 로쓰키는 하나님의 비전에 관한 나지안조스의 그레고리오스의 이해는 불명확하고 또한 주류적 삼위일체 정통신앙과는 철저하게 이탈되어 있다고 주장한다.[43] 그리고 이러한 판단에 로완 윌리엄스가 동의한다.[44]

---

43   Lossky, *Vision of God*, 69.
44   Rowan Williams, *The Wound of Knowledge*, 67.

로쓰키의 견해에 따르면, 나지안조스의 그레고리오스는 하나님의 비전이 심지어 가능할 수 있는지에 관하여 자기모순적일 뿐만 아니라, 또한 (a) 그 이전에 나온 오리게네스와 아타나시오스의 "관계적" 교리로부터, (b) 삼위일체에 관하여 더 순전히 "객관적인" 이해 쪽으로 결정적으로 이동한다. 더 이전의 저술가들이 그리스도인들은 삼위일체에 참여한다고, 즉 성자가 성부와 맺는 관계를 공유하고 "성자 안에서 아들들이 [그리고 딸들이]" 됨으로써 삼위일체에 참여한다고 가르쳤던 반면에, 나지안조스의 그레고리오스는 삼위일체를 그리스도인들의 경험으로부터 분리되고 그 밖에 있는 비전의 대상으로 생각한다. 더욱이, 이렇게 삼위일체를 객관적으로 대상화하는 것은 이교적 그리스 신비주의의 단일한 신적 본체에 관한 비전을 기독교적으로 각색한 비전으로 보여진다. 이러므로 윌리엄스는 나지안조스의 그레고리오스의 수중에서 삼위일체론이 구원론과의 필수적인 연관성으로부터 단절되는 위험성에 빠져있고, 또한 "더 이전의 기독교 저술가들이 아주 힘들게 수정하고자 하였던 단순한 인간적 주체-신적 대상 사이의 대립에로 되돌아가는" 위험성에 빠져있다고 믿는다.[45]

기본적인 수준에서는 이러한 종류의 분석이 다음과 같은 주장과 유사하다. 즉, 위에서 우리가 논의하였듯이, 성부 하나님의 우선순위와 삼위일체의 존재론적 동등성은 상호적으로 모순되지 않는다는 주장과 유사하다. 그리고 이러한 종류의 분석은 또한 현대 해석에서 흔히 나타난다. 논증을 위하여 아주 단순하게 말하자면, 삼위일체론의 두 개의 기본적인 모형들 또는 "문법들"을 기술할 수 있다. 첫 번째 문법에 따르면, 그리스도인들은 성령의 영감에 의하여 예수 그리스도 안에서 성부 하나님을 알아 간다. 그러면서 하나님의 아들들과 딸들로서 및 그리스도의 형제들과 자매들로서 내적-삼위일체적 관계들 안에 포함된다. 두 번째 문법에 따르면, 그리스도인들은 주체가 외적인 대상을 알아가는 것과 같은 방식으로 세 위격들 안에서 동등하게 존재하는 삼위일체 또는 신적 본성을 비전의 단일한 대상으

---

45 앞의 책.

로서 알아 간다. 첫 번째 문법은 신자를 포괄하고, 종속론적으로 보일 수 있으며, 그리고 니카이아 이전의 교리의 특징으로 종종 사용된다. (2) 두 번째 문법은 신자를 배제하며, 정확하게 일치적이고 동일본질적이고 삼위일체적이며, 니카이아 교리를 묘사한다. 이러한 체계 안에서 사실상 로쓰키와 윌리엄스는 나지안조스의 그레고리오스가 첫 번째 문법에서 두 번째 문법으로 중대하게 이동하고 있다고 말한다.

그러나 이러한 종류의 구별은 나지안조스의 그레고리오스의 교리에서 단일한 신학적 원리가 되는 것을 인위적으로 분리시키며, 또한 니카이아 이전의 신학과 니카이아 신학을 모두 잘못 나타낸다. 위에서 언급하였던 비판들에서처럼, 로쓰키의 논증은 에우노미오스적 입장과 기저에 놓여 있는 공통성을 공유한다. 즉, 성령의 영감에 의하여 예수 그리스도 안에서 가지는 성부 하나님에 관한 비전은 삼위일체 전체에 관한 비전과 충돌한다는 로쓰키의 주장은 에우노미오스주의자들의 반대, 즉 성부의 단일원리성이 삼위일체적 동등성과 충돌한다는 입장과 현저하게 유사하다. 다시 말하자면, 이러한 입장은 나지안조스의 그레고리오스의 견해와는 정반대이다.

나지안조스의 그레고리오스의 입장은 두 문법들을 하나 안에 함께 포함한다. 그의 업적은 오리게네스, 아타나시오스, 카이사레이아의 바실레이오스가 하였던 것보다는 신학적 의미를 더 온전하게 명료하게 함으로써, 신적 삶에 관한 오리게네스적 "관계적" 구조와 삼위일체론의 구원론적 추진력을 정확하게 보존하는 것이다.[46] 그러면서도 또한 그는 오리게네스 또는 카이사레이아의 에우세비오스보다 그리스도의 십자가를 중심으로 하는 신적 경륜에 더 일관적으로 집중하는 입장을 유지하였다. 만약 성부의 단일원리성이 지닌 온전한 경륜적-신학적 의미를 염두에 둔다면, 이 두 문법들 사이에 있는 것처럼 보이는 모순이 그럴듯하지 않다.

나지안조스의 그레고리오스에게는 그리스도인들이 신적 경륜 안에서

---

46 맥거킨은 이러한 방향으로 간단한 암시들을 제시한다. McGuckin, *St. Gregory*, 296 n335. 또한 다음을 참조하라. 로쓰키에 대한 그의 반박도 또한 참조하라. "Vision of God," 145-146.

알아가는 삼위일체의 영원한 삶은 이미 위계질서적으로 및 동등하게 모두 구조화되어 있다. 하나님에 관한 경륜적 지식이 영원한 동등한 삼위일체에 관한 지식인 것과 마찬가지이다. 이러므로 **나지안조스의 그레고리오스의 삼위일체론은 주관적이지도 않고 객관적이지도 않으며, 오히려 둘 다이다.** 즉, 유사(類似)주관적이고 또한 유사(類似)객관적이다. 그래서 신자를 포괄하고 동시에 신자를 배제한다. 신적 경륜의 신학은 신적 경륜으로부터 신자를 제거하거나 신적 경륜 위로 신자를 높이지 않는다. 그래서 포괄적 모형을 배제적으로 만들지 않는다. 그 대신에 신적 경륜의 신학은 신자를 그 안으로 더 심오하게 인도한다. 그래서 두 문법들의 결합 안에서 그 참된 의미를 드러낸다.

삼위일체론에 관하여 분리적으로 보이는 두 모형들을 결합하는 것은 나지안조스의 그레고리오스의 저작 전체에 분명하게 나타난다. 예를 들면, 초기 설교에서 그는 성자 및 성령이 성부와 동등하다고 여기는 자들에 의하여, 그리고 삼위일체에 대한 온전한 신앙을 지지하는 자들에 의하여 그리스도는 예배를 받으신다고 쓴다(3.6). 또한, 「설교 38」의 마지막 문장에서 그는 **그리스도의 삶, 죽음, 부활을 통하여 영적으로 여행하면서 그리스도 안에 참여하는 것은 삼위일체 안에서 예배와 영광을 받으시는 하나님을 보는 것이며 또한 하나님에 의하여 보여지는 것이라고** 쓴다(38.18).[47] **그리스도에 집중하는 것과 삼위일체 전체에 집중하는 것은 양립가능할 뿐만 아니라 또한 필연적이다.**

삼위일체 안에서 성령의 역할에 관하여 말하면서 나지안조스의 그레고리오스는 「성령에 관하여」라는 자신의 시(詩)를 시작한다. "강력한 성령 앞에서 경외감으로 절하자. 그는 하늘에 계신 하나님이시며 나에게 하나님이시다. 그를 통하여 나는 하나님을 알았고, 이 세상에서 나를 하나님으로 만드신다"(*Carm. 1.1.3.3-4*). 이러한 찬양으로의 초청 안에는 그에 의하여 알려진 영원한 하나님으로서의 성령의 지위와(하나의 대상처럼) 그로 하여금 그

---

47 참조. *Or.* 23.13-14.

리스도 안에서 하나님을 알도록 하는 분으로서의 성령의 역할 사이에(하나의 유사(類似)주체처럼) 충돌이나 모순이 전혀 없다. 그리스도인들이 성령 안에서 기도하고 성령이 그들을 위하여 하나님과 함께 중보한다는 성경진술들에 관하여 논평하면서,[48] 그는 이 구절이 성령이 자신에게 기도함을 가리킨다고 이해해서는 안된다고 쓴다. 왜냐하면 삼위일체 중 하나의 위격에 대한 예배는 사실상 세 위격들에 대한 예배이기 때문이다(31.12). 성부는 자신의 본성을 성자 및 성령에게 전달하시기 **때문이다.** 여기에서 다시 성부의 단일원리성이 더 심오한 원리이다.[49]

신학의 가장 통합된 의미를 가장 분명하게 다룬 나지안조스의 그레고리오스의 진술은 신적 빛의 비전을 다루는 나타난다. 삼위일체의 존재, 특성, 중요성에[50] 관한 종말론적 조명이 "그리스도 우리 주님 자신 안에서" 나타날 것이며(20.12), 그리스도께서 그리스도인들을 이끌어서 삼위일체 전체를 깨닫게 하신다(39.20).[51] 다섯 번째 「신학적 설교」의 시작부분에서 시편 35편 9절("주님의 빛 안에서 우리가 빛을 보리이다")에 근거하여 제시한 그의 주요한 교리적 진술에서, 먼저 그는 성부와 성자와 성령의 세 빛들이 단일한 빛이고 한 하나님이라고 쓰고, 그 다음에 "삼위일체의 신학"에 따라 삼위일체의 하나의 신적 빛이 구체적으로 성자 안에서 보인다고 덧붙인다. "빛으로부터(성부) 우리는 빛 안에서(성령) 빛을(성자) 파악한다"(31.3).[52]

나지안조스의 그레고리오스가 보기에 성령의 은사에 의하여 그리스도 안에서 하나님을 아는 지식은 그리스도인들이 삼위일체 전체에 관하여 갖

---

48 참조. 요 4:24, 고전 14:15, 롬 8:26.

49 참조. *Or.* 34.6: 성령의 은혜는 신자들로 하여금 삼위일체의 세 위격격 모두를 동등하게 존귀히 여기도록 한다. 나지안조스의 그레고리오스는 29.21에서 두 사상들을 결합한다: 그리스도에 의해 화해되는 것과 성령에 의해 조명되는 것은 삼위일체의 "더 온전한 계시"를 형성한다.

50 ἥτις ἐστὶ καὶ οἵα καὶ ὅση.

51 이 진술들 모두는 각 설교에서의 결론에 해당되는 구절들이다. 또한 다음을 참조하라. *Or.* 33.17: 신자들은 "그리스도 우리 안에서" 삼위일체에 관하여 더 많이 아는 지식을 가질 것이다. 이 지식은 천국의 지복이다.

52 설교 40.34에서 나지안조스의 그레고리오스는 시 35:10에 관한 동일한 해석을 제시하고, 그런 후에 그리스도-중심적 방향으로 계속 나아간다. 그래서 그의 청자들이 말씀을 받아들이고 그리스도의 치유의 권능들을 받아들이도록 격려한다. 이전의 진술들은 6.22와 14.9에서 발견할 수 있다. 또한 다음을 참조하라. *Or.* 20.7: 삼위일체의 영원한 빛은 또한 일차적으로 성부의 빛이다.

는 지식과 동일하다. 우리가 삼위일체의 두 모형들 또는 두 문법들의 결합이라고 일컬었던 것은 신적 경륜의 신학의 기본적 의미일 뿐이다. 누군가가 성자와 성령이 참으로 신적이라고 믿는다면, 유사(類似)주관적 차원이 하나님의 비전의 인식론적 구조를 반영할 때조차도, 삼위일체적 교리의 유사(類似)객관적 차원은 (전체로서의 삼위일체에 관한 환상) 그러한 고백 속에 이미 함의되어 있다. 성부의 단일원리성은 삼위일체를 인과적 위계질서로 정리하고 세 모든 위격들의 존재에서의 동등성을 제공한다. 이러한 성부의 단일원리성으로 인하여 그리스도인들은 신적 경륜을 통하여 포괄적으로 및 배제적으로 모두 하나님의 삶 안으로 끌려들어간다. 이것의 근본적인 의미는 신학적이다.

그런 다음에 개념적 명료화의 마지막 요점으로서 우리는 **나지안조스의 그레고리오스의 교리가 그리스도중심적이면서 동시에 삼위일체 전체에 집중되어 있다고 말할 수 있다.** 그리고 이 두 개념들을 상이한 신학적 입장들로 간주하는 것은 둘 모두의 핵심을 놓치는 것이라고 우리는 말할 수 있다. 나지안조스의 그레고리오스에 따르면, **그리스도인들은 성령의 영감에 의하여 예수 그리스도의 성육신을 통하여 하나님을 만나고, 또한 그렇게 하면서 영원한 삼위일체의 하나의 빛을 알아 간다.**

4

삼위일체에 참여하기

Ⅳ장을 시작하면서 우리는 모든 지점에서 나지안조스의 그레고리오스의 삼위일체론이 교회의 신앙과 그리스도인의 존재의 기본적 형태를 표현한다고 주목하였다. 그의 기독론과 성령론이 신자의 신성화에서 의미를 발견하는 것과 마찬가지로, 성부 하나님의 단일원리성을 중심으로 하는 그의 삼위일체론도 신성화의 동일한 과정을 드러내고, 또한 이것을 고양시키는 것을 목표로 삼는다. 이제 우리는 신적 경륜의 신학으로서의 삼위일체론이 신학자의 경륜적 상황으로부터 일어나며 또한 그러한 상황을 포함한다고 더 구체적으로 말할 수 있다. **신성화와 조명이라는 용어와 함께 나지안조스의 그레고리오스는 신학의 경륜적 본성을 삼위일체에로의 "참여"의 관점으로 묘사한다.** 삼위일체에 관한 가장 중요한 구절들 중의 하나인 「평화에 관한 세 번째 설교」의 끝에서 그는 다음과 같이 쓴다.

> [삼위일체는] 동등한 존귀를 지닌 어떤 것도 자신의 임재 안으로 들어오는 것을 허용하지 않는다. 왜냐하면 창조되고 예속적이며 참여적이고(μετέχων) 제한적인 어떤 것들은 창조되지 않고 주권적이고 다른 이들의 참여를 받으며(μεταληπτή) 제한되지 않는 본성에 도달할 수 없기 때문이다. 왜냐하면 어떤 것들은 그러한 본성으로부터 모든 점에서 멀리 떨어져 있지만 어떤 다른

것들은 어느 정도 그것에 가까이 다가가고 계속 그러할 것이기 때문이다. 본성상으로 가까이 다가가는 것이 아니라 참여에 의해서(μετάληψις) 가까이 다가간다. 즉, 삼위일체를 올바르게 섬김으로써 예속상태 너머로 오르는 바로 그 때에서야 가까이 다가간다(요 15:15) — 만약 자유와 지배가 바로 이러한 것으로 구성되지 않는다면: 마음의 빈곤 때문에 구별되는 것들을 혼동하지 않고 주권에 관한 올바른 지식을 갖는다면! 만약 예속상태가 아주 크다면(막 9:35), 예속된 사람이 섬기는 자들의 주권은 얼마나 크겠는가? 그리고 만약 아는 지식이 복된 상태라면, 알려지는 대상은 얼마나 위대하겠는가?(23.11)

삼위일체에 관한 상세하고 전문적인 논의의 결론에서 나지안조스의 그레고리오스는 **삼위일체론의 목적과 취지는 삼위일체에 가까이 다가가는 것이며 삼위일체에 참여하는 것**이라고 강조한다. 하나님이 피조된 질서를 무한히 초월하시고 자연적 상태에 있는 피조물에 의해서는 접근될 수 없지만, **하나님은 자신을 낮추시고 신적 경륜 안에서 자신을 계시하신다. 하나님을 섬기고 그에 따라 정화된 자들이 하나님에게 접근할 수 있도록 하기 위함이다. 삼위일체에 관한 이러한 경륜적 지식은 파악에 의해서 일어나지 않고 참여에 의해서 일어난다.** 파악은 하나님의 무한한 크기에 비추어 불가능하다. 참여는 하나님에 대한 섬김과 신앙에 의하여 생겨나는 지식이다.

역설적으로, 그리스도인의 예속된 자유는 우리가 신적 경륜 안에서 만난 삼위일체의 자비로운 주권을 인정하는 데에 있다. **그리스도 안에서 하나님의 아들이 구원을 위하여 인간이 되셨다고 고백함으로써, 그리고 성령 안에서 신성화하는 하나님의 임재를 하나님의 영원한 삶의 계시로 받아들임으로써, 인간은 하나님을 파악해야 하는 대상으로서가 아니라 인간의 삶과 모든 창조세계의 주님으로서 알아간다.** 기독론이 우리가 그리스도에 참여하는 수단이 되는 것과 동일한 방식으로, 그리고 성령의 신성에 관한 고백이 우리가 성령으로부터 받아들이는 신성화를 반영하는 것과 동일한 방식으로, 또한 삼위일체론도 나지안조스의 그레고리오스에게는 기독교적 섬김의 일차적 표현이며 하나님을 알아가는 수단이다. 그리고 역으로 이러한 삶의 참여는 삼위일체론의 실재적 의미이다.

나지안조스의 그레고리오스는 위의 구절 바로 다음에 있는 구절에서 삼위일체의 이러한 기본적 의미를 강조한다. 예속됨을 통한 참여에 관하여 말하면서 다음과 같이 쓴다.

> 바로 이것이 위대한 신비가 우리를 위하여 의도하는(βούλεσθαι)[1] 바이다. 이 것은 성부, 성자, 성령 안에서 및 공통된 이름 안에서의 중생이며 우리의 신 앙이다.[2] 또한 이것은 불경에 대한 우리의 거부이며 신성에 대한 우리의 고 백이다. 사실, 이것은 공통된 이름이다! 그래서 셋 중에 어느 하나를 존귀하 게 여기지 않거나 분리시키는 것은 신앙고백을 존귀하게 여기지 않는 것이 다. 이것은 우리의 중생, 우리의 신성, 우리의 신성화, 우리의 소망이다.(23.12)

그의 저작 전체에서 삼위일체론의 목적과 의미는 그리스도인들이 성령 안에서 성자를 통하여 성부 하나님의 신성에 참여하는 것을 표현하는 것과 증진시키는 것이다. 이러므로 삼위일체에 관한 지식은 그리스도인들의 신앙, 중생, 신성화, 소망이다.

381년의 공의회에 행한 고별설교에서 나지안조스의 그레고리오스는 자신의 교리의 최고의 요약은 그가 지난 2년 동안 목회하였던 회중이라고 말 한다. 그의 회중은 대단한 헌신으로 삼위일체를 예배하고, "서로에 의하여, 우리에 의하여, 삼위일체에 의하여 다스림을 받는다"(42.15).[3] 나지안조스 의 그레고리오스가 자신의 교리를 하나씩 가르침으로써 교리를 드러내는 것과 마찬가지로, 콘스탄티누폴리스의 정통신앙인들은 자신들의 삶과 믿

---

1 빈슨은 "의미하다(means)"라고 번역하고 모세이도 "의미하다(veut dire)"로 번역한다. 또한 다음 을 참조하라. *Or.* 2. 23. 여기에서 나지안조스의 그레고리오스는 율법서, 예언서, 성육신의 "의도," 즉 교회의 치유사역을 일으키고자 하는 "의도"에 관하여 논의한다.

2 ἡ θεότης, 신성(the Divinity). 또한 다음을 참조하라. *Ors.* 40. 45; 29. 13; 참고. 31. 19; 29. 16.

3 고린도후서에 있는 바울의 구절을 떠오르게 한다. 여기에서 고린도인들은 "그리스도의 글자로서 … 인간의 마음의 판들 위에 … 살 아계신 하나님의 영에 의하여 쓰여진 글자이다." 이것은 바울 의 사도권을 인정한다(고후 3:1-3).

음에서 그의 교리를 드러낸다. 그들은 자신들의 참된 신앙고백을 통하여 삼위일체에 의한 다스림을 받는다. 삼위일체는 그들이 서로와 함께 및 그들의 목회자인 그와 함께 맺는 연대성의 근원이다. 또한 「설교 23」에서 그는 삼위일체에 관한 그의 모든 저작이 "논쟁에 참여하기 위해서가 아니라 가르치도록, 즉 시장보다는 오히려 교회에 걸맞게, 악의적으로가 아니라 영적으로, 아리스토텔레스 철학처럼이 아니라 어부들의 복음처럼 가르치도록" 쓰여졌다고 말한다.[4] 그래서 그것이 자신의 청자들을 더 정통신앙적으로 만들고, 또한 서로에게 대하여 더 자선을 베풀도록 만든다(23.12-13).

삶에서의 회심과 삼위일체에로의 참여 사이의 연관성은 정화와 조명 사이의 역동성을 반영한다. 이러한 연관성은 평화에 관한 그의 다른 두 설교들에 동일하게 두드러지게 나타난다. 여기에서 그는 콘스탄티누폴리스에 있는 그리스도인들 사이의 불화를 다루고자 한다. 그는 「평화에 관한 첫 번째 설교」을 마치면서 이러한 취지로 다음과 같이 진술한다. 삼위일체는 "우리가 선조들로부터 받은 진리이다. 이로써 성부와 성자와 성령을 경배하고, 성자 안에서 성부를 알며, 성령 안에서 성자를 안다. 이러한 이름으로 우리가 세례를 받아왔고, 이러한 이름을 믿으며, 또한 이러한 이름 하에 참여하여 왔다"(6.22).

「평화에 관한 두 번째 설교」에서 그는 수도에서 불화 중에 있는 그리스도인들이 삼위일체의 내적인 조화를 깨달음으로써 서로 조화를 추구하도록 격려한다. 그는 모든 형태의 평화와 일치는 삼위일체의 평화로부터 나오며, "삼위일체의 본성적 일치와 내적인 평화는 삼위일체의 가장 현저한 특징이다"라고 말한다. 삼위일체의 평화는 평화를 사랑하는 천사들을 통하여 인간의 영혼 안에서의 덕들의 아름다운 조화 속에 반영되어 있고, 몸의 건강한 지체들 안에서의 형태와 기능의 결합 안에 반영되어 있다(22.14).[5] 삼위일체에 대한 신앙을 통하여 하나님 자신의 영원한 존재의 일치성이 모

---

4   비슷한 진술들을 다음에서 찾을 수 있다. Ors. 41.10, 40.44.
5   유사한 논증이 설교 Or. 6.12-15에 나타난다.

든 창조세계 안에 실현될 것이다.[6]

마찬가지로, 삼위일체에 관한 가장 중요한 논의에서(25.15-19) 나지안조스의 그레고리오스는 **자신의 교리가 기독교 사상과 실천 전체를 포함하는 기독교적 경건(εὐσέβεια)에 관한 정의**라고 쓴다. 이 구절의 중간에서 그는 막시모스에게 다음과 같이 말한다. "먼저, 우리가 말하였던 것들 중의 하나가 되어라. 또는 그것들과 같은 어떤 사람이 **되어라.** 그런 후에 그것들이 서로에게 알려지는 것과 동일한 정도로 그것들을 알게 될 것이다"(25.17). 이런 측면에서 삼위일체론은 삼위일체에 참여함으로써 이해될 수 있을 뿐이다. 삼위일체에 관한 또 다른 중요한 본문인 「설교 20」의 마지막 부분에서 그는 다음과 같이 말한다. "여러분이 살아가는 방식으로 상승하라. 순수한 것을 정화에 의하여 획득하라. 여러분은 언젠가 신성에 적합한 신학자가 되기를 원하는가? 계명들을 지키라"(20.12).

여기에서 나지안조스의 그레고리오스는 그리스도인의 변혁과 신성화에 관하여 말한다. 변혁과 신성화는 신적 경륜 안에서 그리스도, 성령, 삼위일체 전체에 관한 신앙고백을 — 즉, 신학함(theologizing)을 — 통하여 일어난다. 그리고 변혁과 신성화는 「신학적 설교」, 「설교 20」및 다른 저자들의 본문들을 지배하는 **경건의 해석학**(the Hermeneutic of Piety) 안에 요약되어 있다.[7] 삼위일체론에 관한 그의 중요한 논의들 이전에, 동안에, 그리고 이후에 나지안조스의 그레고리오스는 **삼위일체에 관한 지식은 정화, 조명, 신성화, 참여를 통해서만 온다**고 강조한다. 그리스도인들은 삼위일체에 의하여 "회복되어지고", 또한 삼위일체를 자신들의 구원으로 고수한다(42.16, 18).[8]

「세례에 관하여」라는 설교에서 나지안조스의 그레고리오스는 신적 경륜의 삼위일체 신학을 분명하게 표현하는 용어들로 기독교적 조명과 신성

---

6 이러므로 나지안조스의 그레고리오스는 일종의 니카이아적 사회적 삼위일체론을 느슨하게 제시한다. 그렇지만 현대 신학 안에로 들어오는 신적 인격들과 인간적 인격들 사이의 개연성 없는 유사점들을 만들지는 않는다.

7 참조. Ors. 27; 28.1-3; 31.28-29 그리고 여러 곳. 또한 본서 III장을 참조하라.

8 참조. Ors. 33.15; 40.16-17.

화를 정의한다. 그는 세례의 조명은 본질적으로 하나님께서 자신에 관하여 가지시는 관상과 파악이다. 성령이 우리로 하여금 예수 그리스도 안에서 하나님을 알 수 있도록 하시면서 하나님은 "자신에게 외적인 것에게로 자신을 부어주신다." 그리고 세례의 조명은 동시에 성부와 성자와 성령에 전체에 관한 관상이다. "그들의 풍성함은 그들의 본성의 일치성이며 그들의 광채의 유일한 도약이다"(40.5). 이러므로 삼위일체론은 하나님 자신의 자기지식이며, 또한 신자 안에서 작용하는 신적 삶이다(20.5; 28.31).[9]

나지안조스의 그레고리오스가 계속해서 주장하듯이, 세례를 하나님의 구원의 선물 및 은혜로 만드는 것은 오직 온전한 삼위일체적 신앙고백이다(40.44).[10] 그러므로 세례의 가장 위대한 조명은 삼위일체와 "함께" 있는 것이고(40.16),[11] 또한 세례적 신성화의 삶은 삼위일체의 신적인 삶에 안으로부터 참여하는 것이다.[12] 나지안조스의 그레고리오스가 그 다음 날의 세례들을 준비하면서 쓴 「거룩한 빛들에 관하여」의 끝에서 진술하듯이, 모든 기독교 교리의 목적은 삼위일체의 조명을 통한 "인간의 교정과 구원"이다(39.20).[13] 비록 삼위일체에 관한 비전이 다음 세상 때까지 온전하지 않을 것이지만, 그럼에도 불구하고 그것은 신앙을 통하여 세례에서 및 계속되는 제자도와 신성화의 기독교적 삶에서 지금 시작한다.

「설교 20」에서 삼위일체적 해석 이후에 나지안조스의 그레고리오스는 다음과 같이 쓴다. **"여러분은 무언가를 이해하였다. 이제 그 나머지를 이해하도록 기도하라. 너희 안에 머무는 것을 사랑하라. 그리고 나머지는 위에 있는 보고(寶庫)에서 여러분을 기다리도록 하라"**(20.12). 그리스도인들이 알려

---

9   참조. *Or*. 28.3: 신적 본성은 삼위일체 자체에게만 온전히 알려진다.
10 참조. *Or*. 42.16: 바로 삼위일체 안에서 세례가 온전성을 지닌다.
11 μετὰ τῆς Τριάδος γενέσθαι.
12 참조. *Or*. 40.41. 여기에서 삼위일체에 관한 나지안조스의 그레고리오스의 요약은 경건과 개인적 헌신으로 가득하다.
13 참조. *Or*. 33.15: 그리스도인들은 삼위일체를 경외함을 통하여 신들이 된다. 또한 다음을 참조하라; 40.41: 나지안조스의 그레고리오스는 사람들에게 세례를 주고 그들이 삼위일체와 함께 성장하도록 한다. 그래서 그들이 "삼위의 광채에 의한 조명"에 참여하고 그것을 옹호하도록 한다; 삼위일체를 통한 세례의 정결케 하는 힘에 관해서는 다음을 참조하라. *Carm*. 1.1.3.47-3.

지는 대로 알게 되는 때인 부활에서 그들이 얻고자 소망하는 천국은 하나님에 관한 지식이며 "거룩한 삼위일체의 온전한 조명이다." 그러한 지식의 시작은 이생에서 이미 주어져 있다. 그리고 그것은 하나님을 향한 경이와 갈망 속에서 늘 앞을 향하여 이끌려가고 있다(38.7).[14]

나지안조스의 그레고리오스는 위대한 영적인 통찰을 우리에게 주면서 **삼위일체가 기독교적 삶의 시작이며 또한 끝**이라는 점을 보여준다. 즉, 기본적 신앙고백 및 정화로부터 시작하여 하나님 안에서 계속 더 높은 수준들에로의 참여로 나아간다는 점을 보여준다. 그가 반복해서 강조하듯이, 삼위일체적 교리 또는 하나님에 관한 기독교적 언어는 그리스도와 성령 안에서 드러난 하나님에 관한 지식을 전달한다. 그러나 다른 한편으로, 우리의 제한된 인간적 언어는 그 자체의 본질상 필연적으로 그 목표에 도달하지 못한다. 우리가 삼위일체에 온전히 참여하게 될 때에야, 삼위일체론은 목적을 달성하였다고 말해질 수 있다. 왜냐하면 삼위일체론의 의미는 바로 하나님에 관한 실재적인 지식 안에 있기 때문이다. 이러한 구원론적 의미는 이런 식으로 그의 교리 안에 내재적이다. 그의 교리를 단지 이차적으로 적용하는 것이 아니다. 그래서 **삼위일체를 이해하는 것은 성령에 의하여 그리스도 안에서 하나님을 알아가는 것이고, 또한 여기에 상응하여 자신의 삶이 재형성되도록 하는 것이다.**

나지안조스의 그레고리오스의 저작에서 기독교적 제자도, 신성화, 참여, 삼위일체론이 모두 똑같다는 점은 우연이 아니다. 그의 삼위일체론은 구원론적 명령에서 시작하고 절정에 도달할 뿐만 아니라,[15] 또한 하나부터 열까지 구원론적이다. 즉, 신적 경륜의 신학으로서 그것이 지닌 인식론적 특성에서 부터, 성자 및 성령을 성부와 구별되면서 동시에 성부와 동등하게 생성하시는 성부 하나님의 단일원리성에 관한 중심적 사상을 거쳐서, 삼위일체적 진술들의 문학적 양식과 개념적 제한요건들에 이르기까지, 그리고 전체 기획이

---

14 참조. *Ors.* 23.12; 30.6; 39.9; 40.5-; *Carm.* 2.1.45.261-63 *Carmen lugubre*; 2.1.1.194f. *De rebus suis.*

15 참조. McGuckin, "Perceiving Light," 18-19, 32.

지닌 참여적 특성에 이르기까지 속속들이 구원론적이다.

나지안조스의 그레고리오스의 교리가 지니는 경륜적-신학적 본성이 인정될 때, 그의 기독론, 성령론, 삼위일체론이 얼마나 완벽하게 함께 엮어져 있는지가 분명해진다. 기독론이 예수는 육신이 된 "하나의 동일한" 영원한 하나님 아들이심을 고백하는 것에 이르는 것처럼, 또한 삼위일체론도 신적 경륜에서 계시된 성부와 성자와 성령이 영원 안에서 "하나의 동일한 신적 운동과 목적"을 지니심을 인정하는 것에 이른다(20.7).[16] 각각의 경우에 신학적 신앙고백은 해당되는 존재체들의 신적인 동일성을 인정한다. 신적 경륜의 신학은 기독교 신학의 발전에서 고정된 순간이 아니다. 즉, 그 순간 이후에 그것의 경륜적 본성을 없애고 순전히 추상적 또는 "내재적" 방식으로 나아가는 신학이 아니다. 마치 기독교적 형이상학이 자신의 경륜적 정황과는 별도로 그 스스로 서는 것처럼 나아가는 신학이 아니다. 오히려, 나지안조스의 그레고리오스의 견해에 따르면, 삼위일체론은, 즉 가장 온전한 의미로서의 신학인 삼위일체론은 근본적으로 신앙고백적이며 송영적이다. 그리고 삼위일체론은 그리스도인들이 언약들과 교회사역을 통하여 하나님과 함께 삶으로 누리는 연합을 나타낸다.

---

16 참조. *Or*. 23.11: 성부와 성자와 성령의 본성이 "영원히 동일하시다."

제 V 장,

목회사역

목회자의 활동은 하나에 있다. 오직 하
나이다. 즉, 목회자 자신의 삶과 교리를
통하여 영혼들을 정화하는 것이다.
 -「자신에 관하여 및 감독직에 관하여」
    (De seipso et de episcopis)

많은 업적들이 있지만 나지안조스의 그레고리오스는 초기 교회의 가장 중요한 목회적 신학자들 중의 한 사람이다. 목회사역에 관한 그의 가르침이 비록 잘 알려진 교부자료임에도 불구하고 대체적으로 그리스도, 성령, 삼위일체에 관한 그의 가르침과는 별도로 연구된다. 이러한 관점에서 보자면, 신학자의 정화와 조명처럼 목회사역에 관한 그의 가르침은 삼위일체론에 대해 외적인 것처럼 보이고, 또한 그의 신학적인 다른 관심사들에 대해 외적인 것처럼 보인다.

그러나 이러한 견해는 거의 그의 생각이 아니다. **삼위일체론은 ― 그리고 모든 기독교 신학은 ― 교회 시대에 신적 경륜 안에서 일어나기 때문에 교회의 목회적 사역과 가르침의 사역을 통합적으로 포함한다. 삼위일체에 관한 참여적 지식을 통한 개인들 및 인간사회의 변혁은 결정적으로 교회의 사역을 통해서 일어난다.** 그래서 기독교적 가르침 내용과 기독교적 목회 실천은 삼위일체를 중요한 방식들로 반영한다. V장에서는 나지안조스의 그레고리오스의 삼위일체론의 목회적 차원과 목회사역의 삼위일체적 형태를 모두 검토할 것이다.[1]

개인적 헌신들과 역사적 상황들이 우연적으로 결합되면서 목회사역에서의 주제가 ― 특히, 삼위일체론의 위치가 ― 나지안조스의 그레고리오스가 362년에 목회자로 안수 받을 때에 그에게 부과되었다. 그리고 이 주제는 그의 활동 전체에 걸쳐서 중심적 관심사가 되었다. 목회직에 관한 그의 성찰들은 목회자로서의 고군분투와 밀접하게 연결되어 있고, 삶의 마지막까지 지속되는 신학적 및 개인적 자기인식의 활동과 밀접하게 연결되어 있

---

1   나지안조스의 그레고리오스의 목회신학에 관해서는 가장 최근의 연구로는 다음을 참조하라. Louth, "St. Gregory Nazianzen on Bishops"; Sterk, *Renouncing the World*, 119-140; Elm, "Diagnostic Gaze"; Daley, "Saint Gregory of Nazianzus as Pastor and Theologian"; Rapp, *Holy Bishops*, 40-45, 121-134; Gautier, *La retraite*.

다. 그는 362년부터 381년 사이에 일관적인 형태로, 그리고 381년부터 390년 은퇴기간에 화려한 문학적 활동으로 삼위일체론을 분명하게 표현하고자 노력하였다. 그러면서 그는 교회의 가르침 사역과 목회 사역에서 삼위일체의 정의와 위치를 구체적으로 분명히 하고자 목표하였다.

이 기간의 사건들은 — 361-362년 나지안조스에서의 지역적 분열, 나지안조스에서 장로로서 및 감독으로서의 사역, 380년 막시모스 사건, 381년 공의회에서의 분투를 포함하여 — 모두 이러한 측면에서 그의 견해들을 강화하는 역할을 하였다. 몇 번이고 그는 목회자와 성직자로서 삼위일체론을 옹호하고 가르치는 과제에 직면하였다. 그 결과 그는 저작에서 삼위일체 자체에 주의를 기울이는 것만큼, 교회의 목회직에도 관심을 기울인다.[2] 그러므로 V장에서는 다시 원점으로 돌아온다. 즉, 하나님에 의하여 신학자가 겪는 변혁으로 시작한 후에 이제는 이러한 변혁이 일어날 수 있도록 돕는 구체적인 교회적 수단에서 마친다.[3]

나지안조스의 그레고리오스의 44편의 설교로 구성된 현존하는 전집은 362년부터 목회직과 삼위일체론에 관하여 전해진 세 편의 설교(Ors. 1-3)로부터 시작한다. 그리고 2년 후에 동일한 주제에 관하여 전해진 「설교 6」이 전해진다. 활동 전체 동안 목회와 관련하여 쓴 많은 시(詩)들과 언급들을 이와 같은 초기 저작들과 함께 고려한다면, 목회자를 통한 삼위일체의 실행이 주된 정황을 형성하며 저작 전체의 아주 중요한 주제가 된다고 주장할 수 있다.[4] 목회에 관하여 가장 발전된 방식으로 다룬 유일한 저작은 「목회에 관하여」라는 장문의 설교이다.[5] 그는 362년에 이 설교를 처음으로 전하였고 은퇴기 동안에 확장하였음이 분명하다. 이때까지 목회에 관한 명

---

2 Bernardi, SC 247, 39.

3 동일한 순서가 설교 2.99에 개관되어 있다: 신비 안에 감추어진 하나님의 지혜를 먼저 연구해야 한다(σχολάζειν). 그런 후에야 다른 사람들에게 그것을 말할 수 있다(λαλεῖν). 흥미로운 유사점이 아우구스티누스의 「기독교적 가르침에 관하여」(On Chrsitian Teaching)의 기본적인 틀에 나타난다. 즉, 기독교적 진리의 발견(inveniendo)으로부터 전달(proferendo)에로 나아가는 순서를 보인다; 참조. Doctr. pref.

4 삼위일체를 경영한다는 개념이 대담하다고 인정된다. 그러나 우리가 앞으로 살펴보는 바와 같이, 나지안조스의 그레고리오스는 목회 지도자들이 —그리고 사실 모든 그리스도인들이— 하나님의 구원 은혜의 경륜에 직접적으로 참여한다고 믿는다.

시적인 성찰은 신약, 얼마 되지 않는 초기교회 명령들, 성경주석들, 서신들 안에 흩어져 있는 언급들로 구성되었다.[6]

「설교 2」에서 나지안조스의 그레고리오스는 목회의 본질에 관하여 길게 설명하면서 자신의 경건과 교육을 충분히 활용한다. 비록 그가 지역적 분열의 미묘한 상황과 자신의 목회로부터의 도피를 다루지만, 그는 이 기회를 이용하여 목회에 관한 훨씬 더 종합적인 성찰을 제시한다. 즉, 목회에 필요한 개인적 자격조건들과 훈련으로부터 교리적 중요성 및 목회의 실천적 기술에 이르기까지 종합적인 성찰을 제시한다. 기독교 문헌에서 이와 같은 종류의 문헌으로서는 이것이 첫 번째이다.[7] 카이사레이아의 바실레이오스와 함께 그가 배웠던 그리스 철학적 수사학적 전통에 근거할 뿐만 아니라, 또한 클레멘스와 오리게네스를 비롯한 초기 기독교 문헌과 성경에 관한 연구에 깊이 근거한다.[8]

「설교 2」는 기독교 전통 안에서 목회에 관한 첫 번째 신학적 논문일 뿐만 아니라, 또한 가장 큰 영향력을 미치는 저작이었다. 한 세대 안에 이 설교는 목회자의 예의에 관한 암브로시우스의 사상에 기여하였고, 또한 『목회에 관하여』(On the Priesthood)라는 요안네스 크리소스토모스의 유명한 6권의 책들의 청사진을 제공하였다. 이 설교는 또한 루피누스의 라틴어번역을 통하여 6세기가 끝날 즈음에 교황 그레고리우스의 「목회규율」(Pastoral Rule)에 강력한 영향력을 행사하였다. 그리고 아마도 아우구스티누스의 「기독교적 가르침에 관하여」(On Christian Teaching)에도 강력한 영향력을 행사하였다. 이것들은 서방교회에서 목회사역 관한 가장 큰 영향력이 있는

---

5   이 저작은 또한 사본전승에서 (여러 변형본들에서) 『변증』(Apology)이라는 제목으로 되어 있다. Bernardi, SC 247, 84.

6   문헌에 관한 유용한 개관에 대해서는 다음을 참조하라. Rapp, Holy Bishops, 24-41.

7   맥린은 나지안조스의 그레고리오스의 「설교 2」가 나지안조스의 사람들에게 행해진 것이 아니라 "교회적인 갈등 속에서 …. 혼란을 겪는 그리스도인들에게" 행해진 것이라는 점에 주목한다. McLynn, "Self-Made Holy Man," 468-469.

8   엘름은 나지안조스의 그레고리오스의 이론의 참신성을 강조한다. 그것은 "귀족 출신과 자유 신분"이라는 이전의 자격요건들에 대한 대안을 제시한다(Elm, "Diagnostic Gaze," 84-85). 그것인 자신의 직접적인 상황에서는 혁신적인 것이었지만, 그의 이론의 주요한 요소들은 또한 깊이 전통적이었다.

논문들이다. 이렇게 하여 이 설교는 동방 기독교와 서방 기독교 모두에서 목회적 성찰의 자료가 되었다.

목회에 관한 나지안조스의 그레고리오스의 관심은 활동 전체를 통하여 여러 다른 상황들에서 계속되었다. 즉, ① 그의 초기 감독 설교들. 여기에서 그는 자신의 목회사역을 다시 성찰한다(Ors. 9-12). ② 부친 그레고리오스, 안티오케이아의 키프리아노스, 아타나시오스, 카이사레이아의 바실레이오스를 칭송하는 설교들(Ors. 18, 24, 21, 43). 이것들은 구체적인 주제들에 관하여 알려주는 것보다 기독교적 감독에 대한 그의 이상에 관하여 더 많이 알려준다.[9] ③ 평화에 관한 세 설교들. 교회 안에 있는 현재의 분파들을 통합할 수 있는 것과 같은 종류의 목회적 신학적 지도력을 주장한다(Ors. 6, 22, 23). ④ 공의회에게 전한 고별설교(Or. 42). 그리고 ⑤ 은퇴기 동안에 쓴 여러 자전적인 시(詩)들. 이것들은 감독들의 특성과 역할에 직접적으로 초점을 둔다. 무엇보다도「그의 인생에 관하여」와「자신에 관하여 및 감독직에 관하여」에서 그러하다(Carm. 2.1.11; 2.1.12). 또한, ⑥「가난한 자들을 사랑함에 관하여」설교. 여기에서는 세례를 받은 모든 이들의 사역에 관한 중요한 성찰이 담겨 있다(Or. 14).「설교 2」만으로도 이런 측면에서 충분하겠지만 목회에 관한 저작들을 모두 합하며, 카이사레이아의 바실레이오스의 저작이나 니사의 그레고리오스의 저작보다 상당히 더 나은 통찰들이 있다.[10]

20세기에는 — 나지안조스의 그레고리오스의 저작 전체에서「신학적 설교」(Ors. 27-31) 이상으로 읽은 학자들이 거의 없고, 또한 고대 수사학에

---

9 이 점에 관한 학문적인 입장은 광범위하다. 노리스는 카이사레이아의 바실레이오스에 관한 나지안조스의 그레고리오스의 묘사가 꽤 정확하다고 주장한다. 다만「설교 21」은 아타나시오스에 관한 지식을 거의 보여주지 않는다고 노리스는 여긴다. Norris, "Your Honor, My Reputation," 140-159. 반면에, 엘름은「설교 42」에 있는 카이사레이아의 바실레이오스에 관한 묘사가 완전히 꾸며진 것이라고 여긴다. Elm, "Programmatic Life," 423. 스털크가 주목하듯이, 아타나시오스에 관한 이후 비잔틴 시대의 묘사들에 영향을 주었던 것은 주로 나지안조스의 그레고리오스의 묘사이었다. Sterk, Renouncing the World, 129. 나지안조스의 그레고리오스가 아타나시오스를 목회의 모범으로 여기는 것에 관해서는 다음을 참조하라. Pouchet, "Athanase d'Alexandrie." 이 논문은 나지안조스의 그레고리오스가 새로운 테오도시우스 시대에 감독에 관한 자신의 이상들을 아타나시오스게에 본질적으로 투영하였다고 결론을 내린다(p. 357).

10 Sterk, Renouncing the World, 119-140.

대한 친숙함이 사람들 사이에서 감소하는 20세기에는 ― 나지안조스의 그레고리오스를 거의 병적으로 개인주의적인 인물로 간주하는 고정관념이 있었다.[11] 그러나 이것은 그가 이루었던 교회적 위대함과는 상당한 거리가 있다. 그리고 어떤 설명들은 나지안조스의 그레고리오스가 카이사레이아의 바실레이오스의 걸출함에 비하면 완전한 실패자이라고 간주한다.[12] 목회적 신학자로서의 그의 위상이 현대의 학문에서 및 (아우구스티누스와 교황 그레고리우스를 따르는) 서방교회에서 다른 교부들의 위상보다 낮게 여겨지지만, 그는 목회에 깊이 헌신하였고 교회 지도자로서 (비록 신중하고 복잡하였지만) 효과적으로 활동하였다. 그의 탁월한 활동과 영향의 범위로 인하여 그는 목회에 관한 최고의 스승이 되었다. 그리고 라틴 서방교회에서는 아우구스티누스만이 그에게 견줄 수 있을 정도였다.

목회를 실행하기 위한 나지안조스의 그레고리오스의 실천적 권고들, 그리고 좋은 목회자 또는 나쁜 목회자의 특성들에 관한 그의 묘사들은 여러 학자들의 주목을 끌었다.[13] 특히 바로 이러한 점들에 관하여 요안네스 크리소스토모스와 교황 그레고리우스가 집중적으로 다루었다. 그러나 나지안조스의 그레고리오스에게 목회사역은 기술적 또는 도덕적 수준에 관한 문제라기보다는(이것들을 포함하지만), 심오하게 신학적인 활동이다. 그는 목회의 본질을 일차적으로 구원의 신적 경륜의 관점에서 규정하고, 목회의 주된 특성은 삼위일체의 실행이라고 이해한다. 그가 다섯 번째 「신학적 설교」에서 삼위일체의 점진적인 계시에 관하여 논의하기 거의 20년 전에, 그는 신적 경륜의 범위에 관하여 처음으로 성찰하면서 교회의 목회사역에 집중한다.

바로 이것이 율법서, 즉 우리의 초등교사(갈 3:24)이 우리를 위하여 의도하

---

11 예를 들면, Bouyer, *Spirituality*, 341; Otis, "The Throne and the Mountain."
12 예를 들면, Rousseau, *Basil*, 65, 87; Gallay, *La vie*, 705-706.
13 가장 최근의 연구로는 다음과 같다. Elm, "Diagnostic Gaze." 또한 다음을 참조하라. Sterk, *Renouncing the World*, 119-141; Rapp, *Holy Bishops*, 42-45; Daley, "Saint Gregory of Nazianzus as Pastor and Theologian."

는 것이다.[14] 이것이 율법서와 그리스도 사이에 있는 예언서가 의도하는 것이다. 이것이 영적 율법을 성취하시고 영적 율법의 마침이 되시는 그리스도께서 의도하시는 것이다(히 12:2을 참조하라). 이것이 자기를 비우신 신성의 의도이다(빌 2:7). 이것이 육체를 취하신 의도이다(히 2:14). 이것이 하나님과 인성 사이의 새로운 혼합체의 의도이다. 새로운 혼합체는 둘로 이루어진 하나이며, 둘 모두 하나 안에 존재한다. … 이러한 까닭에 …. 경륜이 … 불순종으로 타락한 자를 향한 사랑으로 … 새로운 신비가 되었다.

그런 후에 그는 그리스도의 구원의 행동들에 관하여, 즉 그리스도의 잉태로부터 부활에 이르기까지 길게 설명한다. 설교 29.19-20과 비슷한 일련의 수사학적 대립들로 길게 설명한다.[15] 마지막에서 다음과 같이 설명한다.

이 모든 것들은 우리를 위하여 하나님께서 주신 일종의 훈련(παιδαγωγία)이었고, 또한 우리의 연약함을 고치는 치유(ἰατρεία)이었다. 선악과를 때에 맞지 않게 및 부적절하게 취하여 선악과가 아담을 생명나무로부터 분리시켜 놓았기에, 옛 아담을 타락하기 이전으로 회복시키고 생명나무로 안내한다. … 다른 사람들을 돌보도록 세워진 우리는 바로 이러한 치유의 사역자들이며 동료 일꾼들이다(참고. 고전 4:1, 3:9)(2.23-26).

이와 같이 길고 세밀하게 쓴 구절에서 나지안조스의 그레고리오스는 성경에서 기록된 구원의 경륜과 현재 교회의 목회 사이에 기본적인 연속성이 있음에 주목한다. 그는 하나님의 구원활동 전체가 — 율법서와 예언서로부터 그리스도의 성육신, 고난, 부활까지 — 교회의 목회사역을 "의도한다"고 주장한다. 그리스도의 초림과 재림 사이에 위치하는 목회사역은 역사를 통틀어 일어나는 하나님의 구원활동의 직접적인 결과이면서 또한 의

---

14   삼위일체적 교리의 "의도"에 관한 유사한 개념에 관해서 본서 IV장을 참조하라. *Or.* 23.12.
15   본서 II장을 참조하라.

도된 목적이다. 목회사역이 창조세계로 하여금 최후의 심판과 앞으로의 삶을 준비하도록 할 때조차도 그러하다. 새 언약이 옛 언약을 성취하고 옛 언약의 마침이 되듯이, 목회자가 안내하는 당대의 교회의 삶은 새 언약과 옛 언약 모두를 성취하며 둘 모두의 마침이 된다. 나지안조스의 그레고리오스는 자신의 첫 번째 설교에서 그리스도께서 성부에게로 돌아가셨기 때문에 그리스도가 자신과 같은 또 다른 목자와 또 다른 성전을 교회 목회자의 모습으로 주셨다고 쓴다(1.6). 그런 까닭에 목회자는 말씀의 청지기 또는 실행자(οἰκονόμος, administrator)이며, 신적 경륜(οἰκονομία)의 청지기직에 참여하는 자이다(3.7).[16] 그리고 목회자는 바로 하나님께서 친히 행하시는 치유의 교정과 사랑의 박애(θεία νουθεσία καὶ φιλανθωπία)를 실행하는 자이다(16.13).

나지안조스의 그레고리오스가 「자신에 관하여 및 감독직에 관하여」의 말미에서 목회직의 남용에 관하여 탄식하면서, 이와는 대조적으로 진정한 목회직의 본질에, 즉 오직 하나님의 치유를 전달하는 진정한 목회직의 본질에 주목한다. "우리가 하나님으로부터 받은 구원이 얼마나 위대한가! 이 구원이 사실상 온 우주를 통하여 확장되도다!"(Carm. 2.1.12.355-356).[17] 이러한 생각은 다섯 번째 「신학적 설교」에 있는 그의 논증과 유사하다. 이 설교에 따르면, 교회의 시대에 성령에 관한 계시는 이전 시대에 성부 또는 성자에 관한 계시들을 뛰어넘는다(31.25-27). 삼위일체에 관한 교회의 지식은 이제까지 드러난 성경 언약들의 절정이다.

하나님의 은혜의 이러한 심오한 연속성은 구원의 역사 및 교회의 계속되는 목회사역 모두에 관한 나지안조스의 그레고리오스의 이해를 분명하게 보여준다. 그는 성경 언약들에 있는 하나님의 구원활동의 특징을 4세기에 목회자가 실행하는 것과 동일한 신적 훈련 또는 교육(παιδαγωγία)과 치유(ἰατρεία)라고 여긴다(2.25). 동시에 그는 성경 언약들이 교회의 사역을 확

---

16 참조. Ors. 18.1; 40.44; 42.24.
17 참조. Or. 12.4.

립하고 포함하며 그래서 언약적 구원이 목회활동의 기본적 형식과 내용이라고 말한다. 이러므로 옛 언약 및 새 언약은 교회의 삶의 토대이고 교회의 공동 기억의 저장소일 뿐만 아니라, 교회의 계속되는 치유와 하나님에게로의 성장에 작용하고 현존한다.

나지안조스의 그레고리오스에게는 언약들의 특성과 교회사역의 특성은 하나이며 동일하다. "다른 사람들을 돌보도록 세워진 우리는 바로 이러한 [하나님 자신의] 치유의 사역자들이며 동료 일꾼들이다"(2.26). 그 결과로, 성경해석은 — 구약과 신약, 즉 언약들의 해석은 — 교회를 위한 생명의 피이다. 성령의 권능에 의하여 교회의 가르침과 신비들 안에서 예수 그리스도를 예배하고 예수 그리스도에게 순종하면서 그리스도인들이 성경에서 예수 그리스도를, 즉 성부 하나님의 형상을 알아가기 때문이다. 그러므로 나지안조스의 그레고리오스는 목회자들에게 무엇보다 다음을 상기하도록 권면한다. 즉, 목회자들은 하나님께서 언약들에서 모든 사람들을 위하여 확장하셨던 치유적 사랑, 즉 박애(φιλανθωπία)와 동일한 것을 실행하고 있다는 점을, 그리고 목회자들은 그리스도께서 아담을 구속하시는 활동에 직접적으로 참여한다는 점을 상기하도록 권면한다.

1

기예들 중의 기예 그리고 학문들 중의 학문

나지안조스의 그레고리오스는 가장 일반적인 의미로서의 목회사역을 지도력의 행사로 이해한다. 즉, 큰 겸손과 자기희생으로 수행되는 섬김 (λειτουργία)으로서의 지도력의 행사로서, 또한 기독교 공동체 내에서 실재적 권위(προστασία), 책임, 영적 통치의 권능(ἐπιστατεῖν)(2.78)과 관계되는 일종의 명령(ἡγενομία)(2.4)으로서의 지도력의 행사로 이해한다. 문자적으로 말하자면, 목회자들은 물론 양들의 목자이다(1.6).[1] 목회자들은 자신의 양떼의 행복을 확보하고자 추구하며, 양들은 또한 영양과 보호를 위하여 목회자에게 의존한다. 나지안조스의 그레고리오스에게는 목회활동의 핵심에 사람들을 위한 도덕적 및 영적 지도(ἄνθρωπον ἄγειν)(2.16), 즉 영혼의 지도 (ψυχῶν ἡγεμονία)가 있다(2.78). 이것에 관하여 그는 광범위한 용어들로 묘사한다.

지도력에 관한 동일한 원리들이 감독들과 장로들에게 모두 적용된다. 감독들이 감독하는 권위를 지닌다고 하더라도 그들의 활동은 본질적으로 동일하기 때문이다. 영적 안내가 지닌 중심적 활동을 드러내기 위하여 나지안조스의 그레고리오스는 장로들과 감독들 모두를 전통적인 용어인 "목

---

1   참조. *Ors.* 9.4; 12.2; 13.4.

회자"라는 말로 전형적으로 가리킨다. 특히, 「설교 2」에서 그렇다.[2] 감독들과 장로들은 목회직에 참여하며 지역 기독교 공동체를 이끌어가는 "주재권(προεδρία)"에 참여한다(2.111). 그에게 교회의 지도력은 (가장 잘 수행된다면) 만물을 위한 하나님의 섭리적 질서를 반영한다. 우주에서 및 신적 경륜에서처럼 교회의 구조 안에 어떤 질서가 있다. 이 질서에 따르면 몸 전체의 유익을 위하여 어떤 이들에게는 지도하는 은사와 마음이 있으며 어떤 이들에게는 따르는 은사와 마음이 있다(2.3).[3] 목자와 양 사이에 있는 힘의 차이가 알려주듯이, 목회자는 다스림을 받는 자들을 영적으로 다스리는 자이며 (2.3),[4] 그래서 높고 고귀한 직무를 담당한다(7.3).[5] 나지안조스의 그레고리오스는 목회적 안내를 위한 이러한 질서는 보존되어야 하고 혼란에 빠져서는 안된다고 강조한다(19.10).[6] 왜냐하면 "많은 이들의 다스림은 어느 누구의 다스림도 되지 못하기 때문이다"(32.4).

그러나 **목회자의 지도력이 몸 전체의 건강을 위하여 일차적으로 중요하다고 하더라도 독점적이지는 않다. 사실, 목회자의 지도력의 일차적인 기능은 세례를 받은 모든 이들의 사역을 가능하게 하고 증진시키는 것이다** (16.13). **이 모든 것을 통하여 바로 그리스도께서 교회를 궁극적으로 이끌어 가시고 안내하신다**(18.4).[7] 나지안조스의 그레고리오스가 모친 논나와 여동생 고르고니아와 같은 여성들이 행사하는 지도력에 관하여 강력하게 및 심지어 선구적인 방식으로 말하는 것을 우리는 이미 살펴보았다.[8] 그가 목회적 권위와 유효성에 관해 매우 높은 견해를 가지고 있음에도 불구하고 위(僞)디오니시오스의 「교회의 위계질서」(Ecclesiastical Hierarchy)에서 발견

---

2 그러나 시들에서는 나지안조스의 그레고리오스가 감독들에게 더 구체적으로 말한다. 전반적으로 그는 "감독들"과 "목회자들"을 대략 동일한 정도로(각각 100번 가까이), 그리고 "장로들"을 약 절반 정도로 언급한다.

3 교회 지도력과 우주적 및 사회적 질서에 관한 나지안조스의 그레고리오스의 묵상을 참조하라. Or. 32.

4 참조. Ors. 21.7; 32.10-13.

5 참조. Ors. 18.37; 36.3; Carm. 2.1.12.18.

6 참조. Or. 1.7.

7 「설교 1-3」에서 사용된 지도력을 가리키는 여러 용어들에 관한 논의에 관해서 다음을 참조하라. Bernardi, SC 247, 45-48.

되는 것과 같은 종류의 엄격하고 독점적인 목회직을 생각하고 있지 않다는 점에 우리는 처음부터 주목하여야 한다.[9]

나지안조스의 그레고리오스는 목회의 본질과 활동을 묘사하기 위하여 성경과 기독교 전통에 근거하며, 또한 철학, 수사학, 의학의 그리스적 전문적 범주들에 근거한다. 그는 **목회사역을 테크네(τέχνη), 즉 독특한 기예 또는 기술이라고 일컫는다. 즉, 전문지식을 위한 나름의 방법과 감각을 지니며 지식(ἐπιστήμη)의 신중한 체계에 근거한 학문 또는 전문적 기예이라고 일컫는다.**[10] 그러나 목회사역은 모든 기술들과 학문들 중에서도 탁월하다. **사람들을 영적으로 안내하는 것은 그의 유명한 표현으로 "기예들 중의 기예이며 학문들 중의 학문이다"**(2.16).[11] 그가 감독으로서의 목회직을 시작하고자 준비하면서 목회자의 활동을 다음과 같이 묘사한다. 즉, "성령의 섬김과 사역, 사람들의 강화, 영혼들의 통치, 말씀과 행동을 통한 가르침, 그리고 '의의 무기들을 지닌' 모범(고후 6:7)"으로 묘사한다. 그리고 목회자의 활동은 사람들을 세상으로부터 하나님에게로 인도하며, "온 몸을 희생하고, 그들을 성령에게로 헌신시키며, 어두움에서 벗어나고, 빛을 기뻐하며, 약탈자들을 몰아내고, 회중을 한데 모으며, 벼랑과 사막의 고독을 경계하고, 회중이 산과 높은 곳에 도달하도록 돕는다"(9.3).

10년 후에 그는 콘스탄티누폴리스에서의 자신의 활동을 뒤돌아보면서

---

8   나지안조스의 그레고리오스에 따르면(Or. 18.6-7), 비록 부친이 감독이었지만 가정 안에서 참된 영적인 지도자(ἀρχηγός)는 논나였다. 그의 시대에는 모든 목회자들과 감독들이 남자이었기 때문에, 역사적인 정확성을 위하여 나는 그들을 가리킬 때에 남성대명사들을 사용할 것이다; 그의 시대에 세례 받은 모든 이들의 사역에 관하여 말할 때, 그리고 우리 시대의 평신도 및 안수받은 지도자들에 관하여 말할 때, 나는 남성과 여성 모두를 가리킬 것이다.

9   오리게네스에게서 안수받은 목회직과 안수받지 않은 기독교 지도력 사이의 유사성에 관하여 다음을 참조하라. McGuckin, "Origen's Doctrine of the Priesthood."

10 고대 그리스에서 에피스테메(ἐπιστήμη)는 가장 일반적으로 지식 전체를 가리키며, 또한 실천적 또는 전문적 기술과 여기에 수반하는 이해를 가리킨다. 플라톤과 아리스토텔레스는 지식이라는 개념을 더 발전시켜서 학문적 지식이라는 개념으로 확립하였고 의견(δόξα)과 대조되도록 하였다. 플라톤과 아리스토텔레스에게서는 에피스테메가 에페이리아(ἐπειρία)와 테크네(τέχνη)와 결부된다. 나지안조스의 그레고리오스에게서도 마찬가지이다. Plato, Rep. 422c, Ion 536c; Aristotle, Metaph. 981a2 (LSJ, s.v.).

11 τέχνη τεχνῶν καὶ ἐπιστήμη ἐπιστημῶν. 또한 다음을 참조하라. Or. 36.12: 참된 신앙은 "모든 학문들 중에서 첫 번째"이다." 교황 그레고리우스는 자신의 『목회 규율』(Pastoral Rule)에서 이러한 간결한 정의를 받아들일 것이다.

다음과 같이 간결하게 성찰한다.

> 목회자의 활동은 하나에 있다. 오직 하나이다. 즉, 목회자 자신의 삶과 교리
> 를 통하여 영혼들을 정화하는 것이다. 목회자는 영혼들이 영감 있는 운동과
> 함께 높은 곳으로 올라가도록 해야 한다. 목회자는 평온하고 고결하여야 하
> 며, 자신 안에 형성되어 온 경건하고 흠없는 이미지들을 거울과 같이 반사해
> 야 한다. 목회자는 자신의 자녀를 온전하게 하여 제물로 만드는 날까지 자녀
> 를 위하여 순결한 제물을 올려드려야 한다. 다른 문제들은 그것들을 다룰 수
> 있는 자들에게 맡겨야 한다. 이러한 방식으로 우리는 안전한 삶을 살 수 있
> 다(Carm. 2.1.12.751-760).[12]

이 주제에 관한 그의 많은 저술들 중에서 중요한 것은 교회의 지도력의
본질을 명확히 하는 것이다. 어느 때라도 기독교 지도자가 되기를 열망하
는 자들을 위해서 필요하며, 또한 그의 때와 같이 신실한 지도력이 아주 위
태롭게 되는 시대에 처해있는 목회자들을 위해서 필요하다. **목회자는 자신
의 양떼를 정화시키고 하나님에게로 인도하는 데에 헌신하여야 한다. 다른
동기 때문에 이러한 기본 책임을 저버리는 목회자를 그는 심히 비판한다.**

목회라는 기예의 독특한 특성과 우월성을 강조하기 위하여 — 즉, 자신
의 목회 "기술(technology)"을 명료하게 드러내기 위하여 — 나지안조스의
그레고리오스는 성경 용어와 그리스 수사학 이론 및 의학 이론에서 오랫동
안 친숙한 전통적인 비유, 즉 의사의 비유를 사용한다. 의사의 비유는 이후
의 기독교 전통에서 주된 비유가 되었다. 이 비유로 그는 몸의 치료
(θεραπεία)와 비교되는 영혼의 치유(ἰατρεία)에 관하여 묘사한다. 그의 주장에
따르면, **목회의 직접적인 초점과 재료(ὕλη)는 인간영혼이다**(2.16). **영혼의 치
료(θεραπεία ψυχῶν)를 통하여 목회자는 사람들을 이스라엘의 감람나무에 접붙
인다.** 그의 부친 그레고리오스가 논나의 영향을 통하여 교회 안으로 인도

---

12 다른 정의들에 관해서는 다음을 참조하라. Ors. 2.22; 7.3; 9.5-6; 19.9; 43.66.

된 것과 같다(7.3).

의학적 치료가 어렵지만 목회적 치료는 훨씬 더 어렵다. 목회의 주제인 영혼의 가치, 목회의 활동의 종류, 목회가 지향하는 최종적인 목표 때문에 목회적 치료는 훨씬 더 어렵다. 의학 기술이 몸의 질병과 부패를 예방하고자 노력하지만, 몸은 그것과 상관없이 죽을 운명이며 의사가 아무리 훌륭하다고 하더라도 필멸성이라는 몸의 한계들을 벗어날 수 없다(2.16).[13] 반면에 목회적 치료는 영혼을 치유하고자 노력한다. 목회적 치료는 신적인 일이며 천상의 위엄에 더 밀접하게 참여한다(2.17). 영혼은 불멸이기 때문에 목회는 가장 성공적인 의학조차도 도달할 수 없는 영원한 결과를 약속한다.

그러나 목회자가 영혼의 치유에 집중하는 동안에도 목회적 치료는 몸에 무관심한 것이 아님을 나지안조스의 그레고리오스는 분명히 한다. 왜냐하면 영혼의 성장이 몸의 성장을 밀접하게 포함하고 영속적으로 몸을 유익하게 하기 때문이다. 영혼이 지니는 지도적 힘($\dot{\eta}\gamma\epsilon\mu o\nu\kappa\acute{o}\nu$)은 몸의 "더 낮은 본성"을 자신에게로 잡아당기면서 몸을 더러움으로부터 자유하게 하고 몸을 구속한다. 또한 몸이 죽은 자들의 부활에 참여할 수 있도록 한다. 그래서 "하나님과 영혼의 관계처럼 영혼이 몸과의 관계를 맺도록 하기 위함이다. 즉, 영혼이 몸을 섬기는 물질을 이끌어가고 동역자로서의 몸을 하나님에게로 연합시키기 위함이다."(2.17-18).[14] 목회의 주제인 인간 영혼과 의학의 대상인 몸을 비교자하면 목회가 더 우월하다. 왜냐하면 몸을 다루는 의학보다 목회가 몸의 행복을 더 잘 보장하기 때문이다.

치료의 범위와 방법의 관점에서 보자면, 의학적 치료는 주로 겉으로 드러난 현상들을 다루고 사람의 문제들의 진정한 근원을 거의 탐구하지 못한다. 반면에 영혼의 치료는 "마음에 숨은 사람"에 집중한다(벧전 3:4). 사람의 문제들의 더 깊은 원인을 다루기 위함이다(2.21).[15] 의사가 여러 다른 요인

---

13 참조. Ors. 2.27; 14.18, 37.
14 나지안조스의 그레고리오스에게서 나타난 영혼-몸 언어의 기독교적 용법에 관해서는 본서 I 장을 참조하라.

들과 증상들을 살핌으로써 몸의 질병을 치료하고자 추구하지만, "우리의 습관, 정념, 삶, 의지"(2.18)의 내적인 악성종양을 치료하는 것은 훨씬 더 어렵다. 왜냐하면 그것들은 진단하기에도 더 어려울 뿐만 아니라 사람들이 그것들의 치료를 더 많이 거부하기 때문이다.

나지안조스의 그레고리오스는 이전과 이후의 많은 목회자들의 탄식을 공유한다. 즉, 목회적 치료와 기독교적 성장이 인간의 영악함(σύνεσις), 이기심(τὸ φίλαυτον), 목회적 안내에 대한 거부와 같은 일반적 경향들에 의하여 크게 방해된다는 점을 함께 탄식한다. 사람들은 자신을 무장하여 방어하면서 영적 의사를 자기파괴적으로 열심히 거부한다. 그러나 바로 그러한 열심으로 영적 의사의 치료를 환영해야 한다(2.19). 그의 언급에 따르면, 사람들은 자신의 죄를 감추고 죄에 대한 변명을 하는 경향이 있다. 그리고 죄를 공개적으로 파렴치하게 과시한다(2.20). 그러기에 목회자는 사람들 안에 있는 적대자 마귀와 대면한다. 마귀는 우리로 하여금 우리 자신을 파괴하도록 하며, "우리를 죄의 사망에로 넘겨주고", 또한 참으로 우리를 돕는 자들을 마치 원수처럼 다루도록 한다(2.20-21). 마음의 이러한 무질서한 광기의 상태는 목회자의 활동을 더욱 도전적인 일로 만들어준다(2.20). 그래서 사람들을 이끄는 것은 대단히 중요할 뿐만 아니라, 더 높은 자에게 순종하는 것보다 더 어렵다(2.10).[16]

그러므로 사람들의 영혼을 치료하고 하나님에게로 인도하기 위하여 목회자는 하나님의 치료의 은혜를 광범위하게 다양한 조건들 속에서 사람들에게 적용해야 한다. 목회적 활동의 많은 기술과 방법(λόγος)이 바로 이러한 복잡한 적용 안에 놓여 있다. 나지안조스의 그레고리오스가 깊은 관심을 가졌던 기독교 신학과 그리스 철학적 수사학 전통에서 오랫동안 언급한 바에 따르면, 사람들을 도덕적 및 종교적 발전으로 안내하기를 바라는 자는 누구든지 사람들의 서로 다른 상황과 필요를 파악하고 거기에 맞게 응답해

---

15 참조. Or. 37.22.
16 참조. Or. 13.4.

야 한다.[17] 나지안조스의 그레고리오스는 「설교 2」에서 아주 민감하게 및 정교하게 이 문제를 다룬다. 목회자가 사람들의 영혼을 치유하고자 하지만 사람들의 상황은 광범위하게 다양한 자연적 요인들과 환경적 요인들로 인하여 서로 다르다. 즉, 성, 나이, 부, 기분, 건강, 힘, 지식, 덕, 운수, 결혼 상태, 종교적 소명, 기도에서의 능숙함, 거주 장소, 간사함, 직업을 포함하여 다양한 요인들로 인하여 서로 다르다(2.28-29). 그러나 사람들의 심리적 및 도덕적 특질들 및 사람들의 인격을 형성하는 욕망들과 욕구들이 훨씬 더 많은 도전을 준다고 그는 말한다. 이것들은 앞의 범주들보다 훨씬 더 크게 서로 다르기 때문이다. 이러한 조건들 각각을 다루고 정리하는 것(ἡ οἰκονομία)은 결코 쉽지 않다고 그는 인정한다(2.29). 많은 목회자들이 틀림없이 스스로 살펴보았듯이 **모든 것들 중에서 가장 어려운 특성들은 과도한 경건**(εὐσέβεια),[18] **무례한 반대,[19] 변덕스러운 절충주의[20]이다**(2.39-42).[21] **특히, 과도한 경건은 아이러니하게도 사람들로 하여금 새로운 가르침을 거부하도록 만든다.**

마지막으로, 목회자는 여러 다른 요인들 각각을 포함하여 그리스도인의 성장의 여러 다른 단계들을 설명해야 한다. 이 점과 관련하여 나지안조스의 그레고리오스는 자신이 오리게네스의 제자임을 거듭 보여준다. 오리게네스의 신학체계 전체는 그리스도인의 영적 발전에 따라 조직되었다. 오리게네스는 성경 전체 안에서 ― 특히 솔로몬의 세 책들 안에서[22] ― 영적 성장의 체계를 보았다. 바울과 히브리서에서 발견되는 우유와 단단한 음식이라는 이미지들로 요약될 수 있는 체계를 보았다.[23] 그런 까닭에 어떤 그

---

17 참조. 예를 들면, 고전 9:19-23; Clement of Alexandria, *Strom.* 7. 더 이전의 그리스 전통에서는 특히 다음을 참조하라. Gorgias, *Pal.* 22; Plato, *Phaedr.* 277b-c.

18 참조. 롬 10:2.

19 참조. 시 72(73):8, 마 7:6, 딤후 3:8.

20 참조. 엡 4:14.

21 참조. *Ors.* 6.2; 19.6-7.

22 특히 다음을 참조하라. Origen, *Comm. Cant.*

23 참조. 롬 14:2, 고전 3:1-3, 히 5:12-14; Origen, *Orat.* 27.5-6; *Comm. Cant. Prol.*, 1.4; *Cels.* 3.53; 또한 다음을 참조하라. *Ors.* 2.66; 4.18.

리스도인들은 어린 아이로서 가장 단순하고 기초적인 교리의 우유를 필요로 한다. 만약 그들이 자신의 수준을 넘는 가르침을 받는다면 소화할 수 없는 음식으로 압도당할 것이며 아마도 본래의 기력조차 상실할 것이다. 그러나 더 성숙한 자들은 "온전한 자들 중에서 말하여지는 지혜(고전 2:6)와 더 고귀하고 더 단단한 음식을 필요로 한다. 그들은 거짓으로부터 진리를 분별하는 것을 배웠기 때문이다. 단순한 교리가 오히려 그들을 힘들게 할 것이며 그들을 그리스도 안에서 굳건하게 하지 못할 것이다(2.45).[24]

목회자가 이와 같이 아주 복잡한 인간적 상황들과 영적 욕구들 중에서 각 사람의 상태를 정확하게 진단하고 적합한 치료를 행하는 것이 아주 중요하다. 의사가 올바른 치료를 처방하기 위하여 몸의 병을 제대로 진단하는 것과 마찬가지로 아주 중요하다. 덕이나 악덕과는 달리 목회적 치료에서의 여러 다양한 약들(φρμακείαι)은 모든 경우에 반드시 유익하거나 위험한 것은 아니기 때문이다. 그리고 특정한 치료법은 어느 경우에서는 유익하지만 다른 경우에서는 해롭기 때문이다(2.33). 그러므로 어떤 사람들은 직접적이고 솔직한 가르침이 필요하지만, 어떤 사람들은 예들을 통한 가르침이 필요하다. 어떤 이들은 격려를 받을 필요가 있지만, 어떤 이들은 자제될 필요가 있다(2.30-32).

더욱이, 목회자는 적절한 때를 분별하는 감각을 가지고 치료를 행하여야 한다. 올바른 치료법을 적합한 상황에 적용하더라도 적절하지 않은 때에 적용하는 것은 도움이 되지 않는다. 그것은 도리어 상해를 초래할 수 있다(2.31). 나지안조스의 그레고리오스는 인간들은 "피조물 중에서 가장 다양하고 다중적이다"라는 호머식의 발언을 한다(2.16). 그래서 목회자는 여러 줄로 된 현악기와 같이 회중을 연주할 수 있는 능숙한 음악가가 되어야 한다(2.39). 또는, 많은 야생 동물들로 이루어진 괴물을 훈련하는 동물조련사처럼 되어야 한다(2.44). 달리 표현하면, 기독교 지도자(ὁ ἐπιστάτης, ὁ προστάτης)는 모든 경우에 적응할 수 있는 본질적인 자질을 지녀야 한다. 목

---

24 참조. 빌 4:13, 골 2:19.

회자는 "모든 측면에서 자신의 강직성에서는 단순해야 하고(ἁπλοῦς), 가능한 한 자신의 지식에서는 다방면적이고 다양해야 한다(παντοδαπὸς καὶποικίλος)." 그래야 각 경우에 적합한 치료를 적용할 수 있다(2.44).

이러므로 기독교 목회자는 회중의 도덕적 및 영적 발전을 가장 잘 안내하기 위하여 안정성과 유연성의 역설을 또는 단순성과 다양성의 역설을 온전히 구현한다. 그래서 나지안조스의 그레고리오스는 자신의 이상을 드러내는 용어들로 아타나시오스가 이러한 자질을 구현하였다고 칭송한다. "그는 어떤 이들은 칭찬하지만 어떤 이들은 (온건하게) 꾸짖는다. 어떤 이들에게는 나태하지 말도록 권고하지만 어떤 이들에게는 성급하지 말도록 진정시킨다. 어떤 이들에게는 타락하지 않도록 관심을 기울이지만 어떤 이들에게는 타락으로부터 회복되는 길을 마련한다. 그의 기질은 단순하지만(ἁπλοῦς) 실행하는 데에서는 다양한 모습을 보여준다(πολυειδής). … 그는 그리스 사람들이 여러 다른 신들에게 주었던 모든 이름들을 자신 안에서 진정으로 통합시킨다. … 오, 내가 명명하기를 원할 때에 이 사람의 다재다능한 덕이 얼마나 많은 이름들을 내게 주는지!"(21.36). 아타나시오스의 적응력은 아주 이례적으로 뛰어나서 그는 일련의 모든 덕들과 목회적 실천들을 단순성과 다양성의 완전한 통합 속에서 연합시켰다.[25]

마찬가지로, 카이사레이아의 바실레이오스도 목회적 적응력에 관한 바울의 묘사를 제대로 성취하였다. 즉, 모든 사람들에게 모든 것이 됨으로써 사람들을 기쁘게 하였다(고전 9.22, 43.64). 동일한 이유로 나지안조스의 그레고리오스는 자신의 부친을 칭송한다. 즉, 부친 그레고리오스는 회초리와 지팡이를 사용하는 적절한 때를 앎으로서 사람들을 정결하게 만드는 위대한 힘을 보여주었다(18.15). (물론 그는 지팡이에 가장 많이 의존하였다.) 그리고 그는 죄인들에게 긍휼을 드러내었고 신앙이 강한 자들에게 공감하였으며, 교만한 자들을 꾸짖되 미천한 자들을 격려하였다(18.22-23).[26] 이러한 예들

---

25 아타나시오스의 단순성에 관하여 또한 다음을 참조하라. Or. 21.33.
26 참조. Or. 18.13.

각각이 증명하듯이, 기독교 목회자는 목회사역의 우수한 기예를 행사함으로써, 각 회중의 상황의 특수한 점들에 자신을 적응시킴으로써, 전인의 영원한 건강을 위한 적절한 치료를 적용함으로써 하나님의 구원 경륜을 실행한다.[27]

---

27 목회적 적응에 관해서 또한 다음을 참조하라. *Ors.* 9.5-6; 13.4; 27.3, 5-6; 37.1(예수님 자신의 적응성에 관하여).

2

목회적 경험과 목회자의 덕

나지안조스의 그레고리오스는 목회사역을 지식의 신중한 체계에 근거한 전문적인 기예로 묘사한다. 그러나 동시에 그는 목회사역이 소위 교과서로부터 먼저 배운 후에 적용하기만 하는 추상적 이론이나 규칙들의 빈틈없는 체계로 생각되어서는 안된다는 점에 동일한 관심을 둔다. 오히려, 의학적 전문직과 같이 목회활동은 인간경험에 뿌리를 둔다. 우리가 방금 검토하였던 목회적 적응력의 방법을 기술한 후에 나지안조스의 그레고리오스는 다음과 같은 제한조건을 제시한다. "여러분이 우리의 치료법에 관하여 완전히 파악할 수 있도록, 여러분 앞에 이러한 모든 것들 사이의 차이점을 제시하는 것은, 그리고 그것들에 관하여 완벽하게 정확한 견해를 여러분에게 제시하는 것은 완전히 불가능하다. 심지어 돌봄(ἐπιμελεία)과 영리함(σύνεσις)에서 최고의 자격을 갖춘 사람들에게조차도 불가능하다. 그러나 의학체계와 의료인을 양성하기 위해서는 실제적인 경험과 실천이 필수적으로 요구된다"(2.33).[1]

하나님 지식이 하나님에 의한 전인의 철저한 변혁에 의존하고 철저한 변혁에 있는 것과 동일한 방식으로, 목회사역도 또한 하나님의 구속활동에

---

1   ἐπὶ δὶ τῆς πείρας αὐτῆς καὶ τῶν πραγμάτων τῷ θεραπευτῇ λόγῳ καὶ ἀνδρὶ καταφαίνεται.

관한 목회자 자신의 경험에 뿌리를 둔다고 나지안조스의 그레고리오스는 강조한다. 그의 요점은 목회사역이 교리의 일관된 체계에 아무런 토대를 두지 않는다거나 절차를 위한 어떤 구체적인 표준들이 없다는 점을 주장하는 것이 아니다. 오히려 그는 신적 경륜의 실행은 사람이 행사하고 있는 대상들에 대한, 그리고 사람이 섬기는 사람들에 대한 깊은 경험적 지식을 필요로 한다고 말한다. 그는 목회자 자신이 경험하지 않은 좋은 것을 다른 사람들에게 전달하는 것은 불가능함을 반복해서 주장한다. 목회자가 사람들의 구체적인 현실을 파악하지 않는다면 목회할 수 없는 것과 마찬가지이다.

나지안조스의 그레고리오스는 콘스탄티누폴리스에서의 목회적 남용을 기소하면서 바로 이러한 점에 집중한다. 어떤 사람들은 훈련, 명성, 인격과는 상관없이 은혜만이 좋은 목회자를 만들기에 충분하다고 주장할 것이지만, 그는 훈련받지 않고 경험이 없는 목회자는 기독교 교리의 가치를 떨어뜨리고 또한 그 가치를 더 이상 인정될 수 없도록 만드는 위험이 있다고 말한다.[2] 그는 다음과 같이 질문한다. 즉, 피리연주 또는 춤의 예술을 스스로 숙달하지 않고서 어떻게 피리연주 또는 춤을 가르칠 생각을 할 수 있겠는가?(2.50). 또는, 먼저 배의 노를 다루고 키를 담당하며 바람 및 바다에 관한 어떤 경험도 없이 어떻게 배의 선장이 될 수 있다고 주제넘게 말할 수 있겠는가?(43.26).[3] 어떤 다른 전문직에서처럼 목회자는 자신의 기예를 잘 실행하기 위하여 그것에 관한 실제적인 경험을 가져야만 한다. 그렇지 않다면 회중이 목자보다 더 우월할 것이라고 그는 말한다(Carm. 2.1.12.541-574). 부친 그레고리오스가 보여주었듯이 경험(ἐμπειρία)은 목회적 지혜의 기초이다(16.20).[4]

그러나 **목회적 돌봄을 숙달하기 위하여 요구되는 경험은** 순전히 외면적인 의미로서의 목회적 과제들을 실행하는 것만이 아니다. 그러한 경험은 가

---

2   참조. Or. 27.3.
3   나지안조스의 그레고리오스는 이 구절에서 군사적, 의학적, 회화적 비유들을 계속 사용한다.
4   참조. Ors. 6.19; 26.1.

장 근본적으로 덕과 거룩과 관련된 목회자의 내면적인 특성이다. 신학자의 정화에서처럼 목회의 전제조건인 덕은 목회직에 관한 나지안조스의 그레고리오스의 성찰에서 두드러지게 나타나는 주제이다. 「설교 2」의 시작부분에서 그는 "하나님께서 백성을 인도하도록 임명하시는 자들은 무엇보다도 자신들의 덕에 의하여 다른 사람들과는 구별되어야 한다"(2.3)고 쓴다. **그리스도에게 합당한 목회적 방법으로(λόγος ποιμαντικῆς) 양떼를 돌보기 위하여, 참 목자, 즉 선한 목회자는 기독교적 덕의 삶을 사는 것을 통하여 "왕의 대로를 걸어야"(민 20:17) 한다**(2.34).[5] 설교 「논쟁 중에 있는 중용에 관하여」에서 그는 출세지향적인 목회자들에게는 다음과 같은 핵심적인 질문을 던진다.

> 여러분은 하나님에 관하여 말하는 것이 중요하다고 생각하는가? 하나님을 위하여 여러분 자신을 정화시키는 것이 더 중요하다. … 여러분은 가르침이 중요하다고 생각하는가? 제자가 되는 것이 더 안전하다. … 여러분은 양인데도 불구하고 왜 자신을 목자로 만들려고 하는가? … 만약 여러분이 그리스도 안에서 장성한 사람이고 여러분의 "능력들이 훈련을 받아왔다면"(히 5:14), 그리고 여러분의 지식의 빛이 밝다면, 그러면 온전한 자들 사이에서 말하여진 하나님의 지혜를, 그리고 비밀스럽고 감추어진 하나님의 지혜를 받을 때마다(고전 2:6-7), 그리고 그것이 여러분에게 맡겨지는 때마다 그것을 말하라.(32.12-13)

나지안조스의 그레고리오스가 자주 반복하듯이, 정화된 자들만이 다른 사람들을 정화의 자리로 인도할 수 있다.[6]

목회자의 인격적 특성은 나지안조스의 그레고리오스의 만년의 시(詩)인 「자신에 관하여 및 감독직에 관하여」의 중요한 주제들 중의 하나이다.

---

5 그래서 그리스도는 "목자"로 불리운다(요 10:11, 14; 히 13:30, 벧전 5:4). 왜냐하면 그는 우리를 천국의 양우리에로 모으시기 위하여 "목회적 학문의 원리들(λόγοι ποιμαντικῆς ἐπιστήμης)"을 사용하시기 때문이다(*Or.* 30.21).

6 *Ors.* 6.1-2; 7.3; 8.5 (부친 그레고리오스에 관하여); 15.12 (엘레아자르에 관하여); 20.1-4; 39.14; *Carm.* 2.1.12.475-574.

그는 직무에 합당하지 않는 목회자들 말하면서, "여러분 자신이 추악한데 다른 사람들을 정화시키는 것보다는 …. 여러분 자신이 온전히 정화되는 것이 더 좋을 것이다"라고 책망한다(Carm. 2.1.12. 476-478). 단순히 악을 피하는 것은 충분하지 않다. 목회자는 덕에서 탁월해야 한다. 자신의 진보의 월계관에 안주하지 말고 계속해서 얼마나 많이 성장해야 하는지에 관하여 집중해야 한다(2.14).[7] 마음의 순수함은 성경의 심오함을 이해하는 것과 (2.48) 하나님을 아는 것을 가능하게 할 뿐만 아니라, 종교적 힘과 권위를 안전하게 행사하도록 하는 필수적인 토대이다. 유덕한 목회자만이 사람들을 설득하여 인도할 수 있다고 그는 말한다. 모든 다른 형태의 영향력은 세계를 압제하는 것과 마찬가지일 뿐이다(2.15).[8]

유효성 때문만이 아니라 친절의 이유들로 인하여 교회를 다스리는 목회자들은 결코 강제력이나 강요에 의해서가 아니라 자신의 모범적인 인격에 근거한 선의와 설득력에 의하여 사람들을 인도해야 한다고 그는 주장한다. 비록 목회자가 공동체 안에서 큰 권위를 지닌다고 하더라도 실제로 목회자는 자신의 직무의 위력으로써가 아니라 자신의 가르침의 매력적인 특성으로써 인도해야 한다(12.5).[9] 나지안조스의 그레고리오스는 가시적 교회의 제도와 직무에 깊이 헌신하는 동안 교회의 모든 사역의 권위는 거룩함의 권위에 근거해야 한다고 주장한다. 그렇지 않다면 그것은 그리스도인들에게 속임수와 위협이 될 것이라고 주장한다.[10] 이러한 전제조건으로서의 덕을 먼저 획득하지 않고 사람들을 안내하고자 애쓰는 것은 부당하게 착취적이며, 어리석고, 경솔한 일이 될 것이다. 또한, 연관된 모든 이들에게는 재앙이 될 수 있다(2.47).[11] 이러므로 목회자의 덕은 목회사역에서 교육,

---

7 참조. 빌 3:7.
8 이방인들의 독재를 교회 지도력에로의 채택에 반대하는 예수님의 경고를 참조하라(막 10.42-45 및 평행구절들).
9 οὐκ ἀρχή, ἀλλὰ παιδαγωγία. 또한 다음을 참조하라. Or. 6.20; Carm. 2.1.12.775. 랩은 모든 목회적 기능들을 위한 덕의 전제조건을 고대 후기에서의 "감독직 지도력을 위한 변증법"이라고 명명한다. Rapp, Holy Bishops, 41.
10 나지안조스의 그레고리오스는 제도적 권위와 은사적 또는 예언적 권위 사이의 구별이 잘못된 것임을 드러낸다. 홀의 영향력 있는 저작들 이후에 그러한 구별이 종종 언급되어 왔다. Holl, Enthusiasmus und Bussgewalt; Campenhausen, Ecclesiastical Authority.

능변, 사회적 지위보다 더 중요하고, 심지어 가장 중요한 요소이다. 목회자의 덕에 관한 그의 강조는 목회적 성찰에 관한 이후의 전통들에 강력한 영향을 끼쳤다.

정화를 다룰 때에서처럼 나지안조스의 그레고리오스는 **목회자의 덕의 근원이 어디에 놓여 있는지에 관하여 분명한 입장을 취한다. 목회자가 의존하는 거룩과 분별력 있는 통찰은 성령으로부터 직접 온다. 성령은 목회활동을 위한 그리스도의 은혜를 전달하기 때문이다.** 이것은 그가 설교 전집에서 언급한 자신의 목회의 첫 번째 측면이다. 부활절 축일에 안수받은 사역을 시작하면서(1.1) 그는 자신이 그리스도의 백성을 위한 좋은 모범과 스승이 될 수 있기 위하여 부활하신 그리스도께서 성령으로 자신을 새롭게 하여 주실 것을 기도한다(1.2). 목회적 발전의 과정 전체는 — 기초적인 정화에서부터 성경에 관한 영감 있는 연구를 비롯하여 하나님의 백성을 안내하는 활동에 이르기까지 — 그가 명명하는 "**성령의 질서**(the order of the Spirit, ἀκολουθία πνευματική)"를 드러낸다(6.1).[12]

「설교 2」에서 그는 목회자들에 대해 성령이 끼치는 영향에 관하여 비슷하게 묘사한다. 즉, **목회자들은 오직 성령에 의해서만 "하나님과 관련된 진리를 인식하고, 설명하고, 포함할 수 있다. 오직 순수함을 통해서만 우리는 순수하신 분을 파악할 수 있기 때문이다**"(2.39). 모든 그리스도인들의 정화에서처럼 목회자들은 성령에 굴복해야 하고(9.2) 성령에 의하여 성령의 일들을 말하는 것이 가능해지도록 해야 한다(19.2). 안수식에서 사제 또는 감독과 같은 목회자는 성유(chrism)로 또한 기름부음을 받는다. 문자적으로, "그리스도가 되는 것(made a christ)"이다. 그리고 목회자는 하나님의 백성을 인도하고 안내하도록 "성령과 함께 위탁을 받는다"(6.9). 그래서 나지안조스의 그레고리오스는 목회직으로의 안수식에서 성례적 기름부음을 가리키면서(1.2)[13] 그리고 (적지 않게 격분하여) 감독직으로의 안수식에서 성례

---

11 참조. *Or.* 2.91.
12 참조. *Or.* 18.15. 여기에서 나지안조스의 그레고리오스는 부친의 감독직 준비에 동일한 구절을 적용한다.

적 기름부음을 가리키면서 "성유(chrism)와 성령이 나에게로 다시!"라고 말한다(9.1).

그러나 세례가 정화의 전형적인 실행이지만 배타적인 실행이 아닌 것과 마찬가지로, **안수식에서 성령에 의한 목회자의 기름부음은 사역을 위한 본질적인 권한강화이며 이것은 훨씬 더 길고 계속되는 과정, 즉 형성의 과정 및 성령에로의 굴복의 과정의 일부분이다. 이것이 없이는 목회자의 권위는 약화된다.**[14] 그러므로 목회자의 영적 권위는 모든 실천적 및 관상적 차원들에서 이루어지는 자신의 정화와 조명에 근거한다. 정화와 조명은 성령으로부터 나온다.[15] 그리고 목회사역은 근본적으로 "영적인 전문직"이다(12.3). 나지안조스의 그레고리오스는 자신으로 하여금 수도원적 연구와 목회적 섬김을 결합하도록 한 것은 바로 성령이었다고 말한다. 그는 **이제 성령에게 자신을 전적으로 헌신한다. 그래서 그는 "성령에 의하여 조율되고 튕겨질 수 있는 하나님의 도구 및 말씀의 도구(ὄργανον λογικόν)"가 될 수 있다**(12.1). 그는 이제 음악가처럼 회중을 연주할 수 있다(2.39).[16] 모세가 하나님 지식의 주요한 모범인 것처럼(28.2-3), 나지안조스의 그레고리오스의 저작에서 모세는 하나님에 관하여 사람들을 가르치고 입회를 돕는 교리해설자의 모형으로 자주 등장한다(2.92).[17] 사실 모세는 초기 기독교 문헌에서 목회적 지도력의 최고를 보여주는 성경적 모형이 된다.[18] 이것은 또한 대부분 나지안

---

13 "신비가 나에게 기름을 붓는다." 설교 6.9를 비슷한 언급으로 아마도 포함해야 한다: [하나님의 목소리로] "나는 목자들 중 가장 존경스러운 자를 그들이 수에 추가할 것이다. 비록 그가 영적인 이유들로 목회적 의무들을 맡는 것을 연기하더라도 그렇게 할 것이다." 목자가 누군지에 관해서는 논쟁이 있어 왔다(참조. Calvet-Sebasti, SC 405, 16-18, 142-143 n1). 그러나 그 목자는 아마도 나지안조스의 그레고리오스 자신이라고 이해해야 한다: 자신의 목회적 의무들을 현명하게 연기하지만 안수받은 목회자로서 그는 적절한 때에 자신의 지팡이를 받아들이고 양떼를 돌볼 것이다 — 나지안조스의 감독으로서 부친의 감독직을 승계하는 것을 가리키며, 또한 콘스탄티누폴리스에서의 앞으로의 사역을 가리킨다.

14 나쁜 감독들에게 행한 많은 구절들에서 볼 수 있는 바와 같다. 여기에 관해서는 아래를 참조하라. 나지안조스의 그레고리오스는 안수에서 성령의 수여가 집례하는 감독의 신체적 사도적 계승으로부터 나온다는 믿음을 주장하였던 것같지 않다.

15 이러므로 나지안조스의 그레고리오스의 저작은 랩이 성령으로부터 나오는 "영적 권위"와 자신의 노력으로부터 주어지는 "금욕적 권위" 사이에 있다고 관찰하였던 종류의 구별을 보여주지 않는다. 참조. Holy Bishops, 특히 III장과 IV장. 이 둘에 관한 복합적인 상관관계는 I장을 참조하라.

16 참조. Ors. 12 (나지안조스의 그레고리오스에 관하여); 13.4 (에우랄리오스에 관하여); 18.1, 3, 36, 40 (부친 그레고리오스에 관하여); 21.7, 9; 33.13; 42.12; 43.37.

조스의 그레고리오스의 영향 덕택이다.[19]

나지안조스의 그레고리오스의 찬사에서 또한 아타나시오스도 자신의 덕이 성령의 질서에 따른 사역의 근거를 제공하였던 목회자의 예가 된다. "목회직을 위하여 아무런 댓가도 치르지도 않았고 … 또한 스스로 정화되기 전에 다른 이들을 정화시키고자 하는" 불법적인 침입자들과는 달리 (21.9) 아타나시오스는 필요한 덕에 갖추고 목회직을 시작하였다. 하나님께서 "위대한 활동들을 위한 토대"로서 그에게 성직을 주입시키셨다(21.7). 그는 개인적인 덕과 공적인 덕이 풍성하였다. 즉, 금식, 기도, 철야기도, 찬송, 빈자구제, 통치자들의 면전에서의 용기, 비천한 자들에 대한 겸손, 단순한 자들을 위한 안내, 수도사들과 처녀들을 위한 입법과 지원, 고아들의 보호, 병자들의 치료 등등이 넘쳐났다(21.10, 35-36). 그래서 그의 삶과 가르침은 완벽한 조화를 이루었다(21.30, 37). 또한, 카이사레이아의 바실레이오스는 안수를 받기 전에 지녀야 하는 덕을 보여주었다. 즉, 사람들을 향한 박애 (φιλανθωπία)와 구원계획(οἰκονομία)으로 하나님께서 카이사레이아의 바실레이오스의 덕을 드러내셨고 그를 장로직에 참여하도록 하셨다. 순식간에 현명하게 된 후에 사람들을 지도하기를 원하는 많은 사람들과는 달리, 하나님께서는 카이사레이아의 바실레이오스에게 "영적 상승의 질서와 법에 따라" 안수의 영예를 부여하셨고(43.25), 또한 이것은 덕의 참된 성장을 일으켰다.[20]

「설교 2」에서 나지안조스의 그레고리오스는 사도 바울의 예에 특별한

---

17 특히 다음을 참조하라. *Ors.* 20.2; 32.16-18. 나지안조스의 그레고리오스는 특히 아론, 야곱, 마노아, 이사야, 예레미야, 베드로, 바울과 같은 성경의 인물들을 참고한다. 참조. 1.1; 7.3; 9.1; 18.14; 21.3; 26.4. 랩의 주장에 따르면, 모세는 지도자의 탁월한 모형이다. 여러 교부 저술가들에게는 모세가 영적, 금욕적, 실천적 권위를 결합한 지도자이기 때문이다. 참조. Rapp, *Holy Bishops*, 20, 125-136; 또한 다음을 참조하라. Sterk, "On Basil, Moses, and the Model Bishop." 아마도 랩이 인용한 저자들의 대부분이 모세에 관한 나지안조스의 그레고리오스의 저작에 영감을 받았던 것 같다. 그 중에는 카이사레이아의 바실레이오스, 니사의 그레고리오스, 요안네스 크리소스토모스, 팔라디오스, 다마스코스의 요안네스가 포함된다 —카이사레이아의 에우세비오스는 흥미롭게도 예외이다. 그는 모세를 감독의 모형으로 여기지 않고 황제 콘스탄티누스를 감독의 모형으로 여긴다(참조. V. Const. 1.20.2; 38.2-5; 44.1).

18 Rapp, *Holy Bishops*, 20, 125-136. 또한 다음을 참조하라. Sterk, "On Basil, Moses, and the Model Bishop."

19 본서 I 장을 참조하라.

주의를 기울인다. 베드로와 바울이 모두 사역을 위한 기예와 은혜를 받았지만(2.51)[21] 바울은 모든 제자들, 입법가들, 예언자들 중에서 영혼의 돌봄이 지니는 큰 중요성을 말과 행동으로 증명한 사람으로 두드러진다(2.52). 바울은 교회를 돌보면서 많은 외적인 어려움을 겪을 뿐만 아니라(2.53), 또한 그는 단순한 여러 다양한 사역에서 친절함과 엄격함을 능숙하게 통합시켰다. 그래서 그는 "노예들과 주인들(엡 6:5-9), 통치자들과 통치를 받는 자들(롬 8:1-3), 남편들과 아내들(엡 5:22, 25), 부모들과 자녀들(엡 6:1-4)"을 가르쳤고, 또한 "결혼과 독신(고전 7장), 자기훈련과 방종(롬 14:3, 6), 지혜와 무지(고전 1:27; 3:18), 할례와 무할례(롬 2:25, 29), 그리스도와 세상, 육체와 영(갈 5:16)"에 관하여 가르쳤다(2.54).

능숙한 목회자인 바울은 영적인 자녀의 최선의 이득을 위하여 항상 각 형태의 사람에게 각자의 필요에 따라 적절한 치료를 실행한다. 즉, 동행하고 점검하고 출교하고 탄식하고 기뻐한다(참고. 고전 10:33)(2.55). 무엇보다도, 바울의 사역은 그리스도의 십자가에 의해서 규정되며, 그는 항상 "그리스도를 위하여 및 그를 선포하기 위하여" 살았다(2.56). 이렇게 하여 바울의 모범적인 사역은 신앙, 은혜, 그리고 적응력 있는 목회적 기술의 자격요건들을 충족한다(2.21). 그러면서 당대의 목회자를 위한 완전한 모형을 제공한다.[22] 「설교 2」에서 이러한 구절들에 관한 나지안조스의 그레고리오스의 성찰들의 결과로 바울은 요안네스 크리소스토모스와 이후의 많은 목회적 신학자들에게 주요한 모범이 되었다.[23]

이러한 긍정적인 예들 외에 나지안조스의 그레고리오스는 목회의 남용

---

20 참조. *Or.* 43.26: "우리는 단 하루에 거룩한 백성을 만들다. 그리고 지혜롭도록 결코 가르침을 받은(σοφίζεσθαι) 적이 없는 사람들이 지혜로운(σοφούς) 자들이 되기를 초대한다; 43.34-8. 설교 전체가 카이사레이아의 바실레이오스의 덕을 칭송하고자 한다. 나지안조스의 그레고리오스는 또한 다음과 같은 사람들의 덕을 칭송한다. 부친 그레고리오스(7.3; 12.2; 18); 에우랄리오스(13.4); 카르타고의 키프리아누스(24); 안티오케이아의 멜리티오스(*DVS* 1512-524).

21 아마도 유대인들과 이방인들의 사도들로서의 그들 각각의 소명을 가리킨다(갈 2:8-9); Browne and Swallow, *NPNF* 2.7, 215nζ.

22 참조. *Or.* 21.1, 7.

23 John Chrystostom, *Sacerd.* 3.7; 4.6-8; 6.9.

들에 관하여 주의를 기울이고 나쁜 목회자들을 혹평하는 데에 많은 관심을 가진다. 특히, 수도에서 교회의 상태에 관하여 환멸감을 느낀 이후에 그렇게 한다.[24] 이러한 문제들은 4세기 말 카파도키아에서는 꽤 흔하였던 것처럼 보인다. 지역에서의 폭력 및 결혼규정 개혁의 필요성에 관해서 뿐만 아니라 목회자의 무능과 비행에 관한 불평들이 카이사레이아의 바실레이오스와 암필로키오스의 서신에서도 또한 발견된다.[25] 이탈리아 및 고울 지방의 감독들에게 보내는 서신에서 멜리티오스는 만연하는 목회적 남용에 관하여 나지안조스의 그레고리오스의 불평과 아주 비슷하게 불평한다. 멜리티오스가 그의 「설교 2」를 읽고 잘 알게 되었던 것 같다.[26]

그러나 381년 여름에 그의 깊은 환멸감은 이러한 공통 주제에 관한 가장 예언자적인 활동을 하게 하였다. 카이사레이아의 바실레이오스에 관한 찬사에서 나지안조스의 그레고리오스는 다음과 같이 탄식한다. "이 순간 모든 것들 중에서 가장 거룩한 직무인 목회직이 우리들 사이에서 가장 우스꽝스러운 것이 되는 위험에 처해 있다. 왜냐하면 덕이 있는 자들이 아니라 악덕을 행하는 자들이 승진하기 때문이고, 가장 합당한 자들이 아니라 가장 힘있는 자들이 권좌를 차지하기 때문이다"(43.26). 그는 콘스탄티누폴리스의 권좌에서의 자신의 후임자를 구체적으로 가리킨다. 즉, 신학적으로 서툴지만 연줄이 좋은 원로원 의원 넥타리오스를 가리킨다.

그러나 나지안조스의 그레고리오스는 또한 목회자들이 드러내는 더 일반적인 문제를 가리킨다. 즉, 수도와 제국에서 표준적인 활동의 중심에 있던 사회적 후원관계 체제의 관점에서 교회 지도력에 접근하는 목회자들의 더 일반적인 문제를 가리킨다. 서방교회의 위대한 인물 히포의 아우구스티누스처럼 나지안조스의 그레고리오스는 좋은 교육과 권력자들과의 친분

---

24 주요한 구절들이 다음에 나타난다. *Ors.* 20, 32, 21, 42, 43; *Carm.* 2.1.12 *De seipso et de episcopis*; *Carm.* 2.1.11 *De vita sua*; 그리고 은퇴기 동안의 여러 다른 시들에서도 나타난다. 뿐만 아니라 「설교 2」에서 사악한 목자들에 관한 부분도 나타난다. 이 부분은 나지안조스의 그레고리오스가 콘스탄티누폴리스를 떠난 이후에 추가하였던 것 같다.

25 Basil, *Ep.* 188, 199, 217 to Amphilochius. Van Dam, *Becoming Christian*, 53-54.

26 Pseudo-Basil, *Ep.* 92.

이 목회사역에 기여할 수 있는 장점들이 분명히 있음을 인정한다. 특히, 동로마제국의 수도에서 통치 엘리트들의 마음과 정신을 사로잡기를 희망한다면 그러한 장점들 있을 수 있음을 인정한다. 그러나 자신의 활동 전체에 걸쳐서 그는 세속적 야심이 교회의 지도력 안으로 침범하는 것을 혐오하였고, 전통적인 사회적 후원관계가 교회의 지도력 안으로 직접 이어지는 것을 혐오하였다. 우리가 살펴보았던 대로 교회의 지도력은 일차적으로 영적인 덕에 기반하여야 한다.[27]

나지안조스의 그레고리오스가 유쾌한 존경심으로 넥타리오스를 대하였다고 보통 가정된다고 하더라도(이러한 가정은 또한 나지안조스의 그레고리오스의 문서들을 제한적으로 읽었기 때문이다), 존 맥거킨은 그가 자신의 후임자에 대해서 얼마나 극심한 혐오감을 느꼈는지를 보여주었다.[28] 그가 보기에 넥타리오스는 영적 경험이 부족한 목회자들 중에서도 가장 최악의 경우이었다. 넥타리오스의 권위는 정치적 및 교회적 연줄에 전적으로 의존하였다. 나지안조스의 그레고리오스가 은퇴한 후에도 그를 계속 분하게 만들었던 것은 누구보다도 바로 넥타리오스에 관한 기억이었다.

「설교 2」는 목회적 남용을 비판하는 절들을 포함한다. 구약 예언서에 근거한 12개의 절들(2.57-68), 신약에 근거한 2개의 절들(2.69-70), 당시의 목회직의 문제들에 관한 8개의 절들(2.79-86)을 포함한다. 이것들 중 많은 절들이 콘스탄티누폴리스에서의 대실패 이후 나지안조스의 그레고리오스의 은퇴기 동안 추가되었던 것 같다.[29] 그의 불평들은 여러 가지이다. 우선, 많은 안수후보자들이 사람들을 이끌기 전에 성경을 연구하고 시편으로 기도하며 철학적 고행을 수행할 필요성을 무시한다(2.49). 춤과 피리연주와 같은 예술들이 숙달의 경지에 도달하기 위하여 훈련과 연습이 필요하다는

---

27 영적 권위는 고대 후기에서 기독교 감독들의 금욕적 및 실천적 권위의 진정한 기초이라고 주장하는 랩의 통찰력 있는 논증을 참조하라. Rapp, *Holy Bishops*, 16-18 그리고 여러 곳.

28 맥거킨은 다음의 자료들에 있는 상황을 설득력 있게 재구성하고, 서신상의 기록을 재해석하며, 익명적인 언급들을 파악하였다. *De vita sua, De rebus suis, De seipso et de episcopis*. McGuckin, "Autobiography as Apologia"; *St. Gregory*, 374-384. 또한 다음을 참조하라. McLynn, "Voice of Conscience."

29 참조. *Or.* 1.1.

점이 분명하다고 하더라도, 어떤 목회자들은 하나님의 지혜는 단지 지혜롭게 되기를 원하기만 함으로써 획득될 수 있다고 생각한다(2.50).[30] 그리고 교회 지도자들 사이에 당파적 다툼이 있고, 거룩성이 전반적으로 결여되어 있다. 목회자들을 선택할 때에는 인격적 덕보다 사회적 연줄을 더 우선시한다. 그래서 어디에서든지 질서를 찾아볼 수 없다(2.79-82). 사악한 목회자들은 신앙을 구실로 어떤 고정된 규칙도 없이 아무것에 대해서 언쟁하기를 좋아하였다. 그래서 그리스도인들은 공적인 축제와 극장에서 다시 구경거리가 되었다(2.83-85).

이러한 상황 때문에 나지안조스의 그레고리오스는 눈물을 흘린다(2.51). 그의 분노는 381년의 사건들에 뒤이어 일어났던 것이 확실하다. 예를 들어, 그는 자신의 부친이 당시의 무질서 속에서도 거룩하지 않은 후보자들로부터 목회직을 보호한 것에 대해 칭송한다(18.15, 22).[31] 콘스탄티누폴리스 공의회에서 감독들이 신학적으로 비겁해하는 모습에 역겨움을 느낀 나지안조스의 그레고리오스는 다음과 같이 논평한다. "우리는 칼날 위에 서있다. 즉, 우리의 거룩하고 공경할만한 교리가 수호될 수 있을지, 아니면 다툼에 의해 찢어져 그만 존재하게 될 것인지 우리는 불안한 상태에 있다. … 무능한 목회자는 신비에 대해 잔인무도한 일을 행한다. 무능한 감독은 얼마나 더 그러겠는가!"(DVS 1645-1653).[32] 그는 목회직을 남용하는 자들은 자신들의 활동에 관하여 설명하도록 소환될 것이라고 믿는다(2.113). 그는 자신의 무가치함을 절실하게 의식하고 이와 관련된 큰 책임감들로 인하여 두려워한다(2.10).

---

30 참조. *Or*. 43.26.

31 또한 「설교 2」의 원본에서 나쁜 감독들에 관한 모든 자료들을 포함한다; 또한 다음을 참조하라. 19.2. 379년 이후는 다음을 참조하라. 21.9; 32.17; 42.24; 그리고 공의회에서의 감독들의 행동에 관하여 다음의 구절들을 참조하라. *DVS* (특히, ll. 1545-1571, 1645-1653, 1713-1718) 및 *De seipso et de episcopis* (ll. 35-48 및 331-454).

32 화이트의 번역 및 각색.

3

[추기] 가난한 자들을 사랑함에 관하여

나지안조스의 그레고리오스의 목회신학의 핵심을 다루기 전에, 모든 그리스도인들의 사역의 구체적인 예를 가난한 자들, 아픈 자들, 노숙자들을 위한 돌봄에서 검토하는 것이 도움이 될 것이다. 360년대 말 카이사레이아 지역의 기근으로 인하여 초래된 사회적 위기를 다루기 위한 노력으로[1] 나지안조스의 그레고리오스는 장문의 설교 「가난한 자들을 사랑함에 관하여」를 작성하였다. 여기에서 그는 이러한 사역의 신학적 기초에 관하여 아주 많은 설명을 제시한다.[2] 비슷한 주제들이 「설교 16」및 카이사레이아의 바실레이오스 및 아타나시오스에 관한 찬사들을(Ors. 21, 43) 포함하여 여러 다른 곳에서도 반영되어 있다.

나지안조스의 그레고리오스는 카이사레이아의 바실레이오스 및 니사의 그레고리오스와 긴밀하게 협력하였고, 가난한 자들을 사랑하는 것에 관

---

1 카이사레이아에서의 위기의 본질에 관해서는 다음을 참조하라. Brown, *Poverty and Leadership*, 39-40.

2 나지안조스의 그레고리오스의 「설교 14」에 관해서는 다음을 참조하라. Daley, "Building a New City"; Holman, *The Hungry Are Dying*, esp. 140-148; Finn, *Almsgiving in the Later Roman Empire*. 더 냉소적인 태도로 피터 브라운은 이 시대에 가난한 자들을 감독으로서 돌보는 것은 귀족권력의 기초와 전반적인 사회질서를 유지하기 위한 수단으로 특별히 효과적이었다고 주장한다. Peter Brown, *Power and Persuasion*, 71-117. 「설교 14」의 날짜에 관해서는 다음을 참조하라. Holman, *The Hungry Are Dying*, 144-148.

한 이들의 설교는 그의 설교와 많은 주제들을 공유한다.[3] 비교하자면, 그의 설교는 고전적 수사학적 형식에서와 문학적 암시들에서 모두 가장 풍성할 뿐만 아니라, 또한 접근법에서 가장 신학적이다.[4] 이 저작은 지금까지 우리 가 살펴보았던 교리적 기획과 일치하며, 가난한 자들을 위한 사랑을 구원 의 신적 경륜에 대한 신학적 응답으로 여긴다는 점에서 더욱 그러하다. 그 에 따르면, **가난한 자들을 돌보는 것은 성령을 통하여 그리스도 안에서 드러 난 하나님 지식의 기본적인 표현이다.**「설교 14」에서 그는 신적 경륜이 복음 선포와 성례적 삶에 기반하여 세상 전체에 끼치는 영향의 구체적이고 보편 적인 예로서 가난한 자들을 위한 사랑을 언급한다.

나지안조스의 그레고리오스의 주장에 따르면, 가난은 물질적으로 가난 한 사람들만의 문제가 아니라 인간 상태의 근본적인 사실이다. 그는 물질 적으로 가난한 자들이 사실 모든 사람들의 상징임을 부유한 청자들이 깨닫 도록 격려한다. 가난한 자들은 가난하지 않은 자들에게 인간의 연약함을 상기시켜 주고, 더 편안하지만 신뢰할 수 없는 상황들에 애착을 느끼는 것 을 단념하도록 한다(14.12). 가난한 것은 모든 사람의 자연적 상태이고, 모 든 사람은 가난한 자들이 가시적으로 드러내는 것과 동일한 연약함 하에 있다고 그는 말한다. 기독교 복음은 바로 이러한 보편적인 인간적 필요를 충족시키는 것을 목표로 삼는다. "하나님의 은혜와 관련하여 우리 모두는 가난하기 때문이다"(14.1).

나지안조스의 그레고리오스는 「설교 40」에서 자신의 요리문답 가르침 에서 동일한 요점을 제시한다. 즉, 만약 가난한 사람이 다가오면 그리스도 인들은 자신들이 그리스도 안에서 얼마나 부요하게 되었는지를 상기해야

---

3   그들 사이에 직접적인 언어적 유사점들이 있음과 나지안조스의 그레고리오스의 설교가 더 정교 하다는 점을 고려하여, 헥은 그가 니사의 그레고리오스의 두 번째 설교를 자료로서 의존하였다 고 주장한다. Heck, *Gregorii Nysseni*, 121-124; Daley, "Building a New City," 454. 반면에, 홀만 은 니사의 그레고리오스가 그의 저작에 의존하였다고 주장한다. *The Hungry Are Dying*, 143 n30, 145.

4   카이사레이아의 바실레이오스의 더욱 시민적인 접근과 니사의 그레고리오스의 더욱 우주론적인 견해와 비교하여 홀만은 그 저작을 "성경적 덕과 신적 정의에 대한 생생한 호소"이라고 적절하게 명명한다; Holman, *The Hungry Are Dying*, 142-143; Daley, "Building a New City," 456.

하고, 가난한 자들에게 먹을 것을 줌으로써 자신들이 그동안 먹어왔던 성만찬의 떡과 잔을 존경해야 한다(40.34). 이러한 상징적 의미로서의 가난은 보편적인 경험이기 때문에 인간의 긍휼은 자연적 덕이지 기독교 계시에만 독특한 것이 아니다(14.14). 이러한 점을 기초로 나지안조스의 그레고리오스는 자신의 청자들의 성숙된 자기이해에 고전적인 방식으로 호소한다. 그래서 그는 그들이 무엇을 생각하든지간에 그들 자신의 복지와 행복이 가난한 이웃을 돌보는 것에 의존함을 주장한다(14.8, 10).[5] 그들 한가운데에 있는 가난한 자들에게 자비를 베풂으로써 그들 자신을 덕으로 정화시킬 수 있을 것이다. 그리스도께서 이와 같이 긍휼을 베푸는 자들을 치유하시기 때문이다(14.37).[6] 더욱이, 가난한 자들에 대한 무시를 조장하는 보편적인 인간적 잔인함으로부터 그들 자신을 보호할 수 있을 것이다. 그러므로 가난한 자들을 돌보는 자들은 자선을 통하여 자신의 생명을 얻을 것이며(14.22) 자신의 영혼을 구원할 것이다(14.27).

나지안조스의 그레고리오스는 이와 같이 상대적으로 일반적인 출발점으로부터 시작한 후에 가난한 자들에 대한 기독교적 관심의 더 근본적인 이유를 다룬다. 그것은 하나님의 본성과 활동 자체이다. 가난한 자들에 대한 사랑의 관심은 하나님께서 창조세계 안에서 피조물에게 보여주셨던 돌봄과 긍휼의 속성을 닮아가는 것이며, 이후의 죄의 역사를 뒤바꾸는 것이다. 그는 다음과 같이 훈계한다. "너희가 다른 사람에게 속한 것에 집착하는 것은 창피스러운 일이다! 하나님의 공평함을 닮아가라. 그러면 어느 누구도 가난하지 않을 것이다. … 우리는 하나님의 긍휼을 실제로 조롱할 정도로 사치에 너무 중독되지 말아야 한다! 하나님께서는 그런 행동을 정죄하신다"(14.24).

---

5   고대 그리스인들과 로마인들은 부자들의 자 기본위적이고 현저한 공적 관대함을 —에우에르게시아(εὐεργεσία, 선을 행하려는 욕망)과 필로티미아(φιλοτιμία, 대중적인 존경을 사랑함)을— 오랫동안 존경하고 의존하였다. 브라운의 논평에 따르면, "사도 바울이 '하나님은 즐겨 내는 자(hilaron dotén)를 사랑하신다'(고후 9:7)고 … 선언하기 여러 세기 이전에, 그리스인들과 로마인들은 '즐겨 내는 자들의' 해결책들을 존경하고 의존하다고 공언하여 왔다. 참조. Peter Brown, *Poverty and Leadership*, 3.

6   참조. *Or.* 40.34.

인간의 "독재자의 법"과는 대조적으로(14.26) 창조주의 "첫째 법"은 모든 사람에게 평등하게 제공하는 것이다. 하나님은 창조하실 때에 풍부한 땅, 물, 숲, 공기를 주셨고 삶의 모든 필수품을 주셨다(14.25). 그래서 아담과 하와가 타락하기 전에는 인간성의 원초적 자유와 평등 안에서 풍요롭게 살았다. 이 상태에서 "자유와 부는 계명을 지키는 것을 의미할 뿐이다. 반면에 참된 가난과 예속상태는 계명을 범함으로써 생겨났다"(14.25-26). 그러나 인간은 죄성에 빠져서 하나님께서 주셨던 자원들을 자신을 위하여 저장한다. 그리고 충분히 가지지 못한 자들에게 긍휼 베풀기를 거절한다. 참으로, 가난과 부 및 자유와 예속과 같은 대립들은 바로 "악의 동료들"이며 (14.25) 인간의 죄의 역사에 속한다(14.26).

그러나 우리가 자원을 오용함에도 불구하고 하나님께서 창조세계에서 보여주셨던 관대하심은 은사와 선물을 주시는 하나님의 오랜 역사를 통하여 계속되었다고 나지안조스의 그레고리오스는 주장한다. 즉, 자연이라는 불문법, 율법, 예언서로부터 그리스도의 성육신, "사도들, 복음전도자들, 교사들, 목회자들"(엡 4:11), 그리고 치유와 사역을 위한 성령의 무수한 은사들에 이르기까지 계속되었다.[7] 그래서 그는 "**인간이 지니는 하나님과의 유사성은 다른 것에 있지 않고 바로 선을 행하는 것에 있다**"(14.27)고 결론을 내린다.[8] **모든 기독교적 덕들 중에서 가장 위대한 덕은, 그리고 구원에 이르는 가장 확실한 길은 바로 가난한 자들을 돌보는 것이다.** 가난한 자들은 기독교적 자선을 가장 많이 필요로 한다(14.1-5; 2.2). 우리가 서로에게 아무리 많이 준다고 하더라도, 하나님의 관대함은 우리 자신의 관대함보다 항상 뛰어날 것이다. 그리고 **가난한 자들에 대한 사랑은 그리스도인들이 창조주의 본성을 닮아갈 수 있는 주요한 수단이다.**

더 구체적으로, 나지안조스의 그레고리오스는 **가난한 자들에 대한 사랑을 그리스도의 십자가 사역에 직접적으로 참여하는 것으로, 그리고 심지어**

---

7 참조. 히 2:4.
8 참조. *Or.* 19.11.

그리스도를 섬기는 행동이라고 규정한다. 그의 주장에 따르면, 그리스도인의 이름과 정체성 자체는 "우리가 신성 안에서 풍성하도록 하기 위하여" (14.15) 온유하게 "우리의 연약함을 짊어지셨고"(사 53:7, 마 8:17), 자신을 낮추어 우리의 본성을 취하시며 "우리를 위하여 가난한 자가 되셨고"(빌 2:8; 고후 8:9), 또한 "고통을 당하시고 상처를 입으셨던(사 53:5; 고후 8:9) 분에 의하여 결정된다. 우리를 구속 및 고양하시기 위하여 하나님은 성육신에서 자신을 인간의 가난과 필요와 동일시하셨다. 그래서 **"네 십자가를 지라"(막 8:34)는 예수님의 명령을 따르는 것은 무엇보다도 예수님께서 행하셨던 대로 가난한 자들을 사랑함으로써 하나님의 관대함을 닮아가는 것을 의미한다.**

그러므로 물질적으로 부유한 그리스도인들은 신앙과 세례를 통하여 자신들이 그리스도의 몸 안에서 가난한 자들과 연합되어있음을 깨달아야 한다(14.8). 가난한 자들을 돕는 것은 자신들의 동료들에게 긍휼을 보이는 것이며 바로 그리스도를 경외하는 것이다(14.37). 그러므로 나지안조스의 그레고리오스는 다음과 같이 결론을 내린다. 가난한 자들에 대한 사랑을 통하여 "여전히 시간이 있는 동안 그리스도를 섬기자. 그리스도를 치유하자. 그리스도를 먹이자. 그리스도에게 옷입히자. 그리스도를 환영하자. 그리스도를 존귀히 여기자"(14.40). 그의 설교는 가난한 자들에 대한 사랑을 그리스도와 연결시키고 성육신의 교리와 연결시키는 정도에서 다른 카파도키아 교부들의 설교들에 비하여 더욱 두드러진다.[9]

바로 이러한 이유로 우리는 나지안조스의 그레고리오스가 작성한 찬사들에서 그가 다른 기독교적 덕들 중에서 가난한 자들에 대한 사랑을 칭송하는 것을 그리고 진정한 기독교 철학자의 실천들 중에서 그것을 자주 열거하는 것을 발견한다.[10] 그에 따르면, 카이사레이아의 바실레이오스의 부모는 가난한 자들에게 베푸는 관대함에서 탁월하였으며(43.9), 바실레이오스 자신도 가난한 자들과 아픈 자들을 두루 돌보았다(43.34, 61). 나지안조

---

9   Holman, *The Hungry Are Dying*, 142. 참조. *Carm*. 2.1.12.460-461.
10   본서 I 장을 참조하라; Daley, "Building a New City," 439.

스의 그레고리오스 자신도 기근이 있을 때에 구호품을 제공하였고(43.55) 카이사레이아에서는 솔선하여 가난한 자들과 아픈 자들을 향한 박애를 보여주었다(43.63). 이 사역은 그의 「설교 14」에서 주요한 역할을 차지하였다. 그리고 그 자신은 **그리스도의 십자가를 지는 것의 하나의 형태로 스스로 직접 가난에 처하였다.** 또한, 그는 자신의 부친이 나지안조스의 감독으로서 가난한 자들을 돌본 것을 칭송한다(18.20-21). 뿐만 아니라 아타나시오스가 궁핍한 자들을 지원하고 과부들을 보호하며 고아들에게 아버지가 되어주고 가난한 자들을 사랑하며 아픈 자들을 치료한 것을 칭송한다(21.10).

「설교 14」에서 나지안조스의 그레고리오스는 가장 강력한 수사학적 순간에 임박한 그리스도의 최후심판에 호소한다. 지금 "아직 시간이 있는 동안" 고난을 받는 그리스도를 섬기는지 않는지에 따라 내세에서 그리스도와 함께 계속 있을 것인지 아니면 하나님의 심판의 정죄를 받을 것인지가 결정될 것이라고 그는 청자들에게 날카롭게 상기시켜 준다. 참 지혜의 표지는 이러한 종말론적 관점을 공유하는 것이다. 현재의 인간적 존재가 "변덕스러운 바람들"과 "기만적인 꿈들"로 가득하다는 점을 깨닫기에 지혜로운 자들은 자신의 지혜, 부, 힘 또는 어떤 세상적인 좋은 것에 확신을 두지 않고 그 대신에 자신의 보물을 내세에 둔다(14.19-21). 그리스도인의 자랑의 유일한 이유는 "하나님을 알고(렘 9:24), 하나님을 추구하며, 고난 받는 사람들과 함께 슬퍼하고, 다가오는 시대에 도움이 될 것을 모으는 것이다"(14.20).[11]

나지안조스의 그레고리오스는 다음과 같이 감동적인 구절에서 종말론적 순례의 관점에서 가난한 자들에 대한 사랑을 이해한다.

누가 지혜로워서 이것들을 이해하겠는가?(호 14:10) 누가 사라져 없어질 것들 너머로 지나겠는가? 누가 잠시 머무르는 것들과 생사를 함께 하겠는가? 누가 현재 있는 것들이 사라져 없어지고 있다는 점을, 그리고 우리가 바라는

---

11 참조. *Or.* 19.11.

것들이 견고하게 서있다는 점을 깨달을 것인가? 누가 현재 존재하는 것과 단지 존재하는 것처럼 보이는 것을 구별할 것이며, 누가 하나를 추구하고 다른 하나를 놓아버릴 것인가? … 누가 현재의 것들을 희생하고 다가올 세상을 얻고자 할 것인가? 또는, 누가 항상 변화하는 것과 같은 것들로써 파괴될 수 없는 부를 얻고자 할 것인가? … 다가올 세상에서 우리의 안식을 추구하도록 하자. 이 세상에서의 우리의 과도한 소유들을 던져버리자. 그것들 중에서 선한 목적에 기여하는 부분만을 붙들도록 하자. 자비의 행동들로 우리의 영혼들을 얻도록 하자. 다가올 세상의 것들 안에서 우리가 풍성하게 되도록 하기 위하여, 우리가 가지고 있는 것을 가난한 자들과 함께 나누자.(14.21-22).

그리스도의 천국의 실재를 더 많이 믿으면 믿을수록, 그리고 지상의 모든 것들이 더 낮은 가치를 지님을 더 많이 믿으면 믿을수록, 사람은 궁핍한 자들을 돌보기 위하여 자신의 소유물을 기꺼이 더 많이 버린다. 나지안조스의 그레고리오스의 사상 전체에서처럼, 신적 경륜 안에서 그리스도를 통하여 드러난 하나님의 삶에 대한 이러한 신학적 비전은 세계를 실제로 있는 그대로 볼 수 있는 적절한 이해를 제공하고, 사람의 가장 깊은 가치들과 동기들을 재정립한다. 또한 사람들로 하여금 가난한 자들의 필요들에 응답함으로써 하나님의 나라가 더 온전하게 임할 수 있도록 한다.

4

성경에 의한 훈련

　　나지안조스의 그레고리오스가 주장하는 목회적 덕의 높은 수준에 관하여, 그리고 목회적 남용 및 실패에 관하여 제시하는 많은 예들은 다음과 같은 질문들을 제기한다. 즉, 목회자의 영적 상태가 어떻게 달성될 수 있는가? 그리고 이러한 영적 상태가 정말로 달성될 수 있는가? 성령의 영감에 관한 주장이 목회를 위한 필수조건들이 지니는 도덕적 및 영적 엄격함과 양립가능한가? 그는 자신이 안수를 받았던 목회직에 대하여 자신이 무가치하다는 어려운 문제에 직면하면서 이와 같은 질문들을 직접 다룬다. 목회적 정화의 수단을 명확하게 하기 위하여 그는 제사라는 성경용어를 사용하여 회심과 거룩이라는 일관된 필수조건들을 먼저 다시 주장한다. 그런 다음에 마지막으로 이와 같은 질문들을 자신에 관하여 제기한다.

　　어느 누구도 자신을 살아있는 제사로 하나님께 먼저 드리지 아니한다면, 합당하고 기뻐하시는 예배를 드리지 아니한다면(롬 12:1), 그리고 찬양의 제사와 통회하는 영을 하나님께 바치지 아니한다면(시 50:14), 어느 누구도 하나님의 강대하심과 제사와 목회직에 합당하지 않다. 이것은 모든 것을 주시는 하나님께서 우리에게 요구하시는 유일한 제사이다. [내 몸의 모든 지체들과 감각들이] 의의 도구들이 되기 전에(롬 6:13), 그리고 모든 죽음이 생명에 의해 벗겨지고 삼킴을 당하며(고후 5:4) 성령에 굴복되기 전에, 어떻게 내가 감히 그분에게 외적인 제사를, 즉 위대한 신비들의 반대-예표(anti-type)를 드릴 수 있겠는가? 또는, 어떻게 내가 감히 목회자의 의복과 이름으로 나 자신에게 옷입힐 수 있겠는가?(2.95)

성만찬적 제물("외적인 제사")에서 가장 가시적으로 드러나는 목회의 제사를 하나님께 드리기 위하여, 목회자는 참회와 찬양으로 그리고 지상의 더러움으로부터 정화된 삶으로 자신을 드리는 "내적인" 제사를 드려야 한다. 이러한 높은 기준에 직면하여 나지안조스의 그레고리오스는 자신의 연약함을 고백한다. 의도적으로 극적으로 표현하면, 그는 자신이 목회직으로부터 도피한 것을 하나의 예로 사용한다. 그러면서 그는 자신이 올바른 준비를 하지 않았다고 말한다. 그러나 자신의 목회직 수행이 예시하듯이, 그는 심지어 자신의 경우에서조차 인격의 순간적인 변화 또는 자력적인 프로그램을 추천하지 않는다. 그는 다음과 같은 부분에서 핵심을 다룬다.

성경이 자신에게 열려지는데, 용광로에서 제련되어 왔던 하나님의 순수한 말씀들로(시 12:7) 자신의 마음이 결코 뜨거워지지 아니하였던 자는 누구인가?(눅 24:32) 하나님의 순수한 말씀들이 자신의 넓은 마음에 삼중으로 새겨져 있는데(시 22:20, 70인역), 누가 그리스도의 마음에 이르지 못하였으며(고전 2:16), 또한 대부분의 사람들에게 감추어져 있으며 비밀스럽고 어두운 보물들에로 들어오지 못하였는가? 들어올 수 있다면, 영적인 것들을 영적인 것들과 비교하면서, 안에 있는 풍성함을 응시할 수 있고(사 45:3) 또한 다른 사람들을 부요하게 할 수 있을 것이다(고전 2:13).(2.96)

나지안조스의 그레고리오스에 따르면, 도덕적 향상을 위한 자력적 프로그램보다는 오히려 **목회자의 정화, 자기헌신, 성령에로의 굴복은 성경연구의 직접적인 결과이다.** 바로 이러한 이유로 기도하고 성경을 연구하기 위하여 그는 주현절과 362년 부활절 사이에 나지안조스를 떠나 카이사레이아의 바실레이오스를 방문하였다. 그는 「자신에 관하여 및 감독직에 관하여」에서 이러한 점을 되풀이한다. 즉, 먼저 율법을 배우고, 그런 후에 율법을 가르쳐야 한다(*Carm*. 2.1.12.552-553). 이러한 점을 성령은 선한 목자에게 성경의 더 깊은 의미로 계시한다(II. 608-609).

또 다른 설교에서 나지안조스의 그레고리오스는 자신이 모든 문제들에 관하여 상담을 하는 자들은 이성과 하나님의 규례들이라고 말한다(36.8). 의로운 목회직에 관한 그의 생각이 엄격주의적이고 달성하기에 불가능한 것으로 보일 수도 있지만, 사실은 완전히 정반대이다. 그의 기준이 보기에 비하여 더 낮기 때문이 아니라, 독자를 거룩하게 하는 성경의 권능이 아주 효과적이라는 점을 그가 믿기 때문이다. 그 결과 그는 자신을 노바티아누스주의자들의 엄격주의로부터 거리를 둔다(33.16; 39.18-19). 그리고 그가 나쁜 목회자들을 비판함에도 불구하고 그는 사람들이 자신들의 목회자가 합당하지 않다고 판단하지 말도록 주의를 준다. 왜냐하면 목회자는 여전히 자신 스스로를 치유할 필요가 있기 때문이다(40.26).[1] 브라이언 데일리가 주장하였듯이, 나지안조스의 그레고리오스와 그의 동료 감독들에게는 로마사회 전체의 공적인 덕과 예의를 규정해야 하는 것은 바로 성경의 가르침이다.[2]

여기에서 다시 나지안조스의 그레고리오스는 오리게네스의 저작에 깊이 영향을 받은 성경공부관을 주장한다. 우리가 살펴보았듯이, 성경의 영적 해석은 신학자를 정화시키고 삼위일체에 관한 신학적 고백으로 신학자를 조명한다. 마찬가지로, 성경의 영적 해석은 또한 기독교 목회자의 인격을 형성하고, 그의 마음에 불을 붙이고, 그에게 은혜의 깨끗한 수단으로서 그리스도의 마음을 준다. 성령의 권능에 의하여 덕과 지식으로 목회자를 형성하는 것은 일차적으로 성경이라는 수단을 통하여 일어난다. 신적 경륜 안에서 삼위일체에 관한 그의 교리가 교회의 목회사역을 자연스럽게 포함

---

1   참조. *Or*. 17.15: 오직 하나님만이 완전하시다.
2   Daley, "Building a New City," 459.

하는 것처럼, **신적 경륜을 위한 목회자의 사역은 하나님에 관한 지식에 및 사람들의 필요들에 관한 지식에 바탕을 두고 성경연구로부터 나와야 한다.** 나지안조스의 그레고리오스가 요약하듯이, "다른 사람들을 돌보도록 세워진 우리는 바로 이러한 치유의 사역자이며 동료일꾼이다"(2.26). 즉, 성경에 분명하게 기록되어 있고 영적으로 이용가능한 하나님의 구원활동의 사역자이며 동료일꾼이다.

나지안조스의 그레고리오스는 바로 이와 같은 준비를 경험하였던 카이사레이아의 바실레이오스라는 인물의 예로써 성경에 의한 준비라는 자신의 이상을 설명한다. 많은 사람들이 준비되지 않은 목회직에로 나아가는 반면에 카이사레이아의 바실레이오스는 "하나님의 말씀으로 자신을 훈련하였고", 또한 자신의 육체가 자신의 영에 굴복하도록 명령하였다(43.26)고 나지안조스의 그레고리오스는 쓴다. 카이사레이아의 바실레이오스는 성경연구가 어떻게 성령의 신성화하는 활동의 일차적 수단이면서 또한 목회적 유효성을 위한 활동인지를 분명하게 보여준다.

> 그보다 누가 더 많이 성령으로 자신을 정결하게 하였고 신적인 것들을 논의하기에 합당한 자로 자신을 준비하였는가? 누가 더 많이 지식의 빛으로 깨닫게 되고 성령의 깊은 것을 통달하며 하나님과 함께 하나님의 것들을 보았는가? … 모든 것들을 살피는 것은, 심지어 하나님의 깊은 것들을 살피는 것은 성령에 의해 증거된다(고전 2:10). 성령이 그것들을 모르기 때문이 아니라 그것들에 대한 관상을 기뻐하기 때문이다. 이제 성령의 모든 것들이 그에 의하여 탐구되어 왔으며, 또한 그것들로부터 그가 인격(ἦθος)의 모든 측면에서 우리를 교훈하였고, 우리에게 표현의 고귀함(ὑψηγορία)을 가르쳤으며, 우리로 하여금 현재의 것들을 단념하게 하였고, 또한 우리를 변화시켜 다가올 것들을 향하게 하였다.(43.65)

주로 성경연구를 통하여 성령이 카이사레이아의 바실레이오스를 정화시켰고 그를 하나님 자신의 자기관상에로 포함시켰으며, 그래서 적응력이 있는 목회적 기예(techne)를 실천할 수 있는 능력을 그에게 주셨다. 나지안조스의 그레고리오스는 그러한 목회적 기예는 선한 목자이신 그리스도에게 합당하다고 기술한다.

카이사레이아의 바실레이오스에 관한 이러한 묘사에서 우리가 알 수 있는 것처럼, **목회직을 준비하도록 우리를 돕는 성경공부는 삼위일체적 기획**이라고 나지안조스의 그레고리오스는 여긴다. **성령이 우리를 정화시켜서 하나님을 알게 하고 그리스도를 섬기며 사람들을 돌보게 하기 때문이다.** 그는 「설교 2」에 있는 자신의 논의를 비슷하게 마친다. "합당한 관상과 함께 주님의 상당한 아름다움을 관상하였지만 누가 그의 성전을 찾지 못하였는가?(호 26:4) — 또는 오히려, 누가 하나님의 전(殿)이 되지 못하였으며(고후 6:16) 성령 안에서 그리스도의 거처가 되지 못하였는가?"(2.97) 오리게네스에게[3] **생산적인 성경공부는 과거의 사건들에 관해서 또는 현재에 하나님의 뜻에 관해서 정보를 단순히 전달하지 않고, 우리로 하여금 하나님과 직접적인 접촉을 하도록 한다.** 하나님 자신의 영이 오셔서 안에 거주하시기 때문이며, 또한 기록된 말씀의 연구를 통하여 성부에 관한 지식을 주시기 때문이다. 그러므로 **연구와 기도와 설교와 함께 진행되는 성경의 영적 주석은 삼위일체와의 연합의 도구이며, 또한 목회자의 활동의 직접적인 원천이다.**

그 다음 구절에서 나지안조스의 그레고리오스는 고전적으로 오리게네스적인 표현들로, 즉 비유들과 진리를 구별하기, "문자의 오래됨으로부터 벗어나고 영의 새로움을 섬기기"(롬 7:6; 참조. 고후 3:6), 율법으로부터 은혜로 나아가기(2:97)와 같은 표현들로 영적 주석을 규정한다. 그는 그리스도의 이름들과 권능들을 관상하는 것을 특별히 추천한다(2.98).[4] 이것을 오리게네스는 자신의 영향력 있는 저작 『요한복음 주석』(*Commentary on the Gospel of John*)에서 개괄하였다. 그리고 이것은 우리가 II장에서 보았던 것 처럼 네 번째 「신학적 설교」에 있는 그의 영적 주석의 절정이다(30.17-

---

3 예를 들면, *Princ.* 1.8; 4.2.
4 αἱ τοῦ Χριστοῦ προσηγορίαι καὶ δυνάμεις.

21).

부정적으로 표현하자면, 나지안조스의 그레고리오스는 **이러한 성경적 변혁을 이해하지 않고서 목회직을 추구하거나 받아들이는 것은 "위험들 중 에서 가장 극심한 위험"**이고 **"모든 것들 중에서 가장 두려워할 것"**이라고 말한다(2.99). 그러나 긍정적으로 표현하자면, 나지안조스의 그레고리오스는 **성경에서 계시된 신적 경륜은 그리스도인에게 신뢰할만한 수단을, 즉 목회직 에 필수적인 덕과 기술을 획득하는 수단을 제공한다**고 말한다. 그가 자신의 고전 교육을 높이 평가하고(4.100), 또한 전통적인 그리스 교육(παιδεία, 파이데이아)이 (기독교적 믿음과 덕에 의하여 안내를 받는다면) 목회자 형성에 유용하기에 폄하되어서는 안된다고 믿지만(43.11), 그는 호메로스, 플라톤, 비극 작가들보다 성경을 훨씬 더 소중하게 여긴다. 그리고 그는 일차적으로 성경연구를 통하여 주어지는 기독교적 교육(παίδευσις, 파이데우시스)이 이교적 문헌들보다 훨씬 더 중요하다는 점을 믿는다.[5] 그러므로 **목회사역을 위한 주된 전제조건은 영적인 성경연구에 의하여 매개되는 하나님 지식, 즉 그리스도 안에서의 하나님에 관한 변혁적 지식이다.**

개인적인 부록에서 나지안조스의 그레고리오스는 자신이 목회직을 받아들일 때에 성경연구가 차지하였던 역할에 관하여 논의한다. 그로 하여금 나지안조스로 돌아가서 부친과 함께 목회직을 받아들이게 하였고 이것을 자신의 전체사역을 위한 일종의 도구적 원인으로 만들게 하였던 주요한 원인은 사실 성경이었다고 그는 설명한다. 나지안조스의 사람들을 만날 것에 대한 갈망과 연로한 부모님을 돌보고자 하는 의무에 의해서도 동기부여가 되었지만(2.102-103), 그는 일차적으로 "이전의 날들을 기억하였기 때문에 (시 143:5), 그리고 고대의 역사들 중의 하나를 다루면서 여기에서 나 자신을 위하여 나의 현재의 행동에 관한 조언을 이끌어내었기 때문에"(2.104)

---

5   맥린은 이 구절에 관하여 적절하게 논평한다. "나지안조스의 그레고리오스는 기독교적 인간주의를 위한 일반화된 호소를 하고 있는 것이 아니다"(McLynn, "Gregory Nazianzen's Basil," 180). 그렇지만 통상적인 견해는 그가 그렇게 한다고 여긴다. 그리스 문헌에 대한 전적인 그의 저작에서는 아주 드물고, 「설교 43」에서처럼 전형적으로 강력한 변증적 또는 선교적 동기들을 반영한다.

자신의 목회적 의무들을 받아들였다.

자신의 목회사역 안에서의 성경의 위치에 관하여 말하면서 그는 영적 주석에 대한 자신의 이해에 관하여 상세하게 설명한다. 그에 따르면, 성경에서 말해지는 사건들은 어떤 목적을 위하여 기록되어 있다. 그것들은 그리스인들이 선호하듯이 단순히 "그것들을 듣는 자들의 여흥을 위하여, … 즉 즐거움을 주는 유일한 목적을 위하여 … 함께 수집된 말들과 행위들이 아니다"(2.104). 오히려, 그리스도인은 "성령의 정확성을 본문의 일점일획에로까지 확장한다"(마 5:18). 그리스도인은 심지어 가장 사소한 점들이라도 비슷한 상황 속에 있는 우리 자신의 삶을 위한 교훈을 제공한다고 믿는다. 그리고 성경에서 발견되는 예들은 "우리를 위한 경고와 모방의 규칙들과 모형들"이라고 믿는다(2.105). 이러므로 성령은 하나님의 백성을, 특히 교회의 목회자들을 교화시키려는 목적을 위하여 성경 전체를 만드셨다.

구체적으로, 나지안조스의 그레고리오스는 하나님의 부르심으로부터 도망을 갔던 유명한 예언자 요나의 이야기가 어떻게 자신을 움직여 하나님께서 임명하신 목회직을 받아들이게 되었는지에 관하여 이야기한다. 그는 네 절들에서(2.106-109) 요나 이야기에 관한 상세한 해석을 제시하기 시작한다. 그런 후에 자신의 경우를 다룬다. 그는 자신이 "그러한 문제들에 관하여 현명한 한 사람"으로부터 요나서를 읽는 법을 배웠다고 말한다. 요나서에 관하여 그가 행한 설교 또는 주석을 보여주는 증거는 없다고 하더라도, 대부분의 주석들은 그 현명한 사람을 오리게네스이라고 여긴다.[6] 그가 요나 이야기로부터 이끌어내는 요점은 다음과 같다. 즉, 요나가 니느웨 사람들에게 예언하기를 꺼려하는 것에 관하여 하나님의 관대함을 받았을 수도 있지만, 나지안조스의 그레고리오스는 어떻게 자신의 전적인 불순종을 주제넘게 변명할 수 있겠는가? 목회적 의와 덕의 표준이 아무리 높다고 하더라도, 누가 감히 그것을 뻔뻔스러운 불순종에 대한 변명으로 삼을 수 있

---

6 본문이 부재하지만 두발은 나지안조스의 그레고리오스의 요나서 주석에 있는 히에로니무스의 유형론적 주석이 현재는 상실된 오리게네스의 요나서 주석에 의해 영향을 받았다고 추측한다. 참조. *Comm. Jon.*, *SC* 323, 103-104, 111-113.

겠는가?(2.111) 그러한 범행은 "교육을 받지 못한(ἀπαίδευτος)" 것일 뿐이라고 그는 말한다(2.112).

그러므로 요나는 나지안조스의 그레고리오스 자신의 경우에 대한 일종의 반대-유형(anti-type)을 제공한다. 즉, 따르지 말아야 하는 성경의 예를 제공한다. 이러한 추론은 그로 하여금 다음과 같은 점을 묵상하도록 한다. 즉, 아론과 이사야와 같이 지도력에로의 부르심을 기꺼이 받아들였던 성경의 인물들이 자신들의 열심에 대해 칭송을 받았지만, 반면에 모세와 예레미야와 같이 그러한 부르심을 처음에 경멸하였던 자들도 또한 하나님에 의하여 받아들여졌다는 점을 묵상하도록 한다(2.114). 이러한 예들을 통하여 성령은 나지안조스의 그레고리오스에게 역사하여 그의 영혼을 평온하게 하였다. 그래서 그는 돌아갔다. 그리고 "나의 온 생애를 맡겼던 하나님의 증언들이 나의 조언자들이었다"라고 선언하였다(시 119:24; *Or.* 2.115).[7]

---

7   유사한 진술에 관해서는 또한 다음을 참조하라. *Or.* 36.8.

5

삼위일체의 실행

　　나지안조스의 그레고리오스에게 목회자가 실행하는 신적 경륜의 은혜는 삼위일체 신학에 요약되어 있는 것과 동일한 성경적 교리이다. 그에 따르면, 목회자는 성령의 영감에 의하여 "성령의 것들을 가르치고 말한다"(19.2). 「설교 2」에 따르면, 모든 목회적 의무들 중에서 첫 번째는 "말씀의 실행(administration, οἰκονομεῖν)"(2.35)이며, 목회자는 특히 가르침과 설교의 활동을 통하여 신적 경륜에 참여하고 신적 경륜을 확장한다.[1] 4세기말 기독교 목회자들이 점점 더 많이 시(市) 행정관으로 기능하면서 그들은 기독교 예전 집회들에서 일차적으로 설교자 및 교사로서 계속 규정되었다.[2] 362년에 목회직을 시작할 때 그는 나지안조스의 교회에게 다음과 같이 말한다. 즉, 그리스도께서 목회자에게 교인들을 주셨고 목회자는 자신의 가르침으로 교인들을 안내할 것이며, 성령은 설교들(λόγοι)을 교인들의 마음에 "먹으로가 아니라 은혜로"(1.6)[3] 깊이 새기실 것이다. 하나님은 자신의 말씀을 통하여 우리에게 알려지기 때문에(6.5) 성령은 나지안조스의 그레고리오스가

1　참조. *Or.* 34, 2: 나지안조스의 그레고리오스는 올바른 신앙(ὀρθῶς πιστεύειν)이라는 영양 있는 음식을 나눠주는 자(χορηγός)이다; 42, 13: 감독들은 영혼의 청지기이며 말씀을 나누는 자이다 (ψυχῶν οἰκονόμοι καὶ τοῦ λόγου ταμίαι).

2　Daley, "Building a New City," 438-439.

3　고후 3:2-3. 오리게네스의 영적 주석을 위한 주요한 성경본문이다.

하나님에 관하여 말을 하도록 영감을 주며,[4] 때때로는 침묵하도록 영감을 주신다(12.1).[5]

나지안조스의 그레고리오스는 381년 공의회에서 행한 자신의 고별설교에서 기독교 교리가 교회의 삶에 대하여 지니는 중심성에 관하여 성찰하는 특별한 계기를 가진다. 정치적 편의를 위하여 참된 신앙을 타협하였던 공의회 감독들과는 대조적으로, 하나님은 신실한 목회자를 통하여 "경건의 아름다운 씨앗들과 교리들로써 온 세계를 가꾸신다"(42.4). 이와 같이 나지안조스의 그레고리오스도 건전한 목회자들이 참된 교리를 생성한다는 점을 인정한다(42.12). 자신의 사역을 돌아보면서 그는 나중에 다음과 같이 말한다. "나는 이 메말라버린 양떼에게 나의 가르침들로(λόγοι) 물을 주었고, 하나님에게 뿌리를 내린 신앙의 씨앗을 뿌렸다."(Carm. 2.1.12.116-117).[6] "순수한 교리(λόγος)보다, 그리고 진리의 규례들(δόγματα)로 온전하게 된 영혼보다 하나님께 더 아름다운 것은 없기" 때문이라고 그는 말한다(42.8). 그에게는 "회중의 지도자들과 교사들, 즉 성령을 전해주는 지도자들과 교사들"은 일차적으로 자신들의 높은 보좌들로부터 구원의 말씀을 말하는" 자들이어야 한다(DVS 1546-1549).[7]

목회직이 주로 성만찬의 집례에 의하여 규정된다고 생각하는 데에 익숙한 사람들에게는 목회사역에 관한 나지안조스의 그레고리오스의 성찰들이 주요한 교부 증인들의 성찰들과 같다.[8] 말씀의 사역에 전적으로 집중하고 있다는 점이 놀라움으로 다가올 수 있다. 확실히, 그의 교회의 예배는 매주 드리는 성만찬을 중심으로 하되, 세례의 성례에 관해서는 훨씬 더 큰 정도로 말한다. 목회자의 정기적인 성만찬 집례를 언급하는 몇 안 되는 구

---

4   참조. Or. 18.3.

5   참조. Or. 19.1.

6   참조. Or. 26.5: 나지안조스의 그레고리오스가 자신의 양떼에게 아낌없이 나눠주는 많은 교리들 (λόγοι).

7   οἱ γὰρ πρόεδροι καὶ λαοῦ διδάσκαλοι,/ οἱ Πνεύματος δοτῆρες ὧν σωτήριος / θρόνων ἀπ' ἄκρων ἐξερεύγεται λόγος (화이트의 번역).

8   다음을 포함한다. John Chrysostom, On the Priesthood; Gregory the Great, Pastoral Rule. 다음을 추가해도 확대해석이 아닐 것이다. Augustine, On Christian Teaching.

절들에서[9] 그는 유보된 성만찬에 관하여 언급하고(8.18) 성만찬과 성찬기들을 언급한다.[10] 그러나 그것들에 관해서는 지나가는 중에 언급할 뿐이다. 그는 자신의 목회신학에서 아주 중요한 정도로 명시적으로 그것들에 의지하지 않는다. 몇몇 학자들은 이러한 생략은 목회적 남용들 및 참된 영적 권위의 결여에 관한 더 직접적인 관심을 반영하며, 이것에 비해 외적인 성례적 행동이 무색해진다고 추측하였다.[11] 그러나 그러한 견해들은 성례들의 본성에 관한, 그리고 말씀과 성찬의 관계에 관한 시대착오적인 이해를 반영하는 것 같다.

나지안조스의 그레고리오스는 목회자가 성만찬 사역에 참여한다는 점을 당연하게 여긴다. 그리고 그는 성례의식, 즉 "신비(mystery, μυστήριον)"에 관하여 말씀과 성례 사이에 현대 서방교회가 제시하는 구분이 허용하는 것보다 훨씬 더 광범위한 이해를 가지고 있는 것처럼 보인다. 그의 견해에 따르면, 순교자들의 기념들 및 광범위하게 다양한 종교적 축일들을 포함하여 예전 전체가 "신비(mystery)"이다.[12] 그러나 그는 또한 성만찬을 특별한 의미로서 "신성화의 신비(the mystery of divinization)"이라고 명명한다(25.2). 더욱이, 그는 말씀의 예전과 성찬의 예전을 엄밀하게 말하는 "성례(the sacrament)"로 구별하지 않는다. 그에게 설교와 가르침이라는 목회자의 활동은 신비의 필수적인 부분이다. 그가 네 번째 「신학적 설교」에서 열거하는 하나님, 그리스도, 성령이라는 이름들은 이러한 의미로 "신비적(μυστήρια)" (30.16)이고, 그래서 더 나아가 성경해석 전체의 활동이다.

말씀과 성찬을 하나의 성례의식 안으로 결합하는 모습을 나지안조스의

---

9 성만찬에 대한 나지안조스의 그레고리오스의 언급들은 종종 "제사"라는 용어의 풍성하고 다면적인 용법을 포함한다. 이로 인하여 다른 의미들을 분별하는 것을 어렵게 한다. 특히 다음을 참조하라. Ors. 2.95-6, 위에서 인용됨; 아마도 17.20, "영적 제사"(벧전 2:5)는 하나님의 화를 누그러뜨린다; 36.2, 공개적으로 보이지 말도록 금지된 신비적 의식들; 42.24, 거룩한 목회자들이 순전한 제사들을 드린다; 참고. 18.39: 부친 그레고리오스는 필요한 제사들을 자신의 아들의 불행들을 통하여 드렸다!

10 Ors. 3.4; 18.22; 25.2; 40.31.

11 Bernardi, "Saint Grégoire de Nazianze," 356; Sterk, Renouncing the World, 138 n99. 참조. Greer, "Who Seeks for a Spring in the Mud?"

12 Ors. 15.5; 14.12.

그레고리오스가 그의 사촌 이코니온의 암필로키오스 감독에게 보낸 간결하지만 감동적인 서신에서 볼 수 있다. 병에서 막 회복되었지만 여전히 허약하다고 느끼는 나지안조스의 그레고리오스는 자신의 죄들을 위하여 중보기도하여 줄 것을 암필로키오스에게 요청한다. "주님을 신학함하는(the-ologizing, φιλοσοφεῖν) 목회자의 혀는 아픈 자들을 일으켜 세우기" 때문에, 그는 이제 "네가 부활의 제사를 취할 때에", 즉 성만찬을 집례할 때에, 그의 죄들을 풀어주는 훨씬 더 큰 일을 행하도록 암필로키오스에게 요청한다(Ep. 171.1).

나지안조스의 그레고리오스의 서신들에 따르면, 암필로키오스의 가르침이 그의 영혼의 지식을 형성하였다(Ep. 171.1). 그는 아마도 설교를 가리키면서 "네가 너의 말과 함께 말씀이 내리기를 빌 때"라고 말하고, 또한 성만찬 기도를 가리키면서 "그리고 네가 네 목소리를 칼로 사용함으로서 주님의 몸과 피를 피흘림이 없이 나눌 때"라고 말할 때, 그래서 그는 이제 그에게 자신을 위하여 계속 기도하여 줄 것을 요청한다(Ep. 171.3). 이렇게 하여 나지안조스의 그레고리오스는 신학적 고백, 가르침, 기도, 성만찬 제사와 같은 목회자의 활동을 단 하나의 사역행동 안에서 밀접하게 연결한다. 그리고 바로 이러한 결합된 활동 안에서 암필로키오스의 기도들이 구체적으로 들릴 것이다. 성만찬 의식의 상세한 점들에 관한 나지안조스의 그레고리오스의 침묵이 계속되는 『디스키폴리나 아르카니』(disciplina arcani, 36.2)를 또한 반영한다는 점에 우리는 주목할 수 있다. 이것에 관하여 카이사레이아의 바실레이오스도 또한 언급한다.[13]

그러므로 성만찬으로 추정되는 정황 안에서 설교, 가르침, 개인적 상담에서의 말씀의 실행은 나지안조스의 그레고리오스에게 목회사역의 핵심이다. 콘스탄티누폴리스에서 최근에 임명된 친(親)니카이아 감독으로 말하면서, 그리고 교회의 보편적 일치성을 위하여 강력하게 수고하는 자로서 말하면서, 그는 더 나아가서 사도적 교구 안에서조차 감독에게 "참된 승계

---

13 *Spir.* 66.

권"을 주는 것은 외적인 직무신임장들이 아니라 "사도적 및 영적 방식으로"(21.8) 감독이 믿는 신앙과 교리(εὐσέβεια)의 진리라고 말한다.[14] (위대한 교부들 중에서 어느 누구도 외적인 형식이, 즉 안수 때에 손을 놓음으로써 사도들로부터의 직접적인 전달을 보여주는 외적인 형식이 감독의 권위 또는 "사도적 계승"을 확립한다고 여기지 않는다는 점은 현대의 학생들에게 종종 놀라운 일이다.)[15]

따라서, 나지안조스의 그레고리오스는 아타나시오스와 카이사레이아의 바실레이오스에 관한 자신의 찬사들에서 이 두 감독의 기독교적 가르침의 활동에 상당한 주의를 기울인다.[16] 그가 묘사하듯이, 아타나시오스는 성령을 대신하여 숨을 내쉬는 말씀의 협력자이다(21.7). 설득력 있는 말들로 그는 대적자들을 화해시켰고 억눌린 자들을 자유케 하였다(21.31). 그리고 그의 견해에 따르면, 감독으로서 그의 가장 중요한 업적은 삼위일체에 관한 가르침이다(21.11). 마찬가지로, 카이사레이아의 바실레이오스는 "우주를 포함하는 하나님의 목소리"이며, 그의 달변으로 및 가르침의 힘으로 유명하다(43.65). "자신의 말과 권고문으로써" 카이사레이아의 바실레이오스는 나눌 것을 충분히 더 많이 가진 사람들로부터 구호품을 가난한 자들과 굶주린 자들에게 전달하였다(43.35). 그리고 성경연구를 통한 그의 사역준비는 자신의 가르침의 사역에서 특별한 열매를 맺었다. 즉, "적절한 때에 각각에게 말씀을 나누는 것은(눅 12:42), 그리고 우리의 교리들의 진리를 사려 깊게 나누는 것은 성령의 적지 않은 양을 필요로 하기" 때문이다(2.35).

가르칠 수 있는 많은 주제들 중에서 ─ 그리고 그것들 모두를 요약한다면 ─ 목회사역의 주된 목표는 삼위일체론을 실행하는 것이다. 나지안조스

---

14 이 경우에 아타나시오스에 관하여 말한다. 아타나시오스는 여러 번의 유배를 겪었고 성 마가의 권좌의 자리를 빼앗겼다. 그러나 나지안조스의 그레고리오스는 무엇보다도 그의 정통신앙을 인정한다.

15 이것은 또한 이레나이우스에게도 적용된다. 그는 사도들로부터 내려오는 장로-감독들의 계승을 유명하게 열거한다. 그러나 그들의 직무 자체의 권위 또는 타당성에 대한 증명으로서가 아니라, 비밀의 전통들에 대한 영지주의적 주장들을 반대하는 증거로서 열거한다. 즉, 감독적 권위의 유일한 기초가 되는 사도적 신앙이 사도 시대 이후로 공개적으로 가르쳐져 왔음을 알려준다(*Adv. haer.* 3.2-3). 여기에 대한 유익한 논의를 다음에서 참조하라. Behr, *Way to Nicea*, 41-43.

16 만약 이 주제가 「설교 18」에서 과소평가되는 것처럼 보인다면(참조. 18.16, 37), 우리는 나지안조스의 그레고리오스가 자신의 부친이 신학적으로 미숙하였던 난해한 방식을 이미 습득하였다고 생각할 수 있다.

의 그레고리오스는 목회자가 다루어야 하는 주제들을 "말씀의 분배(distribution of the word)"에서 요약한다. 이 목록은 오리게네스의 『제일원리들에 관하여』를 반향한다.

우리의 교리들은 세상들(또는 세상), 물질, 영혼, 지성, 지성적 본성들(더 좋은 것들과 더 나쁜 것들 모두)에 관하여, 그리고 모든 것들을 함께 묶고 안내하는 섭리에 관하여 철학적으로 사색되어 왔던 것들을 포함한다. 특히, 그것들이 또한 어떤 로고스(logso)에 따라 움직이는 것처럼 보이고, 그러나 여기 아래에 있는 로고스(logos)(즉, 인간적 로고스)와는 반대하여 움직이는 것처럼 보이는 한에 있어서 그것들을 포함한다.

또한, 우리는 우리의 본래의 구성과 최종적 갱신과 관계된 주제들을 다루어야 한다. 뿐만 아니라, 진리의 유형들, 언약들, 그리스도의 초림과 재림, 그의 성육신, 수난과 죽음(ἀνάλυσις), 부활, 종말, 심판과 보상(매우 슬퍼하는 자들과 매우 영광스러운 자들 모두), 그리고 — 무엇보다도 — 가장 근본적이고(ἀρχικός) 복된 삼위일체와 관련된 것들을 다루어야 한다.(2.35-36)[17]

나지안조스의 그레고리오스에 따르면, 첫 번째 목록의 주제들에 관하여서는 자유롭게 "철학적으로 사색할 수 있지만", 그러나 두 번째 문단에 열거된 신앙의 주요한 성경적 교리들은 변경되어서는 안 된다. 그것들 중에 있는 삼위일체론은 — 그에게는 엄밀한 의미로서의 "신학(theology)"은 — 중요한 자리를 차지한다. 그런 후에 그는 삼위일체 신앙에 관하여 간결하게 및 공식적으로 요약한다. "하나님의 일치성(ὁ ἓν θεός)[18]은 보존되어야하며, 또한 세 위격들은 각각의 독특한 특성과 함께 고백되어야 한다"(2.38). 더욱이, 우리가 앞에서 검토하였던 목회적 적응력과 필수적인 덕

---

17 참조. *Or.* 27.9. 나지안조스의 그레고리오스의 신학적 시들인 『포에마타 아르카나』(Poemata Arcana), *Carm.* 1.1.1-5, 7-9)도 마찬가지로 하나님, 성자, 성령, 우주, 섭리, 이성적 존재들, 영혼, 구약과 신약, 그리스도의 오심에 관한 주제들로 이루어진 비슷한 목록을 따라 진행된다. 이 중에서 첫 번째의 제목은 오리게네스의 위대한 저작을 따라 『제일원리들에 관하여』이다.

18 문자적으로 "하나이신 하나님," 또는 "하나님이 하나이시라는 사실."

에 관한 그의 긴 분석은 삼위일체를 가르치는 도전을 구체적으로 가리킨다. 그리고 그는 사역에 관한 그의 초기 설교들 각각에서 삼위일체에 집중한다.[19] **나지안조스의 그레고리오스의 활동 전체는 매우 실제적인 의미로 그가 먼저 이러한 본문들에서 시작한 목회적 삼위일체론을 완성하고자 하는 자신의 시도이다.** 그래서 380년에 그는 막시모스에게 삼위일체 신앙을 가르치도록 위임한다(25.15-19). 그리고 그는 자신의 회중이 "성부와 성자와 성령에 대한 고백을 확고하고 온전하게 지키도록" 명한다. 그리고 그들의 교리와 행동이 서로 일치하도록 확실하게 한다(36.10). 그가 381년에 공의회를 떠날 때에 그는 영혼들의 청지기직과 말씀의 실행은 주로 삼위일체론에 놓여 있다고 선언한다(42.13-18).[20]

자신의 찬사에서 나지안조스의 그레고리오스는 삼위일체를 위한 아타나시오스의 장문의 저작에 집중하면서, 그의 교리를 또 다른 간단한 공식으로 요약한다. "그는 신성에 속하는 일치성을 행복하게 보존하였다. 그리고 독특성(ἰδιότης)에 속하는 셋을 경건하게 가르쳤다. [셋을] 일치성 안으로 혼동하지도 않고, 또한 [일치성을] 셋 안에서 나누지도 않았다"(21.13).[21] 「설교 21」의 대부분은 사실상 아레이오스 운동과 여기에 대한 아타나시오스의 응답의 역사이다(2.13-37).[22] 즉, 아타나시오스는 에큐메니칼 교회에게 삼위일체에 관하여 대담하게 말함으로써 말씀들로 "성전을 정결하게 하였다"(요 2:15)(21.32). 이것은 그가 감독으로서 행한 가장 위대한 업적이었다. 만약 아타나시오스가 삼위일체를 목회적으로 실행한 것의 예라고 한다면, 카이사레이아의 바실레이오스는 더욱 더 그렇다.

나지안조스의 그레고리오스는 카이사레이아의 바실레이오스의 설교,

---

19   Ors. 1.7; 2.36-40; 3.6; 6.11-15, 22. 초기의 감독 설교들에서 다음을 참조하라. 11.6; 12.1, 6.

20   참조. Or. 32.23, 삼위일체에 대한 신앙고백은 모든 것 중에서 가장 위대한 선물이다; 33.15, 유사파는 교회들을 소유할지 모르지만 우리는 (삼위일체에 대한) 신앙을 가지고 있다; 42.8, 삼위일체론은 하나님께 모든 것들 중에서 가장 위대한 것이다; Carm. 2.1.12.116-118, 나지안조스의 그레고리오스는 자신의 양떼에게 교리로 물주고 삼위일체의 등을 밝힌다.

21   우리가 위에서 주목하였듯이, 나지안조스의 그레고리오스는 소급적으로 아타나시오스에게 성령의 신성과 동일본질성을 포함하여 자신의 완전한 하나님 교리를 부과한다(Or. 21.33).

22   참조. Or. 25.11.

그의 공적인 논쟁, 그리고 특히 그의 기록된 저작들을 격찬한다. 그의 교리는 다윗과 사도들의 교리처럼 온 세계에 걸쳐 흩어져 왔다. 그의 논문들은 모든 종류의 사람들의 기쁨이며, 그것들은 성경해석에서 이전의 모든 저술가들의 논문들을 능가한다(43.66).[23] 비록 나지안조스의 그레고리오스가 아타나시오스의 기록된 저작들 중 단지 두 개만을 언급하지만, 바실레이오스의 저작들에 관해서는 종합적인 목록을 제시한다. 즉, 『헥사메론』(Hexam-eron), 논쟁적인 저작들(『에우노미오스를 반대하여』), 『성령에 관하여』(On the Holy Spirit), 주석적 저술들(다른 것들 중에서 특히 시편에 관한 설교들), 순교자들에 관한 찬사들, 도덕적 및 실천적 담론들(『Corpus asceticum』)(43.67)[24]을 제시한다.

그러나 모든 것들 중에서 가장 주목할 만한 것은 "유일한 참 헌신과 구원 교리"인 삼위일체를 위한 카이사레이아의 바실레이오스의 수고와 저술들이라고 나지안조스의 그레고리오스는 말한다(43.30). 카이사레이아의 바실레이오스가 설교와 예전을 통하여 "우리에게 삼위일체를 계시하였다"(43.72). 그리고 그는 신학자로서 카파도키아 교부들을 능숙하게 대표하였다. 그의 신중한 언급에 따르면, 카파도키아인들은 "그들의 흔들리지 않는 신앙(πίστις)으로, 그리고 삼위일체에 대한 그들의 신실한 충성(πιστόν)으로" 특별히 유명하였다. 이것이 그들의 일치성, 그들의 강점, 그들의 사역의 진정한 힘이다(43.33). 또한, 그는 카이사레이아의 바실레이오스의 『에우노미오스를 반대하여』가 "경건한 교리의 논문"이라는 점에 주목하고(43.43), 바실레이오스의 『성령에 관하여』가 그의 "신학(theology)"을 나타낸다는 점에 주목한다(43.67-68).

"제국에서 영혼을 파괴하는 교리들"에 맞서서 삼위일체 신앙을 옹호한 카이사레이아의 바실레이오스의 대담성과 용기를 칭송하면서(43.46)[25] 나

---

23   카이사레이아를 오리게네스보다 위에 두는 것은 물론 과장법이다. 이것은 더 나아가서 이 부분에서 나지안조스의 그레고리오스의 변증적 동기들을 드러낸다.
24   나지안조스의 그레고리오스는 카이사레이아의 바실레이오스의 서신만을 생략한다. Basil, To Young Men, 그리고 Philocalia.
25   참조. Or. 43.34.

지안조스의 그레고리오스는 카이사레이아의 바실레이오스의 사역에 관한 가장 기억할만한 사건이 된 것, 즉 황제 발렌스가 카이사레이아의 바실레이오스의 교리를 면밀하게 조사하고 아마도 그를 교구로부터 제거하기 위하여 임명하였던 동방의 제국관리(the Eastern *praefectus arbi*) 모데스투스(Modestus)에 의한 조사를 묘사한다.[26] 비록 모데스투스가 "사자와 같이 포효하였고" 그의 권위를 행사하였지만, 바실레이오스는 황제가 무엇을 요구하든지 그는 피조물을 예배하지 않을 것이라고 강하게 대답하였다(43.48).

그런 후에 모데스투스는 부글부글 끓고 격분하여 제국의 진노로 그를 위협하였다. 그러나 카이사레이아의 바실레이오스는 자신을 건드릴 수 없다고 선언하였고, 그 자신은 어쨌든 오랫동안 하나님로 서둘러 가고 있기 때문에 추방이든 고문이든 죽음이든 어느 것도 두려워하지 않는다고 말한다(43.49). 이 시점에서 모데스투스는 깜짝 놀라서 소리쳤다. "어느 누구도 이렇게 아주 대담하게 나에게 말한 적은 없었다!" 그리고 이 말에 대하여 카이사레이아의 바실레이오스는 단순히 다음과 같이 대답하였다. "그러면 아마도 당신은 참된 목회자를 만난 적이 결코 없다." 카이사레이아의 바실레이오스는 목회자는 하나님의 것들을 옹호하는 것을 제외하고는 온유하고 겸손한 사람들이라고, 그리고 하나님의 것들을 옹호하는 경우에 목회자는 대단히 대담하고 세상적인 어떤 권위도 두려워하지 않는다고 설명한다(43.50).

나지안조스의 그레고리오스는 카이사레이아의 바실레이오스가 "정통교리"를, 그리고 삼위일체의 결합과 공동신성을 옹호하기 위하여 자신의 권좌로부터의 축출과 심지어 추방과 죽음까지도 기꺼이 감수할 것이었다고 쓴다(43.68). 추가적인 예로 그는 다음의 사실에 주목한다. 즉, 카이사레이아의 바실레이오스가 진리를 옹호한 것으로 인하여 추방될 때, 그의 간단한 응답은 일꾼에게 책상을 가져오도록 말한 것이었다. 그가 성령에 관한 논문을 작성할 수 있기 위함이었다. 나지안조스의 그레고리오스에 따르

---

[26] 모데스토스는 또한 에우노미오스를 369-370년에 유배시켰다. Bernardi, *SC* 384, 226 n2.

면, 비록 바실레이오스가 성령이 하나님이심을 물론 인정하였다고 하더라도, 정치적인 상황이 불리할 때 성령의 신성을 불분명하게 선포하지 않음으로써 말씀들의 신중한 "경륜(economy)"을 실행하였다(43.68-69). 비록 나지안조스의 그레고리오스가 변증적인 이유들로 바실레이오스의 신앙고백에 관한 자신의 실제적인 감정들을 감추고 있지만, 아타나시오스와 바실레이오스에 관한 그의 묘사들은 삼위일체가 목회적 활동을 위하여 얼마나 중심적인지를 그가 고려하는지를 충분히 보여준다.[27]

말씀의 사역을 — 그리고 무엇보다도 삼위일체의 실행을 — 목회사역의 핵심으로서 확고하게 확립하였기에 나지안조스의 그레고리오스는 자신을 단어의 가장 참된 의미로서 탁월한 목회적 신학자임으로 보여준다. 그에게 삼위일체론은 기독교적 삶의 의미 자체를 나타낸다. 그래서 삼위일체론은 또한 목회사역의 본질이며 통합적인 요소이다. 이러한 방식으로 생각되어지는 삼위일체와는 다른 어떤 것 안에서 자신의 삶을 발견하는 것은 심각한 내적 질병이다. 그래서 영적 건강은 성령의 권능에 의하여 그리스도 안에서 하나님과의 연합을 향하여 성장해가는 것을 재확립함으로써만 회복될 수 있다.

나지안조스의 그레고리오스는 카이사레이아의 바실레이오스에 관한 우아한 요약문에서 목회사역의 여러 다른 요소들을 함께 결합한다. "그의 덕은 아름다웠다. 그의 신학은 위대하였다. 그의 길은 끊임없는 운동이었다. 이 운동을 통하여 그는 심지어 하나님에게로까지 올라간다. 그리고 그의 힘의 말씀의 전파와 나눔이었다"(43.66). 기독교 목회자들의 사역은 신학적 교리에 근거하고 성취된다. 목회자들은 인간 삶의 다양하고 예측할 수 없는 상황들에 자신들을 적응시킴으로써 목회사역을 실행한다. 그러므로 삼위일체론을 목회적으로 실행하는 것과 그리스도가 돌아오실 때까지 신적 경륜이 의도하는 완성이다. 그런 까닭에 나지안조스의 그레고리오스

---

27 나지안조스의 그레고리오스는 또한 다음의 목회사역들에서 일어난 삼위일체의 경영에 관하여 말한다. Eulalius(13.4), Gregory the Elder(18.16, 37), Cyprian of Antioch (22.13).

는 목회직을 삼위일체적 용어들로 아름답게 다음과 같이 규정한다.

우리의 치료의 범위는 영혼에게 날개들을 제공하는 것이고, 영혼을 세상으
로부터 구조하는 것이며, 영혼을 하나님께 바치는 것이다. 아직 남아있다면
그의 형상 안에 있는 것을 보호하는 것이며, 위험에 처해 있다면 그것의 손
을 잡는 것이다. 또는, 파괴되어 있다면 그것을 회복하는 것이다. 그리스도
가 성령에 의하여 마음 속에 거주하도록 하는 것이. 요컨대, 천국에 맹세를
하였던 자들을 신성화하고 천국의 복을 수여하는 것이다.[28] (2.22)

---

28 τὸν τῆς ἄνω συντάξεως, 아마도 세례식에서 사탄의 부인하고 그리스도를 지지하는 것을 가리키
는 것 같다. 참조. Bernardi, SC 247, 120 n1.

결론,

**나지안조스의
그레고리오스와 교부들과의
연관성**

<big>나</big>지안조스의 그레고리오스의 신학적 체계를 전체적으로 살펴보았기에 이제는 이전의 교부들과 동시대의 교부들과 관련하여 그의 저작이 지닌 독특성을 강조할 수 있고, 또한 후대의 기독교 전통에서 차지하는 그의 영향력 있는 위치를 언급할 수 있다. 놀라울 정도로 많은 중요한 교부들에 관한 종합적인 교리적 연구들이 여전히 부족하지만,[1] 그럼에도 불구하고 교부들 사이에서 나지안조스의 그레고리오스의 위치가 지닌 독특한 모습을 기본적인 개괄들 속에서 확인할 수 있다.

---

1 다음과 같은 교부들을 포함한다. 오리게네스, 아타나시오스(그의 비평본이 최종적으로 다시 작업 중에 있다), 시각장애인 디디모스, 에피파니오스, 니사의 그레고리오스, 그리고 더 적은 정도로 카이사레이아의 바실레이오스.

1

오리게네스(Orgen)

본서 서론에서 우리는 나지안조스의 그레고리오스가 오리게네스적 기독교 안에서 깊은 영향을 받았음을 추적하였고, 각 장에서 다수의 구체적인 점들과 관련하여 그가 오리게네스에게 신세를 졌음에 주목하였다.[1] 나지안조스의 그레고리오스의 저작을 읽으면 다음과 같이 뚜렷하게 이해할수 있다. 즉, 나지안조스의 그레고리오스가 성경연구, 기도, 금욕훈련을 통하여 기독교 신비들에 푹 빠져있으며, 그러한 경험으로부터 직접적으로 삼위일체에 관하여 말하였고, 또한 당대의 문화를 기독교 복음으로 변혁시키기 위한 노력으로 이교적 그리스 학문 중 최고와 씨름하였던 사람이라고뚜렷하게 이해할 수 있다. 성경적 경건, 영적 주석, 철학적 및 수사학적 훈련을 결합시킴으로써 나지안조스의 그레고리오스는 오리게네스의 영향을더 깊은 수준에서 반영하는 영적 케뤼그마적 특성을 자신의 저작 안에 가득 채웠다. 오리게네스의 영향이 가득한 카이사레이아에서 공부하였고『필로칼리아』(Philocalia)를 수집하였던 나지안조스의 그레고리오스에게

---

[1] 나지안조스의 그레고리오스가 오리게네스의 제자 그레고리오스 타우마투르고스와 맺는 관계에 관해서는 아래를 참조하라. 오리게네스의 저작들에 관한 언급들은 각 장의 각주들에서 찾을수 있다. 오리게네스가 나지안조스의 그레고리오스에게 끼친 영향에 관해서는 다음을 참조하라. Moreschini, "Influenze di Origene"; *Filosofia e letteratura*, 97-116; "Nuove Considerazione"; Trigg, "Knowing God."

미친 오리게네스의 영향력이 그의 사상의 거의 모든 분야에서 느껴질 수 있는데, 이것은 그리 놀라운 일이 아니다.

나지안조스의 그레고리오스는 오리게네스의『제일원리들에 관하여』를 모형으로 하여 신학적 주제들에 관한 자신의 간결한 목록들뿐만 아니라, 자신의「신학적 설교」와『카르미나 아르카나』(Carmina Arcana)의 구조를 기초하였다(참조. Ors. 2.35-36; 27.9). 그리고 나지안조스의 그레고리오스는 오리게네스의 영적 및 신학적 기획의 삼위일체적 구조를 훨씬 더 충만하게 반영하고, 영적 주석에 관한 오리게네스의 이론과 실천을 밀접하게 따른다. 물론 이 두 가지에서 나지안조스의 그레고리오스는 또한 자신의 독창적인 방식들로 발전시키기도 한다.

하나님 지식에 관한 나지안조스의 그레고리오스의 교리는 여러 곳에서 오리게네스의 영향력을 보여준다. 즉, 영적 성장, 성경이해, 하나님 지식 사이의 근본적인 상응관계에 관하여, 신학자의 정화와 조명의 관계에 관하여, 그리고 기독교 "철학"의 도덕적 및 금욕적 실천에 관하여 오리게네스의 영향력을 보여준다. 특히, 그의 기독교 철학은 성경연구와 기도를 강조하고, 중도적인 형태의 금욕주의 실천을 강조하며, 아울러 고독한 관상 및 교회와 공동체에 대한 봉사를 결합하는 헌신을 강조한다.

마찬가지로, 나지안조스의 그레고리오스의 우주론과 인간론은 오리게네스에 의하여 크게 영향을 받았다. 특히, 삼위일체의 비육체성과 비교되는 모든 피조물들의 육체성에 관하여, 하나님의 불가해성에 관하여, 그리고 그리스도를 통하여 계시된 분명한 신적 조명에 관하여 크게 영향을 받았다. 또한, 나지안조스의 그레고리오스는 하나님은 인간이성에 의해서만 아니라 이성을 성취하는 신앙에 의하여 알려질 수 있다는 오리게네스의 사상을 반영한다. 그리고 나지안조스의 그레고리오스는 영적 성장의 여러 단계들에 관한 오리게네스의 기본적 이해를 공유한다.

나지안조스의 그레고리오스는 자신의 구원론과 기독론에서 신성화에 관한 오리게네스의 교리를 차용하고 확장하며, 하나님의 신적 말씀의 성육신에 대한 오리게네스의 기본적인 이해를 공유한다. 오리게네스처럼 나지안조스의 그레고리오스는 그리스도의 신성에 뚜렷하게 초점을 둔다. 그리고 그는 오리게네스가 그리스도의 인간적 영혼의 매개를 통하여, 및 그로 인한 그리스도의 단일성을 통하여 그리스도의 인성과 말씀과의 연합을 구성한 것을 활용한다. 물론 그러면서도 그는 중요한 점들을 설명하고 수정하기도 한다.[2] 나지안조스의 그레고리오스는 오리게네스보다 십자가를 훨씬 더 많이 강조하지만, 그는 그리스도인이 묵상을 통하여 하나님에게 계속 올라가는 것에 관하여, 그리고 그리스도의 신성-인성 정체성의 교리에 관하여 오리게네스의 기본적인 이해를 공유하고 확장한다.

또한, 오리게네스는 나지안조스의 그레고리오스의 성령론을 위한 토대를 제공한다. 특히, 신성화하는 활동으로서의 성화에 관하여서 그러하다. 그리고 오리게네스의 활동을 기초로 나지안조스의 그레고리오스는 모든 신학의 영적 특성을 발전시키고, 성경해석, 인격적 거룩성, 하나님 지식 사이의 연속성을 발전시킨다. 이것을 우리는 "**나지안조스의 그레고리오스의 경건의 해석학**(the hermeneutic of piety) **및 신적 경륜의 신학**(the theology of the divine economy)"이라고 명명하였다. 마찬가지로, 나지안조스의 그레고리오스는 성령의 신성에 관하여 성경이 불명확하다고 인정한 오리게네스의 입장을 따른다. 그리고 그는 언약들의 역사를 통한 삼위일체의 점진적인 계시를 독특하게 다루는 점에서 오리게네스의 종말론적 영성을 확장한다.

그리스도 및 성령의 신성에 관한 4세기 논쟁들에 끼친 오리게네스의 영향은 풍부하다. 오리게네스의 삼위일체적 기획을 비범할 정도로 신실하게 따르면서 나지안조스의 그레고리오스는 신학 및 신적 경륜에 관한 오리게네스의 이해를 확장한다. 그는 자신의 "관계적(relational)"[3] 교리를 새롭게 일어나는 니카이아적 합의 내에서 가장 신실한 형태의 삼위일체 신학으로 지지하고 옹호한다. 그리고 그는 삼위일체에 관한 오리게네스의 역동적 이

---

2   이 점에 관해서는 그레고리오스 타우마투르고스 및 아폴리나리오스에 관한 항목에서 참조하라.

3   이 구절은 나지안조스의 그레고리오스에 반대하는 로쓰키의 논증으로부터 나온다. 로쓰키의 논증 및 홀의 유사한 비판에 대한 응답에 관해서는 본서 IV장을 참조하라.

해를 발전시킨다. 즉, 삼위일체의 영원한 관계들 및 신적 경륜에의 참여에서 모두 발전시킨다. 또한, 그는 성자와 성령이 성부 하나님으로부터 나오면서도 동시에 성부 하나님과 동등하다는 오리게네스의 중심적인 믿음을 주장한다.

마지막으로, 나지안조스의 그레고리오스의 목회신학은 위의 점들 위에 세워지며, 가장 특별히 목회직에 관한 은사적 이론을 지지하는 점에서 오리게네스를 따른다. 오리게네스에게서처럼 나지안조스의 그레고리오스에게, 기독교 목회자는 사람들을 정화시키기 위하여 먼저 자신이 정화되어야 한다. 그리고 성경의 영적 해석을 바탕으로 회중의 영적 성장에 따라 기독교 교리를 실행한다.

요약하면, 나지안조스의 그레고리오스는 오리게네스 이후로 기독교 신학과 영성의 가장 통찰력 있는 종합을 이룩하였다. 이러한 점을 그는 자신의 독특하게 힘있는 문학적 및 수사학적 능력들을 통하여 표현하였다. 동시에, 오리게네스가 자신의 시대에 그러하였던 것처럼 그도 자신의 시대에 교리적으로 가장 정통적인 신학자가 되었다. 친(親)니카이아적인 다른 신학자들의 업적처럼 나지안조스의 그레고리오스의 업적은 오리게네스의 기본 체계를 새로운 문화적, 지성적, 교회적 환경 안에서 적지 않게 상당히 완성하고 다듬고 적용한 것이다.[4] 알렉산드레이아 스승의 정신으로 교리적 정확성과 영성적 힘을 결합한 것이 나지안조스의 그레고리오스의 저작을 아주 독특하게 구별하여 주며, 그래서 그러한 결합이 이후의 여러 세기들 동안 아주 규범적인 역할을 담당하도록 하였다. 많은 점들에서 나지안조스의 그레고리오스는 4세기의 니카이아 교부들 중에서, 그리고 아마도 이후의 교부시대 전체에서 오리게네스의 가장 충실한 제자이다.

4 　마크쉬에스가 주목하듯이, 친(親)니카이아적 교리는 "오리게네스의 사유에 근본적으로 기반한 삼위일체에 관한 사유의 구조"를 드러낸다. Markschies, "Trinitarianism," 207.

2

그레고리오스 타우마투르고스(Gregory Thaumaturgus)

나지안조스의 그레고리오스를 드러내는 독립적인 자료일 뿐만 아니라 4세기 상황과 오리게네스를 이어주는 연결점은 오리게네스의 제자 그레고리오스 타우마투르고스("기적을 일으키는 자")이다. 그는 네오카이사레이아의 감독이 되었고, 마지막에는 카파도키아 기독교의 수호성인이 되었다. 가장 주목할만한 업적들 중에는 카이사레이아의 바실레이오스 및 니사의 그레고리오스의 할머니 마크리나(Macrina the Elder)를 회심시킨 일이 있다. 그의 남아있는 문헌들이 희박하지만 그는 나지안조스의 그레고리오스에게 상당한 영향을 끼쳤던 것처럼 보인다.[1] 이러한 가능성은 사본전통 안에서 두 사람의 관계를 보여주는 일련의 흥미로운 연결점들에 의해서 강화된다.[2]

우리는 먼저 그의 금욕교리가 나지안조스의 그레고리오스의 금욕교리와 여러 가지 방식들에서 닮아있음을 주목할 수 있다. 광범위한 수준에서

---

1   아브라모위스키의 입장을 따라(Abramowski, "Das Bekenntnis") 나는 나지안조스의 그레고리오스 타우마투르고스가 쓴 것으로 여겨지는 신조가 니사의 그레고리오스에 의해 만들어진 것으로 또는 적어도 심각하게 변형된 것으로 여긴다. 니사의 그레고리오스가 저술한 『그레고리오스 타우마투르고스의 삶』(Life of Gregory Thaumaturgus)은 그의 본래의 저작들에 관한 지식을 전혀 알려주지 않는다. 참조. Bernardi, Le prédication, 310; Van Dam, "Hagiography and History," 281; Slusser, FC 98, 14.

그는 오리게네스의 견해, 즉 하나님에게 다가가기 위하여 마음의 정화가 필수적이라는 견해를 전달한다. 더욱이, 정화와 동의는 덕들의 어머니인 경건(εὐσέβεια)을 통하여 주로 달성되고,[3] 경건은 올바른 신앙과 기독교적 실천들을 모두 포함하는 기독교 "철학"의 삶에 참여하는 것에 주로 놓여 있다. 오리게네스처럼 그는 또한 관상적 침묵(ἡσυχία)에 대한 강력한 열망에 관하여 말한다.[4] 동시에 그는 철학적 삶에서 개인적 관계들의 중요성을 인정한다.[5] 이러한 점들 각각은 나지안조스의 그레고리오스의 저작과 공명을 이룬다. 둘 사이의 대조점으로서 「오리게네스에게 보내는 감사의 설교」(Address of Thanksgiving to Origen)는 나지안조스의 그레고리오스가 (그리고 아마도 또한 오리게네스가) 주장하는 것보다 그리스 철학에 대하여 더 높은 존경을 보여준다. 이러한 점은 이 설교의 저작성을 둘러싼 질문들이 훨씬 더 비중 있도록 만든다.[6]

그러나 영향력이 더 의미 있게 드러난 분야는 「테오폼포스에게: 하나님의 무감동성과 감동성에 관하여」(To Theopompus: On the Impassibility and Passibility of God)라는 논문에서 제시된 기독론에서 발견될 수 있다.[7] 테오폼포스라는 어떤 사람이 하나님의 무감동성에 관하여 제기하는 문의에 대답하기 위하여, 그레고리오스 타우마투르고스는 성육신에서 하나님의 무

---

2   만약 그것이 참되다고 우리가 가정할 수 있다면(제 목이 또한 의심스럽다), 그레고리오스 타우마투르고스의 저작 『필라그리우스에게: 동일본질성에 관하여』(To Philagrius: On Consubstantiality)는 나지안조스의 그레고리오스에게(「서신 243 에바그리우스에게」처럼) 및 니사의 그레고리오스에게(「서신 26 에바그리우스에게」로 돌려졌다. 나지안조스의 그레고리오스의 최고의 저작으로 입증된 저술 『솔로몬의 전도서에 관한 직역』(Metaphrase on the Ecclesiastes of Solomon)은, 그럴싸한 『에스겔서 주해』(Glossary on Ezekiel)와 『타티아노스에게: 영혼에 관하여』(To Tatian: On the Soul)처럼, 그의 저작들의 여러 사본들 안에 포함되어 있으며 대개는 「필라그리우스에게/서신 243(To Philagrius/Ep. 243)」다음에 배치되어 있다. 「그레고리오스에게 보내는 오리게네스의 서신」(Letter of Origen to Gregory)이 『필로칼리아』(Philocalia)에 나타난다. 『필로칼리아』(Philocalia)는 카이사레이아의 바실레이오스와 나지안조스의 그레고리오스가 오리게네스의 저적들을 편집한 선집이다; 그러나 어느 것도 수신자를 그레고리오스 타우마투르고스로 파악하지 않는다. 그리고 그렇게 파악하는 것은 일반적으로 불확실하다고 여겨진다. 여기에 관한 논의와 더 상세한 참고문헌에 관해서는 다음을 참조하라. Slusser, FC 98, 22, 29-30, 33-35.

3   Addr. 12.149; 14.165.

4   Metaphr. 10.993C; Addr. 16.185.

5   Metaphr. 10.997CD-1000A; Addr. 1.3-4; 6.81-92; 16.189, 196.

6   이것의 저작을 그레고리오스 타우마투르고스에게로 돌리는 것을 최근에 확증하는 것에 관해서는 다음을 참조하라. Trigg, "God's Marvelous Oikonomia," 38-39.

감동적 감동, 즉 무감동적 수난에 관하여 설명한다. 이러한 점은 나지안조스의 그레고리오스의 기독론의 여러 주요한 요소들의 추동력이 되었던 것 같다. 이 논문은 다음과 같이 논증한다. 즉, 하나님은 무감동적이시고 본성상 고난을 당할 수 없지만[8] — 하나님은 자유로우시고, 모든 것들 위에 계시며, 어떤 다른 것의 필연성 하에 있지 않으시기 때문이다[9] — 그럼에도 불구하고 하나님은 성육신에서 참으로 고난을 당하신다. 테오폼포스가 신적 고통에 관하여 전통적인 반대의 입장을 가지고 있지만 이 논문은 그렇게 논증한다.

그레고리오스 타우마투르고스는 그리스도 안에서 하나님이 (무엇보다도 십자가 위에서) 하나님의 신적 무감동을 보존하고 또한 우리의 고난과 죽음을 물리치시기 위한 방식으로 우리의 고난을 당하신다고 설명한다. 그는 이러한 점을 나지안조스의 그레고리오스의 견해를 예시하는 매우 통합적인 심상들과 표현들로 설명한다. 즉, 성육신에서 신적 아들은 실제로 "[우리의] 정념들과의 관계 안으로 들어오신다." 그는 "정념들 안으로 들어오셨고", 우리의 정념들을 "자신에게로 취하시고" 또한 "그 안에 참여하셨다." 그 자신의 무감동성으로써 우리의 정념들을 물리치시기 위함이다.[10] 그래서 하나님은 우리의 상태와 "혼합적으로" 되셨다. 이러한 "혼합"은 단지 겉으로만의 혼합이 아니라 실제적인 "융합"이다.[11] 이것이 가능하다고 그는 계속해서 설명한다.

하나님의 무감동적 본성과 인간의 고통은 양립불가능한 반대들임에도

---

7 이 문서는 시리아 번역으로만 알려져 있다. 이것의 저작성은 일반적으로 받아들여지고 있다 (Crouzel, "La passion de l'impassible"). 아브라모우스키의 연구는 이것의 저작성에 이의를 제기하지만 3세기로부터 유래한다는 점은 반박하지 않는다(Abramowski, "Die Schrift Gregors des Lehrers 'Ad Theopompum,'"). Slusser, *FC* 98, 27-8. 어느 경우이든 이 본문은 그레고리오스 타우마투르고스라는 이름으로 나지안조스의 그레고리오스를 위한 자료로 여겨질 수 있다. 그레고리오스 타우마투르고스는 또한 4세기의 아폴리나리오스주의자들에 의해서 이 본문의 저자라고 믿어졌다.

8 *Theo.* 5.

9 *Theo.* 2.

10 *Theo.* 6.

11 *Theo.* 12.

불구하고, 하나님의 본성은 아주 강력하셔서 피조물의 정념을 자신 안으로 참으로 포함시킬 수 있기 때문이다. 그러면서도 하나님의 본성은 변경될 수 없을 정도로 신적으로 남으면서도 정념을 변혁시킬 수 있기 때문이다. 이러한 현상은 빛이 흑암 속으로 관통하면서 흑암을 물러나게 하는 예에서도, 또는 석면이 불을 끄는 것과 같은 물질적인 예에서도 관찰될 수 있다.[12] 그럼에도 불구하고, 그레고리오스 타우마투르고스는 하나님이 성육신 안에서도 동일하게 남는다는 단서를 제시한다.[13] 그래서 하나님의 자기비움은 절대적이지 않다. 하나님은 자신에게서 통치하심을 비우시지 자신의 신적 본성 자체를 비우시지 않는다고 그는 말한다.[14]

동시에 그는 하나님과 그리스도가 성육신한 신적 존재의 단일한 주체이라고 일관되게 말한다. 이러한 점은 (비록 오리게네스와는 덜 비슷하겠지만) 나지안조스의 그레고리오스와 아주 비슷하다. "생명이시며 죽음보다 더 뛰어나신 하나님은 [그러한 이유 때문에] 죽음에로 들어갈 수 있다."[15] 십자가 처형은 "하나님의 죽음(God's death)"[16]이며 "하나님의 수난"[17]이다. 하나님의 무감동적 수난의 요점은 하나님이 변하신다는 점이 아니라 **우리가 변한다는 점이라고 그는 주장한다.[18] 나지안조스의 그레고리오스가 이러한 점을 받아들인 덕택에, 신적인 본성을 유지하면서 일치적인 해석들로 나아가는 이러한 움직임은 여러 세기들 동안 교부 전통에서 오리게네스의 기독론과 관련하여 가장 주목할 만한 업적이며 가장 중점적인 업적이다.

테오폼포스의 반대들에 맞서서 그레고리오스 타우마투르고스는 더 나아가서, 우리의 고통을 취하시는 하나님의 낮추심은 신적 본성의 무감동성과 모순되지 않고 사실은 완벽하게 그것을 반영한다고 주장한다. 하나님께

---

12 *Theo.* 6, 12.

13 *Theo.* 6.

14 *Theo.* 12.

15 *Theo.* 12.

16 *Theo.* 8.

17 *Theo.* 6.

18 *Theo.* 16.

서 겸손과 자기비하를 통하여 자신의 자비와 효과적인 권능을 보여주는 것은 분명하게 적합한 일이라고 그는 말한다.[19] 테오폼포스의 반대를 뒤집어서 그는 하나님의 권능과 자비를 실질적으로 부정하는 것은 하나님이 인간의 고통을 **당할 수 없다고** 상상하는 것이라고 주장한다. 하나님께서 우리의 고통을 취할 수 없다는 것은 테오폼포스가 두려워하는 실질적인 제한이며 외적인 필연성이다.[20]

그리고 하나님의 무감동적 수난을 부정하는 것은 우리에게 오셔서 도우시는 것을 인색하게 거부하시는 신을 상상하는 것이다. 우리에게 구원을 주시는 참 하나님을 상상하는 것이 아니다. 하나님께서 너무 자만하셔서 우리를 돕지 못하는 허영심을 보이시는 것보다는 하나님께서 정념을 **가지시는** 것이 더 낫다고 그는 말한다. 어쨌든 그것 자체가 일종의 정념이다![21] 그래서 예수님이 우리의 정념을 정복하시기 위하여 우리 가운데로 오셨고 고난을 받으셨다. 그렇지만 "그는 자신의 본 모습대로 남으셨다."[22] 환자들을 치료하기 위하여 어려움들을 견디는 의사와 같으며,[23] 또는 죄수들에게 죽음의 선고를 전달하기 위하여 감옥의 더러운 상태들을 참는 왕과 같다.[24] 자신의 "무감동적 수난"에서 하나님은 우리로부터 멀리 계심을 중단하신다.[25] 그러므로 예수님의 신적 수난의 모형에 따라서 다른 사람들을 돕는 것은 덕의 절정이며 기독교 철학의 진정한 열매이다.[26] 그리스도 안에서의

---

19 *Theo.* 6. 다음과 같은 오리게네스의 진술들을 참조하라. 즉, 요 13-14에 따르면 하나님의 영광이 예수의 고난 안에 가장 분명하게 반영되어 있다(*Comm. Jn.* 32.259); 성자는 자신에게서 하나님의 영광을 비움으로써 하나님의 신성의 온전성을 드러내신다(*Princ.* 1.2.8; 참조. *Cels.* 7.17). 그럼에도 불구하고, 그러한 진술들은 드물게 나타난다. 오리게네스는 두 사람의 그레고리오스들이 모두 앞으로 추구할 더욱 일치성을 강조하는 교리를 추구하지 않는다; 참고. 예를 들면, *Comm. Jn.* 32.322: 그리스도의 죽음의 영광은 "본질상 죽을 수 없는 독생하신 말씀, 지혜, 진리에 속하지 않는다. 또는 예수의 더 신적인 다른 측면들 중 어디에도 속하지 않는다. 그것은 오히려 인자이신 사람에게 속한다"(트리그의 번역).

20 *Theo.* 10.

21 *Theo.* 12.

22 *Theo.* 17.

23 *Theo.* 6.

24 *Theo.* 8.

25 *Theo.* 10, 14-6.

26 *Theo.* 16.

하나님의 무감동적 수난에 관한 이러한 강력하고 일치적인 비전은 아폴리나리오스의 저작의 어떤 요소들과 함께 나지안조스의 그레고리오스에 의하여 대체적으로 반복될 것이다.[27]

---

27 그레고리오스 타우마투르고스를 4세기 말에 후원자로 처음 채택하였던 자는 바로 아폴리나리오스주의자들이었다. 그렇지만 기독론적으로 말하자면 이것은 오히려 일방적인 채택이었다. 나지안조스의 그레고리오스의 기독론은 우리가 여기에서 검토하였던 교리를 더욱 신실하게 표현한다. 비록 그가 자신의 전임자와 아주 동일한 용어들로 그리스도의 고난을 승리하는 고난으로 말하지 않는다고 하더라도, 그것을 사소한 차이점으로 간주해야 한다. 나지안조스의 그레고리오스의 삼위일체적 논리와 형이상학과 관련하여 『필라그리우스에게』(*To Philagrius*)로부터 사상들을 차용하는 어떤 표지들도 나는 발견하지 못한다.

3

아타나시오스(Athanasius)와 디디모스(Didymus)

위대한 아타나시오스와 나지안조스의 그레고리오스와의 관계는 현대 신학과 교회사에서 적지 않게 혼동스러운 문제이다. 초기 기독교를 공부하는 학생들은 세 명의 카파도키아 신학자들이 모두 아타나시오스에 의하여 영향을 받았으며, 니카이아적 정통신앙의 확립을 완성하는 데에서 그의 신학적 의제들의 직접적인 계승자들이었다고 오랫동안 가정하여 왔다.[1] 그러나 나지안조스의 그레고리오스는 아타나시오스를 만났거나 서신을 교환한 적이 결코 없다. 아마도 황제 요비아누스에게 보낸 그의 간단한 교회회의 서신 이외에, 나지안조스의 그레고리오스는 아타나시오스의 저작을 직접적으로 접하였던 적은 없는 것처럼 보인다. 광범위하게 인상적인 수준에서 두 사람 사이에 어떤 유사점들이 있다고 하더라도,[2] 나지안조스의 그레

---

[1] 1912년 스웨트는 니카이아 성령론 전체에 끼친 아타나시오스의 영향력은 그야말로 거대하였고, 그래서 「세라피온에게 보내는 서신들」(Letters to Serapion)이 나온 이후로 "성령과 다투는 자들"의 모든 형태들의 패배가 거의 확실하게 되었다고 주장하였다(Swete, The Holy Spirit in the Ancient Church, 220). 마찬가지로 헤이킨은 아타나시오스의 성령론을 "교회의 이후의 성령론이 구체화될 수 있는 틀"로 및 카파도키아 교부들이 기반할 수 있었던 토대로 간주한다(Haykin, Spirit of God, 7). 또한 다음을 참조하라. Szymusiak, "Grégoire le Théologien, disciple d'Athanase." 핸슨은 아타나시오스가 카파도키아 교부들에게 직접적으로 영향을 끼쳤다는 점을 올바르게 의문시하였다. 그렇지만 핸슨은 그들이 그럼에도 불구하고 아타나시오스로부터 (아마도 간접적으로) 상당히 많이 배웠다고 주장한다(Hanson, Search for the Christian Doctrine of God 678-679).

[2] 인상적인 유사점들에 관한 생각에 관하여 나는 리엔하르트의 신세를 졌다. Lienhard, "Augustine of Hippo."

고리오스가 전혀 알지 못하였던 것처럼 보이는 아타나시오스의 저작의 여러 중요한 요소들이 있다. 그리고 나지안조스의 그레고리오스가 아폴리나리오스, 카이사레이아의 바실레이오스, 멜리티오스와 같이 아주 가까운 인물들과 함께 공유하지 않을 기본적인 유사점들의 위치를 파악하는 것은 어렵다.[3]

직접적인 영향을 가정하는 하나의 이유는 나지안조스의 그레고리오스가 아타나시오스를 칭송하는 유명한 찬사의 설교(Or. 21)를 행하였다는 사실이었다. 이것은 그 알렉산드레이아 감독에 관한 성인전 문헌의 첫 번째 설교이며, 또한 이후의 많은 문헌들의 모형이다.[4] 나지안조스의 그레고리오스가 이 설교에서 아타나시오스의 유산에 대해 상당한 주장들을 하고 있지만, 사실 이 설교는 아타나시오스의 저작에 대한 어떤 직접적인 지식이 있다고 하더라도 거의 보여주지 않는다. 380년 봄에 이 설교를 행하는 나지안조스의 그레고리오스의 주된 목적은 새롭게 도착하였던 이집트 대표단으로부터 수도에서 자신의 사역을 위한 지지를 확보하는 것이었다. 이러한 목적으로 그는 기독교 금욕가 및 감독으로서의 아타나시오스의 덕을 칭송하는 애가를 작성한다.

그러나 우리가 V장에서 보았듯이, 아타나시오스의 금욕적 및 실천적 덕들에 대한 ("덜 중요한" 특성들에 대한) 묘사는(21.11) 나지안조스의 그레고리오스 자신의 이상들을 투영한 것이다. 그의 묘사가 아타나시오스의 삶을 아주 상세하게 알았다는 점을 반영할 필요는 없다. 신학적 가르침과 교회적 지도력이라는 아타나시오스의 주요한 덕을 묘사하기 위하여(21.11), 그는 설교의 대부분을 4세기 논쟁의 역사와 그 안에서의 아타나시오스의 역할을 이야기한다. 여기에서의 이야기는 "아레이오스주의자들"에 반대하고 공의회들에 관하여 다루는 아타나시오스의 광범위한 저작들을, 즉 「아레이오스주의자들을 반대하는 설교들」(Orations Against the Arians), 『니카이아

---

3 뒤의 두 사람에 미친 아타나시오스의 영향은 이 시점에서 또한 불확실하다.
4 참조. Sterk, Renouncing the World, 129.

의 규정들에 관하여』(On the Decrees of Nicaea), 『아리메논 공의회 및 셀레우케이아 공의회에 관하여』(On the Councils of Ariminum and Seleucia)와 같은 저작들을 그 자신이 알고 있지 않았음을 보여준다. 또한, 아타나시오스의 교회적 활동의 대부분에 관하여 그가 알고 있지 않았음을 보여준다.

아타나시오스처럼 나지안조스의 그레고리오스가 아레이오스의 "광기"로부터 논쟁이 나온다고 여기고 정통신앙을 니카이아 공의회와 동일시하지만, 이러한 주제들은 이 때까지 콘스탄티누폴리스에서 및 소(小)아시아에 있는 친(親)니카이아적 집단들 안에서 광범위하게 유포되었다. 그러기에 아타나시오스로부터 직접 차용하였음을 반영할 필요가 없다. 더욱이, 나지안조스의 그레고리오스는 아타나시오스가 니카이아에서 중심적인 역할을 감당하였다고 말한 첫 번째 저술가이다(21.14). 그렇지만 아타나시오스가 자신의 과장에도 불구하고 자신에 관하여 결코 주장하지 않았던 역할이었다.[5]

나지안조스의 그레고리오스의 초기 관심은 세 명의 유명한 카파도키아인들이 행하였던 수상한 역할을 설명하는 것이다. 첫째, 나지안조스의 그레고리오스와 동명이인인 그레고리오스(Gregory). 338-339년에 알렉산드레이아의 감독이었으며 불법적으로 침입하는 자이었다. 나지안조스의 그레고리오스는 어떤 이들이 여전히 그를 용서하지 않았다고 말한다(21.15). 둘째, 필라그리우스(Philagrius). 335-337년과 338-340년에 이집트의 총독이었다(21.28-29). 셋째, 악명 높은 게오르기오스(George). 357년부터 361년 폭도에 의해 살해될 때까지 알렉산드레이아의 감독이었으며 권좌를 빼앗는 자이었다(21.16-19, 26-27). 나지안조스의 그레고리오스가 필라그리우스에 관하여 비위를 맞추는 설명은 아타나시오스가 필라그리우스에 대해 반감을 가졌다는 기록과 일치하지 않는다.[6] 또한 여러 해 이전인 358년에 일어난 필라그리우스의 죽음에 관한 기록과도 일치하지 않는다.[7] 이러한

---

5 카발레라의 저작과 연결하여 바르디가 주목하는 바와 같다. Bardy, "Athanase," col. 1318. Mossay, *SC* 270, 138 n1.
6 Athanasius, *Hist. Ar.* 7.5; 9.3; 12.1.

부분들은 카파도키아 지도력의 명성을 회복하는 것과, 또한 나지안조스의 그레고리오스를 이러한 불미스러운 유산으로부터 거리를 두도록 하는 것을 추구하는 것이 분명하다. 이를 통하여 수도에서 친(親)니카이아 감독으로서 그가 아타나시오스가 구체화하였던 것과 같은 종류의 영웅적 지도력과 동일시될 수 있도록 하기 위함이다.

나지안조스의 그레고리오스가 어떤 지역적 세부사항들에 관심을 기울이는 것은 이 설교가 소아시아에서 유래되었음을 확증한다. 예를 들면, 유사파의 현상유지에 반대하여 행동하였고 이제는 다른 사람들이 니카이아 신앙과 끊도록 하는 수도사들의 "폭력적인 소동"과 같은 것에 관심을 기울였다(21.25). 이것은 아마도 362년에 일어난 카파도키아 분열을 가리키며, 이 일은 나지안조스의 그레고리오스와 그의 부친에게 여러 해 동안 곤란을 초래하였다. 『아리메논 공의회 및 셀레우케이아 공의회에 관하여』(On the Councils of Ariminum and Seleucia)에 있는 아타나시오스의 상세한 설명과는 달리, 그가 언급하는 유일한 후(後)니카이아 공의회는 359년 셀레우케이아에서 개최된 회의이다. 그는 이 회의를 자신의 가까운 환경으로부터 대단히 잘 알았다. 그리고 그는 셀레우케이아를 지역적 표현으로 성 데클라(St. Thekla)의 고향이라고 가리킨다(21.22). 여기에서 그는 자신의 장기간의 휴식을 보내었던 것 같다.

그리고 이 회의는 360년에 콘스탄티누폴리스에서 인준된 이후로 동방교회 전체에 있는 친(親)니카이아주의자들에게 초래되는 어려움들의 주요한 근원이었다. 더욱이, 그는 이 공의회를 카파도키아의 게오르기오스의 지도력과 연결하여 논의한다(21.21-22). 오히려, 아타나시오스가 행한 것처럼, 아카키오스, 에우독시오스 및 그들의 동료들과 연결하여 논의하지는 않는다.[8] 그리고 그는 아리메논에 관하여 전혀 언급하지 않는다. 그러므로 바로 이와 같이 특징적인 동방적 관점으로부터 나지안조스의 그레고리오스는 아타나시오스를 교회의 기둥으로 묘사한다(21.26). 즉, 정통신앙을 위

---

7   참조. Libanius, *Ep.* 372.2; Mossay, SC 270, 170 n1.

하여 강력하게 수고하였고 희생하였으며 삼위일체에 관한 참된 교리를 — 즉 "하나의 신성의 찬란한 빛"을 — 그것의 등경에까지 회복하였던 교회의 기둥으로 묘사한다(21.31).

이 이야기는 아타나시오스가 황제 콘스탄티우스가 사망하는 362년에 유배로부터 돌아오는 승리에서(21.27-29), 그리고 그 다음해 동안의 신학적 노력들에서 끝난다.[9] 나지안조스의 그레고리오스는 아타나시오스가 권위 있는 스승으로서 자신의 서신들과 개인적인 방문들을 통하여 광범위적으로 화해시키는 영향에 관하여 모호하게 말한다(21.31).[10] 그러나 그는 유일하게 하나의 문서, 즉 「황제 요비아누스에게 보내는 서신」을 구체적으로 언급한다. 아타나시오스는 이것을 363년에 안티오케이아에서 저술하였다. 그리고 이것은 아마도 「안토니오스의 삶」(*Life of Antony*)과 함께[11] 아타나시오스가 저술한 것 중에서 그가 알았던 유일한 문서였다.[12]

그의 말에 따르면, 아타나시오스는 자신의 견해들로 인하여 이전에 고난을 받았지만(21.35) 이제는 "셋의 하나의 신성과 본질(the one Divinity and essence of the three)"[13]을 글로 선언하는 첫 번째 사람이 되었다. 그러므로 더 이전의 교부들이 성자에 관하여 고백하였던 것과 동일한 신앙을 성령에 관하여 고백하는 첫 번째 사람이 되었다(21.33). 그러나 비록 나지안조스의 그레고리오스가 성령에 관한 아타나시오스의 진술을 자세히 서술

---

8   참조. *Syn*. 1, 9. 아타나시오스는 참석자들의 명단에 게오르기오스를 포함한다(*Syn*. 9). 그러나 게오르기오스는 주요 참가자는 아니다. 그는 성자가 "성경에 따라 성부와 유사하다"고 말하는 공의회의 신앙고백이 기만적이고 부적절하다고 쓴다(21.22). 그리고 그는 이단들을 정죄하는 데에서의 공의회의 허위에 관하여 또한 논평한다(21.23); 그렇지만, 이러한 견해들이 명백히 니카이아적 견해이라고 하더라도 이것은 아타나시오스적 자료를 거의 반드시 필요로 하지 않는다.

9   나지안조스의 그레고리오스는 아타나시오스의 첫 번째, 두 번째, 다섯 번째의 유배들을 생략하고 세 번째(*Or*. 21.20, 27-29)와 네 번째(21.32-33)만을 언급한다.

10 "온 세계를 위하여 법을 제정하기"(νομοθετεῖ τῇ οἰκουμένῃ).

11 참조. 카이사레이아의 바실레이오스의 저작들에 관하여 여전히 불완전하지만 더 광범위한 목록을 나지안조스의 그레고리오스가 자신의 기념 설교에서 열거한다(*Or*. 43.67).

12 이것이 안티오케이아적 유래가 나지안조스의 그레고리오스가 그 문서를 소유하고 있는 점을 설명한다.

13 τῶν τριῶν μίαν θεότητα καὶ οὐσίαν. 참고. *Ep. Jov*. 4: τὸ καὶ μίαν εἶναι ἐν ᾗ ἁγίᾳ Τριάδι θότητα; 니카이아의 동일본질(ὁμοούσιον)에 대한 아타나시오스의 옹호. *Ep. Jov*. 1, 4. 유사한 진술이 다음에 나타난다. *Ep. Serap*. 1.2.

하고[14] 또한 이 서신이 동방과 서방 모두에서 광범위한 일치를 달성한 것으로 묘사하지만, 이러한 주장들은 이 서신의 본문을 상세하게 다루었다는 점을 반영하지는 않는다. 「황제 요비아누스에게 보내는 서신」이 아타나시오스가 이러한 견해들을 처음으로 기록한 진술이 결코 아니라는 사실은 나지안조스의 그레고리오스가 그의 저작의 대부분을 직접 알지 못한다는 점을 알려준다.

나지안조스의 그레고리오스는 또한 동방인들과 서방인들(이탈리아인들)이 사용하는 서로 다른 삼위일체적 용어들을 아타나시오스가 화해시키는 활동에 관하여 언급한다. 그의 보고에 따르면, 아타나시오스는 양 진영들과 만났다. 그리고 그들이 서로 다른 용어들이지만 동일한 것을 의미한다는 점을 확인한 후에 아타나시오스는 "그들을 일치된 행동으로 함께 연합시켰다"(21.35). 아마도 362년 알렉산드레이아의 교회회의를 가리키는 것 같다. 그러나, 만약 우리가 나지안조스의 그레고리오스의 설명을 세밀하게 살펴보면, 그는 아타나시오스가 이 교회회의와 관련하여 생성하였던 두 문서들을, 즉 「보편서신」(Catholic Epistle)과 「안티오케이아인들에게 보내는 서신」(Tome to the Antiochenes)을 알지 못했던 것 같다. 후자는 삼위일체가 세 위격들(three hypostases)에 의해서 또는 하나의 위격(one hypostasis)에 의해서 구성된다는 서로 다른 견해들에 대해 응답하지만,[15] 나지안조스의 그레고리오스는 "세 위격들(three hypostases)" 또는 "세 인격들(three persons)"이라는 변형적인 용어들에 관하여 말한다.

아타나시오스가 안티오케이아에서 멜리티오스주의자들과 파울로스주의자들 사이의 분열을 주로 다루지만, 나지안조스의 그레고리오스는 ("우리") 동방인들과 이탈리아인들 사이의 용어법의 차이점에 관하여 말한다.[16] 「보편서신」도 또한 나지안조스의 그레고리오스에게 필연적으로 영향을 끼

---

[14] 아타나시오스는 성령이 피조물임을 또는 성부와 성자로부터 분리되어 있음을 부인한다(Ep. Jov. 1, 4); 이러한 진술들을 성령의 신성에 관한 자신의 온전한 신앙고백 안으로 흡수한 이는 바로 나지안조스의 그레고리오스이다. 본서 III장을 참조하라.

[15] Tom. 5-6.

치게 될 어떤 것도 포함하지 않는다. "성 삼위일체의 하나의 신성(the one Divinity of the Holy Trinity)"에 관한 고백, 성자와 성령이 피조물이라는 점에 대한 부인, 성자가 동일본질이며 성령은 성부와 함께 영광을 받으신다는 진술은 나지안조스의 그레고리오스가 「황제 요비아누스에게 보내는 서신」으로부터 이미 보고하였던 내용을 반복한다. 그리고 그는 이 서신의 표현인 "동일본질적 삼위일체(consubstantial Trinity)"[17]를 결코 사용하지 않는다.

이러한 사소한 차이점들을 고려하면, 나지안조스의 그레고리오스는 362년 알렉산드레이아에서의 해결에 관한 그의 보고를 교회회의의 문서들과의 실제적인 접촉에 근거하지 않고, 안티오케이아, 카파도키아, 콘스탄티누폴리스에 있는 친(親)니카이아 집단들로부터의 간접적인 소문에, 또는 아마도 막시모스의 보고 또는 수도에 막 도착하였던 다른 이집트인들의 보고에 근거하고 있는 것처럼 보인다. 콘스탄티누폴리스에서의 나지안조스의 그레고리오스의 활동이 여러 가지 방식들에서 362년의 의제들과 유사하다는 사실은 — 특히, 삼위일체적 통합에 대한 그의 관대한 접근, 그리고 경쟁관계의 안티오케이아인들과 화해하려는 그의 시도들은 — 아타나시오스 및 알렉산드레이아 교회회의와는 독립적인 여러 동기들로 인한 것이다.

나지안조스의 그레고리오스의 기독론 및 성령론과 아타나시오스의 후기 저작들 중 일부 사이에 더 많은 유사점들이 있다. 그렇지만 직접적인 영향은 아닌 것처럼 보인다. 아타나시오스의 「안티오케이아인들에게 보내는

---

16 아타나시오스와의 차이점들이 여럿 있다: 예를 들면, 나지안조스의 그레고리오스는 "아레이오스적 이단(ἡ Ἀρειανὴ αἵρεσις)"을 결코 언급하지 않는다. 그러나 아타나시오스는 그것을 니카이아적 일치를 달성하기 위하여 파문하여야만 하는 주요한 적이라고 여긴다(Tom. 3); 그는 사르디케 공의회의 진술을 지지하는 것에 반대하여 경고하지 않는다(Tom. 5); 그는 성령이 그리스도의 본질로부터 분리될 수 없다고 결코 말하지 않는다(Tom. 3). 또는 "성부의 본질로부터(from the essence of the Father)"(ἐκ τῆς οὐσίας τοῦ Πατρός, Tom. 6, 11)라는 니카이아적 구절에 관하여 결코 말하지 않는다; 그는 아타나시오스가 제시하는 것과 동일한 이단목록을 제시하지 않는다(Tom. 3); 그리고 전문적인 용어 전체가 나지안조스의 그레고리오스의 것과 일치하지 않는다(특히 참조. Tom. 5).

17 ὁμοούσιος ἡ Τρίας. Ep. cath. 7. 또한 동일한 자료에 있는 1과 5를 참조하라.

18 Tom. 7, 10.

진술문」은 나지안조스의 그레고리오스의 사상들 중 일부와 일치하는 기독
론적 해설을 포함한다. 예를 들면, 말씀이 선지자에게서처럼 예수님에게
거주하지 않았지만 말씀 그 자체가 마리아의 자궁으로부터 육체가 되었으
며, 그래서 두 아들들이 존재하지 않으면서도 그리스도가 온전히 신적이라
는 주장을 들 수 있다.18 그러나 차이점들은 훨씬 더 강력하다. 즉, 나지안
조스의 그레고리오스는 독특하게 아타나시오스적인 구절, 즉 구세주의 "육
체에 따른 경륜(economy according to the flesh)"을 결코 사용하지 않거나,
또는 그리스도가 영혼 없는(ἄψυχον) 몸을 지니지 않으셨고 "육체 안에서"
고난을 당하셨다고 결코 주장하지 않는다.[19]

　모든 점들을 고려하면, 그레고리오스 타우마투르고스와 아폴리나리오
스의 저작들은 아타나시오스의 저작들보다 실제적으로 기독론적 영향력
을 더 강하게 미친 것 같다. 마찬가지로, 아타나시오스의 「성령에 관하여
세라피온에게 보내는 서신」(Letters Serapion Concerning the Holy Spirit)은
자주 주장되는 것처럼 나지안조스의 그레고리오스의 성령론의 자료가 된
것처럼 보이지 않는다. 성령의 신성을 주장하는 두 감독들의 논증들은 성
격과 목적 모두에서 오히려 서로 다르다. 가장 심대한 차이점은 나지안조
스의 그레고리오스가 성령의 신성을 성자의 신성과 연결하여 주장하지 않
는다는 점이다.[20] 아타나시오스가 고소했던 것처럼 그는 자신의 대적자들
이 "비유들"을 고안해낸다고 고소하지는 않으며, 또한 자신의 대적자들이
성경과 반대되는 용어들을 사용하는 혁신자들이라고 고소하지도 않는다.[21]

19　*Tom.* 7. 다른 차이점들이 기독론적 논증들과 함께 존재한다(*Ep. Epict.* 및 *Ep. Max.*). 예를 들면,
　　인간적 몸이 말씀과 일방적인 교제와 연합을 이룬다는 개념(*Ep. Epict.* 9); 하나님은 "몸에서" 십
　　자가처형을 당하셨다는 점(*Ep. Epict.* 10; 참조. *Ep. Max.* 2-3); 그리고 말씀이 "몸에서" 지상으로
　　갔다는 점(*Ep. Max.* 3).

20　나지안조스의 그레고리오스는 "성자의 성령(the Spirit of the Son)"에 관하여 말하지 않는다(*Ep.
　　Serap.* 1.2; 4.4); 그는 성자가 성부와 하나이신 것과 동일한 방식으로 성령이 성자와 하나이시
　　다라고 결코 주장하지 않는다(*Ep. Serap.* 1.2; 3.1). 또는 성령이 말씀에 "내적"이시며(*Ep. Serap.*
　　1.14; 3.5), 성자에 고유하시고(*Ep. Serap.* 1.25, 27; 참조. 3.3; 4.3-4), 성자의 형상이시라고 결코
　　주장하지 않는다(*Ep. Serap.* 1.20). 더욱이, 그는 기름을 부어주는 자로서의 성령이 성자의 숨이
　　시라고 결코 주장하지 않는다(*Ep. Serap.* 3.2). 또는 성령의 받는 것은 그리스도를 받는 것이라고
　　결코 주장하지 않는다(*Ep. Serap.* 1.19). 그리고 그는 성자의 신성을 위한 논증들이 성령에게 적
　　용될 수 있다고 결코 말하지 않는다(*Ep. Serap.* 3.2) ─ 그의 마지막 진술은 4세기 성령론 전체의
　　발전에 관한 현대의 공통된 가정들의 근원이 되었다.

사실, 나지안조스의 그레고리오스의 경우에 그러한 고소는 정반대이다. 즉, 비성경적인 사상들을 기초로 교리를 혁신한다고 고소를 받고 있는 자는 바로 나지안조스의 그레고리오스이다. 그는 아모스 4장 13절 또는 디모데전서 5장 21절에서 성령의 신성을 논의하지 않는다.[22] 두 구절은 아타나시오스가 관심을 두는 주된 본문들이었다.[23]

훨씬 더 현저할 정도로 아타나시오스는 삼위일체(the Trinity)가 단일체(Monad)에서 이중체(Dyad)로 및 삼중체(Triad)로 간다는 사상을 거부한다. 이것은 정확하게 말하자면 나지안조스의 그레고리오스가 설교 23.8과 29.3에서 삼위일체의 영원한 생성을 표현하기 위하하여 사용한 용어이다.[24] 마지막으로, 아타나시오스가 「성령에 관하여 세라피온에게 보내는 서신」(Letters Serapion Concerning the Holy Spirit)에서 삼위일체에 관한 온전한 신앙고백을 분명하게 선언함에도 불구하고, 나지안조스의 그레고리오스가 「황제 요비아누스에게 보내는 서신」이 아타나시오스가 삼위일체에 관한 온전한 신앙고백을 처음으로 발표하는 문서라고 파악한다는 사실은 그가 이러한 문서들을 알고 있지 못함을 추가적으로 알려준다.[25] 성령에 관하여 나지안조스의 그레고리오스와 아타나시오스 사이에 존재하는 얼마 되지 않는 주제상의 유사점들은, 예를 들면 신성화에 근거한 논증과 세례상의 실천에 근거한 논증과 같은 주제상의 유사점들은, 나지안조스의 그

---

21 *Ep. Serap.* 1.7; 참조. 1.1, 17.

22 나지안조스의 그레고리오스가 설교 30.11에서 아모스 4:13을 간략하게 언급한 것은 성자와 성부와의 협력에 관하여 논의하는 것과는 관련이 없다.

23 참조. *Ep. Serap.* 1.3, 10 그리고 여러 곳.

24 Athanasius, *Ep. Serap.* 1.29; 3.7. 나지안조스의 그레고리오스가 그러한 용어를 피하지 않는다는 점은 그가 「아리메논 공의회 및 셀레우케이아 공의회에 관하여」(*On the Councils of Ariminum and Seleucia*)를 알지 못하고 있다는 점을 추가적으로 알려준다. 여기에서 아타나시오스는 「탈리아」(*Thalia*)에서 이러한 효과를 위하여 아레이오스의 진술을 발췌한다(*Syn.* 15).

25 아타나시오스. 특히 다음을 참조하라. *Ep. Serap.* 1.2, 16, 30; 3.6; 4.7. 나지안조스의 그레고리오스와는 달리, 아타나시오스는 성령이 하나님이심을 분명하게 말하지 않는다; 아타나시오스는 성자의 동일본질성에 관한 광범위한 논의들과 비교하면 성부와 가지는 성령의 동일본질성을 거의 진술하지 않는다(*Ep. Serap.* 1.27; 3.1; *Ar.* 1.9; 그러나 다음에서는 아니다. *Tom.* 또는 *Ep. Jov.*); 그리고 아타나시오스는 나지안조스의 그레고리오스가 성자의 출생(γέννεσθαι)과 성령의 출원(ἐκπόρευσθαι)을 구별한 것처럼 둘을 구별하지는 않는다. 성령론에서 나지안조스의 그레고리오스 자신의 발전들에 관해서는 본서 III장을 참조하라.

레고리오스가 오리게네스적 삼위일체론의 신학자로서 더욱 직접적인 다른 자료들과 합력하여 자신의 성경적 사유를 제시하고 있기 때문이라고 더 쉽게 설명될 수 있다.

더 광범위한 수준에서 마지막으로 우리는 나지안조스의 그레고리오스가 니카이아 신조를 사용하는 방식이 아타나시오스와는 두드러지게 다르다는 점에 주목할 수 있다. 즉, 나지안조스의 그레고리오스는 동일본질이라는 용어를 거의 실질적으로 사용하지 않으며, "성부의 본질로부터(from the essence of the Father)"라는 구절을 결코 언급하지 않는다. 이 두 표현들은 니카이아 신앙을 구성하는 아타나시오스에게 핵심적인 주장들이며 표어들이 되었다. 이들 각각이 기독론적 주석에서 보여준 문체들에서도 마찬가지였다.[26] 아타나시오스는 창조주와 피조물 사이의 구별이 자신의 초기 저작 『성육신에 관하여』(On the Incarnation)에서부터 이후로 계속 아주 중심적이라고 주장하였다. 그러나 그러한 구별에 관한 나지안조스의 그레고리오스의 강조조차도 아시아의 삼위일체적 집단들 안에서, 예를 들면 앙키라의 바실레이오스와 라오디케이아의 게오르기오스의 저작에서, 알렉산드레이아와 로마의 연결망들에서, 그리고 안티오케이아의 파울로스주의자들에게서 새롭게 발생하는 것으로 여겨질 수 있다.[27]

두 사람의 저작을 더 세밀하게 비교하면 할수록 상세한 점들에서 덜 유사하게 보인다. 나지안조스의 그레고리오스가 오리게네스, 카이사레이아의 바실레이오스, 아폴리나리오스의 저작에 실질적인 수준으로 관계한다는 점을 고려하면 — 비록 그가 인용하면서 이름들을 언급하지는 않더라도 특징적인 구절들과 논쟁점들을 받아들이기에 — 나지안조스의 그레고리

---

26 그들의 피상적인 유사점들에도 불구하고(참조. 예를 들면, Behr, *Nicene Faith*, 209-215, 349-357), 그들의 다른 "특성들"에 따라(πρόσωπα, *Decr.* 14.1) 그리스도에 관한 성경진술들을 아타나시오스가 행한 주석은 여러 가지 중요한 측면들에서 다르다. 아타나시오스에서는 다음을 참조하라. *Decr.* 14.1-3; *Ar.* 2.51, 60; 3.29-30, 55 그리고 여러 곳. 참조. Beeley, "Cyril of Alexandria."

27 아시아적 전통이 아타나시오스로부터 독립되어 있다는 점은 「아리메논 공의회 및 세레우케이아 공의회에 관하여」(On the Councils of Ariminum and Seleucia)에서 그가 그들에게 오히려 관심을 적게 둔다는 점에서 알 수 있다.

오스가 아타나시오스의 문서들을 사소하게 아는 것보다 더 많이 알았을 것 같지는 않다. 나지안조스의 그레고리오스와 아타나시오스 사이의 모호한 유사점들이 오랫동안 과장되어 왔다. 훨씬 더 중요한 점은 나지안조스의 그레고리오스가 자신에 관하여 **묘사하고 있다는** 점이다. 즉, 그는 자신을 아타나시오스의 유산을 전달하는 자로, 새로운 제국 수도에서 삼위일체에 대한 니카이아 신앙의 대담한 옹호자로(21.33), 동방과 서방의 위대한 화해자로(21.34), 그리고 안티오케이아의 경쟁적 분파들 사이의 평화의 중재자로서 묘사한다. 나지안조스의 그레고리오스는 이집트인들이 도착하고 「설교 21」를 행하기 여러 달 전에 콘스탄티누폴리스의 감독으로서 이러한 헌신들 각각을 수행하고자 하는 시도에서 아주 잘 하고 있었다. 362년 목회 사역을 시작한 이후로 잘 해왔던 것과 마찬가지였다. 362년에 그는 고향 나지안조스의 교회에서 서로 단절된 삼위일체적 집단들 사이에서 평화를 이룩하고자 수고하였다. 알렉산드레이아 교회회의가 그 다음 가을에 그러한 화해를 공식적인 기획으로 삼기 전에 그는 평화를 이룩하고자 수고하였다.

카이사레이아의 바실레이오스와 자신과의 관계의 경우에서처럼 나지안조스의 그레고리오스는 자신의 수사학적 유효성을 의심하지 않는 독자들을 다시 한 번 더 오도하였던 것이다. 「설교 21」 외에 그는 아타나시오스를 오직 한 번만 언급한다. 그것도 자신의 이집트인 청자들을 향하여 4세기의 논쟁들을 또 다시 반복하면서 삽입어구 속에서 언급할 뿐이었다(25.11). 우리는 나지안조스의 그레고리오스처럼 아타나시오스가 자신을 국제적인 중요성이 있는 신학자로서 확립하고자 열심히 노력하였다는 점을 기억해야 한다. 그리고 그의 광범위한 영향에 관한 우리의 견해는 그 자신의 노력의 소급적인 결과라는 점을 기억해야 한다. 대체로, 콘스탄티누폴리스, 소(小)아시아, 이탈리아, 이집트에 있는 교회들은 서로 독립적으로 따로 움직였다.[28] 이러한 점은 370년대와 380년대 친(親)니카이아적 강화의 시기

---

[28] 친(親)니카이아 신학자들의 상대적인 독립성이 다음에서 유용하게 드러난다. Ayres, *Nicaea.*

에 이들 사이의 동맹관계를 조직하는 것이 왜 그렇게 어려운 일이었는지를 설명한다.

이러한 점에서 나지안조스의 그레고리오스와 아타나시오스는 일차적으로 지역적 신학자들(local theologians)로 여겨져야 한다(아타나시오스의 경우에는 "지역적"이라는 말이 로마를 포함한다). 시간이 지나면서 그들의 영향력이 증대하여 그들이 의도하였던 대로 더 에큐메니칼적이 되긴 하였지만 일차적으로는 지역적이라고 여겨져야 한다. 어떤 의미로 나지안조스의 그레고리오스가 아타나시오스와 맺는 관계는 정확하게 말하면 그가 주장하였던 대로였다. 즉, 그는 자신이 콘스탄티누폴리스와 안티오케이아에서, 그리고 더 나아가서 제국의 나머지 지역에서 삼위일체에 관한 참된 신앙을 확립하는 것에 도움을 주는 데에서 아타나시오스의 정당한 계승자이라고 주장하였다. 그러나 이러한 관계는 직접적인 신학적 계보에 의한 것이 아니었다. 혼자 힘으로 스스로 중요한 삼위일체적 신학자로서였다.

비슷한 이유들로 우리는 나지안조스의 그레고리오스가 아타나시오스의 젊은 동료인 알렉산드레이아의 시각장애인 디디모스(Didymus the Blind)로부터 영향을 받지 않았다고 결론을 내릴 수 있다. 디디모스가 알렉산드레이아시(市)의 요리문답학교 교장으로 일하였던 동안에 그가 알렉산드레이아에서 일 년 동안 공부를 하였지만, 현재 우리에게 있는 증거는 그가 디디모스로부터 어떤 자료도 끌어오지 않았음을 보여준다. (디디모스가 그에게 영향을 받았을 가능성은 또 다른 문제이다.) 두 저술가 모두가 오리게네스적 유형의 영적 주석을 실행하고, 또한 예수의 인간적 영혼이 성육신에서 신적 말씀과 예수의 육체 사이의 매개자로서 행하는 역할의 중요성을 모두 강조하지만, 이러한 유사점들은 두 사람이 각각 오리게네스에게 공통적으로 신세를 지고 있다는 점에 의해서 더 쉽게 설명될 수 있다.

디디모스의 유일하게 현존하는 교리적 저술인 『성령에 관하여』[29]는 아타나시오스의 「성령에 관하여 세라피온에게 보내는 서신」[30]에 아주 많이 근거한다. 디디모스의 이 저작은 아타나시오스의 저작보다는 성격상 더 오리게네스적이지만,[31] 이것은 나지안조스의 그레고리오스의 교리와의 차이점들, 즉 우리가 앞에서 보았던 것과 동일한 전반적인 범위의 차이점들을 보여준다.[32] 디디모스가 나지안조스의 그레고리오스처럼 성령이 "하나님(God, Deus)"[33]임을 확증한 사실에도 불구하고 그러하다. 최근에 발견된 디디모스의 『스가랴 주석』(Commentary on Zachariah)은 380년대 말에 쓰여졌다. 이것은 콘스탄티누폴리스에서 및 나지안조스의 그레고리오스와 니사의 그레고리오스의 신학적 저작에서 확립된 니카이아 교리를 전반적으로 따른다.[34] 이러므로 아타나시오스와 디디모스는 니카이아 신학에서 분명하게 나타나는 알렉산드레이아 전통을 드러낸다. 그러나 그러한 전통은 카파도키아에서 및 콘스탄티누폴리스에서 나지안조스의 그레고리오스의 저작에 직접적으로 영향을 끼쳤던 것처럼 전혀 보이지 않는다.[35]

---

29 385년 이후에 만들어진 히에로니무스의 라틴 번역에만 현존한다(SC 386). 이탈리아의 암브로시우스는 자신의 저작 『성령에 관하여』를 작성하는 380년에, 또는 가장 늦게는 자신의 저작을 황제 그라티아누스에게 제시하는 381년 봄에 그리스어 논문을 이용할 수 있었다.

30 예를 들면, 암 4:13에 관한 해석(Spir. 65-3); 딤전 5:21로부터 기원하는 성령과 천사들과의 관계에 관한 질문(Spir. 25-6); "영"이라는 단어의 다른 의미들에 관한 논의(Spir. 237-53) — 그리고 특히, 삼위일체 내에서의 활동의 일치성에 관한 아타나시오스적 유형의 논의(Spir. 85-86 그리고 여러 곳) 및 성자와 성부와의 상관관계와 동일한 방식으로 이루어지는 성령과 성자와의 상관관계에 관한 논의(Spir. 164-166 그리고 여러 곳).

31 피조물들의 참여를 통하여 성령이 신적인 은사들과 영적 지혜를 전달하는 것을 강조한다(Spir. 35-39).

32 카파도키아의 세 교부들 모두에 관한 두트르로의 논평을 참조하라(SC 386, 122).

33 Spir. 131, 224.

34 Comm. Zach. (Hill, 21).

35 나지안조스의 그레고리오스에게 미친 아타나시오스의 간접적인 영향에 관한 평가를 하려면, 360년대와 370년대 콘스탄티누폴리스와 안티오케이아 사이에서 나온 아타나시오스의 저작들을 어떻게 회람되었고 읽혀졌는지에 관하여 심층적인 연구가 필요하다. 예비적으로 추측하면 다음과 같다. 즉, 아타나시오스의 영향은 안티오케이아 주변에서 처음으로 느껴졌다. 여기에서 그의 저작들 중 일부가 분명히 회람되었다. 이러한 점은 나지안조스의 그레고리오스에게서는 나타나지 않지만 에피파니오스에게서는 나타나는 몇몇 특징적인 아타나시오스적 구절들이 암시된다: 예를들면, "삼위일체는 동일본질이다"(ὁμοούσιος ἡ Τριάς, Ep. cath. 7; 참조. Syn. 51.3). Anchor. 64.3; Panar. 76.45.5; De fide 14.1; 삼위일체는 "하나의 신성이며 하나의 원리이다"(ἀρχή, Tom. 5). Panar. 69.29.3; 또한 다음을 참조하라. Gregory of Nyssa, Eun. 1.1.531; "Ariomaniac" (Ἀρειομανίτης, Ar. 1.4; 2.17; Dion. tit.; 27.3; Ep. Serap. 1.32; 2.3; Hist Ar. 39.2; Syn. 13.2; 41.1; Tom. 5; Ep. Jov. 3). Anchor. 13.7; 116.8, 10; Panar. 69.11.2; 73.1.3; 성자는 "[자신의 인간적] 몸을 자신의 것으로 만드신다"(ἰδιοποιεῖσθαι, Inc. 8.3; Ar. 3.38; Ep. Epict. 6.9). Panar. 77.8.3; 그리스도는 "육체에서 고난을 당하셨다"(Ar. 3.55, 58; Tom. 7; Ep. Epict. 2). Panar. 69.24.6; 77.18.5, 12; De fide 17.1-2 — 이 구절은 1 pt. 4.1에 나타난다고 인정되지만, 나지안조스의 그레고리오스에게서는 나타나지 않는다는 점은 주목할만하다. 그러나 이 구절은 아타나시오스에 의해 강조된다.

4

아폴리나리오스(Apollinarius)

라오디케이아의 아폴리나리오스는 360년대와 370년대에 동방 삼위일체적 신학자들 사이에서 선두적인 역할을 한 빛들 중의 하나였다.[1] 그가 가장 논쟁적인 인물들 중의 한 사람이 될 때까지 그러하였다. II 장에서 주목하였듯이, 나지안조스의 그레고리오스는 아폴리나리오스로부터 상당하지만 지금까지 알려지지 않은 양의 기본적인 신학자료를 받았다. 또는 적어도 나지안조스의 그레고리오스는 이례적인 정도로 그의 신학적 헌신들을 공유하였다. 기독론, 성령론, 삼위일체론의 여러 점들에 관하여 나지안조스의 그레고리오스는 그의 견해들을 현저할 정도로 많이 채택하였다. 아폴리나리오스는 아마도 많은 사상들의 직접적인 원천인 것 같다. 이와는 달리 그 많은 사상들은 아타나시오스로부터 온 것이라고 여겨져 왔다.

나지안조스의 그레고리오스가 상당한 양의 아폴리나리오스 교리를 이용하였을 수 있다는 가능성은 이단연구와 관련된 문제점을 소급적으로 제기한다. 대(大)신학자 나지안조스의 그레고리오스가 강력한 기독론적 이단

---

1   아폴리나리오스을 반대하는 진술들에서 카이사레이아의 바실레이오스와 다마수스는 모두 그를 "그들 자신의 사람"으로 언급한다. Basil, Ep. 92; *Damasus, Il. sane* (Field, 83). 아폴리나리오스의 현존하는 중요한 저작인 『신앙의 상세한 고백』(*Detailed Confession of Faith*)의 날짜는 358년부터 362년 사이이다. 아마도 363년 이전까지이다. 참조. Spoerl, "Apollinarius on the Holy Spirit."

들 중의 하나와 결탁하지 않았을 수 있음이 확실한가? 잘 알려진 것처럼, 나지안조스의 그레고리오스는 자신의 활동이 끝날 즈음에 아폴리나리오스를 강력한 표현으로 반대하였다. 그러나 이 상황은 훨씬 더 복잡하다. 즉, 카파도키아 기독론은 본질적으로 아폴리나리오스주의에 대한 정통신앙적 응답이라는 교과서적 견해보다 훨씬 더 복잡하다.[2] 그러한 판단들은 나지안조스의 그레고리오스의 기독론이 일차적으로 이원론적이라는 견해와 병행한다. 그의 기독론이 이원론적이라는 점은 그가 그리스도의 온전한 인성을 부인하는 아폴리나리오스에 반대하여 그리스도의 이중적 특성을, 즉 그리스도의 두 본성을 강조함을 의미한다. 그러나 우리는 단지 후대의 신학자들의 판단들을 옹호하고 피상적인 혼합주의적 정확성을 고수하기 위한 열망으로 역사신학의 그러한 질문들의 권한을 빼앗으려는 유혹을 거부해야 한다.

두 신학자 사이에 가장 현저한 유사점은 사실 기독론에서 나타난다. 이 분야에서 나지안조스의 그레고리오스는 아폴리나리오스의 중심적 관심사들 중 많은 것을 공유하며, 때때로 심지어 구두로 그것들을 반향한다. 아폴리나리오스는 확고한 니카이아 신학자이며 아타나시오스의 이전 동료이었다. 또한 그는 카이사레이아의 바실레이오스가 새로운 용어인 동일본질성을 어떻게 받아들여야 하는지에 관한 안내를 얻고자 상의하였던 자이다. 이러한 아폴리나리오스의 일차적인 신학적 헌신은 예수 그리스도가 온전히 인격적으로 신적이라는 점이며, 예수 그리스도가 가장 근본적인 의미로 인간이 되신 영원한 하나님 아들이기 때문에 그가 구원할 수 있으며 예배를 받기에 합당하다는 점이다. 이러한 고백은 이중적 믿음을, 즉 그리스도는 온전히 신적이라는 믿음과 그리스도는 하나님 아들로서 성부 하나님과는 다른 인격(person) 또는 위격(hypostasis)이라는 믿음을 수반한다.[3]

또한, 이러한 고백은 성육신에서 인간적 속성과 신적 속성 사이의 구별

2　특히 다음을 참조하라. Kelly, *Early Christian Doctrines*, 295-301; Grillmeier, *Christ in Christian Tradition* (1975), 366-377; *Jesus der Christus* (1979), 435-447.

을 계속 유지한다는 점을, 그래서 인간적 속성이 신성에 관해 서술될 수 없다는 점을 수반한다. 뿐만 아니라, 이러한 고백은 두 본성의 연합을 유지한다는 점을, 그래서 그리스도의 인간적 몸은 육신이 된 말씀의 성육신한 형태와는 별도로 및 독립적으로 존재한다고 생각될 수 없음을 수반한다.[4] 달리 표현하면, 아폴리나리오스는 우리가 그리스도의 인성과 신성을 혼동하지도 분리하지도 말아야 한다고, 또한 그리스도의 인성과 신성이 성육신에서 변경된다는 점을 상상하지 말아야 한다고 주장한다.[5]

이러한 제한들을 염두에 두면, 하나님의 영원한 아들로서의 그리스도의 정체성은 아폴리나리오스의 근본적인 신학적 확신이다. 아마도 이레나이우스로부터 차용한 구절을 사용하여 아폴리나리오스는 그리스도는 성육신 이전과 이후에 모두 "하나의 동일한(εἷς καὶ ὁ αὐτός)" 분이라고 주장한다.[6] 하나님의 인간적 육체가 구별되어 있다고 하더라도 그리스도 안에서 피조물이 "피조되지 않은 것과 일치(ἐν ἑνότητι)"를 이룬다.[7] 그리고 구별되는 두 가지가 육체와 신성과의 연합(ἕνωσις)을 통하여 하나(ἑνοῦν)가 된다.[8] 비록 그리스도가 마리아로부터 출생되기 전에 "예수"로 명명되지는 않았다고 하더라도, 그의 인간적 몸은 이러한 몸을 소유한 신적인 아들로부터 분리될 수 없다. 왜냐하면 인간적 몸이 "그리스도와 함께 결합되어 일치를 이루기" 때문이다.[9]

스토아적 및 신플라톤적인 용어로, 아폴리나리오스는 그리스도 안에서 하나님과 인간적 존재가 "섞여 있고" 또는 "혼합되어 있으며"[10] 그래서 하

---

3   *KMP* 1, 6, 12. 신앙에 관한 반(反)아레이오스적 진술로 시작하는 『신앙의 상세한 고백』의 상당 부분이 다음의 입장을 반박하는 것을 목표로 삼는다. 즉, 성부와 성자 사이의 구별에 대한 마르켈로스의 부인이라고 아폴리나리오스가 여기는 입장을 반박하는 것을 목표로 삼는다.

4   *KMP* 3; *De unione* 11.

5   *De unione* 8; *Frag.* 127-28.

6   *KMP* 36; 참조. *Frag.* 42.

7   *De unione* 5.

8   *De unione* 11.

9   πρὸς ἑνότητα θεῷ συνῆπται. *De unione* 2; 참조. 9.

10 *Frag.* 10, 93.

나님은 "인간 형태로 있는 복합적 일치"이라고 쓴다.[11] 그리스도가 하나님과 인간적 육체 사이의 실재적 일치로서 생각되는 경우에만 한 하나님으로서 예배될 수 있다. 하나님으로서 및 인간피조물로서 예배될 수는 없다. 이런 경우라면 우상숭배가 될 것이다.[12] 약간 다른 용어들로 표현한다면, 그리스도의 근본정체성은 우리의 구원을 위하여 육체가 되신 **하나님**으로서의 정체성이어야 한다. 하나님과 이와 구별된 인간적 존재가 함께하는 정체성이 아니다. 또는, 하나님에게 결합된 인간의 정체성이 아니다. 아폴리나리오스는 이러한 입장이 마르켈로스와 포티노스의 양태론에,[13] 그리고 이후에는 디오도로스의 양태론에 필수적인 부분이라고 여긴다. 아폴리나리오스에게 이러한 점은 하나님께서 성육신의 연합에서 그리스도의 인간적 육체보다 우세적이라는 점을, 하나님이 그리스도 안에서 단 하나의 신적 행위자로서 행동하신다는 점을,[14] 그리고 비교하면 육체는 신적 행동의 수동적 도구라는 점을 의미한다.[15]

　　이와 같이 매우 신학적이고 일치론적인 견해를 따르면서 아폴리나리오스는 그리스도가 오직 하나의 본성을 가진다고 주장한다.[16] 이러한 주장은 성자가 성육신과는 별도로 존재하기에 그리스도가 단지 신성으로만 구성되어 있다는 점을 의미하지 않고, 그 대신에 성육신에서 육신이 된 말씀의 일차적 정체성이 신적이라는 점을 의미한다. 마지막으로, 그리스도를 이렇게 생각하는 것은 그리스도의 모든 속성들과 행동들을 하나님의 신적인 아들의 단일한 주체에로 돌리는 주석적 관행과 연관된다.[17] 즉, "육체적인 것과 신적인 것이 모두 [그리스도] 전체에 관하여 말해진다." 각각의 독특한 특징들(τὰ ἴδια)을 인정함으로써, 또한 둘의 연합(ἡ ἕνωσις)을 보존함으로써

11　*Ep. Dion.* 1.9.

12　*KMP* 1, 9; 참조. 28, 31; *Frag.* 9, 85.

13　참조. *KMP* 28, 30.

14　*De unione* 7, 9; *Frag.* 38, 108-109, 127.

15　*Frag.* 117.

16　*KMP* 9, 31.

17　*KMP* 8; *De unione* 7-10 그리고 주석적 예들.

그렇게 말해진다.[18] 이러한 간결한 목록의 주요점들로부터 본다면, 나지안
조스의 그레고리오스가 아폴리나리오스의 기독론적 비전의 상당한 부분
을 공유하고 있음이 명백하게 드러날 것이다. 결국 이러한 점은 아폴리나
리오스주의자들이 후원자라고 주장하는 그레고리오스 타우마투르고스의
영향력 있는 통찰들의 일부를 굴절시킨다.[19]

아폴리나리오스의 생각 중에서 나지안조스의 그레고리오스가 가장 강
력하게 동의하지 않는 부분은 — 그리고 아폴리나리오스가 결국에는 기독
교 이단으로서 악명을 지니도록 하는 사상은 — 그리스도의 인격의 구조
및 구성에 관한 일련의 가정들이다. 아폴리나리오스에 따르면, 하나님의
말씀은 인간적 육체(또는 육체와 영혼)를 취하였지만 인간의 정신은 취하지
않으셨다.[20] 이러한 기독론적 구조는 인간의 구조에 관한, 인간 죄의 본성
에 관한, 그리고 그리스도께서 이룩하신 구원의 종류에 관한 일련의 가정
들과 함께 발전된다. 아폴리나리오스에게 인간은 성육신한 정신으로, 즉
정신과 육체의 연합으로 정의된다.[21] 하나님이 참으로 자신을 비우시고 인
간이 되시기 위하여 — 즉, 단지 독립적으로 존재하는 인간에게 빛을 비추
는 하나님으로서가 아니라(이러한 점은 그리스도에게 독특하지 않을 것이다),
그리스도가 임마누엘이 되시기 위하여, 즉 실제로 오셔서 우리를 방문하시
는 하나님이 되기 위하여[22] — 말씀 그 자체는 예수 안에서 성육신한 정신

---

18 *De unione* 17.

19 나지안조스의 그레고리오스의 기독론에 관한 더 상세한 해설에 관해서는 본서 Ⅱ장을 참조하라.

20 아폴리나리오스는 때때로 (육체와 영혼으로 구성되는) 이분설적인 인간론의 관점에서 말한다. 그
래서 그리스도는 인간적 혼 또는 영이 없이 육체가 되신 말씀이시다(*KMP* 2, 11, 28, 30; *De unione*
12; *Frag.* 19, 22, 28, 41, 72, 129). 어떤 단편들에서는 그가 삼분설적인 인간론을 말하고 있음을
발견할 수 있다: 말씀이 인간적 정신이 없이 인간적 영혼과 육체를 취하셨다(참조. *Frag.* 22, 25,
89, 91). 이러한 차이점이 인간론적인 모형에 대한 본질적인 변화를 반영하는지 아니면 단지 기
본적인 동일한 견해를 더 상세하게 명확히 하는 것인지는 분명하지 않다. 아폴리나리오스의 활
동 중 상대적으로 초기 시점에서 그의 동료들은 362년의 알렉산드레이아적 책에 서명하였다. 그
리스도가 영혼이 없다(ἄψυχος)는 견해를 비난하는 이 책은 후자의 견해를 지지한다(Athanasius,
Tom. 7),

21 또는 정신과 영혼과 육체. ἄνθρωπος νοῦς ἔνσαρκος ὤν. *Frag.* 69; 참조. 70-72. 아폴리나리오스
의 인간론이 오리게네스의 사상을, 즉 인간은 인간적 몸에 성육신한 이성적 존재이라는 사상을
어느 정도로 반영하는지를 탐구할 가치가 있을 것이다. 이성적 존재가 선재한다는 점은 오늘날
논란이 되는 이론이기에 제외하고 그러한 사상을 탐구할 가치가 있을 것이다.

22 *Frag.* 70.

이 되어야 한다. 이런 방식으로만 말씀의 참 성육신이 있을 수 있다.[23] 그러므로 그리스도는 오직 하나의 (신적) 본질, 본성, 의지 및 활동을 지닌다.[24]

더욱이, 인간적 정신과 신적 정신이 그리스도 안에서 연합되는 것이 구조적으로 가능하다고 하더라도, 둘 모두가 존재하는 것은 인간으로서의 그리스도의 자기결정(αὐτεξούσιος)을 침해하고, 그래서 사실상 그를 말살할 것이다.[25] 왜냐하면 둘은 동일한 인격 안에서 함께 결합되어 있더라도 서로 배타적이기 때문이다. 아폴리나리오스의 견해에 따르면, 말씀이 그리스도의 인간적 정신의 자리를 차지하는 것은 구조적으로 필수적이며, 그리스도가 신적 정신과 인간적 정신을 모두 가지는 것은 불가능하다. 하나의 의미로 이러한 점이 그리스도를 우리와 매우 다르게 하지만 — 그는 완전한 인간이 아니다.[26] 그 대신에 "인간적 유사성으로" 오셨다.[27] — 또 다른 의미로 그리스도는 우리와 동일한 세 부분들로, 즉 지성, 영혼, 육체로 구성됨으로써 우리와 유사하고, 또한 가장 중요한 의미로서 "한 인간"이다.[28]

말씀이 그리스도 안에 있는 유일한 활동적 원리이라는 사실은 — 즉, 그가 "자신의 영에서 하나님"이시라는 사실은[29] — 아폴리나리오스에게 다수의 목적들에 기여한다. 첫째, 그것은 동정녀 탄생, 기적들, 부활과 같은 예수의 삶의 신적인 측면들을 쉽게 설명한다. 이와 같은 측면들은 단순히 인간적 형태로 있는 말씀의 직접적 자연적 행동들로 보여 진다.[30] 둘째, 그것은 또한 우리가 그리스도를 예배할 때 우리가 하나님과 인간을 함께 예배

---

23 *Frag.* 74: "만약 지성이신 하나님과 함께, 그리스도 안에 또한 인간적 지성이 있다면, 성육신의 활동은 그 안에서 성취되지 아니한 것이다"; 참조. 70-71.

24 *Frag.* 108, 117; 참조. 109.

25 *Frag.* 87; 참조. 42.

26 *Frag.* 9, 42.

27 롬 8:3; 빌 2:7. 참조. *Frag.* 45: "그는 인간이 아니라 인간과 같으시다. 왜냐하면 그는 자신의 최고의 부분에서는 인성과 동일본질이 아니시기 때문이시다"; 참조. *Frag.* 69.

28 *Frag.* 91: "만약 그가 네 부분들[신적 정신 및 인간적 정신, 영혼, 육체로 구성되어 있는 반면에 우리는 세 부분들[인간적 정신, 영혼, 육체로 구성되어 있다면, 그는 인간이 아니라 인간-신(man-God)이다(ἄνθρωπος ἀλλὰ ἀνθρωπόθεος)." 아폴리나리오스는 또한 다음과 같이 언급한다. 즉, 우리가 (육체에서) 비이성적 동물들과 동일본질이고 (이성적 피조물인 점에서는) 동일본질이 아닌 것과 같이, 그리스도는 (육체에서) 우리와 동일본질이시고 (인간적 로고스라기보다는 오히려 신적 로고스이라는 점에서) 우리와 동일본질이 아니시다(*Frag.* 126).

29 *Frag.* 38.

하는 것이 아니라 하나님만을 예배하고 있다는 점을 확실하게 한다. 하나님과 인간을 함께 예배하는 것은 우상숭배가 될 것이다.[31] 셋째, 이러한 구조는 또한 그리스도에 관한 모든 성경진술들의 단일주체 술어라는 주석적 관행을 지지한다. 아폴리나리오스는 보통의 인간의 영혼과 몸이 결합하여 하나의 존재를 형성한다는 점을 유비로 삼아서 두 가지를 설명한다. 즉, 그리스도의 육체에 대한 말씀의 우위성을 설명하고, 또한 더 문자적으로 그리스도의 인격의 구조를, 즉 말씀이 인간적 정신을 대신하지만 단일한 인격 안에서 육체와 연합되어 있는 인격구조를 설명한다.[32]

마찬가지로, 아폴리나리오스는 이러한 인간론적 구조의 관점에서 죄와 구원을 이해한다. 타락한 상태에서 죄가 있는 육체는 죄가 없는 정신 또는 영에 대한 우위를 행사하고자 싸운다. 그래서 죄는 육체의 정념들과 욕망들이 정신의 제어력을 지배하는 것이라고 정의된다.[33] 우리의 정신은 죄의 자리인 육체를 통제할 수 없고 정화시킬 수 없다는 점에서 우리 자신을 구원하기에는 아무런 힘이 없다. 그러므로 하나님은 그리스도 안에서 힘있는 신적 지성을 제공함으로써 우리를 구원하신다. 이 힘있는 신적 지성은 밖에서 육체를 "움직이고 활성화하며" 이럼으로써 육체 안에 있는 죄를 말살한다.[34] 아폴리나리오스는 "우리에게 필요한 것은 육체의 우세 아래로 떨어지지 않았던 불변적인 지성이었다"고 쓴다.[35]

그리스도의 죽음을 통하여 신적 말씀이 그리스도가 취한 육체 안에서

---

30 예수가 동정녀에게서 잉태될 때, 말씀이 생명수여하는 본체의 기능을 영적으로 수행하였고, 이러한 본체가 남성적 씨를 대신하였다. 이렇게 하여 말씀이 예수의 신적 정신이 되었다(*De unione* 13; 참조. 1).

31 *Frag.* 9, 85; 또는, 우리가 삼위일체를 예배하기 위하여서이지 삼위일체와 함께 인간 예수를 예배하기 위해서가 아니다: *KMP* 31.

32 *De unione* 5; *Frag.* 129; 참조. 123.

33 아폴리나리오스가 로마서 7장에 있는 바울의 논증을 확실하게 읽고 그 위에 자신의 입장을 근거시켰음을 분명하다. 로마서 7장에 따르면, 자신의 지체들에서(또는 자신의 육체에서, 18절) 죄의 법이 자신의 정신, 자신의 "가장 내적인 자아"의 영적인 법과 싸우고 있다. "가장 내적인 자아"에서 그는 "하나님의 법을 기뻐한다"(7.22-23). 또한, 아폴리나리오스는 육체와 영 사이의 대립에 관하여 말하는 신약의 다른 구절들을 함께 다룬다. 특히, 롬 8:1-17; 고전 15:35-58; 갈 5:16-26, 6:8, 21; 요일 2: 15-16.

34 *Frag.* 74.

35 *Frag.* 76.

죄와 죽음을 정복하셨다. 그리고 그리스도의 신성의 힘이 "본래의 인간의 아름다움"을 회복하였다.[36] 그러기에 우리는 주로 그리스도를 닮는 것을 통하여 구원을 받는다. 즉, 신성화된다. "우리 안에서 스스로 움직이는 지성은 자신을 그리스도와 닮게 하는 한에 있어서 죄의 말살에 참여한다."[37] 그리스도께서 육체 안에서 죄와 죽음을 정복하셨던 것처럼, 우리는 신앙을 통하여[38] 정신을 수단으로 우리 자신의 육체 안에 있는 죄를 정복한다.[39] 그러므로 말씀이 마리아로부터 인간적 육체를 취하시는 것이(죄와 고통이 머무는 곳에서 그것들을 물리치시기 위하여) 필수적이며, 또한 말씀의 힘이 육체의 고통에 전혀 참여하지 않거나 육체의 고통에 의해 위협되지 않는 것이 필수적이다.[40]

나지안조스의 그레고리오스는 거의 모든 점에서 이러한 입장들과 논쟁한다. 그도 또한 세 부분으로 구성된 인간론으로 작업하지만, 그는 아폴리나리오스가 말씀이 어떻게 성육신하셨는지에 관한 평가에서 심각한 실수를 행하였다고 믿는다. 기본적인 신학적 수준에서 나지안조스의 그레고리오스는 말씀이 그리스도 안에 현존함을 인간정신이 몸 안에 현존함으로 비유하기를 거부한다. 오히려, 말씀은 창조주 하나님이기에 단순히 피조된 지성으로 상상될 수 없다. 더욱이, 인간적 정신의 현존은 말씀이 그리스도 안에서 일차적인 활동원리가 되는 것을 막지 못한다(Ep. 101.36-45). 나지안조스의 그레고리오스에게 그리스도는 인간적 정신을 소유한 온전한 인간

---

36 *KMP* 2.

37 *Frag.* 74; 참조. *KMP* 31.

38 *KMP* 2.

39 그러므로 아폴리나리오스의 입장이 적어도 원리적으로는 고도로 금욕적인 구원론임을 우리는 주목할 수 있다. 그의 구원론은 영이 육을 지배하는 것에 의해 규정된다. 또한 여기에서 바울의 여운들이 분명하게 드러난다.

40 비록 "신성이 육체의 고난의 가능성을 받아들였지만"(*KMP* 2; 참조 29), 신성은 아무런 변화가 없고, 말씀 안의 하나님의 권능은 성육신에서 어떤 제한도 겪지 않았다: "어떠한 고난들이 육체에 미치더라도, 하나님의 권능은 그것들로부터 본질적인 자유함을 지닌다."(*KMP* 11; 참조. *De unione* 6, 8). 그리고 "그의 정신은 영과 육의 고난들에 의하여 속박되지 아니한다"(*KMP* 30; 참조. *Frag.* 93, 117). 이러한 점에 관하여 아폴리나리오스와 디오도로스는 각각 나지안조스의 그레고리오스에게 가까운 것보다는 아이러니하게도 서로 더 가깝다. 나지안조스의 그레고리오스는 그리스도의 정체성과 활동에 대하여 훨씬 더 철저하게 신의 고난을 인정하는 접근을 선호한다.

이지만 여전히 "하나의 동일한" 하나님 아들이다. 그는 아폴리나리오스가 하나님과 인간피조물이라는 철저하게 다른 두 실재들을 혼동하였다고 주장한다. 인간적 정신은 자신의 피조된 영역에서 육체보다 우월하다. 그렇지만 동시에 인간적 정신은 하나님보다 열등하다. 모세가 바로에게는 신이 되지만, 동시에 주 하나님에게는 일꾼이 되는 것과 같다. 더욱이, 말씀은 자신을 인간적 육체 및 영혼과 연합시킬 수 있는 것에 못지않게, 자신을 온전한 인간과 연합시키거나 또는 온전한 인간적 존재형태를 취할 수 있다.

그리스도의 인간적 지식과 행동은 근본적으로는 영원한 성자의 인간적 지식과 행동이다. 그리고 그리스도의 인간적 지식과 행동은 또한 인간적이지만 마찬가지로 고유하게 성자의 지식과 행동이다. 나지안조스의 그레고리오스에게 인간적 정신의 임재는, 그러므로 의지하는 인간적 주체의 임재는 말씀의 성육신이 타협되었다는 점을 의미하지 않는다. 인간의 몸의 임재가 그러한 점을 의미하지 않은 것과 같다. 마찬가지로, 그리스도인들은 그리스도 안에 있는 하나님의 아들만을 예배한다. 그가 또한 온전한 인간일 때에조차도 하나님의 아들만을 예배한다. 또한, 말씀과 온전한 인간형태와의 연합은 예배를 우상숭배적인 것으로 만들지 못한다. 말씀과 인간적 몸의 연합이 그러지 못하는 것과 같다. 결국, 그리스도가 인간적 정신을 소유하지 않는다는 아폴리나리오스의 논증은 나지안조스의 그레고리오스에게 솔직히 불합리하게 보인다.

그러므로 나지안조스의 그레고리오스의 더 기본적인 불일치점은 구원론적이다. 그는 아폴리나리오스가 죄의 참된 본성과 성육신의 기본목적을 상실하였다고 믿는다. 그는 우리의 죄의 뿌리는 육체에 있지 않고(비록 육체가 영에 대해 정말로 싸운다고 하더라도) 우리의 정신에 있다고 주장한다. 말씀이 지닌 치유와 정화의 효력들은 무엇보다도 인간 정신에서 필요하다. 인간 정신은 "죄를 지은 첫 번째"이기 때문이다(*Ep.* 101.52). 그러므로 아폴리나리오스가 인간 정신을 배제하는 것은 나지안조스의 그레고리오스가 성육신의 가장 중요한 목적과 특성이라고 여기는 것을 약화시킨다. 그래서 그리스도는 육체를 위하여 육체를 취하셨고, 영혼을 위하여 영혼을 취하셨고, 정신을 위하여 정신을 취하셨다(Ep. 101.51).[41] 즉, 우리를 죄로부터 온전히 치유하시기 위하여 온전한 인간적 존재를 취하셨다.

이와 같이 중요한 한가지를 수정하면서 나지안조스의 그레고리오스는 아폴리나리오스가 니카이아적 신학자로서 가지는 가장 기본적 확신들 중 많은 점들을 받아들이고 개선하였다. 또한, 그의 전문적인 기독론적 용어들의 대부분을 받아들이고 개선하였다. 그는 382년 또는 383년까지 아폴리나리오스 또는 아폴리나리오스의 교리를 거의 언급하지 않는다. 그리고 그가 언급할 때에는 아폴리나리오스의 체계의 대부분과 불일치하다는 어떤 증거도 제시하지 않는다. 아폴리나리오스가 이전에 다마수스 및 서방의 공의회들에 의하여 정죄를 받았으며 381년 콘스탄티누폴리스의 공의회에서 파문을 당하였음에도 불구하고 어떤 증거도 제시하지 않는다.[42]

대체로, 나지안조스의 그레고리오스는 아폴리나리오스와 함께 심히 삼위일체적인 신학을 공유한다. 즉, 마르켈로스와 포티노스의 사벨리오스주의에 일차적으로 반대하여, 또한 "아레이오스의" 종속론에[43] 반대하여 규정된 입장을 공유한다. 달리 표현하면, 나지안조스의 그레고리오스가 속한 계보의 전형적인 동방적 삼위일체론을 공유한다.[44] 마르켈로스와 포티노스는 세 위격들(three hypostases)을 하나의 신적 인격(one divine person)으로 병합하였다고, 그리고 이원론적인 기독론을 주장하였다고 평판이 나 있었다.[45] 나지안조스의 그레고리오스처럼 아폴리나리오스는 성부와 성자

---

41 참조. Or. 38.13.

42 아폴리나리오스와 사벨리오스와의 교제로 인하여 에우스타티오스가 그를 사벨리오스주의라고 고소하였을 때조차도, 카이사레이아의 바실레이오스는 또한 아폴리나리오스의 저작을 폄하하기를 주저하였다. 참조. Basil, Ep. 129, 131, 223, 224, 226; Behr, Nicene Faith, 322-323.

43 아폴리나리오스가 디오도로스의 가르침과 접촉하기 전조차도 『신앙의 상세한 고백』은 둘을 모두 증언한다.

44 아폴리나리오스가 니카이아를 초기에 지지하였고 (마르켈로스의 이전 동료인) 아타나시오스와 교제하였으며 (카이사레이아의 바실레이오스가 사벨리오스주의이라고 고소하였던) 파울리노스를 인정하였던 것처럼 보임에도 불구하고, 아폴리나리오스 자신은 처음에 마르켈로스에 가장 강력하게 반대하여 글을 썼다. 그리고 그는 에우세비오스가 채택하였던 것처럼 그리스도에게 인간적 정신이 결여되어 있는 견해를 채택하였다. 나지안조스의 그레고리오스의 동방적 기원에 관해서는 아래를 참조하라.

45 여기에 관해서는 다음을 참조하라. Spoerl, "A Study of the Κατὰ Μέρος Πίστις," 135-137 그리고 여러 곳; "Apollinarian Christology."

와 성령의 구별된 **인격들**(prosopa) 또는 **위격들**(hypostases)이 본질, 신성, 영원성에 있어서 하나이라고 주장하며, 그것도 카이사레이아의 바실레이오스보다 훨씬 더 분명하게 주장한다.[46] 그리고 아폴리나리오스는 성자뿐만 아니라 성령이 성부 하나님과 **동일본질이라고**(homoousion) 선언한다.[47] 마찬가지로 아폴리나리오스는 나지안조스의 그레고리오스와 아주 비슷하게 성부의 단일원리에 대한 강력한 이해를 가졌다.[48] 그리고 아폴리나리오스는 또한 주로 세례에서 신자들의 성화의 관점으로부터 성령의 신성을 논의한다.[49]

여기에서의 요점은 나지안조스의 그레고리오스가 아폴리나리오스적이라거나 또는 심지어 아폴리나리오스의 교리의 개혁자이라는 점이 아니다. 그 대신에, 아폴리나리오스가 일종의 불완전한 나지안조스의 그레고리오스이라는 점이다. 나지안조스의 그레고리오스는 아폴리나리오스의 사상들이 자신의 기본적 확신들을 나타냈기 때문에 뿐만 아니라, 아폴리나리오스의 저작이 그레고리오스 타우마투르고스의 기본적인 자극들과 공명을 이루었기 때문에 그의 사상들을 채택하였을 수 있다. 「서신들 101-102」에서 나지안조스의 그레고리오스는 아폴리나리오스를 분명히 능가하고 있었다. 아폴리나리오스가 그리스도에 대하여 과도하게 일치적인 견해를 주장하였다고 특징지어져 왔던 반면에, 나지안조스의 그레고리오스가 보기에 그의 입장은 **충분히** 일치적이지 않다. 왜냐하면 그의 입장은 성육신에서 인간적 마음을 포함하는 것을 피하고 그리스도의 인간적 고난을 신적 삶으로부터 제거하기에 구원론적으로 지지될 수 없기 때문이다. 위에서 제안하였듯이, 모든 것을 감안할 때, 나지안조스의 그레고리오스는 아폴리나리오

---

46 *KMP* 10; 참조. 14, 25, 33. 비록 그가 『신앙의 상세한 고백』에서 "**휘포스타시스**(hypostasis)"라는 용어를 사용하지만, 그는 성부, 성자, 성령을 세 프로스파(πρόσωπα)로 표현한다. 그리고 그는 성부, 성자, 성령이 "세 위격들"이라고 분명하게 진술하지 않는다(적어도 그의 현존하는 저작들에서). 오리게네스적-에우세비오스적 공식이 지닌 논쟁적인 본성 때문에 그러하다.

47 *KMP* 33. 또한 다음의 보고들을 참조하라. Philostorgius, *HE* 8.11-13; Sozomen, *HE* 6.22.3.

48 *KMP* 14-15: 성자와 성령이 공유하는 것은 성부의 신성이다. 그리고 "신성은 성부의 특징적인 속성이다"; *KMP* 18-9: 삼위일체의 일치성은 단일원리(single ἀρχή)로서의 성부의 통치이다.

49 특히 다음을 참조하라. *KMP* 8-9.

스보다는 디오도로스와 그의 새롭게 일어나는 안티오케이아적 기독론이 훨씬 더 큰 문제점이라고 여기는 것처럼 보인다.

나지안조스의 그레고리오스가 늦은 활동기에 아폴리나리오스에게 격렬하게 반대한 것은 아폴리나리오스의 기독론적 오류들 때문이라기보다는 일단의 아폴리나리오스주의자들이 나지안조스에 있는 그의 교회를 차지하고자 시도하였기 때문이다. 카파도키아 기독론이 일차적으로 반(反)아폴리나리오스적이라고 여기는 교과서적 희화화는 잘못된 것이다. 마치 아폴리나리오스의 교리의 가장 중심적인 점들에 관하여 나지안조스의 그레고리오스의 정통신앙을 입증하는 것처럼, 「서신들 101-102」에 있는 나지안조스의 그레고리오스의 매우 반(反)안티오케이아적 입장을 아폴리나리오스에 대한 입장으로 여기는 것이 솔깃할 수 있지만, 이것은 나지안조스의 그레고리오스가 신학자로서 또는 교회인으로서의 아폴리나리오스에 의해 위협을 당함을 실제로 느끼는 정도를 과장하는 것이다. 즉, 나지안조스의 그레고리오스는 아폴리나리오스주의자들이 테오도시우스 해결책에서는 아무런 설 자리가 없다는 점을 아주 잘 알고 있었다. 오히려, 이 서신들은 나지안조스의 그레고리오스 자신의 입장에 관한 더 온전한 진술을 드러낸다. 그의 입장은 아폴리나리오스보다는 디오도로스에게 더 강력하게 대립적이었다. 심지어 그가 내친김에 아폴리나리오스와의 차이점들을 그래도 꼭 해결하고자 할 때에조차도 그는 자신의 입장에 관한 더 온전한 진술을 드러낸다.

5

카이사레이아의 바실레이오스(Basil of Caesarea)

우리는 나지안조스의 그레고리오스가 카이사레이아의 바실레이오스와 맺는 복잡한 개인적 관계를 개괄적으로 이미 추적하였다. 즉, 학교친구로서의 친밀한 우정, 360년대의 신학적 협력, 카이사레이아 교회에서 바실레이오스의 활동에 그레고리오스의 지지로부터 시작하여, 성령론에 관하여 370년대 중반의 다툼까지, 그리고 특히 그레고리오스가 사시마의 감독으로 취임한 것을 바실레이오스가 다루었던 일까지 개괄적으로 이미 추적하였다. 그리고 두 사람 사이에 있는 신학적 유사점들과 차이점들까지 확인하였다. 여기에서 우리는 기독교 교리에 대한 두 사람의 접근이 지닌 독특한 목적들과 특징들을 더 간결하게 비교하고자 한다.[1] 그레고리오스의 교리와 바실레이오스의 교리 사이의 관계가 이전에 가정되어왔던 것보다 더 복잡하다는 점이 교부학자들에게 더 분명해졌다. 종합적인 평가를 하려면 우리가 여기에서 제공하는 것보다 더 많은 상세한 점들을 다룰 필요가 있다. 그러한 새로운 작업을 위하여 다음과 같은 관찰들을 제시하고자 한다.

---

[1] 카이사레이아의 바실레이오스의 삼위일체 신학에 관래서는 다음을 참조하라. Sesboüé, *Saint Basile et la Trinité*; Hildebrand, *Trinitarian Theology*.

두 사람의 저작들 사이에 분명한 유사점들이 여러 가지 있다. 그것들은 이들의 초기 협력, 오리게네스에 대한 공통의 신세, 에우노미오스에 대한 공통의 반대로부터 대체적으로 기인한다. 위에서 주목하였듯이, 카이사레이아의 바실레이오스의 『에우노미오스를 반대하여』와 나지안조스의 그레고리오스의 「신학적 설교」(Ors. 28-29)는 동일한 기본적 윤곽을 지닌다. 이 두 저작은 오리게네스의 『제일원리들에 관하여』에 대체적으로 기반한다. 즉, 신론 및 신학적 방법에 관한 질문들로부터 시작하고, 그 다음에 성자의 신성과 성령의 신적 지위를 다룬다.[2] 이 두 저작 사이의 유사성은 카이사레이아의 바실레이오스의 『에우노미오스를 반대하여』의 I권과 나지안조스의 그레고리오스의 첫 번째 및 두 번째 「신학적 설교」에서 발견되는 여러 가지 점들에 관하여 가장 크며, 또한 삼위일체적 논리의 몇몇 원리들에 관하여 가장 크다.

에우노미오스에 반대하여 두 사람은 하나님의 불가해성에 관한 오리게네스의 교리를 이용한다.[3] 그리고 두 사람은 우리가 하나님을 파악하는 것을 기대할 수 없음의 증거로서 창조세계의 불가해성에 호소한다.[4] 그러나 두 사람은 삼위일체의 위격들이 서로에 대하여 파악하는 지식을 정말로 지니고 있다고 주장한다.[5] 또한, 두 사람이 에우노미오스의 논증, 즉 비출생이 하나님의 본질을 규정한다는 주장,[6] 성자의 출생으로 인하여 성자는 시간에 있어서 성부보다 더 나중이라는 주장,[7] 성자의 신성과 성령의 신성은 신

---

2 마지막 점은 나지안조스의 그레고리오스에서보다 카이사레이아의 바실레이오스에서 덜 분명하다.

3 *Eun.* 1.12-14. 그러나 나지안조스의 그레고리오스에 비하여 카이사레이아의 바실레이오스는 더욱 스토아 철학적 노선들을 따라 파악을 이해하여 순수한 확실성과 관계하며, 그에 비하여 덜 양적으로 파악을 이해한다.

4 *Eun.* 1.12; 그렇지만 나지안조스의 그레고리오스는 본질적으로 및 시적인 아름다움에 있어서 이러한 주제를 카이사레이아의 바실레이오스보다 훨씬 더 많이 다룬다(*Or.* 28.22-1). 카이사레이아의 바실레이오스는 지상의 요소가 지닌 불가해성에 전적으로 초점을 둔다.

5 참고. *Eun.* 1.14 그리고 *Or.* 28.3.

6 *Eun.* 1.4. 하나님이 존재하심을 아는 것과 하나님이 무엇인지를(또는 하나님의 본질을) 아는 것 사이의 구별을 참조하라(*Eun.* 1.12). 그리고 성부로부터의 성자의 생성이 지니는 시간성에 관한 질문에 두 사람이 주의를 기울인 것을 참조하라. 그러한 질문은 카이사레이아의 바실레이오스에게서 더욱 광범위하게 다루어진다: *Eun.* 2.12 그리고 여러 곳.

7 *Eun.* 2.12; *Spir.* 6.

적 본성이 열거될 수 있도록 한다는 주장을[8] 공통적으로 부인한다는 점은 놀라운 일이 아니다. 에우노미오스를 반대하는 두 사람의 활동의 중심에는 또한 신학적 언어의 본성에 관한 정교한 해설이 있다. 특별히, 두 사람은 용어들이 가리키는 실재들과 용어들 사이에 단순한 상응관계가 있다는 점을 부인한다.[9]

아울러, 두 사람은 (주로 성경적인) 용어들이 하나님에 관한 긍정신학적 지식을 전달하며 신자들로 하여금 하나님의 존재에 관하여 (비록 결코 완전하지는 않더라도) 더 온전한 지식을 가지도록 조금씩 이끌어간다고 확증한다.[10] 이와 연관된 문제로서 두 사람은 철학적 추론이 성경적 신앙을 대체할 수 있다는 주장에 비판적이다.[11] 삼위일체의 논리와 구조에 관해서 카이사레이아의 바실레이오스는 나지안조스의 그레고리오스처럼 성부 하나님의 단일원리성에 근거하여 삼위일체적 내적인 질서(τάξις)에 관해 강력한 이해를 지닌다.[12] 두 사람 모두에게 성부 하나님은 성자 및 성령의 원인으로서 성자 및 성령보다 더 크시다. 그러나 본성에 있어서나 존재에 있어서 더 크시지는 않다.[13]

그러나 두 사람의 협력과 오리게네스에 대한 이들의 공통된 이해 이외에도 우리는 다음에 주목해야 한다. 이와 같은 일련의 사상들은 당시 두 사람 모두 연관되어 있는 소(小)아시아의 교회관계망 안에서, 즉 안티오케이아의 멜리티오스의 교회관계망 안에서, 그리고 앙키라의 바실레이오스와 라오디케이아의 게오르기오스를 중심으로 하는 단체들 안에서 더 광범위하게 발생하고 있는 것과 같은 종류의 삼위일체론을 반영한다.[14] 이것들은

---

8   *Spir.* 17-8.

9   *Eun.* 1; 참조. *Spir.* 2 그리고 여러 곳.

10 *Eun.* 1.10.

11 *Spir.* 2-4.

12 On τάξις, *Eun.* 1.20; 단일원리성에 관해서 *Eun.* 1.25; 2.12; 3.1; *Spir.* 8, 16-18.

13 *Eun.* 1.20, 25; 3.1.

14 앙키라의 바실레이오스와 게오르기오스에 관하여 아래를 참조하라. 카이사레이아의 바실레이오스는 아마도 또한 아폴리나리오스에 의해 영향을 받았다; 참조. Spoerl, "A Study of the Κατὰ Μέρος Πίστις," 375.

안티오케이아의 파울리노스의 공동체에 반대되었으나, 아타나시오스가 이 공동체에 결부되었으며 카이사레이아의 바실레이오스와 같은 멜리티오스 주의자들은 이 공동체가 사벨리오스주의이라고 고소하였다.[15]

두 사람은 동일한 전통을 반영하면서 또한 신적인 동일본질성에 관하여 상대적으로 비전문적인 이해를 견지하고 — 이러한 이해는 신성의 관점에서 성부가 무엇이 되든지 간에 성자 또한 그러하다는 점을 단지 의미한다 — 그리고 이 두 사람은 위에서 언급하였듯이 아타나시오스의 저작과는 아주 대조적으로 모두 니카이아적 용어인 동일본질(ὁμοούσιον)을 겨우 드물게 언급한다.[16] 또한, 이 사람은 모두 신적 존재를 총칭적인 종류 또는 본질로 여기는 사상, 즉 서로 다른 구성원들이 소속할 수 있는 총칭적인 종류 또는 본질로 여기는 사상을 거부한다.[17] 성령에 관한 저작에서 두 사람은 삼위일체적 세례의 실행에,[18] 신성화하는 성령의 활동에,[19] 피조된 일꾼과 창조주 주님 사이의 구별에[20] 호소하면서 성령의 신적 지위를 확립하고자 한다.[21]

두 사람의 저작들 사이의 주요한 유사점은 각각 자신의 삼위일체론을 근본적으로 오리게네스적 인식론 위에 세운다는 사실이다. 두 사람에게 성부 하나님은 성령 안에서 성자를 통하여 알려진다. 시편 35편 10절, 즉 "주의 빛 안에서 우리가 빛을 보리이다"[22]는 말씀에 의하여 예시되는 바와 같다. 그래서 신적 생성들은 그 자체로 신적 경륜 안에서의 계시적 기능들이라고 여겨질 수 있다(또는, 신적 경륜 안에서의 계시적 기능들과는 별도로 인식될

---

15 참조. Basil's *Hom. 24 Against the Sabellians, Arians, and Anomoians*, from 372.
16 니사의 그레고리오스는 자신의 카파도키아 동료들과 덜 같고, 이런 측면에서 더욱 아타나시오스 같다.
17 *Ep.* 52.1-2.
18 *Spir.* 10, 27.
19 *Eun.* 3.5; *Spir.* 19.
20 *Spir.* 19-20.
21 동일한 주제에 관한 그들의 분명한 차이점들에 관하여 아래를 참조하라.
22 *Eun.* 2.16. 참조. Origen, *Cels.* 6.5. 카이사레이아의 바실레이오스와 나지안조스의 그레고리오스의 선집에 발췌되어 있다. *Philoc.* 15.7.

수 없다고 여겨질 수 있다).[23] 하나님에 관한 경륜적 지식과 하나님의 영원한 삶에 관한 우리의 믿음들 사이의 이러한 긴밀한 연관성은 — 카이사레이아의 바실레이오스에 의하여 암시되었으나 나지안조스의 그레고리오스에 의하여 더 온전하게 표현되었다 — 니카이아 시기까지 오리게네스의 저작이 가장 훌륭하게 명료화하고 옹호한다고 주장할 수 있다.

카파도키아 세 교부들이 본질적으로 동일한 신학적 시도를 행하면서 긴밀하게 협력하였으며, 그러기에 특성 또는 강조에 있어서 단지 사소한 차이점을 드러내었다고 오랫동안 가정되어 왔다. 이러한 견해에 따르면, 카이사레이아의 바실레이오스는 중요한 교리적 혁신자로서, 그리고 나지안조스의 그레고리오스와 니사의 그레고리오스의 스승으로 종종 간주된다. 그래서 우리는 나지안조스의 그레고리오스의 신학의 주요한 점들이 이미 어떤 형태로 카이사레이아의 바실레이오스에 의하여 표현되어 있음을 발견하고자 기대한다. 아이러니하게도 카파도키아 교부들의 조화롭고 공통적인 기회에 관한 이러한 견해는 우리가 이미 살펴보았듯이 나지안조스의 그레고리오스의 수사학적 성공으로부터 크게 기인한다. 그들이 아타나시오스의 저작을 진전시키고 있다는 가정과 마찬가지이다.

나지안조스의 그레고리오스의 추모설교인 「카이사레이아의 바실레이오스를 칭송하며」는 자주 피상적으로, 그리고 오히려 선별적으로 이해되어 왔다. 그러기에 오히려 다른 종류의 관계성을 보여주는 서신상의 증거를 무시한다. 이러한 관점으로 보자면, 나지안조스의 그레고리오스는 교리적 업적을 차용하여 웅변적으로 분명하게 표현하는 사람인 것으로만 보인다. 그러나 학자들이 문헌들을 더 완벽하게 다시 읽기 시작하였기 때문에 그러한 견해는 더 이상 지탱될 수 없다. 두 사람이 카파도키아 카이사레이아와 아테나이에서 공통의 교육을 받았음과 폰토스와 카파도키아에서 평신도

---

23 예를 들면, Basil, *Eun.* 1.17: 에우노미오스는 성자가 본질에서의 교제를 성부와 함께 공유한다는 점을 부인함으로써, 성자로부터 성부에게로 나아가는 "지식의 상향적인 길(τῆς γνώσεως ἄνοδον)"을 제거한다. 그러므로 성자의 신성은 성자의 계시적인 능력이 필수적인 것으로, 또는 계시적인 능력 안에 함축되어 있는 것으로 보여진다.

로서 및 젊은 목회자로서 초기에 협력하였음을 감안한다고 하더라도, 이 두 사람 사이의 많은 부분들은 이들 모두가 성경과 오리게네스를 공통적으로 연구하였다는 사실 때문이다. 즉, 이들의 신학적 발전의 초기 시점으로부터 소위 아시아적-삼위일체적(Asian-Trinitarian)으로 명명되는 공동체들 내에서 성경과 오리게네스를 공통적으로 연구하였기 때문이다. 기독교적 교리와 실천에 관하여 몇몇 공통된 가정들을 고려하고, 또한 두 사람의 활동을 시작하도록 하였던 다수의 이유들을 고려하면, 이들이 서로 아주 다른 신학자들이 되었다는 사실은 훨씬 더 주목할 만하다.

예를 들면, 신학 방법에 관하여, 카이사레이아의 바실레이오스는 신적 경륜과 신학의 지식을 구별한다. 그는 나지안조스의 그레고리오스의 접근과는 매우 다르다.[24] 에우노미오스를 반대하여 그리스도의 신성을 주장하는 논증에서, 카이사레이아의 바실레이오스는 사도행전 2장 36절("하나님께서 그를 주와 그리스도로 만드셨다")에 관하여 경륜과 신학을 서로 다른 종류들의 지식으로, 심지어 서로 대조되는 지식으로 여긴다. 그는 이 구절에서 다음과 같이 말한다. 즉, 사도는 "영원 전에 존재하는 독생자의 **위격**(hypostasis)을 …. '태초에 하나님과 함께 계셨던'(요 1:2) 하나님의 말씀의 본질 자체를" 알려주고자 의도하지 않고, 오히려 "자신을 비워 종의 형체를 가진'(빌 2:7) 자"를 알려주고자 의도한다. 그의 설명에 따르면, 베드로가 우리에게 "신학의 방식으로" 가르침을 우리에게 주지 않고 "경륜의 원리들을" 설명하고 있다.[25] 그래서 베드로의 진술은 영원한 말씀을 가리키지 않고 "그의 인성(ἀνθρώπινον)"을 가리키며 "모두에게 보여질 수 있는 것"을 가리킨다.[26]

에우노미오스주의자들이 자신들이 주장대로 하나님의 본질을 이해할 수 있는지 여부에 관한 질문에 대하여, 카이사레이아의 바실레이오스는 바

---

24 신학과 경륜에 관한 카이사레이아의 바실레이오스의 이해에 관해서는 다음을 참조하라. Behr, *Nicene Faith*, 290-293; Ayres, *Nicaea*, 220.

25 οὐχὶ θεολογίας ἡμῖν παραδίδωσι τρόπον, ἀλλὰ τοὺς τῆς οἰκονομίας λόγους παραδηλοῖ.

26 *Eun*. 2.3.

울과 같은 위대한 성경인물들이 신학에 해당하는 하나님의 본질은 말할 것도 없고, 하나님의 경륜의 이유를 알지 못한다고 주장한다.[27] 마찬가지로, 공관복음 기자들은 "신학을 건너뛰고", 그 대신에 예수의 지상적 기원들(경륜)로 시작하였다. 반면에, 요한은 말씀이 하나님과 함께 하는 영원한 삶을 기술하면서 신학으로 시작하였다. 카이사레이아의 바실레이오스는 이제 그리스도인들은 바울이 말하듯이(고전 5:16) 그리스도를 더 이상 육체에 따라 알지 않고 신학적으로 알아야 한다고 제안한다.[28] 이렇게 하여 카이사레이아의 바실레이오스는 신학은 신적 경륜의 지식과는 다른 종류의 지식이라고 생각한다. 심지어 그는 신학은 경륜이 완성된 후에야 일어날 수 있다고 암시한다. 그래서 우리는 경륜을 알든지 또는 신학의 내용을 알든지 둘 중 하나이다. 신학과 신적 경륜 사이의 뚜렷한 구별은 나지안조스의 그레고리오스의 저작과는 현저할 정도로 다르다. 나지안조스의 그레고리오스의 저작은 신학을 신적 경륜의 의미로 이해하며 신학은 오직 경륜을 통해서만 알려질 수 있다고 이해한다.[29]

비록 카이사레이아의 바실레이오스가 신학과 경륜 사이의 구별을 상세하게 생각하지는 않더라도, 그러한 구별은 하나의 방법상의 준거점을 드러낸다. 즉, 그의 저작 전체에 걸쳐 매우 일관적으로 적용되며 다수의 다른 문제들에 영향을 끼치는 방법상의 준거점을 드러낸다. 가장 확실하게는 그러한 구별이 기독론적 이원론에 관한 더 강력한 이해에 동반된다. 사도행전 2장 38절에 관한 위의 구절이 보여주듯이, 나지안조스의 그레고리오스가 성경의 비천한 표현들이라고 부르는 것을(29.18) 카이사레이아의 바실레이오스는 간단히 그리스도의 인성 또는 경륜이라고 가리킨다. 경륜 안에서 육신이 되었던 자(영원한 말씀)이라고는 가리키지 않는다.[30] 대체로 카이사레

---

27 참조. 롬 11:33; *Eun.* 1. 12.

28 *Eun.* 2. 15. "신학"과 관련하여 성부, 성자, 성령에게 사용된 전치사들의 상호교환성에 관하여 다음을 참조하라. *Ep.* 236; *Spir.* 5. 12.

29 Ⅳ장을 참조하라. 또한, 카이사레이아의 바실레이오스와 관련하여 다음을 참조하라. *Eun.* 2. 15.

30 위에서 빌 2:7을 인용함에도 불구하고, 뒤따라 나오는 카이사레이아의 바실레이오스의 설명이 그의 진정한 의미를 알려준다.

이아의 바실레이오스의 기독론은 이원론적 방향으로 나아가는 경향이 있지만, 나지안조스의 그레고리오스는 그러한 경향을 강력하게 피한다. 카이사레이아의 바실레이오스의 그리스도의 일치성에 관한 근본적인 이해가 결여되어 있지만, 나지안조스의 그레고리오스의 신학적 및 영적 체계의 아주 많은 부분이 그리스도의 일치성에 의존한다.[31]

이러한 중요점과 관련하여, 카이사레이아의 바실레이오스는 멜리티오스의 안티오케이아 관계망으로부터 유래하는 주요한 기독론적 요소를 반영하고 있다. 멜리티오스의 안티오케이아 관계망 안에서 디오도로스는 중심적인 지적 영향력으로 이미 떠오르고 있었다. 그러므로 카이사레이아의 바실레이오스의 기독론은 디오도로스의 안티오케이아적 방향으로 나아가는 경향이 있는 반면에, 나지안조스의 그레고리오스는 그레고리오스 타우마투르고스 안에서 보여지는 일치적인 견해를 활용한다. 그리고 키릴로스는 이러한 일치성의 견해를 지속적인 기독론적 정통신앙으로 어느 정도 재확증할 것이다. 마찬가지로, 『성령에 관하여』(On the Holy Spirit)에서 카이사레이아의 바실레이오스가 성부와 성자와 성령을 위하여 사용되는 각기 다른 전치사들을 다룬 유명한 구절들은 또한 신학에 고유한 용법들과 (암시적으로) 경륜을 가리키는 용법들을 구별한다.[32] 자신이 사용하는 두 개의 송영들에서 및 전반적으로 성경에서 발견되는 것과 같다.

어떤 의미로 카이사레이아의 바실레이오스는 나지안조스의 그레고리오스가 설교 29.18에서 제시하는 부분주석의 규칙(a rule of partitive exegesis)과 유사한 구별을 하고 있는 것처럼 보인다. 그렇지만 그의 논증의 방향은 사실상 "성부에게(to the Father), 성자를 통하여(through the Son), 성령 안에서(in the Holy Spirit)"와 같은 전치사들이 지닌 신학적 의미를 경시한다. 성령의 신성과 동등성을 제시하기 위하여, 카이사레이아의 바실레이

---

31 그렇지만 하나님의 무감동적 고난에 관한 나지안조스의 그레고리오스의 사상이 암시되어 있다 (*Spir.* 8).

32 *Spir.* 5.11; 참조. 18.45; 18.47; 20.51. 『성령에 관하여』에서 "신학"과 "경륜"의 대조적인 의미가 마지막 구절에 관한 프루체의 주석에서 다루어져 있다(*SC* 17 bis, 427 n2).

오스는 전치사들이 우리를 향한 삼위일체의 경륜적 활동만을 알려준다고 주장한다.[33] 반면에 나지안조스의 그레고리오스는 전치사들과 (그리고 이와 비슷한 표현을) 하나님의 영원한 삶을 드러내는 핵심적인 **신학적** 계시로 간주한다.[34]

카이사레이아의 바실레이오스의 접근에서 또한 근본적인 점은 그의 "경륜"이 성령의 신성에 관한 고백보다 더 위에 있다는 점이다. 이러한 점 때문에 카이사레이아의 바실레이오스는 나지안조스의 그레고리오스에 의하여 아주 심하게 비판을 받았다. 많은 해 동안 카파도키아 교부들의 학생들은 「서신 58」에 있는 나지안조스의 그레고리오스의 진술들을 액면 그대로 읽었다. 그래서 그가 카이사레이아의 바실레이오스가 성령을 하나님으로 고백하는 것에 과묵한 것은 정치적인 이유들로 인한 "경륜"의 몸짓이라고 설명하였다고 카이사레이아의 바실레이오스에게 말할 때, 그는 자신의 친구를 위하여 신실한 변명을 하고 있는 것으로 여겨진다. 사실 이 서신은 신랄하게 빈정대고 있지만 그렇게 보이기보다는 신실한 변명을 하고 있는 것으로 여겨진다.

마찬가지로, 「오순절에 관하여」(On Pentecost)는 이러한 해석을 지지하는 것처럼 여겨져 왔다. 나지안조스의 그레고리오스가 니카이아의 "성령과 다투는 자들"에게 호소하여 온전한 삼위일체적 신앙고백을 하도록 마지막으로 시도하면서 평화적인 제안을 제시한다. 즉, 성령이 하나님이심을 믿지만 "경륜의 행동으로" 어떤 상황들에서 공적인 신앙고백을 보류하는 자들이 사려 깊게 행동하고 있다는 제안을 제시한다(41.5). 그러나 여기에서도 또한 수사학적 상황이 쉽게 간과되어 있다. 즉, 나지안조스의 그레고리오스의 말들은 "성령과 다투는 자들"을 설득하기 위한 자신의 노력을 원활하게 하기 위하여 임시적으로 양보를 한 것이다. 카이사레이아의 바실레이오스나 어떤 다른 사람이 신앙고백상으로 과묵한 것을 승인하는 영구적인

---

33 전치사들에 관한 카이사레이아의 바실레이오스의 논의는 이 저작의 시작과 끝에서 긴 부분을 차지하고(Spir. 2-8, 25-29), 그럼으로써 논의전체의 틀을 형성한다.

34 나지안조스의 그레고리오스의 교리의 핵심적으로 중요한 이 점과 관련하여, IV장을 참조하라.

진술이 아니다. (아마도 아타나시오스 이외에 나지안조스의 그레고리오스는 그러한 제안에 동의하는 4세기의 마지막 인물일 것이다!) 나지안조스의 그레고리오스의 실제적인 감정들은 그가 이 문제에 관하여 카이사레이아의 바실레이오스와 교환하면서 화를 내었던 여러 서신들에서 분명하게 드러난다. 그리고 카이사레이아의 바실레이오스의 죽음 이후 380년에 행한 아타나시오스에 관한 찬사에서 분명하게 드러난다.

여기에서 나지안조스의 그레고리오스는 사람이 자신의 경건을 마음 안에서만 품고 더 나아가서 공적인 신앙고백을 하지 않는 것은 사산된 아이를 갖는 것과 같다고 신랄하게 비판한다. 몇몇 불꽃들을 튀기는 것이 현재의 어떤 어려움들을 회피하는 것처럼 보일 수 있지만, (나지안조스의 그레고리오스처럼) 대담하게 진리를 말하는 자들이 덜 중요한 사람들에 대한 두려움 때문에 교리를 "경륜화하기를(economize, οἰκονόμος)"를 거부한다. 진실한 선언을 피하는 것이 사람을 현명하게 만들지 못하고 나쁜 청지기(a bad steward, οἰκονόμος)로 만든다(21.34). 나지안조스의 그레고리오스는 성령에 관한 카이사레이아의 바실레이오스의 미지근한 태도에 분개하였다. 그리고 381년 공의회에서 중립적인 태도를 취하는 이러한 점에서 자신의 두려움들을 확증할 뿐이었다.

위에서 우리는 성령에 관한 카이사레이아의 바실레이오스의 저작과 나지안조스의 그레고리오스의 저작 사이에 있는 중대한 유사점들 중 일부에 주목하였다. 신성화하는 성령의 활동과 삼중적 이름으로 세례를 주는 실천에 카이사레이아의 바실레이오스가 호소한다는 점을 포함하여 다루었다. 이러한 유사점들을 고려하여 학자들은 오랫동안 이들의 성령론이 모든 취지와 목적에도 불구하고 동일하다고, 또는 거의 동일하다고 오랫동안 가정하여 왔다. 다른 것이 아니라면, 존경할만한 두 사람 사이의 조화로운 관계를 보존하기 위한 목적 때문이었다.

그러나 카이사레이아의 바실레이오스가 성령의 신성으로 의미하는 바를 우리가 정확하게 결정하기 위하여 더 깊이 살펴본다면, 단지 "하나님"과

"동일본질"이라는 말들을 사용하느냐 아니냐의 차이보다는 더 큰 차이점이 있음을 발견하게 된다. 카이사레이아의 바실레이오스는 성령을 주로 성화의 활동과 기독교적 덕의 주입과 결부시킨다.[35] 비록 카이사레이아의 바실레이오스는 성령을 피조된 일꾼으로써 여겨서는 안되며 창조자-주님의 왕권을 공유하는 분으로 여겨야 한다고 주장하더라도,[36] 그에게 성령은 만물의 창조에서 성부와 성자와 함께 온전하게 참여하지 않고 단지 만물을 완전하게 한다.[37] 성부는 만물의 존재를 의지함으로써 만물의 제일원인(ἡ προκαταρκτικὴ αἰτία)이다. 성자는 만물을 존재하게 하는 창조적(δημιουργικὴ) 원인이다. 성령은 이성적 존재들을 완전하게 하는(τελειωτικὴ) 원인이다. 그래서 창조에서의 각각의 역할들은 기능의 관점에서 구별되고(의지하는 것, 창조하는 것, 완전하게 하는 것), 또한 범위의 관점에서 구별된다(성부와 성자는 만물을 창조하고, 성령은 이성적 존재를 완전하게 한다).

『헥사이메론』에서 카이사레이아의 바실레이오스는 창조에서의 성령의 기능을 결합 및 조화의 기능으로 묘사한다[38](스토아철학의 영(프뉴마, πνεῦμα)의 개념과 유사하다).[39] 이러한 기능은 천상의 조화와 천사 및 인간의 거룩성을 일으키기 위하여 활동한다. 이러므로 성령은 이성적 존재를 완전하게 하며, 성부와 성자가 이미 창조한 비이성적 존재들을 조화롭게 한다. 그렇지만 창조 자체의 행동에는 참여하지 않는다.[40] 그래서 카이사레이아의 바실레이오스에게는 창조시 하나님께서 아담에게 영을 불어넣으시는 행동은(창 2:7) 타락으로 길을 상실한 이후의 인간들에게 거룩성의 은혜를 주는

---

35 *Eun.* 3.1에서 시작한다: 성령은 성화 자체이다. 본성에 의해서이며, 피조물에서와 같이 참여에 의해서가 아니다.

36 *Spir.* 51.

37 여기에서 카이사레이아의 바실레이오스는 오리게네스의 우주론을 아주 많이 반영한다. *Princ.* 1.3.5.

38 *Hex.* 1.3-4; 2.2, 6; 3.5, 9.

39 카이사레이아의 바실레이오스의 성령론에 대한 스토아 철학의 영향에 관하여 다음을 참조하라. Luckman, "Pneumatology and Asceticism."

40 *Spir.* 16.38; cf. Gregory, *Or.* 38.9. 나지안조스의 그레고리오스는 또한 성령을 "온전하게 하는 자"로 말한다. 그러나 삼위일체론 공식에서 성령을 가리키는 그의 용어들은 성령의 신적 본성을 더욱 인정하는 것을 포함하여 더욱 다양하다.

것을 의미하였다.[41]

세례에서의 성령의 역할을 검토한다면 나지안조스의 그레고리오스에 게서보다는 카이사레이아의 바실레이오스에게 더 제한적인 개념이 있음을 우리는 발견한다. 그에게 따르면, 금욕적 훈련을 통하여 세례를 받기에 합당하게 된 자들에게 세례시 성령이 온다.[42] 그리고 성령은 일차적으로 은사의 분배를 통하여 활동한다.[43] 이러한 견해는 나지안조스의 그레고리오스와는 대조를 이룬다. 나지안조스의 그레고리오스는 성령이 세례후보자의 예비적 정화를 가능하게 하며 오순절에서 및 세례를 통하여 성령이 본질적으로(οὐσιωδῶς) 교회 안에 거주한다고 여긴다.[44]

마찬가지로, 카이사레이아의 바실레이오스는 신성화하는 성령의 활동을 주로 그리스도인들의 윤리적 완전성의 관점에서 생각한다.[45] 성령을 통하여 그리스도인들이 삼위일체에 실제적으로 참여하는 것(덕의 성장을 포함하여)으로 생각하지 않는다. 삼위일체에 참여하는 것은 나지안조스의 그레고리오스의 신학적 및 영성적 기획에서 아주 중심적이다. 성령이 성부와 성자와 "함께 영광을 받으신다"는 카이사레이아의 바실레이오스의 교리조차도 문제가 있는 정황들 안에서 단지 말들의 사려 깊은 "신중함"이 아니다. 카이사레이아의 바실레이오스는 피조물조차도 영광을 받는다고 성경이 말한다고 주장하기 때문에[46] 함께 영광을 받음에 근거하는 논증은 선결문제요구의 오류이다.

성령에 관한 마지막 대조점은 두 사람이 성경의 증거에 접근하는 차이점이다. 카이사레이아의 바실레이오스는 성령의 신성에 관한 성경의 증거들이 에우노미오스에게 및 "성령과 다투는 자들"에게 직접적인 내용이 될 수 있다고 믿는다.[47] 왜냐하면 성령의 이름들이 (성경으로부터 및 기록되지 않

---

41 *Spir.* 16. 39.
42 *Spir.* 10, 15.
43 *Spir.* 9. 23; 16. 40; 24. 25; 26. 21.
44 본서 III장을 참조하라.
45 Meredith, "Pneumatology of the Cappadocian Fathers."
46 *Spir.* 24. 55.

은 전통으로부터 주어지는 이름들이) 성령의 탁월한 본성을 의미하기 때문이다.[48] 우리가 보았듯이, 나지안조스의 그레고리오스는 이러한 성경적 논증이 개연성이 없다고, 그리고 교리적으로 불가능하다고 여긴다. 380년 여름에, 즉 카이사레이아의 바실레이오스가 『성령에 관하여』를 저작한지 5년 후에, 콘스탄티누폴리스에서 "성령과 다투는 자들"이 카이사레이아의 바실레이오스와 같은 주석적 접근이 불충분하다는 점을 발견하였던 것은 옳았다. 우리가 나지안조스의 그레고리오스의 경우에서 살펴보았던 것처럼, 성경의 증언에 관한 이러한 접근법의 차이는 많은 다른 기본적 쟁점들을 알려준다. 가장 특별하게는 신학의 과제가 신적 경륜과 관계를 맺는다고 이해되는 방식을 알려준다.

그러므로 개괄적인 유사점에도 불구하고, 두 사람은 성령에 관하여 서로 다른 입장을 제시한다. 성령의 신성을 분명하게 고백하는 것을 카이사레이아의 바실레이오스가 거부하는 것은 단지 피상적인 수준의 용어들이 지닌 외면적인 유사점을 허위로 보여주는 여러 중요한 점들과 일치한다. 성령의 "본성적 신성(natural divinity)",[49] 그리고 성부 및 성자와 함께 가지는 성령의 "친밀함(intimacy)"과 "본성적 연합(natural communion)"에 관한 [50] 카이사레이아의 바실레이오스의 진술들이 주위의 논증들과 긴밀한 연관성 없이 읽혀진다면 쉽게 과도하게 해석된다. 카이사레이아의 바실레이오스가 성부와 성자와 성령 사이에서의 연합 및 불가분리적 작용에 관한 교리의 방향으로 활동하는 것으로 보여질 수 있지만, 나지안조스의 그레고리오스 또는 심지어 아타나시오스와 비교하여 그가 이러한 사상을 더 충분

---

47 *Spir.* 21.

48 *Eun.* 3.3-4; *Spir.* 9. 카이사레이아의 바실레이오스는 『성령에 관하여』전체에 걸쳐서 성경 밖의 전승들과 실천들에 호소한다. 그러나 그러한 실천들과 관련하여 성경증언의 본성에 관한 그의 이해는 나지안조스의 그레고리오스의 이해와는 뚜렷하게 다르다. 아모스 4:13에 관한 카이사레이아의 바실레이오스의 논의는 이 본문에 관한 에우노미오스의 해석에 대한 응답이지 아타나시오스로부터의 분명한 영향을 알려주지 않는다(*Eun.* 3.7).

49 τὸ οὖν θεῖον τῇ φύσει (*Spir.* 23.54). 『성령에 관하여』에서 성령의 신성에 관한 카이사레이아의 바실레이오스의 가장 강력한 진술.

50 τὸ κοινὸν τῆς φύσεως, … ἡ πρὸς Πατέρα καὶ Υἱὸν οἰκείωσις (*Spir.* 18.45), κοινωνία (18.46), 참조. 9.22; 19.48; 24.56: φύσει ἐστὶν ἀγαθόν, ὡς ἀγαθὸς ὁ Πατὴρ καὶ ἀγαθὸς ὁ Υἱὸς.

하게 발전시키지 않는다는 사실은 그가 여러 중요한 점들에서 다른 길을 택하였음을 보여준다.

이러한 점은 아직 그가 미완성의 여정 중에 있고 나중에 다른 사람들이 그의 길을 완성할 것이라는 점을 보여주지는 않는다. 카이사레이아의 바실레이오스가 성령은 "**하나의** 살아있는 본질이며 성화의 여왕(a living essence and the Mistress of sanctification)"[51]이라고 부르는 것은, 그리고『성령에 관하여』에서 삼위일체의 일치성을 주장하는 그의 논증의 많은 부분이 성부와 성자에 관련되며 성령은 배경으로 사라지고 있는 것은[52] 우연이 아니다. 카이사레이아의 바실레이오스와 나지안조스의 그레고리오스는 모두 신적 일치성이 성부 하나님의 단일원리성에 있다는 점을 주장한다.[53] 이러한 점에 관하여 대부분의 에우세비오스적 및 유사파 신학자들도 또한 동의할 것이다. 그러나 카이사레이아의 바실레이오스는 이러한 점이 어떻게 성령의 신성을 포함하는지에 관하여 나지안조스의 그레고리오스가 이해하는 정도에 미치지 못한다.

위와 같은 여러 주요점들을 고려하면, 370년대 초 내내 자신의 친구와 대화상대의 긴급한 요청들과 공적인 가르침에 비하여 성령의 신성에 관한 카이사레이아의 바실레이오스의 이해는 결국 카이사레이아의 에우세비오스와 같은 반(反)니카이아적 인물의 교리와 그렇게 다르지 않다는 점이 인정되어야 한다. 카이사레이아의 바실레이오스는 성령이 "신성**에** 연합되어 (united to the Divnity)"[54] 있다고 말할 수 있다. 그러나 성령이 성부 하나님으로부터 나오는 신성 그 자체라고는 말하지 않는다. 많은 독자들은 카이사레이아의 바실레이오스가 온전한 성령론을 주장한다고 사실상 가정하여 왔고, 그러한 가정 하에서 그의 주장이『성령에 관하여』에서 표현되어 왔음을 발견하고자 한다. 그러나 이것은 **나지안조스의 그레고리오스의** 신

---

51 τὸ Πνεῦμα οὐσία ζῶσα, ἁγιασμοῦ κυρία. *Spir*. 18. 46.

52 예를 들면, *Spir*. 18. 45. 이것은 오리게네스의 유사한 침묵에 의해 지지되고 있는 접근이다.

53 *Spir*. 18. 45.

54 συναναληφθὲν τῇ θεότητι. *Spir*. 24. 55.

삼위일체와 영성: 나지안조스의 그레고리오스의 신앙여정

학적 관심을 카이사레이아의 바실레이오스에게 전가하는 것이다. 그리고 이것은 그의 활동이 지닌 의미를 간과하는 것이다. 즉, 그가 370년대 초에 에우스타티오스적 단체들과 교류하고 친(親)니카이아적 관계들을 확대하는 신학적 정황 속에서의 그의 활동의 의미를 간과하는 것이다.

카이사레이아의 바실레이오스는 『성령에 관하여』를 썼던 375년까지 동방교회 내에서 니카이아적 입장을 강화하기 위하여 여러 해 동안 활동하고 있었다. 특히, 동방에서의 접촉들을 통하여, 다마수스와 이탈리아 감독들로부터 지지와 간섭을 얻기 위한 그의 요청들을 통하여, 그리고 나지안조스의 그레고리오스와 계속되는 서신교환을 통하여 활동하고 있었다. 나지안조스의 그레고리오스는 적어도 372년 이후로 카이사레이아의 바실레이오스가 더 온전한 성령론을 받아들이도록 촉구하고 있었다. 381년 봄까지 친(親)니카이아적 대화가 발전하여 성령이 함께 영광을 받음에 관한 공의회의 신앙고백이 성령의 온전한 신성과 동등성을 드러내며, 성부 하나님과 함께 있는 존재로서의 성령의 정체성을 드러낸다고 주장하는 제안은[55] 또한 과도하게 희망적이다.

이러한 제안은 에우노미오스주의자들, 유사파들, "성령과 다투는 자들"과 함께 실제로 논쟁들이 벌어지고 있다는 사실을 무시하며, 다마수스와 서방 공의회들에 의하여 제시되고 379년 안티오케이아에서 인준되었던 더 강력한 교리적 용어들을 무시하고, 그리고 아폴리나리오스에 의하여 개진될 뿐만 아니라 또한 콘스탄티누폴리스의 친(親)니카이아적 공동체의 중심에 있는 나지안조스의 그레고리오스에 의하여 개진되고 있는 더 강력한 성령론과 삼위일체론을 무시한다. 다만 우리는 공의회를 지배하였던 멜리티오스의 관계망 속에 있는 대부분의 사람들이 이제는 아폴리나리오스에게 매섭게 반대하고 있다는 점을 기억해야 한다.[56] 그러므로 카이사레이아의

---

55 예를 들면, Meredith, "Pneumatology of the Cappadocian Fathers." 참조. Ayres, *Nicaea*, 257-258.

56 메레디쓰는 심지어 카이사레이아의 바실레이오스의 *Eun.* 3 조차도 —그리고 우리는 위에서 인용한 서신들 중의 일부를 추가할 수 있다— 이후의 *Spir.* 보다 더 강하다. Meredith, "Pneumatology of the Cappadocian Fathers," 198.

바실레이오스의 성령론과 나지안조스의 그레고리오스의 성령론 사이의 조화에 관한 현대의 이해들은 여러 가지 측면에서 선결문제해결의 오류에 빠져 있다.

삼위일체론 전체와 관련하여 카이사레이아의 바실레이오스는 신적 존재(divine being, οὐσια, τὸ εἶναι)라는 용어를 사용하는 경향이 있는 반면에,[57] 나지안조스의 그레고리오스는 성부가 성자 및 성령과 함께 공유하는 신적 본성(divine nature, φύσις)과 신성(θεότης)에 관한 성경적 용어들을 사용하기를 선호한다. 외견상으로 보자면, 카이사레이아의 바실레이오스의 용어선택은 자신의 새로운 친(親)니카이아적 헌신을 보여주는 표지이다. 360년 콘스탄티누폴리스 공의회가 **우시아**(ousia)라는 용어의 사용을 금지한 것과는 대조적이다. 그러나 또 다른 의미에서 신적 **우시아**(ousia)에 관한 카이사레이아의 바실레이오스의 이해는 삼위일체의 일치성과 단일원리성에 관한 나지안조스의 그레고리오스의 더 깊은 관심을 대조적으로 강조한다.

카이사레이아의 바실레이오스는 **우시아**(ousia)와 **휘포스타시스**(hypostasis) 개념들이 각각 공통적인 것과 특수한 것을 가리킨다고 정의한다. 모든 종류의 살아있는 피조물과 그 중의 특수한 인간 사이에서의 차이점과 같다.[58] 이러한 개념화에서 카이사레이아의 바실레이오스는 삼위일체적 형이상학을 이해하기 위하여 현저하게 스토아철학적 존재론을 채택한다.[59] 한 가지 수준에서 이러한 구별은 명백하다. 즉, 명사로서 신적 존재(divine

---

57 Hildebrand, *Trinitarian Theology*, 45.

58 *Ep.* 214.4. 카이사레이아의 바실레이오스는 또한 성부와 성자 사이의 공통성을 둘이 공유하는 본질 또는 신성의 "원리"로 묘사한다(ὁ τῆς οὐσίας λόγος … ὁ λόγος τῆς θεότητος)(*Eun.* 1.19; *Ep.* 236.6). 그리고 또 다른 구절에서, 신적인 것은 공통적인 것(τὸ κοινόν)을 드러내는 반면에, 성부 또는 성자에 속하는 독특한 특징들은 특수한 것들이다(τὸ ἴδιον, *Eun.* 2.28). 카이사레이아의 바실레이오스가 우시아(ousia)와 휘포스타시스(hypostasis)를 구별하는 것에 관한 최근의 논의들은 다음을 참조하라. Behr, *Nicene Faith*, 293-299; Hildebrand, *Trinitarian Theology*, 91-92. 이러한 구별은 삼위일체에 관한 "카파도키아적 해결"이라는 교과서적 개념을 제공하는 데에 크게 도움을 준다.

59 니사의 그레고리오스가 주의를 기울인 아리스토텔레스적 형이상학과는 대조적으로(Pseudo-Basil, *Ep.* 38), 휘브너는 카이사레이아의 바실레이오스가 자신의 존재론에서 특징적으로 보여주는 스토아 철학적 여운을 파악하고자 한다(Hübner, "Gregor von Nyssa als Verfasser").

being, οὐσία)가 성부, 성자, 성령을 묘사하기 위하여 확실히 사용된다는 의미에서 명백하다. 반면에 "성부", "성자", "성령"(또는 베드로, 야고보, 요한)은 더 구체적인 명사들로서 셋 모두에 함께 적용되지 않고 각각의 인격에게만 적용된다.[60]

카이사레이아의 바실레이오스가 바라는 대로[61] 이러한 개념화가 "우리의 신앙에 관한 건전한 설명"을 제시하는 데에 유용한 단계로 기여할 수 있지만, 나지안조스의 그레고리오스는 신적 단일원리성에 관한 자신의 이해에서 더 고유하게 기독교적 형이상학을 제공함으로써 동일한 과제의 수행에서 더 온전하게 성공한다. 신적 단일원리성에 따르면 성자 및 성령이 성부의 신적 존재에 의해 결정되고, 성부의 신적 존재를 반영하며, 성부의 신적 존재를 다시 가리킨다.[62] 그는 세 위격들이 단지 서로 다른 유형의 신적 존재가 된다고(비록 파생적인 의미로서 그렇다고 하더라도) 여기지 않는다.[63] 나지안조스의 그레고리오스의 저작은 더 직접적인 용어들을 선호하고 삼위일체적 "관계들"에 관한 사상을 선호하기에 이러한 전문적인 구별이 상대적으로 없다. 그래서 그의 저작은 그것들 자체 안에 위격 또는 신적 본성과 같은 어떤 것들이 존재한다고 생각하는 오류를 피한다.[64] 이러한 오류는 니사의 고레고리오스가 카이사레이아의 바실레이오스의 저작 및 이후에 만들어진 유사한 형이상학적 구성들을 편집하는 것을 통하여 이후의 여러 세기들에 칼케돈 이후의 기독론적 논쟁들을 괴롭히는 문제가 될 것이다.[65]

두 사람이 성부와 성자를 각각 비출생하는 신성과 출생되는 신성으로 여길 때조차도[66] 나지안조스의 그레고리오스는 성부 하나님의 단일원리성에 관하여, 그리고 삼위일체의 영원한 삶을 형성하는 인과적 관계들에 관

---

60 카이사레이아의 바실레이오스는 문법적 차이점에 주목한다. *Spir.* 17.41.

61 *Ep.* 236.6.

62 여기에 관해서 IV장을 참조하라.

63 카이사레이아의 바실레이오스와 나지안조스의 그레고리오스가 모두 인정하듯이, 삼위일체는, 니사의 그레고리오스의 형이상학에서와 같이 아리스토텔레스적 형이상학으로 인식되어지는 것처럼 공통된 종류에 속하는 세 구성원들과 같은 것이 결코 아니다(Pseudo-Basil, *Ep.* 38).

64 본서 IV장을 참조하라.

65 여기에 관해서 아래를 참조하라.

하여 카이사레이아의 바실레이오스의 현저한 스토아철학적 존재론이 허용하는 것보다 더 탄탄한 이해를 제시한다.[67] 또한, 카이사레이아의 바실레이오스는 **"위격(hypostasis)"**을 나지안조스의 그레고리오스보다 더 전문적인 의미로 사용한다. 비록 나지안조스의 그레고리오스가 위격들을 전형적으로 "셋"을 가리키는 것으로, 또는 고유한 이름들인 "성부와 성자와 성령"을 가리킨다고 하더라도, 그는 때때로 위격들에 관하여 말하기를 기뻐한다. 또한, 그는 성경적인 삼위일체론을 대신하여 대안적인 형이상학을 사용하는 함정에 빠지는 것을 피하기를 원한다.[68]

이러한 여러 차이점들을 함께 고려한다면, 즉 신학과 경륜 사이의 관계에 관하여, 그리스도의 일치성에 관하여, 창조세계 및 신성화에서의 성령의 온전한 임재에 관하여, 그리고 삼위일체 안에서의 단일원리성에 관하여 여러 차이점들을 함께 고려한다면, 하나님 지식의 실재에 관하여 두 사람 사이에 서로 다른 이해가 존재한다. 『에우노미오스를 반대하여』에서 카이사레이아의 바실레이오스는 인간들이 하나님의 작용, 즉 에네르기에 대해서만 직접적인 지식을 가진다고 주장한다. 하나님의 본질에 관해서는 (부분

---

66 여기에서 또한, 성령의 정체성에 관한 상당한 차이점이 나타난다: 카이사레이아의 바실레이오스에게는 다른 두 위격들이 아버지됨과 아들됨의 특성을 가지는 것과 비교하면 성령이 신적인 휘포스타시스(hypostasis)로서 가지는 구체적인 특성은 "성화시키는 권능"이다(*Ep.* 214.4; 236.6). 나지안조스의 그레고리오스는 카이사레이아의 바실레이오스가 제시하는 성화로서의 성령의 본성에 관한 오리게네스적 논증을 어느 정도로 받아들인다(참조. *Or.* 31.4). 그러나 나지안조스의 그레고리오스는 성령의 영원한 정체성을 성령의 영원한 생성 안에, 또는 성부로부터의 "출원" 안에 더 확고하게 두고자 한다(31.8).

67 이러한 제한은 또한 카이사레이아의 바실레이오스의 논증에서 볼 수 있다. 즉, 이러한 수직적 존재론적 체계 안에서, 토기장이와 토기가 동일본질이듯이 또는 조선업자가 배와 동일본질이듯이, 존재들은 자신의 생성물들과 동일본질이라는 논증에서 볼 수 있다 그리고 베드로와 바울이 공통의 본성을 공유하기 때문에 두 사람이 동일본질이라는 생각에서도 볼 수 있다. 참조. *Eun.* 2.4. 카이사레이아의 바실레이오스의 구문은 때때로 삼위일체 안에서처럼 동일한 존재론적 지위를 가진 셋 중에서 동일본질적 관계의 가능성을 배제한다. 다음에 있는 두 진술들을 비교하면 서로 모순이 된다. *Eun.* 2.19 그리고 2.32.

68 신적 복수성에 관한 카이사레이아의 바실레이오스의 개념을 분석하면서 힐데브란트는 다음과 같은 점에 주목한다. 즉, 카이사레이아의 바실레이오스는 자신의 활동의 첫 번째 단계에서 "휘포스타시스(hypostasis)"를 결정하기 전에 아버지됨 또는 아들됨의 독특한 특징(ἰδίωμα)을 지닐 수 있는 주체를 표현하는 용어가, 또는 아버지 또는 아들의 본질을 표현하는 용어가 없었다(Hildebrand, *Trinitarian Theology*, 66-67). 나지안조스의 그레고리오스의 경우에는 그러한 용어가 아마도 양식상의 편의성으로서를 제외한다면 처음에 불필요하다고 우리는 말할 수 있다.

적으로조차도) 직접적인 지식을 가지지 않는다고 주장한다.[69] 신적 빛에 관한 나지안조스의 그레고리오스의 생생한 신비주의와 비교하면, 카이사레이아의 바실레이오스의 입장은 결국 나지안조스의 그레고리오스의 입장보다는 덜 온전히 참여적인 교리이다. 나지안조스의 그레고리오스는 그리스도가 신자들의 조명이심을 기쁘게 선언하고 신자들이 더 많이 정화될수록 신적 빛에 더 많이 올라간다고 여긴다. 반면에 카이사레이아의 바실레이오스에게는 빛으로서의 그리스도의 정체성은 신성 안에 있는 영광에 인간이 접근할 수 없음을 의미한다.[70] 요약하면, 나지안조스의 그레고리오스는 계시에 관한 더 확고한 교리를, 그리고 신학적 일치성에 관한 더 훌륭한 이해를 제시한다.[71]

---

69 *Eun* 1.6-7; 또한 다음을 참조하라. 14; 참고. 1.10, 여기에서 카이사레이아의 바실레이오스는 하나님을 긍정적으로 묘사하는 신학적 언어를 논의한다.

70 *Eun*. 1.6.

71 카이사레이아의 바실레이오스에 비하여 나지안조스의 그레고리오스가 가진 신학적 영적 우월성에 관하여 홀이 언급한다. Holl, *Amphilochius*, 159, 163, 167.

6

니사의 그레고리오스(Gregory of Nyssa)

　세 번째 "카파도키아 교부"인 니사의 그레고리오스와 나지안조스의 그레고리오스는 카이사레이아의 바실레이오스와 나지안조스의 그레고리오스 사이에서보다 개인적 및 교회적 상호 영향이 훨씬 더 적었다(비록 카이사레이아의 바실레이오스의 감독 권위 하에서 두 사람 모두 힘들어 하였지만). 그리고 두 사람의 저작 사이의 공통점이 훨씬 더 적다. 니사의 그레고리오스가 카이사레이아의 바실레이오스와 나지안조스의 그레고리오스 모두에게 크게 의존하지만, 그의 저작은 전체적으로는 후자보다는 전자에 훨씬 더 가깝다. 자신의 형인 카이사레이아의 바실레이오스로부터 수사학을 개인지도 받았기 때문에 니사의 그레고리오스는 에우노미오스를 반대하는 카이사레이아의 바실레이오스의 저작의 유산을 옹호하기 위하여 이후에 집중적으로 활동하였다. 그리고 니사의 그레고리오스는 카이사레이아의 바실레이오스의 『헥사이메론』을 완성하고자 하는 분명한 의도를 지니고 『인간의 창조에 관하여』(On the Creation of Human Being)를 저술하였다.

　또한, 니사의 그레고리오스는 카이사레이아의 바실레이오스보다는 안티오케이아에 있는 멜리티오스의 관계망과 더 친밀하게 연결되었던 것처럼 보인다. 그는 379년의 교회회의에 참석하였고, 멜리티오스의 장례설교를 행하였으며, 또한 디오도로스와 함께 테오도시우스적 정통신앙의 제정자의 명단에 열거되어 있다. 이러한 점은 그의 노력들을 나지안조스의 그레고리오스의 노력들로부터 더 상세하게 구별시켜 준다. 우리가 살펴보았던 바와 같이, 나지안조스의 그레고리오스는 멜리티오스의 제자인 디오도로스를 중심으로 새롭게 발생하는 안티오케이아 전통과는 더욱 무관하게, 그리고 종종 그 전통에 반대하여 활동하였다. 니사의 그레고리오스가 20세기 중엽 이후로 학문적인 많은 관심의 주제가 되어왔지만 그의 삼위일체론은 놀라울 정도로 여전히 제대로 연구가 되지 않고 있다.[1]

나지안조스의 그레고리오스와 니사의 그레고리오스 두 사람 사이에 분명한 공통점이 여럿 있다. 두 사람은 각각 다른 방식들으로 니카이아의 신앙과 보조를 같이 한다. 성령론에서의 몇몇 주목할 만한 예외들을 제외하면, 우리가 위에서 카이사레이아의 바실레이오스와 관련하여 검토하였던 노선들을 대체로 따른다는 유사점이 있다. 그러므로 우리는 여기에서 각각의 저작을 구별짓는 특징들에 초점을 둘 것이다. 세 명의 카파도키아 교부들 중에서 가장 어린 니사의 그레고리오스는 381년 공의회 얼마 전에 시작하여 3-5년 주기로 성령 및 삼위일체에 관하여 다수의 주요한 논문들을 저술하였다. 그것들이 저술된 더 이후의 날짜를 고려하면, 또한 니사의 그레고리오스가 적어도 나지안조스의 그레고리오스의 저작의 일부를 알았을 가능성을 고려하면, 니사의 그레고리오스가 카이사레이아의 바실레이오스보다 성령의 신성에 관하여 훨씬 더 확실한 이해를, 그리고 삼위일체의 일치성, 동등성, 동일본질성에 관하여 훨씬 더 확실한 이해를 보여준다는 점은 놀라운 일이 아니다.

예를 들면, 니사의 그레고리오스는 성부와 성자와 함께 성령이 "모든 사물과 개념 안에서 — 우주내적이든 우주외적이든, 시간 안에서든 영원

---

1 니사의 그레고리오스에 관한 훌륭한 저작들의 저자는 다음과 같다. Balthasar, Daniélou 및 등등. 이들은 나지안조스의 그레고리오스의 기독론과 삼위일체론에 관한 하르낙, 루프스, 제에베르그, 홀이 더 좁게 집중한 교리사 연구들 이후에 나지안조스의 그레고리오스의 사상의 나머지를 채워지는 역할을 하였다. 이 시점에서 가장 많이 필요한 것은 그의 금욕적 신학과 인간학을 포함하는 그의 삼위일체론에 관한 재평가이다. 여러 가지 유용한 최근의 저작들의 저자들은 다음과 같다. Turcescu, Barnes, Potier.

전이든 모두에서"² 가장 온전한 의미로 존재하시고 "활동하신다"는 점에 관하여 절대적으로 확신한다. 이러한 확신은 우리가 카이사레이아의 바실레이오스에게서 보았던 성자가 창조에서의 조화와 이성적 존재의 성화에 참여한다는 점을 넘어선다. 또한 니사의 그레고리오스는 성령이 세례에서 그리스도인들을 생명화하고 성화시킨다고 주장한다. 나지안조스의 그레고리오스보다는 카이사레이아의 바실레이오스를 더 많이 닮은 방식으로 그렇게 주장한다.³ 카이사레이아의 바실레이오스처럼 니사의 그레고리오스는 성경증언으로부터 직접 성령의 신성을 증명할 수 있다는 자신의 능력에 한결같은 확신을 가진다.⁴

나지안조스의 그레고리오스가 「설교 31」에서 다루었던 "성령과 다투는 자들"이 제기하는 것과 같은 종류의 반대들에 직면할 때조차도(성경이 성령을 "하나님(God)" 또는 "신성(Divinity)"으로 분명하게 표현하지 않는다는 반대에 직면한 때조차도) 한결같은 확신을 둔다.⁵ 나지안조스의 그레고리오스와는 현저히 대조적으로 (그리고 더 나은 결과들이 없는 것처럼 보인다), 니사의 그레고리오스는 성경적 증거가 제시될 수 없다는 점을 믿기를 거부한다. 이러한 점은 성경적 해석학과 성령론적 교리에 대한 그들의 접근들에서 상당한 차이점이 있음을 가리킨다. 마케도니오스주의자들에 반대하는 논문들에서 니사의 그레고리오스가 성령의 신성을 나지안조스의 그레고리오스 또는 심지어 카이사레이아의 바실레이오스보다 훨씬 덜 설득적인 방식으로 증명하고자 시도한 것은 더욱 확연하다. 때때로 그는 삼위일체 사이의 공통된 신적 본성을 강조할 뿐이며, 그런 다음에 성령이 신적이어야 한다고 결론을 내린다.⁶ 이러한 논증은 별로 정교하지 않게 선결문제요구의 오류를 범한다.

---

2 *Spir.* 100.14-6.
3 성령은 세례에서 생명을 주기 때문에 예배를 받기에 합당하시다: 카이사레이아의 바실레이오스의 "예전적 논증." 참조. 예를 들면, *Spir.* 105-109.
4 *Eust.* 6; *Spir.* 90, 92.
5 *Deit. Fil. et Spir.* 573c.
6 *Spir.* 94-6; 참조. *Eust.* 13-14.

그리스도인들의 신성화에 근거하여 성령의 신성을 주장하는 나지안조스의 그레고리오스의 중심적 논증을 니사의 그레고리오스에게서는 거의 찾을 수 없다. 사실 니사의 그레고리오스는 성령의 신성화에 관하여 좀처럼 말하지 않는다. 그리고 그가 말할 때는 신적 빛에 지성적으로 참여하는 것과는 구별되는 덕의 변혁에 전형적으로 관심을 둔다.[7] 니사의 그레고리오스는 성령의 신성을 주장하기 위하여 나지안조스의 그레고리오스에게서 어디서도 발견되지 않는 논증들을 사용한다. 예를 들면, 니사의 그레고리오스는 세례에서 성령의 기름부음이 "왕권"으로서의 성령의 본질을 의미하며, 이것은 각각 왕이신 성부 및 성자와 함께 성령이 공유하는 신성을 증명한다고 여긴다. 또한, 그는 성령이 기름을 부어주는 몸으로부터 기름을 분리할 수 없는 것은 (예수의 세례에서) 성령이 성자로부터 분리될 수 없다고 여긴다.[8]

그러므로 니사의 그레고리오스는 카이사레이아의 바실레이오스보다 성령의 신성을 더 강력하게 주장하는 성령론을, 그러므로 나지안조스의 그레고리오스와는 더 가까운 성령론을 제시한다. 그러나 니사의 그레고리오스의 성령론은 덜 정교하며 또한 나지안조스의 고레고리오스의 논증 및 영성적 하부구조의 핵심을 반영하지 않는다. 니사의 그레고리오스는 디오도로스 하에서 새롭게 생겨나는 안티오케이아 학파와 카이사레이아의 바실레이오스보다 더 확고하게 협력하면서 자신의 기독론에서는 나지안조스의 그레고리오스보다 훨씬 더 많이 나아간다. 그의 저작이 지니는 안티오케이아적 특성은 그리스도의 인격에 관한 그의 더 이원론적인 이해에서,[9] 그리고 그리스도의 속죄 및 마귀를 속임에 관한 이론에서 모두 보여질 수 있다.[10] 안티오케이아의 신학자로서 니사의 그레고리오스는 아폴리나리오스를 자연스럽게 반대하는 경향이 있었기 때문에 세 카파도키아 교부들의

---

[7] 참조. Laird, *Gregory of Nyssa and the Grasp of Faith*, 187, 201.

[8] *Spir.* 102-103.

[9] 아폴리나리오스를 반대하는 다음에서 특별히 분명하게 드러난다. *Antirrheticus*.

[10] 참조. *Or. cat.* 24-6. 네스토리오스와 몹수에스티아의 테오도로스 사이의 유사점들은 의미가 있다.

기독론이 두드러지게 반(反)아폴리나리오스적이라는 현대의 견해에 대한 주된 책임은 니사의 그레고리오스에게 있다.[11]

니사의 그레고리오스의 삼위일체론 전체를 다루어 보면, 우리는 나지안조스의 그레고리오스와는 다른 여러 중대한 차이점들이 있음을 발견한다. 가장 본질적인 차이점은 — 그리고 칼케돈 이후의 시기에서 니카이아적 기독론의 전개에 광범위한 영향을 끼친 문제는 — **우시아**(ousia)와 **휘포스타시스**(hypostasis)에 관한 그의 정의이다. 자신의 형인 카이사레이아의 바실레이오스의 정의를 받아들이고 확장하였다. 379년 카이사레이아의 바실레이오스의 사망으로부터 약 383년까지 삼위일체에 관하여 집중적으로 쓰여진 일련의 저작들에서 — 나지안조스의 그레고리오스의 중요한 저작들이 저술된 시기와 대략적으로 동일하다 — 니사의 그레고리오스는 삼위일체적 논리 및 형이상학에 관하여 여러 가지 점들을 규정한다.

「그의 형제 베드로에게 보낸 서신」(Letter to His Brother Peter)과[12] 이와 관련된 저작들에서 그는 **우시아**(ousia, essence or substance)[13]**와 퓌시스**(physis, nature)[14]**를 공통의 실재 또는 형상으로 규정한다. 공통의 실재 또는 형상은 독특한**(unique, ἰδίως) **휘포스타시스들**(hypostases)**에 의하여 된다. 그것들은 그 자체로 공통의 본질이 드러나는 특별한 예들이다. 그리고 그것들은 구체적으로 규정되거나 한계가 지워지며**(πράγματός τινος περιγραφή), **또한 그것들 자신의 특별한 속성들**(τὰ ἰδιάζουσα)[15]**에 의하여 서로로부터 구별된다.**[16] 니사의 그레고리오스는 보편자와 특수자에 관한 아리스토텔레스적 형이상학과

---

11 나지안조스의 그레고리오스가 아폴리나리오스를 상당히 사용한 것과 디오도로스에 반대한 것에 관해서는 앞을 참조하라.

11 나지안조스의 그레고리오스가 아폴리나리오스를 상당히 사용한 것과 디오도로스에 반대한 것에 관해서는 앞을 참조하라.

12 Pseudo-Basil, *Ep.* 38. 페드윅은 이 서신이 우시아(ousia)와 휘포스타시스(hypostasis)를 다루는 카이사레이아의 바실레이오스에 관한 나지안조스의 그레고리오스의 주석으로 기여한다고 주장하였다. Fedwick, "A Commentary of Gregory of Nyssa," 32 n9; 또한 다음을 참조하라. Behr, *Nicene Faith*, 415 n30. 이 서신은 삼위일체론에 관한 나지안조스의 그레고리오스의 첫 번째 논문일 수 있다.

13 *Ep. Pet.* 1: τὸ κοινὸν τῆς οὐσίας.

14 *Ep. Pet.* 2: τὴν κοινὴν φύσιν.

15 *Ep. Pet.* 3.

플라톤적 형상들을 신플라톤적으로 결합한 것에 깊이 근거한다.[17] 이것은 카이사레이아의 바실레이오스가 더 심히 스토아철학적 접근을 취한 것과는 구별된다. 니사의 그레고리오스는 이러한 일련의 개념들을 도구로 삼아서 언어와 존재가 일상언어의 영역에서 및 성경의 용법에서 모두 작용하는 방식을 연구한다.

일례로 니사의 그레고리오스는 "인간(human being, ἄνθρωπος)"이라는 용어가 모든 사람들이 공유하는 공통의 본질, 또는 "인류 전체(the whole of humanity, τὸν καθόλον ἄνθρωπον)"를 고유하게 의미한다고 주장한다. (사도 베드로와 사도 요한처럼) 개별 인간들은 이것의 특수한 예들이다.[18] 이러므로 **우시아(ousia)**와 **휘포스타시스(hypostasis)** 사이의 관계는 형상(form) 또는 종(species)(εἶδος)과 이것을 드러내는 개별적인 것(an individual thing)(ἄτομον) 사이의 관계와 동일하다.[19] 그러므로 둘 또는 그 이상의 것들이 서로 동일 본질적이 된다는 것은 그것들이 동일한 공통적 본성의 특수한 예들이라는 점을 의미한다.[20] 더 나아가서, **휘포스타시스(hypostasis)**는 자신의 공통적 본성과 "어떤 연합"도 없다. 이것은 개별적인 존재자는 개별적 존재로서 공통적 본성과 동일하지 않다는 점을 의미한다. 동일한 종류의 모든 존재자들은 공통적 본성을 서로 공유한다. 그렇지만 니사의 그레고리오스는 **휘포스타시스(hypostasis)**는 "공통적 속성을 어떤 방식으로 포함한다"는 점을 인정한다.[21]

더욱이, 니사의 그레고리오스는 **우시아(ousia)**가 개별적 휘포스타시스들보다 더 우월하고 더 실재적이라고 여긴다. 이러므로 신적 본질은 "선재하는" 본질, 또는 "더 참되게 존재하는" 본질이다. 성부와 성자와 성령은 각

---

16 *Ep. Pet.* 2. 특수한 속성들의 복합으로서 개별성에 관한 나지안조스의 그레고리오스의 개념에 관하여 다음을 참조하라. Turcescu, *Gregory of Nyssa* 100-101.

17 참조. Turcescu, *Gregory of Nyssa and the Concept of Divine Persons*, 63, 97.

18 *Ep.* 38, 325b 그리고 여러 곳.

19 *Comm. Not.* 31.

20 *Ep. Pet.* 328a.

21 *Ep. Pet.* 325c-28a. 우시아(ousia)와 휘포스타시스(hypostasis) 사이의 날카로운 구분에 관해서는 또한 다음을 참조하라. *Comm. Not.* 19.

각 이 신적 본질에 속한다. 또는, 성부와 성자와 성령이 각각 이 신적 본질을 소유한다.[22] 니사의 그레고리오스는 삼신론의 비난에 맞서서 자신을 옹호하기 위하여 이러한 체계를 활용한다. 즉, 단일한 신적 본성을 공유하는 성부와 성자와 성령과, 단일한 인간적 본질을 공유하는 복수의 인간들을 비교함으로써 이러한 체계를 활용한다.

그런 후에 그는 인간성이라는 본질이 개별 인간들보다 더 실재적이라고 주장한다. 그래서 개별자들을 "인간들"이라고 부르는 전통적인 관습은 "언어학의 정확한 규칙"[23]에 따르면 정당하지 않다.[24] 성경이 개별 인간들을 가리킬 때, 유아들을 위하여 행하는 일종의 부정확한 재잘거림으로서 그렇게 한다(하나님에 관한 신인동형론적 묘사와 흡사하다). 이것은 지칭되고 있는 공통적 본질에 관하여, 즉 "사물들의 [공통적] 본성 안에서 관상되어지는 완전한 [대상]"에 관하여[25] 우리로 하여금 더 성숙하고 정확한 견해에로 이끌어가도록 의도된다.

그러므로 한 분 하나님은 불완전한 표현들에 대한 이러한 종류의 추론적 관상(θεωεῖται)을 통하여 세 인격들 또는 위격들 안에서 알려진다.[26] 결과적으로, 본질 또는 공통적 본성은 이것의 특수한 예들보다 우리의 인식으로부터 더 멀리 떨어져 있다. 사물의 본질은 무한정적으로만 인식될 수 있고 고유하게는 의미될 수 없다. 반면에, **휘포스타시스(hypostasis)**는 한계가 정해진다. 그래서 휘포스타시스는 본질을 인식가능한 방식으로 표현할 수 있다.[27] 이러므로 성부, 성자, 성령은 휘포스타시스들로서 불가해한 신적 본질을 구체적으로 계시할 수 있다.

---

22 μιᾶς τοιγαροῦν ὑπαρχούσης τῆς οὐσίας, ἧς ἐστι πατὴρ καὶ ἅγιον πνεῦμα, *Comm. Not.* 22.13-14.

23 ὁ ἀκριβὴς κανὼν τῆς λογικῆς ἐπιστήμης. *Comm. Not.* 32.7.

24 *Comm. Not.* 25, 30.

25 τὸ τέλειον καὶ ἐν τῇ φύσει τῶν πραγμάτων θεωρούμενον. *Comm. Not.* 28.4.

26 *Comm. Not.* 33.3-5.

27 *Ep. Pet.* 3.

(카이사레이아의 바실레이오스의 교리뿐만 아니라) 나지안조스의 그레고리오스의 교리의 관점에서 보면, 니사의 그레고리오스의 이러한 체계에는 여러 중대한 문제점들이 있다. 첫째, 이러한 체계는 신적 본질이 성부와 성자와 성령이 모두 지니는 총칭적인 본체이라는 점을, 또는 성부와 성자와 성령이 모두 소속하는 집합이라는 점을 암시한다. 이러므로 니사의 그레고리오스에게서는 성부의 단일원리성이 나지안조스의 그레고리오스에서보다 또는 심지어 카이사레이아의 바실레이오스에서보다 훨씬 덜 명확하다. 비록 니사의 그레고리오스가 단일원리성을 주장한다고 하더라도,[28] 그의 신플라톤적 이데아주의는 신적 본체에 관한 이론을 생성한다. 그러나 이러한 이론은 나지안조스의 그레고리오스에게 있는 더 성경적인 삼위일체론을 약화시킨다.[29]

니사의 그레고리오스는 이러한 지칭들이 드러내는 문제점을 무지개라는 이미지를 통하여 어느 정도 줄이고자 한다. 무지개에서는 하나의 색(즉, 휘포스타시스)이 어디에서 멈추고 또 다른 색이 어디에서 시작하는지를 보는 것이 불가능하다. 마찬가지로, 성부와 성자와 성령은 신적 본질 안에서 비분리적으로 관련되어 있어서 각각의 특별한 위격적 정체성과 공통적 본질이 함께 빛난다.[30] 그러나 그러한 구절들은 예외이다. 니사의 그레고리오스는 카이사레이아의 바실레이오스보다 더 나아간다. 카이사레이아의 바실레이오스는 성부와 성자와 성령 사이에서의 본질의 연합을 대체적으로 문법적으로 인정하지만, 니사의 그레고리오스는 더 나아가서 신적 본질은 형상적 실재이라고, 즉 신적 본질의 예들보다 더 실제적인 형상적 실재이라고 말한다. 이러한 입장은 플라톤적인 사상으로서 카이사레이아의 바실

---

28 E.g., *Comm. Not.* 25.

29 이러한 진술을 하면서 나는 고도의 개신교 사상에 뿌리를 둔 희화화된 세계적 구별을, 즉 모든 "좋은" 성경적 교리와 모든 "나쁜" 철학 사이의 구별을 환기시키고자 하지 않는다(여기에 관해서는 에이레스의 유용한 조심들을 참조하라. Ayres, *Nicaea*, 388-392). 기독교와 고대철학이 절대적으로 양립불가능하다는 생각을 우리가 근절하는 것이 적절하지만 ―그리고 한참 전에 행해졌어야 하지만― 그럼에도 불구하고 사람들이 성경적 기독교와(철학적인 개념들로부터 반드시 완전히 순수해지는 것은 아니다) 철학적 개념들로 이와 대조되는 철학적으로 영감을 받은 체계들을 여전히 구별하고 있는 이와 같은 경우들이 있다.

30 *Ep. Pet.* 5.

레이오스 또는 나지안조스의 그레고리오스에게는 호소력이 거의 없다.

니사의 그레고리오스는 성부와 성자와 성령의 위격들이 불가해한 신적 본질을 구성적으로 계시하여 주는 것이라고 정의를 내리는데, 이러한 정의는 카이사레이아의 바실레이오스와 나지안조스의 그레고리오스로부터 또한 벗어나는 것이다. 즉, 카이사레이아의 바실레이오스가 보기에는 불가해한 본질은 **유일한 본질**(the essence)에 속하며 세 인격들 모두가 공유하는 특성들을 통하여 긍정신학적으로 알려진다. 그리고 나지안조스의 그레고리오스가 보이게는 성부와 성자와 성령은 그 자체로 신적 존재(또는 신성) 일반보다 더 가해한 것도 덜 가해한 것도 아니다. 왜냐하면 그것들은 신성이기 때문이다. 이러한 측면과 또한 다른 측면에서 니사의 그레고리오스는 카이사레이아의 바실레이오스보다 더 부정신학적이고, 이러므로 신적 조명 및 계시에 관한 나지안조스의 그레고리오스의 긍정신학적 교리보다 훨씬 더 부정신학적이다.[31] 마케도니오스주의자들에 반대하여 성령의 신성을 옹호하면서 신적 불가해성을 주장한 니사의 그레고리오스의 논증은 특별히 극심한 대조를 보인다.[32] 이러한 차이점은 "신성"은 사실 신적 본성이 아니라고 보는 니사의 그레고리오스의 논증과 연관이 있는 것처럼, 그리고 신적 본성이 어쨌든 표현될 수 있음을 부인하는 그의 입장과 연관이 있는 것처럼 보인다.[33]

인간 개별자들 및 다른 개별자들에 관한 "부정확한" 진술들의 문제와 관련하여, 나지안조스의 그레고리오스는 이러한 종류의 과학적인 언어학

---

31 모세가 시내산에서 하나님과 만나는 사건에 두 그레고리오스가 다른 접근들을 취함으로써 나타나는 차이점이다; 참고. V. Mos. 그리고 Or. 28.3.

32 Spir. 114. 니사의 그레고리오스는 성령의 은혜로부터 및 기독교 복음의 빛으로부터 나오는 광채와 조명에 대한 긍정적인 고려를 함으로써 이와 같은 부정적 인식론에 대하여 어느 정보 보충을 한다(참조. Comm. Cant. 5; 2.10). 그러나 그는 그와 같은 조명을 신앙의 영역으로 신중하게 제한한다. 그에게 신앙의 영역은 앎의 영역과 구별된다. 신앙이 조명을 받는 동안 정신은 암흑과 무지를 향하여 나아간다. (참조 V. Mos; Hom. Cant. 6, 11). 신앙과 정신 두 가지의 예외적인 결합이 다음에 나타난다. Comm. Cant. 11. 여기에서는 암흑의 구름이 찬란한 빛과 함께 빛나고 우리는 암흑과 빛의 신비주의를 함께 지닌다. 참조. Laird, Gregory of Nyssa and the Grasp of Faith, 190-191, 201, 204. 이렇게 하여 니사의 그레고리오스는 계시적 조명이라는 사상을 암시하면서 자신의 활동을 마치며, 바로 여기로부터 나지안조스의 그레고리오스가 시작한다.

33 Comm. Not. 14.7-8. 또한 다음을 참조하라. Deit. Fil. et Spir. 573d; Eun. 2.256.28-257.1; Eust. 14.

에 관하여 거의 알레르기적 반응을 보인다. 나지안조스의 그레고리오스에게 그것은 언어에 대한 경직된 철학적 접근이다. 최고로 훈련을 받은 수사학자로서 그는 그것이 훨씬 더 복잡하다는 점을 안다. 그리고 니사의 그레고리오스가 생각하는 분석적 정화에 대해 그것이 덜 인내한다는 점을 안다. 이러한 측면에서 나지안조스의 그레고리오스와 카이사레이아의 바실레이오스는 각자가 니사의 그레고리오스에게 가까운 것보다 서로에게 훨씬 더 가깝다.

마지막으로, 우리가 IV장에서 언급하였듯이, 니사의 그레고리오스가 삼위일체의 일치성을 위한 논증에서 성부와 성자와 성령의 동일한 활동들에 강하게 의존한 점은[34] 나지안조스의 그레고리오스가 그러한 접근이 단지 선결문제해결의 오류임을 인정한 것과는 현저하게 다르다.[35] 니사의 그레고리오스의 저작이 지닌 이러한 형이상학적 및 언어학적 측면들은 나지안조스의 그레고리오스의 저작과는 아주 다르다. **우시아**(ousia)와 **히포스타시스**(hypostasis)에 관한 카이사레이아의 바실레이오스의 정의들은 니사의 그레고리오스를 통하여 이후의 기독론적 논쟁들에서 받아들여질 것에 근접하는 형태를 띤다. 그리고 나지안조스의 그레고리오스가 교리의 방향에서 최종적인 재조정을 요구할 것에 근접하는 형태를 띤다.

---

34 예를 들면, *Eust* 7.

35 앙키라의 바실레이오스가 하였던 바와 같다: 창조의 활동에서 성자가 성부에 참여하는 것이 성자의 신성을 또는 존재에서의 유사성을 증명하지 않는다. 목회자가 집게를 사용하여 제단의 숯불을 제단으로부터 들어올린다는 사실이 집게가 그에 의하여 만들어질 수 없음을 증명하지 않는 것과 마찬가지이다. 358년 앙키라 공의회의 서신(*Letter*) Epiphanius, *Panar.* 73.4.7.

7

유사본질파(The Homoiousians)와
동방의 신학적 전통(Eastern Theological Tradition)

나지안조스의 그레고리오스의 교리는 동쪽 중앙의 소(小)아시아의 삼위일체적 신학전통의 여러 독특한 특징들을 반영한다. 나지안조스가 콘스탄티누폴리스와 안티오케이아 사이의 길에 직접적으로 위치하기 때문에 생겨나는 지역적 특성이다. 안티오케이아의 멜리티오스가 후원하고 느슨하게 규정되는 "유사본질파" 관계망이 로마의 다마수스와의 교제를 하였다. 그리고 나지안조스의 그레고리오스는 제국의 수도에서 서로 다른 삼위일체적 단체들 사이에서 합의를 형성하려는 임무를 지닌 감독으로서 활동의 절정기에 콘스탄티누폴리스에서 바로 이러한 관계망을 드러내었다.

나지안조스의 그레고리오스의 삼위일체론은 성부 하나님의 단일원리성에, 두드러지게 반(反)사벨리오스적 흐름에, 그리고 특징적으로 동방적인 표현에 기초한다. 그러기에 그의 삼위일체론은 오랜 역사의 동방 신학적 전통 및 신조적 정의를 반영한다. 360년대 초 사역을 시작할 때 나지안조스의 그레고리오스와 카이사레이아의 바실레이오스는 앙키라의 바실레이오스, 라오디케이아의 게오르기오스 및 다른 사람들에 의하여 인도되어 왔던 유사본질파 관계망과 가장 친밀하게 교제를 하였다. 유사본질파를 따라 나지안조스의 그레고리오스와 카이사레이아의 바실레이오스는 대체로 상이본질파의 과격한 종속론에 반대하여 자신들의 교리를 정의하였고, 또한 그러한 시각을 통하여 유사파 정권 모든 반(反)니카이아 신학을 이해하게 되었다. 나지안조스의 그레고리오스는 멜리티오스 및 앙키라의 바실레이오스와 같은 유사본질파의 신학적 접근을 성취하고 완성하는 데에 카이사레이아의 바실레이오스보다 더 충분하게 자신의 활동기를 보냈다.

나지안조스의 그레고리오스의 저작과 공통되는 여러 중요한 요소들이 358년 개최된 앙키라에서 개최된 유사본질파 공의회에서 인식될 수 있다. 이 공의회는 삼위일체의 위격들의 본성을 이해하기 위하여 "창조주"와 "피조물"이라는 용어들보다는 "성부"와 "성자"와 "성령"이라는 용어들을 강조한다. 공의회의 주요한 논증은 그러한 용어들이 가리키는 신적 관계들이 존재에 있어서 서로 유사한 것으로 이해되어야 한다는 점이다. 상이본질파가 주장하는 것처럼 존재에 있어서 서로 다른 것이 아니라고 이해되어야 하며, 또한 단순히 힘에 있어서 서로 유사하다는 것이 아니라고 이해되어야 한다는 점이다.[1] 공의회를 대변하는 앙키라의 바실레이오스는 성부가 성자를 출생하는 것은 이 둘을 서로 다르게 만들기보다는 서로 유사하게 만든다고 주장한다.[2] 더욱이, 성부가 성자를 출생하는 것은 하나님이 피조물을 창조하는 것과는 다름을 알려준다.[3]

그래서 성부가 성자를 생성하지만 자신은 다른 것에 의해 생성되지 않는다는 사실은 창조주와 피조물 사이에 본성의 다름이 존재하는 것과는 다르다.[4] (이렇게 하여 이 공의회는 니카이아에서, 그리고 알렉산드로스 및 아타나시오스의 저작에서 발견되는 것과 동일한 확고한 구별, 즉 출생과 창조 사이의 확고한 구별을 제시한다.) 후자에서는 성자를 낳는 성부의 출생은 고도로 초월적이라고, 즉 시간을 초월하고[5] 형언할 수 없고[6] 전적으로 독특하고[7] 모든 피조

---

1 Basil of Ancyra, *Ep. syn.*, Epiphanius, *Panar.* 73.3 그리고 여러 곳.
2 Epiphanius, *Panar.* 73.7.8.
3 잠언 8:22와 25에 있는 용어들. Epiphanius, *Panar.* 73.11.1.
4 Epiphanius, *Panar.* 73.20.1: *Eun.* 1에 있는 에우노미오스주의자들에 반대하는 카이사레이아의 바실레이오스의 논증의 핵심. 이것은 나지안조스의 그레고리오스의 저작 전체에 걸쳐 있다.
5 Epiphanius, *Panar.* 73.11.6-7.
6 "[성자는] 정념이 없이 [성부]로부터 [출생된다]는 형언할 수 없는 사실"(τὴν ἀπόρρητον ἐξ αὐτοῦ ἀπαθῶς). Epiphanius, *Panar.* 73.9.6.

적 정념을 넘어서며[8] 비육체적이라고[9] 묘사한다. (나지안조스의 그레고리오스의 저작을 포함하여) 동방신학에 영향을 끼친 오리게네스적 틀 안에서, 피조적 존재의 육체성과 비교되는 삼위일체의 비육체성은 가장 강력한 의미로서 자신의 초월성을 의미한다.[10]

이전의 동방 전통처럼 이 공의회의 진술은 앞으로 나지안조스의 그레고리오스가 강조할 것처럼 성부 하나님의 단일원리성을 강조한다. 즉, 성부는 성자의 원인(αἴτιον)이시며 성자에게 자신과 같은 본질은 주신다.[11] 성부는 유일한 제일원리(ἀρχή)이시며, 이것은 세 신들이 존재하는 가능성을 배제한다.[12] 그리고 성자가 "유일한 하나님(the God)"(요 1:1)이라기보다는 "하나님"(요 1:1) 및 "하나님의 본체/형상(form)"이라는 사실은 성자가 성부로부터 나온다는 점을 알려준다.[13] 라오디케이아의 게오르기오스의 진술, 즉 동방인들은 "성령 안에서 성자를 통하여 만물을 포함하는 하나의 신성을" 고백한다는 진술은 마찬가지로 하나님의 일치성이 성자 및 성령이 성부 하나님의 하나의 신성에 참여한다는 사실에 있다는 원리를 표현한다. 그리고 그의 진술은 성자 및 성령이 성부와 다르기보다는 오히려 존재에서 성부와 유사하다는 필연적인 귀결로서의 믿음을 표현한다.

이러한 점은 또한 나지안조스의 그레고리오스 자신의 교리와 매우 비슷하다. 성자 및 성령이 활동과 권능에서뿐만 아니라[14] 신성에서, 비육체성에서, 그러므로 존재에서[15] 성부와 유사하다는 유사본질파의 중심적 논증은 나지안조스의 그레고리오스의 핵심적인 삼위일체적 공식, 즉 "성부와

---

7 성자를 생성하는 성부의 "고유하고 독특한 출생"(ἡ ἰδίως καὶ μονογενῶς γεννητική). Epiphanius, *Panar.* 73.5.3.

8 Epiphanius, *Panar.* 73.3.5, 6.1 등등.

9 성경적 용어들에 관한 올바른 이해는 "비육체적 성부로부터 생성되는 비육체적 성자의의 존재"를 인정한다. Epiphanius, *Panar.* 73.3.5; 또한 다음을 참조하라. 3.6-8 그리고 여러 곳.

10 참조. Epiphanius, *Panar.* 73.9.4: "성자는 신성, 비육체성, 활동에서 성부와 같다."

11 Epiphanius, *Panar.* 73.3.3.

12 Epiphanius, *Panar.* 73.16.3 (라오디케이아의 그레고리오스의 이후 서신).

13 Epiphanius, *Panar.* 73.9.5.

14 Epiphanius, *Panar.* 73.11.2-3.

15 Epiphanius, *Panar.* 73.9.4 그리고 여러 곳.

성자와 성령의 하나의 신성 **그리고** 권능"에서 아마도 반향되고 있는 것 같다.

　나지안조스의 그레고리오스의 교리와의 훨씬 더 현저한 유사점은 신학적 방법에 관한 이 공의회의 논증에서 드러난다. 교회회의 서신에서 앙키라의 바실레이오스는 성부가 성자의 존재를 생성하는 것은 반드시 정념, 분할, 방출을 포함해야 한다고 반대하는 사람들에게 말한다.[16] 앙키라의 바실레이오스는 그러한 사람들은 구원을 주는 신앙을 받아들이기보다는 오히려 인간의 이성에 불합리하게 의존한다고 대답한다.[17] 반면에 그리스도가 신적 아들이라는 점을 받아들이는 참된 이해는 영리한 논증을 통한 의심들에 의하여 "신비가 공허하게 되는 것"을 방지한다.[18]

　다음과 같은 두 주제들이 — 이성보다는 신앙이 더욱 참되게 합리적이라는 점에 호소하는 것, 그리고 상이본질파가 영리한 논증을 통하여 신앙의 신비를 공허하게 한다는 점을 묘사하는 것 — 「신학적 설교」에서 나지안조스의 그레고리오스가 신학적 방법에 관하여 말하는 두 개의 주요한 진술들을 제시한다. 우리가 살펴보았듯이 나지안조스의 그레고리오스는 인간 이성의 한계와 신앙의 우월성을 「설교 28」에서 상세하게 논의한다(또한, 29.21에서 반복한다). 그리고 나지안조스의 그레고리오스는 앙키라의 바실레이오스의 구절, 즉 "신비가 공허하게 된다"는 구절을 사용하여 — 현존하는 4세기 문헌에서 독특하다[19] — 유사파, 상이본질파, "성령과 다투는 자들"의 교리를 묘사한다.

　이 구절과의 두 번째로 중요한 유사점은 성자의 신적 생성 및 존재(삼위일체적 교리)와 십자가에서의 성자의 구원활동의 "신비"(구원론과 기독론) 사

16　Epiphanius, *Panar.* 73.6.1-6.

17　Epiphanius, *Panar.* 73.6.1, 4.

18　ἵνα μὴ διὰ τὰ λογισμῶν ὑποτευόμενα κενωθῇ ⟨τὸ μυστήριον⟩. Epiphanius, *Panar.* 73.6.6.

19　고전 1:17과 2:1을 언어적으로 결합하여 "신비가 비워진다"라는 구절로 만드는 것은(κενωθῇ [τὸ μυστήριον], Epiphanius, *Panar.* 73.6.5, 73.6.6) 공의회의 서신과 나지안조스의 그레고리오스의 설교 29.21 및 31.23 사이에 있는 독특한 유사점이다.

이에 주장되는 심오한 연관성이다. 앙키라의 바실레이오스는 성자의 신적 생성과 성부와의 본질적 유사성을 부인하는 자들은 십자가에 달리신 그리스도의 신비를 암묵적으로 부인한다고 주장한다. 나지안조스의 그레고리오스의 기독론에서 아주 중심적인 것과 동일한 신적 고난의 표현들로, 앙키라의 바실레이오스는 그러한 입장은 "어떻게 하나님이 십자가처형을 당하시는지를" 설명할 수 없다고 말한다. 그것은 복음이 어리석음이며 인간들보다 더 지혜로운 어리석음이기 때문이다.[20] 유사본질파의 기본적인 구원론적 주장, 즉 하나님께서 예수 그리스도 안에서 십자가의 고난을 받으신다는 점의 필연적인 귀결로서 삼위일체가 존재와 관련하여 공통의 신성을 공유해야 한다는 주장은 나지안조스의 그레고리오스의 접근 방식과 아주 큰 정도로 유사하다.

또한, 사소하지만 흥미로운 여러 유사점들이 있다. 성부와 성자는 "동일한 존재체(ταὐτός)"[21]가 아니라 "서로 다른 존재체들(ἕτερος)"이라는 진술, 즉 반(反)사벨리오스적 진술들은 역으로 나지안조스의 그레고리오스의 유명한 말, 즉 성부와 성자와 성령은 세 구별되는 존재체들(ἄλλος καὶ ἄλλος καὶ ἄλλος)이라는 말과 일치한다.[22] 그리고 극도로 감질나게 하는 유사점에서 게오르기오스는 "성부와 성자"라는 구절이 창조주와 피조물 사이의 차이점이라기보다는 오히려 서로에 대한 "관계"를 가리킨다고 주장한다.[23]

그러므로 유사본질파 입장의 주된 힘은 존재의 관점에서 성부와 성자와 성령 사이에서의 신성의 단일성을 주장하는 것이다. 단지 권능 또는 활동에서 유사하다는 주장들에는 반대한다. 또한, 그들 사이의 근본적인 구별성을 유지한다. 이러한 두 번째 입장은 358년 앙키라에서 유사본질파로

---

20 Πῶς ὁ θεὸς σταυροῦται. 참조. 고전 1:25. Epiphanius, *Panar.* 73.6.2. 이 논증은 표준적인 반(反)사벨리오스적 전제를, 즉 성부 하나님은 고난을 당하신다고 말해질 수 없다는(73.6.7) 전제를 포함한다. 이러한 전제는 "하나님"으로서 및 구별된 존재자로서의 성자의 고난을 필수적으로 만든다.

21 명료성을 위하여 나는 카이사레이아의 바실레이오스의 ταὐτόν το ταὐτός를 변경하였다. 그래서 ὁ Πατήρ 또는 ὁ Υἱός 대신에 중성적 주체인 ὅμοιον을 허용한다; 그러나, 나지안조스의 그레고리오스가 삼위일체적 및 기독론적 대명사들 사이에서 엄격한 남성-대-중성 전문적인 구별을 언급하지 않기 때문에, 유사점은 어느 방향으로든지 갈 수 있다.

22 Epiphanius, *Panar.* 73.8.8; cf. Gregory, *Ep.* 101.20-1.

하여금 동일본질성을 주장하는 니카이아적 동맹을 거부하도록 한다. 왜냐
하면 그들은 동일본질성이 성부와 성자가 정확하게 똑같음을 의미한다고
여기기 때문이다.[24] 이러한 거부는 위격들 및 신적 존재라는 범주들을 합성
하는 것이라기보다는 신성의 부단히 위격적인 본성에 예리하게 집중하는
것이다.

카파도키아 교부들은 후대를 위하여 이러한 범주들을 적절하게 구별하
였다고 주장된다. 그리고 신성의 부단히 위격적인 본성은 나지안조스의 그
레고리오스의 교리와 많은 공통점을 지닌다. 유사본질파는 성자가 존재에
있어서 성부와 "동일하지 않고 유사하다"고 주장함으로써 성자의 신성이
성부 하나님의 신성과는 생성적으로 다른 종류이라고 말하는 것이 아니다.
이러한 입장은 상이본질파가 믿는다고 여겨졌다. 예를 들면, 성자가 본유
적으로 전능하고 전선하고 무한하고 창조주 하나님인 것은 아니라고 말하
는 것이 아니다. 그리고 유사본질파는 성부가 성자 및 성령을 생성하고 신
성을 성자 및 성령에게 독특하게 수여할 때에 신적 본성의 어떤 분할도 허
용하지 않는다. 이후의 친(親)니카이아주의자들 자신들이 그러한 분할을
주장하였다고 고소되었다.[25] 오히려, 유사본질파는 성자가 성부로부터 출
생되기 때문에 성자의 신적 존재가 성부에서와는 다른 방식으로 존재하는
것에 관하여 의식하고 있음을 드러내고 있을 뿐이다.

---

23 Epiphanius, *Panar.* 73.19.3. 이러한 용어들은 본래 오리게네스로부터 나온다. Origen, *Comm. Rom.* 146.l.10,14; *Comm. Jn.* 2.34.205; *Comm. Mt.* 17.33.17, 37; 그리고 이러한 용어들을 에우세비오스가 받아들였다. Eusebius, *Eccl. theo.* 1.9.4; 1.10.3; 또한 다음을 참조하라. Basil, *Eun.* 1.5, 20; 2.22; *Spir.* 6.14.8 (λέγειν τοῦ Πατρὸς τὸν Υἱόν, οὐ μόνον τῷ σὺν ἀλλήλοις νοεῖσθαι κατὰ τὴν σχέσιν, ἀλλ' ὅτι ἐκεῖνα λέγεται τῷ χρόνῳ δευτέρᾳ). 이와 느슨하게 관련된 논증을 에피파니오스는 상이본질파에 반대하여 제시한다. 즉, "[하나님의] 완전한 이름에로의 성자의 참여는 성자가 영원한 비피조적 성부에 대해 갖는 참된 관계(σχέσις)를 반영한다"(*Panar.* 73.23.3). 그러나 앙키라의 공의회가 제시한 대안적인 진술을 참고하라. 즉, 지혜는 "피조된 만물에 대한 그것의 관계(σχέσις)"를 가르친다(*Panar.* 73.7.2). 또한, 에피파니오스가 그리스도의 신적 및 인간적 요소들을 가리키기 위하여 이 용어를 사용함을 참고하라(*Panar.* 69.74.7).

24 Epiphanius, *Panar.* 73.11.10: 성자는 성부와 ὁμοούσιος도 아니며 ταὐτοούσιος도 아니시다. 363년까지 멜리티오스는 니카이아를 동일본질적 기획으로 형성한다. 그리고 그는 "성부의 존재로부터(from the being of the Father)"라는 두 번째 주요한 구절과 그럼으로써 동일본질성(homoousios)이 사실 성자가 존재에서 성부와 유사하다는 점을 의미한다고 주장한다. *Ep. Jov.* in Socrates, *HE* 3.25.

25 참조. 예를 들면, *Or.* 31.14.

유사본질파에게는 성부와 성자와 성령 사이의 차이점들은 하나님(θεός)과 유일한 하나님(ὁ θεός) 사이의 차이점에서처럼 구조적 또는 관계적이다. 신성 또는 신적 존재의 정도에서의 차이점이 아니다. 성부와 성자는 존재에서 정확하게 동일하다고 말해질 수 없다. 왜냐하면 신적 존재는 (나지안조스의 그레고리오스의 용어들을 사용하면) 비출생하는 신성, 출생하는 신성, 출원하는 신성 중의 어느 하나가 되지 않고서는 별도로 존재하지 않기 때문이다.[26] 나지안조스의 고레고리오스의 관점으로 보면 유사본질파의 교리에 결함들이 없지 않음이 확실하지만,[27] 그 결함들 중의 하나는 성자 또는 성령의 신성을 적절하게 설명하지 못한다는 점이다.

이 시점에서 우리는 다음과 같이 말할 수 있다. 즉, 온전한 삼위일체론이 유사본질파 사상체계이든 동일본질파 사상체계이든 어디서든 표현될 수 있다. — 이 두 입장 모두는 유사파의 입장에 반대하여 규정된다. 그리고 지금까지 분명해진 바와 같이 니카이아적 구성은 유사본질파 구성이 요구한 것보다 더 적은 제한요건들 및 개념적 체계들을 요구하지 않는다. (반(反)사벨리오스적 이유들로 인하여) 성부와 성자와 성령이 존재에 있어서 동일하지 않다고 말하는 것은 (반(反)아레이오스적 이유들로 인하여) 성부와 성자와 성령이 존재에서 동일하다고 말하는 것만큼이나 이해가 된다.

달리 표현하면, 동일본질성이라는 니카이아적 용어는 삼위일체론에서의 오류들을 바로잡아 주기 위한 형이상학적 만병통치약이 아니다. 그러므로 다마수스, 나지안조스의 그레고리오스, 니사의 그레고리오스와 같은 친(親)니카이아주의자들이 유사본질파를 자신들의 동맹자들로 여겼던 것은 결코 우연이 아니다. 물론, 나지안조스의 그레고리오스는 니카이아적 용어들을 차용함으로써 전통적인 동방적 문구를 변경할 것이다(비록 아타나시오

---

26 그러므로 그들은 우리가 앞에서 니사의 그레고리오스에게서 보았던 존재와 위격 사이의 인위적인 구분을 거부할 것이다.

27 그들의 교리를 니카이아 용어와 화해시키고자 하는 것 외에도, 나지안조스의 그레고리오스는 또한 인간적 존재와 죄성에 대한 그리스도의 경험을 제한하는 것으로 보이는 몇몇 진술들을 교정할 것이다 —비록 아폴리나리오스주의자들의 정도까지는 아니라고 하더라도 그렇게 할 것이다. 참조. Epiphanius, *Panar.* 73.9.5-7.

스가 하였던 것과 거의 동일한 정도는 아니지만). 그러나 모든 것을 감안하면, 이
것은 사소한 변화일 뿐이다. 그러기에 실질적인 수정으로 간주되어서는 안
된다.

358년 앙키라에 참석한 유사본질파처럼 나지안조스의 그레고리오스의
교리는 341년 안티오케이아의 봉헌공의회(the Dedication Council of An-
tioch)로부터 나오는 동방적 신조전통을 뚜렷하게 반향한다. 여기에 라오
디케이아의 게오르기오스가 참석하였다. 그리고 이 공의회는 니카이아를
잠시 인정하였다. 나지안조스의 그레고리오스가 「설교 25」에서 및 「신학적
설교」에서[28] 세 위격들 각각의 특이성과 온전성을 강조한 것은 오리게네스
적 봉헌신조의 반(反)마르켈로스적 용어들을 강력하게 반향하고,[29] 또한 그
러한 강조는 당대의 친(親)니카이아적 신학자들 중에서 형식들의 밀도와
다양성에서 독특하다.[30]

특이성이라는 용어는 언어는 이후의 공의회적 진술들에서 또한 반복된
다. 그것들 중에는 안티오케이아 344년 (장문신조 [the Macrostich Creed]),[31]
앙키라 358년,[32] 시르미온 359년 (날짜신조 [the Dated Creed]), 니케 359

---

28 ὅλος, εἷς, μόνος의 여러 다양한 형태들; 설교 25.15-16에 관해서는 본서 IV장을 참조하라. 이러한
강조는 나지안조스의 그레고리오스가 「설교 30」의 끝에서 신적인 명칭들을 논의할 때에 다시 나
타난다. 여기에서 그는 성자가 독생자(μονογενής)로 불리워진다고 주장한다. "성자가 독특하고
또한 독특하신 한 분으로부터 독특하게 나오기 때문만이 아니라, 성자가 육체의 몸들과는 달리
독특한 방식으로 그렇게 하기 때문이다" (μόνος ἐκ μόνου καὶ μόνον, ἀλλ᾽ ὅτι καὶ μονοτρόπως,
οὐχ ὡς τὰ σώματα, 30.20).

29 Hahn § 154, l. 6: 그리고 우리는 믿습니다. "한 분 주님 예수 그리스도, 그의 독생하신 성자, 하
나님을 믿습니다. 이를 통하여 만물이 [생성된다]. 이는 영원 전에 성부로부터 태어나셨다. 하나
님으로부터 나온 하나님, 전체로부터 나온 전체, 유일로부터 나온 유일(ὅλον ἐξ ὅλου, μόνον ἐκ
μόνου), 완전자로부터 나온 완전자, 왕으로부터 나온 왕, 주님으로부터 나온 주님 ⋯ 성부의 신성
과 존재와 의지와 권능과 영광의 정확한 형상(ἀπαράλλακτον εἰκόνα)이심을 믿습니다."

30 나지안조스의 그레고리오스가 성부와 성자를 논의할 때에(25.16) μόνος, μόνου, μόνον, μόνως가
집중적으로 나타나는 것은 유례가 없다. 다만 다음의 예외들만 있을 뿐이다. Pseudo-Didymus,
Trin. 1.15.96; Pseudo-Cyril, De sanct. Trin., PG 77.1136.44. 이 둘은 모두 그에게 의존한다. 각
위격이 독특성(τὸ μοναδικόν, 드물게 나타나는 용어)이라는 신적 특질을 소유한다는 그의 주장
은 단일한 단위들이 삼위일체 안에 거주한다고 주장하는 카이사레이아의 바실레이오스의 논증과
(Spir. 18.45, 또한 드물게 나타난다) 비교될 수 있다.

31 Hahn § 159.8, l. 14 (독생자는 참으로 출생하신다 μόνον γὰρ καὶ μόνως). 이 공의회는 341년 봉
헌공의회의 네 번째 신조를 생성하였던 주류적 안티오케이아적 단체를 더 밀접하게 따랐다. 이들
은 두 번째 신조(봉헌신조)를 생성하였던 감독들과는 구별된다(Hahn § 154).

32 성자를 출생하시는 성부의 독특한 생성.

년,[33] 콘스탄티누폴리스 360년을[34] 포함한다. 비록 아타나시오스가 이러한 진술들 각각을 보고하지만,[35] 나지안조스의 그레고리오스처럼 그는 자신의 교리에서 그것들의 용어들을 결코 받아들이지 않는다. 또한, 아타나시오스와는 달리 나지안조스의 그레고리오스는 봉헌신조 및 카이사레이아의 에우세비오스의 강력한 형상 기독론과 함께 성자를 성부의 "정확한 형상"으로 부르는 것을 좋아한다(38.13=45.9).[36]

마찬가지로, 성부와 성자와 성령이 각각 독특하고 온전하여 "성부는 참으로 아버지이시다", "성자는 참으로 아들이시다", 및 "성령은 참으로 거룩하시다"와 같은 나지안조스의 그레고리오스의 진술은 봉헌신조를 또한 반영한다.[37] 이러한 구절들은 본래 최고로 에우세비오스적인 아스테리오스로부터 온 것이다.[38] 카이사레이아의 에우세비오스는 아스테리오스에 대한 마르켈로스의 공격에 반대하여 그것들을 옹호하고, 그것들은 아스테리오스에 의한 혁신들이 아니라 오리게네스와 이전의 여러 감독들과 교회회의들의 교리를 반영한다고 주장한다.[39] 그리고 카이사레이아의 에우세비오스는 카이사레이아 신조에 관한 자신의 반(反)마르켈로스적 주석 안에 그것들을 포함한다. 카이사레이아의 에우세비오스는 그러한 주석을 황제 콘스탄티누스와 니카이아 공의회에서 발표하였다.[40]

---

33 Hahn § 163, ll. 1 (성부 하나님은 μόνον θεόν), 6 (성자는 μόνον ἐκ μόνου τοῦ Πατρός); § 310-311. 164, ll. 1, 5-6 (동일한 용어들을 사용한다).

34 Hahn § 167, l. 4: μόνον ἐκ μόνου τοῦ Πατρός. 그러나 이러한 용어들은 (필리푸폴리스에서 공표된) 343년 사르디카의 동방적 진술에서 혹은 351년 또는 357년 시르미온의 진술들에서 나타나지 않는다. 마르켈로스를 반대하는 아카키오스의 논증과(Epiphanius, Panar. 72.7.1) 아에티오스를 반대하는 에피파니오스에 있는(Panar. 76.37.10) 동일한 용어를 참조하라.

35 참조. Syn. 23, 8, 30 (두 번) 각각.

36 『아리메논 공의회 및 셀레우케이아 공의회에 관하여』(On the Councils of Ariminum and Seleucia)의 때까지 아타나시오스는 이 용어를 피한다. 자신의 신학과 에우세비오스주의자들을 구별하기 위함이다. 그렇지만 그는 자신의 더 이른 저작들에서 이 용어를 기꺼이 사용하였다(Gent. 41, 46, 47; Ar. 1.26; 2.33; 3.5, 11). 참조. Hanson, Search for the Christian Doctrine of God, 288. 또한 카이사레이아의 바실레이오스에게서 드물게 나타나는 증언들을 참조하라. Basil, Hom. 41 C. Sabell. et Ar. 4 (PG 21.608.4); Gregory of Nyssa, Eun. 3.6.11.

37 마 28:19가 "참으로 아버지이신 성부, 참으로 아들이신 성자, 참으로 거룩한 영이신 성령"으로 세례를 주라고 가르친다는 논증에서(Hahn § 154 l. 24-26). 마 28:19에 근거한 동일한 논증이 376년 이코니온에서 개최된 암필로키오스의 교회회에서 나타난다.

38 Marcellus, Frag. 65 (Klostermann).

39 Eusebius, Marcell. 1.1.15.

비록 아타나시오스가 비슷한 용어들을 때때로 활용하고 전통적인 에우세비오스적 용어를 사용한다고 하더라도,[41] 나지안조스의 그레고리오스는 전통적인 에우세비오스적 용어를 훨씬 더 직접적으로 및 전심으로 채택한다. 성자 및 성령이 시간에 있어서 성부 다음이 아니라는 나지안조스의 그레고리오스의 논증은(25.15-16) 봉헌신조와 유사하다.[42] 나지안조스의 그레고리오스가 황제 콘스탄티우스의 유사파적 기획에 반대할 때조차도 그는 앙키라의 바실레이오스, 라오디케이아의 게으르기오스, 안티오케이아의 멜리티오스의 노선들을 따라 동방적 신학적 전통과 신조적 용어의 주요한 표지들을 간직한다.

그렇지만 나지안조스의 그레고리오스의 교리는 알렉산드레이아 362년에 있는 아타나시오스의 진술들과는 현저할 정도로 다르다. 나지안조스의 그레고리오스는 성자 및 성령이 피조물이 아니라는 간단한 고백으로 결코 만족하지 않는다. 그는 성령의 신성의 증거로서 성령이 그리스도로부터 불가분리적이라는 점을 거의 강조하지 않는다(비록 그가 이러한 점을 믿는 것이 확실하더라도). 그는 삼위일체 전체를 **동일본질**(homoousios)이라고 결코 부르지 않는다. 아마도 성부의 단일원리성에 대한 암호로서가 아니라면 어떤 유능한 동방인도 그러한 진술을 하고 싶지 않을 것이다. 왜냐하면 그러한 진술은 총칭적인 공통성을 함의하거나, 또는 신적 본질의 분할을 함의하기 때문이다. 그리고 비록 그가 니카이아를 신봉하는 것이 확실하고 결국에는 니카이아를 분명한 결집점으로 이용하지만, 그는 니카이아를 정통신앙을

---

40 "이들 각각 계시고 존재하시며, 성부는 참으로 아버지이시고, 성자는 참으로 아들이시고, 성령은 참으로 성령이심을 믿는 것"(*Ep. Caes.* 5.2-3; Athanasius, *Decr.* 33.5.2-3); 또한 다음을 참조하라. *Marcell.* 1.1.15. 에피파니오스는 사벨리오스주의자들에 반대하여 유사한 용어를 사용한다. Epiphanius, *Panar.* 62.4.5.

41 아타나시오스는 "하나님은 고유하게 및 홀로 참으로 성자의 아버지이시다"라고 논증한다(τὸν θεὸν κυρίως καὶ μόνον ἀληθῶς ὄντα Πατέρα τοῦ ἑαυτοῦ Υἱοῦ, *Ar.* 1.23). 그리고 그는 "성부의 본질로부터(from the essence of the Father)"라는 니카이아 구절이 "성부를 향한 성자의 참된 진정성"을 드러낸다고 주장한다(τὸ γνήσιον ἀληθῶς Υἱοῦ Πρὸς τὸν Πατέρα γνωρίζεται, *Syn.* 36.2). 그는 또한 에우세비오스주의자들을 그들 자신의 용어들과 관련하여 교정하고자 시도한다. 그리고 그는 만약 그들이 성부가 참으로 아버지이시고 성자가 진정한 아들이심을 정말로 의미한다면 그들이 니카이아 신앙고백을 받아들일 것이라고 주장한다(*Syn* 39.6; 참조. *Tom.* 5).

42 "성자가 출생하기 전에는 시간, 때, 또는 시대가 없었다"(Hahn § 154 l. 32); 그리고 물론 성자의 영원한 출생에 관한 오리게네스의 교리(참조. *Princ.* 1.2.2-4, 9).

판단하는 유일무이한 리트머스 시험본문으로 여기지 않는다.[43]

많은 점들에서 나지안조스의 그레고리오스는 소(小)아시아에서 이전의 유사본질파 흐름으로부터 나온 강력한 삼위일체적 신학자이다. 그는 아레이오스주의와 사벨리오스주의 모두에 반대하지만, 아레이오스주의에 대해서보다는 사벨리오스주의에 대해서 더 강력하게 반대한다. 그리고 그는 상이본질파 문제로 인하여 가장 직접적으로 정신이 없었다. 그는 아타나시오스의 영향을 사실상 받지 않았다. 그는 이러한 단체의 헌신들을 다듬고 종합적인 삼위일체적 기획으로 완성함으로써 이러한 단체와 관련된 가장 걸출한 인물이며 가장 위대한 신학적 지성이 되었다. 그는 341년 안티오케이아의 봉헌공의회에서 드러난 중도적 동방신학의 유산을 주장하고, 황제 콘스탄티우스와 황제 발렌스 하에서 개입된 왜곡들을 그러한 중도적 동방신학으로부터 제거하며, 또한 그러한 중도적 동방신학으로부터 니카이아의 용어와 일치하는 온전한 삼위일체적 교리를 기초한다.

이러한 측면에서 나지안조스의 그레고리오스는 아타나시오스와 서방을 대표하기보다는 훨씬 더 많이 개혁적 에우세비오스이라고 할 수 있으며, 또는 훨씬 더 정확하게 말하자면 정당성이 입증된 오리게네스주의이라고 할 수 있다.[44] 그가 동방신학자로서 이룩한 결정적 성취는 4세기 신학의 본질에 관한 우리의 이해에 광범위한 함의들을 지닌다. 최소한으로 말하자면, 아타나시오스적 기획이 삼위일체적 정통을 결정하는 유일한 표준이라는 점이 더 이상 단순히 가정될 수는 없다.[45]

---

43 나지안조스의 그레고리오스가 니카이아를 처음 언급한 것은 374년이다(*Or.* 18.12).

44 물론 아타나시오스도 오리게네스에 근거하고 있지만, 나지안조스의 그레고리오스가 오리게네스에 근거하고 있는 정도는 거의 아니다. 아타나시오스가 마르켈로스와 함께 협력함으로써 생겨난 교리적 요소들은 그로 하여금 오리게네스적 삼위일체 전통으로부터 멀어지도록 하는 데에 특히 기여하였다.

45 미셸 르네 반즈는 잠정적으로, 그러나 통찰력 있게 다음과 같이 논평한다. "정통 삼위일체 신학의 모범으로서의 아타나시오스의 역할이 학자들에 의하여 과장되어 왔다." Michel René Barnes, "One Nature, One Power," 220.

8

다마수스(Damasus)와 서방(the West)

나지안조스의 그레고리오스는 아주 많이 동방적 신학자이지만, 보편적 신앙의 강화를 위한 중요한 시점에서 또한 서방과 중요한 관계를 맺는다. 우리가 주목하였듯이, 379년 안티오케이아 공의회는 다마수스로부터 온 화해적 진술들 일체를 승인하였고 서방 감독들과 기본적 수준에서 교리적 일치를 표현하였다. 이러한 일치는 안티오케이아 분열과 니카이아 신앙 전체의 증진 모두와 관련하여 교회질서의 확립 및 연합의 기초를 형성하였다. 안티오케이아 공의회가 나지안조스의 그레고리오스를 선택하여 콘스탄티누폴리스에서 자신들의 관심사들을 드러내고자 할 때, 일차적으로 그는 동방에서 보편적 연합과 질서를 위한 기초로서 교리적 정통신앙을 확립하는 권위있는 교사로서 위임을 받았다.

나지안조스의 그레고리오스의 교리는 서방의 진술들과 대체적으로 일치된 모습을 보여주며, 한 가지 문제에 관해서는 아마도 상당한 영향이 있음을 보여준다. "성부, 성자, 성령, 하나의 신성과 권능"이라는 그의 신앙고백은 니카이아 신앙을 "성부, 성자, 성령은 하나의 신성, 하나의 덕, 하나의 형상, 하나의 본체를 지닌다"[1]는 믿음으로 요약하는 다마수스의 입장과 대략적으로 일치한다. 특별히, 「에아 그라티아」(Ea gratia)라는 문서는 성부의 단일원리성을 분명히 알려준다. 즉, 말씀은 "성부의 본성"을 지니며, 또한

"하나님으로부터 나온 …. 신성의 온전함"을 지닌다.[2] 그리고 말씀은 성부의 영원한 빛의 광채이며 성부의 참된 이미지이다.[3] 이 문서는 또한 성령의 신성에 관하여 강력하게 표현한다. "성령이 창조된 것이 아니라 성부 하나님과 우리 주 예수 그리스도와 함께 하나의 위엄과 하나의 존재와 하나의 덕을 지니심을 우리가 또한 고백하자." 왜냐하면 "성령은 활동에서 및 죄의 용서에서 성부 하나님과 우리 주 예수 그리스도와 연결되어 있기" 때문이다.[4]

이러한 개별적 사항들과 전반적인 신학적 양식에서 서방의 문서들이 아타나시오스의 교리와 강력한 유사성을 보여준다. 나지안조스의 그레고리오스는 다마수스가 아레이오스에 대한 반대와 니카이아에 대한 지지를 교리적 정통의 리트머스 시험 및 주요한 표지로서 채택할 때 다마수스를 따르지 않는다. 다마수스는 아레이오스에 대한 반대와 니카이아에 대한 지지에 관하여 "동방인들과 서방인들이 크게 기뻐한다"고 쓴다.[5] 그리고 나지안조스의 그레고리오스는 하나님의 말씀이 인간의 말처럼 불완전하지 않다는 논증을 제시하지 않는다.[6] 그럼에도 불구하고, 이러한 동맹에 참여한 일단의 감독들이 왜 나지안조스의 그레고리오스를 선택하여 그들을 대표

---

1 Ut patrem filium spiritumque sanctum unius deitatis, unius uirtutis, unius figurae, unius … substantiae; *Conf. quid.* 21-23. 379년의 공의회 전에 멜리티오스에게 따로 보내어졌을 수 있는 「에아 그라티아」(*Ea gratia*)는 다음과 같이 진술한다. "삼위일체는 하나의 덕, 하나의 위엄, 하나의 신성, 하나의 본체이다. 그래서 삼위일체는 분리될 수 없는 권능(potestas)이다." *Ea grat.* (Field, 49-50).

2 *Ea grat.* (Field, 54-57).

3 *Ea grat.* (Field, 58-60).

4 Spiritum quoque sanctum increatum autem unius maiestatis, unius usiae, unius uirtutis cum deo patre et domino nostro Jesu Christo fateamur; *Ea grat* (Field, 63-5, 68-9). 여기에서 다마수스의 용어들은 아타나시오스의 용어들을 반영한다. Athanasius, *Ep. Serap.* 또한 다음을 참조하라. *Non nobis* (Field, 108-110): 성령은 "모든 것들에서 완전하다 —덕에서, 존귀에서, 위엄에서, 신성에서 완전하다— 성부와 성자와 함께 성령을 예배하자."

5 아레이오스에 반대하여: *Conf. quid.* (Field, 18); pro-Nicaea: *Conf. quid.* (Field, 18-20, 37-38); *Non nobis* (Field, 106-107), "우리는 모든 측면에서 니카이아 공의회의 침범할 수 없는 신앙을 보유한다." 다마수스가 이러한 주제들을 사용하는 것은 아타나시오스의 추천들과 362년 알렉산드레이아 공의회를 따른 것이다(*Tom.* 3). 그것들은 또한 카이사레이아의 바실레이오스의 서신들 안에서(*Ep.* 243; 263) 및 서방의 감독들에게 쓴 멜리티오스 안에서(Pseudo-Basil, *Ep.* 92) 반향되어 있다.

6 *Ea grat.* (Field, 52-53); *Non nobis* (Field, 110-113)—이 논증을 니사의 그레고리오스가 받아들인다: 참조. *Or. cat.* 1.

하도록 하였는지를 이해하는 것은 쉽다.

그러나 가장 현저한 유사점은 「일루트 사네」(*Illut sane*)라는 문서에서 발견되는 기독론에서 드러난다. 이 문서는 아폴리나리오스주의자들에 대한 서방인들의 반대를 규정한다. 아폴리나리오스주의자들이 다마수스 및 알렉산드레이아의 페트로스를 포함하는 공의회에서 최근에 정죄되었기 때문이다.[7] 이 문서는 삼위일체에 관한 경건한 신앙을 주장하지만 "우리의 구원의 성례"에 관하여 무지한 "우리 안에 있는 자들"에 대해 놀라워한다. 그런 후에 이 문서는 아폴리나리오스주의자들이 그리스도께서 인간적 정신이 없이 인간적 존재를 취하였다고 믿는 것에 대하여,[8] 그리고 그리스도의 인성이 불완전하다고 믿는 것에 대하여 주로 책망한다. 그들에 대한 응답으로 이 본문은 그리스도의 온전한 인성을 주장한다. 특히, 나지안조스의 그레고리오스가 「서신 101」에서 제시하는 논증과 아주 유사한 방식으로 주장한다. 만약 오직 불완전한 인간적 존재가 취하여졌다면, 그러면 "우리의 구원이 불완전하다. 왜냐하면 인간적 존재 전체가 구원을 받지 않았기 때문이다"라고 이 본문은 말한다. 그러나 인간적 존재 전체는 멸망하였기 때문에, 인간 존재 전체가 구원될 필요가 있다.[9]

더욱이, 무엇보다도 인간적 정신이 죄를 지었고 또한 "원죄의 총합과 저주 전체"이기 때문에, 무엇보다도 그리스도는 나머지보다 먼저 죄를 지었던 인간적 정신을 구원하실 필요가 있었다. 비록 용어들이 다르고 나지안조스의 그레고리오스는 다마수스가 인용한 성경 본문들을 인용하지 않지만, 기독론적 논증들은 상당한 정도로 유사하다. 그러므로 우리는 다음과 같이 결론을 내릴 수 있다. 즉, 나지안조스의 그레고리오스는 어느 정도 권세가 있는 다마수스가 보낸 서방의 『엑셈플룸 시노디』(*Exemplum synodi*)

---

7 Damasus, *Letter to the Eastern Bishops* (Theodoret, *HE* 5.10). 여기에서 다마수스는 서방교회가 아폴리나리오스와 그의 제자 티모테오스를 정죄한 것을 보고한다.

8 Sine sensu hominem suscepisse; *Il. sane* (Field, 83).

9 이 구절은 오리게네스의 훨씬 오래된 진술을 반향한다(*Heracl.* 7.7-8). 또한 다음을 참조하라. Damasus, *Letter to the Eastern Bishops*: "만약 어떤 사람이 그리스도는 인성 또는 신성의 더 적은 부분을 가졌다고 말한다면, 그는 마귀의 영들로 가득하며 자신을 지옥의 자녀로 선언한다"(Theodoret, *HE* 5.10).

에서 드러난 교리적 관심사들을 능숙하게 표현하였다고,[10] 그리고 나지안 조스의 그레고리오스는 아폴리나리오스에 대한 자신의 뒤늦은 대답에서 아마도 서방인들로부터의 지지를 이끌어내었다고 결론을 내릴 수 있다.

---

10 Hanson, *Search for the Christian Doctrine of God*, 798-801. 그리고 시모네티(Simonetti)의 논평 을 참조하라. "권위적이면서도 피상적인 다마수스는 자신이 동방의 상황을 잘 알고 있음을, 그리 고 자신에게 해결책을 제시하는 권위가 있음을 확신하였다"(*La crisi Ariana*, 430; 핸슨의 번역. Hanson 800).

9

대(大)신학자 나지안조스의
그레고리오스(Gregory the Theologian)

  나지안조스의 그레고리오스는 자신의 세대에서 가장 강력하고 종합적인 삼위일체론을 제시하였을 뿐만 아니라, 이후의 교부들이 곧 인정하였듯이 4세기의 탁월한 신학자로서 두드러졌다. 이전에 있었던 위대한 교부들 중에서도 오직 오리게네스 바로 다음으로 두드러졌다. **나지안조스의 그레고리오스는 교회의 실패자가 아니며, 또한 다른 사람들의 사상들을 단순히 차용한 사람도 아니다. 오히려 그는 삼위일체에 관한 기독교 신앙을, 즉 가장 온전한 의미로서의 "신학(theology)"을 가장 깊이 이해하고 기도하고 표현한 자임을 입증하였다.**[1] 그는 종종 생각되어지는 것보다는 훨씬 더 신학적으로 일관적이다. 그는 심히 전통적이면서 동시에 탁월하게 창의적인 신학자이다. 그래서 그는 금욕적 및 목회적 신학에서뿐만 아니라, 기독론, 성령론, 삼위일체론에서 통찰력 있고 영향력이 있는 발전을 이룩하였다.

  나지안조스의 그레고리오스는 또한 본질적으로 카파도키아적 신학자이다. 그는 카파도키아의 오리게네스적 후원성인인 그레고리오스 타우마

---

[1] 더욱이, 영향과 창의성 사이의 관계에 관해서는 19세기 및 20세기에 커다란 혼동이 있었다. 만약 다른 저술가들로부터 생각이나 표현을 차용하였든지 또는 (엘리엇의 표현처럼) 훔쳤다는 증거가 창의성의 결여를 입증한다면, 플라톤, 셰익스피어, 괴테, 프로이트도 아주 창의적이지 않은 사상가라고 여겨야 할 것이다.

투르고스에 상당히 근거하며, 아폴리나리오스주의자들이 행한 것보다는 더 신실하게 그의 교리를 드러내었다. 비록 어떤 사람들이 나지안조스의 그레고리오스의 지방사투리를 조롱하였지만 그는 379년에 콘스탄티누폴리스에서 가장 최고의 교육을 받고 신학적인 재능을 가진 감독이었다. 은퇴한 동안에도 그는 여전히 카파도키아의 교회 일들과 문학적인 일들에 관여하였고 확립된 후원관계망들을 통하여 자신의 영향력을 계속 행사하였다.

그러나 무엇보다 나지안조스의 그레고리오스는 동방적 신학전통이 제시하는 온전히 삼위일체적 자극들과 일치성의 기독론적인 자극들을 받아들였고 그것들을 완전하게 하였다. 그는 여러 중요한 점들에 관하여 오리게네스의 입장을 갱신하였다. 즉, 그는 멜리티오스의 제자인 디오도로스로부터 유래하는 발생초기 단계의 기독론적 이원론을 교정하였고, 아폴리나리오스의 오류들과 싸웠으며, 또한 파울리노스의 마르켈로스적 함축들과 더 이전의 아타나시오스적 기획을 피하였다.

나지안조스의 그레고리오스는 370년대 서방 공의회들의 지지를 받으면서 수도에서 삼위일체적 합의를 이룩하라는 안티오케이아 379년의 임무를 훌륭하게 수행하였다. 여기에서 그는 고전적으로 동방신학적 관점으로 수행하였고, 동시에 서방적 관심사들을 또한 드러내었다. 권위 있는 목회자, 스승, 문학적인 신학자로서 나지안조스의 그레고리오스는 대체로 황제와는 별도로 동로마 제국의 수도에서 삼위일체적 교리 및 교회적 합의의 핵심을 형성하였다. 특히, 그는 안티오케이아인들의 분열에도 불구하고, 그리고 알렉산드레이아인들의 환심에도 불구하고 그러한 핵심을 형성해 내었다. 이것은 381년의 공의회보다 더 우수한 교리적 기획이다. 그는 공의회가 다른 길을 선택하는 일이 벌어지고 난 후에 이것을 승인하였다.

또한, 그는 안티오케이아의 분열을 종식하기 위한 가장 분별력 있는 제안을 제시하였고, 멜리티오스와 파울리노스의 승계 계획을 따랐다. 이러한 승계 계획은 2세대 멜리티오스주의자들과 방해를 일삼는 알렉산드레이아인들의 **야망**(ambitio)에 맞서서 이후 서방에 의하여 승인되고 지지되었다.

이러한 방식 각각에서 나지안조스의 그레고리오스는 이전의 아타나시오스의 세대와 현저하게 유사한 종류의 신학적 지도력을 행사하였다. 방식에 있어서는 더 부드럽고 교회적-정치적 힘에 있어서는 더 약하지만, 신학적 통찰에 있어서는 더 강력한 신학적 지도력을 행사하였다.

비교하자면, 나지안조스의 그레고리오스는 (서방에서 지배적 기독론적 모형들이 되었던 아우구스티누스 또는 레오뿐만 아니라) 아타나시오스, 카이사레이아의 바실레이오스, 니사의 그레고리오스가 행한 것보다는 더 강한 일치성의 신학을 구성하였다. 그는 오리게네스 및 알렉산드레이아의 키릴로스에 더 가까웠다. 그의 교리는 기독론적 정통신앙의 주요한 요소들을 포함한다. 기독론적 정통신앙은 다음 세기에 알렉산드레이아의 키릴로스에 의해 옹호될 것이며 교부시대의 나머지 기간에 더 상세하게 다듬어질 것이다. 그의 활동의 강점은 우리가 "교리적 포괄성(doctrinal inclusivity)"이라고 부르는 것에서 드러났다. 즉, 신적 조명에 관한 강한 이해에서, 신적 경륜의 신학에 관한 성경적 이해에서, 성부 하나님의 단일원리성에 기반하여 삼위일체를 제시함에 있어서, 고도의 일치성의 기독론에서, 건전하고 인식론적으로 포괄적인 성령론에서 드러난다. 그의 활동은 모든 범위의 인간 존재를, 우리의 죄와 죽음을, 그리고 무엇보다도 신학의 모든 활동을 — 여러 점들에서 항상 다른 신학자들에게 직관에 어긋나는 것처럼 보이는 것들을 — 이것들의 참된 의미를 결정하는 요소로서의 하나님의 존재 및 구원활동 안에 포괄하고자 일관적으로 추구한다.

이렇게 상호연관된 신학적 비전의 근원에는 삼위일체의 영원한 삶이 있다. 삼위일체의 영원한 삶 안에서는 성부 하나님의 단일원리성이 신적 일치성과 구별성을 결정하고 가능하게 만든다. 이 모든 것들은 그가 성경과 오리게네스로부터 배웠던 역동적 서사적 신학적 원리를 통하여 알려진다. 이러한 포괄성에 맞게 그의 활동은 신앙고백적, 송영적, 관상적 신학과 사변적, 전문적, 조직적 신학 사이를 확고하게 구별한다. 후자는 현대의 해석자들이 그를 이해하면서 강제로 부과하고자 하는 신학이다. 또한, 자신의 수사학 분야에서 그는 자신의 대적자들의 입장들을 통합하면서, 그들의 실존적 신앙-태도와 기독교적 실천까지 포함한다. 그에게는 신앙-태도와 실천은 삼위일체 교리의 기본적 요소들이지 부차적이지 않다. 금욕적 형성, 성경적 독해, 교리적 고백, 예배, 목회사역 사이에서의 이러한 영성적-신학적 연속성은 그의 교리와 헌신을 관통하는 가장 깊은 흐름이다.

그러므로 나지안조스의 그레고리오스가 이후의 동방 기독교에서, 칼케돈적이든 비(非)칼케돈적이든 똑같이 모두에서 존경스런 교부가 되었던 것은 전혀 놀라운 일이 아니다. 그의 설교들은 비잔틴 설교의 주요한 모형이 되었을 뿐만 아니라, 신성화(θέωσις)라는 사상에 요약되어 있는 기독교 구원에 관한 그의 교리는 비잔틴 신학 1000년 동안 지배적인 구원론적 개념이 되었다.[2] 그리고 그의 교리는 알렉산드레이아의 키릴로스 및 다마스코스의 요안네스를 통하여 서방에도 큰 영향력을 행사하였다.[3] 오리게네스 이후 나지안조스의 그레고리오스는 그리스 교부 전통에서 제일의 "영성적 신학자(spiritual theologian)"가 되었다. 그가 자신의 동시대인들에게만 끼친 영향도 상당하다. 카이사레이아의 바실레이오스, 니사의 그레고리오스, 암필로키오스에게 영향을 끼쳤고, 이외에도 그로부터 배웠던 자들 중에 히에로니무스[4] 및 에바그리오스[5]가 있다. 그 다음 세대에서 그는 요안네스 크리소스토모스에게 강력한 영향을 끼쳤다. 두 가지 접촉점들만을 언급한다면, 요안네스의 논문 「하나님의 불가해한 본질에 관하여」(On the Incomprehensible Nature of God)는 나지안조스의 그레고리오스의 「설교 28」의 많은 부분을 반복하고, 목회직에 관한 요안네스의 이상은 나지안조스의 그레고리오스의 「설교 2」 및 다른 본문들로부터 직접적으로 나온다.

---

2   알렉산드레이아의 키릴로스가 아타나시오스가 선호하는 용어인 테오포이에시스(θεοποίησις)를 받아들인다고 하더라도, 그의 기독론은 대체로 나지안조스의 그레고리오스의 기독론을 따른다. 키릴로스 이후 위(僞)디오니시오스는 나지안조스의 그레고리오스가 만든 용어인 테오시스(θέωσις)를 채택하였고, 고백자 막시모스와 요안네스 다마스코스가 따랐다. 이를 통하여 이 용어는 비잔틴 용법에서 확고하게 확립되었다. Russell, *Doctrine of Deification*, 341-343 그리고 본서 II장.

3   그레고리오스 팔라마스와 토마스 아퀴나스는 모두 나지안조스의 그레고리오스의 영향을 반영한다. 두 사람의 신성화 교리들 사이의 상응하는 점들에 관하여 다음을 참조하라. A. N. Williams, *Ground of Union*.

4   참조. Jerome, *Ep.* 52; *Vir. illus.* 117; Lim, *Public Disputation*, 160 n47.

5   참조. McGuckin, *St. Gregory*, 96, 276-278, 350.

390년대 말에 아퀼레이아의 루피누스(Rufinus of Aquileia)는 나지안조스의 그레고리오스의 설교들 중 9편을 라틴어로 번역하였다. 그래서 이후 서방의 많은 독자들이 그것들을 이용할 수 있었다.[6] 아우구스티누스는 나지안조스의 그레고리오스를 최고로 격찬하면서 그의 교리는 기독교 신앙의 표준으로 널리 여겨지고 있다고 말한다.[7] 아우구스티누스가 나지안조스의 그레고리오스의 저작을 이용하였는지는 오랫동안 추측의 문제이었지만,[8] 아우구스티누스가 실제로 신세를 진 것은 오히려 최소한이었던 것처럼 보이며 자신의 사상의 형성에서 늦게 일어났던 것처럼 보인다.[9] 아우구스티누스는 에쿨라눔의 율리아누스(Julian of Eclanum)를 반대하며 쓴 세 편의 저작들에서 원죄와 예정에 관한 자신의 가르침을 정당화하기 위하여 나지안조스의 그레고리오스의 설교들 중 세 편을 루피누스의 번역에 근거하여 인용한다.[10] 아우구스티누스가 나지안조스의 그레고리오스에게 호소하는 것은 자신의 교리가 동방과 서방 모두에서 보편적 교회의 권위를 지닌다는 점을 주로 증명하는 역할을 한다. 그렇지만 아우구스티누스는 다른 교리적 문제들에 관해서는 나지안조스의 그레고리오스를 권위로 인용하지 않는다. 기독론, 성령론, 삼위일체론의 여러 중대한 점들에 관해서 두 사람 사이에 상당한 차이점들이 있기 때문이다.

그러나 나지안조스의 그레고리오스의 영향력은 교황 그레고리우스에 의하여 강력하게 느껴진다. 교황 그레고리우스는 자신이 교황사절로서 콘스탄티누폴리스에서 머무르는 동안 루피누스의 라틴어 번역을 통하여 나지안조스의 그레고리오스의 저작을 접하였다. 나지안조스의 그레고리오스의 「설교 2」가 교황 그레고리오스의 「목회규율」에 직접적으로 영향을 끼쳤

---

[6] *Ors.* 2, 6, 16-17, 41, 26-27, 38, 39.

[7] *C. Julian* 1.5.15-16 (*PL* 44.649).

[8] 예를 들면, 아우구스티누스의 『삼위일체』(*The Trinity*)에 대한 힐의 서문을 참조하라.

[9] 나지안조스의 그레고리오스가 아우구스티누스에게 미친 영향에 관해서는 다음을 참조하라. Lienhard, "Augustine of Hippo," 및 참고문헌. 아우구스티누스가 그의 저작들을 직접 인용하는 것은 주로 후기의 반(反)펠라기오스적 논문들로부터이었다.

[10] *Ors.* 2, 38, 41. 다음에 인용되어 있다. *Contra Julianum, De dono perserverantiae, Opus imperfectum contra Julianum.*

음을 이미 앞에서 주목하였다. 그러므로 나지안조스의 그레고리오스는 라틴 교회의 네 명의 전통적인 박사들 중 두 명에게, 즉 히에로니무스와 교황 그레고리우스에게 중대한 영향력을 행사하였다고 주장할 수 있다. 또는 암브로시우스가 성령과 삼위일체에 관하여 나지안조스의 그레고리오스의 저작으로부터 얼마나 많이 빌려왔는지에 따라 아마도 세 명에게 중대한 영향력을 행사하였다고 주장할 수 있다.

5세기 알렉산드레이아의 키릴로스는 자신의 기독론, 성령론, 삼위일체론에서 나지안조스의 그레고리오스에게 많이 근거한다. 키릴로스가 자신의 동료 알렉산드레이아인 아타나시오스에게 근거한 것보다는 몇몇 방식들에서 훨씬 더 많이 근거한다.[11] **우리는 나지안조스의 그레고리오스의 칭호가 "대(大)신학자(the Theologian)"임을 이미 주목하였다. 이러한 칭호는 삼위일체에 관한 그의 영향력 있는 가르침을 인정하여 451년 칼케돈 공의회에서 부여한 것이다.** 6세기 초 위(僞)디오니시오스(Pseudo-Dionysius)는 또한 나지안조스의 그레고리오스로부터 많이 배웠다. 그는 모세의 시내산 등정에 관한 나지안조스의 그레고리오스의 환상을 「신비주의 신학」(Mystical Theology)에 포함하였고, 또한 천사들의 아홉 위계들 및 목회직에 관한 그의 교리의 많은 부분을 「천상적 및 교회적 위계들」(Celestial and Ecclesiastical Hierarchies)에 포함하였다.

7세기에 이르러 나지안조스의 그레고리오스는 그리스 교부들 사이에서 일종의 정경적 지위를 획득하였다. 그의 저작들은 5세기에 많은 주석들을 축적하기 시작하였다. 6세기에는 그의 첫 번째 현존하는 주석가인 위(僞)논노스(Pseudo-Nonnus)가 활동하였다. 그리고 7세기에는 장로 그레고리오스가 저술한 전기의 주제가 되었다. 나지안조스의 그레고리오스의 저작들은 계속해서 라틴어로, 시리아어로, 아르메니아어로 번역되었다. 어떤

---

11 홀은 나지안조스의 그레고리오스를 이후의 "알렉산드레이아적" 기독론의 원형이라고 부른다. 그러나 나지안조스의 그레고리오스의 인식론에 관한 홀의 의심들로 인하여 홀은 그가 키릴로스와 차이점이 있다고 주장한다. 키릴로스가 더 큰 "실재론"을 지녔다는 관점에서 차이점이 있다고 주장한다. 참조. Holl, *Amphilochius*, 195-196 그리고 본서 IV장; Beeley, "Cyril of Alexandria."

수사들이 자신들의 극단적인 오리게네스주의를 옹호하기 위하여 나지안조스의 그레고리오스를 이용할 때, 고백자 막시모스는 나지안조스의 그레고리오스의 본문 안의 난해한 점들을 강제로 협상할 수 밖에 없었고, 그렇게 하면서 나지안조스의 그레고리오스가 비잔틴인들 사이에서 획득하였던 거의 성경적인 지위를 보여주었다.[12] 칼케돈 공의회 이후 3세기 동안 기독론적 논쟁들이 벌어진 이후 교부시대의 끝에 이르러 다마스코스의 요안네스는 자신이 가장 좋아하는 신학자인 나지안조스의 그레고리오스의 교리의 관점에서 기존의 전통을 주로 재해석함으로써 기존의 전통을 명확하게 종합하였다.

8세기에 나지안조스의 그레고리오스는 마찬가지로 새로운 대(大)신학자(the New Theologian) 시메온(Simeon)에게 교부적 영향을 끼친 주된 신학자였다. 이러한 기념비적 신학적 유산과 함께 나지안조스의 그레고리오스는 계속해서 비잔틴 문학계의 주요한 모형이 되었다. 그래서 그는 데모스테네스, 플라톤, 고전적 아테나이의 다른 연설가들과 산문작가들보다 더 뛰어나다는 명성을 얻었다.[13] 그러나 나지안조스의 그레고리오스가 가장 널리 끼친 영향은 동방 교회들의 예전에서 그의 설교들을 정기적으로 읽는 것을 통해서, 그리고 비잔틴 의식의 찬송가 안에서 그의 저작을 광범위하게 인용하는 것을 통해서 주어졌다.[14]

대(大)신학자 나지안조스의 그레고리오스에게 가장 온전한 의미로 "신학(theology)"인 삼위일체론은 교회의 삶 안에서 예수 그리스도 및 성령의 신적 경륜 안에서 드러난 하나님 지식을 나타내고 그러한 지식을 증진하고자 항상 추구한다. 칼케돈의 교부들, 초기의 비잔틴인들, 그리고 많은 다른 사람들이 인정하였듯이, 나지안조스의 그레고리오스는 **존재하는 모든 것들의 의**

---

12 무엇보다도 그의 장문의 「암비구아」(Ambigua)에서였다. 이것은 나지안조스의 그레고리오스의 본문에 있는 난제들을 해결하는 데에 대체로 할애되었다. 참조. Louth, "The Cappodocians."

13 예를 들면, 10세기에 마카엘 프셀로스(Michael Psellos)가 묘사하는 바와 같다. 참조. Daley, *Gregory of Nazianzus*, 26-27. 나지안조스의 그레고리오스의 영향에 관하여 여전히 유용한 연구는 다음과 같다. Rousse, "Saint Grégoire de Nazianze," cols. 960-969.

14 참조. Harrison, "Illumined from All Sides by the Trinity."

미를 영원한 삼위일체의 찬란한 빛의 관점에서 일관적으로 이해하는 자이며, 정통신앙을 가장 능숙하게 분명히 표현한 자이다. 우리가 검토하였던 중요한 주제들 각각은 — 신학자의 정화 및 조명으로부터, 교회의 목회사역을 포함하고, 그리스도, 성령, 삼위일체에 관한 독특한 가르침 전반에 이르기까지 — 기독교 신학의 정의를 형성하는 데에 도움을 주었다.

목회적, 논쟁적, 문학적 신학자로서의 삶의 활동을 통하여 나지안조스의 그레고리오스는 삼위일체에 관하여 분명하고 통일된 기독교적 중심을 형성하는 데에 거대하게 기여하였다. 그는 그리스 전통에서 포괄성, 신학적 및 주석적 예리함, 그리고 비전의 깊이의 관점에서 오리게네스에 비견될 수 있는 유일한 신학자이다. 이전의 어느 누구에게서와는 달리 나지안조스의 그레고리오스에게 하나님은 삼위일체이다. 즉, 비출생의 성부는 신적인 빛의 근원으로서 자신과 동등하게 빛나는 성자를 영원히 생성시키고 자신과 동일하게 빛나는 성령을 내어보내신다. 그래서 성자 안에서 성령에 의하여 하나님이 신적 경륜 안에서 알려진다. 셋 모두는 동등하게 우리의 헌신의 대상이며, 신학적 성찰의 초점이고, 많은 영적 시(詩)들의 주제이다.

나지안조스의 그레고리오스의 신학적, 교회적, 문학적 성취들 중에서 가장 큰 업적은, 그리고 그에게 명성을 가져다준 필연적인 원인은 하나님의 신적 빛이신 성부와 성자와 성령이 기독교적 삶의 진정한 의미이며 참으로 모든 피조적 존재의 진정한 의미이라는 점을 실천적으로 및 이론적으로 능숙하게 보여주었다는 사실이다.

참고문헌

1925년부터 1993년까지 나지안조스의 그레고리오스에 관한 가장 광범위한 참고문헌은 다음에서 확인할 수 있다. Francesco Trisoglio, "San Gregorio di Nazianzo, scrittore e teologo in quaranta anni di recerche (1925-1965)," *Rivista di storia e letteratura religiosa* 8 (1972), 그리고 다음에서도 확인할 수 있다. "San Gregorio Nazianzeno, 1966-1993," *Lustrum* 38 (1996): 7-361. 판본들, 번역들, 전반적인 참고문헌에 관하여 검색가능한 데이다베이스는 현재 다음의 기관에 의해 운영되고 있다. The Centre d'Études sur Grégoire de Nazianze of the Université Catholique de Louvain. 해당 싸이트는 다음과 같다. http://nazianzos.fltr.ucl.ac.be. 그리고 아래에서 고대의 자료들의 이용가능한 영어번역들이 가능한 곳에서 열거되어 있다.

나지안조스의 그레고리오스: 원문들과 번역들

Orations

Ors. 1-3 Ed. Jean Bernardi, *SC* 247; trans. Charles Gordon Browne and James Edward Swallow, *NPNF* 2.7. 203-229.

Ors. 4-5 Ed. Jean Bernardi, *SC* 309; trans. C. W. King, *Julian the Emperor, Containing Gregory Nazianzen's Two Invectives and Libanius' Monody with Julian's Extant Theosophical Works*, 1-121 (London: George Bell and Sons, 1888).

Ors. 6-12 Ed. Marie-Ange Calvet-Sebasti, *SC* 405; *Ors.* 6, 9-11 trans. Martha Vinson, *FC* 107, 3-35; *Or.* 8 trans. Brian E. Daley, *Gregory of Nazianzus*, 63-75 (Early

Church Fathers; London: Routledge, 2006); *Ors.* 7-8, 12 trans. Charles Gordon Browne and James Edward Swallow, *NPNF* 2.7.227-247.

Ors. 13-19 Ed. Armand Benjamin Caillau, *PG* 35; *Ors.* 13-15, 17, 19 trans. Martha Vinson, *FC* 107, 36-106; *Or.* 14 trans. Brian E. Daley, *Gregory of Nazianzus*, 75-97 (Early Church Fathers; London: Routledge, 2006); *Ors.* 16, 18 trans. Charles Gordon Browne and James Edward Swallow, *NPNF* 2.7. 247-269.

Ors. 20-23 Ed. Justin Mossay and Guy Lafontaine, *SC* 270; *Ors.* 20, 22-23 trans. Martha Vinson, *FC* 107, 107-141; *Or.* 20 trans. Brian E. Daley, *Gregory of Nazianzus*, 98-105 (Early Church Fathers; London: Routledge, 2006); *Or.* 21 trans. Charles Gordon Browne and James Edward Swallow, *NPNF* 2.7.269-284.

Ors. 24-26 Ed. Justin Mossay and Guy Lafontaine, *SC* 284; trans. Martha Vinson, *FC* 107, 142-190; *Or.* 26 trans. Brian E. Daley, *Gregory of Nazianzus*, 105-117 (Early Church Fathers; London: Routledge, 2006).

Ors. 27-31 *Theological Orations.* Ed. Paul Gallay, *SC* 250; trans. Charles Gordon Browne and James Edward Swallow, *NPNF* 2.7.284-328, and repr. with notes in Edward R. Hardy, ed., *Christology of the Later Fathers*, 128-214 (Library of Christian Classics 3; Philadelphia: Westminster, 1954); trans. Frederick Williams (*Or.* 27) and Lionel Wickham (*Ors.* 28-31) in Frederick W. Norris, *Faith Gives Fullness to Reasoning: The Five Theological Orations of Gregory Nazianzen* (Supplements to Vigiliae Christianae 13; Leiden: Brill, 1991), and repr. with notes in *St. Gregory of Nazianzus, On God and Christ: The Five Theological Orations and Two Letters to Cledonius* (Popular Patristic Series; Crestwood, N.Y.: St. Vladimir's Seminary Press, 2002).

Ors. 32-37 Ed. Claudio Moreschini, *SC* 318; *Ors.* 32, 35-36 trans. Martha Vinson, *FC* 107, 191-229; *Ors.* 33-34, 37 trans. Charles Gordon Browne and James Edward Swallow, *NPNF* 2.7. 328-345.

Ors. 38-41 Ed. Claudio Moreschini, *SC* 358; trans. Charles Gordon Browne and James Edward Swallow, *NPNF* 2.7.345-385; *Ors.* 38-39 trans. Brian E. Daley, *Gregory of Nazianzus*, 117-138 (Early Church Fathers; London: Routledge, 2006).

Ors. 42-43 Ed. Jean Bernardi, *SC* 384; *Or.* 42 trans. Brian E. Daley, *Gregory of Nazianzus*, 138-154 (Early Church Fathers; London: Routledge, 2006); *Ors.* 42-43 trans. Charles Gordon Browne and James Edward Swallow, *NPNF* 2.7.385-422.

Ors. 44-45 Ed. Armand Benjamin Caillau, *PG* 36; *Or.* 44 trans. Martha Vinson, *FC* 107, 230-238; trans. Brian E. Daley, *Gregory of Nazianzus*, 154-161 (Early Church Fathers; London: Routledge, 2006); *Or.* 45 trans. Charles Gordon Browne and James Edward Swallow, *NPNF* 2.7.422-434.

Letters

Ep. 1-249 Ed. Paul Gallay, *Saint Grégoire de Nazianze, Lettres* (2 vols., Collection des Universités de France; Paris: Les Belles Lettres, 1964/1967), with *Ep.* 101-102, 202 repr. in *SC* 208; *Ep.* 1-2, 4-9, 12-13, 16-19, 21-22, 25-29, 37, 39-55, 58-60,

62-66, 77, 88, 91, 93, 101-102, 104-106, 115, 121-124, 126, 131, 135, 139-146, 151-154, 157, 163, 171, 183-186, 202 trans. Charles Gordon Browne and James Edward Swallow, *NPNF* 2.7. 437-482, with trans. of *Ep.* 101-102, 202 repr. with notes in Edward R. Hardy, ed., *Christology of the Later Fathers*, 215-232 (Library of Christian Classics 3; Philadelphia: Westminster, 1954).

Poems

Carm. Ed. Armand Benjamin Caillau, *PG* 37-38.

Carm. 1.1.1 *On First Principles*; 1.1.2 *On the Son*; 1.1.3 *On the Spirit*; 1.1.4 *On the Universe*; 1.1.5 *On Providence*; 1.1.7 *On Rational Natures*; 1.1.8 *On the Soul*; 1.1.9 *On the Testaments and the Coming of Christ* (the *Poemata Arcana*). Ed. and intro. C. Moreschini, trans. and comm. D. A. Sykes, *St. Gregory of Nazianzus, Poemata Arcana* (Oxford Theological Monographs; Oxford: Clarendon, 1997).

Carm. 1.1.1-12, 37; 1.2.1, 8.11-18; 2.1.6, 21, 39, 45, 78; *Epitaph* 119 on Basil. *PG* 37.397-474, 520-578, 649-667, 752-786, 1023-1024, 1329-1336, 1353-1378, 1425-1426; 38.72. Trans. Peter Gilbert, *On God and Man: The Theological Poetry of St. Gregory of Nazianzus* (Popular Patristic Series; Crestwood, N.Y.: St. Vladimir's Seminary Press, 2001).

Carm. 2.1.1 *De rebus suis*; 2.1.11 *De vita sua*; 2.1.12 *De seipso et de episcopis*. *PG* 37.969-1017, 1029-1227; trans. Denis Mollaise Meehan, *Saint Gregory of Nazianzus, Three Poems, FC* 75.

Carm. 2.1.11 *De vita sua*; 2.1.19 *Querela de suis calamitatibus*; 2.1.34 *In silentium jejunii*; 2.1.39 *In suos versus*; 2.1.92 *Epitaph sui ipsius et compendium ipsius vitae*. Ed. and trans. Carolinne White, *Gregory of Nazianzus, Autobiographical Poems* (Cambridge Medieval Classics 6; Cambridge: Cambridge University Press, 1996).

Carm. 2.1.1.194-204, 210-212, 452-456 *De rebus suis*; 2.1.45.191-204, 229-269 *De animae suae calamitatibus carmen lugubre*. *PG* 37.985-986, 1003-1004, 1367; trans. John A. McGuckin, *St. Gregory of Nazianzus: An Intellectual Biography*, 66-69 (Crestwood, N.Y.: St. Vladimir's Seminary Press, 2001).

Epitaphs

Epit. Epitaphs. PG 38.11-80; trans. W. R. Paton, *The Greek Anthology*, bk. 8, *LCL* 2.401-505.

Testament

Test. Examplum Testamenti. PG 37.

다른 고대의 자료들

Albinus

Epit. Epitome. Ed. Pierre Louis, *Albinus, Épitomé* (Nouvelle Collection des Textes et Documents; Paris: Belles Lettres, 1945).

Ambrose of Milan

Ep. Letters. Bks. 1-6 ed. O. Faller, *CSEL* 82.1; bks. 7-10 and *Epistulae extra collectionem* ed. M. Zelzer, *CSEL* 82.2-3; trans. H. de Romestin, *NPNF* 2.10.411-473; trans. M. M. Beyenka, *FC* 26.

Spir. On the Holy Spirit. Ed. O. Faller, *CSEL* 79; trans. R. J. Deferrari, *FC* 40.35-213.

Ammianus Marcellinus

Amm. Marc. Ammiani Marcellini. Ed. C. Clark, *Ammiani Marcellini Rerum gestarum libri qui supersunt* (Berlin: Weidmann, 1910-1915); trans. John C. Rolfe, *LCL* (3 vols.).

Amphilochius of Iconium

Ep. syn. Synodical Letter (of the Synod of Iconium 376). Ed. Cornelis Datema, *Opera*, *CCG* 3.219-221.

Apollinarius of Laodicea

Anac. Recapitulation (ἀνακεφαλαίωσις). Ed. Hans Lietzmann, *Apollinaris von Laodicea und seine Schule*, 242-246 (Tübingen: Mohr, 1904).

De unione On the Union of the Body with the Divinity in Christ. Ed. Hans Lietzmann, *Apollinaris von Laodicea und seine Schule*, 185-193 (Tübingen: Mohr, 1904).

Ep. Diocaes. Letter to Diocaesarea. Ed. Hans Lietzmann, *Apollinaris von Laodicea und seine Schule*, 255-256 (Tübingen: Mohr, 1904).

Ep. Dion. Letter to Dionysius. Ed. Hans Lietzmann, *Apollinaris von Laodicea und seine Schule*, 256-262 (Tübingen: Mohr, 1904).

De fide et inc. On the Faith and the Incarnation. Ed. Hans Lietzmann, *Apollinaris von Laodicea und seine Schule*, 194-203 (Tübingen: Mohr, 1904).

Frag. Fragments. Ed. Hans Lietzmann, *Apollinaris von Laodicea und seine Schule*, 204-242 (Tübingen: Mohr, 1904).

KMP Detailed Confession of Faith (ἡ κατὰ μέροσ πίστις). Ed. Hans Lietzmann, *Apollinaris von Laodicea und seine Schule*, 167-185 (Tübingen: Mohr, 1904).

Aristotle

Interp. *On Interpretation.* Trans. Harold P. Cooke, *LCL.*

Metaph. *Metaphysics.* Trans. Hugh Tredennick, *LCL* 287.

Rhet. *Rhetoric.* Ed. Rudolfus Kassel (Berlin: De Gruyter, 1976); trans. George A. Kennedy, *On Rhetoric: A Theory of Civic Discourse* (Oxford: Oxford University Press, 1991).

Athanasius of Alexandria

Ar. *Orations Against the Arians.* Ed. W. Bright, *The Orations of St. Athanasius Against the Arians according to the Benedictine Text* (Oxford: Clarendon, 1884); trans. John Henry Newman and Archibald Robertson, *NPNF* 2.4.303-447.

Decr. *On the Decrees of Nicaea.* Ed. Opitz, *Athanasius Werke* 2.1.1-45 (Berlin: De Gruyter, 1940); trans. John Henry Newman and Archibald Robertson, *NPNF* 2.4.150-172.

Dion. *On the Sayings of Dionysius.* Ed. Opitz, *Athanasius Werke* 2.1.46-67 (Berlin: De Gruyter, 1940); trans. A. Robinson, *NPNF* 2.4173-187.

Ep. Aeg. Lib. *Letter to the Bishops of Egypt and Libya.* *PG* 25.537-594; trans. M. Atkinson and A. Robertson, *NPNF* 2.4. 222-235.

Ep. cath. *Catholic Epistle* (of the Synod of Alexandria, 362). Ed. Martin Tetz, "Ein enzyklisches Schreiben der Synode von Alexandrian (362)," *ZNTW* 79 (1988): 262-81, text at 271-73.

Ep. Jov. *Letter to the Emperor Jovian.* *PG* 26.813-820; trans. Archibald Robertson, *NPNF* 4.567-568.

Ep. Serap. *Letters to Serapion Concerning the Holy Spirit.* *PG* 26.529-676; trans. C. R. B. Shapland, *The Letters of Saint Athanasius Concerning the Holy Spirit* (London: Epworth, 1951).

Gent. *Against the Nations.* Ed. Pierre Thomas Camelot, *SC* 18 bis; trans. R. W. Thompson, *Contra gentes et de incarnatione,* 135-277 (Oxford: Clarendon, 1971); trans. E. P. Meijering, *Athanasius: Contra gentes* (Philosophia Patrum 7; Leiden, Netherlands: Brill, 1984).

Hist Ar. *History of the Arians.* Ed. Opitz, *Athanasius Werke* 2.1.183-230 (Berlin: De Gruyter, 1940); trans. M. Atkinson, *NPNF* 2.4.266-302.

Inc. *On the Incarnation.* Ed. Charles Kannengiesser, *SC* 199; trans. R. W. Thompson, *Contra gentes et de incarnatione,* 135-277 (Oxford: Clarendon, 1971); trans. Archibald Robertson, *NPNF* 2.4.36-67.

Syn. *On the Councils of Ariminum and Seleucia.* Ed. Opitz, *Athanasius Werke* 2.1.231-278 (Berlin: De Gruyter, 1940); ET: John Henry Newman and Archibald Robertson, *NPNF* 2.4.448-480.

Tom. *Tome to the Antiochenes.* *PG* 26.796; trans. H. Ellershaw, *NPNF* 2.4.481-486.

V. Ant. *Life of Antony.* Ed. G. J. M. Bartelink, *SC* 400; trans. Robert C. Gregg, *The Life of Antony and the Letter to Marcellinus* (Classics of Western Spirituality; New York: Paulist, 1980).

Augustine of Hippo

C. Julian Against Julian of Eclanum. Ed. N. Cipriani, *Polemica con Giuliano I*, 399-981 (Opera Omnia 18; Rome: Citta Nuova, 1985); trans. Matthew A. Schumacher, *FC* 35.

Doctr. On Christian Teaching. Ed. W. M. Green, *CSEL* 32; trans. Edmund Hill, *Teaching Christianity: De Doctrina Christiana* (Works of Saint Augustine 1.11; Hyde Park, N.Y.: New City, 1996).

Jo. ev. tr Tractates on the Gospel of John. Ed. R. Willems, CCSL 36; trans. John Rettig, FC 78, 79, 88, 90, 92.

Serm. 71 Sermon 71. PL 38.444-467; trans. Edmund Hill, *Sermons* 51-94 (Hyde Park, N.Y.: New City, 1992).

Trin. On the Trinity. Ed. J. Mountain, *CCL* 50, 50A; trans. Edmund Hill, *The Trinity* (Works of Saint Augustine 1.5; Hyde Park, N.Y.: New City, 1991).

Basil of Ancyra

Ep. syn. Synodical Letter from the Synod of Ancyra 358. Ed. Karl Holl, *Panarion* 73.2.1-11.10, *GCS* 3.

Basil of Caesarea

Adolesc. To Young Men. Ed. and trans. Roy J. Deferrari, *LCL* 4.

Ep. Letters. Ed. Yves Courtonne, *Saint Basile: Lettres* (3 vols., Collection Guillaume Budé; Paris: Les Belles Lettres, 1957-1966); trans. Roy Deferrari, *Saint Basil: The Letters* (4 vols.), *LCL*.

Eun. Against Eunomius. Ed. Bernard Sesboüé, Georges-Matthieu de Durand, and Louis Doutreleau, *SC* 299, 305.

Hex. Hexaemeron. Ed. Emmanuel Amand de Mendieta and Stig Y. Rudberg, *GCS* N.F. 2; trans. Blomfield Jackson, *NPNF* 2.8. 51-107.

Hom. Sermons. PG 31.163-618.

Spir. On the Holy Spirit. Ed. B. Pruche, *SC* 17 bis; trans. Blomfield Jackson, *NPNF* 2.8.1-50; rev. David Anderson, *On the Holy Spirit* (Popular Patristic Series; Crestwood, N.Y.: St. Vladimir's Seminary Press, 1980).

Chrysippus

Frag. Fragments. Ed. H. von Arnim, *Stoicorum Veterum Fragmenta* (Leipzig: Teubner, 1903-1924).

Church Councils

EOM Ecclesiae Occidentalis Monumenta Iuris Antiquissima. Ed. C. H. Turner (vol. 1; Oxford: Clarendon, 1899).

Hahn Bibliothek der Symbole und Glaubensregeln der alten Kirche. Ed. A. Hahn, rev. G. L. Hahn (Hildesheim: Georg Olms, 1962).

Mansi Sacrorum Conciliorum Nova et Amplissima Collectio. Ed. J. D. Mansi (rev. ed.; Paris: H. Welter, 1901-1927).

Clement of Alexandria

Paed. The Tutor. Ed. Otto Stählin, *GCS* 12.87-340; trans. Henri-Irénée Marrou, *SC* 70, 108, 158; trans. Simon P. Wood, *FC* 23.

Protr. Exhortation. Ed. M. Marcovich and J. C. M. van Winden, *Clementis Alexndrini Paedagogus* (Supplements to Vigiliae Christianae 61; Leiden: Brill, 2002); trans. G. W. Butterworth, *LCL* 92.2-263.

Strom. Miscellanies. Ed. Otto Stählen and Ludwig Früchtel, *GCS* 15, 17; trans. W. L. Alexander, *ANF* 2.299-568; bks. 1-3 trans. John Ferguson, *FC* 85.

Damasus

Conf. quid. Confidemus quidem. Ed. and trans. Lester L. Field, Jr., *On the Communion of Damasus and Melitius: Fourth-Century Synodal Formulae in the* Codex Veronensis LX, 10-15 (Studies and Texts 145; Toronto: Pontifical Institute of Mediaeval Studies, 2004).

Ea grat. Ea gratia. Ed. and trans. Lester L. Field, Jr., *On the Communion of Damasus and Melitius: Fourth-Century Synodal Formulae in the* Codex Veronensis LX, 14-17 (Studies and Texts 145; Toronto: Pontifical Institute of Mediaeval Studies, 2004).

Ep. Letters. Ed. and trans. Glen Louis Thompson, *The Earliest Papal Correspondence,* 278-372 (diss., Columbia University, 1990).

Il. sane Illut sane. Ed. and trans. Lester L. Field, Jr., *On the Communion of Damasus and Melitius: Fourth-Century Synodal Formulae in the* Codex Veronensis LX, 16-19 (Studies and Texts 145; Toronto: Pontifical Institute of Mediaeval Studies, 2004).

Non nobis Non nobis. Ed. and trans. Lester L. Field, Jr., *On the Communion of Damasus and Melitius: Fourth-Century Synodal Formulae in the* Codex Veronensis LX, 18-21 (Studies and Texts 145; Toronto: Pontifical Institute of Mediaeval Studies, 2004).

Tom. Dam. Tomus Damasi. Ed. M. Dossetti, *Il simbolo di Nicea e di Costantinopoli: Edizione critica,* 94-111 (Rome: Herder, 1967).

Didymus the Blind

Comm. Zach. Commentary on Zachariah. Ed. Louis Doutreleau, *SC* 83, 84, 85; trans. Robert Hill, *FC* 111.

Spir. On the Holy Spirit. Ed. Louis Doutreleau, *SC* 386.

Ephraem Syrius

Ad Ioan. mon. To John the Monk: That He Should Avoid the Madness and Blasphemy of Nestorius. Ed. K. G. Phrantzoles, Ὁσίου Ἐφραίμ τοῦ Σύρου ἔργα, 173-195 (3 vols.; Thessalonica, Greece: To Perivoli tis Panagias, 1990).

Serm. Mon. Aeg. Sermon to the Monks of Egypt. Ed. K. G. Phrantzoles, Ὁσίου Ἐφραίμ τοῦ Σύρου ἔργα, 36-294 (3 vols.; Thessalonica, Greece: To Perivoli tis Panagias, 1990).

Serm. Trans. Sermon on the Transfiguration of the Lord. Ed. K. G. Phrantzoles, Ὁσίου Ἐφραίμ τοῦ Σύρου ἔργα, 13-30 (3 vols.; Thessalonica, Greece: To Perivoli tis Panagias, 1990).

Epicurus

Ep. Letters. Ed. Hermann Usener, *Epicurea* (Leipzig, Germany: Teubner, 1887); trans. Eugene O'Connor, *The Essential Epicurus: Letters, Principal Doctrines, Vatican Sayings, and Fragments* (Great Books in Philosophy; Buffalo, N.Y.: Prometheus, 1993).

Epiphanius of Salamis

Ancor. Ancoratus. Ed. Karl Holl, *GCS* 25.

Fid. Exposition of the Faith. Ed. Karl Holl, *GCS* 3.496-526.

Panar. Panarion. Ed. Karl Holl, *GCS* 25, 31, 37; trans. Frank Williams, *The Panarion of Epiphanius of Salamis* (2 vols.; Leiden: Brill, 1987).

Rescr. Rescript to Acasius and Paul. Ed. Karl Holl, *GCS* 1.155.

Eunomius of Cyzicus

Apol. Apology. Ed. and trans. Richard Paul Vaggione, *Eunomius: The Extant Works*, 43-75 (Oxford Early Christian Texts; Oxford: Clarendon, 1987).

Apol. Apol. Apology for the Apology. Ed. and trans. Richard Paul Vaggione, *Eunomius: The Extant Works*, 99-127 (Oxford Early Christian Texts; Oxford: Clarendon, 1987).

Frag. Fragments. Ed and trans. Richard Paul Vaggione, *Eunomius: The Extant Works*, 176-179 (Oxford Early Christian Texts; Oxford: Clarendon, 1987).

Eusebius of Caesarea

Comm. Pss. Commentary on the Psalms. PG 23; 24.9-76.

Dem. ev. Proof of the Gospel. Ed. I. A. Heikel, *GCS* 6; trans. W. J. Ferrar, *The Proof of the Gospel: Being the Demonstratio evangelica of Eusebius of Caesarea* (2 vols., Translations of Christian Literature Series 1; London: SPCK, 1920).

Eccl. theo. Ecclesiastical Theology. Ed. Erich Klostermann, *GCS* 4b.60-182.

Ep. Caes. Letter to the People of Caesarea. In Athanasius, *Decr.* 33.

HE *Ecclesiastical History.* Ed. E. Schwartz, SC 31, 41, 51, 73; trans. Paul L. Maier, *The Church History: A New Translation with Commentary* (Grand Rapids, Mich.: Kregel, 1999).

Laud. Const. *In Praise of Constantine.* Ed. I. A. Heikel, GCS 7.193-259; trans. E. C. Richardson, *NPNF* 2.1.581-610.

Marcell. *Against Marcellus.* Ed. Erich Klostermann and Günter Christian Hansen, GCS 4b.1-58.

Mart. Palest. *The Martyrs of Palestine.* Ed. E. Schwartz, GCS 9.2.907950; trans. H. J. Lawlor and J. E. L. Oulton, *Eusebius, The Ecclesiastical History and the Martyrs of Palestine* (2 vols.; London: SPCK, 1928).

Prep. ev. *Preparation for the Gospel.* Ed. E. des Places, J. Sirinelli, G. Schroeder, G. Favrelle, and O. Zink, SC 206, 215, 228, 262, 266, 292, 307, 338, 369; trans. Edwin Hamilton Gifford, *Eusebii Pamphili Evangelicae Praeparationes* (4 vols.; Oxford: Clarendon, 1903).

V. Const. *Life of Constantine.* Ed. Friedhelm Winkelman, rev. ed. GCS 1.1; trans. Averil Cameron and Stuart G. Hall, *Eusebius, Life of Constantine* (Oxford: Oxford University Press, 1999).

Gorgias

Pal. *Defence of Palamides.* Ed. F. Blass, *Antiphontis orationes et fragmenta: adiunctis Gorgiae, Antisthenis, Alcidamantis declamationibus* (Leipzig, Germany: Teubner, 1871).

Gregory of Nyssa

Ablab. *To Ablabius: That We Should Not Say That There Are Three Gods.* Ed. F. Mueller, *Gregorii Nysseni Opera* 3.1. 37-57; trans. Cyril. C. Richardson, in Edward Hardy, ed., *Christology of the Later Fathers,* 256-257 (Library of Christian Classics 3; London: SPCK, 1954).

Antirrh. *Antirrheticus (Refutation) Against Apollinarius.* Ed. F. Mueller, *Gregorii Nysseni Opera* 3.1.127-233.

Comm. Cant. *Commentary on the Song of Songs. Gregorii Nysseni Opera* 6. Trans. Casimir McCambley, *Gregory of Nyssa: Commentary on the Song of Songs* (Brookline, Mass.: Hellenic College Press, 1987).

Comm. Not. *To the Greeks, From Common Notions.* Ed. F. Mueller, *Gregorii Nysseni Opera* 3.1.17-33; trans. Daniel Stramara, GOTR 41 (1996): 381-391.

Deit. Fil. et Spir. *On the Divinity of the Son and the Holy Spirit.* PG 46. 553-576.

Ep. Pet. *Letter to His Brother Peter.* (Pseudo-Basil, *Ep.* 38.)

Eun. *Against Eunomius.* Ed. Werner Jaeger, *Gregorii Nysseni Opera* (vols. 1-2; Leiden: Brill, 1952-); trans. H. C. Ogle, H. A. Wilson, and M. Day, *NPNF* 2.5.33-248.

Eust. *To Eustathius, On the Holy Trinity.* Ed. F. Mueller, *Gregorii Nysseni Opera* 3.1.1-16; trans. H. A. Wilson, *NPNF* 2.5.326-330.

Or. cat. Catechetical Oration. Ed. E. Mühlenberg, *Gregorii Nysseni Opera* (vols. 3-4; Leiden: Brill, 1952-), and repr. in *SC* 453; trans. Cyril Richardson, in Edward Hardy, ed., *Christology of the Later Fathers,* 268-325 (Library of Christian Classics 3; Philadelphia: Westminster, 1954).

Orat. Dom. On the Lord's Prayer. Ed. J. F. Callahan, *Gregorii Nysseni Opera* vol. 7.2; trans. H. C. Graef, *ACW* 18.

Pent. On the Holy Spirit, or *On Pentecost. PG* 46.696-701.

Ref. Refutation of Eunomius' Confession. Gregorii Nysseni Opera 1.2; trans. H. C. Ogle and H. A. Wilson, *NPNF* 2.5. 101-134.

Spir. On the Holy Spirit Against Macedonius. Ed. F. Mueller, *Gregorii Nysseni Opera* 3.1.87-15; trans. H. A. Wilson, *NPNF* 2.5.315-25.

Steph. Encomium on Saint Stephen. Ed. Otto Lendle, *Gregorius Nyssenius Encomium in Sanctum Stephanum protomartyrem* (Leiden: Brill, 1968).

V. Macr. The Life of Macrina. Ed. Werner Jaeger, *Gregorii Nysseni Opera* vol. 8.1; trans. Kevin Corrigan, *Gregory of Nyssa, The Life of Saint Macrina* (Toronto: Peregrina, 1987).

V. Mos. The Life of Moses. Ed. Jean Danielou, *SC* 1 bis; trans. Abraham J. Malherbe and Everett Ferguson, *Gregory of Nyssa. The Life of Moses* (Classics of Western Spirituality; New York: Paulist, 1978).

Gregory Thaumaturgus

Addr. Address of Thanksgiving to Origen. Ed. Henri Crouzel, *SC* 148; trans. Michael Slusser, *FC* 98.91-126.

Metaphr. Metaphrase on the Ecclesiastes of Solomon. PG 10.987-1018; trans. Michael Slusser, *FC* 98.127-146.

Theo. To Theopompus, On the Impassibility and Passibility of God. Ed. Paul de Lagarde, *Analecta Syriaca* 46-64; trans. Michael Slusser, *FC* 98.152-173.

Gregory the Great

Reg. past. Pastoral Rule. Ed. Floribert Rommel, *SC* 381, 382; trans. James Barmby, *NPNF* 2.12.1b-72b.

Gregory the Presbyter

V. Greg. Naz. Life of Gregory of Nazianzus. PG 35.

Hilary of Poitiers

Trin. On the Trinity. Ed. P. Smulders, *SC* 443, 448, 462; trans. Stephen McKenna, *FC* 25.

Ignatius of Antioch

Ep. Letters. Ed. Pierre Thomas Camelot, *SC* 10 bis; trans. William Schoedel (Hermeneia Commentary Series; Philadelphia: Fortress, 1985).

Irenaeus of Lyons

Adv. haer. Against the Heresies. Ed. A. Rousseau, L. Doutreleau, B. Hemmerdinger, and C. Mercier, *SC* 100, 152, 153, 210, 211, 263, 264, 293, 294; trans. A. Roberts and W. H. Rambaut, *ANF* 1.315-578.

Jerome

Comm. Jon. Commentary on Jonah. Ed. Yves-Marie Duval, *SC* 323.

Ep. Letters. Ed. I. Hilberg, *CSEL* 54-56; trans. F. A. Wright, *LCL* 262.

Lib. Pamm. To Pammachius, Against Bishop John of Jerusalem and Rufinus the Defender of Origen. Ed. J.-L. Feiertag, *CCL* 79A.

Vir. illus. On Famous Men. Ed. E. C. Richardson, *Hieronymus liber De viris inlustribus* (Leipzig, Germany: J. C. Hinrichs, 1896); trans. Thomas Halton, *FC* 100.

John Chrysostom

Incompr. On the Incomprehensible Nature of God. Ed. Anne-Marie Malingrey, *SC* 28 bis; trans. Paul W. Harkins, *FC* 78.

Sacerd. On the Priesthood. Ed. Anne-Marie Malingrey, *SC* 272; trans. Graham Neville, *Saint John Chrosostom, Six Books on the Priesthood* (Popular Patristic Series; Crestwood, N.Y.: St. Vladimir's Seminary Press, 1964).

Julian the Emperor

Ep. Letters. Ed. Joseph Bidez, *Oevres completes* (3rd ed., 2 vols.; Paris: Belles Lettres, 1972).

Justin Martyr

Dial. Dialog with Trypho. Ed. Miroslav Mackovich, *Dialogus cum Tryphone* (Berlin: De Gruyter, 1997); trans. Thomas B. Falls and Thomas P. Halton, *FC* 3.

Libanius

Or. Orations. Ed. Richard Forster, *Libanii Opera* (Hildesheim, Germany: Olms, 1985-1998); trans. D. A. Russell, *Imaginary Speeches: A Selection of Declamations* (London: Duckworth, 1996).

Origen

Cels. Against Celsus. Ed. M. Borret, SC 132, 136, 147, 150, 227; trans. Henry Chadwick, *Origen: Contra Celsum* (Cambridge: Cambridge University Press, 1965).

Comm. Cant. Commentary on the Song of Songs. Ed. L. Brésard, SC 375-376; trans. R. P. Lawson, ACW 26.

Comm. Jn. Commentary on the Gospel of John (lib. 1-2, 4-6, 10, 13). Ed. C. Blanc, SC 120, 157, 222, 290, 385; trans. Ronald E. Heine, FC 80, 89; bk. 32.318-367 trans. Joseph Trigg, *Origen*, 233-240 (Early Church Fathers; London: Routledge, 1998).

Comm. Mt. Commentary on the Gospel of Matthew. Ed. E. Klostermann, GCS 40.1-40.2; bks. 1-2, 10-14 trans. John Patrick, ANF 10.413.512.

Comm. Rom. Commentary on Romans. Ed. Theresia Heither, *Commentarii in Epistulam ad Romanos* (Freiburg: Herder, 1990-1994); trans. Thomas Schenk, FC 103-104.

Fr. in Ps. Fragmenta in Psalmos. Ed. Jean Baptiste Pittra, *Analecta Sacra*, 2.444f., 3.1f. (Paris: A. Jouby et Roger, 1876-1884).

Heracl. Dialog with Heraclides. Ed. Jean Scherer, SC 67; ET: Robert J. Daly, ACW 54.

Hom. Ex. Homilies on Exodus. Ed. M. Borret, SC 321; trans. Ronald Heine, FC 71.

Hom. Jer. Homilies on Jeremiah. Ed. Pierre Nautin, SC 232, 238; trans. John Clark Smith, FC 97.

Hom. Ps. 36 Homily on Psalm 36. Ed. H. Crouzel and L. Brésard, SC 411.

Orat. On Prayer. Ed. P. Koetschau, GCS 3.297-403; trans. Rowan A. Greer, *Origen: An Exhortation to Martyrdom, Prayer, First Principles; Book IV, Prologue to the Commentary on the Song of Songs, Homily XXVII on Numbers*, 81-170 (Classics of Western Spirituality; New York: Paulist, 1979).

Philoc. Philocalia of the Works of Origen by Basil and Gregory Nazianzen. Chaps. 1-20 ed. Marguerite Harl, SC 302; chaps. 21-27 ed. Éric Junod, SC 226; trans. George Lewis, *The Philocalia of Origen* (Edinburgh: T. and T. Clark, 1911).

Princ. On First Principles. Ed. H. Crouzel and M. Simonetti, SC 252, 253, 268, 269, 312; trans. Henry Butterworth, *Origen: On First Principles* (Gloucester, Mass.: Peter Smith, 1973); bk. 4 trans. Rowan A. Greer, *Origen: An Exhortation to Martyrdom, Prayer, First Principles; Book IV, Prologue to the Commentary on the Song of Songs, Homily XXVII on Numbers*, 171-216 (Classics of Western Spirituality; New York: Paulist, 1979).

Philostorgius

HE Ecclesiastical History. Ed. Joseph Bidez and F. Winkelmann, GCS; trans. E. Walford, *The Ecclesiastical History of Sozomen and Philostorgius* (London: Henry G. Bonn, 1855).

Plato

Crat. Cratylus. Ed. and trans. H. N. Fowler, *LCL* 167.

Ion Ion. Trans. W. R. M. Lamb, *LCL* 164.

Phaed. Phaedo. Trans. Harold North Fowler, *LCL* 36.

Phaedr. Phaedrus. Trans. Harold North Fowler, *LCL* 36.

Rep. Republic. Trans. Paul Shorey, *LCL* 237, 276.

Symp. Symposium. Trans. W. R. M. Lamb, *LCL* 166.

Tim. Timaeus. Trans. R. G. Bury, *LCL* 234.

Plotinus

Enn. Enneads. Ed. Paul Henry and Hans-Rudolf Schwyzer, *Plotini Opera* (Oxford: Claren-
don, 1964-); trans. A. H. Armstrong, *LCL* 440-445, 468.

Pseudo-Cyril of Alexandria

De sanct. Trin. On the Holy Trinity. PG 77.

Pseudo-Didymus the Blind

In Gen. On Genesis. PG 39.1111-1115.

In Pss. On the Psalms. PG 39.1155-1616.

Trin. On the Trinity. PG 39.269-992.

Pseudo–Dionysius

De caelesti Celestial Hierarchy. Ed. Beate Regina Suchla, *Corpus Dionysiacum* (Patristische
Texte und Studien 33, 36; Berlin: De Gruyter, 1990); ET: Colm Lubheid and Paul
Rorem, *The Complete Works*, 143-191 (Classics of Western Spirituality; New York:
Paulist, 1987).

De myst. Mystical Theology. Ed. Beate Regina Suchla, *Corpus Dionysiacum* (Patristische
Texte und Studien 33, 36; Berlin: De Gruyter, 1990); ET: Colm Lubheid and Paul
Rorem, *The Complete Works*, 133-141 (Classics of Western Spirituality; New York:
Paulist, 1987).

Rufinus of Aquileia

HE Ecclesiastical History. Ed. M. Simonetti, *CCL* 20.

Or. Greg. Naz. Orationum Gregorii Nazianzeni novem interpretatio. Ed. Augustus Engel-
brecht, *CSEL* 46.

Socrates

HE Ecclesiastical History. PG 67.33-841; trans. A. C. Zenos, *NPNF* 2.2.1-178.

Sozomen

HE Ecclesiastical History. Ed. Joseph Bidez, *SC* 306, 418, 495; trans. Chester D. Hartranft, *NPNF* 2.2.179-427.

Tertullian

Prax. Against Praxeas. Ed. and trans. Ernest Evans, *Tertullian's Treatise Against Praxeas* (London: SPCK, 1948).

Themistius

Or. Orations. Ed. G. Downey, *Themistii Orationes* (Leipzig, Germany: Teubner, 1965-974); trans. Robert J. Penella, *The Private Orations of Themistius* (Berkeley: University of California Press, 2000).

Theodoret

HE Ecclesiastical History. Ed. F. Scheidweiler, *GCS* 44; trans. Blomfield Jackson, *NPNF* 2.3.33-59.

Theodosian Code

C. Th. Theodosian Code. Ed. Paul Krüger, Theodore Mommsen, and Paul Meyer, *Theodosiani Libri XVI cum Constitutionibus sirmondianis* (3rd ed., 3 vols.; Hildesheim, Germany: Weidmann, 2002-2005); trans. Clyde Pharr, *The Theodosian Code and Novels* (New York: Greenwood, 1969).

현대의 연구들

Abramowski, Luise. "Das Bekenntnis des Gregor Thaumaturgus bei Gregor von Nyssa und das Problem seiner Echtheit." *Zeitschrift für Kirchengeschichte* 87 (1976): 145-166.

──────. "Die Schrift Gregors des Lehrers 'Ad Theopompum' und Philoxenus von Mabbug." *Zeitschrift für Kirchengeschichte* 89 (1978): 273-290.

Althaus, Heinz. *Die Heilslehre des heiligen Gregor von Nazianz. Münsterische Beiträge zur Theologie* 34. Münster, Germany: Verlag Aschendorff, 1972.

Asmus, J. R. "Gregorius von Nazianz und sein Verhältnis zum Kynismus." *Theologische Studien und Kritiken* 67 (1894): 314-339.

Athanasius, *Letter to Epictetus (Ep. Epict.)*. PG 26.1049-1070; trans. Archibald Robertson, *NPNF* 4.570-574.

———. *Festal Letters (Ep. Fest.)*. Ed. L. -T. Lefort. *CSCO* 150-151; trans. David Brakke, *Athanasius and the Politics of Asceticism*. Oxford Early Christian Studies. Oxford: Oxford University Press, 1995, 275-334.

Ayres, Lewis. *Nicaea and Its Legacy: An Approach to Fourth-Century Trinitarian Theology*. Oxford: Oxford University Press, 2004.

Bardy, Gustave. *Saint Athanase*. 3rd ed. Paris: Victor Lecoffre, 1925.

Barnes, Michel René. "De Régnon Reconsidered." *Augustinian Studies* 26 (1995): 51-79.

———. "The Fourth Century as Trinitarian Canon." In *Christian Origins: Theology, Rhetoric and Community*, ed. Lewis Ayres and Gareth Jones, 47-67. London: Routledge, 1998.

———. "Oeconomia." In *Encyclopedia of Early Christianity*, ed. Everett Ferguson, 825-826. 2nd ed. Grand Rapids, Mich.: Garland, 1997.

———. "One Nature, One Power: Consensus Doctrine in Pro-Nicene Polemic." *Studia Patristica* 29 (1997): 205-223.

———. *The Power of God: Δύναμις in Gregory of Nyssa's Trinitarian Theology*. Washington, D.C.: Catholic University of America Press, 2001.

Barnes, T. D. "The Collapse of the Homoeans in the East." *Studia Patristica* 29 (1997): 3-16.

Baronius, Joseph. *Dissertationes theologicae: De traditionibus; de S. Petri & R. Pontificis Primatu; De Sanctorum cultu & invocatione; Acta de Sanctorum; Reliquiarum & Imaginum cultu. Contra Jacobi Piccinini pro novatoribus apologiam*. Naples: Felicis Mosca, 1725.

Beeley, Christopher A. "Cyril of Alexandria and Gregory Nazianzen: Tradition and Complexity in Patristic Christology," *Journal of Early Christian Studies* 17(2009): 381-419.

———. "Divine Causality and the Monarchy of God the Father in Gregory of Nazianzus." *Harvard Theological Review* 100 (2007): 199-214.

———. "Gregory of Nazianzus on the Unity of Christ." In *In the Shadow of the Incarnation: Essays on Jesus Christ in the Early Church in Honor of Brian E. Daley, S.J.*, ed. Peter W. Martens. Notre Dame, Ind.: University of Notre Dame Press.

———. "The Holy Spirit in Gregory Nazianzen: The Pneumatology of Oration 31." In *God in Early Christian Thought: Essays in Honor of Lloyd Patterson*, ed. Andrew McGowan. Leiden: Brill.

Behr, John. *The Nicene Faith*. Formation of Christian Theology 2. Crestwood, N.Y.: St. Vladimir's Seminary Press, 2004.

———. *The Way to Nicea*. Formation of Christian Theology 1. Crestwood, N.Y.: St. Vladimir's Seminary Press, 2001.

Benoît, Alphonse. *Saint Grégoire de Nazianze: Sa vie, ses oeuvres et son époque*. Marseilles/Paris: 1876. Repr., New York: G. Olms, 1973.

Bergjan, Silke-Petra. *Theodoret von Cyrus und der Neunizänismus: Aspekte der altkirchlichen Trinitätslehre*. Berlin: De Gruyter, 1994.

Bernardi, Jean. *La prédication des pères cappadociens: Le prédicateur et son auditoire*. Publications de la Faculté des Lettres et Sciences Humaines de l'Université de Montpellier 30. Paris: Presses Universitaires de France, 1968.

_____. *Grégoire de Nazianze: Le théologien et son temps, 330-390*. Initiations aux Pères de l'Église. Paris: Cerf, 1995.

_____. "Saint Grégoire de Nazianze, observateur du milieu ecclésiastique et théoricien de la fonction sacerdotale." In *Migne et le renouveau des études patristiques*, ed. A. Mandouze and J. Fouilheron. *Théologie historique* 66. Paris: Beauchesne, 1985.

Böhringer, Georg Friedrich. *Die drei Kapadozier oder die trinitarische Epigonen*. 2 vols. Stuttgart: Meyer & Zeller, 1875.

Bouteneff, Peter. "St. Gregory Nazianzen and Two-Nature Christology." *St. Vladimir's Theological Quarterly* 38 (1994): 255-270.

Bouyer, Louis. *The Spirituality of the New Testament and the Fathers*. Trans. Mary P. Ryan. London: Burns and Oates, 1963.

Bowerstock, G. W. *Greek Sophists in the Roman Empire*. Oxford: Clarendon, 1969.

Brown, Peter. *Poverty and Leadership in the Later Roman Empire*. Menahem Sterm Jerusalem Lectures. Hanover, N.H.: University Press of New England, 2002.

_____. *Power and Persuasion in Late Antiquity: Towards a Christian Empire*. The Curti Lectures 1988. Madison: University of Wisconsin Press, 1992.

Burns, J. Patout. *The Development of Augustine's Doctrine of Operative Grace*. Paris: Études Augustiniennes, 1980.

Cameron, Averil. *Christianity and the Rhetoric of Empire*. Berkeley and Los Angeles: University of California Press, 1991.

Campenhausen, Hans von. *Ecclesiastical Authority and Spiritual Power in the Church of the First Three Centuries*. Trans. J. A. Baker. Stanford, Calif.: Stanford University Press, 1969.

Cross, F. L., and E. A. Livingstone. *Oxford Dictionary of the Christian Church*. 3rd ed. Oxford: Oxford University Press, 1997.

Cross, Richard. "Divine Monarchy in Gregory of Nazianzus." *Journal of Early Christian Studies* 14 (2006): 105-116.

Crouzel, Henri. "θεολογία et mots de même racine chez Origène." In *Lebendige Überlieferung. Prozessse der Annäherung und Auslegung*, ed. Nabil el-Khoury, Henri Crouzel, and Rudolf Reinhardt, 365-383. Festschrift for Hermann-Josef Vogt. Beirut: Rückert, 1992.

_____. "La passion de l'impassible: Un essai apologétique et polémique du IIIe siècle." In *L'homme devant Dieu: Mélanges offerts au Père Henri de Lubac*, vol. 1, 269-279. Paris: Aubier, 1963.

_____. *Origen*. Trans. A. S. Worrall. Edinburgh: T. and T. Clark, 1989.

Daley, Brian E. "Building a New City: The Cappadocian Fathers and the Rhetoric of Philanthropy." 1998 NAPS Presidential Address. *Journal of Early Christian Studies* 7 (1999): 431-461.

_____. *Gregory of Nazianzus.* Early Church Fathers. London: Routledge, 2006.

_____. "Nature and the Mode of Union: Late Patristic Models for the Personal Unity of Christ." In *The Incarnation: An Interdisciplinary Symposium on the Incarnation of the Son of God,* ed. Stephen T. Davis, Daniel Kendall, and Gerald O'Collins. Oxford: Oxford University Press, 2002: 164-196.

_____. "'One Thing and Another': The Persons in God and the Person of Christ in Patristic Theology." *Pro Ecclesia* 15 (2006): 17-46.

_____. "Saint Gregory of Nazianzus as Pastor and Theologian." In *Loving God with Our Minds: The Pastor as Theologian; Essays in Honor of Wallace M. Alston,* ed. Michael Welker and Cynthia A. Jarvis, 106-119. Grand Rapids, Mich.: Eerdmans, 2004.

_____. "Systematic Theology in Homeric Dress: Gregory Nazianzen's *Poemata Arcana.*" Paper presented at the annual meeting of the North American Patristic Society, May 2006.

Daniélou, Jean. "Eunome l'Arien et l'exégèse néoplatonicienne du Cratyle." *Revue des Études Grecques* 69 (1956), 412-432.

Demoen, Kristoffel. *Pagan and Biblical Exempla in Gregory Nazianzen: A Study in Rhetoric and Hermeneutics.* Turnhout, Belgium: Brepols, 1996.

Dossetti, Guiseppe. *Il símbolo di Nicea e di Costantinopoli: Edizione critica.* Rome: Herder, 1967.

Dräseke, Johannes. "Neuplatonisches in des Gregorios von Nazianz Trinitätslehre." *Byzantinisches Zeitschrift* 15 (1906): 141-160.

Edwards, Mark Julian. *Origen Against Plato.* Ashgate Studies in Philosophy & Theology in Antiquity. Aldershot: Ashgate, 2002.

Egan, John P. "The Knowledge and Vision of God according to Gregory Nazianzen: A Study of the Images of Mirror and Light." Diss., Institut Catholique de Paris, 1971.

_____. "Primal Cause and Trinitarian Perichoresis in Gregory Nazianzen's Oration 31.14." *Studia Patristica* 27 (1993): 21-28.

_____. "Toward Trinitarian Perichoresis: Saint Gregory the Theologian, Oration 31.14." *Greek Orthodox Theological Review* 39 (1994): 83-93.

_____. "Towards a Mysticism of Light in Gregory Nazianzen's Oration 2.15." *Studia Patristica* 18 (1989): 8-13.

_____. "αἴτιος/'Author's, αἰτία/'Cause' and ἀρχή/'Origin': Synonyms in Selected Texts of Gregory Nazianzen." *Studia Patristica* 32 (1997): 102-107.

Ellverson, Anna-Stina. *The Dual Nature of Man: A Study in the Theological Anthropology of Gregory of Nazianzus.* Studia Doctrinae Christianae Upsaliensia 21. Uppsala: Almkvist and Wiksell, 1981.

Elm, Susanna. "The Diagnostic Gaze: Gregory of Nazianzus' Theory of Orthodox Priesthood in his Oration 6 'De Pace' and 2 'Apologia de Fuga sua.'" In *Orthodoxie, christianisme, histoire*, ed. Susanna Elm, Éric Rebillard, and Antonella Romano, 83-100. Rome: École Française de Rome, 2000.

_____. "Gregory's Women: Creating a Philosopher's Family." In *Gregory of Nazianzus: Images and Reflections*, ed. Jøstein Bortnes and Tomas Hägg, 171-191. Copenhagen: Museum Tusculanum, 2006.

_____. "Inscriptions and Conversions: Gregory of Nazianzus on Baptism (Or. 38-40)." In *Conversion in Late Antiquity and the Early Middle Ages: Seeing and Believing*, ed. Anthony Grafton and Kenneth Mills, 1-35. Rochester, N.Y.: University of Rochester Press, 2003.

_____. "Inventing the 'Father of the Church': Gregory of Nazianzus' 'Farewell to the Bishops' (*Or. 42*) in Its Historical Context." In *Vita Religiosa im Mittelalter*, ed. Franz Felten and Norbert Jaspert, 3-20. Berlin: Dunker und Humblot, 1999.

_____. "Orthodoxy and the Philosophical Life: Julian and Gregory of Nazianzus." *Studia Patristica* 37 (2001): 69-85.

_____. "A Programmatic Life: Gregory of Nazianzus' Orations 42 and 43 and the Constantinopolitan Ethics." *Arethusa* 33 (2000): 411-427.

_____. *Virgins of God: The Making of Asceticism in Late Antiquity*. Oxford: Clarendon, 1994.

Fedwick, Paul Jonathan. "A Commentary of Gregory of Nyssa on the 38th Letter of Basil of Caesarea." *Orientalia Christiana Periodica* 44 (1978): 31-51.

Field, Lester L., Jr. *On the Communion of Damasus and Melitius: Fourth-Century Synodal Formulae in the Codex Veronensis LX, with Critical Edition and Translation*. Studies and Texts 145. Toronto: Pontifical Institute of Mediaeval Studies, 2004.

Finn, Richard. *Almsgiving in the Later Roman Empire: Christian Promotion and Practice (313-450)*. Oxford: Oxford University Press, 2006.

Fleury, Eugene. *Héllenisme et Christianisme: Saint Grégoire de Nazianze et son temps*. 2nd ed. Études de théologie historique. Paris: Beauchesne, 1930.

Friend, W. H. C. *The Rise of Christianity*. Philadelphia: Fortress, 1984.

Gallay, Paul. *La vie de Saint Grégoire de Nazianze*. Lyons, France: Emmanuel Vitte, 1943.

Gautier, Francis. *La retraite et le sacerdoce chez Grégoire de Nazianze*. Turnhout, Belgium: Brepols, 2002.

Gómez-Villegas, Nicanor. *Gregorio de Nazianzo in Constantinopla: Ortodoxia, heterodoxia y régimen Teodosiano in una capital Cristiana*. Nueva Roma 11. Madrid: Consejo Superior de Investigaciones Científicas, 2000.

Gottwald, Ricardus. *De Gregorio Nazianzeno Platonico*. Bratislava: H. Fleischmann, 1906.

Greer, Rowan A. *Broken Lights and Mended Lives: Theology and Common Life in the Early Church*. University Park: Pennsylvania State University Press, 1986.

_____. "Who Seeks for a Spring in the Mud? Reflections on the Ordained Ministry in the Fourth Century." In *Theological Education and Moral Formation*, ed. Richard John Neuhaus, 22-55. Grand Rapids, Mich.: Eerdmans, 1992.

Gregg, Robert C., ed. *Arianism: Historical and Theological Reassessments; Papers from the*

Oxford Conference on Patristic Studies, September 5-10, 1983. Patristic Monograph Series 11. Cambridge, Mass.: Philadelphia Patristic Foundation, 1985.

_____. *Consolation Philosophy: Greek and Christian Paideia in Basil and the Two Gregories*. Patristic Monograph Series 3. Cambridge, Mass.: Philadelphia Patristic Foundation, 1975.

Gregory of Nyssa, *To Theophilus Against the Apollinarians (Ad Theoph.)*. Ed. E, Bellini, *Apollinare, Epifanio, Gregorio di Nazianzo, Gregorio di Nissa e altri su Cristo: Il grande dibattito nel quarto secolo*. Milan: Jaca, 1978, 321-483.

_____. *Letters (Ep.)*. Ed. P. Maraval. SC 363; trans. W. Moore ane H. A. Wilson, *NPNF* II.5.

_____. *On the Creation of the Human Being (De opif. hom.)*. Ed. W. Jaeger, *GNO* trans. H. A. Wilson, *NPNF* 5.387-427.

Grillmeier, Aloys. *Christ in Christian Tradition: From the Apostolic Age to Chalcedon (451)*. Trans. J. S. Bowden. New York: Sheed and Ward, 1965. Rev. ed.: London: Mowbrays; Atlanta: John Knox, 1975. Rev. German ed.: *Jesus der Christus im Glauben der Kirche*. Freiburg, Germany: Herder, 1979.

Gross, Jules. *La divinisation du chreÇtien d'aprés les pegres Grecs: Contribution historique á la doctrine de la gràce*. Paris: J. Gabalda, 1938.

Guignet, Marcel. *Saint Grégoire de Nazianze et la rhétorique*. Paris: A. Picard, 1911.

Hadot, Pierre. *Philosophy as a Way of Life: Spiritual Exercises from Socrates to Foucault*. Trans. Michael Chase. Oxford, U.K.: Blackwell, 1995.

_____. *What Is Ancient Philosophy?* Trans. Michael Chase. Cambridge, Mass.: Harvard University Press, 2002.

Hahn, Johannes. *Der Philosoph und die Gesellschaft: Selbstverständnis, öffentliches Auftreten und populäre Erwartungen in der hohen Kaiserzeit*. Heidelberger althistorische Beiträge und epigraphische Studien 7. Stuttgart: F. Steiner, 1989.

Halleux, André de. "'Hypostase' et 'personne' dans la formation du dogme trinitaire (ca 375-381)." *Revue d'histoire ecclésiastique* 79 (1984): 313-369, 625-670.

_____. "Personalisme ou essentialisme trinitaire chez les Pères cappadociens?" *Revue théologique de Louvain* 17 (1986): 129-155.

Hanson, R. P. C. "Basil's Doctrine of Tradition in Relation to the Holy Spirit." *Vigiliae Christianae* 22 (1968): 241-255.

_____. *The Search for the Christian Doctrine of God: The Arian Controversy, 318-381*. Edinburgh: T. and T. Clark, 1988.

Harnack, Adolf von. *History of Dogma*. Trans. Neil Buchanan. 3rd ed. 7 vols. Gloucester, Mass.: Peter Smith, 1976.

Harrison, Verna. "Greek Patristic Foundations of Trinitarian Anthropology." *Pro Ecclesia* 14 (2005): 399-412.

_____. "Illumined from All Sides by the Trinity: A Neglected Theme in Gregory Nazianzen's Trinitarian Theology." Paper in progress.

_____. "Perichoresis in the Greek Fathers." *St. Vladimir's Theological Quarterly* 35 (1991): 53-65.

_____. "Poverty, Social Involvement, and Life in Christ according to Saint Gregory the Theologian." *Greek Orthodox Theological Review* 2 (1994): 151-164.

_____. "Some Aspects of St. Gregory the Theologian's Soteriology." *Greek Orthodox Theological Review* 34 (1989): 11-18.

_____. "Theosis as Salvation: An Orthodox Perspective." *Pro Ecclesia* 6 (1997): 429-443.

Hartmann, Christoph. "Gregory of Nazianzus." In *Dictionary of Early Christian Literature*, ed. Siegmar Döpp and Wilhelm Geerlings, trans. Matthew O'Connell, 259-263. New York: Crossroad, 2000.

Hauschild, W. D. "Das trinitarische Dogma von 381 als Ergebnis verbindlicher Konsensusbildung." In *Glaubensbekenntnis und Kirchengemeinschaft: Das Modell des Konzils von Konstantinopel (381)*, ed. K. Lehmann and W. Pannenberg. Dialog des Kirchen 1. Freiburg: Herder, 1982.

Haykin, Michael A. G. *The Spirit of God: The Exegesis of 1 and 2 Corinthians in the Pneumatomachian Controversy of the Fourth Century.* Supplements to Vigiliae Christianae 27. Leiden: Brill, 1994

Heck, Adrianus van. *Gregorii Nysseni de Pauperibus Amandis Orationes Duo.* Leiden: Brill, 1964.

Hennessy, Kristin. "An Answer to de Re'gnon's Accusers: Why We Should Not Speak of 'His' Paradigm." In *The God of Nicaea: Disputed Questions in Patristic Trinitarianism*, ed. Sarah Coakley. Special Issue. *Harvard Theological Review* 100 (2007): 179-198.

Hildebrand, Stephan M. *The Trinitarian Theology of Basil of Caesarea: A Synthesis of Greek Thought and Biblical Truth.* Washington, D.C.: Catholic University of America Press, 2007.

Holman, Susan. *The Hungry Are Dying: Beggars and Bishops in Roman Cappadocia.* Oxford: Oxford University Press, 2001.

Holl, Karl. *Enthusiasmus und Bussgewalt beim griechischen Mönchtum: Eine Studie zu Symeon dem Neuen Theologen.* Leipzig: J. C. Hinrich, 1898.

_____. *Amphilochius von Ikonium in seinem Verhältnis zu den grossen Kappadoziern.* Tübingen, Germany: Mohr, 1904.

_____. *Enthusiasmus und Bussgewalt.*

Honoré, Tony. *Law in the Crisis of Empire, 379–455 AD: The Theodosian Dynasty and Its Quaestors with a Palingenesia of Laws of the Dynasty.* Oxford: Clarendon, 1998.

Hübner, Reinhard M. "Gregor von Nyssa als Verfasser der sog. Ep. 38 des Basilius. Zum unterscheidlichen Verständnis der οὐσία bei den kappadozischen Brüdern." In *Epektasis: Mélanges patristiques offerts à Jean Danlélou*, ed. J. Fontaine and C. Kannengiesser, 462-490. Paris: Beauchesne, 1972.

Humfress, Caroline. "Roman Law, Forensic Argument and the Formation of Christian Orthodoxy (III-VI Centuries)." In *Orthodoxie, christianisme, histoire*, ed. Susanna Elm, Éric Rebillard, and Antonella Romano, 1-26. Rome: École Française de

Rome, 2000.

Huxley, George. "Saint Basil the Great and Anisa." *Analecta Bollandiana* 107 (1989): 30-32.

Kelly, J. N. D. *Early Christian Creeds.* 3rd ed. New York: Longman, 1972.

_____. *Early Christian Doctrines.* 5th ed. San Francisco: HarperSanFrancisco, 1978.

Kennedy, George A. *The Art of Persuasion in Greece.* Princeton, N.J.: Princeton University Press, 1963.

_____. *Greek Rhetoric under Christian Emperors.* Princeton, N.J.: Princeton University Press, 1983.

_____. *A New History of Classical Rhetoric.* Princeton, N.J.: Princeton University Press, 1994.

Kertsch, Manfred. *Blidersprache bei Gregor von Nazianz: Ein Beitrag zur spätantiken Rhetorik und Popularphilosophie.* Grazer Theologische Studien. Graz: Johannes B. Bauer, 1978.

_____. "Gregor von Nazianz' Stellung zu qewriva und pra'xi aus der Sicht seiner Reden." *Byzantion* 44 (1974): 282-289.

Kopecek, Thomas A. "The Cappadocian Fathers and Civic Patriotism." *Church History* 43 (1974): 293-303.

_____. *A History of Neo-Arianism.* 2 vols. Patristic Monograph Series 8. Cambridge, Mass.: Philadelphia Patristic Foundation, 1979.

_____. "The Social Class of the Cappadocian Fathers." *Church History* 42 (1973): 453-466.

Kovacs, Judith. "Divine Pedagogy and the Gnostic Teacher according to Clement of Alexandria." *Journal of Early Christian Studies* 9 (2001): 3-26.

Kustas, George. *Studies in Byzantine Rhetoric.* Analekta Vlatadon 17. Thessaloniki, Greece: Patriarchikon Hidryma Paterikon, 1973.

Lafontaine, G., J. Mossay, and M. Sicherl. "Vers une e'dition critique." *Revue d'histoire ecclésiastique* 40 (1979): 626-640.

Laird, Martin. *Gregory of Nyssa and the Grasp of Faith: Union, Knowledge, and Divine Presence.* Oxford: Oxford University Press, 2004.

Lampe, G. W. H. *The Seal of the Spirit: A Study in the Doctrine of Baptism and Confirmation in the New Testament and the Fathers.* London: Longmans, 1951.

Lieggi, Jean-Paul. "Influssi origeniani sulla teoria dell'ineffabilità di Dio in Gregorio di Nazianzo." In *Origeniana Octava: Origen and the Alexandrian Tradition.* Vol. II, *The Alexandrian School after Origen*, ed. L. Perrone, 1103-114. Leuven, Belgium: Leuven University Press, 2003.

Lienhard, Joseph T. "Augustine of Hippo, Basil of Caesarea, and Gregory Nazianzen." In *Orthodox Readings of Augustine: Proceedings from the Orthodox Readings of Augustine Conference at Fordham University, 15–16 June 2007*, ed. George Demacopoulos and Aristotle Papanikolaou. Crestwood, N.Y.: St. Vladimir's Seminary Press.

_____. *Contra Marcellum: Marcellus of Ancyra and Fourth-Century Theology.* Washington, D. C.: Catholic University of America, 1999

_____. "Ousia and Hypostasis: The Cappadocian Settlement and the Theology of 'One Hypostasis.'" In *The Trinity: An Interdisciplinary Symposium on the Doctrine of the Trinity*, ed. S. T. Davis et al., 99-121. Oxford: Oxford University Press, 2000.

Lim, Richard. *Public Disputation and Social Order in Late Antiquity*. Transformation of the Classical Heritage 23. Berkeley and Los Angeles: University of California Press, 1995.

Lossky, Vladimir. *The Mystical Theology of the Eastern Church*. Translated by members of the Society of Saint Alban and Saint Sergius. Crestwood, N. Y.: St. Vladimir's Seminary Press, 1976.

_____. "Redemption and Deification." *Sobornost* 12 (1947): 47-56.

_____. *The Vision of God*. Trans. Ashleigh Moorhouse. Pref. John Meyendorff. Library of Orthodox Theology 2. London: Faith Press, 1964.

Louth, Andrew. "St. Gregory Nazianzen on Bishops and the Episcopate." In *Vescovi e pastore in epoca Teodosiana*, 281-285. *Studia Ephemeridis Augustinianum* 58. Rome: Institutum Patristicum Augustinianum, 1997.

_____. In Frances Young, Lewis Ayres, and Andrew Louth, eds. *The Cambridge History of Early Christian Literature*. Cambridge: Cambridge University Press, 2004: 289-301.

Luckman, Harriet Ann. "Pneumatology and Asceticism in Basil of Caesarea: Roots and Influence to 381." Diss., Marquette University, 2001.

Malingrey, Anne-Marie. *La littérature grecque chrétienne. Initiations aux Pères de l'Église*. Paris: Cerf, 1996.

_____. *"Philosophia": Étude d'un groupe de mots dans la littérature grecque, des présocratiques au IVe siècle après J.C*. Études et commentaires 40. Paris: C. Klincksieck, 1961.

Markschies, Christoph. "Gibt es eine einheitliche 'kappadozische Trinitätstheologie'?" In *Alta Trinità Beata: Gesammelte Studien zur altkirchlichen Trinitätstheologie*, 196-237. Tübingen: Mohr, 2000.

_____. "Trinitarianism." In *The Westminster Handbook to Origen*, ed. John Anthony McGuckin, 207-209. Louisville, Ky.: Westminster John Knox, 2004.

Matthews, John. *Laying Down the Law: A Study of the Theodosian Code*. New Haven, Conn.: Yale University Press, 2000.

May, Gerhard. "Die Datierung der Rede 'In suam Ordinationem' des Gregorys von Nyssa und die Verhandlungen mit den Pneumatomachen auf dem Konzil von Konstantinopel 381." *Vigiliae Christianae* 23 (1969): 38-57.

McGuckin, John A. "Autobiography as Apologia in St. Gregory Nazianzen." *Studia Patristica* 37 (1999): 160-177.

_____. "Gregory: The Rhetorician as Poet." In *Gregory of Nazianzus: Images and Reflections*, ed. Jøstein Bortnes and Tomas Hägg, 193-212. Copenhagen: Museum Tusculanum, 2006.

_____. "Origen's Doctrine of the Priesthood." *Clergy Review* 70 (1985): 277-286, 318-325.

_____. "Patterns of Biblical Exegesis in the Cappadocian Fathers: Basil the Great, Gregory the Theologian, and Gregory of Nyssa." In *Orthodox and Wesleyan Scriptural Understanding and Practice*, ed. S. T. Kimborough, 37-54. Crestwood, N.Y.: St. Vladimir's Seminary Press, 2006

_____. "Perceiving Light from Light in Light: The Trinitarian Theology of Saint Gregory the Theologian." *Greek Orthodox Theological Review* 39 (1994): 7-32.

_____. *St. Gregory of Nazianzus: An Intellectual Biography*. Crestwood, N.Y.: St. Vladimir's Seminary Press, 2001.

_____. "The Strategic Adaptation of Deification in the Cappadocians." In *Partakers of the Divine Nature: The History and Development of Deification in the Christian Traditions*, ed. Michael J. Christensen and Jeffery A. Wittung. Madison, N.J.: Fairleigh Dickinson University Press, 2007.

_____. "The Vision of God in St. Gregory Nazianzen." *Studia Patristica* 32 (1998): 145-152.

McLynn, Neil. "Among the Hellenists: Gregory and the Sophists." In *Gregory of Nazianzus: Images and Reflections*, ed. Jøstein Bortnes and Tomas Hägg, 213-238. Copenhagen: Museum Tusculanum, 2006.

_____. "Gregory Nazianzen's Basil: The Literary Construction of a Christian Friendship." *Studia Patristica* 37 (2001): 178-193.

_____. "A Self-Made Holy Man: The Case of Gregory Nazianzen." *Journal of Early Christian Studies* 6 (1998): 463-483.

_____. "The Voice of Conscience: Gregory Nazianzen in Retirement." In *Vescove e Pastori in epica teodosiana*, vol. 2, 299-308. *Studia Ephemeridis Augustinianum* 58. Rome: Institutum Patristicum Augustinianum, 1997.

Meijering, E. P. "The Doctrine of the Will and of the Trinity in the Orations of Gregory of Nazianzus." *Nederlands theolgisch tijdschrift* 27 (1973): 224-234.

Menestrina, Giovanni, and Claudio Moreschini. *Gregorio Nazianzeno teologo e scrittore*. Pubblicazioni dell'Istitute di Scienze Religiose in Trento 17. Bologna, Italy: EDP, 1992.

Meredith, Anthony. *The Cappadocians*. Crestwood, N.Y.: St. Vladimir's Seminary Press, 1995.

_____. "The Pneumatology of the Cappadocian Fathers and the Creed of Constantinople." *Irish Theological Quarterly* 48 (1981): 196-212.

Meyendorff, John. *Byzantine Theology: Historical Trends and Doctrinal Themes*. New York: Fordham University Press, 1974.

Moreschini, Claudio. *Filosofia e letteratura in Gregorio di Nazianzo*. Collana Platonismo e filosofia patristica. Studi e testi 12. Milan, Italy: Vite e Pensiero, 1997.

_____. "Il battesimo come fondamento dell'istruzione del Cristiano in Gregorio Nazianzeno." In *Sacerdozio battesimale e formazione teologica nella catechesi e nella testimonianza di vita dei Padri*, ed. Sergio Felici. Biblioteca di Scienze Religiose 99. Rome: Las, 1992.

_____. "Il Platonismo Cristiano di Gregorio di Nazianzo." Annali della Scuola Normale Superiore di Pise 3rd series 4/4 (1974): 1347-1392.

_____. "Influenze di Origene su Gregorio Nazianzeno." Atti e memorie dell'Accademia Toscana di Scienze e Lettere "La Colombaria" 44=n.s. 30 (1979): 35-57.

_____. "Luce e purificazione nella dottrina di Gregorio Nazianzeno." Augustinianum 13 (1973): 534-549.

Mortley, Raoul. From Word to Silence, Pt. 2: The Way of Negation, Christian and Greek. Bonn: Hanstein, 1986.

Mossay, Justin, ed. "La Noël et l'Épiphanie en Cappadoce au IVe siècle." In Noël, Épiphanie, retour du Christ: Semaine liturgique de l'Institut Saint-Serge, ed. Bernard Botte, A.-M. Dubarle, and Klaus Hruby. Lex Orandi 40. Paris: Cerf, 1967.

_____. Les fêtes de Noël et de l'Épiphanie d'après les sources littéraires cappadociennes du IVe siècle. Textes et études liturgiques 3. Louvain: Abbaye du Mont César, 1965.

Nautin, Pierre. "La date du 'De Viris Illustribus' de Jérôme, de la mort de Cyrile de Jérusalem et de celle de Grégoire de Nazianze." Revue d'histoire ecclésiastique 56 (1961): 33-35.

Noret, Jacques. "Grégoire de Nazianze, l'auteur le plus cité après la Bible, dans la littérature ecclésiastique byzantine." In Symposium Nazianzenum (Louvain-la-Neuve, 25–28 août, 1981): Actes du Colloque International, ed. Justin Mossay, 259-266. Studien zur Geschichte und Kultur des Altertums, NF 2. Paderborn: Schöningh, 1983.

Norris, Frederick W. "The Authenticity of Gregory Nazianzen's Five Theological Orations." Vigiliae Christianae 39 (1985): 331-339.

_____. "Christ/Christology" and "Gregory of Nazianzus." In Encyclopedia of Early Christianity, 2nd ed., ed. Everett Ferguson, 242-251, 491-495. New York: Garland, 1998.

_____. Faith Gives Fullness to Reasoning: The Five Theological Orations of Gregory Nazianzen. Trans. Lionel Wickham and Frederick illiams. Intro. and commentary by Frederick W. Norris. Supplements to Vigiliae Christianae 13. Leiden: Brill, 1991.

_____. "Gregory Nazianzen: Constructing and Constructed by Scripture." In The Bible in Late Antiquity, ed. Paul Blowers, 149-162. Notre Dame, Ind.: University of Notre Dame Press, 1997.

_____. "Gregory Nazianzen's Doctrine of Jesus Christ." Diss., Yale University, 1970.

_____. "Gregory Nazianzen's Opponents in Oration 31." In Arianism: Historical and Theological Reassessments, ed. Robert Gregg, 321-326. Patristic Monograph Series 11. Cambridge, Mass.: Philadelphia Patristic Foundation, 1985.

_____. "Gregory the Theologian and Other Religions." Greek Orthodox Theological Review 39 (1994): 131-140.

_____. "Of Thorns and Roses: The Logic of Belief in Gregory Nazianzen." Church History 53 (1984): 455-464.

_____. "The Tetragrammaton in Gregory Nazianzen, Or. 30.17." Vigiliae Christianae 41

(1989): 339-444.

_____. "The Theologian and Technical Rhetoric: Gregory of Nazianzus and Hermogenes of Tarsus." In *Nova and Vetera: Patristic Studies in Honor of Thomas Halton*, ed. John Petruccione, 84-95. Washington, D.C.: Catholic University of America Press, 1998.

_____. "Theology as Grammar: Gregory Nazianzen and Ludwig Wittgenstein." In *Arianism after Arius*, ed. Michel Barnes and Daniel H. Williams, 237-249. Edinburgh: T. and T. Clark, 1993.

_____. "Your Honor, My Reputation: St. Gregory of Nazianzus's Funeral Oration on St. Basil the Great." In *Greek Biography and Panegyric in Late Antiquity*, ed. Tomas Häag and Philip Rousseau. Berkeley and Los Angeles: University of California Press, 2000.

Otis, Brooks. "Cappadocian Thought as a Coherent System." *Dumbarton Oaks Papers* 12 (1958): 95-124.

_____. "The Throne and the Mountain: An Essay on St. Gregory of Nazianzus." *Classical Journal* 56 (1961): 146-165.

Pannenberg, Wolfhart. *Systematic Theology* 3 vols. Trans. Geoffrey Bromiley. Grand Rapids, Mich.: Eerdmans, 1991-1998.

Parvis, Sara. *Marcellus of Ancyra and the Lost Years of the Arian Controversy, 325-45*. Oxford: Oxford University Press, 2006.

Pelikan, Jaroslav. *Christianity and Classical Culture: The Metamorphosis of Natural Theology in the Christian Encounter with Hellenism*. Gifford Lectures at Aberdeen 1992-1993. New Haven, Conn.: Yale University Press, 1993.

_____. *The Christian Tradition: A History of the Development of Doctrine. Vol. 2, The Spirit of Eastern Christendom (600-1700)*. Chicago: University of Chicago Press, 1977.

Pinault, Henri. *Le Platonisme de Saint Grégoire de Nazianze: Essai sur les relations du Christianisme et de l'Hellénisme dans son oeuvre théologique*. La Roche-sur-Yon, France: G. Romain, 1925.

Plagnieux, Jean. "Saint Grégoire de Nazianze." In *Théologie de la vie monastique: Études sur la tradition patristique*, 115-130. Paris: Aubier, 1961.

_____. *Saint Grégoire de Nazianze théologien*. Paris: Éditions Franciscaines, 1951.

Portmann, Franz Xaver. *Die Göttliche Paidagogia bei Gregor von Nazianz*. Kirchengeschichtliche Quellen und Studien 3. St. Ottilien: Eos Verlag, 1954.

Pouchet, Jean-Robert. "Athanase d'Alexandrie, modèle de l'évêque, selon Grégoire de Nazianze, Discours 21," 347-357.

Prestige, G. L. *God in Patristic Thought*. London: SPCK, 1952.

Pseudo-Basil of Caesarea, *Against Eunomius* books 4 and 5. Ed. J. Garnier and P. Maran. PG 29.

Quasten, Johannes. *Patrology*. Vol. 3, *The Golden Age of Greek Patristic Literature*. Westminster, Md.: Christian Classics, 1950.

Rahner, Karl. *The Trinity*. Trans. Joseph Donceel. New York: Crossroad Herder, 1999.

Rapp, Claudia. *Holy Bishops in Late Antiquity: The Nature of Christian Leadership in an Age of Transition*. Berkeley and Los Angeles: University of California Press, 2005.

Régnon, Théodore de. *Études de théologie positive sur la Sainte Trinité*. Paris: Victor Retaux, 1892.

Richard, Anne. *Cosmologie et théologie chez Grégoire de Nazianze*. Paris: Institut d'Études Augustiniennes, 2003.

Ritter, Adolph Martin. *Das Konzil von Konstantinopel und sein Symbol: Studien zur Gechichte und Theologie des II. Ökumenischen Konzils*. Göttingen: Vandenhoeck and Ruprecht, 1965.

_____. "Die Trinitäts-Theologie der drei groben Kappadozier." In *Handbuch der Dogmen und Theologiegeschichte*, ed. Carl Andresen, 198-206. Göttingen: 1982.

Roll, Susan K. *Toward the Origins of Christmas*. Kampen: Kok Pharos, 1995.

Rousse, Jacques. "Saint Grégoire de Nazianze." In *Dictionnaire de spiritualité*, ed. Marcel Viller, F. Cavallera, J. de Guibert, et al., cols. 960-969. 17 vols. Paris: Beauchesne, 1937-1995.

Rousseau, Philip. *Basil of Caesarea*. Berkeley and Los Angeles: University of California Press, 1994.

Ruether, Rosemary Radford. *Gregory of Nazianzus: Rhetor and Philosopher*. Oxford: Clarendon, 1969.

Russell, Norman. *The Doctrine of Deification in the Greek Patristic Tradition*. Oxford: Oxford University Press, 2004.

Scholz, Sebastian. *Transmigration und Translation: Studien zum Bistumswechsel der Bischöfe von der Spätantike bis zum Hohen Mittelalter*. Kölner historische Abhandlungen 37 Köln: Böhlau, 1992.

Schwartz, Eduard. *Gesammelte Schriften*. Berlin: De Gruyter, 1938-1963.

Sesboüé, Bernard. *Saint Basile et la Trinité, une acte théologique au IVe siècle: Le rôle de Basile de Césarée dans l'élaboration de la doctrine et du langage trinitaires*. Paris: Desclée, 1998.

Simonetti, Manlio. *La crisi Ariana nel IV secolo*. Studia Ephemeridis Augustinianum 36. Rome: Augustinianum, 1975.

_____. *Studi sull'Arianesimo*. Rome: Studium, 1965.

Sinko, Tadeusz. *De traditione orationum Gregorii Nazianzeni: I; De traditione directa*. Meletemata Patristica 2. Krakow: 1917.

_____. *De traditione orationum Gregorii Nazianzeni: II; De traditione indirecta*. Meletemata Patristica 3. Krakow: 1923.

Snee, Rochelle. "Gregory Nazianzen's Anastasia Church: Arianism, the Goths, and Hagiography." *Dumbarton Oaks Papers* 52 (1998): 157-186.

Spidlík, Thomas. *Grégoire de Nazianze: Introduction à l'étude de sa doctrine spirituelle*. Orientalia Christiana Analecta 189. Rome: Pont. Institutum Studiorum Orientalium, 1971.

_____. "La *theoria* et la *praxis* chez Grégoire de Nazianze." *Studia Patristica* 14 (1976): 358-364.

Spoerl, K. M. "A Study of the Κατα Μέρος Πίστις by Apollinarius of Laodicea." Diss: University of Toronto, 1991.

Spoerl, Kelley McCarthy. "Apollinarian Christology and the Anti-Marcellan Tradition." *Journal of Theological Studies* n. s. 48 (1994): 545-568.

_____. "Apollinarius on the Holy Spirit." *Studia Patristica* 37 (2001): 571-592.

Staats, Reinhart. *Das Glaubensbekenntnis von Nizäa-Konstantinopel: Historische und theologische Grundlagen*. Darmstadt: Wissenschaftliche Buchgesellschaft, 1996.

Sterk, Andrea. "On Basil, Moses, and the Model Bishop: The Cappadocian Legacy of Leadership." *Church History* 67 (1998): 227-253.

_____. *Renouncing the World Yet Leading the Church: The Monk-Bishop in Late Antiquity*. Cambridge, Mass.: Harvard University Press, 2004.

Studer, Basil. *Trinity and Incarnation: The Faith of the Early Church*. Ed. Andrew Louth. Trans. Matthias Westerhoff. Collegeville, Minn.: Liturgical, 1993.

Swete, H. B. *The Holy Spirit in the Ancient Church: A Study of Christian Teaching in the Age of the Fathers*. London: Macmillan, 1912.

Szymusiak, J. *Éléments de théologie de l'homme selon Saint Grégoire de Nazianze*. PhD diss., Pontificia Università Gregoriana, 1963.

_____. "Grégoire le théologien, disciple d'Athanase." *PTAA*: 359-363.

Talley, Thomas. *The Origins of the Liturgical Year*. 2nd ed. Collegeville, Minn.: Liturgical, 1991.

Tillemont, Louis Sébastien Le Nain de. *Mémoires pour servir à l'histoire ecclesiastique des six premiers siècles, justifiez par les citations des auteurs originaux; avec une chronologie, ou l'on fait un abregé de l'histoire eccesiastique & profane; & des notes pour éclaircir les difficultez des faits de la chronologie*. 6 vols. Brussels: E. H. Fricx.

Torrance, T. F. *The Trinitarian Faith: The Evangelical Theology of the Ancient Catholic Church*. Edinburgh: T. and T. Clark, 1988.

Trigg, Joseph W. "God's Marvelous *Oikonomia* and 'The Angel of Great Counsel': Christ and the Angelic Hierarchy in Origen's Thought." *Journal of Theological Studies* n. s. 42 (1991): 35-51.

_____. "Knowing God in the Theological Orations of Gregory of Nazianzus: The Heritage of Origen." In *God in Early Christian Thought: Essays in Honor of Lloyd Patterson*, ed. Andrew McGowan. Leiden: Brill.

_____. *Origen*. Early Church Fathers. London: Routledge, 1998.

Trisoglio, Francesco. *Gregorio di Nazianzo*. Rome: Tiellemedia, 1999.

_____. *Gregorio di Nazianzo: Il teologo*. Studia patristica Mediolanensia 20. Milan, Italy: Vita e Pensiero, 1996.

_____. "La poesia della Trinita nell' opera letteraria di S. Gregorio di Nazianzo." In *Forma Futuri: Studi in onore del cardinale Michele Pellegrino*, 712-740. Turin: Bottega d'Erasmo, 1975.

Turcescu, Lucian. *Gregory of Nyssa and the Concept of Divine Persons*. Oxford: Oxford University Press, 2005.

_____. "'Person' versus 'Individual,' and Other Modern Misreadings of Gregory of Nyssa." *Modern Theology* 18 (2000): 527-539.

Vaggione, Richard Paul. *Eunomius of Cyzicus and the Nicene Revolution. Oxford Early Christian Studies*. Oxford: Oxford University Press, 2000.

Van Dam, Raymond. *Becoming Christian: The Conversion of Roman Cappadocia*. Philadelphia: University of Pennsylvania Press, 2003.

_____. *Families and Friends in Late Roman Cappadocia*. Philadelphia: University of Pennsylvania Press, 2003.

_____. "Hagiography and History: The Life of Gregory Thaumaturgus." *Classical Antiquity* 1 (1982): 272-308.

_____. *Kingdom of Snow: Roman Rule and Greek Culture in Cappadocia*. Philadelphia: University of Pennsylvania Press, 2002.

_____. "Self-Representation in the Will of Gregory of Nazianzus." *Journal of Theological Studies* n.s. 46 (1995): 118-148.

Vinzent, Markus. *Pseudo-Athanasius, Contra Arianos IV: Eine Schrift gegen Asterius von Kappadokien, Eusebius von Cäsarea, Markell von Ankyra und Photin von Sirmium*. Supplements to Vigiliae Christianae 36. Leiden: Brill, 1996.

Weiss, Hugo. *Die grossen Kappadocier: Basilius, Gregor von Nazianz und Gregor von Nyssa als Exegeten. Ein Beitrag zur Geschichte der Exegese*. Braunsberg: A. Martens, 1872.

Wesche, Kenneth P. "The Union of God and Man in Jesus Christ." *St. Vladimir's Theological Quarterly* 38 (1984): 83-98.

Williams, A. N. *The Ground of Union: Deification in Aquinas and Palamas*. New York: Oxford University Press, 1999.

Williams, Rowan. *On Christian Theology*. Challenges in Contemporary Theology. Oxford: Blackwell, 2000.

_____. *Why Study the Past: The Quest for the Historical Church*. Sarum Theological Lectures. Grand Rapids, Mich.: Eerdmans, 2005

_____. *The Wound of Knowledge: Christian Spirituality from the New Testament to St. John of the Cross*. Rev. ed. London: Darton, Longman and Todd, 1990.

Winslow, Donald F. *The Dynamics of Salvation: A Study in Gregory of Nazianzus*. Patristic Monograph Series 7. Cambridge, Mass.: Philadelphia Patristic Foundation, 1979.

Wittgenstein, Ludwig. *Philosophical Investigations*. Trans. G. E. M. Anscombe. 3rd ed. New York: MacMillan, 1958.